KB074951

미군정 언론탄압 · 사상통제의 서막,

정판사 조작사건

미군정 언론탄압 · 사상통제의 서막,

정판사조작사건

초판 1쇄 인쇄일 2023년 9월 15일
초판 1쇄 발행일 2023년 9월 22일

지은이 김상구
펴낸이 양옥매
디자인 표지혜 송다희
교 정 김민정
마케팅 송용호

펴낸곳 도서출판 책과나무
출판등록 제2012-000376
주소 서울특별시 마포구 방울내로 79 이노빌딩 302호
대표전화 02.372.1537 **팩스** 02.372.1538
이메일 booknamu2007@naver.com
홈페이지 www.booknamu.com
ISBN 979-11-6752-357-0 (03340)

미군정 언론탄압·사상통제의 서막,

김상구 · 지음

정판사 조작사건

정판사사건의 조작 과정과 빨갱이 프레임

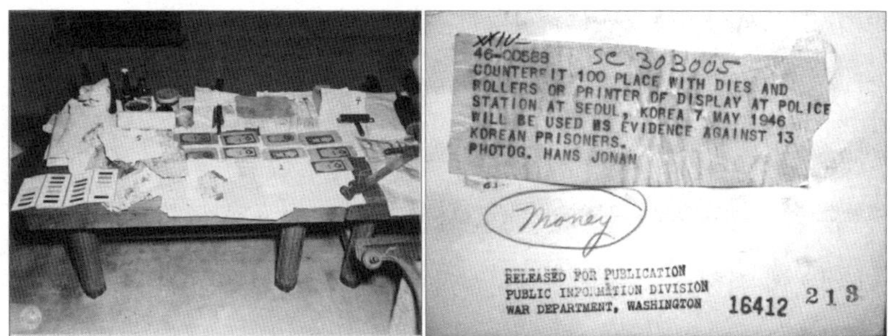

[정판사위폐사건의 증거물처럼 선전된 뚝섬 위폐 사건의 증거물 ©국사편찬위원회전자사료관]

인용한 사진은 조선정판사 위조지폐 사건과 관련된 거의 유일한 미군정 자료다.[1] 첨부된 설명으로는 "1946년 5월 7일, 100원권을 위조하기 위한 롤러와 다이스 혹은 디스플레이 프린트 등의 물품들이 서울의 한 경찰서에서 전시되고 있다. 이 물품들은 13명의 한국인 죄수에 대한 증거로 사용될 것이다."라고 한다. 사진을 찍은 이는 한스 조난

1 Record Group 111: Records of the Office of the Chief Signal Officer, 1860 - 1985〉 Signal Corps Photographs of American Military Activity, 1754 - 1954 [111-SC]〉 Signal Corps Photographs of American Military Activity Part 3 (2차 세계대전 전후) 〈출처: 국사편찬위원회 전자사료관〉 국사편찬위원회의 해제에 따르면, 위 물품들은 수도경찰서가 압수한 조선정판사위폐사건의 증거물들이며 위조지폐를 인쇄하기 위한 도구들이다.

(HANS JONAN)이다. 사진 설명 하단에는 "전쟁부의 공보과(PUBLIC INFORMATION DIVISION)에서 보도를 위해 일반에 공개되었음"이라는 별도의 설명이 첨부되어 있다.[2]

미군정청이 아니고 워싱턴의 전쟁부에서 위 사진을 공개한 이유도 궁금하지만, 무엇보다 주목할 것은 사진을 찍은 날짜가 1946년 5월 7일이라는 사실이다. 동년 5월 8일, 중부서 경찰들은 조선정판사에 대한 압수·수색을 하고 10여 명의 피의자를 검거했다. 같은 날 경무부장 조병옥은 "상세한 사건 내용과 그 배후 관계 등에 대하여는 아직 말할 수 없으나 조사가 끝나는 대로 사건 전모를 발표하겠다"고 위조지폐단 검거에 대해 담화를 발표했다. 이틀 후 5월 10일에는 외국 기자단과 CIC 등이 위 증거물을 참관했다. 그리고 담화 발표 1주일이 지난 5월 15일, 군정청 공보과는 조선 경찰 제1관구경찰청장 장택상을 통해 '정판사 위조지폐 사건'이라는 제목으로 사건의 전말을 발표하였다.

5월 8일 압수·수색을 한 정판사사건의 증거 물품이 어떻게 5월 7일 날짜로 사진이 찍혔을까? 위 물품은 조선정판사위폐사건의 증거물이 되기에는 물리적으로 불가능하며 다른 사건의 증거물이라는 방증이다. 뚝섬 사건의 경우를 살펴보자.

중부서가 뚝섬 사건의 수사에 착수한 것은 4월 30일경이며 그 후 주요 피의자들은 5월 4일 이전에 대부분 검거되었다(김창선-5월 3일, 이원재·배재룡·랑승구·랑승헌-5월 4일). 이원재가 독촉국민회 소속으로 파악되자 「조선인민보」는 위폐 사건에 독촉 뚝섬위원회 조직부장 이

2 고지훈, 『첩보 한국현대사』, 앨피, 2019, pp.347~349.

원재가 관련되었다는 기사를 5월 7일 자로 보도함으로써 뚝섬 위폐 사건을 최초로 보도한 언론사가 되었다.[3]

그리고 임정 요인 이시영과 김구의 비서 안미생 등이 입원 중인 김구를 대신하여 5월 6일경 압수된 증거품을 참관했다는 소식이 5월 19일부터 22일까지 집중적으로 보도되다가 그 후 잠잠하게 된다. 위폐 감별 전문가도 아니며, 위폐 사건에 대하여 경찰 혹은 CIC가 그들로부터 조언을 받을 위치도 입장도 아닌 두 사람은 왜 증거품을 참관하게 되었을까? 뚝섬 위폐 사건의 증거물이 정판사위폐사건의 증거물로 조작되는 과정은 이 책 본문을 통해 보다 상세히 거론할 것이다. 도대체 어떻게 하여 이러한 일이 일어날 수 있었을까?

보다 충격적인 사실이 있다. 임성욱은 그의 박사학위 논문인 〈미군정기 조선정판사 '위조지폐' 사건 연구〉에서 "경찰은 조선공산당, 해방일보사, 조선정판사, 김창선의 집 등을 수색했지만, 어디에서도 위조지폐를 발견하지 못했다." "무엇보다도 정판사위폐사건에서 사용되었다는 징크판이 발견되지 않았다."고 하면서 "재판부에서 피고들의 유죄를 입증한다고 인정한 실물 증거 중 실제로 증거능력을 지닌 것은 하나도 없었다."라는 결론을 내린 바 있다.[4]

3 지폐 위조단 체포, 「조선인민보」, 1946.5.7. 〈최초로 뚝섬 위폐 사건을 보도한 「조선인민보」는 해방 후 최초로 테러를 당한 언론사이기도 하다. 1945년 12월 29일, 권총을 휴대한 50여 명의 폭력배에 의해 비품파괴, 장부탈취, 현금 강탈, 린치, 납치, 총격 상해를 당한 바 있다. 하지만 경찰과 미군정은 수사를 하지 않았고, 이 사건의 정확한 실체는 묻혀 버리고 말았다.〉

4 임성욱, 『조선정판사위조지폐사건 연구』, 신서원, 2019, pp.443~454.

1948년 1월 28일, 600만[5] 회원으로 구성된 민주주의민족전선(민전)[6]은 남한만의 단독선거 · 단독정부를 저지하기 위하여 항의서를 제출하며 국련조위(國聯朝鮮委員團, 유엔한국임시위원단)[7]에게 호소 및 경고를

5 1948년 1월 30일 자 독립신문(600만), 2월 11일 자 노력인민(700만).

6 1946년 1월 9일, 좌익 진영의 29개 단체가 서울 YMCA 강당에 모여 민주주의민족전선 발기준비위원회를 개최하였다. 좌익의 통일전선체인 민주주의민족전선의 결성대회는 1946년 2월 15일과 16일 이틀에 걸쳐 개최되었는데, 조선공산당 · 조선인민당 · 남조선신민당 · 조선민족혁명당 등과 전평 · 전농 · 청년총동맹, 부녀총동맹 · 각종 문화단체 등 29개 정당, 사회단체와 각 지역의 사회단체가 가입하였고, 중경 임시정부 국무위원으로 활동했던 김원봉 · 장건상 · 성주식 · 김성숙과 중도우파에서 활동하였던 이극로, 천도교 간부 오지영 등이 가담했다. 공동의장단은 여운형 · 박헌영 · 허헌 · 김원봉 · 백남운의 다섯 명으로 구성되었다. 결성대회는 좌익 진영의 각계각층을 대표하는 305명의 인사들로 중앙위원회를 구성하였으며, 아울러 47명으로 된 집행위원회도 두도록 하였다. 중앙위원은 각 단체의 조직원 비율에 따라 선거로 선출하였다. 사무국에는 사무국장(이강국) 아래에 조직부 · 선전부 · 문화부 · 재정부 · 기획부 · 조사부 등을 두었다. 〈좌익 세력의 통일전선, 민주주의민족전선-우리역사넷〉 민주주의민족전선의 강령은 모스크바 3상회의 결정 지지, 5당연합체 탈퇴, 비상국민회 반대, 미소공동위원회 지지, 친일파 처단, 토지 개혁, 8시간 노동제 실시 등이었다. 이 단체는 친일파의 범위를 구체적으로 규정하고, 산하에 친일파 · 민족 반역자 심사위원회를 구성하기도 했다. 〈민주주의민족전선-위키백과〉

7 제2차유엔(UN) 총회(1947.11.14) 결정에 따라 5 · 10 총선거의 공정한 감시 및 관리를 위해 입국한 유엔 산하의 임시기구로서 영문 약칭은 UNTCOK(UN Temporary Commission on Korea)이다. 〈한국민족문화대백과사전(유엔한국임시위원단(—韓國臨時委員團))〉 유엔소총회의 결정에 따라 유엔한국임시위원단은 2월 28일 비공식 회의에서 1948년 5월 10일 이전에 위원단이 접근 가능한 한국의 지역 내에서 선거를 참관하기로 결정하였고, 3월 1일 주한미군 사령관 하지(John R. Hodge)는 5월 9일을 선거일로 발표하였다. 캐나다 · 호주 대표가 28일 회의의 합법성과 하지의 선거일 결정의 위법성을 지적하면서 반발하자, 유엔한국임시위원단은 다시 3월 12일 전체 회의를 개최하여, "선거가 언론 · 출판 및 집회의 자유라는 민주적 권리가 인정되고 존중되는 자유 분위기에서 행해질 것이라는 조건에서, 주한미군 사령관이 1948년 5월 9일에 실시될 것으로 발표한 선거를 참관한다"는 결의안을 찬성 4표(중국 · 엘살바도르 · 인도 · 필리핀), 반대 2표(호주 · 캐나다), 기권 2표(프랑스 · 시리아)로 최종적으로 통과시켰다. 〈유엔한국임시위원단의 입국과 남한단선 결정-우리역사넷〉

하였다.[8] 남로당 기관지 「노력인민」은 '남조선 암흑상은 이렇다'는 제목으로 같은 해 2월 11일부터 4월 12일까지 6회에 걸쳐 국련조위에 보낸 전문을 모두 게재하였는데, 세 번째로 보도한 3월 2일 자에 다음과 같은 글이 실렸다.

이 반동 진영 막부결정 지지자는 '매국노' '적구'라는 선전 선동을 발광적으로 진행하는 일방 당시 막부결정에 가장 적극적으로 가장 열정적으로 활동하는 조선공산당에 그 공격을 집중하였습니다. 반동 경찰은 당시 공산당이 자기의 사무실을 정판사인쇄소와 동일한 빌딩에 갖고 있는 것을 기화로 하여 공산당에서 1천3백만 원의 화폐를 위조로 하고 이것을 시장에 내보내서 조선 경제를 혼란케 하였다는 허위의 구실을 날조하였습니다.

이리하여 일제 강점기 20년간 그 강압적 질서 속에서 불요불굴 반일 투쟁을 계속한 위대한 애국자 리관술 씨와 송언필 · 박낙종 씨 등 10여 명을 검거하였습니다. 터무니없이 사건을 날조하려 함에 반동 경찰에게 있는 유일한 방법은 일제 경찰에게 배운 고문이었습니다. 이들 피검자들은 당시 본정서(현 중부경찰서) 수사주임 최란수 이하 일제 정탐들로 구성된 야만들에게 참으로 형언할 수 없는 잔인한 고문을 당한 것은 이미 세상에 명백히 폭로되었습니다.

송언필 씨 같은 애국자는 8주야간 계속 본정서 지하실에 감금되어 일순의 잠도 자지 못하게 하고 물 한 모금 아니 주고 형사대의 순회

8 남조선 실정호소, 민전서도 국련조위에 항의서, 「독립신보」, 1948.1.30.

교대로 계속 구타하는 그러한 잔인 가혹한 고문을 받았습니다. 이 잔혹한 날조 사건은 이들 애국자들에게 무기징역이란 극형으로서 방금 대전감옥에서 신음케 하고 있습니다.

이 사건이 새빨간 허위 날조인 것은 그 당시에 폭로된 모든 재료는 그만두고라도 그 후 2년이 가까워 오는 오늘까지 1천3백만 원, 100원권 13만 장이 단 한 장도 발견된 일이 없다는 데서 너무나 명확한 것입니다.

이로부터 경찰은 일제 강도배로부터 배운 야만적 고문과 그 후 외국인에게서 교수된 날조적 모략을 혼용하는 '최신식' 방법으로 민주진영을 탄압 박해하는 길을 취하였습니다.

1946년 5월 18일 드디어 아무러한 구실도 없이 CIC에서는 조선공산당 사무실의 수색을 행하였습니다. 입회인도 없는 대 수색이었습니다. 일제 강도배들이 그렇게 잔인하였지만은 한 개인의 주택 수색을 행하여도 반드시 그 주인의 입회하에서 하였습니다. 그런데 이 CIC의 수색은 그 대상이 조선의 가장 큰 애국 정당이요 민주주의 정당임에도 불구하고 입회를 거부하는 중세기적 수색을 감행하였습니다. 그 수색의 결과는 무엇입니까? 아무것도 범죄 사실이 없었다는 것을 증명할 따름이었습니다.

그러나 이러한 불법적 수색과 함께 그 당시 공산당 기관지요 인민중에 가장 많은 애독자를 가진「해방일보」를 정간시키고 말았으며 연하여 5월 27일 공산당 사무실을 1편의 명도령으로 축출하고 말았습

니다.[9]

치안유지법도 국방경비법 및 국가보안법도 반공법도 없던 시절의 이야기다.[10] 공산당 및 사회주의자를 때려잡기 위한 법이 없다 보니, 조선공산당을 해체시킬 목적을 가진 미군정은 모종의 사건을 조작할 수밖에 없었다. 대표적인 사례가 조선정판사사건이다. 인용한 글에서 특히 주목할 부분은 위조지폐 1천3백만 원의 행방이다. 민전에 따르면 "2년이 가까워 오는 오늘까지 1천3백만 원, 100원권 13만 장이 단 한 장도 발견된 일이 없다"고 한다. 정판사사건은 증거 없는 재판이었다는 방증이다. 책을 통해 자세히 거론하겠지만, 미군정 및 그 하수인들의 범죄 혐의는 다음과 같다.

① 직권남용: 선택적 수사 및 기소(독촉국민회 이원재 불기소)

9 남조선 암흑상은 이렇다(3), 인민의 절실한 요구를 듣고 물러가라, 민전서 국련조위에 경고!, 「노력인민」, 1948.3.2

10 치안유지법은 사회주의 · 공산주의 운동 확산 방지와 천황제 통치 부정 사상을 통제하기 위해 1925년 일본이 제정한 법률이다. 이 법은 특히 무정부주의 · 사회주의 · 공산주의 운동을 하는 이들에게는 중벌을 가하도록 하였다. 정부를 비판하고 식민지 지배에 반대하는 입장의 일본인, 종교 단체 이외에도 민족 해방 운동에 나섰던 재일 한인 운동 세력을 탄압하는 데 유효적절하게 활용되었다. 1945년 패전 이후 연합군 최고사령부(GHQ)에 의해 10월 15일 폐지되었다. <치안유지법 - 세계한민족문화대전> 일본은 대체입법을 하지 않고 현재에 이르고 있다. 그러나 미군정은 1948년 7월 국방경비법을 제정하였고 1962년 6월 폐기될 때까지 14년간 시행되었는데 이 법에 의해 4,462명이 사형선고를 받은 바 있다. <김윤경, 국방경비법과 재심—진실화해위원회의 활동을 중심으로—, 2017> 한편, 이승만 정부는 1948년 12월 1일 국가보안법을 제정하였고<국가보안법-한국민족문화대백과사전>, 1961년 7월 3일 박정희 군부에 의해 제정된 반공법은 1980년 국가보위입법회의에 의해 국가보안법으로 흡수 통합되면서 폐지되었다. <한국민족문화대백과사전(반공법(反共法)>.

② 직무 유기: 선택적 증인 소환(이원재 · 안미생 · 이시영 증인 출석 요청 기각)

③ 증거 조작: 뚝섬 위폐 사건의 증거물을 정판사사건의 증거물로 변경(미군 CIC), 검사 조재천과 재판장 양원일의 밀행 등

④ 모해위증: 배재룡의 모해위증(안순규의 양심선언과 증언을 묵살, 오히려 위증죄로 구속)

⑤ 고문 묵인: 검찰은 경찰의 고문을 일부 시인했으나, 공소장에는 전혀 반영하지 않음

⑥ 분리 심판: 뚝섬 및 정판사사건에 모두 연루된 유일한 피의자인 김창선을 분리 심판(뚝섬 사건에 피고 김창선을 분리하고, 뚝섬 사건 공판에 김창선은 증인이나 참고인으로도 소환되지 않음)

조평재(검사국기밀비 사건 관련 구속 · 변호인 낙마), 윤학기(재판 모독 징계 · 변론 금지 · 법조 프락치 · 월북 추정), 강중인(재판 배제 · 법조 프락치 · 월북 추정), 김용암(월북 추정), 한영욱(월북 추정), 오승근(중도 사퇴), 이경용(법조 프락치 · 월북 추정), 강혁선(법조 프락치 · 월북 추정), 백석황(법조 프락치 · 월북 추정) 등 변호인들은 최선을 다했으나 미군정의 방침과 경찰 · 검찰 · 법원 · 언론의 합동 공격 앞에 무기력할 수밖에 없었다.

조선공산당과 민주주의민족전선을 비롯하여 「조선인민보」「현대일보」「자유신문」「중앙신문」「독립신보」 등 좌익 · 중도 계열의 언론들도 고문 사실 등을 지적하며 수많은 의혹을 제기하고 보도하였으나 한계가 있었다. 피의자들에게 무기징역(이관술 · 박낙종 · 송언필 · 김창선), 징역 15년(신광범 · 정명환 · 박상근), 징역 10년(김상선 · 홍계훈 · 김우용) 등 중형이 선고되었다. 이 판결로, 공산주의자 등 좌익분자는 공식적으로 '국민과 민족을 배신한 존재'가 되었다. 조선정판사사건 판결은 당시 일

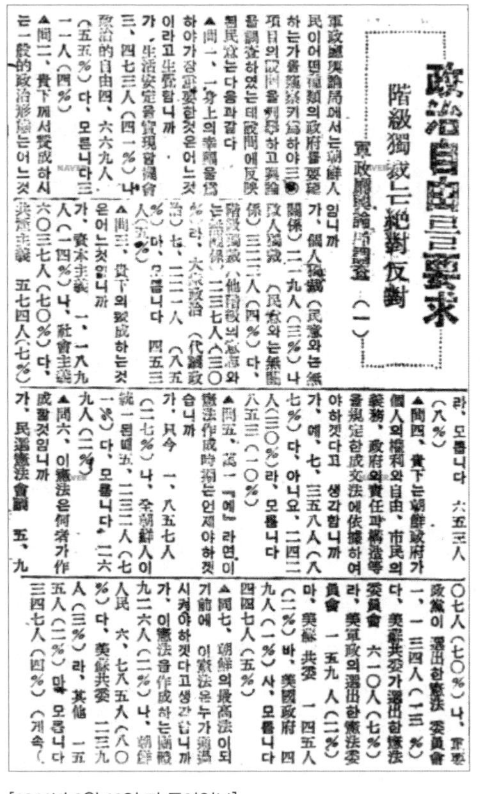

政治自由를要求

階級獨裁는絶對反對

軍政廳輿論局調査（一）

軍政廳輿論局에서는朝鮮人民이어떤種類의政府를要望하는가를確認키爲하야三〇項目의設問을判定하고輿論을調査하였는데設問에反映된民意는다음과같다

▲問一、一身上의幸福을爲하야가장重要한것은어느것이라고生覺합니까 가、生活安定을實現當選三、四七三人（四一%）나、政治的自由四、六六九人（五五%）다、모릅니다三一一人（四%）

▲問二、貴下께서贊成하시는一般的政治形態는어느것임니까 가、個人獨裁（民意와는無關係）二一九人（三%）나、政人獨裁（民意와는無關係）三三三人（四%）다、階級獨裁（他階級의意思와는無關係）二三七人（三〇%）라、大衆政治（代議政治）七、二二一人（八五%）마、모릅니다 四五三人（五%）

▲問三、貴下의贊成하는것은어느것입니까 가、資本主義 一、一八九人（一四%）나、社會主義 六〇三七人（七〇%）다、共産主義 五七四人（七%）라、모릅니다 六五三人（八%）

▲問四、貴下는朝鮮政府가個人의權利와自由、市民의義務、政府의責任과構造等을規定한成文法에依據하여야하겠다고 생각합니까 가、예、七、三五八人（八七%）다、아니요、二四二人（三〇%）라、모릅니다 八五三（一〇%）

▲問五、萬一『예』라면、이憲法作成時期는언제야하겠습니까 가、只今 一、八五七人（二七%）나、全朝鮮人이統一된때 五、二三二人（七一%）다、모릅니다、二六九人（二%）

▲問六、이憲法은何者가作成할것임니까 가、民選憲法會議 五、九〇七人（七〇%）나、政黨이選出한憲法委員會 一、一三四人（一五%）다、美蘇共委가選出한憲法委員會 六一〇人（七%）라、美軍政의選出한憲法委員會 一五九人（二%）마、美蘇共委 一四五人（二%）바、美國政府 四九人（一%）사、모릅니다 四四七人（五%）

▲問七、朝鮮의最高法이되기前에 이憲法은누가通過시켜야하겠다고생각합니까 가、이憲法을作成하는團體 九二六人（二%）나、朝鮮人民 六、七八五人（八〇%）다、美蘇共委 二三九人（三%）라、其他 一五五人（二%）마、모릅니다 三四七人（四%）（계속）

[1946년 8월 13일 자 동아일보]

반적인 여론과 배치되는 결과였다.

조선정판사사건 재판이 한창 진행 중이던 1946년 7~8월경, 미군정청 여론국은 '어떤 정부 형태를 원하는가'에 대한 여론조사를 실시했다. "귀하께서 찬성하시는 일반적 정치형태는 어느 것입니까?"라고 '정치형태'를 묻는 두 번째 질문에 '대중정치(대의정치)'가 85%라는 압도적 지지를 받았다. "귀하가 찬성하는 것은 어느 것입니까?"라고 '경제체제'를 묻는 세 번째 질문에는 자본주의(14%), 사회주의(70%), 공산주의(7%), 모릅니다(8%)로 나타났다.[11]

토지개혁을 실시하지 못했고(안했고), 식량문제, 적산 문제, 최악의 인플레이션, 극도의 저임금에 시달리는 노동자 문제, 친일파 처단 문제, 분단 문제, 모스크바 삼상회의 및 미소공위 문제 처리… 등으

11 정치자유를 요구, 「동아일보」, 1946.8.13.

로 인해 민심은 점령군 미군으로부터 이미 떠났다는 것이 여론조사 결과가 말해주고 있다. 조선의 인민들은 "미군정의 군부독재를 배제하고(정치) 북조선의 토지개혁(경제)을 찬성한다"는 의미였다. 군정청 및 GHQ(General Headquarters, 연합군 최고사령부)는 놀랐고 초조했을 것이다.

해방 후 대다수의 조선 인민들은 소련의 군대를 '해방군'으로 소련을 '은인의 나라'로 여겼고, 공산주의자와 사회주의자는 일제에 항거한 '독립지사 · 애국자'와 동의어로 인식되었던 것이 그 무렵의 여론이었다. 물론 소련을 악마화하는 세력도 있었다. 모스크바 삼상회의를 기점으로 김구 및 임정 세력이 극렬하게 반탁운동을 전개하고, 「동아일보」「대동신문」「조선일보」「한성일보」 등 극우 언론처럼 반소 · 반공 캠페인을 시도하는 부류도 있었다. 그들은 공산주의자 · 사회주의자 등을 콜레라나 장티푸스 등 전염병 같은 존재로 박멸해야 할 될 대상으로 지목하는 음모를 시도했다. 하지만 이들 극우 집단에 대한 여론은 그다지 호의적이지 않았다.

더욱이 좌익 세력의 반발이 들불처럼 일어났다. 「조선인민보」는 김구의 '광복군 9개 전승' 및 이승만의 '광산 스캔들' 등을 폭로하며, 우익 언론은 친일파와 민족 반역자들을 옹호하고 있다고 지적했다. 「해방일보」의 경우, "소위 임정의 자매 단체 광복군의 행사를 보라! 화북 일대의 우리 동포들은 엉터리 군비로 실업유리"(1946.4.5.) 등의 기사를 통해 가짜 채권을 발행하여 정치자금을 조성하는 자가 김구이며, 민족 분열과 분단의 원흉이 김구와 이승만 두 사람이라는 사실을 고발하는 기사를 보도했다.

조선정판사사건 조작은 미군정의 고민을 일거에 해소할 수 있는 황금의 카드였다. 경제 파탄의 모든 책임을 조선공산당에게 전가시킴으로써 그들을 민족배신자 · 매국노 · 악마로 만들자!… 실제로 그렇게 되었다. 조선정판사사건 조작은 조선공산당에 대해, 소련에 대해, 공산주의 혹은 사회주의에 대한 기존의 여론을 일거에 바꿀 수 있는 계기를 마련해 주었다.

정판사사건 이후 모든 것이 변했다. 조선공산당이 해체되었고, 박헌영 · 권오직(해방일보 사장)을 비롯한 주요 좌익 인사들은 월북하였으며, 수많은 사회주의자들이 지하로 잠적했다. 언론사 역시 처참한 현실에 부딪히게 된다. 「해방일보」를 시작으로 「조선인민보」 「중앙신문」 「현대일보」 「독립신보」 「자유신문」 「중외신보」 「우리신문」 등 좌익 · 중도 계열 신문이 폐간되거나 경영주가 바뀌어 우익 신문으로 전향하게 되었다(현대일보, 자유신문 등). 통신사의 경우도 마찬가지다. 해방 후 최초의 통신사로 출범했던 「해방통신」은 1947년 10월 18일 자로 폐쇄되었고, 외국 언론사(UP통신)와 처음으로 계약을 맺었던 「조선통신」은 경영주가 교체되어 우익 통신으로 변신하게 되었다. 이로써 조선 언론계에 좌익 혹은 중도를 표방하던 언론사는 거의 찾아볼 수 없게 되었다. 대부분 미군정 시기에 일어났던 사건들이다.

이제 '빨갱이'라는 신조어가 등장할 차례다. 대법원이 정판사사건에 대한 상고를 기각(1947.4.11.)한 지 100일쯤 지난 시점인 1947년 7월 29일, 「대한일보」가 · '빨갱이'라는 용어를 처음으로 사용하였다.[12] 그리고 같은 해 연말경 출간된 『백범일지』에 "예하면 이상룡(李尙龍)의 자

12 빨갱이들의 찬탁대회, 소낙비 맞고 흐지부지, 「대한일보」, 1947.7.29.

손은 공산주의에 충실한 나머지 아예 살부회(아비 죽이는 회)까지 조직하였다. 그러나 제 아비를 제 손으로는 죽이지 않고 회원끼리 서로 아비를 바꾸아 죽이는 것이라 하니 아직도 사람의 마음이 조금은 남은 것이었다."라는 글이 실림으로써 "공산주의자들은 위조지폐를 제작하여 경제계를 교란함으로써 친일파, 민족 반역자와 동열에 서게 되었으며, 공산당은 아버지를 죽이는 모임까지 조직한 천인공노할 집단"이 되어 버렸다.

이듬해인 1948년부터 '빨갱이'라는 용어는 「동아일보」「부인신문」「자유민보」 등을 통해 확산된다. 이제 공산주의자를 지칭할 때 '빨갱이'로 표현하는 것이 일반화된 것이다. 특히 제주4 · 3사건, 여순 사건 등을 통해 "공산주의자는 어떤 비난을 받더라도 감수해야만 하는 존재, 죽음을 당하더라도 감수해야만 하는 존재, 죽음을 당하더라도 마땅한 존재, 누구라도 죽일 수 있는 존재, 죽음을 당하지만 항변하지 못하는 존재"가 되었다.[13]

공산주의 및 사회주의에 대한 부정적인 여론 조성에 어느 정도 성공한 미군정은 다음 차례로 공산주의를 소멸시키기 위한 '법'을 제정하였다. 《국방경비법》이란 법이다. 김윤경에 따르면, 미군정은 1948년 7월 《국방경비법》을 제정하였고 1962년 6월 폐기될 때까지 14년간 시행되었는데 이 법에 의해 4,462명이 사형선고를 받은 바 있다. 남한만의 단독선거 후 미군정으로부터 정권을 이양한 이승만 정권은 제헌헌법 제12조[14]에 양심의 자유만 포함시킴으로써 사상의 자유가 없는 《헌법》을

13 김덕중, 『'빨갱이'의 탄생, 여순사건과 반공 국가의 형성』, 선인, 2009, p.604.

14 제헌헌법 제12조 모든 국민은 신앙과 양심의 자유를 가진다. 국교는 존재하지 아니하

공포하고 말았다. 그리고 여순 사건 직후인 1948년 12월 1일, 《국가보안법》을 제정하여 자신의 권력을 강화하는 무기와 방패로 사용하였다. 한편, 쿠데타가 성공한 지 한 달 남짓 지난 1961년 7월 3일, 박정희 군부는 《반공법》을 제정하여 《국가보안법》과 적절히 혼용하면서 박 정권의 영구 집권 초석으로 운용한 바 있다.

《국방경비법》《국가보안법》《반공법》 등 3대 악법은 경찰, 검찰, 중앙정보부(안기부 · 국정원), 군부 등의 무기로 활용되어 민간인 학살 및 공안 · 조작 사건에 면죄부를 주는 역할을 하게 된다. 이들 사건 중 무수히 많은 사건이 재심을 통해 무죄가 선고되었는데, 사형 집행 후 재심 무죄로 명예가 회복된 대표적인 사례는 아래와 같다.

① 최능진(1948 국방경비법 위반 사건→ 2015 무죄)

② 조봉암(1958 간첩 누명→ 2011 무죄)

③ 심문규(1959 이중간첩 사건→ 2012 무죄)

④ 조용수(1961 민족일보 사건→ 2008 무죄)

⑤ 권재혁(1968 남조선해방전략당 사건→ 2014 무죄)

⑥ 이수근(1969 이중간첩 사건→ 2008 무죄)

⑦ 박노수 · 김규남(1969 유럽 거점 간첩단 사건→ 2012 무죄)

⑧ 서도원 · 김용원 · 이수병 · 우홍선 · 송상진 · 여정남 · 하재완 · 도예종(1974 인혁당 사건→ 2007 무죄)

며 종교는 정치로부터 분리된다.([시행 1948.7.17.] [헌법 제1호, 1948.7.17., 제정])→ 제19조 모든 국민은 양심의 자유를 가진다. 제20조 ①모든 국민은 종교의 자유를 가진다.②국교는 인정되지 아니하며, 종교와 정치는 분리된다.([시행 1988.2.25.] [헌법 제10호, 1987.10.29., 전부 개정])

⑨ 진항식 · 김상회(1979 삼척 고정간첩단 사건→ 2014 무죄)

⑩ 김정인(1981 진도 가족간첩단 사건→ 2012 무죄)

이러한 비극의 뿌리가 정판사사건의 조작이라고 본다. 이 사건을 조작하지 않았거나 실패했다면, 미군정의 공산주의 악마화는 성공하지 못했을 것이며 우리 사회에서도 사상의 자유를 누릴 수 있었을 것이다.

따지고 보면 승리자는 늘 미국뿐이었다. 일제와의 2차 세계대전에선 미국 · 소련 · 영국 · 중국 등 연합국의 승리라고 알려졌지만, 최종 승리자의 몫은 미국이었다. 일제 강점기 시기 조선 민중들은 독립을 위해 치열하게 투쟁했고, 종전 후 분단을 막고자 단선단정 반대투쟁을 하며 저항했던 남조선 인민들에게 미국은 점령군으로서의 권력을 행사할 뿐이었다. 결국 1945년 이후의 역사는 승자인 미국의 시각으로 쓸 수밖에 없었다는 결론이 나온다. 특히 3년 가까이 끌어온 미군정기의 역사는 조작과 은폐로 점철된 것으로 보아도 무방할 것이다.

미군정이 정판사사건 조작을 통하여 '공산주의 박멸'이라는 소기의 목적을 달성했다고 보면, 이 사건에 동원된 경찰관 · 검사 · 판사 그리고 피해자들인 피의자들과 변호인들은 어떻게 되었을까? 피해자들은 물론이고 가해자 역시 대부분은 그리 흡족한 삶을 누리지 못했다.

10명의 피의자들은 10년 이상 장기형이 언도되었기 때문에, 1950년 6월 28일부터 7월 16일까지 대한민국 군경이 대전형무소에 수감된 좌익 사범, 재소자, 미결수, 보도 연맹원 등을 인근 산내면 야산에서 학살한 사건처럼 대부분 학살당한 것으로 추정된다. 9명의 변호사 중 조평제 · 오승근을 제외한 7명의 변호사들은 법조 프락치 사건에 연루되는 등 고초를 겪다가 결국 북조선을 택해 월북하고 말았다. 전향한 두 변호사의 경우 남쪽의 법조계 변두리에서 활동하다가 삶을 마감하고 말았다.

악역을 도맡았던 중부경찰서 소속 6명(경위 최난수 · 경위 김원기 · 경위 현을성 · 경사 김성환 · 경사 이희남 · 경사 조성기)은 정판사사건 검거 수훈으로 대공장(大功章)이 수여되었을 뿐, 이들 대부분은 이런저런 이유로 감옥 생활을 맛보게 되며, 진급 혜택도 그리 누리지 못하다가 경찰 생활을 마감하고 말았다.

담당 판사는 주심 양원일(梁元一, 1912~1949), 배석 김정렬(金正烈, 1907~1974), 최영환(崔榮煥, 1911~1949), 이봉규(李奉奎, 1916~1950?) 등인데, 이들 중 유일하게 김정렬만이 한국전쟁 이후에도 생존했다. 나머지 3명은 피살, 익사, 실종 등으로 천수를 누리지 못했다.

공판 판사들이 자의건 타의건 대부분 법조계를 떠난 것과 마찬가지로 조재천(曺在千, 1912~70)과 김홍섭(金洪燮, 1915~65), 두 명의 검사들도 일찌감치 검찰을 떠난다. 하지만 경찰 · 법관과 달리 이 두 사람은 생애 대부분을 화려하게 지냈다. 공판에 대한 불만을 간접적으로 표시했지만 결국 정판사사건에 대해 침묵을 선택한 김홍섭은 대법원 판사, 대법관 직무대리(1960) → 혁명재판소 상소심 심판관, 광주고법 법원장(1961) → 서울고법 법원장(1964) 등을 지내다가 작고했다.

조재천은 정판사 관련자들 중 가장 화려한 삶을 살았다. 빨갱이로부터 나라를 구한 영웅 대접을 받고 있다가 정계에 투신한 그는 제3대 민의원의원(달성군, 1954~58, 민주국민당)을 시작으로 제4대 민의원(대구 정, 1958~1960, 민주당), 제5대 민의원(대구 정, 1960~61, 민주당), 제6대 국회의원(전국구, 1963~67, 민주당) 등 4선을 했으며 그 외 제11대 법무부 장관(1960.8.23.~61.5.2.), 제25대 내무부 장관(1961.5.3.~5.18.) 등 장관직을 두 번 역임했다. 이러한 경력을 쌓으면서 그는 이승만 독재정권 그리고 박정희 군부 정권과 싸우는 야당 투사로 대중들에게 알려지기 시작했다.

김구를 포함해 김구와 관련된 인물 네 사람(김구 · 이원재 · 이시영 · 안미생)의 실명이 정판사사건에 등장한다. 대한독립촉성국민총동원 뚝섬위원회 조직위원장이었던 이원재는 1946년 5월 4일 구속되었으나 6월 20일 석방된 이후 그의 종적은 묘연(杳然)하다. 검사는 그를 기소하지 않았고, 심지어 재판부는 증인 혹은 참고인 소환을 주장하는 변호인들의 요청마저 묵살했다. 그 후 어떤 언론에도 자료에도 이원재의 흔적은 보이지 않는다.

한편, 사건 당사자는 아니지만 안미생의 실종은 정판사사건을 기이한 미스터리 사건으로 보이게 만든다. 입원 중인 김구를 대신해 중부경찰서에 출두했던 이시영 · 안미생은 변호인들에 의해 증인 소환 대상이 되었으나 검 · 판사에 의해 기각되었다. 그 후 이들은 사망할 때까지 정판사사건에 대해 전혀 언급하지 않았고 어떠한 글도 남기지 않았다. 침묵을 선택한 것이다. 김구의 장남 김인의 처, 김구의 며느리, 안중근의 조카, 안중근의 동생 안정근의 딸 등으로 익히 알려진 안미생에 관한 정보는 상상외로 극히 제한적이다. 1945년 11월 23일, 안미생은 시아버지이자 임정 주석인 김구와 함께 환국하였다. 귀국 후 김구와 엄항섭을 비롯한 임정 요인들의 곁에는 늘 안미생이 있었다. 하지만 정판사사건이 일어난 1946년 5월 이후 안미생은 입법 의원의장(김규식)의 영문비서를 하는 등 한독당 · 임정 세력과 거리를 두기 시작했고, 1947년경부터는 아예 주거지를 강원도 홍천으로 옮겨 새로운 인생을 설계하기 시작했다.

시아버지 김구와 거리를 두던 중 시동생 김신이 1947년 9월 2일 부산에 도착했다. 안미생은 부산항으로 달려갔다. 그곳에는 2년 전 친정 부모(안정근 내외)에게 맡기고 헤어진 외동딸 효자(1942년생)가 이제 여섯 살 재롱둥이가 되어 삼촌과 함께 어머니를 기다리고 있었다. 그러나 안미생은 시아버지와 시동생 그리고 어린 딸을 두고 미국으로 떠나 버렸다. 그녀는 2008년 뉴욕 플러싱(퀸스)에서 향년 90세로 작고할 때까지 60년 동안 고국을 단 한 번도 방문하지 않았다. 안미생의 딸도 마찬가지다. 어머니와 다시 헤어져 삼촌과 박병래라는 의사의 보살핌 속에서 서울대 조소과를 졸업한 효자는 중화민국(현재의 대만) 대사로 있던 김신이 타이베이(臺北)로 데려와 2년간 함께 지냈다. 김신에 따르면, 이 무렵 형수로부터 갑자기 요청이 와 미국으로 유학을 보냈고, 잘 도착했다는 연락을 받은 후 그 후 소식이 완전히 끊겼다 한다.

김신은 그 뒤에도 미국에 갈 기회가 있을 때마다 형수와 조카의 소식을 알아보려고 백방으로 노력했으나 전혀 연락이 안 된다고 했다. 안미생이 다니던 가톨릭 성당에 가서 물어봐도 모두 소식이 끊어졌다는 말만 들었다 했다. 안미생과 함께 그녀의 딸 김효자도 사라진 것이다. 보훈처에 의하면 이들 모녀의 남편이자 아버지인 김인(1943~1945, 건국훈장 애국장)에 대한 훈장 연금조차 수령하지 않고 있다고 한다. 한국과의 인연을 완전히 차단한 것이다. 이들 모녀가 이처럼 조국을 외면한 까닭은 과연 무엇이었을까?

토인비는 "인류에게 있어 가장 큰 비극은 지나간 역사에서 아무런 교훈도 얻지 못한다는 데 있다."라는 말을 남겼다. 전통적으로 역사학은 승자에 대해서는 승리나 성공의 원인을, 패자에 대해서는 실패의 원인을 찾아서 부각했다. 원인 탐구와 교훈 전달을 중요하게 여겼기 때문이다. 승자 또는 기득권이 기록을 독점하여 역사를 가르쳤다는 얘기다. 이렇게 일방적으로 전달된 역사가 진실일 수 없다. 승자에 가려진 저항의 기록 그리고 패자 또는 소외된 계층의 역할과 목소리를 함께 기록해야 진실에 접근할 수 있다고 본다. 역사를 가르치기 이전에 역사에 관한 정확한 정보를 정직하게 제공하고, 그 후 토론과 합의를 통해 역사의 교훈과 가르침을 구해야 된다고 믿는다.

경찰과 함께 공동 수사를 진행했던 CIC는 정판사사건에 대한 수사 기록을 남기지 않았다.(어쩌면 아직 기밀해제가 되지 않았는지 모른다.) 그 외 FRUS(Foreign Relations of the United States), SWNCC(State-War-Navy Coordinating Committee), 미군정기 자료 주한미군사, 미군정기 군정단 군정중대 문서, UN의 한국 문제 처리에 관한 미국무부 문서, 유엔한국임시위원단 관계 문서 등 미국이 작성한 문서 중 정판사사건 관련 자료는 극히 제한적이다. 따라서 이 책은 해외 자료보다는 국내에서 발간된 각종 신문을 보다 비중 있게 인용할 수밖에 없었다. 독자들의 이해를 돕기 위해 「해방일보」「노력인민」「조선인민보」「현대일보」「자유신문」「중앙신문」「독립신보」 등 좌익·중도 계열과 「동아일보」「한성일보」「대동신문」「조선일보」 등 우익계 신문의 보도를 비교하며 저술하였다. 같은 사안을 두고 진영에 따라 어떻게 보도하였는지 그 진실 여부는 독자들이 판단할 수 있으리라 본다.

정판사사건은 사안의 중요성에 비해 연구 실적이 미미한 편인데, 임성욱의 박사 학위 논문 〈조선정판사 위조지폐 사건 연구〉가 거의 유일한 논문이다. 이 책은 임 박사의 논문을 기초로 해 쓰였다. 정판사사건은 최근 진행되고 있는 검찰, 사법, 언론개혁의 데자뷔다. 증거 없이 증언에만 의존하는 재판, 기소편의주의, 기소독점주의, 증거 조작, 고문, 양심 고백, 모해위증, 검사와 판사의 야합, 언론의 일방적 보도 등 현재 거론되고 있는 경찰 · 검찰 · 사법 · 언론의 문제 대부분이 정판사 사건에 모두 포함되어 있음을 확인할 수 있을 것이다.

마지막으로 『소위 '정판사위폐사건'의 해부를 통해 본 사건의 실체』 전문을 부록을 통해 소개하였다. 당시 변론을 담당했던 김용암 변호사의 작품으로 추증되지만 박수환이란 가명으로 출판된 책이다. 이 자료를 통해 정판사사건의 실체에 보다 가깝게 접근할 수 있으리라 본다.

2023년 여름

지은이 김상구

차례

3부 재판 이후

표 목차

자세히 읽기 목차

부 록

소위 '정판사위폐사건'의 해부를 통해 본 사건의 실체

1부

여론과 미군정의 대 좌익 정책

01

미군정, 언론의 자유를 선포하다

하지 중장이 이끄는 미24군단은 점령군과 해방군이라는 두 가지 상반된 성격을 띠고 있었다. 그들은 "본관 휘하의 전첩군(戰捷軍)은 본일(本日) 북위 38도 이남의 조선 지역을 점령함"[1] "연합군에 대하여 고의로 적대 행위를 하는 자는 점령군 군율 회의에서 유죄로 결정한 후 동회의의 결정하는 대로 사형 또는 타(他) 형벌에 처함"[2]이라고 공포한 바와 같이 점령군으로서의 위세를 보였다. 하지만 "환영 연합군 · 조선 독립 만세" "WE WELCOME OUR FORCES INTO SEOUL"[3]등의 제목으로 미군의 상륙을 환영하는 기사와 "WELCOME ALLIED FORCES!"[4] 라는 환영사로 보도한 것처럼 대부분의 한국인들은 일제로부터 한국을 해방시킨 자유의 수호자로서의 모습을 기대했던 것이다.

미군정의 경제정책은 하루가 다르게 변경되었고, 언론 정책 역시 몇 차례나 바꿈으로써 미군정에 대한 우리의 인식을 혼란스럽게 한다. 1945년 9월 11일, 조선 주둔군 총사령관 하지는 시정방침을 통해 언론

1 《포고 제1호》

2 《포고 제2호》

3 하지 장군 휘하 미군 8일 인천상륙, 「매일신보」, 1945.9.8.

4 외치는 만세, 모이는 군중, 「조선인민보」, 1945.9.8.

의 자유에 대한 미군정의 방침을 피력했다.

미군이 진주해 온 후인 현재 조선에는 문자 그대로의 절대한 언론 자유가 있는 것이다. 미군은 조선 사람의 사상과 의사 발표에 간섭도 안 하고 방해도 안 할 것이며 출판에 대하여 검열 같은 것을 하려 하지도 않는다. 언론과 신문의 자유는 여러분들을 위하여서 대중의 논(論)을 제기하고 또한 여론을 소소하게 알리는 데 그 직능을 다 해야 할 것이다. 이와 같이 미군은 언론 자유에 대하여 취재를 방해하고 검열을 하려 하지는 않으나 그것의 정당한 의미의 치안을 방해하는 것이라면 이런 경우는 별도로 강구하려 한다. 그러나 나는 이러한 필요까지는 없으리라고 믿는다.[5]

다 美軍이 進駐해온後인 現在朝鮮에는 文字그대로의 絶對한 言論自由가 잇는것이다 美軍은 朝鮮사람의 思想과 意思發表에 干涉도안하고 妨害도아할것이며 出版에 對하여 檢閱가튼것을하려하지도안는다 言論과 新聞의自由는 여러분들을爲하여서 大衆의論을 振起하고 또한 輿論을昭々하게알리는데 그職能을다해야할 것이다 이와가치 美軍은 言論自由에對하야 取材를妨害하고 檢閱을하려하지는아흐나 그것의正當한意味의治安을妨害하는것이라면 이런[illegible]別途로講究하려한다 그러나 나는이

言論、結社等은自由

헤이워—드中佐 所信을披瀝

〈그림1: (좌)1945년 9월 12일 자 매일신보 1면, (우)같은 신문 2면〉

5 하지, 기자회견에서 미군 施政方針을 발표, 「매일신보」, 1945.9.12.

하지는 "현재 조선에는 문자 그대로 절대적인 언론 자유가 있다"고 언론의 자유를 강조하는 한편 언론의 역할로 첫째, 대중의 여론을 알릴 것, 둘째, 대중을 지도하는 여론을 일으킬 것, 셋째, 국민의 여론을 계발 지도하기에 전력을 다할 것 등을 주문했다. 이튿날인 9월 12일, 미국 군사령부의 신문보도 책임자인 헤이워드 중령은 전날 발표된 언론에 관련된 하지의 시정방침을 보다 구체적으로 언급했다. 다음은 발언 내용이다.

어제 이 자리에서 하지 중장께서 여러 가지로 말씀하였기 때문에 나는 더 부연할 필요는 없을 줄 안다. 그러나 신문 방송 등 보도 관계에 대하여 서로 좀 더 명확한 규정을 하려 한다. 언론의 자유는 절대로 보장하겠다. 그리고 연합군에 불리한 것 이외에는 계출이나 검열은 받지 않더라도 관계없다. 그러나 언론의 자유라고 하여도 조선 독립을 방해하는 것은 이에서 제외될 것은 당연한 일이다. 다음으로 결사에 있어서는 현재 있는 단체는 대체로 시인된 것으로 보아도 좋을 것이다. 그리고 집회도 자유이나 집회장에서 당파 싸움으로 분쟁을 일으키거나 민중을 충동시켜 직접 행동하는 일이 있다면 이것은 억압될 것은 당연한 일이다. 요는 당자들의 자각과 책임 여하에 있다고 생각한다.

끝으로 나는 어느 단체나 어느 개인이 서로 공격하는 일에는 귀를 기울이지 않겠다. 다만 어떠한 사건이 발생하였을 때에는 먼저 누가 어느 때 어디에서 어떠한 일을 하였다는 것을 적당하게 말하여 주기 바란다. 그리고 여러분은 항상 조선 3천만 민중이 어느 계급을 물론하고 각계각층의 부르짖음과 생각하고 있는 바를 솔직하게 말하여 주면 감사하겠다. 지도층의 소리도 필요하지만, 길거리에서 소제하는 소제부나 호텔에서 빵을 굽고 있는 쿡의 외침도 듣고 싶다.[6]

"연합군에 불리한 것"이라는 단서 조항이 있지만, 아무튼 언론의 자유와 집회 결사의 자유를 보장하겠다는 헤이워드의 소신은 주목할 만하다. 이와 같은 미군정의 언론정책은 1945년 10월 30일 공포된《군정법령 제19호, 노동의 보호, 언론 출판 등의 등기》에 의해 제도적 뒷받침이 확립되었다.

〈자세히 읽기-1〉

[군정법령 제19호, 노동의 보호, 언론출판 등의 등기(1945.10.30.)]

1, 국가적 비상시의 선언

2, 노무자의 보호

3, 폭리에 대한 보호

4, 민중의 복리에 반한 행위에 대한 공중의 보호

5, 신문 기타 출판물의 등기

6, 벌칙

6 미군 신문보도책임관, 기자단 회견에서 언론 결사 등 소신 피력, 「매일신보」, 1945.9.12.

7, 본령의 시행기일

제5조 신문 기타 출판물의 등기

언론의 자유 급 출판의 자유를 불법 또는 파괴 목적에 악용하지 않고 유지 보호하기 위하야 조선 북위 삼십팔도 이남에서 자연인 또는 법인이 후원, 소유, 지도, 관리 또는 지배하는 서적, 소책자, 서류 기타 독물의 인쇄에 종사하는 모든 기관의 등기를 자에 명함. 여사한 등기는 본령 시행 후 십일 이내에 완료하고 신 출판물에 관하야는 기 발행 전 십일 이내에 완료할 것, 등기에는 좌기 사항을 기술한 서류 이통을 등기우편으로 재경성조선군정청에 제출할 것

발행자의 명칭, 인쇄 급 발행의 장소, 발행에 종사하는 자의 씨명, 발행자를 후원, 소유, 지도, 관리, 지배하며 또는 해 기관, 기 사업, 복 경영 또는 출판물의 내용에 관하야 발언권을 유한 자의 씨명, 사용 또는 사용하려는 모든 인쇄 급 발행권 양식의 정확한 설명, 현물의 사, 각 인쇄물의 내용 급 대소, 발행자의 사업, 경영, 능력을 표시하기 위하야 기 재정적 후원, 자본, 자금, 재산, 현재 소지한 급박 필요품, 기 장래의 구입선, 기관 또는 사업에 재정적 관계가 있는 각인의 씨명 또는 주소

1945년 10월 30일

재조선미국육군사령관의 지령에 의하여

조선군정장관

미국육군소장 A. B. 아널드

미군은 군정법령의 상위법인 포고령을 통하여 점령군으로서 군사 통치를 표방하였지만, 그들의 초기 언론 정책은 미국식 언론의 자유를 표방하였다. 신문 기타 출판물의 등기 제도를 법제화함으로써 형식상의 언론 자유를 보장하였던 것이다. 이쯤에서 해방 무렵 언론사 현황을 살펴보기로 하자.

일제는 태평양 전쟁을 일으키기 전인 1939년부터 일본과 조선에서 발행되는 모든 신문에 대한 통합을 강행했는데 일본에서는 1현 1지(一縣一紙), 조선의 경우 1도 1지(一道一紙)[7]의 원칙을 적용하여 대대적인 통폐합이 이루어졌으며, 이 와중에 「동아일보」와 「조선일보」도 1940년 8월에 폐간되었다. 한편 총독부 기관지 「매일신보」만 제외하고 모든 신문은 일본어로 발행되었는데, 이로써 「매일신보」만이 우리말로 발행되던 유일한 일간지로 남게 되었다.[8]

전쟁이 끝난 뒤 권력의 공백 상태에서 정치집단이 가장 먼저 시도한 것은 정치기반 확대와 조직을 뒷받침할 신문을 발행하는 일이었다. 사회주의 계열이 앞서 나갔다. 통신사의 경우 1945년 8월 17일, 일제하의 일본 「도메이통신(同盟通信)」 경성지사에 근무하던 김진기(金鎭琪)를

7 1945년 8월 15일 기준 조선에서의 신문발행 상황은 다음과 같다.
①경성일보(서울, 1906.9.1.~45.12.11.) ②매일신보(서울, 10.8.30~45.11.11.) ③조선상공신문(서울, 20.11.29.~45.11.) ④부산일보(부산, 07.10.1.~45.8.) ⑤대구일일신문(대구, 41.5~45.9.) ⑥전남신보(목포, 41.2.11.~45.8.) ⑦전북신보(군산, 41.5.31.~45.8.) ⑧중선일보(대전, 36~45.10.28.) ⑨평양매일신문(평양, 22~45.8) ⑩황해일보(해주, 38.3.~45.8.) ⑪북선매일신문(함흥, 41.5.1~45.8.) ⑫청진일보(청진, 40.10.12.~45.8.) 〈김태현, 광복 이전 일본인 경영 신문에 관한 연구, 2006.2, 한국외국어대 석사학위 논문〉 재인용

8 정진석, 해방공간의 언론, 「신문과 방송」, 95/1

중심으로 20여 명의 한국인 사원들이 「도메이통신」 사옥(소공동 테일러 빌딩)과 통신기기 및 집기 일체를 인수받아 「해방통신」이 설립되었다. 대표 김진기, 총무 홍종생 · 백병흠, 외신 담당은 송영훈이었다.[9]

그리고 1945년 9월 4일, 김승식(金丞植, 사장), 김용채(金容彩, 부사장 겸 발행인), 이종기(李鍾棋, 편집국장) 등에 의해 서울 종로2가 장안(長安)빌딩에서 「조선통신사(朝鮮通信社)」가 설립된다. 창간 당시에는 라디오 수신기로 외신을 받아 번역한 「라디오 외신」과 내신만으로 통신을 발행하다가, 같은 해 10월 27일 UP통신사와 수신 계약을 체결함으로써 한국 최초로 외국 통신을 받아들이게 되었다.[10]

「해방통신」「조선통신」 등 좌익성향의 통신사 설립에 이어, 미군이 인천에 상륙하던 날인 1945년 9월 8일, 조선총독부 기관지였던 「경성일보(京城日報)」에서 나온 좌파 기자들이 타블로이드판 국문신문 「조선인민보」를 창간하였다. 이 신문은 8 · 15광복 이후 서울에서 가장 먼저 설립된 일간신문이다. 「조선인민보」는 등사판 삐라 같은 신문이 난무하던 때에 본격적인 활판인쇄의 비교적 세련된 편집으로 주목을 끌었다. 처음에는 발행인이 김정도(金正道)[11]였으나, 10월 하순부터 편집 겸 발행

9 〈해방통신(解放通信), 한국민족문화대백과사전〉

10 〈조선통신(朝鮮通信), 한국민족문화대백과사전〉

11 김정도는 1945년 10월 23일 개최된 전조선기자대회에서 조선인민보 사장 자격으로 선언문을 낭독하였는데 이듬해 4월 19일 창간된 중외신보(中外新報)의 편집국장이 되었다가 9월 20일 자로 퇴임하고 월북하여 평양에서 발행된 민주조선의 편집국장에 취임했다. 〈정진석, 해방공간의 좌익언론과 언론인들〉 재인용

인이 좌파 언론계의 거물인 홍증식(洪增植)[12]으로 바뀌었다.[13]

그 후 동 신문은 조선인민공화국의 기관지임을 자임했다. 「조선인민보」에 관계했던 인물들로는 김정도 · 홍증식을 비롯하여 편집국장은 김오성(金午星)[14]이었다.

12 일제 강점기 때부터 사회주의 언론인의 중심인물로 3개 민간지의 영업국장을 역임한 경력을 지녔다. 경기도 고양 출신으로 보통학교 졸업 후 독학으로 공부했다. 1915~20년에는 주로 북경에 체재하였으나 서울 상해 등지를 왕래하면서 이시영, 이동녕, 조성환 등과 접하며 독립운동에 참여했다. 1920년 2월 노동문제연구회에 참가했고 4월에는 조선노동공제회 창립 회 원으로 교육부 간사가 되었다. 1921년 1월 서울청년회 창립 위원을 거쳐 3월에는 조선노동공제회 총간사를 맡았는데 이해 9월 동아일보사에 입사하여 영업국장으로 재직하다가 1924년 5월 이상협과 함께 퇴사하여 1925년 조선일보 영업국장이 되었다. 그동안인 1925년 4월에는 고려공산청년회 중앙집행위원이 되었고 조선공산당 사건으로 복역하고 나온 후 1934년 6월 여운형이 조선중앙일보를 주식회사로 만들 때 취체역 영업국장이 되었다. 홍증식이 조선인민보 사장에 취임한 후 신문의 논조는 극좌로 기울었다. 신탁통치를 찬성하고 임시정부와 우익을 공격하는 기사를 게재했다가 여러 차례 우익 데모대의 습격을 받았고, 미군정을 비난했다는 이유로 재판에 회부된 일도 있었다. 〈정진석, 해방공간의 좌익언론과 언론인들〉 재인용

홍증식(1895~ ?) (고려공청 중앙집행위원) 충북 옥천에서 태어났다. 대한제국 시기 궁내부 관리를 지낸 홍승범의 아들로서 이지용 백작의 처조카다. 1905년 상경하여 보성소학교에 입학했다. 졸업 후 보성중학에서 1년간 수학했다. 1914년 도쿄로 유학을 갔으나 학비 부족으로 중도에 포기했다. 1915년 중국으로 건너가 북경에 거주하면서 이시영, 이회영, 이동녕과 교유했다. 1919년 3월 귀국하여 1920년 4월 조선노동공제회 결성에 참여했다. 1921년 1월 서울청년회 결성에 참여했고 10월 「동아일보」 영업국장이 되었다. 1923년 6월 꼬르뷰로(조선공산당 중앙총국) 국내부 조직에 참가했으며 7월 사상단체 신사상연구회 결성에 참여했다. 1924년 4월 동아일보를 나와 9월 조선일보 영업국장이 되었다. 1925년 4월 「조선일보」 대표 자격으로 고려공산청년회 결성식에 참석하여 전형위원, 중앙집행위원, 조사부 책임자로 선임되었다. 11월 제1차 조선공산당 검거 사건 때 체포되어 1928년 2월 경성지법에서 징역 4년을 선고받았다. 1946년 2월 민주주의민족전선 결성 대회에 참여했고, 이후 민전 자격심사위원, 중앙위원, 사무국장을 역임했다. 〈강만길 · 성대경 엮음, 『한국사회주의운동 인명사전』, 창작과비평사, 1996, p.553.〉

13 정진석, 해방공간의 언론, 「신문과 방송」, 95/1

14 김오성은 1946년 4월 말 군정포고 위반으로 사장 홍증식과 함께 재판에 회부되어 징역 90일과 벌금 3만 원의 실형을 언도 받은 뒤 편집고문으로 물러앉으면서 인민당 선전부

장이 되었다. 그러나 형 집행이 유예되어 있다가 9월 1일 구속되어 12월 1일 만기 출옥하였다. 그는 20일 후인 다음 해 1월 19일 또다시 구속되었으나` 이번에는 민전(조선민주주의민족전선) 선전부장으로서 포고 제2호와 군정법령 19호를 위반한 혐의였다. 〈정진석, 해방공간의 좌익언론과 언론인들〉 재인용

김오성(1908~ ?) (조선농민사 상임이사) 평북 용천 출신으로, 도쿄에서 니혼대학(日本大學) 철학과를 졸업하고 잡지「대중지광」 발행에 참여했다. 1926년경 용천 소작쟁의를 지도했다. 1927년 도쿄에서 학생독서회 사건으로 검거되었다. 1928년 7월 용천군 부나면 세도농민사에서 주최한 강연회에서 농촌문제, 사회상과 농민의 지위라는 강연을 했다. 1931년 11월 일본 도쿄 농민사 주최 강연회에서 해당배의 농민운동과 그 본질이라는 강연을 했다. 이 무렵 도쿄에서 천도교 종리원의 청년활동을 지도했으며, 1932년 귀국하여「농민」,「신인간」을 편집했고 조선농민사 상임이사가 되었다. 이후 검거되어 1934년 8월 예심에 회부되었다. 1936년 2월「조선일보」에 능동적 인간의 탐구를 발표했다. 조선프롤레타리아예술동맹(KAPF) 해체 이후 대두된 휴머니즘에 관한 논쟁에서 네오휴머니즘을 제시했다. 1938년에서 1939년까지「동아일보」「조선일보」와 각종 잡지에 문학과 철학에 관한 글을 발표했다. 1940년경에는 문학에서의 세대 논쟁에 참여하여 신세대의 개념이라는 글을 발표하고 딜타이류의 생의 철학으로서 세대론을 주장했다. 1943년 조선문인보국회 수필 · 평론부의 평의원으로 선출되었다. 해방 직전 건국동맹에 가입했다.

(남로당 중앙위원) 1945년 8월 건국준비위원회에 관여하고 조선문학건설본부 결성에 참여했다. 9월 조선프롤레타리아예술동맹 결성에 참여했다. 11월 조선인민당 선전부장을 맡고 전국인민위원회 대표자대회에 강원도 북부 대표로 출석했으며 조선인민당을 대표해 축사를 했다. 12월 조선문학가동맹 결성에 참여했다. 1946년 2월 민주주의민족전선 준비위원회 사무국 산하 조사부에 소속되었다. 민전 결성대회에 조선인민당측 대의원으로 출석하여 중앙위원 및 사무국 선전부장을 맡았다. 당시 조선인당 선전부장으로서 당내의 좌파적 입장을 대변하여 민전5원칙에 대한 지지를 표명했다. 같은 달 조선문학가동맹 주최로 개최된 제1차 전국문학자대회에서 중앙집행위원 및 평론부 위원이 되었다. 조선인민당 내 조공 프랙션 성원이었다. 5월「조선인민보」 편집국장으로서 당국에 대한 비방 혐의로 군정 재판에 회부되었다. 7월『지도자군상』을 저술했다. 8월 미군정에 의해 좌익에 대한 대대적인 체포령이 내려진 후 검거되어 징역 3월을 선고받았다. 12월 남조선노동당 중앙위원이 되었다. 1948년 8월 해주에서 열린 남조선인민대표자대회에 참석하여 제1기 최고인민위원회 남조선 대의원으로 선출되었다. 1953년 종파분자로 지목되어 숙청당했다. 〈강만길 · 성대경 엮음,『한국사회주의운동 인명사전』, 창작과비평사, 1996, pp.97~98.〉

편집위원에는 김정록(金正錄)[15], 유중렬(柳重烈)[16], 한상운(韓相運) 그리고 고재두(高在斗), 한효(韓曉)[17], 임화(林和.)[18] 등이 있었다. 그 외

15 김정록은 1935년 1월 일본상업통신사 진남포 지국장이었고, 조선인민보가 폐간된 뒤인 1947년 4월에는 공립통신 취재부장으로 재직하였다. 〈정진석, 해방공간의 좌익언론과 언론인들〉 재인용

16 유중렬은 사회부장이었는데 1946년 9월 6일 조선인민보가 정간당할 때 미군 헌병대에 체포되었다가 13일 석방되어 그 후 조선통신 사회부장으로 자리를 옮겼고 조선언론협회의 선전부 차장에 선임되기도 했다. 〈정진석, 해방공간의 좌익언론과 언론인들〉 재인용

17 한효는 무슨 직책이었는지 확실하지 않지만, 제1회 기자 대회 때 조선인민보 소속으로 참석했는데 오래지 않아 평양으로 가서 민주조선 편집국장이 되었다. 한상운은 정리위원이었다. 1946년 7월 1일 임화가 주필이 되던 날부터 판권에 정리위원으로 한상운의 이름이 기재되었는데 편집국장 역할이었던 것 같다. 20일 후인 7월 20일부터는 주필 임화의 이름이 판권에서 사라지고 발행인 고재두와 정리위원 한상운의 이름만 기재되었다. 〈정진석, 해방공간의 좌익언론과 언론인들〉 재인용

18 임화는 열렬한 공산주의자로 평론가이면서 시인이었다. 그는 잠시 이 신문의 공식적인 주필을 맡았고, 노력인민이 창간될 때는 박헌영을 극찬하는 시를 쓰기도 했다. 그는 일제 강점기 때 카프(KAPF)에 가담하여 프로 시인으로 활동하였고 일제 말기에는 문인보국회에 참여한 일도 있었다. 1946년 2월 조선공산당 외곽단체 조선문학가동맹의 결성을 주도하여 실질적인 지도자로 활약하였다. 1947년 11월 월북하기 전까지는 박헌영, 이강국 노선의 민전 기획차장으로 활동하였으며 6 · 25 때는 낙동강 전선에 종군까지 하였으나 1953년 8월 북한최고재판소에서 미제 간첩 혐의로 처형당하였다. 〈정진석, 해방공간의 좌익언론과 언론인들〉 재인용

임화(1908~53) (시인, 문학평론가) 서울 낙산 아래 중산층 집안에서 태어났다. 1921년 보성고등보통학교에 입학했으나 1925년에 집안의 파산과 심리적 갈등으로 중퇴한 뒤 가출했다. 1926년 무렵부터 영화와 연극에 관심을 가지면서 다다이즘적인 경향의 시, 수필을 발표했다. 1927년 처음으로 임화라는 필명을 사용하면서 프롤레타리아 문학 활동에 참가했다. 1928년 조선프롤레타리아예술동맹(KAPF)의 창립 주역이자 지도자이던 박영희의 집에 기숙하면서 윤기정과 함께 조직 활동을 도왔다. 1929년 유랑, 혼가 등의 영화에 출연했다. 이론적으로 박영희의 이념 지향성 문학론을 지지해, 형식을 중요시하던 김기진과 유물론적 혁명론을 주장하던 한설야의 논리적 허점을 동시에 공격해 신세대의 강경론자로 부각되었다. 노동자 오누이의 서정성과 투쟁의식을 조화시켜 독자들에게 감상적인 공감대를 심화시킨 단편 서사시 우리오빠와 화로, 네거리의 순이 등을 발표해 일약 카프 진영 안에서 일급 시인의 위치에 올랐다. 그해 가을 카프 진영 내에 부상한 동경파의 이론적인 선진성을 획득하기 위해 박영희의 도움으로 일본으로 갔다. 천안 출신의 이론가이자 실천가인 이북만의 집에 기숙하며 카프

권오직, 김계림, 박헌영, 김남천 등이 주요 기고자였다. 특히 임화는 1946년 중반 무렵부터 주필을 역임했으며, 3당 합당 시 남로당을 적극 옹호하고 사로당계 비판에 앞장섰다.[19]

이어서 「해방일보」가 9월 19일 자로 창간되었다. 사장 권오직(權五

도쿄지부의 역할을 하던 무산자사에서 훈련 과정을 거친 후 사원 생활을 하게 되었다. 1930년 조선프롤레타리아 예술운동의 당면한 중심적 임무란 글에서 노동자 · 농민 등 무산자계급 중심의 선전운동을 강화하는 예술운동을 주장해 카프의 볼셰비키화를 견인하는 역할을 했다.

(카프 서기장) 이북만의 누이 이귀례와 결혼한 후 1931년 귀국했다. 서울 신혼 살림집에 김남천과 함께 「집단」지 간판을 붙였다. 조선공산주의자협의회 사건으로 박영희 · 윤기정 · 안막 · 김남천과 함께 약 3개월 동안 수감되었다. 10월 출옥한 뒤 카프의 일원으로써 볼셰비키 이론의 선두에 섰다. 1932년 윤기정의 후임으로 카프 서기장이 되었다. 1933년 김남천의 소설 물을 비판하면서 유명한 물 논쟁을 일으키고, 소설 평론을 하면서 소시민화 해가는 작가의식의 객관화와 당파성을 계속 강조했다. 1934년 6월 카프 전주 사건(제2차 카프 사건)때 구속되었으나 폐결핵으로 요양했다. 이즈음 난해한 시와 추상적인 평론을 썼다. 1935년 5월 김기진, 김남천과 함께 경기도 경찰부에 카프 해산계를 제출해, 10년간의 카프 시대를 끝냈다. 6월 결핵 요양 차 신설동 탑골 승방에서 기거하다가 8월 마산으로 내려가 현지 출신의 문학도 이현욱(李現郁, 필명 池河蓮)과 결혼했다. 카프 문학의 새 출구를 위하여 속류론적인 유물론에서 탈피하고자 조선문학사론 서설을 집필하는 한편 해외문학파나 예술지상주의에 대해 비판적인 자세를 견지했다. 1936년 대표적의 하나인 장시 현해탄을 발표했다. 이즈음 한때 주장했던 낭만정신론을 반성하면서 사실주의론으로 복귀했다. 1937년 중일전쟁이 일어난 이후 사실주의론에서 이탈했다. 출판사 학예사를 경영하면서 유파를 초월해 폭넓은 교제를 해나갔다. 1940년 고려영화사 문예부, 1943년 조선영화문화연구소에서 근무했으며, 영화분야의 글도 상당수 남겼다. 이즈음 친일성향의 글을 집필했다.

(조선문화건설중앙협의회 의장) 해방 직후 문화 운동 단체인 조선문화건설중앙협의회 창립에 참여해 의장이 되었다. 1946년 조선문학가동맹을 결성하고, 민족문화 이론을 정립했다. 1947년 11월 월북했고 1948년 조소문화협회 부위원장이 되었다. 한국전쟁 당시 서울에서 조선문화총동맹 부위원장을 지냈다. 1953년 8월 국가 전복 음모와 반국가 간첩 테러 행위에 연루되어 조선민주주의인민공화국 정권으로부터 사형을 선고받았다. 시집으로 『현해탄』(1938), 『찬가』(1947), 『너 어느 곳에 있느냐』(1951)를 간행했으며, 평론집 『문학의 논리』(1940) 등을 남겼다. 〈강만길 · 성대경 엮음, 『한국사회주의운동 인명사전』, 창작과비평사, 1996, pp.404~405.〉

19 윤덕영, 해방 직후 신문자료현황, 「역사와 현실」16, 1995.6, pp.341~379.

稷)[20], 편집장 조일명(趙一明)[21] 체제였다. 창간호는 제호 오른편에 「조

20 권오직(1906~ ?) (조공조직준비위 선전부 책임자) 경북 안동에서 서당 훈장의 아들로 태어났고, 권오설의 동생이다. 대대로 사족 가문이었으나 가세는 빈한했다. 1923년부터 사회운동에 참여했다. 1924년 2월 신흥청년동맹, 1925년 4월 고려공산청년회에 가입했다. 그해 고려공청의 추천으로 모스크바 동방노력자공산대학에 입학하여 1929년 5월 졸업했다. 졸업 후 모스크바에 있는 공장에서 노동을 하다가 8월 국제공산청년동맹으로부터 고려공청을 재조직하라는 지시를 받고 10월 귀국했다. 11월 조선공산당조직준비위원회 결성에 참여하여 선전부 책임자가 되었다. 1930년 1월 조공 경성지구조직위원회를 결성했다. 2월 3 · 1운동 11주년 기념일을 맞아 광주학생운동으로 고조된 반일 감정을 격발시키기 위해 반일 격문을 전국의 청년동맹 · 농민조합 · 노동단체에 배포했다. 같은 달 일본 경찰에 검거되어 1931년 10월 경성지법에서 징역 6년을 선고받았다. 1940년 12월 종로경찰서에 검거되어 징역 8년을 선고받고 복역하던 중 해방을 맞아 출옥했다.

(조공 정치국원, 중국 주재 조선민주주의인민공화국 대사) 1945년 9월 조공 정치국원, 당 기관지 「해방일보」 사장, 조선인민공화국 후보 위원이 되었다. 1946년 2월 민전 결성 대회에 참가하여 중앙위원으로 선출되었고, 조공 중앙 및 지방동지 연석 간담회에 참석했다. 5월 정판사 위조지폐 사건으로 지명수배를 받자 38선 이북으로 피신했다. 1948년 8월 해주에서 열린 남조선인민대표자 대회에서 제1기 최고인민위원회 대의원으로 선출되었다. 1950년 2월부터 1952년 1월까지 헝가리 주재 조선민주주의인민공화국 공사로 활동했다. 그해 3월 중국 주재 대사로 부임했으나 1953년 8월 소환되어 조선노동당 중앙위원회 후보위원에서 축출되었다. 그 후 반당 · 반국가 파괴 분자라는 이유로 숙청되어 평안북도 삭주의 농장으로 추방되었다. 〈강만길 · 성대경 엮음, 『한국사회주의운동 인명사전』, 창작과비평사, 1996, p.35.〉

21 조두원(趙斗元, 1905~ ?) 이명(異名)은 일명(一明), (고려공청 중앙집행위원) 강원도 양양의 지주 집안 출신으로, 조원숙(趙元淑)의 오빠다. 연희전문 문과를 다녔고 양양학생친목회 집행위원, 조선학생총연합회 집행위원, 신흥청년사 동인, 혁청당 당원, 조선학생회 집행위원, 조선학생과학연구회 집행위원을 지냈다. 1925년 11월 고려공산청년회에 기입했다. 1926년 3월 조선공산당에 입당하여 경성부 제2구 제2야체이까에 소속되었고 고려공청 중앙집행위원으로 선임되었다. 5월 모스크바 동방노력자공산대학에 입학하기 위해 블라디보스토크로 파견되었다. 9월 공산대학에 입학했다. 1929년 3월 코민테른 동양부에서 조공 재건을 위해 활동하라는 지시를 받고 귀국했다. 11월 조공조직준비위원회에 참여했다. 1930년 1월 광주학생운동을 전국적으로 확산시키기 위해 노력하다가 일본 경찰에 검거되어 3월 경성지법에서 징역 3년을 선고받았다. 서대문형무소에서 대전형무소로 이감되던 도중 민족해방투쟁 만세, '조공 만세'라는 구호를 외쳤다는 이유로 1933년 1월 경성복심법원에서 징역 6월을 추가 받았다. 같은 해 10월 만기 출옥했고 전향문을 발표했다. 12월 일본 경찰에 한때 검거되었다. 이후 고향에서 농

선공산당 중앙위원회 기관지」라고 쓰고 "조선공산당의 통일 재건 만세!"라는 구호를 1면 머리에 실었다. 매호 1면 머리에 "만국 무산자는 단결하라"는 구호를 내걸고 기사도 당시에는 생소하게 들렸던 '노동자 동무들' 같은 용어를 사용하였다. 「해방일보」는 창간호부터 한민당을 비롯한 우익 진영을 격렬하게 비난하였다. "김성수의 무식, 송진우의 음모"(45.9.19. 창간호), "이승만, 김구의 매국적 흉계를 보라!"(46.3.3.) 등의 기사를 실었다.[22]

이승만과 김구는 「해방일보」가 지탄하는 최대의 표적이었다. 이승만과 김구가 귀국할 무렵에는 호의적인 보도를 했으나, 신탁통치 문제 등으로 공산당과 정치적인 노선이 달라지자 격렬한 비난 공격을 가하기 시작한 것이다. 「해방일보」는 정판사사건과 직접적인 관련이 있으므로 별도의 장에서 보다 자세히 거론할 것이다.

미군정이 법령으로 언론사 설립의 등기 제도를 공포하기 전에 설립

사를 짓다가 1940년 중석 채굴을 하던 삼각상회의 사무원으로 취직했다. 1944년 1월부터 대화숙 야간학교 일본어 강사를 지냈다. 7월 「사상보국」에 글을 기고했다.

(남로당 중앙위원) 1945년 8월 조공(장안파)결성에 참가했다. 9월 계동에서 열린 조공 열성자 대회에 참석했고 조선인민공화국 체신부원으로 선정되었다. 「해방일보」 편집국장을 지냈으며 11월 전국인민위원회 대표자 대회에 참석했다. 1946년 2월 민주주의민족전선 결성 대회에 참석하여 중앙위원으로 선출되었다. 같은 달 조공 중앙 및 지방동지 연석 간담회에 전북대표로 참석했다. 미군정에 의해 한때 검거되었다. 5월 조공 중앙위원회 서기국원이 되었고 11월 남조선노동당 중앙위원으로 선출되었다. 1947년 6월부터 「노력인민」 주필을 지내다가 12월 월북하여 대남 선전을 담당했다. 해주 제1인쇄소 출판을 담당했고 1949년 12월 조선노동당 중앙본부 서기가 되었다. 1950년 8월 서울시임시인민위원회 계획위원장, 10월 조선인민군 총정치국 제7부 부부장, 1951년 5월 「민주조선」 부주필, 11월 문화선전성 부상이 되었다. 조선민주주의인민공화국 정권의 전복을 기도했다는 혐의로 사형선고를 받았다. 〈강만길 · 성대경 엮음, 『한국사회주의운동 인명사전』, 창작과비평사, 1996, pp.453~454.〉

22 정진석, 해방공간의 좌익언론과 언론인들

된 주요 언론사는 이미 거론한 「해방일보」 「조선인민보」 외 「민중일보」(창간 45.9.22.) 「예술통신」(45.10.2.) 「동신일보」(45.10.4.) 「자유신문」(45.10.5.) 「신조선보」(45.10.5.) 등이 있었는데, 좌익 노선을 분명히 표명한 신문은 「해방일보」 「조선인민보」 「예술통신」과 「동신일보」 정도였다. 나머지 신문은 중도 혹은 중도 우익 경향이었지만 좌익에 우호적인 기사도 다수 보도하였다. 미군정에 의해 접수되었던 「매일신보」의 경우도 초기에는 중도를 표방하며 우익에게 불편한 기사를 게재하곤 했었다. 대다수의 언론이 좌익의 주장에 동조했다는 얘기다.

02

한국의 언론, 미군정의 정책에 반기를 들다

國號는朝鮮人民共和國
海內外網羅·委員顧問等選定
六日,全國人民代表大會에서
事大思想버리고
建國大業에總團結
呂委員長委員에게演說

〈그림2: 1945년 9월 7일 자 매일신보〉

당시 최대 이슈는 조선인민공화국 및 인민위원회의 설립과 그 활동이었다. 미군이 인천에 상륙하기 이틀 전인 1945년 9월 6일, 전국 인민 대표자 대회를 준비하던 건국 준비 위원회는 경기여고 강당에서 전국 대표 1천여 명이 모여 조선인민공화국의 창건을 선언하였다.[1]

이 행사에 대해 브루스 커밍스는 다음과 같은 견해를 피력했다.

> 이 조급한 행동의 주된 이유는 미 점령군의 진주가 목전에 있었기 때문이었다. 건준의 영도자들은 한국인들이 스스로의 일을 처리할 수 있다는 것을 보이는 한편 장기간에 걸친 미군의 후원이나 호감을 얻는 다른 한인들의 집권을 예방하고자 형식상의 정부라도 세우려

1 건준, 전국인민대표자대회 개최, '인공' 임시조직법안 상정 통과, 「매일신보」, 1945.9.7.

했던 것이다.[2]

조선인민공화국(인공)은 해방의 들뜬 분위기와 혁명적 정열의 산물이기도 했다. 프랑스 대혁명의 전례를 따라 인공의 조직자들은 대의제도를 주장했으며 공화국을 선포했다. 그리고 9월 6일의 회의는 향후 총선거가 있을 때까지의 과도 행정을 맡을 영도자로 55명의 전국 인민 위원, 후보 위원 20명, 고문 12명 등을 선출하여 발표했다. 한편, 미국의 제헌의회와는 달리 인공지도자들은 사회혁명을 선포했는데, 이것은 '제2의 혁명'이 목전에 다다른 것을 의미하는 것이었다.[3]

인공의 선포는 다소 성급한 행동으로도 볼 수 있었지만, 당시 언론의 보도를 살펴보면 수많은 민중들의 지지를 얻었던 것으로 보인다. 인공과 인민위원회를 부인하는 아널드의 성명에 대한 각계의 반응은 이에 대한 답변을 제공한다. 1945년 10월 10일, 미군정 장관 육군소장 A. B. 아널드는 "미군정부 이외의 어떤 정부도 부인"한다는 성명을 발표했다.[4]

아널드의 성명에 대해 가장 먼저 반발한 곳은 「매일신보」였다. 당시 자치 위원회에 의해 발행되던 이 신문은 아널드 성명에 대해 강력하게 비판하고, 또 'H生(홍종인 사회부장)'이란 익명으로 '아널드 장관에게 충고함'이란 반박문까지 게재하였다가 2일간의 정간 처분까지 받았다.[5]

2 브루스 커밍스, 김자동 옮김, 『한국전쟁의 기원』, 일월서각, 1986, p.125.

3 「조선인민보」, 1945.9.8.

4 전문 〈군정장관 아널드, 미군정부 이외의 어떤 정부도 부인 발표〉 참조

5 「매일신보」 1945년 10월 11일 자 사설, 《國史館論叢 第70輯〉 해방 직후 言論文化 연구

「자유신문」의 경우 다소 온건한 논조로 미군정을 비판하였다. 동 신문은 사설을 통해 인공의 정치적 지위를 변호하려는 것이 아니고 성명의 내용이 보여 주는 일방적 우월감, 고압적 표현 등에 대해 서슴없는 비판과 함께 정치 지도자들의 일치단결을 촉구하고 나섰다.[6] 주목할 것은 이 신문이 소개한 각계 지도자의 담화 내용이다. 담화를 발표한 사람은 다음과 같다.

안재홍(安在鴻, 국민당수), 이극로(李克魯, 조선어학회), 김병로(金炳魯, 한국민주당), 최규동(崔奎東, 중동학교장), 이원철(李源喆, 천문학자), 김법린(金法麟, 불교계), 안동혁(安東赫, 중앙시험소장), 노 주교(盧基南, 천주교), 임영빈(任英彬, 조선기독교합동교단 목사), 김성수(金性洙, 군정청고문), 임영신(任永信, 여자국민당), 조진만(趙鎭滿, 변호사), 소완규(蘇完奎, 정총대7 대표), 임화(林和, 문건위원장), 이원조(李源朝, 평론가), 구자옥(具滋玉, YMCA), 이훈구(李勳求, 한미협회장), 조동식(趙東植, 동덕여학교장), 이중희(李重熙, 구미학습), 정광조(鄭廣朝, 천도교), 이태준(李泰俊, 소설가), 강대진(康大鎭, 대한의열), 김호영(전국노동자신문), 유병민(劉秉敏, 대한독립협회) 등 모두 24명인데 정치 성향은 좌 · 우익, 중도계가 모두 망라되었다.[8]

위 논평자들 중 한민당 발기인은 이극로, 김병로, 이원철, 소완규, 구자옥, 이훈구, 이중희 등 7명이다. 김성수는 한민당 창당의 주역이

(兪炳勇)> Ⅱ. 해방직후의 言論界 동향》

6 군정장관 발표를 보고(사설), 「자유신문」, 1945.10.13.

7 町總代, 오늘의 동장

8 아널드의 발표에 대한 각계지도자 담화 발표, 「자유신문」, 1945.10.13.

었으며 미군정 고문회의 위원장이었다. 이들과 좌익의 임화[9], 이원조[10] 등의 논평에 대한 코멘트는 이미 거론한 바 있다.[11] 덧붙여 소개할 논평은 아널드 발언의 배후로 한민당을 지적한 김호영의 발언이다. 다음

9 〈주석 18(p.39). 임화〉 참조

10 이원조(李源朝, 1909~1955), 경북 안동 출생, 이육사의 동생, 광복 후 임화(林和) · 김남천(金南天) 등과 함께 조선문학건설본부를 결성하고, 1946년 조선문학가동맹에 가담하여 초대 서기장을 역임하였으며, 당시 조선공산당 기관지로 발간된 「해방일보」와 좌익계 일간지인 「현대일보」 발간에도 관여하였다. 1947년 말에 월북, 북에서 중앙본부선전선동부 부부장직에 있었으며, 6 · 25 직후 1953년 8월 남로당 숙청 때 임화 · 설정식(薛貞植) 등과 함께 '미제 간첩'이라는 죄목으로 투옥, 1955년에 옥사한 것으로 알려지고 있다. 〈한국민족문화대백과사전〉

11 ◆ 文建委員長 林和 談: 놀라운 글이다. 세계 대국 가운데 일국의 대변자의 담화로서 믿기 어려운 저열한 글이다. 근간 가두에 나 붙었든 저열한 삐라에서도 우리는 이만치 저열한 예를 본 일이 없다. 나는 이 글이 아널드 장군 자신의 손으로 된 것이라고는 아무래도 믿기 어렵다. 카이로선언과 하지 장군의 선언에서 우리의 정치적 자유와 독립이 보장되어 있고 조선의 政體는 우리 인민 자신의 자유의사에 의해서 결정된다는 것은 미국을 위시한 모든 민주주의국가의 정치적 상식이 되어 있다. 우리 인민의 의사가 조선인민공화국을 지지하고 그것을 우리 인민의 정부라고 생각할 때에 여기에 간섭할 사람은 존재할 수 없는 것이고 또 민주주의의 정치 원칙이다. 비록 우리를 일본 제국주의의 지배하에서 해방해 준 미국과 소련일지라도 이것은 불가능한 일이다. 나는 카이로 선언과 하지 장군의 언명이 우리의 이러한 의견과 결코 차이가 있는 것이라고 생각 않는다. 거듭 말하거니와 인민공화국에 대한 발언권은 우리 인민의 자유의사에서만 존재한다.◆ 評論家 李源朝 談: 인민공화국의 찬부는 우리 인민의 자유의사로 결정될 것이고 어떠한 외부 세력이나 지시로 결정된 것이 아니다. 이것이 진정한 데모크라시의 방법인 때문에서다. 연합국은 우리 자주독립을 위해 적극적으로 투쟁했고 앞으로 그러할 것을 믿기 때문에 지금도 감사와 신뢰의 念에는 추호도 변동이 없다. 그러나 이번 아少將의 '명령의 성질을 가진 요구'로 보면 우리가 신뢰하고 희망하는 정도와는 너무 거리가 멀다. 만약 인민의 의사로 결정된 인민공화국을 이렇게까지 모욕하고 능멸한다면 이것은 나을까. 각 정당에까지 간섭하는 길이 열리지 않을까 걱정하는 바이다. 더구나 전문을 통하여 모욕적 언사는 단순한 동족애 만으로서도 앉아 듣기에 불쾌하다. 우리가 신뢰하는 군정장관의 ㅁ기가 결코 이러하지 않을 것을 믿음으로 이것은 혹시 오해가 아닌가 의심한다. 하여간 군정관에게 요청할 것은 광범한 언로를 열어 가장 조선을 사랑한 지도 여론에 귀를 기울여 주기 바랄 따름이다. 〈이상, 대중의 엄정한 비판 기다리는 아널드 장관 발표 파문 각계 지도자 여론은 이렇다, 「자유신문」, 1945.10.13.〉

은 「전국노동자신문」 대표 자격으로 담화한 김호영[12]의 발언 전문이다.

문구가 야비한 것은 물론이요, 그 내용을 살펴볼 때 도저히 이 소장 자신이 발표한 문장이라고는 볼 수 없다. 왜냐하면 내년 3월 1일 전국 인민 대표 위원회를 소집하겠다는 인민공화국의 발표는 지난 10월 3일의 일인데 군정 당국은 이에 대하여 아무 말도 없었고, 10월 6일에는 도리어 인민공화국의 지도자인 여운형 씨를 아 소장이 '민중이 신뢰하는 지도자'라고 보고 선발하여 자기의 고문관을 삼았다. 그런데 10일에 이르러 별안간 이런 발표를 하였으니 10월 3일에서 10일까지에 이르는 사이 아 소장으로 하여금 이러한 발표를 하도록 책동한 조언이 있었다는 것은 충분히 예측할 수 있는바 이러한 조언을

12 김호영(생몰년 미상) (재일조선노총 중앙위원, 전평 중앙위원) 경남 밀양에서 태어나 어려서 서당에서 한문을 배웠다. 1923년경 일본으로 가서 1927년 재일본 조선노동총연맹 중앙위원, 도쿄 조선노동조합 간부를 지냈다. 1929년 '재일조선노총의 당면의 문제에 관한 의견서'를 기초하고, 재일조선노총을 일본노동조합전국협의회(전협)로 해소할 것을 주장했다. 한때 도쿄 카나가와현 조선합동노조 폭행사건에 대한 책임을 지고 재일조선노총 중앙위원직에서 물러났으나, 젠꼬오(全協)로 통합되자 다시 복권되었다. 1930년 젠꼬오 조선인위원회 결성에 참여했다. 1932년 반제동맹에 가입하고 젠꼬오 식료조합 코오또오지구(江東地區) 조직지도원이 되었다. 7월 한때 일본 경찰에 검거되었고 9월 교통쇄신회에 가입했다. 1934년 젠꼬오 일본항만노조위원회 도쿄 책임자로서 기관지 「항만노동자」를 발행했다. 일본 경찰에 검거되어 옥중에서 변절하고, 5월 기소유예 처분을 받아 출옥했다. 11월 한글신문 「동경조선민보」(1936년 9월 「동경조선신보」로 개칭)를 창간했다. 1937년 8월 검거되었으나 다시 전향하고 석방되어 9월 「동경조선신보」 폐간신고서를 경찰에 제출했다. 1938년 9월 조선북부지방 폭풍재해 구제사업 발기인이 되었다.

해방 후 조선노동조합전국평의회 중앙위원으로 선출되어 전평 기관지 「전국노동자신문」 발행인이 되었다. 1946년 2월 전평을 대표하여 민주주의민족전선 결성 대회에 참가했다. 그 후 월북하여 제1기 최고인민위원회 대의원으로 선출되었다. 〈강만길 · 성대경 엮음, 『한국사회주의운동 인명사전』, 창작과비평사, 1996, p.152.〉

한 사람은 우리가 넉넉히 짐작할 수 있다. 아 소장의 선량한 의도를 ○○하여 자기의 세력을 키워야 하는 불만의 집단을 우리는 경계해야 한다.

당사자인 조선인민공화국은 10월 11일과 14일 두 차례에 걸쳐 아널드의 발표에 대한 담화에 대하여 성명을 발표했으나[13] 논조는 그리 과격하지 않았다. 조선인민공화국 설립의 당위성을 설명하고, 이에 반대하는 민족 반역자 즉 한민당 계열의 사람들과 미군정의 접촉을 배제해 달라는 것이 성명의 골자였다.

한편, 좌익 계열의 신문은 아널드의 인공 부인 성명의 게재조차 거부하였다. 「조선인민보」는 성명 게재를 거부하다가 결국 인공 부인 성명과 함께 이를 반박하는 중앙인민위원회의 성명서를 10월 12일 동시에 게재하였다. 이런 점에서 미군정은 「조선인민보」가 비당파적임을 주장해도 실제로는 인공의 기관지라고 평가했다.[14]

조선공산당의 기관지 역할을 하던 「해방일보」는 「매일신보」 「조선인민보」 「자유신문」 등의 보도보다 다소 늦은 10월 18일 자 신문에 "조선 현실을 좀 더 알라"는 제목의 논평을 실었다. 부제는 "아널드 성명에 대한 비판"이다.

임화, 이원조, 김호영의 논평과 인공의 담화 등 좌익 계열의 주장을

13 논평문 전문 〈인공 중앙인민위원회, 아널드의 발표에 대한 담화 발표〉 참조

14 Headquarters USAFIK, G-2 Periodic Report & Weekly Summary (G-2 Weekly Summary), No. 7, 1권, p.97. 《國史館論叢 第70輯〉 해방직후 言論文化 연구(兪炳勇)〉 Ⅱ. 해방직후의 言論界 동향》 재인용

참조하여 작성한 것으로 짐작되는데, 특히 "그 대부분은 일찍이 민족 반역자로서 인민의 지탄을 받는 인물들"이라고 군정 당국의 고문들을 비판하는 데 방점을 두었다. 아래는 기사 전문이다.

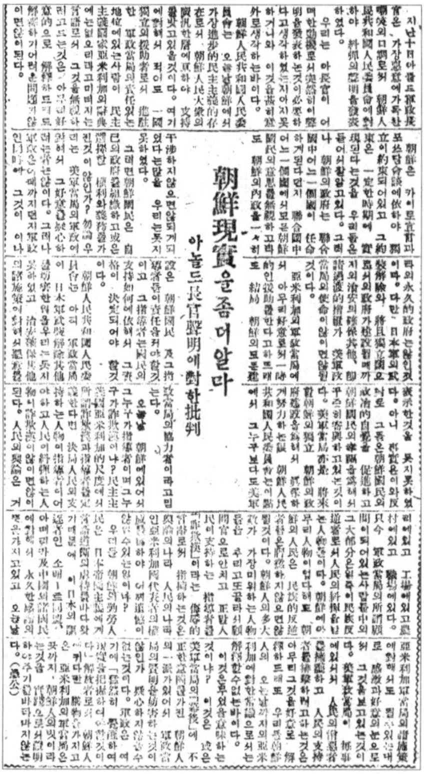
朝鮮現實을좀더알라

아놀드長官聲明에對한批判

〈그림3: 1945년 10월 18일 자 해방일보〉

지난 10일 아널드 군정 장관은 가장 악의에 가득한 조소의 구조(口調)로써 조선인민공화국 인민위원회에 대하여 규탄(糾彈)의 성명을 발표하였다. 우리는 아 장관이 어떠한 동기로 돌연히 성명을 발표하는 것이 필요하다고 생각하였는지 알지 못하거니와 이것을 심히 의외로 생각하는 바이다.

조선인민공화국 인민위원회는 오늘날 조선에서 가장 진보적 민주주의적 존재로서 조선 인민 대중의 광범한 층에 의하여 지지를 받고 있을 것이다. 여기에 대해서 적어도 일국 독립의 후원자로서 진주한 군정 당국의 책임 있는 지위에 있는 사람이 민주주의 국가 아미리가(亞米利加)의 사전에는 없으리라고 믿어지는 언어로서 그것을 무시하려고 드는 것은 아무리 호의적으로 해석하더라도 해석하기 어려운 문제가 아니면 안 된다.

조선은 카이로 선언과 포츠담 회담에 의하여 독립이 약속되어 있고 그 약속은 일정한 시기에 실현된다는 것을 우리들은 들어서 잘 알고 있다. 그러나 조선의 정부는 연합국 중 어느 일개국이 임명하게 된다든지 연합국 중 어느 일개국에서 모든 조선 국민의 의사를 무시하고라도 조선의 내정을 일일이 간섭하지 않으면 안 되게 되었다는 말을 우리는 듣지 못하였다.

그러면 조선 국민은 자기의 정부를 조직하고 혹은 선택할 권리를 가진 것이 아닌가? 물론 우리는 미군 당국의 군정에 대해서 그 호의를 의심하려는 자(者)는 아니다. 그러나 군정은 어디까지든지 군정인 동시에 그것이 이 나라의 영구적 정부는 아닌 것이다. 다만 일본군의 무장해제와 장차 독립국으로서의 정부가 건설될 때까지의 치안의 유지 기타, 즉 제과도적 위치가 미군정 당국의 사명이 아니면 안 될 것이다.

아미리가(亞米利加)의 군정 당국에서 아무리 호의로써 일시적인 원조를 한다고 하더라도 결국 조선의 모든 건설은 조선 국민 및 그 지도자들이 책임을 져야 할 것이고 그 지도자는 국민의 지지 여하에 의해서 그 자격이 결정되어야 할 것이다.

조선인민공화국 인민위원회는 아직 군정 당국이 일본군 무장해제 기타를 방해한 일을 우리는 듣지 못하였고 치안 확보 기타의 제 시책에 대해서 악의를 표시한 것을 듣지 못하였다. 아니 사실은 이와 반대로 그들은 조선 국민의 정치적 자각을 촉진하고 조선 국민의 행복을 위해서 꾸준히 기여하고 있는 것이다. 미군 당국 역시 장래 조선의 독립 조선의 정부 건설을 위해서 진솔하게 노력하는 한 조선인민공화국 인민위원회는 이 점에서 그 누구보다도 미군정 당국의 협력자이라고 믿는다.

오늘날 조선에 있어서 그 누가 지도자이며 그 누가 사기한이냐? 민주주의국 아미리가(亞米利加)적 척도에서 소위 사기한과 지도자를 정의한다면, 결국 인민이 지지하는 인물이 지도자이어야 하고 인민이 규탄하는 인물이 사기한이 되지 않으면 안 된다. 인민의 여론은 거리에 있고 공장에 있고 농촌에 있고 직장에 있다.

지금 군정 당국의 소위 고문이 되어 있는 사람들 중의 그 대부분은 일찍이 민족 반역자로서 인민의 지탄을 받는 인물들이다. 조선에 아무리 인물이 없다 해도 조선의 인민은 민족적 반역자쯤은 응징(膺懲)하지 않으면 안 될 것이다. 조선인의 대다수가 가장 미워하는 인물들을 추리고 또 골라서 고문관으로 앉히고 정말 인민이 지지하는 지도자를 '사기한'이라는 모욕적 언어로써 지적하는 것은 여론의 나라 인민의 나라인 아미리가(亞米利加)국 대표자의 권위를 위하여 어찌 유감이 아닐 수 있는 일이냐?

우리들 근로 인민은 일본 제국자에게 언어도단의 학대를 받아왔기 때문에 이 일본의 구축자(驅逐者)인 소비에트 동맹, 아메리카 및 중국의 제 국민에 대해서 영구한 감사의 뜻은 가지고 있고 오늘날 아미리가(亞米利加)군 당국의 제 시책에 대해서도 될 수 있는 대로 감격과 호의의 눈으로써 그것을 보고 있는 것이다. 미군정 당국이 매사에 있어서 인민의 증오자를 옹호하고 인민의 지지자를 배격하려고 하는 것은 아무리 그것을 호의로 해석하더라도 우리들 조선인의 오늘까지의 아미리가(亞米利加)에 대한 상식으로서는 해석할 수 없는 바이다.

이것은 무엇을 의미하는 것이냐? 이것은 혹은 미군정 당국의 '막후'

에 부정한 의도를 가진 조선인의 일파가 있어서 군정 당국의 현명(賢明)을 방해하는 것이 아닌가 의심하지 않을 수 없는 것이다. 군정은 여기에 "맹렬히 각성하여 현실을 파악하여야 할 것이다" 해방자로서 조선인에 커다란 선물을 가지고 온 아미리가(亞米利加)의 군 당국은 끝까지 조선인의 벗이라는 것을 실천으로써 증명하여 주기를 바라마지 않는다. (○公)[15]

미군정에 노골적인 반기를 들지 않았지만, "미군정 당국이 매사에 있어서 인민의 증오자를 옹호하고 인민의 지지자를 배격하려고 하는 것은 아무리 그것을 호의로 해석하더라도 우리들 조선인의 오늘까지의 미국에 대한 상식으로서는 해석할 수 없다"는 「해방일보」의 기사는 미군정에 적지 않은 충격을 주었을 것이다.

이러한 와중에 한국 언론사에 기념비적인 행사가 개최되었다. 언론인들의 첫 회합인 '전조선신문기자대회'가 종로 중앙기독교청년회대강당에서 개막된 것이다. 아래는 당시 보도기사이다.

언론인들의 첫 회합인 전조선신문기자대회(全朝鮮新聞記者大會)는 10月 23日 오후 4時부터 경성 종로 중앙기독교청년회대강당에서 全朝鮮 24社를 대표하여 참집한 150여 명 현역 기자와 백여 명 전임 기자들과 회동으로 개막하였다. 이 대회를 축하하기 위하여 내빈석에는 미군정 장관을 위시하여 뉴욕타임즈, AP, UP 등의 통신기자와

15 조선 현실을 좀 더 알라, 아널드 군정장관 성명에 대한 비판, 「해방일보」, 1945.10.18.

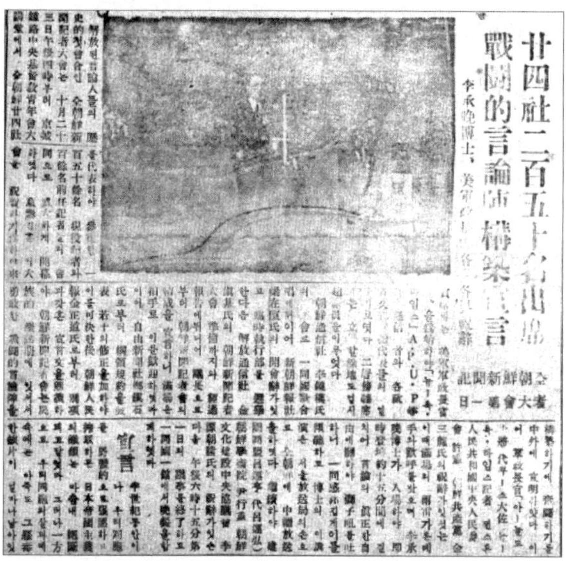

廿四社二百五十名出席

戰鬪的言論陣構築宣言

全朝鮮新聞記者大會第一日

宣言

〈그림4: 1945년 10월 25일 자 자유신문〉

각 문화단체 대표들의 얼굴이 보였다.

2층 방청석에는 입추할 여지도 없이 초만원을 이루었다. 조선통신사(朝鮮通信社) 이종모(李鍾模)[16]의 사회로 일동 애국가 합창에 뒤이어 신조선보사(新朝鮮報社) 양재하(梁在廈)의 개회사가 있고 임시 집행부를 선거한 다음 해방통신사(解放通信社) 김진기(金鎭基)의 조선신문기자대회 준비까지의 경과보고에 뒤이어 의장으로부터 조선신문기자회(朝鮮新聞記者會)의 결성을 선언하니 만장은 박수로 이를 환영하였다.

16 이종모(李鍾模, 1900~1998)는 경남 의령 출신으로 일본 와세다대학교 법학과를 졸업했다. 1929년 11월 동아일보 기자로 언론계 입문, 1931년 7월까지 동아일보 부산지국 기자로 활동했다. 1932년부터 조선일보 사회부 기자로 일했고 해방 후에는 조선통신 편집국장을 지냈다. 조선신문기자회 초대회장을 역임했다.

이어 자유신문사(自由新聞社) 정진석(鄭鎭石)으로부터 강령 규약을 발표 약간의 수정을 가하여 조선인민보(朝鮮人民報) 김정도(金正道)로부터 별항과 같은 선언문을 낭독하여 조선신문기자회는 민족적 격동기에 있어서 용감한 전투적 언론진을 구축하기에 분투하기를 중외에 선명하였다.

이어 군정장관 아널드 소장 代 뿌스 대령, 뉴욕타임스기자 찐스톤, 인민공화국중앙인민위원회 허헌(許憲), 조선공산당 김삼룡(金三龍)의 축사가 있었는데 이때에 만장의 우레 같은 박수와 환호를 받으며 이승만(李承晩)이 입장하여 즉시 등단 약 15분간에 걸쳐 언론의 진정한 자유에 관하여 사자후를 토하니 일동 감명 깊게 경청하고 그의 강연은 서울방송국의 손으로 전 조선에 중계방송이 되었다.

계속하여 건국동맹(建國同盟) 여운형(呂運亨) 代(대) 여운홍(呂運弘), 조선학술원(朝鮮學術院) 윤행중(尹行重), 조선문화건설중앙협회(朝鮮文化建設中央協會) 이원조(李源朝) 諸氏의 축사가 있은 다음 오후 6時 15分 제1일의 의사를 종료하고 일동은 국일관에서 만찬을 하게 되었다.

◆ 선언(宣言)

반세기 동안이나 우리 동포를 야만적으로 강압하고 착취하던 일본 제국주의의 철쇄는 마침내 절단되고 말았다. 그러나 일반으로 우리 동포의 살과 배 속에는 아직도 그 악독한 쇄편(鎖片)이 얼마나 남아 있는지 모르며 지방으로 일본 제국주의자의 조선 사정에 대한 기만적 선전은 연합국으로 하여금 조선의 현하 정세에 대한 정확한 판단을 곤란케 하고 있다.

이러한 일본 제국주의의 잔재로서 남아있는 흔적은 우리의 힘찬 건설로서만 퇴치될 것이요 이에 대한 모든 지장이 완전히 배제되고서야만 씩씩한 건국도 있을 것이다. 우리들 붓을 든 자 진실로 우리의 국가 건설에 대한 제 장애물을 정당히 비판하여 대중 앞에 그 정체를 밝힘으로써 민족 진로에 등화가 될 것을 그 사명으로 한다.

단순한 춘추의 필법만으로서는 우리는 만족지 않는다. 때는 바야흐로 우리에게 필봉의 무장을 요구한다. 모든 민족적 건설에 한 개의 추진이 되고 다시 민중의 지향을 밝게 하는 거화(炬火)가 되지 못한다면 우리의 붓(筆)은 꺾어진 붓이며 연약한 붓이며 무능력한 붓이다.

민중이 갈망하는 바는 우리의 힘 있고 바르고 용감한 필봉일 뿐이다. 우리는 이러한 대중적 요망에 저버림이 없도록 진력한다. 민중의 진로에 대한 찬란한 거화를 이루어 조선 사정을 국제적으로 정확히 보도하는 침로(針路)가 되기를 기도한다.

역사적으로 우리에게 부여된 이러한 목표를 수행함에는 먼저 우리들의 결속이 필요하다.

그러므로 현재에 있어서 우리는 철석같은 단결된 힘을 가지려 한다. 그리고 참된 민족 해방을 위한 역사적 정의를 발양하는 강력한 필봉을 가지기를 기도한다. 진정한 언론의 자주를 확보함으로써만 민족의 완전한 독립에의 길이 열릴 것이다.

신문이 흔히 불편부당을 말하나 이것은 흑백을 흑백으로써 가리어 추호도 왜곡지 않는 것만이 진정한 불편부당인 것을 확신한다. 엄정중립이라는 기회주의적 이념이 적어도 이러한 전 민족적 격동기에 있어서 존재할 수 없음을 우리는 확인한다.

우리는 용감한 전투적 언론진을 구축하기에 분투함을 선언한다.

◆ 강령(綱領)

一. 우리는 민족의 완전 독립을 기한다.

一. 우리는 언론 자주의 확보를 기한다.

전조선신문기자대회 석상에서 이승만(李承晚)은 대략 다음과 같은 요지의 축사를 하여 참집한 일동에게 감명을 주었다.

"회장까지 오는 도중에 길에 늘어선 순검을 보고 어느 나라 순검이냐고 물어보니 우리 조선 순검이라는 대답을 들었다. 이제 여러분은 자신도 말하고 마음대로 글을 써서 순검청에서 오너라 가거라 하지 않을 터이니 반갑고 기쁜 일이다. 이 회관에 들어서니 1901년 전후 이곳에서 함께 일하던 옛 친구의 생각이 간절한 중 더욱 월남(月南) 이상재(李商在) 氏를 잊을 수 없다.

신문의 사명은 개명발전(開明發展)에 있으며 신문기자의 책임도 또한 크다고 않을 수 없다. 여러분이 얻은바 언론의 자유는 무제한인 자유는 아닐 것이다. 자유를 善히 활용하여 조선 사람 전체의 복리가 되도록 하는데 자유에 가치가 있을 것이니 그러함에는 사회의 실상을 그대로 정확 공정하게 보도하여 여론을 반영하는 한편 조선 신문의 성가를 세계에 알리도록 해주기 바란다.

지금으로부터 50년 전 내가 배재학교(培材學校)에 있을 때 협성회보(協成會報)를 발행하여 당시의 부패한 관리와 무능력하고 완고한 정부를 탄핵하고 다시 매일신문(每日新聞)으로 이름을 고쳐 정부의 압박을 물리치니 민중의 절대한 支持 아래 신문 발행을 계속하던 기억이 새롭다. 그러나 이제 여러분은 이러한 곤란을 겪지 않아도 언론의 자유를 마음껏 발휘할 수 있다. 여러분은 이 신문의 자유를 공명정대하게 활용하여 사회의 진보 발달에 공헌하여 주기를 빌어 마지않는다."[17]

전조선신문기자대회 제2일은 24일 오후 4시 반부터 전일의 뒤를 이어 중앙청년회관에서 국내 24개 신문사의 현재 기자 약 150명을 비롯하여 전임 기자, 내빈, 방청객 다수 참석하에 의장 이종모의 사회로 속개되었다. 먼저 11명의 전형 위원을 선거 수일 내에 전 위원을 선출할 것을 결의한 다음 토의 사항에 들어가 매신대표(每新代表)로부터 의안 제1호 작고 선배 추도회 개최의 건을 설명 동의하여 만장일치로 11월 내로 개최할 것을 가결, 의안 제2호 민족통일전선에 대한 결의의 건은 한효(韓曉, 人民報), 오창근(吳彰根, 解放通信), 이갑기(李甲基, 釜山民衆報) 제씨로부터 역사적 현 단계에 있어서 우리 민족의 완전 통일의 길은 인민의 총의를 반영한 인민공화국의 지지로서 완수될 수 있다는 의견을 개진, 전국신문기자회는 인민공화국을 지지한다는 결의를 가결, 북위 38도 문제 시급 해결에 대한 결의의 건은 조선통신대표(朝鮮通信代表)로부터 이 38도 문제도 민족통일전선과 같이 논의되어야 할 것으로 가결 의안 제4호 태평양방면연합군 최고지휘관에 민족해방감사결의 건을 동의하여 가결한 다음 감사문 작성 등은 집행위원에 일임하였다. 그리고 바로 기타 사항으로

一. 북선(北鮮)에 조사단 파견의 건

17 전조선신문기자대회 개최, 조선신문기자회 결성, 「자유신문」, 1945.10.25.

一. 매일신보자치위원회 지지의 건

一. 대외국(對外國)에 조선 실정을 정확 신속히 소개할 건

을 가결한 후 여기에 대한 구체적 실천은 전부 집행위원회에 일임하고 오후 7시 반 넘어 2일간에 걸친 전조선신문기자대회는 폐막되었다.[18]

'조선신문기자회'는 조선의 언론인들이 조직한 최초의 단체다. 참여 언론사부터 살펴보자. 인용한 기사에 따르면, 전조선 24개 언론사를 대표하여 150여 명의 현역 기자와 100여 명 전직 기자가 회동하였다고 한다. 아쉽게도 24개 언론사의 전체 명단은 알 수 없다. 다만「조선통신」「해방통신」「신조선보」「자유신문」「조선인민보」「매일신보(자치위원회)」「부산민중보」 등의 언론사가 '조선신문기자회'의 출범에 주요 역할을 했음이 확인된다.

다음은 동 회합에 참석한 외부 인사의 면면이다. 당시 남조선의 정부 역할을 했던 미군정청에서는 뿌스 대령을 파견하여 군정장관 아널드 소장의 축사를 대독하게 하였으며, 뉴욕타임스 기자 찐스톤(리챠드 존스톤)[19]도 축하의 인사를 전했다. 정치권에서는 허헌(인민공화국중앙인민위원회), 김삼룡[20](조선공산당), 여운형(건국동맹, 대독 여운홍), 윤행

18 전조선신문기자대회 이틀째,「자유신문」, 1945.10.26.

19 존스톤 기자는 앨라배마 대학 출신으로 언론사 경력 12년, 그중 4년간을 종군기자로 유럽과 아시아의 전투를 취재한 노련한 언론인이다. 박헌영 오보 관련 기사로 많이 알려져 있으며, 1946년 9월 26일 귀국했다. 〈박권상, 미군정하의 한국언론에 관한 연구(상)〉 발췌 인용

20 김삼룡(金三龍, 1910~50) (경성콤그룹 조직부 책임자) 충북 충주에서 소작인의 아들로

중[21](조선학술원), 이원조(조선문화건설중앙협회) 등이 소속단체를 대표하여 축사했으며, 이승만이 개인자격으로 15분간에 걸쳐 연설을 했다고 한다.

축사를 발표한 조선인 중 이승만을 제외하곤 나머지 5명 모두 좌익

태어났다. 1928년 3월 용산리 보통공립학교를 졸업하고 서울로 올라와 4월 고학당에 입학했다. 1930년 11월 사회주의 독서회를 조직한 혐의로 서대문경찰서에 검거되어 1931년 3월 경성복심법원에서 징역 1년을 선고받았다. 그해 여름 서대문형무소에서 이재유를 만났다. 1932년 2월 출옥한 후 고향으로 내려가 농사일을 하다가 그해 겨울 인천 부두 하역 인부로 취업하고 노동운동에 종사했다. 1934년 1월 인천에서 적색노동조합조직준비회를 결성하여 활동하다가 일본 경찰에 검거되었다. 1939년 4월경 이관술과 무명의 공산주의 그룹을 결성했다. 1940년 3월 경성콤그룹에서 조직부와 노조부를 담당했다. 이 무렵 이순금과 비밀리에 결혼했다. 12월 일본 경찰에 체포되었다.

(남로당 조직부장) 1945년 8월 전주형무소에서 출옥하여 9월 조선공산당 조직국원으로 선출되었다. 11월 전국인민위원회 대표자 대회에 참석하여 조공을 대표해 축사를 했다. 그해 잡지「민심」 주간을 지냈다. 1946년 2월 민주주의민족전선 결성에 참가하고 중앙위원으로 선출되었다. 11월 평양에서 열린 남북 좌익 정치지도자들의 비밀 연석회의에 참석했고, 12월에 남조선노동당 중앙정치위원 및 조직부장으로 선출되었다. 1948년 3월 남 · 북로당 합동정치위원회에 참석했고 7월 남로당 최고책임자가 되었다. 1949년 5월 조국통일민주주의전선 결성준비위원으로 선정되었다. 1950년 3월 대한민국 경찰에 검거되어 6월 사형당했다. 〈강만길 · 성대경 엮음,『한국사회주의운동 인명사전』, 창작과비평사, 1996, p.79.〉

21 윤행중(尹行重), 경성제국대학 법문학부를 졸업하고, 보성전문학교에서 경제학을 강의했다. 케인스 이론을 소개하고 통화 문제를 분석했으며,「계획경제의 이론」·「국민주의 경제의 개념」 등을 발표했다. 1945년 12월 경성대학 법문학부 경제학 교수로 임명되어「민주주의와 계획경제」·「통제경제와 계획경제」 등의 논문을 썼다. 1946년 무소속으로 민주주의민족전선(민전) 결성대회에 참가했고, 민전의 경제 · 식량 대책 위원, 중앙위원, 상임위원을 지냈다. 백남운 중심의 조선학술원에서 서기국 위원으로 일했으며, 조선경제고문회 임원으로도 활동했다. 이후 월북하여 1948년 해주 대표자대회 주석단의 일원이자 최고인민회의 제1기 대의원이 되었다. 1956년 1월 과학원 경제법학연구소 소장이 되었고, 10월에 조선민주과학자협회 대표로 프라하에서 열린 세계과학자연맹 동구지부 평의회에 참석했다. 1957~58년 국가계획위원회 중앙통계국장, 동위원회 부위원장을 지냈다. 1959년 자유주의자 및 반당 혐의로 처벌받았고, 이후 활동은 알려지지 않았다. 월북 이전에『현대경제학의 제문제』·『이론경제학』·『민주경제론』 등을 저술했다.〈한국민족문화대백과사전〉

성향의 인물들이다. 사실 따지고 보면 1945년 10월 23일과 24일 열린 전조선신문기자대회는 미군정의 정책에 대한 항거의 몸짓이었다. 무엇보다 '조선신문기자회'는 "인민공화국을 지지한다!"는 결의를 가결했으며, 그 무렵 현안 중의 하나였던 '매일신보자치위원회'에 대한 지지를 천명했다.

03

매일신보 정간과 조선 · 동아일보의 복간

이때만 해도 한국의 언론은 미군정에 대해 어느 정도 기대를 했고 신뢰를 했던 것으로 보인다. 비록 대리가 참석했지만 군정장관의 이름으로 전조선신문기자대회의 개최를 축하했고, 무엇보다 전조선신문기자대회 폐막 일주일쯤 후인 10월 30일부로 '신문 기타 출판물의 등기'[1]를 공포한 점을 고려하면, 당시 언론 및 여론의 움직임을 충분히 고려하고 있는 것으로 판단할 수 있는 여지를 두었기 때문이다.

《군정법령 제19호 제5조》는 '신문 기타 출판물의 등기'를 요구하는 것으로 그것은 언론 행위를 사전에 억압하는 구속적인 법률이 아니라 언론기관의 실태를 파악하는 행정조치였다. 이 법령의 입법 취지는 우후죽순처럼 늘어나는 언론기관의 실상을 파악하여 미군정 당국이 언론정책의 수립과 수행에 참고하고자 한 것이고, 따라서 동 법령에 의해 등록을 하지 않고 발행하는 행위만이 처벌되었을 뿐 일단 등록한 후에는 전혀 간섭받음이 없이 언론 활동이 허용되었다. 또 형식적 요건을 갖춘 등록 신청에 대하여 당국에 등록을 거부할 권한이 없었기 때문에 등록제의 실시가 사전 억제 등 자유의 억압으로 간주될 수 없었다.[2]

1 [군정법령 제19호, 노동의 보호, 언론출판 등의 등기(1945.10.30.)] 참조

2 박권상, 미군정하의 한국 언론에 관한 연구(상)

정작 문제는 「매일신보」에 대한 미군정의 조처였다. 1945년 11월 10일, 미군정은 「매일신보」의 정간을 명령했다. 「중앙신문」은 13일 자 논설을 통하여 이 사안에 대하여 집중 조명을 했다.

中央新聞

論說

每新停刊에對하야

國內統一臨時政府

年內에成立可望視

軍政과의調整은技術的으로解決

朝鮮事情도調査

聯合國調査委員會에서

建國設計의當面大綱

産業建設의方向

〈그림5: 1945년 11월 13일 자 중앙신문〉

동업 매일신보(每日新報)는 돌연히 10일 오후 아널드 군정장관의 명령으로 정간 처분을 받게 되었다. 매일신보는 통신망으로나 또 인원 구성으로나 해방해서 자주독립·국가건설에 매진하고 있는 오늘 조선의 권위 있는 보도기관으로서 큰 역할을 다 해야만 하고 무거운 책임이 있는 터이므로 이 기관의 존재와 금후의 발전에 대하여는 일반 민중이 큰 관심을 가지고 그 동향을 주시하고 있는 만큼 이번 정간된 것은 사회 각층에 상당한 충격을 준 것이다. 10월 15일 이후 새로운 시대의 보도사명에 충실하려고 노력했고 9월 6일 해고까지 되었지만 충실하게 직장에 남아 있어 자치위원회를 조직해 가지고 갖은 고난을 겪어 가면서 일반 민중의 보도기관으로서의 사명을 다하려고 오늘까지 노력해 온 매일신보 4백 종업원에게는 정간이라는 이

처분은 실로 청천벽력이었을 것으로 추측된다. 특히 정간이라는 것은 매일신보 한 신문사에만 국한된 문제가 아니요 36년 만에 처음으로 획득한 언론의 자유라는 전반적인 중대한 사실에 깊은 관련을 가지는 것임으로 정간 명령이 내린 그 이튿날인 11일 오후 4시 조선신문기자회에서는 종로2정목의 조선통신사에서 긴급 상임위원회를 열고 이 문제에 대한 대책을 강구한 결과 언론 자유의 확보라는 언론계 전체의 과제로 이 문제를 취급하기로 하고 대표 5명을 군정청에 파견하여 그 진상을 조사하는 동시에 강력한 진언을 하기로 되었다. 이에 따라 대표 위원들은 12일 오전 군정청 보도부로 뉴맨 대좌와 녹 소좌를 방문하고 이 사건에 관한 전말을 듣는 동시에 하루빨리 신문이 발행될 수 있도록 노력해 달라는 것을 요구하였다. 이날의 회견에서 판명된 것은 10일에는 아무 이유도 없이 정간을 명령했단 것이다. 사실은 매일신보사의 곤란한 현하의 재정 상태를 조사하기 위하여 임시로 정간을 시켰다는 것이다. 지난 9월 이후 매일신보의 재정 상태가 넉넉지 못하리라는 것은 누구나 다 예상할 수 있다. 그러나 재정 상태를 조사해 정간을 시킨다는 것은 양해하기 어려운 일이다. 군정 당국에서는 언론을 탄압함은 결코 아니라고 언명했다. 물론 그렇기를 바라고 또 그래야만 할 것이다. 그러나 건국의 과정에서 가장 큰 공헌을 해야 할 큰 보도기관을 재정 조사라는 이유로 그 발행을 정지시킨다는 것은 도저히 양해할 수 없는 문제이다. 이에 대하여는 12일 오후에 열린 신문기자회 전체 위원회에서 자세한 조사 보고가 있는 다음 대책이 강구되었지만, 언론의 자유라는 전체적인 문제와 결코 분리시킬 수 없는 매일신보의 정간 문제는 이것을 군정 당국에서 어떻게 처리하는지 상당히 주목되고 있다.

별항과 같이 매일신문 정간 문제에 대한 신문기자회조사위원이 군정청 보도부 관계자와 회견하고 조사한 결과 언론 탄압이 아니요, 경영 방면으로부터 재정 상태를 조사하기 위한 일이라는 언명이 있었다. 물론 그 본의가 언론 탄압에 있지 않기를 바라는 바요 또 그래야만 한다. 이것은 신문 관계자뿐 아니라 조선 민중 전체의 요망이다. 그러나 재정 조사 때문에 신문을 정간시킨다는 것은 그 논리적인 근거를 양해하기에 힘들다. 신문의 발행이라는 것이 건국 과정에 절대로 필요한 것인 이상 또 재정 조사로 인하여 정간되는 기간이 길어진다면 매신의 수백 명 종업원은 어떻게 될까 그리고 언론의 민주주의적인 발전을 위하여서도 하루빨리 적절한 해결책이 있어야 하겠다는 이날 조사 위원의 질문에 대하여 군정 당국자가 답변한 내용을 소개하면 다음과 같다.

(問) 매신 정간의 이유는

(答) 신문사의 서류 부록을 조사할 필요가 있기 때문이다.

(問) 정간 명령을 내릴 때 이유 설명도 없고 또 구두로 전달한 것은 일제 강점기에도 없었던 일인데

(答) 출판 자유를 압제함이 아니다. 회사 조직을 정비시킨 다음 출판시키려고 한 것이다.

(問) 이 문제는 군정에 대한 민중의 오해를 살 염려도 있다. 조사하면서 신문도 그대로 발행시키는 것이 온당치 않는가

(答) 먼저도 말했지만 언론의 자유를 탄압함은 아니다. 경영 방면으로부터 재정 상태를 조사하기 위함이다.

(問) 지난 10월 25일에 열린 주주총회에서 사장 이하 중역진이 결

정된 것은 주주의 의사가 아니요, 군정청의 마음대로 되었다는데

(答) 종래 운영해 오던 진용보다는 적임자가 아니었는가?

(問) 재정 문제가 아니라면 정간시키지 말고 금후 주주총회를 열어 주주의 총의에 따라 돈도 내게 하여 경영시키는 것이 옳지 않는가.

(答) 광공국에서 재정 상태를 조사한 다음 선후책을 강구하겠다.

(問) 재정 조사라는 이유로 정간하는 것은 아무리 변명해도 일반 독자는 그 이유를 양해할 수 없을 것이다.

(答) 이 문제를 각 신문사에서는 어떻게 취급했나?

(問) 종래 일본의 탄압으로 신경이 날카로운 우리는 큰 충동을 느끼고 각 신문사에서는 동일한 보조로 정간시킴이 온당치 못한 것을 보도했는데 재정 조사는 좋으나 하루빨리 신문을 발행하도록 하라. 각 사에서는 금후에도 보조를 같이 할 것이다. 또 이런 문제는 법무국이나 광공국에서 취급하지 말고 신문을 이해하는 정보부에서 취급함이 어떤가.

(答) 여러분의 의견을 각 사에 전달하여 최대의 성의를 가지고 해결하도록 노력하겠다.

◆ 이해키 어렵다 每新自治委員會 見解

매신 자치위원회에서는 다음과 같이 말했다.

"정치적 자유가 없는 곳에 언론의 자유가 없거니와 또 언론의 자유가 없는 곳에 정치적 자유는 있을 수 없다. 우리는 3천만 민족을 상대로 하는 것이기 때문에 어느 당파의 기관지가 되어서는 안 될 것이

라는 이념 밑에서 과거 3개월간 꾸준히 싸워 왔다. 또 지난 동안 일본 제국주의 통치 밑에서 저지른 정치적 사회적 문화적 죄상은 단연코 우리 손으로 청산해야 한다는 책임감과 결의로 그동안 갖가지 어려움과 싸워 온 것이다. 그랬던 것이 매신재건 도중에 의외로 군정당국으로부터 정간 처분을 받게 된 것은 참으로 유감스러운 일이다. 재정 조사는 물론 좋겠지만 재정 상태 여하에 불구하고 우리는 신문을 발행할 수 있다고 생각하는데 정간된 것은 유감이다. 원래 우리는 보수를 받기 위하여 일해 온 것은 아니다. 부족하나마 민중의 공기인 보도 사명을 다하려는 성의뿐이다."[3]

미군정이 보장한 언론의 자유는 허울뿐인 약속이었다는 것은 「매일신보」 처리와 방송의 장악 과정을 통해 확인할 수 있다. 해방 후 조선건국준비위원회(朝鮮建國準備委員會)가 만들어지면서 건준은 정치 활동에 있어서 선전 기관의 장악이 중요하다는 인식에서 신문, 방송을 비롯한 언론기관을 접수하려고 시도하였다.

1945년 8월 16일, 최익한(8월 22일 현재 조사부), 이여성(문화부), 양재하(건설부), 김광수 등 건준의 임원들은 「매일신보」를 접수하려고 시도하였으나 잔존해 있던 일본군에 의해 저지되었고, 이후 자치위원회가 동 신문을 발행하게 되었다.[4] 건준의 방송국 접수 시도도 일본군에

3 군정청, 매일신보에 대해 정간명령, 「중앙신문」, 1945.11.13.

4 朝鮮通信社, 『조선연감』, 1947, p.278. 〈國史館論叢 第70輯〉 해방직후 言論文化 연구(兪炳勇)〉 Ⅱ. 해방직후의 言論界 동향〉 재인용

의해 좌절되었으며, 방송국은 일제하의 직원들이 운영하였다.[5] 총독부는 건준에 의한 신문·방송 등의 선전 기관 장악이 가져올 정치적 영향력 확산을 저지하기 위해 무력을 사용했던 것이다.

1945년 9월 11일, 시정방침을 발표한 미군정 사령관 하지 중장은 "미군이 진주해 온 후인 현재 조선에는 문자 그대로의 절대한 언론 자유가 있는 것이다. 미군은 조선 사람의 사상과 의사 발표에 간섭도 안 하고 방해도 안 할 것이며 출판에 대하여 검열 같은 것을 하려 하지도 않는다."라고 언론의 자유를 피력했으나, 당시 가장 중요한 언론 매체라고 할 수 있는 방송과 「매일신보」「경성일보」 두 거대 신문의 처리에는 이중 잣대를 들이대었다. 방송의 경우부터 살펴보자.

미군정은 신문에 대해서는 초기에 어느 정도 자유를 허용하다가 이후 점차로 통제를 강화해 나갔지만, 방송에 대해서는 처음부터 직접 관리하며 적극적으로 이용하는 정책을 실시했다.[6] 이 점은 미군정이 진주 직후 접수한 신문사나 인쇄소 등에는 한국인 관리인을 임명하여 관리했으나, 방송은 접수와 함께 미국인 감독관을 보내 직접 관리했다는 것을 통해 잘 드러난다. 미군정이 방송을 적극적으로 이용하려고 했던 것은 당시 한국인의 문맹률이 높았기 때문에 방송이 유용한 선전 수단이 될 수 있다고 판단했기 때문이었다.[7]

한국에 방송국이 처음 설립된 것은 1926년 경성방송국(京城放送局)이

5 한국방송공사, 『한국방송공사 60년사』, 1987, pp.117~120. 〈國史館論叢 第70輯〉 해방직후 言論文化 연구(兪炳勇)〉 Ⅱ. 해방직후의 言論界 동향〉 재인용

6 한국방송공사, 『한국방송공사 60년사』, 1987, p.132.

7 차재영, 주한 미점령군의 선전활동 연구, 「언론과 사회 5호」, 1994, p.34.

었는데, 해방 직후에는 전국에 경성방송국을 비롯하여 16개의 지방 방송국이 있었다.[8] 해방 직후 한동안은 조선방송협회 소속 일본인과 한국인 직원들에 의해 각각 일본어와 한국어로 방송이 계속되었다. 1945년 9월 9일, 미군 선발대가 방송국에 도착하여 그때까지 방송국을 경비하던 일본군을 철수시킨 직후에야 비로소 한국인 직원들에 의해 제1방송이 한국어 방송으로 바뀌고 일본어 방송은 중단되었다.[9] 9월 15일, 미군은 정식으로 방송국을 접수했고, 하루 동안 방송이 중단되었다가 다음날인 9월 16일에 미군 감독관이 파견된 가운데 방송이 재개되었다.[10] 이러한 와중에 일본인 조선방송협회 회장이 한국인들에게 협회를 맡아달라고 요청하자, 1945년 9월 15일에 한국인 직원들은 회의를 통해 방송협회장에 이정섭, 기술부장에 한덕봉, 총무부장에 권태웅, 경성방송국장에 이혜구를 선출하였다.[11]

주목할 것은 위와 같은 방송국 장악 과정이 법적 근거 없이 이루어졌다는 점이다. 일본인 소유 재산권 이전에 관한 법령이 제정된 것은 1945년 9월 25일이다.[12] 《법령 제2호》가 공포되기도 전에 서둘러 방송국을 접수했던 것이다.[13]

8 정대철, 美軍政 기간의 新聞 · 放送에 관한 고찰, 「언론학보」Vol 1, 한양대 신문방송연구소, 1980, p.241.

9 이덕근, 『산있고 물있고』, 호서문화사, 1986, p.70.

10 「매일신보」, 1945.9.17.(계훈모 편, ■한국언론연표Ⅱ, 관훈클럽신영연구기금, 1987, 이하 언론연표로 약칭), p.806. ; History of the KBC, p.2 〈박용규, 미군정기 방송의 구조와 역할〉 재인용

11 이혜구, 『만당 문채록』, 서울대출판부, 1970, pp.41~43.

12 〈군정법령 제2호, 패전국정부 등의 재산권 행사 등의 금지(1945.9.25.)〉 참조

13 김기원, 『미군정기의 경제구조』, 도서출판 푸른산, 1990, pp.49~51.

10월 1일, 미군정은 조선방송협회(북위 38도 이남의 10개소의 방송국을 포함)의 일본인 직원과 과장은 모두 파면하고 한국인 직원들을 정식으로 발령했다. 그리고 당분간 일본인은 고문과 같이 유임했다. 또 해상 방송을 하고 있던 인천 해상방송국을 폐지하고 직원들은 지방체신국으로 전근시키기로 했다. 그리고 방송협회의 조선인 간부는 다음과 같이 임명했다. 회장대리 이정섭(李晶燮), 서무과장 권태웅(權泰雄), 총무부장 이정섭(李晶燮), 기술부장(韓德奉).[14]

한편, 10월 24일부터는 조선방송협회에도 감독관을 파견했다.[15] 방송국에 파견된 감독관들은 군정청 사무처 정보과(Intelligence and Information Section) 소속으로 방송 현업에 대한 관리를 담당했고, 조선방송협회에 파견된 감독관은 체신국 소속으로 기술과 사무에 관한 업무를 감독했다.[16] 이에 따라 이때부터 사실상 방송국에 대한 공보부와 체신부의 이원적 관리가 시작되었다.

다시 「매일신보」 문제로 돌아가자. 아널드의 인공 부인 성명에 대한 비판이 강력히 제기되고 특히 「매일신보」가 미군정에 의해 접수된 이후에도 인공의 기관지 같은 역할을 하며 미군정에 대해 비판을 가하자 미군정은 이러한 「매일신보」에 대한 통제 및 우익 계열의 언론 활동을 지원 · 강화할 필요성을 절감하게 되었다.

주한미육군사령부(Headquarters of United States Army Forces in Korea,

14 조선방송협회 일본인 직원이 파면되고 한국인이 취임, 「매일신보」, 1945.10.1.

15 한국방송공사, 『한국방송공사 60년사』, 1987, p.130.

16 미군정 문서에는 처음부터 방송국을 공보국 정보과와 체신국이 함께 접수한 것으로 나타나 있다. HUSAFIK, Part Ⅱ Chapter Ⅰ, pp.44~45. 〈박용규, 미군정기 방송의 구조와 역할〉 재인용

HQ USAFIK) 주간정보요약(G-2 Weekly Summary)과 미국외교기밀문서(FRUS, Foreign Relations of United States)를 보면 그 무렵 미군정 수뇌부가 조선의 언론현황을 어떻게 파악하고 있었는가를 짐작할 수 있다.

> 당시 신문은 대부분 좌익 계열이며 이 시기 신문들은 무책임하고 급진적인 종이 조각들이다.[17]
>
> 좌익 계열의 이러한 신문이 미국에 의해 불리하게 해석될 수도 있으며, 또 소련과 미국의 점령 방법을 비교하였다고 인식하였던 미군정에게 있어서 영향력 있는 우익 신문의 발행은 필요 불가결한 상황이다.[18]

미군정의 「매일신보」에 대한 정간 처분은 아널드 성명 게재 거부와, 미군정에 대해 비판하는 등 좌익적 논조를 보였다는 점이 그 이유라고 할 수 있다. 「매일신보」 정간에 대해 대부분의 언론 및 조선신문기자회가 언론 자유를 침해하는 행위라고 일제히 비판하고 나섰다. 앞글에서 소개한 바와 같이 「중앙신문」은 논설을 통하여 매신 정간에 대하여 비판하면서 "정간 명령을 내릴 때 이유 설명도 없고 또 구두로 전달한 것은 일제 강점기 시대에도 없었던 일"이라고 강력하게 항의했다. 「영남일보」는 "기자회에서 신중히 검토, 매신 정간 문제"라는 제목의 기사를 통해 조선신문기자회의 비판 내용을 보도했다.[19] 특히 「해방일보」의 경

17 G-2 Weekly Summary, No. 6, 11권, p.89.

18 FRUS, 1945, Vol. IV, p.1070.

19 記者會에서 愼重히 檢討, 每新停刊問題, 「영남일보」, 1945.11.15.

우 "동업 매신의 정간령"은 "언론자유 탄압"이라는 주장의 기사를 실었다.[20]

대부분의 언론들이 매신의 정간에 대해 비판적 기사를 쏟아내자, 11월 12일 미군정은 매일신보에 대한 정간은 특정 기사가 문제가 되어서 언론 탄압의 차원에서 행해진 조치가 아니라는 점을 강조하고, 재정 구조가 건실해지면 재발간을 허가할 것임을 밝혔다.[21]

東亞는京日에서
朝鮮은每新서印刷

(군政廳發表)過去에廣範 했다 每일新報는 再組織関외人氣를가젔든 두新聞 하려고 當分間發刊을정止이 군政廳에서 要求하는 하고있다 아ー놀드少將은國民의福利를爲한 自유의 한新聞工場을 한新聞以上最大機能을爲하야 멀지않 이쓰는實例가적지않다고말어 再出現할것이다 朝鮮 하엿다 美國에있는 多數일報는 每일新報工場에서 한新聞도 이같은方法으로印刷하고 東亞일報는京城 發行되고있다 顯著한例를일報工場에서 印刷할것이 들면「시카고선」과「시카고다 새로再出現하는두新聞 데일리뉴ー스」인데 이들은같出版이 如上두工場을接受 은印刷所에서 發行하고있하는것은아니라고 군政長 다 다른例를들면「내시빌官아ー놀드少將이 强調하며 니신」新聞과「내슈빌배너」新聞은 정見이 다르지만한工場에서發行되고있다 군정廳은 新聞社에對한편見은全혀없다 이것은全朝鮮이希望하며 要求하는出版自유에 크게違反되기때문이다 그러나군정廳은新聞을印刷하야 配達하는데對한全便宜가 最太範圍의國家利益이될것이다고 强調하면서 이自유를保護할책任을지며고한다

美進駐兵力
南朝鮮에七萬
(東京十五日發國際)十四

每新은近日中再出發
工場을利用朝鮮日報印刷發行
두新聞을發行할수

〈그림6: (좌)1945년 11월 16일 자 중앙신문, (우)17일 자 신조선보〉

11월 12일과 13일, 이틀에 걸친 기자들과의 회견에서 보도부의 뉴맨

20 同業 每新에 停刊令, 言論自由彈壓은 遺憾, 「해방일보」, 1945.11.15.

21 每新 정간은 시급 해결, 美 군정청 측서 기자회에 언명, 「자유신문」, 1945.11.13.

대좌와 아널드 군정장관은 매신의 정간 사유는 재정 문제 탓이라고 주장했지만, 14일 아널드의 발언은 전혀 예상하지 못했던 내용이었다. 아래는 군정장관의 담화 내용이다.

군정장관, 매일신보 속간과 조선일보 발간에 대한 담화 발표

(略) 13일 신문기자회 위원장 李鍾模가 아널드 군정장관과 회견하고 한 시간 반이나 기탄없는 의견을 교환한 결과 아널드 군정장관은 "매신을 정간시킨 것은 결코 좋지 못한 기사를 게재하여서 언론을 탄압하려는 것은 아니고 그전 간부가 처리한 회계장부가 분명치 못하고 또 거액의 부채가 있고 하여서 그것을 밝혀서 속간시키려는 것이다. 주주총회는 어디까지든지 민주주의적이어야 하며 언론의 자유는 조금도 제압되지 않는다. 매일신보가 진정한 전 조선적인 언론기관이 되기 위해서 나는 노력하고 있다. 어느 당파나 일개인이 가져서는 안 된다. 근일 중에 원만히 해결될 터이니 조금만 참아 주기 바란다. 거듭 이것을 명언한다. 현 간부로 하여금 곧 선처하도록 하게 할 것이다."라고 말하여 시급히 매신을 계속 발행할 수 있도록 힘쓸 것과 일 당파나 일개인에게 이 기관을 주지 않겠다는 것을 공약했다. 여기서 매신의 재출발은 불일 중 실현될 것으로 믿어졌다. 그런데 14일에 이르러 재건 도중에 있는 조선일보가 군정청의 명령으로 매일신보의 관리를 맞게 되었고 동시에 조선일보를 매신 공장에서 인쇄하기로 되었다 한다. 그런데 15일의 군정청 발표로 보면 조선일보는 매일신보 공장에서 인쇄하지만 매신 공장을 접수하는 것은 아니요, 일방 매일신보는 재조직하려고 당분간 정간하고 있다는 것과 한 신문사 공장에서 두 신문을 발행 인쇄할 수 있다

는 것을 아널드 장관이 언명하였다. 이로써 보면 매일신보는 금후에 반드시 속간될 것이요 또 그렇게 되면 매신 공장에서는 매일신보와 조선일보의 두 가지 신문이 인쇄될 것으로 볼 수 있다. 그런데도 불구하고 매신의 관리와 매신의 현재 종업원의 반가량은 금후 조선일보에서 흡수할 수 있겠다는 말까지 났다는 것을 보면 이것은 매신이 영영 속간될 수 없다는 것을 전제로 할 것인지 또는 매신과 조선일보가 한 공장에서 인쇄되더라도 매신의 현 종업원 가운데서 그 반수를 조선일보 측에서 흡수하겠다는 의미인지 이해하기 힘든 일이다. 매신은 살아나느냐 그렇지 못하면 영영 죽느냐 사회의 관심은 크다. 그러나 아널드 장관이 수차나 위에서 말한 바와 같은 내용으로 언명한 이상 매신은 반드시 살아날 것으로 믿게 되는 바이다. 언론 자유의 확보와 또 그 발전을 위하여 미군정 당국의 적절 명쾌한 해결이 하루빨리 확립될 것을 일반은 믿고 바라면서 금후의 추이를 주목하는 중이다.

8월 15일 이후 해방된 조선에서는 언론 집회 자유라는 빛나는 기치 아래서 신문잡지가 우후죽순 격으로 출생하고 있다. 그러나 다만 일본 제국주의의 학정으로 말미암아 신문잡지의 발간 설비가 모두 흩어졌음으로 신문계에서는 발간 설비 획득에 가진 책동과 모략이 횡행하고 더욱이 전자에 큰 신문이었던 朝鮮日報와 東亜日報가 재출발을 개시함에 이르러 조선의 신문계는 더욱 복잡다단하고 미묘하여 그 동향이 지극히 주목되던바 이번에 군정청에서는 조선일보는 현재 매일신보 공장을 이용하여 신문을 발간하게 하고 동아일보는 현재 경성일보 공장을 이용하도록 결정 발표하였다. 아널드 군정장관은 이러한 조치를 하고서 그 이유를 다음과 같이 말하고 매일신보의 정간은 동사를 재조직하기 위하여 당분간 발간을 정지시킨 것이라고 언명하였다. "조선, 동아 두 신문을 매신과 경일에서 각각 인쇄 발행하기로 되었는데 이 조치는 별로 다른 의미를 가진 것이 아니다. 미국에서도 여러 가지 신문이 이와 같은 방법으로 발간되고 있다. 현저한 예를 들면 시카고 싼과 시카고 데이리 뉴스는 그 社說이 분명히 일치하면서 같은 인쇄소에서 발행하고 있으며 내쉬빌 테니신과 내시빌 베너는 서로 政見을 달리하면서도 같은 공장에서 인쇄하고 있다. 군정청은 신문사에 대한 편견은 조금도 없다. 편견이 있다면 그것은 전 조선이 희망하며 요구하는 출판 자유에 크게 위반되는 것이다. 그러나 군정청에서는 신문을 인쇄하여 배달하는 데 대한 모든 편의는 광대한 범위 안에서 국가의 이익이 됨에 한하여서만 그 자유를 보호할 책임을 지려는 것이다."

◆ 自治委員會 聲明

정간 중에 있는 매일신보의 재출발을 아널드 군정장관의 누차의 언명으로 확실히 약속되었고 이에 따라 5백의 매신의 종업원은 하루 빨리 속간될 것을 기대하면서 일치 결속 힘쓰는 중인데 15일 매신 자치위원회에서는 다음과 같은 성명서를 발표하였다.

◆ 聲明書(1945년 11월 15일, 每日新報社自治委員會)

每日新報는 돌연 11월 10일 군정장관의 명령이라 하여 재정 조사를 이유로 정간 처분을 당하였다. 우리들 5백 종업원은 8월 15일 이래 온갖 악조건을 무릅쓰고 건국 도정의 중대한 보도 사명을 완수하고자 굳센 결의와 새로운 태도로서 일로매진하여 오던 중 이와 같은 불상사를 빚어낸 것은 우리들의 불민한 소이로서 3천만 민중 앞에 깊이 사과하여 마지않는 동시에 우리들의 책임이 더욱 중대함을 느끼는 바이다. 그리하여 우리 5백 종업원은 속간을 위하여 一意 노력 중이던바 뜻밖에 14일 오후 2시 광공국 해렌 대위가 方應謨와 함께 來社하여 앞으로 본 공장에서 同業 朝鮮日報를 발행하도록 되었다는 것을 말하였다. 우리들은 조선의 언론계를 위하여 朝鮮日報의 재출발에 우리 每日新聞도 아널드 장관의 언명한 바에 따라 반드시 새로운 자태로서 하루도 속히 힘차게 속간될 것을 믿으며 전 종업원들은 사회의 열렬한 지지와 기대에 어그러짐이 없도록 분투 노력할 것을 성명한다.[22]

조선일보는 현재 매일신보 공장을 이용하여 신문을 발간하게 하고, 동아일보는 현재 경성일보 공장을 이용하도록 결정 발표하였다."는 아널드의 담화는 한국 언론계의 지형을 흔드는 폭탄 발언이었다. 「매일신보」와 「경성일보」는 해방 이전 최고의 부수를 발행하던 조선총독부의 기관지였다.[23] 당연히 인쇄 시설도 독보적이었다. 두 신문의 공장을 이용한다는 것은 한국 최대의 신문이 될 수 있는 발판을 갖춘다는 의미였다. 실제 이 두 신문은 2020년대 현재까지 최대의 발행 부수를 자랑하는 양대 신문이다.[24]

22 군정장관, 매일신보 속간과 조선일보 발간에 대한 담화 발표, 「중앙신문」, 1945.11.16.

23 1944년 9월 말 현재 발행 부수: 매일신보(388,337), 경성일보(373,158), 부산일보(69,482), 평양매일신보(38,828) 〈박용규, 일제 말기(1937~1945)의 언론통제정책과 언론구조변동, 「한국언론학보」 46(1), 2001.12.〉

24 2020년도 방송사업자 주요 일간지 부수 공개, 「반론보도닷컴」, 2020.6.15.

결국 목적은 미군정의 정책을 옹호하는 신문의 육성, 좌익 일변도의 언론 시장 개편이었다. 그 출발점이 「매일신보」의 재편이었다. 1945년 11월 22일, 「매일신보」는 「서울신문」으로 사명을 바꾸어 속간되었다.[25] 그리고 「조선일보」는 「매일신보」의 인쇄 시설을 이용하여 11월 23일 자로 속간호를 발행했으며, 일주일 후인 12월 1일에는 「경성일보」 공장에서 「동아일보」의 중간호가 인쇄·발행되었다. 지금까지 거론한 「매일신보」 사건을 정리하면 다음과 같다.

① **1945**년 **8**월 **16**일: 건준의 신문위원인 최익한, 이여성, 양재하, 김광수 등은 매일신보를 접수하려고 시도하였으나 잔존해 있던 일본군에 의해 저지

② **9**월 **6**일: 중역 간부진 전 종업원의 해고 선언 → 사장 이성근 퇴진, 사원자치위원회 조직(회장, 문화부 윤희순), 신문 발행 계속

③ **10**월 **2**일: 미군 접수

④ **10**월 **11**일: 아널드 성명 비판, '아널드 장관에게 충고함'이란 반박문 게재 → **2**일간 정간 처분

⑤ **10**월 **23**일: 매일신보 자치위원회 성명서 발표, 매일신보가 어느 정당의 기관지나 개인 소유물이 되어서는 안 되며 전 민중의 요구와 기대에 응할 수 있는 언론기관이 되어야 한다는 점을 강조

[2020년(2019년분) 한국ABC협회 검증결과]

번호	구분	발행 부수			유료 부수		
		2018년	2019년	증감	2018년	2019년	증감
1	조선일보	1,308,395	1,212,208	−96,187	1,193,971	1,162,953	−31,018
2	동아일보	965,286	925,919	−39,367	737,342	733,254	−4,088
3	중앙일보	978,279	861,984	−116,295	712,695	674,123	−38,572

25 서울신문으로, 每新은 금일 속간, 「자유신문」, 1945.11.22.; 每日新報續刊, 서울신문으로, 「중앙신문」, 1945.11.23.

⑥ 10월 24일: 전 조선신문기자회, 매일신보 자치 위원회의 성명을 결의를 통해 지원

⑦ 10월 25일: 한국인 주주(주식 51.2% 소유)가 주주총회를 열어 새로운 간부진을 구성→ 간부진에 친일파가 포함되어 있다는 자치 위원회의 반발에 의해 주주총회 결정무산

⑧ 10월 30일: 《군정법령 제19호 제5조》 '신문 기타 출판물의 등기' 공포

⑨ 11월 10일: 미군정, 재산 조사라는 명목으로 매일신보에 대해 정간 처분

⑩ 11월 23일: 서울신문으로 사명 변경 재발간(사장 오세창, 부사장 하경덕, 전무 김동준, 상무 조중환 · 이원혁, 주필 겸 편집국장 홍기문, 편집고문 이관구, 업무고문 유석현)

⑪ 【조선일보(11월 23일 속간), 매일신보 인쇄 시설을 이용하여 신문 발간】【동아일보(12월 1일 속간), 경성일보 인쇄 시설 이용】

이처럼 미군정의 직접적인 지원 아래 신문을 발간하게 된 우익지들은 이승만 · 김구의 귀국과 더불어 힘을 받고 좌익 계열의 신문과 대립이 구체화하기 시작하였다. 예를 들어보자.

1945년 12월 12일, 재조선미국주둔군최고지휘관 육군중장 존 R. 하지는 군정청 출입기자단과 서울방송국을 통하여 인민공화국에 대한 성명서를 발표했다. 공화국이란 용어의 사용을 중지하라는 요구에 응하지 않았다는 이유로 인공에 대해 공개비난하고 이러한 인공의 행동은 비합법적이라는 성명을 발표한 것이다.[26] 10월 10일 발표되었던 아널드 군정장관의 인공 부인 성명에 이어 미군정 고위 관료로선 조선인

26 하지, 인공문제 성명 발표, 《전단》, 1945.12.12.

민공화국 명칭 문제에 관한 두 번째 성명이었다. 아널드의 성명이 저속한 용어문제가 화두였다면, 하지의 성명은 인공의 합법, 비합법 문제가 대두되었다. 그리고 아널드의 성명 때는 논조의 강도는 다소 상이해도 대체로 이에 대한 비판이 압도적이었던 것은 이미 거론한 바 있다. 하지만 두 달쯤 지난 1945년 12월의 언론계는 그때와 상황이 달랐다.

東亞日報

人民共和國存在는 朝鮮獨立達成을 妨害

共和國은 絕對死守

軍政과의 約束履行中

〈그림7: (좌)1945년 12월 13일 자 동아일보, (우)15일 자 해방일보〉

미군정으로부터 엄청난 혜택을 받은「동아일보」가 인공을 비판하는 데 앞장섰다. 동 신문은 "인민공화국 존재는 조선 독립 달성을 방해"한다는 제목을 굵은 활자로 뽑고 하지의 성명서 전문을 그의 사진과 함께 게재했다.[27] 하지의 성명에 대한 반향도 의도적인 편집을 했다. 그들이 중점적으로 선택한 것은 인공을 반대하는 두 정당 한민당과 국민당이었다.

한국민주당의 백관수는 "강권발동이 적절하다"고 주장하면서 "미군정이 인공에 대해 보다 강력한 조처를 취하길 바란다"고 했다. 그리고 국민당 당수인 안재홍은 "현재 군정청의 시책은 미국 정부의 시책에 의한 것으로 해석되는데 임시정부의 공식 환국도 허용치 않을뿐더러 국내의 임시정부도 승인치 않는 이상 인민공화국을 부인하는 것은 필연적 결론인 줄 안다."라는 발언으로 인공을 부인하는 하지의 발언에 동조를 했다.

무엇보다 의심스러운 동아의 행태는 당사자인 중앙인민위원회와 공산당의 반응에 대한 보도였다. 동 신문은 중앙인민위원회가 금일(12월 13일) 정식태도를 결정하고 명일(12월 14일) 중 공식적인 발표가 있으리라고 보도했다. 하지만 12월 12일 오전 10시에 발표한 재조선미국주둔군 최고지휘관 하지 중장의 성명에 대하여 중앙인민위원회에서는 13일 오전 11시 성명서를 발표했으며, 성명서 전문은 12월 14일 자 「서울신문」을 통하여 소개되었다.[28] 「동아일보」는 12월 14일 자는 물론 그 후로도 중앙인민위원회의 성명서를 보도하지 않았다. 더욱이 "공산당은 언명을 회피한다"는 기사로 사실 자체를 왜곡하였다.

조선공산당 기관지 역할을 하던 「해방일보」는 12월 15일 자 신문에서 전 지면을 할애하여 미군정, 한민당, 중경 임시정부 등에 대하여 맹렬

27 인민공화국 존재는 조선독립당설을 방해, 하지 최고 지휘관 중대 발표, 「동아일보」, 1945.12.13.

28 중앙인민위원회, 하지 성명에 대한 담화 발표, 「서울신문」, 1945.12.14.

한 비난을 퍼부었다. 이 신문은 "조선 문제를 볼 수 있는 두 개의 장소"라는 제목의 사설을 통해 8 15 이후에 국내의 혁명 세력에 의해 생성된 '인민위원회'와 재 중경 망명 지사들의 '임시정부'를 비교하면서, 소위 임시정부 요인들의 행위를 비판했다.

소위 명망가를 자처하는 임정 요인들은 호텔에서 담소만 즐기지 말고, 영등포나 청량리 등의 어두컴컴한 공장에서 창백한 얼굴을 가진 노동자들이 어떻게 생활하고 있는가를 볼 것이며, 일광과 비료 냄새 중에 일그러진 얼굴이지만 순박한 표정을 잃지 않은 농민들이 오막살이 초가집에서 무엇을 생각하고 무엇을 요구하고 있는가를 살펴보아야 할 것이라고 질타했다. 정권 욕심 이전에 민중의 삶부터 인식해야만 한다는 뜻이다.

한편, 동 신문은 중앙인민위원회 성명서 전문을 공개하면서, 군정과의 약속을 이행 중인데도 약속을 지키지 않는다고 비판한 하지의 성명은 도무지 이해가 되지 않는다고 항변하였다. 그리고 "공화국은 절대사수" 한다는 청총(조선청년동맹)의 주장을 함께 보도하였다. 이와 같이 「동아일보」「해방일보」, 두 신문의 논조는 같은 사안임에도 보도된 내용 자체가 너무나 달랐다. 극과 극을 이루는 두 신문의 경쟁 관계는 「해방일보」가 폐간될 때까지 지속되었다.

아널드의 인공 부인 성명 때 이에 대한 비판이 압도적이었던 데 반해, 12월 12일 인공이 비합법적이라는 점이 강조된 하지 성명에 대하여는 「동아일보」 등 우익지가 적극적인 지지를 표명함으로써 미군정이 곤경을 벗어나는 데 큰 역할을 해주었다. 동아와 조선, 두 거대 신문의 발행을 지원한 미군정의 의도가 성공을 거두었다는 얘기다. 미군정은 군정에 우호적인 우익지의 육성을 넘어 아예 언론 조작까지 서슴지 않게 되는데, 대표적인 사례가 모스크바 삼상회의 조작 기사였다.

하지의 담화에 대한 평가는 로빈슨의 주장이 참조된다. 초기에 미군정의 대민 정부수집 분야에서 일했고, 그 이후에는 미국이 남조선을 통치하는 데 최고의 명령권을 쥐고 있었던 제24군단 사령부의 정보관에서 점령기를 다룬 전사 편찬의 업무를 담당했었던[29] 리차드 D. 로빈슨은 인민공화국과 인민위원회에 대해 다음과 같은 글을 남겼다.

> 인민공화국의 교활한 적인 극단적 보수 집단인 한민당의 입장에서 보면 하지의 성명서는 그렇게 강력한 것이 못 되었으나, 인민공화국은 그에 대해 즉각적으로 반응을 나타내면서 맹렬히 반발하였다. 인민공화국의 지도자들은 밤을 새워 고심하면서 대응책을 논의했고, 다음날 오후에 반박하기 어려울 정도로 논리 정연한 반대 성명을 발표하였다. 그 주된 내용은 다음과 같다. (1) 혼란과 오해는 친일 매국노들의 험담에서 야기된 것이다. (2) 명칭 개선에 관해서는 국민대회에서 논의하자는 식으로 약속한 적이 있을 뿐 인민공화국 전체 회의에서는 명칭 개선에 관하여 반대한다고 결정하였다. (3) (3일간의) 회담이 끝난 후에 허헌 부의장은 하지 중장이 보낸 서한의 모든 부분에 동의했지만, '국'이라는 단어 사용을 금지해 달라는 제안에는 분명히 거절한다는 의사를 표명했다. (4) 소위 (김구의) 임시정부에게는 그 자체로써 '국무회의' 소집까지도 은연중에 허용하고 있다. (5) 그리고 그러한 태도는 '주관적으로는 일관되었는지 모르지만 객관적으로 보

29 리차드 로빈슨, 정미옥 옮김, 『미국의 배반』, 과학과 사상, 1988, p.14.

기에는 분명히 국민 대중에게 혼란을 주는 태도이다.

(1)부터 (4)까지는 명백하게 진실된 지적이었고 미군정 당국에서도 그 점은 알고 있었다. 그러나 다섯 번째 지적은 약간 애매한 부분도 있었다. 미군정은 활동을 개시하여, 남아있던 인민공화국의 모든 임원들과 인민위원회의 조직 위원들을 정부의 위치에서 내몰았다.…(중략)… 인민위원회가 붕괴하면서 조선의 인민들은 비통함에 젖게 되고 정치에 환멸을 느꼈으며, 각자의 영역에서 생존을 위한 투쟁에만 전심 전력을 기울이게 되었다. 인민들은 "이제 정부는 지긋지긋하다."라고 생각하게 되었음이 확실했다. 1946년에 공산주의자들이 지시를 내리고 좌익에서 받아들인 반탁의 결정은 좌익이 지니고 있던 인민들로부터의 신망에 조종을 울리는 것이었다. 그러는 사이에 우익은 차츰 대중적 기반을 넓혀가고 있었다.[30]

아무튼「매일신보」사건 와중에 공포된《군정법령 제19호 제5조》'신문 기타 출판물의 등기' 제도는 한국 언론의 성장에 큰 보탬이 된 것은 사실이다. 등기제가 실행되는 동안 창간된 주요 중앙지는 조선 동아 외에「중앙신문」(창간 45.11.1.)「대한독립신문」(45.11.3.)「대동공보」(45.11.10.)「대동신문」(45.11.23.)「한성일보」(46.2.26.)「현대일보」(46.3.15.)「가정신문」(46.3.21.)「중외신보」(46.4.19.)「독립신보」(46.5.1.)「중외경제신보」(46.5.24.) 등이다. 아래는 미군정기 언론 현황을 표로 정리한 것이다.

30 위의 책, pp.68~70.

[표1: 미군정기 언론 현황]

언론사	창간일/정 · 종간일	발행/편집	성향	비고
【방송, 통신사, 영자 신문】				
조선 방송협회	미군 접수, 10개 방송국 방송 중단, 9월 16일 낮 12시 50분부터 방송 재개			
	10월 1일, 회장대리 이정섭(총무부장 겸무), 서무과장 권태웅, 기술부장 한덕봉, 〈일본인 고문〉			
	10월 4일, 윌리엄 A · 글라스 중령(회장 임명)			
해방통신	45.8.17.~47.10.18.	도메이(同盟)통신 사옥(소공동 테일러빌딩)과 통신기기 및 집기 일체 인수, 대표(김진기) 총무(홍종생 · 백병흠) 외신(송영훈)	좌익	좌파(김진기 · 백병흠 · 송영훈)→별도 건물, 해방통신 우파(홍종생 외)→잔류파, 국제통신으로 제호 변경
조선통신	45.9.4.~48.10.13.	사장(김승식) 부사장 겸 발행인(김용채) 편집국장(이종기)	좌익	UP계약(10.27)
(→고려통신)	48.10.~49.8.			중앙통신(CNA,중국)뉴스교환계약(48.12.)
(→한국통신)	49.8.~52.4.			
(→동양통신)	52.4.10.	양우정 인수 후 동양통신으로 변신	우익	양우정(사회주의→이승만계)
동맹통신 (→국제통신)	45.9.~12.20.	최기섭(주간) 전홍진(편집) 원경수(취재) 체재 출발→ 10일 만에 미군정이 김동성, 남상일에게 위탁→ 사장(글라스 중령) 주간(김동성) 전무(남상일)→ 연합통신과 합병(12.20.)		
연합통신	45.11.30.~12.20.	민원식, 남정린	우익	AP와 계약
합동통신 (→연합통신)	45.12.30.~1980.	사장(민원식) 주간(김동성)	우익	국제 · 연합통신 합병
The Korea Times	45.9.5.	편집(하경덕, 이묘묵, George L. Pail) 재정(노인화)	우익	–
The Seoul Times	45.9.6~50.	민원식, 백남진	우익	The Seoul Daily News로 변경(49.11.)
【중앙지】				

조선인민보	45.9.8.~46.9.6.	사장(김정도) 부사장(고재두) 인쇄(고영생)→ 발행 · 편집(홍증식) · 인쇄(김경록), 46년 중반 주필(임화)	좌익	최초의 신문사 테러(12.29, 직원 납치, 수류탄 투척) 임화 · 김경록 구속(46.7.7.) 홍증식 · 김오성 구속(8.8.) 유중렬 · 이장영 · 정우식 등 구속, 무기한 발행 정지
45.9.11, 하지 〈시정방침을 통해 언론의 자유에 대한 미군정의 방침을 피력〉				
45.9.12, 신문보도 책임자 헤이워드. 중령 〈언론의 자유와 집회 결사의 자유 보장 발표〉				
해방일보→ 청년 해방일보 (→건국) (→대중신보) (→노력인민)	45.9.19.~46.5.18.	사장 · 주간(권오직) 편집장(조두원)	좌익	조선공산당기관지
	46.5.중순~47.9.21	편집 · 발행 · 인쇄(김용일)		해방일보 후속 발행
	46.7.9.~8.23.	발행 · 편집인(강중학) 주간(김광수)		위폐 사건 주범 찬양기사 게재, 김광수 구속
	47.3.21.~6.	편집 발행 · 인쇄(김용남) 주필(박용선)		남로당 기관지 역할
	47.6.19.~8.15.	대중신보 개제, 발행인(홍남표→김광수) 편집인(이상호)		남로당 기관지
민중일보 (→후기 민중일보)	45.9.22.	장도빈(사학자)	중도 우익	민족주의, 재정난 휴간
	47.4.6.~48.12.2.	판권(윤보선) 편집인(최악) 주필(오종석) 편집국장(김광섭→이헌구)		범 우익 계열
경성일보	45.9.25. 미군 접수 45.12.11. 폐간	–	–	사옥 · 인쇄 시설, 동아일보 인수
매일신보 (→서울신문)	45.10.2. 미군 접수 45.11.11. 정간	발행 · 편집인(김동진) 인쇄(한진희)	중도	해방 후 사원자치위원회 (위원장 윤희순)
	45.11.23. 서울신문으로 속간 49.5.3. 발행 정지	사장(오세창→하경덕) 편집 · 발행인(하경덕) 전무(김동준) 상무(조중환, 김무삼) 주필(이관구) 편집국장(이관구→홍기문→김무암)→정우홍→이건혁) 감사(윤희순) 고문(권동진, 홍명희)		인쇄 시설, 조선일보 인수 우익 테러단 습격(46.1.6, 그 후 2차례 더 습격, 신탁 문제 관련)
	49.6.20. 속간	사장(박종화) 편집국장(우승규)	극우	친 정부

예술통신 (→문화일보)	45.10.2.~47.3.2.	사장(김정혁) 편집 · 발행 · 인쇄(주정돈)	좌익	10월 '대구 폭동': "인민 항기의 거대한 파동"
	47.3.11.~47.8.	발행 · 인쇄(이창선) 주필(김영건) 편집국장(이용악) 편집위원(강성재, 설정식, 김남천, 정진석, 김기림, 김동석)		좌파 문예인 편집참여, 남로당 노선 선전, 우익 청년 단체 정의단 습격(47.7.15.)
	47.8.15.~	판권 이관	우익	문예기사 중심 게재
동신일보 (→세계일보) (→세계일보)	45.10.4.~휴간	김영욱	중도 좌익 → 우익	임정 지지 표명
	46.2.2.(속간)	사장(유자후) 발행인(조성부) 편집인(오삼주)		
	47.2.14.~49.1.14.	판권인수(김종양) 편집 · 주필(배성룡) 편집국장(최석주)	중도	좌우합작 지지
자유신문 (→자유신보) (→자유일보)	45.10.5.~46.10.	정인익(전 매일신보 편집국장) 편집 · 주필(정진석→이정순) 정경위원(이원영)	중도	모스크바 삼상회의 결의 찬성, 우익 청년 단체 습격(5회)
	46.10.27.~52.5.26.	사장(신익희)	우익	좌익 관련 기사 제외, 우익 세력 중심 기사 편집
	53.9.~61.3.	사장(백남일) 부사장(이상협) 고문 (최남선) 편집국장(심정섭) 주필(김석길)		
	61.8.6. 폐간	발행 · 편집인(김갑린)		태창방직의 경영난, 폐간
신조선보	45.10.5.~46.1.20.	발행(김제영) 주간(양재하), 편집(남국희) 그 외(조중옥)	중도 우익	안재홍 계열

45.10.30. 〈군정법령 제19호, 노동의 보호, 언론출판 등의 등기〉 공포

중앙신문	45.11.1.~46.8.24.	조선상공신문 사옥 인쇄 시설 인수, 김형수(사장 · 발행인) 이상호(편집국장) 황대벽 (인쇄인) 박종수	중도 → 좌익	우익 테러단 습격(46.5.14.) 그 후 습격 세 차례, 포고2호 위반, 이상호, 황대벽, 김덕규, 오재동, 유택규 등 구속(46.9.6.)
	47.4.19.–48.7.	김형수(회장) 박정근(사장) 이종흡(편집국장)		미소공위 소식 주요 기사
대한독립신문 (→민보) (→국제신문)	45.11.3.~47.2.14.	사장(오장환→여운홍) 발행 · 편집인(고정휘) 편집국장(성준덕→유광열) 주간(고영환)	중도 우익	친 이승만
	47.2.15.~6.15.	사장(여운홍) 편집 · 발행(고정휘)		–
	48.7.16.~49.3.6.	판권 인수(정무묵) · 인쇄인(이봉구) 주필(송지영) 편집국장(정국은)		치안방해죄 폐간

대동공보	45.11.10.~12.25. → 47.중반 복간	사장(홍종우) 편집 · 발행인(손영극) → 복간 후, 편집 · 발행인(김형원) 편집국장(신경순)	우익	친 이승만, 한민당
조선일보	45.11.23. 속간	사장(방응모) 주필(이훈구→이갑섭→홍종인→김석길) 편집국장(함상훈→김형원→이건혁→홍종인→문동표→유봉영)	우익	매일신보 인쇄 시설 인수, 한민당(함상훈, 이훈구, 이갑섭, 홍종인) 등의 입장 대변, 좌익 기사 다소 다룸
대동신문 (→한국경제신문)	45.11.23.~54.12.	발행 · 편집인(김동수→김선흠→김형원) 부사장(이봉구) 주필(황석우→김옥근), 편집국장(최원식→이동욱→이건혁→이유근→이선근)	극우	이종형(본명 이종영) 46.5.16.(3주간 발행 정지) 이종형 독직 사건 구속(46.10.2.~11.8.)
	54.12.~	한응렬 인수 후 한국경제신문	우익	–
동아일보	45.12.1. 속간	사장(송진우→김성수→최두선) 발행인(김승문→국태일) 주필(고재욱→김삼균) 편집인(설의식→고재욱) 편집국장(고재욱→임병철→고재욱→김삼규→장인갑)	극우	경성일보사옥 · 인쇄 시설 인수, 한민당 기관지
한성일보	46.2.26.~50.6.15.	사장(안재홍) 편집 · 발행인(양재하), 인쇄(김종양) 주필(이선근) 편집국장(함대훈→양재하→남국희) 편집부장(송지영), 정치부장(남국희) 사회부장(김제영→강영수) 문화부장(조중옥)	중도 우익	신조선보 인사 다수 참여
현대일보 (→민국일보)	46.3.15.~46.9.6.	편집 · 발행(박치우) 주간(이태준) 편집국장(이원조) 편집고문(김기림)	중도 좌익	친 조선공산당
	47.1.19.~	서상천 인수, 주필(양우정)	→ 극우	반탁, 반공, 단정 수립
가정신문 (→대한일보)	46.3.21.~47.7.26.	편집 · 인쇄 발행(이취성, 본명 강신상)	극우	남편(이종형)
	47.7.26.~48. ?	사장(이종영) 편집인쇄발행인(이취성)		대동신문의 자매지
중외신보	46.4.19.~9.26. 휴간	사장(강진희) 주필(한일대) 편집인(김정도)	중도 좌익	
	46.11.28.~47.8.27.	사장(여운형)		공보부령 제1호, 무기정간

독립신보	46.5.1.~48.5.9.	고문(여운형, 백남운) 사장(장순각) 주필(고경흠) 편집국장(서광제) 편집위원(안덕근, 조인상, 안찬수, 김찬승, 이강성)	중도좌익	좌파 내 반박헌영 계열 입장, 단정 비판 기사로 고경흠, 배은수 구속
	48.12.15.	이종만 판권 인수, 편집국장(하윤도)	→ 우익	속간 후 논조 변화
중외경제신보	46.5.24. 창간, 휴간 46.12.10. 속간	속간 후 주간 · 편집인(신태익)	중도좌익	경제동향 및 각종 정책과 수치 제공
	(→광명일보)	사장(성주식) 발행 · 편집(노재혁) 주필(윤징우) 편집국장(안덕근)		김원봉 계열
	(→제일신문)	발행 · 편집(윤규남) 부사장(김정형) 주간(신영철)		미군 철수 주장, 북조선 정권 긍정적 보도, 정간 처분 후 신영철 외 기자 10여 명 구속

46.5.29. 〈군정법령 제88호, 신문 및 기타 정기간행물 허가에 관한 건〉 공포

민주일보	46.6.10.~47.8.	사장(엄항섭) 발행(김인현), 편집(이현구) 편집위원(김광섭, 오종식, 신경순, 안석주)	극우	김구, 임정, 한독당 동정
	48.5.5.~48.9.30.	발행인(김인현→안병인) 편집국장(황문철→서항석)		
	48.10.1.~?		우익	김구, 김규식 기사 제외
경향신문	46.10.6.~	사장(양기섭→한창우) 주필(정지용, 오종식) 편집국장(염상섭→이완성→오종식→우승주→선태익)	중도 → 우익	조선정판사 불하(미군정,가톨릭 교단 지원), 정지용 · 염상섭(중도 편집)
제3특보 (→신민일보)	46.10.28.~47.1.8.	이사장(이용주) 발행 · 편집(박명준) 주필 · 편집국장(이윤종)	중도좌익	좌우합작지지, 김성수 · 염상섭(징역 5년, 벌금 70만 원, 집행유예), 5 · 10총선거 무효 선언, 미군정법령 제88호 위반, 우리신문과 함께 폐간
	48.2.10.~5.26.	발행 · 편집 · 주간(신영철) 인쇄(김성수) 주필 · 편집국장(염상섭)		
독립신문	46.12.27.	사장(이시영→조소앙) 발행(김승학) 인쇄(박종상) 주필(김진)	극우	김구, 한독당 세력 대변
	48.11.9.	판권(최윤엽), 명예사장(조소앙) 편집국장(최양웅) 인쇄인(이종영)	우익	일반사실보도 중심 개편

서울석간(→조선중앙일보)	47.1.30.	발행 · 편집 · 인쇄인(정청) 편집위원장(유해붕) 발행인(이달영, 47.4.28.)	중도좌익	여운형, 근민당 관련 기사, 국시 위반으로 간부들 구속, 정간(2 · 7 구국 투쟁), 이달영 외 8명 체포 (48.9.15.)
	47.7.1.~48.9.15.	조선중앙일보로 개제, 발행 · 편집 · 인쇄인 · 사장(이달영) 편집국장(유해붕) 그 외(윤동명)		
	48.12.11.~52.4.15.	판권 최석창, 주필(최인식)		폐간(국시 위반)
평화일보(→평화신문)	48.2.8.~49.9.30.	회장(문봉제) 사장(양우정) 발행인 (조두철→홍찬) 주필(김석길) 편집인(정국은→정윤조)	우익	서북청년회, 대한청년단(문봉제)
	49.10.18.~	홍찬 판권 인수		한 양 재 단 인 수 (60.10.19.평화신문→대한일보)
우리신문	47.2.10.~5.26.	노유환 창간, 발행(강재완) 편집국장(박소봉)	좌익	북로당 선(성시백) 연결, 미군정법령 제88호 위반, 신민일보와 함께 폐간, 박소봉, 강노철 구속
국도신문	48.4.1.~61.5.28.	발행 · 편집인(이봉혁) 편집국장(심정섭)	우익	국제신문(49.3.6. 폐간)인수, 장석윤 인수(51.2.1.)

【지방지】

경기도	대중일보(45.10.7. 인천) 인천신문(46.2.1. 인천) 화성매일신문(48.11.28. 수원)
강원도	동방신문(45.9.7. 강릉) 강원일보(팽오통신 45.10.25. 춘천)
충청남도	동방신문(구 중선일보, 45.8.15. 대전)
충청북도	국민일보(46.3.1. 청주)
전라남도	호남신문(구 전남신보, 45.8.31. 광주) 광주민보(45.11.20. 광주) 동광신문(구 광주민보, 45.10.10. 광주) 목포일보(45.10.19. 목포) 여수일보(45.11.1. 여수)
전라북도	전북일보(건국시보, 45.8.17, 전주) 전주일보(46.1 전주) 전북신문(46.6. 군산) 군산일보(46.5.1, 군산) 군산신문(47.11.15, 군산)
부산	민주중보(구 부산일보, 45.9.1.) 부산매일신보(매일신문으로 개제, 45.11.28.) 대중신문(45.12.5.) 자유민보(46.2.26.) 부산신문(46.5.3.) 부산일보(46.9.10) 인민해방보(46.10.8.)
경상남도	경남신문(남선신문, 46.3.1, 마산) 경남일보(46.3.1, 진주)
경북 대구	민성일보(45.9.15.) 대구시보(구 대구일일신문, 대구일보, 45.10.3.) 영남일보(45.10.) 경북신문(45.12.) 남선경제신문(46.3.1.) 부녀일보(46.12.5.) 신라공보(47.1.) 대구합동신문(48.1.6.)

※출처:

① 『동양통신사사』(동양통신사사편찬위원회, 1982), 『합동연감』(합동통신사, 1971.)

② LIM Keun-soo, A History of English Journalism in Korea, 「언론정보연구」 7, 1970.12, pp.119~141.

③ 윤덕영, 해방 직후 신문자료현황, 「역사와 현실」16, 1995.6, pp.341~379.

④ 대한민국 신문 아카이브, 국립중앙도서관

⑤ 박권상, 미군정하의 한국 언론에 관한 연구

⑥ 정진석, 해방공간의 좌익언론과 언론인들

⑦ 정진석, 해방공간의 언론

⑧ 박용규, 미군정기 방송의 구조와 역할

⑨ 박용규, 일제 말기(1937~1945)의 언론통제정책과 언론구조변동

04

정치 잡지 선구의 해방 후 첫 여론조사

THE JOINT CHIEFS OF STAFF
WASHINGTON 25, D. C.

SM-3355
14 September 1945

MEMORANDUM FOR THE STATE-WAR-NAVY COORDINATING COMMITTEE:

Subject: Immediate removal of certain Japanese officials in Korea.

Reference: SWNCC 176 series.

1. The Joint Chiefs of Staff have approved the draft message in Enclosure No. 2 of your memorandum dated 11 September 1945, titled "The Basic Initial Directive to the Commander in Chief, U.S. Army Forces in the Pacific for the Administration of Civil Affairs - Korea South of 38 Degrees North Latitude," subject to its amendment as follows:

"Unfavorable publicity has resulted from recent reports that the U. S. commander in Korea has decided temporarily to retain in office the Japanese Governor General and other Japanese officials in Korea.

"If the report is correct, State-War-Navy do not ~~It is not~~ believed that the services of the Japanese officials named below are essential by reason of technical qualifications. Refer to paragraph 2 of summary of proposed directive WARX 61967. ~~Furthermore,~~ For political reasons it is advisable that you should remove ~~them~~ from office immediately~~.~~: Governor-General Abe, Chiefs of all bureaus of the Government-General, provincial governors and provincial police chiefs. You should furthermore proceed as rapidly as possible with the removal of other Japanese and collaborationist Korean administrators."

2. The message will be dispatched immediately upon receipt of the concurrence of the State-War-Navy Coordinating Committee.

For the Joint Chiefs of Staff:

A. J. McFARLAND,
Brigadier General, USA,
Secretary.

〈그림8: 국무 육군 해군 삼부조정위원회를 위한 비망록(한국의 일본인 관료들에 대한 즉각적인 해고)〉

1945년 9월 10일부터 14일, 5일간 미 국무성, 국무 · 육군 · 해군삼부조정위원회(SWNCC) 그리고 미 육군태평양지구사령관 사이에 16통의 비밀문서가 오고 갔다. 주제는 "한국의 일본인 관료들에 대한 즉각적인 해고"에 관한 건이었다. 최종 결정 사항은 다음과 같다.[1]

1. 합동참모본부는 1945년 9월 11일 자의 비망록에 있는 붙임2의 초안 메시지인 "북위 38도선 이남의 한반도 내 민사 행정에 대하여 미 육군태평양지구사령관에게 보내는 초기기본 지령"을 다음 사항을 수정하는 조건으로 승인한다.

"한국 주재 미군 사령관이 일본인 총독과 다른 관료들을 임시로 유지시키기로 한 결정에 대한 최근 보고는 비판적 여론을 초래하고 있다."

"만약 그 보고가 정확하다면 국무 · 육군 · 해군 삼부조정위원회는 이하의 일본인 관리들의 복무는 전문성이라는 이유로는 필수적인 것으로 생각하지 않는다. 이전 지침인 WARX 61967의 요약본 2단락 참조하라. 더욱이 정치적인 이유로 귀관은 그들을 관직에서 즉각 해고할 것이 권고된다. 총독 아베, 총독부의 모든 국장들, 도지사와 도 경무국장들. 귀관은 또한 가능한 빨리 여타 일본인 관리들과 친일파 한국인 관리들도 해고하여야 한다."

2. 메시지는 국무 · 육군 · 해군 삼부조정위원회의 동의를 받는 즉시 전송될 것이다.

합동참모본부를 대표하여, A. J. 맥팔랜드(A. J. McFarland), 미군

1 《SWNCC 176〉 SWNCC 176/4, 한국사데이터베이스》

준장, 사무관

조선 총독 아베와 다른 관료들을 임시로 유지하겠다는 한국 주재 미군 사령관 하지의 정책 방안을 즉시 철회하고, 그들뿐만 아니라 한국인 관리들도 가능한 빨리 해고하라는 권고문(혹은 명령문)이 발송되었다. 하지의 시정방침에 대해 문제를 제기한 사람은 미국무부 극동과장 빈센트((John C. Vincent, 1900~1972)였다.

빈센트는 1945년 9월 10일, 11일 두 번에 걸쳐 EUR. 매튜스[2]에게 "주한미군 사령관이 한국에서 일본 총독과 일본인 관리들을 임시로 유지한다고 결정한 보고는 한국에서의 우리의 입지에 불운한 영향을 주고 있고, 또 이것은 이전에 거론된 포괄적인 의도나 정책 개요와도 상반된다"고 보고하면서 대단히 긴급한 사안임을 강조했다. 결국 '한국의 일본인 관료들에 대한 즉각적인 해고' 건은 합동참모본부 명의로 맥아더에게 전달되었다.

그러나 빈센트의 의도가 전적으로 채택되지는 않았다. 아베 총독을 비롯한 고위 관리들은 즉시 해임되었지만, 친일파 한국인 관리들은 오히려 중용되었다. 이 사건은 한반도 문제에 대한 미 국무부와 군부 갈등의 전초전이었던 셈이다.

흥미로운 것은 미 육군태평양지구사령관에게 보내는 문서에 "최근 보고는 비우호적인 여론을 초래하고 있다." "최근 보고는 비판적 여론을 초래하고 있다."라고 하는 등 여론 문제를 여러 번 언급하고 있다

2 Harrison Freeman "Doc" Matthews(1899~1986), 유럽 3개국(오스트리아, 네덜란드, 스웨덴) 대사, 유럽 사무국장, 국무부 차관보 등을 역임한 미국의 외교관

는 점이다. 그러면 "한국 주재 미군 사령관이 일본인 총독과 다른 관료들을 임시로 유지시키기로 한 결정"에 대한 비판적 여론의 근거는 무엇일까?

일단 "일본인 총독과 다른 관료들을 임시로 유지시키기로 결정한다."는 사안에 대해 여론조사를 한 적이 없다. 더욱이 그 무렵은 여론을 형성하는 기능을 가진 한국 언론사의 활동 역시 미미하기 짝이 없었다. 안타깝게도 당시 남한 대중들의 여론이 아님은 확실하다. 미군이 진주할 무렵의 조선에는 여론이라는 단어 자체가 익숙하지 않은 용어였다.

선구회(先驅會)라는 단체에서 해방 후 첫 여론조사를 실시했다. 선구회본부 여론조사부가 실시한 이 조사는 1945년 10월 10일부터 11월 9일까지 약 한 달간 각 정당 · 언론사 · 문화단체 · 학교 등을 대상으로 실시되었다. 여론조사 제1호, 제2호 양식으로 구분했지만, 첫째 조선을

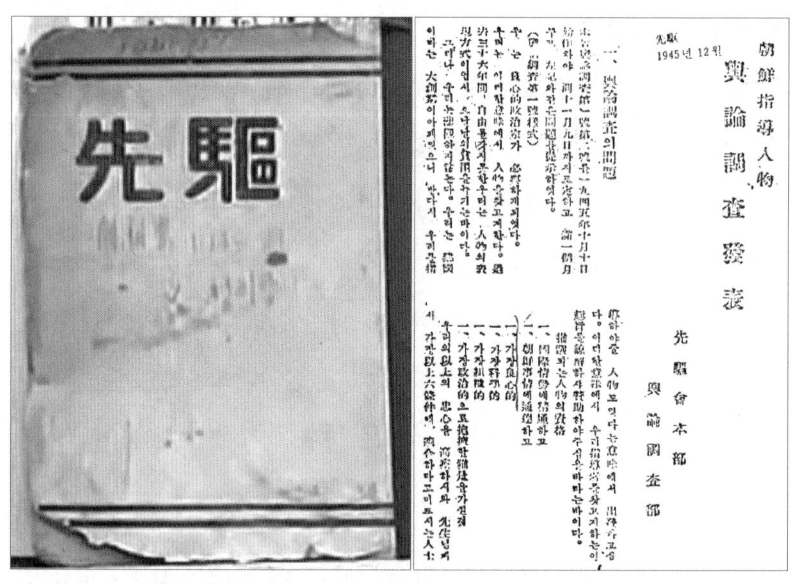

〈그림9: (좌)선구 창간호 표지 (우) 여론조사의 취지를 설명한 선구 12월호〉

이끌어 나갈 지도자, 둘째 희망하는 정부 조직 형태, 셋째 내각이 조직될 경우 추천하는 인물, 넷째 생존 인물 중 과거 최고의 혁명가 등 네 가지 항목에 대한 설문조사였다. 구체적인 내용을 살펴보면 다음과 같다.[3]

1) 조선을 이끌어 나갈 지도자

새로운 나라를 건국함에 있어 조선을 이끌어 나갈 지도자로 추선(推選)되는 인물의 자격으로 ①국제 정세에 정통하고 ②조선 사정에 통달하고 ③가장 양심적 ④가장 과학적 ⑤가장 조직적 ⑥가장 정치적으로 포옹할 아량을 가진 인물 등 여섯 가지 기준이 제시되었다. 능력이 있을 뿐 아니라 도덕적 측면에 있어서도 하자가 없는 인물이어야 한다는 뜻이다.

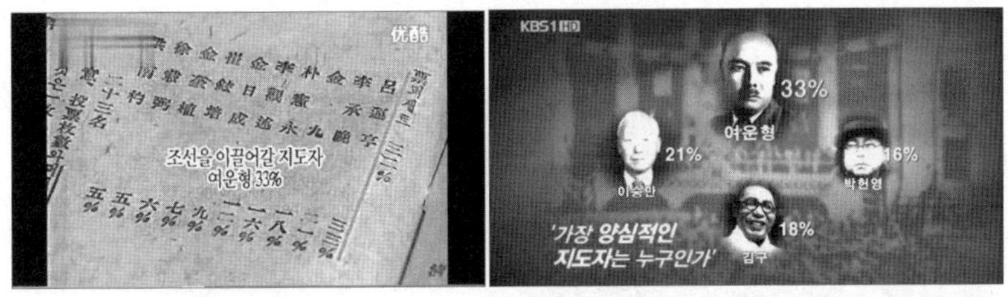

〈그림10: (좌) KBS인물현대사 65회, 광복 60년 특집 3부작, 좌우를 넘어 민족을 하나로- 제1편 여운형(2005.1.7. 방영), (우) KBS1 한국사 傳-이승만 2부작(1부, 2008.8.30. 방영), 캡처〉

3 선구회본부 여론조사부, 조선지도인물 여론조사발표, 「선구(先驅)」, 1945년 12월호, pp.45~52.

여론조사 제1호는 총 1,957매의 설문지 중 626매가 회수되었는데(복수 추천 가능, 설문지 회수율 32%) 결과는 다음과 같다. ①여운형(33%) ②이승만(21%) ③김구(18%) ④박헌영(16%) ⑤이관술(12%) ⑥김일성(9%) ⑦최현배(7%) ⑧김규식 (6%) ⑨서재필(5%) ⑩홍남표(5%) 그 외 23명

2) 희망하는 정부 조직 형태

두 번째부터 네 번째 항까지는 여론조사 제2호 양식을 취했다. 조사 내역은 정체(政體), 내각조직, 과거 조선 혁명가 등 세 가지 항목에 대한 것이다. 그리고 "이것은 절대로 미국 여론조사와 같은 것도 아니고 다만 현재 조선에 있어 인물이 없다는 비난의 진부를 파악하기에 본회가 선구가 되어 조금이라도 현 조선에 있어서 국가 건설에 도움이 있을까 하여 실행한 것입니다."라고 조사의 목적을 밝혔다. 여론조사 제1

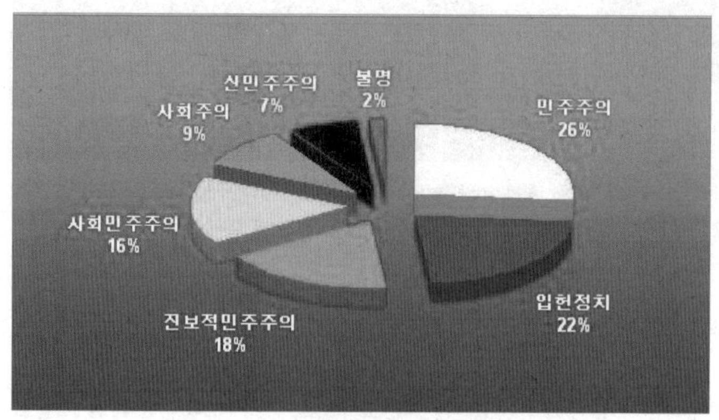

〈그림11: 1945년, 최고의 인기 정치인은? 인터넷 블로그(2009.2.2.) 캡처〉

호와 같은 1,957매의 설문지를 배포하여 978매를 회수하여 집계되었다.(설문지 회수율 50%)

희망하는 정부 조직 형태는 ①민주주의 정체(284, 28% 약) ②입헌 정체(206, 21% 약) ③진보적민주주의 정체(167, 16% 강) ④사회주의적 민주주의 정체(147, 15% 약) ⑤사회주의 정체(89, 9% 약) ⑥신민주주의 정체(69, 7% 약) ⑦불명(16, 2% 강) 등으로 나타났다. 자유자본주의 28%, 입헌군주제 21%, 공산주의를 포함한 사회주의 47% 정도로 보면 될 것이다.

3) 내각이 조직될 경우 추천하는 인물

〈그림12: KBS1 한국사 傳-이승만 2부작(1부), 캡처〉

선구회가 여론조사를 통해 파악한 조선의 인물 중 대통령 감으로는 이승만, 김구, 여운형 등이 추천되었다. 그 외 내각의 각료로 거론된 인물은 아래와 같다.

대통령	이승만 431, 김구 293, 여운형 78, 무기록 176
내무부장	김구 195, 여운형 118, 안재홍 59, 허헌 58, 기타 4인 61, 무기록 85
외무부장	여운형 274, 이승만 137, 김규식 58, 김구 55, 기타 2인 36, 무기록 214
재무부장	조만식 176, 김성수 98, 정태식 39, 김규식 37, 기타(7명) 133, 무기록 279
군무부장	김일성 309, 김원봉 98, 이청천 78, 김규식 27, 기타(2명) 36, 무기록 226
사법부장	허헌 371, 김병로 58, 최동오 52, 이강국 42, 기타 36, 무기록 215
문교부장	안재홍 275, 김성수 68, 김창준 58, 기타(6명) 114, 무기록 249
경제부장	백남운 215, 이관술 98, 이(박)헌영 36, 김규식 34, 기타(7명) 145, 무기록 246
교통부장	최용달 196, 하필원 58, 안재홍 36, 기타(10명) 215, 무기록 229
노동부장	박헌영 371, 여운형 38, 기타 212, 무기록 213
※인민공화국 부서 그대로 원하는 분: 152	
※임시정부 그대로 원하는 분: 52	

4) 생존 인물 중 과거 최고의 혁명가

〈그림13: KBS1 한국사 傳–이승만 2부작(1부), 캡처〉

여론조사 제2호 양식 중 마지막 질문은 '과거 조선 혁명가'였다. 회수된 표수는 ①여운형 195명 ②이승만 176 ③박헌영 168 ④김구 156 ⑤

허헌 78 ⑥김일성 72 ⑦김규식 52 ⑧백남훈 48 ⑨최용달 40 ⑩박문희 19 ⑪이관술 15 ⑫최현배 12 등의 순으로 집계되었다. 이 조사 결과를 끝으로 선구회는 "인물은 인물의 인격 아량도 있어야 하겠지만, 그 주위에 있는 사람이 선전하여야 한다는 것을 절실히 느끼었다. 본회에서 상세히 논평하고자 하였으나 여러분의 상사에 맡기고 여러분의 논평을 하기 주소로 보내주심을 기대합니다."라는 평을 남겼다. 그 외 선구회 여론조사부는 흥미로운 내용의 '결론'을 남겼는데, 아래에 전문을 소개한다.

(결론) 본 조사에서 발표하지 않은 것이 하나 있다. 그것은 어떤 단체에서 투표를 잘하고 어떤 단체에서 투표를 잘하지 않았나 하는 통계이다. 이것을 발표하면 너무나 그 인물과 그 단체를 면박하는 것 같아 발표하지 않았다. 그러나 대개 그것을 볼 때 투표가 제일 적은 데는 정당과 문화인들이었다. 당 조사부에서는 당초 투표하고 안 하고가 문제가 아니었다. 왜 그런가 하니 투표를 하여도 한 통계가 나올 것이고, 투표하지 않아도 한 통계가 나올 것인고(故)로 시초부터 이 일이 절대로 실패가 아니라고 자신한 까닭이다. 그러나 여기에 상술한 바와 같은 이상한 결과를 얻게 된 것이다.

우리가 제일로 정당과 문화인들이 양심껏 자기 주위에 있는 자기 친우와 자기 동지를 투표할 줄 알았다. 그러나 그와 반대로 그러한 소위 지도계급층에서는 대단히 적고 우리가 생각한 이외에 대중 층이 더 많았다는 사실이다.

물론 조사부의 실책이 있고 또 부족한 점이 있는 줄 안다. 그러나 정당 인사들은 모략을 두려워하고 문화인들은 자기 자신의 입장을 명확히 하기가 싫은 까닭이라고 할 수 있는 것을 알게 되었다.

당 조사부에서 정치가에게 말하고 싶은 것은 정치가는 모략을 두려워 말고 천 번 만 번 속아야 정치가다운 정치가가 된다는 것을 말하고 싶고, 문화인은 자기의 입장이 확고해야 대중을 이끌어 갈 수가 있다는 것이다. 한 조그마한 투표에 대하여 자기의 이지 판단이 필요한 것인가. 우리 지도자는 좀 더 정열이 필요하지 아니한가. 이념이 확립하고 정열이 쇠를 녹일 만하지 아니하면 현재 이러한 혼돈 상태를 돌파할 수 없다고 생각한다. 이와 반대로 우리 대중은 정치에 대하여 대단히 정열을 갖고 있다는 것이다.

그리하고 최후로 대 혁명가 고(故) 안창호 선생의 유언(遺言)을 좌(左)에 기록하고 결론으로 한다. "과도 시기에 있어 지도자 선택은 선전의 힘이다."

(부언) 만 1개월간 1개소에 3, 4차례나 가서 여러 차례 권한 일도 있습니다. 여러분에게 미안하다고 생각하여 다시 이 지상으로 사례를 드리는 바입니다. 그리하고 우리는 이 여론조사로 의하여 새로운 것을 알게 된 줄 알고 이후 다시 여론조사를 할 즈음 많은 후원을 주실 것을 바라는 바입니다. 1945년 11월 12일[4]

1945년 11월 선구회(先驅會)가 「선구(先驅)」12월호(편집인 安峰守. 발행인 高麟燦)에 발표한 여론조사 결과는 해방 직후 정치가들에 대한 국민들의 인상과 인기도를 추측할 수 있다는 점에서 대단히 흥미로운 자

4 조선 지도인물 여론조사 발표, 「先驅」 12월호, 1945.12, p.52. 〈김남식 · 이정식 · 한홍구 엮음, 『한국현대사 자료 총서』 7, 도서출판 돌베개, p.700.〉 재인용

료[5]일 뿐 아니라, 무엇보다 해방 후 첫 여론조사를 실시했다[6]는 점으로 인해 방송, 신문, 서적, 유튜브, 블로그 등 각종 매체를 통하여 널리 소개되고 있다.

좌·우, 진보·보수를 가리지 않고 선구회 여론조사 결과를 인용하는 것도 특이하다. 이승만을 추종하는 이들은 그가 대통령으로 적합한 인물 1위에 선정되었음을 부각한다. 그러나 여운형을 기리는 이들은 여운형이야말로 조선을 이끌어 갈 지도자요 가장 양심적인 인물일 뿐 아니라 대표적 혁명가였다고 주장한다. 한편, 김구를 추종하는 이들은 여론조사 시기가 김구 선생이 아직 환국하기 전이었기 때문에 지지율이 낮게 나왔다고 항변한다. 그뿐 아니라 여운형·이승만·김구·박헌영처럼 유명한 인물은 아니지만 이관술 같은 경우도 있다. 이관술을 재조명하는 데 큰 힘을 쏟고 있는 작가 안재승은 조선을 이끌 지도자 항목에서 이관술이 5위로 꼽혔고, 이는 김일성·김규식·서재필보다도 높은 지지율이었다고 말한다.[7]

선구회 여론조사에서 가장 큰 의문은 대통령에 적합한 인물로 이승만이 가장 많은 지지를 받은 점이다. ①국제 정세에 정통하고 ②조선 사정에 통달하고 ③가장 양심적 ④가장 과학적 ⑤가장 조직적 ⑥가장 정치적으로 포옹할 아량을 가진 인물로서, 새로운 나라를 건국함에 있어 조선을 이끌어 나갈 지도자로 압도적인 지지를 받았으며(여운형 33%, 이승만 21%, 김구 18%), 과거의 대표적 혁명가로서 가장 높은

5 〈다시 쓰는 한국현대사〉 13.누가 최고지도자인가, 「중앙일보」, 1995.4.3.

6 서중석, 『사진과 그림으로 보는, 한국현대사』, 웅진 지식하우스, 2005, p.38.

7 안재성, 『잃어버린 한국 현대사』, 인문서원, 2015, p.44.

지지를 획득한(여운형 195명 이승만 176 박헌영 168 김구 156) 여운형이 이승만, 김구에 비해 현격한 표차(이승만 431, 김구 293, 여운형 78)로 대통령 적합도 3위에 머물렀다는 것은 보편적 상식으론 이해하기 힘들 것이다. 이 의문은 조선인민공화국의 내각 명단을 보면 어느 정도 해소 된다.

[표2: 해방공간 내각각료 비교표]

선구회 여론조사		조선인민공화국	중경임시정부[8]
직책	성명		
대통령	이승만	주석) 이승만	主席 金九
		부주석) 여운형	副主席 金奎植
		국무총리) 허헌	
내무부장	김구	내정부장) 김구, 임시대리 허헌, 대리 조동호, 김계림	內務部長 申翼熙
외무부장	여운형	외교부장) 김규식, 임시대리 여운형, 대리 최근우, 강진	外交部長 趙素昻
재무부장	조만식	재정부장) 조만식, 대리 박문규, 강병도	財務部長 趙琬九
군무부장	김일성	군사부장) 김원봉, 임시대리 김세용, 대리 김세용, 장기욱	軍務部長 金若山
		보안부장) 최용달, 대리 김무정, 이기석	
사법부장	허헌	사법부장) 김병로, 임시대리 허헌, 대리 이승엽, 정진태	法務部長 崔東旿
문교부장	안재홍	문교부장) 김성수, 대리 김태준, 김기전	文化部長 崔錫淳
		선전부장) 이관술, 대리 이여성, 서중석	宣傳部長 嚴恒燮 (獨立黨)

8 臨時政府鬪爭史, 「중앙신문」, 1945.11.12.

경제부장	백남운	경제부장) 하필원, 대리 김형선, 정태식	
		농림부장) 강기덕, 대리 유축운, 이광	
		보건부장) 이만규, 대리 이정윤, 김점권	
교통부장	최용달	교통부장) 홍남표, 대리 이순근, 정종근	
		체신부장) 신익희, 임시대리 이강국, 대리 김철수, 조두원	駐美使節 李承晩, 議政院院長 洪震 이하 51명. 國務委員會 委員 40명
노동부장	박헌영	노동부장) 이주상, 대리 김상혁, 이순금	
		서기장) 이강국, 대리 최성환	
		법제국장) 최익한, 대리 김용암	
		기획국장) 정백, 대리 안기성	
		〈전국인민위원〉 이승만 여운형 허헌 김규식 이관술 김구 김성수 김원봉 이용설 홍남표 김병로 신익희 안재홍 이주상 조만식 김기전 최익한 최용달 이강국 김용암 강진 이주하 하필원 김계림 박낙종 김태준 이만규 이여성 김일성 정백 김형선 이정윤 김정권 한명찬 유축운 이승엽 강기덕 조두원 이기석 김철수 김상혁 정태극 정종근 조동호 서중석 박문규 박광희 김세용 강병도 이순근 무정 장기욱 정진태 이순금 이상훈 등 55명	
		〈후보위원〉 최창익 황태성 홍덕유 이청원 최근우 김준연 한빈 양명 최원택 안기성 정재달 김오성 권오직 김두수 장순명 이광 최성환 이림수 현준혁 김덕영 등 20명	
		〈고문〉 오세창 권동진 김창숙 정운영 이시영 홍명희 김항규 김상은 장도빈 김용기 김관식 이영 등 12명	

선구회 여론조사를 통해 추천된 인물을 살펴보면 조선인민공화국의 내각 명단과 상당히 흡사함을 알 수 있다. 특히 대통령(주석), 내무부장(내정부장), 재무부장(재정부장)은 이승만, 김구, 조만식으로 같은

인물이 선정되었다. 좌·우익의 균형도 거의 동일하다. 선구회의 경우 좌익이 6명(여운형, 김일성, 허헌, 백남운, 최용달, 박헌영)인 반면 우익은 4명(이승만, 김구, 조만식, 안재홍)으로서 좌익 경향의 인물이 60%를 차지했다. 조선인민공화국은 좌익 12명(여운형, 허헌, 김원봉, 최용달, 이관술, 하필원, 이만규, 홍남표, 이주상, 이강국, 최익한, 정백), 우익 8명(이승만, 김구, 김규식, 조만식, 김병로, 김성수, 강기덕, 신익희) 등으로 조각되었다. 묘하게도 선구회와 마찬가지로 좌익과 우익의 비율이 6:4로 구성된 것이다.

한편, 각 부서의 각료 명단과 별개로 '인민공화국 부서 그대로 원하는 분'과 '임시정부 그대로 원하는 분'의 표도 공개했는데 152표, 52표로 인물 선정에 그리 큰 영향을 주지 못했다.

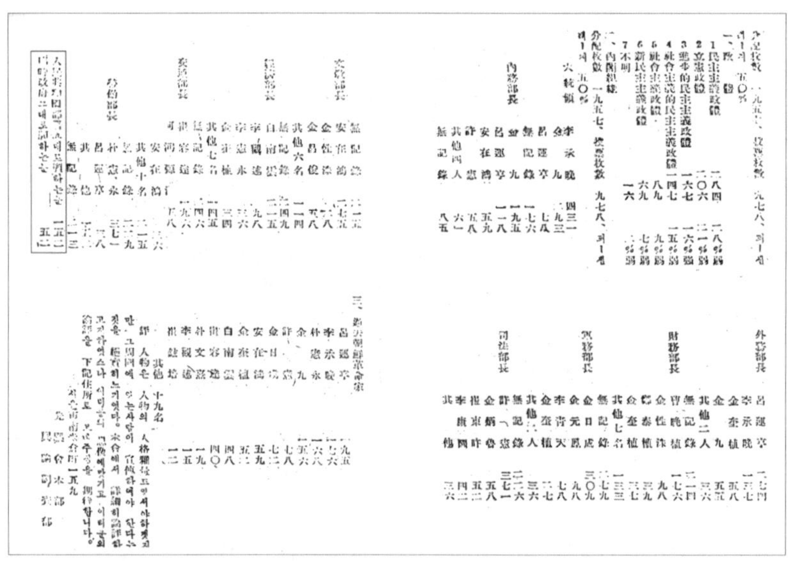

〈그림14: 선구회 여론조사, 내각이 조직될 경우 추천하는 인물〉

선구회의 여론조사 결과는 그 무렵 미군정과 언론의 공방과 무관하지 않다. 조사기간인 1945년 10월 10일부터 11월 9일까지 약 한 달간은 군정장관 아널드의 인공 부인과 괴뢰, 사기꾼 등 부적절한 발언으로 인해 조선의 언론 대부분이 미군정의 정책에 비판을 가하고 있던 시기였다. 아널드의 망언 덕분에 조선인민공화국에 대한 대중들의 관심이 오히려 높아진 셈이다. 선구회 창간호(10월호)에서도 조선인민공화국 중앙위원회 선언, 정강, 시정방침, 중앙인민위원 부서와 명단 등에 대하여 자세하게 언급하였다.[9] 그래도 왜 이승만이었을까 하는 의문이 남는 분들을 위해 커밍스의 견해를 일부 인용한다.

> 인공의 영도자 명단은 좌파의 압도적 우위를 유지하면서 양파를 연결시키려는 노력을 반영했다. 망명 정치인들은 해외에 있었으며 수개월간 귀국하지 못할지도 모르는 형편이었지만 여기서 제외되지는 않았다. 여기서 김성수와 김병로 같은 국내의 보수 분자도 제외되지는 않았다. 사실상 인공은 그 최고의 직위를 멀지 않아 우파의 기둥이 될 이승만에게 부여했다. 비록 인공 지도자들은 그가 하나의 외톨이 망명객에 지나지 않으며, 이미 미국의 동정을 얻었을 것으로 의심했을지도 모르나, 여전히 그에게 아량 있는 태도를 보였다. 이승만 자신은 결코 이에 대한 답례를 하지 않았다. 9월 8일에 인공은 내각을 발표했는데 이것은 좌와 우의 진정한 연립정부를 향해 한 걸음 더 나아간 것이었다.[10]

9 『선구』, 1945년 10월호(창간호), pp.57~62.

10 브루스 커밍스, 김자동 옮김, 『한국전쟁의 기원』, 일월서각, 1986, p.129.

先驅會綱領

一、우리는 우리의 過去歷史에 빛우어 創造的新建設을 圖謀함

一、우리는 모든主義主派를 超越하야 우리 大衆의 利益과 幸福을 爲하야 오로지 힘을 集中함

一、우리의 組織은 우리大衆을 原動力으로하야 大衆들이 均等한 文化、權力、自由를享有하도록 啓蒙에盡力함

〈그림15: 선구회 강령〉

아무튼 선구회 여론조사는 앞으로도 한국의 언론사와 여론조사를 논할 때마다 빠짐없이 거론될 것이다. 하지만 정작 여론조사가 발표된 당시에 선구회 여론조사는 모든 언론으로부터 외면을 받았다. 그 무렵 미국 기밀문서에도 등장하지 않는다. 아이러니라 하지 않을 수 없다. 사정이 이렇다 보니 여론조사를 행한 「선구」 그리고 이 잡지에 관여한 인물 등에 대한 정보 역시 부족할 수밖에 없다.

잡지 「선구」에 대한 소개는 『한국잡지백년』(3권)이라는 책자가 거의 유일하다.[11] 이 책의 저자는 '등사판으로 만든 정치 잡지 선구'라는 소제목으로 "「선구(先驅)」는 1945년 10월 15일 자로 창간된 정치 잡지이다. 활자를 쓰지 못하고 등사판으로 인쇄 발행했다. 일제의 '한글 말살'에 따라, 각 인쇄소의 한글 활자가 쓸데없게 되자 납이라도 건질 셈으로 활자를 녹여 버렸기 때문에 이런 현상이 생겼다. 판권장을 보면, 편찬자 안봉수(安峯守), 발행자 고인찬(高麟燦), 발행소 선구회 본부(서울 · 당주동 22), B5판 90면, 정가는 없다. 그 해 12월호까지 통권 3호를 냈다."라고 「선구」에 대하여 간략하게 소개했다.

11 최덕교, 등사판으로 만든 정치 잡지 「선구(先驅)」, 『한국잡지백년』 3, 현암사, 2004.

그리고 글쓴이와 제목이 표기된 목차, 창간사의 일부 내용과 조선인민공화국(朝鮮人民共和國) · 국민대회준비회(國民大會準備會) · 한국민주당(韓國民主黨) · 국민당(國民黨) 등 각 정당 내용을 설명한 부분을 인용했으며, 특히 인공과 한민당의 경우 비교적 상세하게 거론하였다.

궁금한 것은 발행 주체인 '선구회'에 대한 정보다. 해방 후 첫 여론조사를 실시했다는 사실로 유명세를 타고 있는 것과 달리, '선구회'에 대한 정보는 극히 제한적이다. 편찬자 안봉수, 발행자 고인찬 등 잡지사의 주요 인물도 알려진 바가 거의 없다. 더욱이 잡지 「선구」는 여론조사 결과를 발표한 1945년 12월호를 끝으로 더 이상 발행되지 않았다. 발행처 '선구회' 역시 1946년 1월 25일, 김구 및 임정 세력이 주도하는 비상국민회의[12]를 지지하는 50여 사회단체의 일원으로 이름을 올린 이후

12 비상국민회의, 신탁통치 실시 문제를 둘러싸고 여론이 분분해지자, 임정 세력은 1946년 1월 4일 金九 주석의 성명을 통해 당면 비상 대책을 천명하였다. 임정은 1월 21일부터 비상정치회의주비회를 열고, 우익의 통일전선 구축을 위해 노력했다. 곧이어 이승만의 독립촉성중앙협의회가 가세하기 시작했다. 임정 세력은 우선 좌익과 우익의 연립을 요구하면서 반탁을 중심으로 모든 정당이 통일할 것을 주장하였다. 그러나 당시의 정치적 상황으로 보아 이와 같은 통일은 이루어질 수 없었다. 모든 좌익정당은 이들이 소집한 회의에 참석조차 하지 않았다. 2월 1 · 2일 이틀 동안, 서울 천주교회에서 이승만의 독립촉성중앙협의회를 비롯한 모든 우익정당, 사회단체와 중도파 정당들이 참석한 가운데 비상국민회의를 발족시켰다. 비상국민회의는 조직 대강을 채택하고 과도정권 수립 등 긴급 문제를 처리할 최고정무위원회를 구성키로 하였으며, 그 인선을 이승만과 김구 양 영수에게 일임하였다. 최고정무위원회는 이승만과 김구 등 28명으로 구성되었는데, 나중에 미군정청의 권유로 민주의원으로 전환된다. 반탁운동을 가장 먼저 주도한 김구는 반탁 노선이 국민들의 전폭적인 호응을 받자 미 · 영 · 소 · 중의 4개국에 임시정부 명의로 '신탁통치 절대 반대' 성명을 발송하였고 이 기회를 이용하여 정부의 기능을 수행하려 하였다. 임정은 내무장관 명의의 임시정부 포고 제1호를 통해, "현재 전국 미군정청 소속의 경찰 기구 및 한인 직원은 전부 본 임시정부 지휘하에 예속하게 한다"고 발표하였다. 이것은 미군정에 대한 정면 도전을 의미한 것이었다. 이로 인해 임정 세력은 미군정청으로부터 배척당하게 된다. 이처럼 김구 진영이 반탁운동에 발 벗고 나선 것은 독립국가를 이룩하겠다는 혁명가의 기원이라는 이상주의적 측면이 있지

역사에서 완전히 사라져 버렸다.[13] 도대체 무슨 일이 있었던 것일까?

'선구회'를 파악하기 위해선 전혀 다른 방향에서 추적해야만 한다. 창간사를 기고한 양희석(梁熙錫) 그리고 혁신탐정사(革新探偵社)라는 단체가 실마리를 풀 열쇠가 된다. 먼저 양희석에 관해 살펴보기로 한다. 사실 양희석[14]은 상당히 유명한 인물이다. 물론 특정 분야에 한해서 그렇다는 말이다. 1938년에 설립된 '선구독서회(先驅讀書會)'라는 아나키스트 단체가 있었다. 한국민족문화대백과사전, 위키백과 등에 소개되

만, 이와 더불어 이승만과의 경쟁에서 그의 정치적 권위를 만회해 보려는 현실적인 목적도 있었다.《국사편찬위원회, 신편 한국사 근대 52권 대한민국의 성립 Ⅱ. 통일국가 수립운동 1. 광복 전후의 통일국가 수립운동 2) 신탁통치 논쟁과 좌우대립 (2) 우익세력의 통일전선 - 비상국민회의》

13 독립촉성청년연맹 등 50단체 비상국민회의 지지 결의,「서울신문」, 1946.2.1.

14 양희석(梁熙錫:1909.~1994.11.8.) 1943년 양희석을 비롯해 김상철, 고의종, 고운호 등이 조직한 독서회가 종로경찰서에 탐지되었는데 뚜렷한 물증이 없어 무사히 넘겼다. 하지만 이 독서회는 1923년 1월 20일 이강하를 중심으로 서울 통의동에서 결성된 흑노회(黑勞會)에서 발단한 것으로 양희석은 이 모임의 회원으로 가입해 활동했다. 흑노회는 국내에서 조직된 최초의 아나키스트 단체였다. 이보다 앞서 1938년 고인찬, 이희종 등과 함께 선구독서회(先驅讀書會)란 사상 연구 단체를 조직했다. 해방 직후인 1945년 9월 전국에서 67명의 아나키스트들이 모여 조직한 자유사회건설자연맹(약칭 자련)에 서울 아나키스트 그룹의 멤버로서 조한응, 김재현, 장연송, 이규석, 이종연, 이경석 등과 함께 참가하고 이후 세상을 떠나기까지 국민문화연구소에서 활동한다. 1973년 문경의 가네코 후미코 묘비건립준비위원회 비문초안위원으로 활동한다. 1978년 형설출판사에서 펴낸『한국아나키즘운동사』의 편집위원회에 참가했다. 위원장 정화암을 비롯해 회원으로는 양희석 외에 이창근, 양일동, 최갑룡, 이정규, 이을규, 신기초, 이홍근, 김재현, 유우석, 김한수, 홍성환, 이창근, 임병기 등이었다. 묵당의 대표적인 저서로는『현대문예사조론』『사회철학』『사회과학』『예술철학』(상,중,하)『역사를 무서워하라』『제3의 이데올로기』등이 있으며 여기서 아나키즘 문학 및 철학, 나아가 예술을 자세히 설명하고 있다.《한국의 아나키스트, 양희석, 사단법인 국민문화연구소》

어 있을 뿐 아니라[15] 어학 사전에도 등재(登載)되어 있다.[16] 내용은 대체로 동일하다. 양희석(梁熙錫)·고인찬(高麟燦)·이희종(李喜鍾) 등이 중심이 되어 1938년에 조직된 아나키스트 사상 연구 단체라는 설명이다. 양희석은 "선구(先驅)를 원(願)하더라"라는 제목으로 잡지 「선구」의 창간사를 쓴 인물이다. 그리고 고인찬은 동 잡지의 발행자이다. 양희석, 고인찬 등이 일제 강점기에 아나키즘 운동을 하다가 해방 후 '선구회'를 만들었고, 그 단체에서 잡지 「선구」를 발행했다는 얘기다.

특히 양희석은 「선구」를 혼자서 만들다시피 주요 역할을 했다. 그는 창간사뿐 아니라, 그의 호를 사용한 양묵당(梁默堂)이란 이름으로 '조

15 《한국민족문화대백과사전: 선구독서회(先驅讀書會), 양희석(梁熙錫)·고인찬(高麟燦)·이희종(李喜鍾) 등이 중심이 되어 조직하였는데, 조직의 발단은 1923년 1월 서울에서 조직된 흑로회(黑勞會)에서였다. 흑로회는 이강하(李康夏) 등 10여 명이 조직한 국내 최초의 무정부주의 단체였으며, 천도교 강당에서 강연회를 가지고 무정부주의 선전을 하였는데 경찰의 습격으로 중단되었고, 그 뒤 이강하는 대전감옥에서 옥사했다. 선구독서회는 회원 이희종이 대전경찰에 검거되었으나 독서회에 대하여 말하지 않았으므로 무사하였다. 그 뒤 이희종은 행방불명이 되었고, 1943년 양희석은 김상철(金相哲)·고의종(高義鍾)·고운호(高雲昊) 등과 함께 2차로 독서회를 조직하였다. 그런데 이 결사도 종로경찰서에 탐지되었으나 물증이 잡히지 않아 무사하였다.》《한국민족문화대백과사전: 흑로회(黑勞會), 1921년 11월 동경(東京)에서 창립된 흑도회(黑濤會)가 1922년 10월 사실상 해체되었으며 박렬(朴烈)을 중심으로 한 흑우회[黑友會, 1922년 10월 풍뢰회(風雷會)로 결성]와 김약수(金若水)를 중심으로 한 북성회(北星會, 1922년 12월 26일경 결성)로 나누어졌다. 박렬이 일시 귀국하여 1923년 2월 이강하(李康夏) 등과 함께 조직하였는데, 그 뒤 박렬은 동경으로 돌아갔다. 중요 간부는 권태룡(權泰龍)·정창섭(鄭昌燮)·이덕영(李德榮)·구태성(具泰成)·김창근(金昌根)·양희석(梁熙錫) 등이었으며, 서울 천도교 강당에서 강연회를 개최하고 무정부주의를 선전하였는데 경찰의 습격으로 중단되었고, 그 뒤 이강하는 대전감옥에서 옥사하였다. 국내에서 처음 조직된 아나키스트단체이다.》

16 《다음 어학사전: 1938년에 양희석(梁熙錫)·고인찬(高麟燦)·이희종(李喜鍾)을 중심으로 하여 조직된, 무정부주의 운동의 사상 연구 단체》

선 현 정치 단계의 면면'이라는 대단히 긴 글을 기고한 바 있다.[17] 이 글 말미에 "그러하는 중에 대중은 각자(各自)로 조선을 사랑한다. 조선 대중을 사랑한다는 정신하에서 직장을 잘 지키며 가장 우리를 잘 지도하여 줄 국제 문제에 정통하고 조선 문제에 통달하고 가장 양심적이고 가장 조직적이며 가장 과학적인 양심적 지도자 찾기에 노력함을 바라는 바이다."라는 내용이 있다. 선구회 여론조사 제1호에서 "새로운 나라를 건국함에 있어 조선을 이끌어 나갈 지도자"의 여섯 가지 조건과 거의 같다. 선구회 여론조사 역시 양희석이 주도했다는 방증이다. 여론조사 발표가 게재된 12월호에 실린 "현 조선 정치 문제에 대한 일고찰"이란 글 역시 양희석의 작품이다. 『해방공간의 아나키스트』란 책을 펴낸 이문창(1927~)에 따르면 잡지 「선구」의 산실은 양희석의 거실이었다. 아래에 이문창의 회고를 소개한다.

> 묵당 양희석 동지는 서울 원남동에서 선구회를 조직하고, 청년 학생들을 불러 모아 사상 연구 활동을 하고 있었다. 원남동 로터리, 지금의 원남 우체국 바로 뒤 그의 양옥집 거실이 바로 선구회 사무실이었다. 여기서 그는 사회문제 연구의 한 방편으로 아나키즘 관계 외국 서적을 번역 소개하였으며, 사상 교양 잡지 「선구」를 간행하여 널리 보급하기도 하였다. 그의 사무실에는 언제나 혈기에 넘치는 많은 청년이 모여들어 묵당의 아나키즘 강의를 경청하였다. 자유사회건설자연맹의 맹원임을 자부했던 묵당은 언제나 아나키스트가 정치 활동

17 「선구」, 1945년 10월호(창간호), pp.33~56.

을 하는 것은 외도라고 못마땅해 했다.[18]

선구회 강령 역시 양희석의 영향력하에 작성된 것으로 보인다. 3개 항으로 구성된 강령 중 "우리는 모든 주의 · 주파(主義主派)를 초월하야 우리 대중의 이익과 행복을 위하야 오로지 힘을 집중함"라는 두 번째 항목이 주목된다. 「선구」의 편집 방향과 거의 일치한다. 「선구」는 정치 잡지이면서도 특정 이데올로기를 선전하지 않았고, 필진도 좌익 · 우익에 구애받지 않았다. 다만 당시 시대의 흐름상 조선인민공화국과 여운형에 대한 기대를 숨기지 않았음은 사실이다.

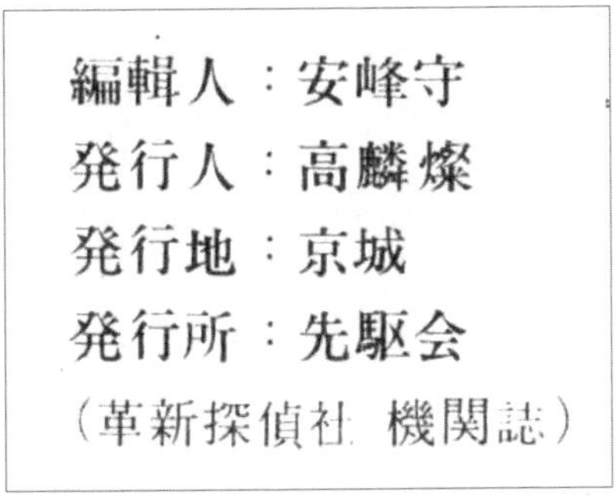

編輯人：安峰守
発行人：高麟燦
発行地：京城
発行所：先駆会
（革新探偵社 機関誌）

〈그림16: 잡지 선구의 창간호 표지 하단 부분〉

지금까지 거론한 가설, 즉 일부 아나키스트들이 잡지 「선구」를 발행했다는 주장에 동의하기에는 뭔가 불확실한 면이 있다. 「선구」의 표지 하단 부분을 보면 '발행소(發行所) 선구회(先驅會)' 밑에 '혁신탐정사 기관지(革新探偵社 機關誌)'라는 설명이 덧붙여 있다. 액면 그대로 풀이하면 잡지 「선구」는 혁신탐정사의 기관지가 된다. '혁신탐정사'는 일제 강점기 시기에 민원식을 암살한 독립운동가로 유명한 양근환(梁槿煥)[19]을

18 이문창, 『해방 공간의 아나키스트』, 이학사, 2008, p.217.

19 양근환(梁槿煥, 1894~1950), 황해도 연백(延白)에서 출생하였다. 1911년 배천(白川) 동명학교(東明學校)와 1913년 경성공업전습소(京城工業傳習所)를 졸업한 뒤 1916

총재로 1945년 10월경 발족한 단체다.[20]

명칭에 탐정이라는 단어가 들어가 있지만 “해방 조선의 혼란한 정계 이면에 숨어서 사리사욕을 꾀하는 단체나 개인의 행동을 철저히 조사 적발하여 새 국가 건설에 이바지하고 아울러 참된 정보 문화를 건설”[21] 하겠다는 것이 단체의 설립 목적이었다. 양근환은 “현하 민족통일전선을 혼란시켜 독립 완성을 지연케 함은 친일파와 민족 반역자의 술책의 결과라 하여 친일파를 8종류로 나누고, 민족 반역자를 4종류로 나누어 조사 중인데 그 최후의 결정권은 신정부에 있다”는 담화를 발표하기도 했다.[22] 사실상의 테러 단체였다는 얘기다.

실제 양근환은 송진우 암살 사건 관련자 내지는 배후로 의심받고 미군정 재판정에 서기도 했다.[23] 그리고 그는 여운형 암살 사건과도 관련이 있다. 1974년 2월경, 몽양 암살범의 공범이라는 자들이 갑자기 나타났다. 김흥성(金興成 54세), 김영성(金永成 49세), 김훈(金勳 49세),

년 일본으로 건너가 와세다대학[早稻田大學] 정치경제과에 입학하였다. 1921년 2월 친일 단체인 국민협회(國民協會)의 회장 민원식(閔元植)이 도쿄[東京]에 와서 참정권 청원 운동을 전개하고 있다는 소식을 접하고 민원식을 처단하기로 결심, 2월 16일 민원식이 묵고 있는 호텔로 찾아가 암살하였다. 거사 후 2월 24일 상하이[上海]로 탈출하기 위해 나가사키항[長崎港]에서 배를 타려다 체포되어 6월 30일 동경지방재판소에서 무기징역을 선고받고 12년간 복역하다가 1933년 2월 출옥하였다. 광복 후 귀국하여 혁신탐정사(革新探偵社)와 건국청년회(建國青年會)를 조직, 반공 운동을 하였으며, 1950년 6·25전쟁 때 경기도 파주에서 후퇴하는 인민군에게 처형당하였다. 1980년 건국훈장 독립장이 추서되었다. 《두산백과》

20 총재에 梁槿煥 씨 혁신탐정사 개혁, 「자유신문」, 1945.10.28.

21 반역자 철저 소탕, 「중앙신문」, 1945.11.25.

22 혁신탐정사서 친일파 민족 반역자 조사, 「민중일보」, 1945.11.28.

23 安梁兩氏證人審問, 故宋氏殺害犯公判에, 「중앙신문」, 1946.7.14.

유용호(柳龍鎬 49세) 등 4명이 바로 그들이다. 이들은 「일요신문」과의 인터뷰를 통해 암살범 한지근의 본명은 이필형(李弼炯)이며 당시 미성년자로 알려졌지만 실제로는 성인이었다는 것 그리고 단독 범행이 아닌 5인조의 거사였다고 주장했다.[24] 한편, 이들 중 김흥성은 1992년 7월, 현대사 연구가 손상대와의 인터뷰에서 암살에 사용된 권총 2정 모두 자신이 구했으며 1정은 양근환 또 다른 1정은 백의사 염동진으로부터 입수했다고 증언했다.[25]

미국 기밀문서 실리 보고서에 의하면 "염 씨는 김구 씨와 비밀 연락과 접촉 관계를 갖고 있다. 염 씨는 한국군 내부에 존재하는 우익 반대파의 통신을 김구 씨에게 전달해주는 매개자 역할을 해왔다."라는 내용이 있다.[26] 백의사는 김구의 비밀조직이었다는 뜻이다. 양근환 · 혁신탐정사와 김구의 연결 고리는 다른 자료를 통해서도 확인이 된다. 도진순은 『한국민족주의와 남북관계』란 책에서 김구 · 한독당이 외각의 비선 또는 방계조직을 지니고 있었던 것은 사실임을 인정했다.

구체적인 비선조직으로 대한보국의용단, CCC단, 한국독립당 인민전선, 건국실천원양성소, 혁신탐정사를 예로 들며, 참고자료로 『사찰

24 여운형 암살은 단독범행 아니다, 「일요신문」, 1974.2.3.

25 우남 이승만과 건국사, 여운형 암살범들의 최후 고백 《다음 카페 http://cafe.daum.net/syngmanrhee/GTBz/64》

26 실리보고서가 작성된 시기는 1949년 6월 29일이지만, 방선주 · 정병준에 의해 2001년 우리에게 알려졌다. 〈정병준, 백범 김구 암살 배경과 백의사, 「韓國史研究」 128, 韓國史研究會, 2005.3.〉

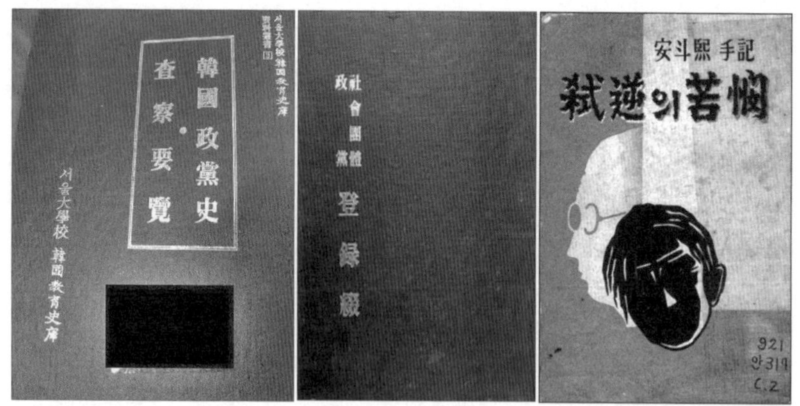

〈그림17: 좌로부터, 한국정당사 사찰요람, 정당 사회단체 등록철, 시역의 고민〉

요람』[27], 『정당 · 사회단체 등록철』[28] 등의 자료를 제시했다.[29]

이러한 비선조직은 한독당의 비밀 당원이었던[30] 백범 암살자 안두희조차 그 내막에 대하여 의구심을 품었던 모양이다. 그가 옥중에서 작성했다고 주장하는 『시역의 고민』에서 "건국실천원양성소는 무엇이며 백범정치학원은 무엇이며 혁신탐정소는 무엇하는 곳인가? 세상은 잘 감지치 못하고 있을 것이다. 이 기관들은 모두가 그들이 호장(豪張)하는 말 그대로 무시무시한 정치성의 태반 위에 자라고 있는 명찰(名札)있는

27 『한국정당사 · 사찰요람』, 서울대학교 한국교육사고, 1994 〈원본, 1955년 서울시경 사찰과 작성〉

28 『정당 · 사회단체 등록철』, 1989년 오제도 재발행 〈원본, 서울시 임시인민위원회 문화선전부, 1950〉

29 도진순, 『한국민족주의와 남북관계』, 서울대학교출판부, 1997, p.331.

30 안두희, 『시역의 고민』, 학예사, 1955, p.31. (안두희는 "이리하여 나는 비밀 당원으로서 입당 절차를 밟은 것이 지난 3월 상순이었다."라고 했다.)

비밀결사이며 살기를 간직한 행동 부대임에 어찌 놀라지 않을 손가."[31] 라고 자신의 의문과 불만을 토로했다. 아무튼 양근환의 혁신탐정소가 김구 및 한독당과 관련이 있다는 것은 분명하다.

지금까지 거론한 내역은 선구회와 직접적인 관련이 없다. 「선구」는 김구가 환국하기 전에 발행된 잡지인 것이다. 하지만 임정 관련 인사들이 국내에 들어온 후 「선구」의 발행은 중지되었고, 혁신탐정소는 원래의 목적인 친일파와 민족 반역자 처단 대신 반공·반소·반탁·임정봉대를 기치로 하는 극우 단체로 변모하게 된다.

31 안두희, 『시역의 고민』, 학예사, 1955, pp.33~34.

05

임정 · 한민당의 밀월

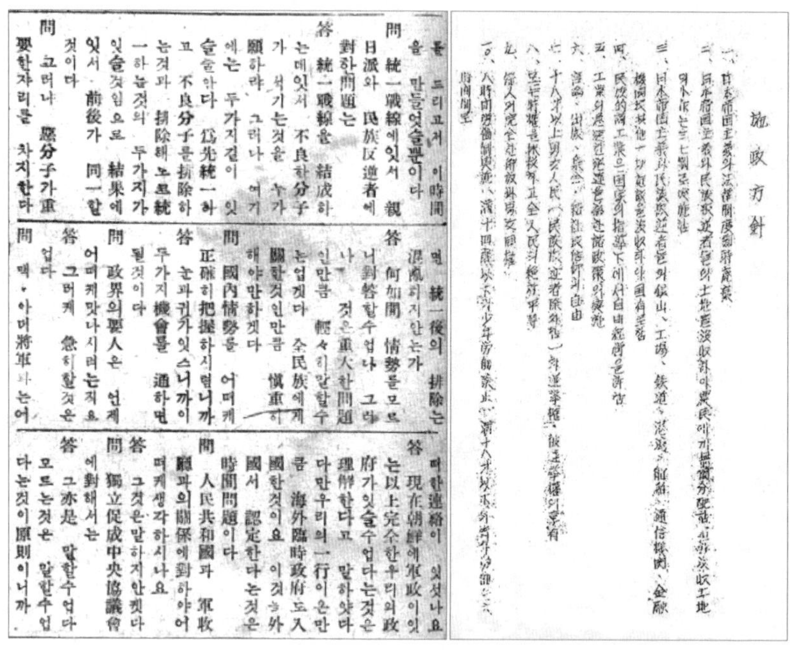

를 드리고저 이時間을 만들엇슬뿐이다

問 統一戰線에잇서 親日派와 民族反逆者에 對한問題는

答 統一戰線을 結成하는데잇서 不良한分子가 섞기는것을 누가 願하랴 그러나 여기에는 두가지길이 잇슬수잇다 爲先統一하고 不良分子를 排除하는것과 排除해노코 統一하는것의 두가지가 잇슬것입으로 結果에 잇서 前後가 同一할 것이다

問 그러나 惡分子가 重要한자리를 차지한다면 統一後의 排除는 混亂하지안는가

答 何如間 情勢를 모르니 對答할수업나 그러나 " 것은 重大한問題인만큼 輕々히 말할수는 업겟다 全民族에게 關한것인만큼 愼重히 해야만하겟다

問 國內情勢를 어떠케 正確히 把握하시렵니까

答 눈과귀가 잇스니까 이 두가지機會를 通하면 될것이다

問 政界의要人은 언제 어떠케 맛나시려는지요

答 그러케 急히할것은 업다

問 맥·아더將軍과는 어떠한連絡이 잇섯나요

答 現在朝鮮에 軍政이 잇는以上 完全한우리의政府가 잇슬수업다는것은 理解한다고 말하얏다 다만 우리의 一行이 온만큼 海外臨時政府도 入國한것이요 이것을 外國서 認定한다는것은 時間問題이다

問 人民共和國과 軍政廳과의關係에 對하야 어떠케 생각하시나요

答 그것은 말하지안켓다

問 獨立促成中央協議會에 對해서는

答 그亦是 말할수업다 모르는것은 말할수업다는것이 原則이니까.

施政方針

一、日本帝國主義的法律制度의撤廢

二、日本帝國主義와 民族反逆者들의 土地를沒收하야 農民에게無償分配함 [illegible] 沒收土地以外의土地는 三七制小作法

三、日本帝國主義와 民族反逆者들의 鑛山、工場、鐵道、港灣、船舶、通信機關、金融機關其他一切施設을沒收하야國有로함

四、民族的商工業은 國家의指導下에서 自由經營을許함

五、工業의急速한發達을爲한施政策의實施

六、言論、出版、集會、結社、信仰의自由

七、十八才以上男女人民(民族反逆者除外함)의 選擧權、被選擧權의享有

八、모든特權을撤廢하고 全人民의絶對平等

九、婦人의完全한解放과 男女同權

一〇、八時間勞働制實施、滿十四歲以下少年勞働禁止、滿十八才以下의 [illegible] 時間制

〈그림18: (좌)1945년 11월 25일 자 자유신문 (우)인민공화국 시정방침 일부〉

1945년 11월 23일, 김구 및 임정 요인들이 서울에 도착했다. 입경 이틀째인 24일 오후 1시 30분경, 미 주둔군 최고지휘관 하지 중장 및 미군정 장관 아널드 소장과의 면담을 마친 김구는 군정청 기자단들과 회견을 가졌다. 일문일답식으로 이루어진 이 날의 기자회견 중 의외의 발언이 김구에게서 나왔다.

(문) 통일전선에 있어 친일파와 민족 반역자에 대한 문제는

(답) 통일전선을 결성하는 데 있어 불량한 분자가 섞이는 것을 누가 원하랴. 그러나 여기에는 두 가지 일이 있을 줄 안다. 爲先 통일하고 불량분자를 배제하는 것과 배제해 놓고 통일하는 것의 두 가지가 있을 것임으로 결과에 있어 전후가 동일할 것이다.

(문) 그러나 악질분자가 중요한 자리를 차지한다면 통일 후의 배제는 혼란하지 않은가?

(답) 하여간 정세를 모르니 대답할 수 없다. 그러나 이것은 중대한 문제인 만큼 경솔히 말할 수는 없겠다. 전 민족에게 관한 것인 만큼 신중히 해야만 하겠다.[1]

민족 반역자 · 부일 협력자 처단 문제는 해방 당시 조선 민중이라면 누구도 이의를 제기할 수 없는 민족의 숙원이었다. 임정 요인들이 환국할 무렵까지 가장 뜨거운 화제의 중심이었던 조선인민공화국의 시정방침을 보면 첫째도 친일 청산이요, 둘째 · 셋째도 친일파 · 민족 반역자 처리 문제였다. 스물일곱 항목으로 된 인공의 시정방침 중 일부를 아래에 소개한다.[2]

첫째, 일본 제국주의의 법률제도를 즉시 폐기

1 판단은 실정 안 연후, 민족 반역자 처결은 신중 고려, 金九 선생 기자단 첫 회견, 「자유신문」, 1945.11.25.

2 조선인민공화국 중앙위원회 시정방침 〈「선구」, 1945년 10월호(창간호), pp.59~60.〉

둘째, 일본 제국주의와 민족 반역자들의 토지를 몰수하여 국유화하고, 이를 농민에게 무상 분배함. 단 비(非)몰수 토지의 소작료는 3 · 7제로 실시함.

셋째, 일본 제국주의와 민족 반역자들의 광산, 공장, 철도, 항만, 선박, 통신기관, 금융기관 및 기타 일체의 시설을 몰수하여 국유로 함.

모스크바 삼상회의 조선에 대한 결의 첫 번째 항목도 친일 청산이었다. 하지만 김구는 통일전선 결성 후에 청산해도 문제가 되지 않는다고 말했다. 더욱이 용어 선택도 조심스럽다. 기자는 친일파, 민족 반역자, 악질분자 등으로 호칭하였으나 김구는 불량분자로 표현했다.

김구의 발언은 지난 9월 3일 '국무위원회 주석 김구' 명의로 발표한 '임시정부의 당면 정책과 국내 동포에 고하는 성명'과도 배치된다. 14개 조로 된 임정의 당면 정책 중 마지막 14번째 항목은 "독립운동을 방해한 자와 매국적에 대하여는 공개적으로 엄중히 처분할 것"으로 되어 있다.[3] 중국에서는 매국노 처단이 임정의 당면 정책이라고 했으나, 귀국 후엔 통일전선 결성 후 신중하게 처리해도 별 문제가 되지 않는다고 한다. 민족 반역자 처결은 신중하게 고려해야 한다는 김구의 주장은 일회성이 아니었다.

1945년 12월 27일, 합동통신 및 「동아일보」「조선일보」 등 6개 신문의 조작기사를 시작으로 신탁통치 문제로 인해 한반도가 혼란의 도가

3 김구, 임정의 당면정책과 국내외 동포에게 고하는 성명 발표 〈전단 1945년 9월 3일〉

니로 변했다는 것은 이미 거론한 바 있다. 조작 보도 이틀 후인 12월 29일 오전 10시, 장차 민족 분단 고착화의 계기가 되는 모임이 종로 기독교 청년 회관에서 개최되었다. 각 정당 각 계층 대표 100여 명이 모여 열린 모임이었다.[4] 이날의 집회에서 결정된 실행방법 12개 항목 중 "신탁통치 배격 운동에 협력지 않는 자는 민족 반역자로 규정함"이란 내용이 있다. 민족 반역자로 지탄받던 친일파 · 민족 반역자라도 반탁을 하면 애국자가 되고, 그동안 독립지사로 존경받던 이들도 삼상회의 결의를 찬성할 경우 민족 반역자가 된다는 논리가 이날부터 성립되기 시작했다. 김구 및 중경 임시정부 측의 작품이었다. 그리고 배후에는 친일파의 거점이었던 한국민주당(한민당)이 있었다.

한민당과 임정의 유착에는 사연이 있다. 조병옥에 의하면 "한민당의 첫 사업은 해방 직후 재빠르게 결성한 건국준비위원회와 같은 해 9월 6일에 좌익분자를 중심으로 조직된 소위 조선인민공화국을 제거"하는 데 있었다.[5] 한민당 창당의 주역 송진우와 조병옥은 그들의 목적을 위해 거짓말도 서슴지 않았다. 송진우는 9월 7일경 중경 임시정부 주석 김구에게 보낸 편지에서 조선총독부 통치의 종언과 치안 상황, 미군의 주둔, 일제하 지하운동에 종사하던 공산주의자들이 건국준비위원회를 만들고 이를 토대로 조선인민공화국 정부를 선포한 사실 등 8 · 15 전후의 국내 상황을 소상하게 밝히며[6] "조선 국내 혁명 세력의 원로인 송진우, 허헌, 여운형, 김성수, 조만식 등이 국민대회를 소집하여 중경

4 탁치 배격 각 당 각 계층 대표자회, 국민운동 실행방법 결의「동아일보」, 1945.12.30.

5 조병옥,『나의 회고록』, 해동, 1986, p.141.

6 趙擎韓,『白岡回顧錄』, 韓國宗教協議會, 1979, p.367.

주재 임시정부의 조속한 환국"을 요청하였다.[7]

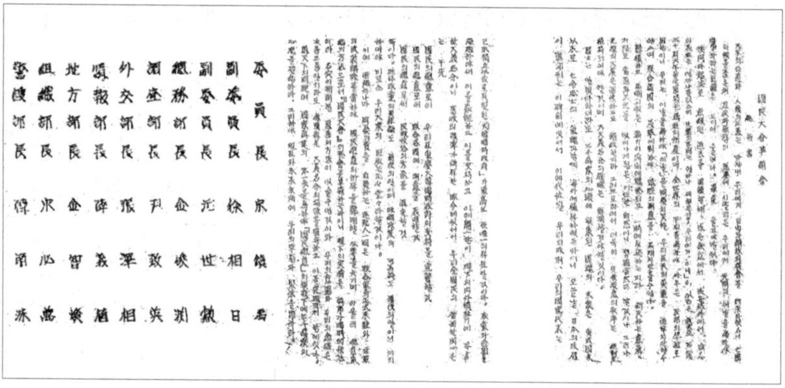

〈그림19: 국민대회준비회 취지서〉

그러나 허헌과 여운형이 국민대회준비회에 참여했다는 것은 사실이 아니다.[8] 잡지 「선구」 창간호(1945년 10월 15일 발간)에 게재된 바로는, 국민대회준비회의 주요 임원은 위원장 송진우, 부위원장 서상일 · 원세훈, 총무부장 김준연, 조사부장 윤치영, 외교부장 장택상, 정보부장 설의식, 지방부장 김지환, 조직부장 송필만, 경호부장 한남수 등으로 구성되어 있다.[9] 「매일신보」의 보도에 따르면 허헌 · 여운형뿐 아니라

7 「韓國臨時政府最近動態」(1945.9.15.), 『白凡金九全集』(5), 대한매일신보사, 1999, p.684.; 이 서신은 9월 10일경 해방된 조선의 정황을 살피기 위해 10여 일간 서울에 체류하다 돌아간 중국 中央日報 기자 曾銀派와 諸仁仲을 통해 중경 임시정부에 전달되었다. 《國史館論叢 第108輯> 8 · 15 전후 朝鮮總督府의 정책과 朝鮮政治勢力의 대응(이현주)> Ⅳ. 국민대회준비회와 중경 임시정부> 2. 임시정부와의 관계와 변화》

8 國史館論叢 第108輯> 8 · 15 전후 朝鮮總督府의 정책과 朝鮮政治勢力의 대응(이현주)> Ⅳ. 국민대회준비회와 중경 임시정부> 2. 임시정부와의 관계와 변화

9 「선구」, 1945년 10월호(창간호), pp.63~65.

조만식의 이름도 없다.[10]

송진우가 김구에게 편지를 보내고, 국민대회준비회 취지서가 발표된 다음날인 9월 8일, 한민당은 600여 명 발기인 명의로 '임정 외에 정권 참칭하는 단체 및 행동 배격 결의 성명서'를 발표했다. 성명서 중 다음과 같은 내용의 글이 포함되어 있다.

> 사면초가 중의 呂·安은 소위 위원을 확대한다 하여 소수의 知名人士를 그 建國準備委員會의 좁은 기구에 끌어 집어넣기에 광분하였다. …일이 여기까지 이르면 발악밖에 남은 것은 없다. 그들은 이제 반역적인 소위 인민대회란 것을 개최하고 '朝鮮人民共和國' 政府란 것을 조직하였다고 발표하였다. 가소타 하기에는 너무도 사태가 중대하다. 출석도 않고 동의도 않은 國內 知名人士의 名을 도용한 것은 말할 것도 없고 해외 우리 정부의 엄연한 주석, 부주석, 영수되는 諸英雄의 令名을 자기의 어깨에다 같이 놓아 某某委員 운운한 것은 인심을 현혹하고 질서를 교란하는 죄 실로 萬事에 當한다.[11]

인공 측이 이승만, 김구 등 우익 인사들을 각료 명단에 포함시킨 사유는 앞 장에서 이미 설명한 바 있다. 이 문제에 대해 한민당 측은 "인

10 委員長:宋鎭禹 副委員長:徐相日 元世勳 常任委員(無順):金性洙 金俊淵 金炳魯 金智煥 金東元 金秉奎 金勝文 李仁 白寬洙 張澤相 尹致暎 安東源 林正燁 姜炳順 韓南洙 宋必滿 朱基鎔 高羲東 梁源模 白南敎 李順鐸 金良瑕 李慶熙 崔允東 徐相國 高在旭 高光表 曹正煥 姜仁澤 張德秀 張龍瑞 姜樂遠 金時中 趙軫九 閔重植 李熙晟 林炳哲 吳基水 李容漢 李昇泰 梁會英 陳奉燮 沈川 金東煥 郭福山 蔡廷根 羅承圭 金晋燮 金ㅁ根 李允植 金三奎 〈우익 진영, 임시정부 지지를 표명하며 국민대회준비회 개최, 「매일신보」, 1945.9.8.〉

11 한민당, 임정 외에 정권 참칭하는 단체 및 행동 배격 결의 성명서 〈전단 1945년 9월 8일〉

심을 현혹하고 질서를 교란하는 죄"라고 단죄했다. 그렇다면 자신들이 허헌 · 여운형 등을 "조선 국내 혁명 세력의 원로"라고 치켜세우면서 송진우와 함께 "국민대회를 소집하여 중경 주재 임시정부의 조속한 환국을 요청했다"는 거짓말은 어떻게 해석해야 할까?

"나는 臨政사람"…李博士 人共주석 拒否

〈그림20: 1982년 12월 17일 자 동아일보〉

한편, 조병옥은 보다 큰 모략을 꾸몄다. 그는 건준을 조선총독부의 괴뢰 조직이고 소련군의 지령을 받고 조직되었던 단체라고 했다.[12] 조

12 조병옥, 『나의 회고록』, 해동, 1986, p.141.

병옥의 주장은 「동아일보」의 기사를 통해서도 확인할 수 있다. 이 신문에 따르면 송진우가 김구에게 편지를 보낸 일주일쯤 후인 9월 14일경, 조병옥과 국민대회준비회 부위원장 원세훈은 김규식, 김구, 신익희 앞으로 "일본 총독은 여운형을 통해 친일 정부를 세우려고 시도했었습니다. 여운형은 소위 건준을 조직했고 인공을 창건해서 대중을 속이고 있습니다."라는 내용의 편지를 보냈다.[13] 이렇게 임정과의 물밑 작업을 어느 정도 마무리한 후인 1945년 9월 16일, 한민당은 정식 출범을 하였다.[14]

〈자세히 읽기–2〉

[한국민주당 발기 선언 및 강령, 정책(1945.9.6.)]

宣言

일본 제국주의의 철쇄는 끊어졌다. 血汗의 투쟁! 참으로 36년 세계사의 대전환과 함께 우리는 드디어 광복의 대업을 완성하게 되었다. 그리하여 우리는 반만년의 빛나는 역사를 도로 밝혀 완벽 무결한 자주독립의 국가로서 久遠의 발전을 약속하게 되었다.

13 祕話(비화) 美軍政三年(미군정삼년) 〈57〉 李承晩(이승만)과 金九(김구)(4), 「동아일보」, 1982.12.17 〈동아일보는 이 편지는 미제24군단 서류 목록에서 발견된 것으로 영어로 번역됐던 것을 우리말로 번역했다고 주석을 달았다.〉

14 한국민주당 결당식, 「매일신보」, 1945.9.17.

삼천만 가슴에 뒤끓어 용솟음치는 오늘의 기쁨이여! 이 기쁨은 곧 혁명 동지들에게 바치는 감사로 옮겨지고 더욱이 抱恨終天하신 殉國諸賢에게 생각이 사무치매 도리어 못내 못내 슬플 뿐이다. 참으로 이 크나큰 광복의 공훈은 해내 해외의 드러나고 감추인 무수한 혁명 동지들의 血汗의 결정이 아니고 무엇이랴.

우리는 머지않아 해외의 개선 동지들을 맞이하려 한다. 더욱이 邦隣重慶에서 苦戰力鬪하던 大韓臨時政府를 중심으로 결집한 혁명 동지들을 생각건대 그들은 두 번 거듭하는 세계의 대풍운을 타서 안으로 국내의 혁명을 鼓動하며 밖으로 민족의 生脉을 국제간에 顯揚하면서 나중엔 군국주의 撲滅의 일익으로 당당한 명분 아래 盟邦 中·美·蘇·英 등 연합군에 끼어 빛나는 무훈까지 세웠다. 오늘의 기꺼운 광복성취가 이 어찌 우연한배랴.

우리는 맹서한다. 重慶의 大韓臨時政府는 광복 벽두의 우리 정부로서 맞이하려 한다. 그리고 또 우리는 약속한다. 군국주의의 戰壘을 爆滅하고 세계평화를 확립시키는 세기적 건설기를 當하여 자주독립을 회복한 우리는 맹방 제국에 최고의 사의를 표하는 한편으로 국제 평화의 대헌장을 끝까지 준수 확충하려 한다.

나아가 우리 민족이 장래 할 세계의 신문화건설에 뚜렷한 공헌이 있기를 꾀할 진대 무엇보다도 완벽 무결한 자주독립 국가로서 힘차게 발전해야 될 것이다. 이는 오직 專制와 구속 없는 대중 본위의 민주주의제도 아래 皆勞 皆學하므로써 국민의 생활과 교양을 향상시키며 특히 근로대중의 복리를 증진시켜 毫末의 차별도 중압도 없기를 기한다. 그리하여 우리는 전 국민의 자유로운 발전을 보장하며 전 민족의 단결된 총력을 기울여서 국가의 기초를 반석 위에 두고 세계 신문화건설에 매진하려 한다.

동지여, 모이라! 한국민주당의 旗발 아래로

綱領

1) 조선 민족의 자주독립 국가 완성을 기함

2) 민주주의 政體樹立을 기함

3) 근로대중의 복리증진을 기함

4) 민족문화를 앙양하여 세계 문화에 공헌함

5) 국제헌장을 준수하여 세계평화의 확립을 기함

政策

1) 국민기본생활의 확보

2) 호혜 평등의 외교정책 수립

3) 언론 출판 집회 결사 及 신앙의 자유

4) 교육 及 보건의 기회균등

5) 重工主義의 경제정책 수립

6) 주요 산업의 국영 又는 통제 관리

7) 토지제도의 합리적 재편성

8) 국방군의 창설

조선 민족 국가 만세!

개선 대한 정부 만세!

혁명 동지 선배 만세!

한국민주당 만세!

1945年 9月

한국민주당(傳單)

—

[임정 외에 정권 참칭하는 단체 및 행동 배격 결의 성명서(9.7.)]

◆ 決議

우리 독립운동의 결정체이오 현하 국제적으로 승인된 大韓民國臨時政府의 소위 정권을 참칭하는 一切의 단체 及 그 행동은 그 어떤 종류를 불문하고 이것을 단호 배격함을 右 결의함.

◆ 聲明書

1

日本의 포츠담선언 수락에 의하여 우리 조선은 未久에 자유 且 독립한 국가가 될 국제적 약속하에 놓여 있다. 36년간 일본 제국주의의 鐵蹄下에 압박받고 신음하던 3천만 민중이 이 광명과 자유의 날을 맞이할 때 그 환희와 열광이 어떠하랴. 우리는 연합국 특히 美, 中, 蘇, 英 4개 우방과 庚戌 이래 해외에 망명하여 혹은 砲烟彈雨의 전장에서 혹은 음산 냉혹한 철창하에서 조국의 광복을 애쓰다가 쓰러진 무수한 同胞諸英靈 及 先輩諸公에게 감사를 들이지 않을 수 없다. 동시에 우리는 국내적으로 사상을 통일하고 결속을 공고히 하여 해외로부터 돌아오는 우리 大韓民國臨時政府를 맞이하고 이 정부로 하여금 하루바삐 4國 공동관리의 군정으로부터 완전한 자유 독립 정부가 되도록 지지 육성하지 않으면 안 될 것이다.

2

그런데 이 민족적 大義務 大公道가 정해 있음에도 불구하고 소수인이 당파를 지어 건국이니 '人民共和國' 정부를 참칭하여 己未以來의 독립운동의 결정이요 국제적으로 승인된 在外 우리 臨時政府를 부인하는 도배가 있다면 어찌 3천만 민중이 容許할 바이랴. 지난 8月 15日 일본 항복의 報를 듣자 총독부 정무총감으로부터 치안유지에 대한 협력의 의뢰를 받은 呂運亨은 마치 독립 정권 수립의 특권이나 맡은 듯이 4·5人으로써 所謂 建國準備委員會를 조직하고 혹은 신문사를 접수하며 혹은 방송국을 점령하여 국가 건설에 착수한 뜻을 천하에 공포하였을 뿐 아니라 경찰서, 재판소 내지 은행, 회사까지 접수하려다가 실패하였다. 이 같은 중대한 시기에 1·2 소수인으로서 방대한 치안 문제가 해결되며 행정 기구가 운행될 것으로 생각함은 망상이다. 과연 處處에서 약탈 폭행이 일어나고 무질서 무통제가 연출되었다. 軍憲은 권력을 발동하여 시민에게 위협을 가하였다. 건준의 一派는 신문사, 방송국으로부터 축출되고 가두로부터 遁入지 않을 수 없게 되었다.

3

그 후의 하는 일은 무엇인가. 사면초가 중의 呂·安은 소위 위원을 확대한다 하여 소수의 知名人士를 그 建國準備委員會의 좁은 기구에 끌어 집어넣기에 광분하였다. 그러나 建準을 비난하는 자가 獵官運動者가 아닌 이상 그 위원 중의 하나로 임명된다고 옳다 할 자는 없었다. 인심은 이탈하고 비난은 가중하매 그들은 각계각층을 망라한 450인의 인사를 초청하여 一堂에서 시국 대책을 협의할 것을 사회에 약속하였다. 그럼에 同 建準 내에도 분열이 발생하여 간부 반대론이 대두하였다. 이에 그 간부들 전원은 사표를 제출하고 소위 각계각층의 150명에게 초청장을 띄웠다고 신문에 발표하였다. 그러나 사실은 同 간부들 35명이 그대로 집합하여 呂·安 사표 수리안은 18표 대 17표의 1표의 차로 겨우 유임되게 되었다.

4

일이 여기까지 이르면 발악밖에 남은 것은 없다. 그들은 이제 반역적인 소위 인민대회란 것을 개최하고 '朝鮮人民共和國' 政府란 것을 조직하였다고 발표하였다. 가소타 하기에는 너무도 사태가 중대하다. 출석도 않고 동의도 않은 國內 知名人士의 名을 도용한 것은 말할 것도 없고 해외 우리 정부의 엄연한 주석, 부주석, 영수되는 諸英雄의 令名을 자기의 어깨에다 같이 놓아 某某委員 운운한 것은 인심을 현혹하고 질서를 교란하는 죄 실로 萬事에 當한다. 그들의 언명을 들으면 해외의 임시정부는 국제적으로 승인받은 것도 아니오, 또 하등 국민의 토대가 없이 수립된 것이니 이것을 시인할 것이 아니라는 것이다. 오호라 邪徒여. 君等은 현 大韓臨時政府의 요인이 기미독립운동 당시의 임시정부의 요인이었으며 그 후 상해사변, 支那事變, 대동아전쟁 발발 후 중국 국민정부와 미국 정부의 지지를 받아 重慶, 워싱턴, 사이판(섬) 沖繩 等地를 전전하여 지금에 이른 사실을 모르느냐. 同政府가 카이로 회담의 3거두로부터 승인되고 桑港會議에 대표를 파견한 사실을 君等은 왜 일부러 은폐하려는가. 大韓臨時政府는 大韓獨立黨의 토대 위에 섰고 국내 3천만 민중의 환호리에 입경하려 한다. 知名人士의 令名을 빌어다 자기 위세를 보이려는 도배야. 일찍이 汝等은 小磯總督官邸에서 합법운동을 일으키려다 嚬笑를 당한 도배이며 해운대온천에서 日人 眞鍋某와 朝鮮의 라우렐이 될 것을 꿈꾸던 도배이며 일본의 압박이 消渙되자 政務總監 京畿道警察部長으로부터 치안유지 협력의 위촉을 받고 피를 흘리지 않고 정권을 탈취하겠다는 야망을 가지고 나선 일본 제국의 走狗들이다.

5

吾等은 長久히 君等의 傍若無人한 民心惑亂의 狂態를 묵인할 수는 없다.

정부를 참칭하고 광복의 영웅을 오욕하는 君等의 행동은 좌시할 수 없다. 吾等의 正義의 快刀는 破邪顯正의 大義擧를 단행할 것이다. 3천만 민중이여 諸君은 이 같은 도배들의 반역적 언동에 현혹지 말고 민중의 진정한 의사를 대표한 吾等의 주의에 공명하여 민족적 일대 운동을 전개하지 않으려는가.

1945年 9月 8日 韓國民主黨發起人

—

[한국민주당 결당식(9.16.)]

9月 6日 발기회를 거행한 韓國民主黨에서는 16일 오후 3시부터 市內 慶雲洞 천도교대강당에서 당원 1,600名 참집하에 결당식을 거행하였다. 국기배례, 애국가 제창, 사회 白南薰으로부터 개회사가 있은 후 金炳魯를 의장에 公薦하고 식을 진행하여 元世勳으로부터 제의한 '우리 海外臨時政府要人諸公과 태평양 방면 육군최고지휘관 겸 연합군총사령관 맥아더 원수에 대한 감사 결의안'을 만장일치로 가결하고 李仁이 제의한 긴급 건의안

1) 조선은 국제관계상 美·蘇 兩軍에게 남북으로 분단·점령된바 이것은 불편 불행한 일임으로 미국군 당국에 교섭하여 하루바삐 통일적 행정 상태가 실현되도록 할 것

2) 현 행정기관에 임시적이나마 일본인 관리를 殘置시킴은 불안과 침체를 초래하니 공정하고 有爲한 인물을 조선인 중에서 채용할 것

등을 상정하여 만장일치 가결한 다음 金度演으로부터 大韓民主黨과 韓國國民黨이 합동하여 今日에 至한 경과보고, 趙炳玉으로부터 國內海外의 정세 보고가 있고 선언·강령·정책을 결정한 다음 張德秀의 인도로 당원 전

체 총기립裡에 선서가 있었다. 이어서 의장으로부터 同당기구에 대한 설명이 있고 同당영수로 李承晩 徐載弼 金九 李始榮 文昌範 權東鎭 吳世昌 7氏를 추대할 것을 제의, 가결하고 대의원 300명을 선거 후 내빈 축사가 있고 대한 독립 만세를 3창하여 동 4시 45분 폐회하였다.

◆ 綱領

1) 조선 민족의 자주독립 국가 완성을 기함

2) 민주주의의 정체 수립을 기함

3) 근로대중의 복리 증진을 기함

4) 민족문화를 앙양하여 세계 문화에 공헌함

5) 국제헌장을 준수하여 세계평화의 확립을 기함

◆ 政策

1) 국민 기본 생활의 확보

2) 호혜 평등의 외교정책 수립

3) 언론 출판 집회 결사 及 신앙의 자유

4) 교육 及 보건의 기회균등

5) 重工主義의 경제정책 수립

6) 주요 산업의 국영 又는 통제 관리

7) 토지제도의 합리적 재편성

8) 국방군의 창설

매일신보 1945년 9월 17일

한민당은 결당식을 거행하기까지 몇 가지 중요한 문서를 발표했다. 발기 선언서, 5개 항목의 강령, 정책 8개 항목, 임정 외에 정권 참칭하는 단체 및 행동 배격 결의 및 성명서 등이다. 주목할 것은 이러한 문서의 내용에 친일파 · 민족 반역자 문제에 대해 일언반구도 언급하지 않았다는 사실이다. 그들이 주장하는 것은 건준 및 인공세력의 소멸, 임정봉대로 요약할 수 있다. 선구회 여론조사에서 9개 부서의 내각에 한민당 출신이 단 한 명도 추천받지 않았던 이유는 부일 협력자 처리 문제와 무관하지 않았을 것이다.[15]

11월 24일 기자회견 당시 지난 9월 3일 발표한 임정의 당면정책을 무시하고, 통일전선 결성 후 매국노 처단 문제를 신중하게 고려해야 한다고 발언한 김구의 입장 변화에는 민족 반역자 · 부일 협력자 처단 문제에 대하여 전혀 관심을 보이지 않는 한민당의 강령, 정책이 배후에 있었다.

한민당은 말로만 임정봉대를 외쳤던 것이 아니다. 김구 및 임정이 민족 반역자, 한민당 등으로부터 제공받은 편의 몇 가지를 살펴보자. 첫째, 국방금품헌납자 · 국민정신총동원조선연맹이사 등의 민족 반역 · 부일 협력 행위로 『친일인명사전』에 등재된 최창학(1891~1959)의 별장인 죽첨장(竹添莊, 경교장)을 김구의 개인 사저 및 집무실로 제공받았다.[16] 둘째, 한민당은 '환국지사후원회'라는 단체를 만들어 자금을 조성하였다. 그리고 임정이 귀국하자 송진우가 900만 원을 직접 임정 측에

15 [표2: 해방공간 내각각료 비교표] 참조

16 感激과歡喜에어린 竹添町宿舍第一夜, 우리指導者마지한 町民기쁨도 한層, 「중앙신문」, 1945.11.24.

전달하였다.[17] 셋째, 임정은 중추원 참의 · 국민총력조선연맹 후생부장 등의 민족 반역 · 부일 협력 행위로 『친일인명사전』에 등재된 김연수(1896~1979, 김성수의 동생)로부터 700만 원이라는 거금을 받았다.[18]

한민당은 무슨 이유로, 어떠한 목적하에 이런 거액의 자금을 전달했을까? 아무튼 임정과 한민당과의 관계는 상당 기간 밀월 관계를 유지한다. 얼마 후 반탁 · 삼상회의 찬성이라는 회오리가 전 조선을 삼키기 때문이다. 정치집단에게 거액의 돈이 필요한 시기였다는 얘기다.

17 이경남, 『설산 장덕수』, 동아일보사, 1981, pp.326~328.

18 경성방직, 임정에 700만 원 헌납, 「동아일보」, 1945.12.20. 주요 산업

06

언론사 테러 시대, 조선인민보의 수난과 학병동맹 사건

해방 후 몇 개월 동안은 폭력 사태가 거의 없었다. 그러나 미군정이 시작되고 임정이 환국한 1945년 11월경부터 폭력 사건이 점점 증가하다가 모스크바 삼상회의 결과가 조작 왜곡 보도된 후인 1945년 연말 무렵부터 살인 구타 · 린치 · 파괴 · 약탈 등의 사건이 전국에 걸쳐 거의 매일 발생한다.

신탁통치를 둘러싼 대립으로 좌 · 우익 이데올로기의 대립이 명백하게 표출되었고 이에 따라 언론은 둘로 분열되었으며, 신문들은 찬탁지와 반탁지로 나누어졌다. 당시 신탁통치에 대한 찬탁지로는 조선인민보, 자유신문, 해방일보, 서울신문, 중앙신문, 현대일보, 독립신보, 중외신보 등을 들 수 있고, 반탁지로는 동아일보, 조선일보, 한성일보, 대동신문, 대한독립신문, 민중신문, 민주일보 등을 들 수 있다.[1]

주목할 것은 언론사에 대한 테러다. 1945년 12월 29일, 「조선인민보」사가 습격을 받았다. 해방 후 최초의 언론사 테러 사건이다. 하지만 자세한 내용을 알 수 없다. 남아있는 자료마저 각기 내용이 다르다. 살펴보기로 하자. 국사편찬위원회가 제공하는 《자료대한민국사》 제1권

1 兪炳勇, 해방직후 言論文化연구, 「國史館論叢」 第70輯, 1996년 10월, p.120.

1945년 12월 29일 자를 보면, '조선인민보사 습격받음'이란 제목하에 다음과 같은 내용이 게재되어 있다. 1946년 1월 2일 자「서울신문」이 출처라고 밝혔다.

> 동업 朝鮮人民報사에서는 지난 12월 29일 이유 불명의 폭력단 약 20명이 침입하여 인쇄공장의 파괴, 사원에게 폭행 등을 감행하였는데 國軍準備隊의 내원과 MP의 출동으로 진정되었다.[2]

같은 단체가 작성한《대한민국사 연표》1945년 12월 31일에는

> 朝鮮人民報, 테러團에 被襲, 職工 20여 명 拉致 文選 施設 破損.

라고 기록되어 있다. 출처는 없다.《자료대한민국사》에 따르면 "1945년 12월 29일 폭력단 20여 명이「조선인민보」사의 공장을 파괴하고 사원에게 폭행을 감행하다가 국군준비대와 MP(미군 헌병)의 출동으로 진정되었다"고 한다. 그러나《대한민국사 연표》에는 "1945년 12월 31일「조선인민보」사가 테러단에 피습되었는데 직공 20여 명이 납치당했고 문선 시설이 파손되었다"고 기록되어 있다.

같은 국가기관이 제공하는 역사적 사건이 발생 시기, 내용 등이 다르다. 12월 29일과 31일 그리고 20여 명 폭력단의 언론사 침입과 20여 명 언론사 직원의 납치, 서로 다른 내용으로 인해 각종 논문 역시 상이

2 조선인민보사 습격받음,「서울신문」, 1945.1.2.

한 내용으로 작성되게 된다. 예를 들어보자.

> 1945년 12월 31일 저녁에는 신탁통치 반대를 외치던 데모대 일부가 을지로 2가에 있던 조선인민보 인쇄소를 습격, 직공 20명을 납치했고[3]

> 12월 28일 열린 독립촉성청년총연맹과 각 단체에서 신탁통치 배격을 결의하자 이튿날인 12월 29일 조선인민보가 가장 먼저 습격당했다. 이날 신원을 알 수 없는 폭력단 약 20명이 침입하여 인쇄공장을 파괴하고 사원들을 폭행하자 국군준비대와 미군 헌병대가 출동하여 진정되었다.[4]

첫 번째 논문은 《대한민국사 연표》를 그리고 두 번째 논문은 「서울신문」과 《자료대한민국사》를 참조한 것으로 보인다. 이들 두 논문은 결정적인 실수를 범했다. 「조선인민보」사의 피습과 신탁통치를 연결하고 있다는 점이다. 1945년 12월 29일부터 31일 사이에는 삼상회의의 진실이 아직 파악되지 않아 좌익 역시 신탁통치 반대를 주장하고 있었다는 점을 간과하고 있다는 얘기다.

그러면 진실은 무엇일까? 해답의 일단은 미군 정보부서(G-2)의 보

3 최병진, 한국의 언론테러 어제와 오늘, p.69. 《http://download.kpf.or.kr/MediaPds/CJDACMZJDSSBFIT.pdf》

4 정진석, 해방공간의 좌익 언론과 언론인들, 「관훈저널」 겨울호 통권77호, 2000.12, p.281.

고서가 제공해 준다. 이 보고서 12월 31일 자에 따르면 날짜가 명시되지 않은 채 "조선인민보 30명의 고용인들이 극우 반동 청년회원 등 25명에 의해 총으로 위협하고 있는 것을 국군준비대원이 풀어놓으려다가 부상당했다"고 기록되어 있다.[5] 보다 자세한 내용은 민주주의 민족전선 편집부가 편찬한 『해방조선』이 제공해 준다. 이 책의 주요 사건 일지 12월 29일 자는 다음과 같이 기록되어 있다.

> 12월 29일: 정오에 권총을 휴대한 50여 명이 인민보사를 습격, 인쇄공장과 전화선, 기타 비품을 파괴하고 장부를 탈취하였고, 국군준비대, 사원, 직공 등 6명을 난타하고 납치하였다. 국군준비대 고급참모 임천규(林天圭)가 가슴에 탄환이 박혀 생명이 위독함[6]

G-2 보고서와 거의 같은 내용임이 확인된다. 특히 부상당한 국군준비대원의 이름이 임천규라는 사실을 『해방조선』은 정확하게 직시(直視)하고 있다. 사실 12월 29일 테러는 반탁운동과 관계없이 일어났다. 문제는 국군준비대 사건이었다. 『해방조선』은 사건의 원인과 결과에 대해 '국군에 대한 소위 정객의 모략'이란 편에서 아래와 같이 서술했다.

> 8·15 이후 국군준비대가 조선 건국 과정에서 나타난 자연 발생적인 군사적 활동의 여러 계기를 솔선, 포착하여 인민주권을 위해서 인

5 G-2보고 1, p.499. 〈서중석, 『한국현대 민족운동연구』, 역사비평사, 1991, p.310.〉 재인용

6 『해방조선』 I, 과학과 사상, 1988, p.275.

민의 무장을 준비하는 운동을 전개하였다는 것은 누구나 다 아는 사실이며, 또 가장 정당한 노선 위에서 그 운동은 착착 완성되어가고 있었다. 그러므로 국군준비대가 인민을 기만하고 권모술책과 폭력으로 정권을 잡으려고 하는 소위 야욕적인 정객들에게는 가장 위협적인 존재였던 것 또한 사실이었다.

이런 가운데 1945년 말경의 경성의 정세는 매우 착잡하고 험악한 것이었다. 과연 예상했던 대로 12월 28일(29일의 오기)에는 테러단이 인민보사를 백주에 습격하여 기계를 파손하고, 더불어 종업원 29명을 납치하고 많은 현금을 가져갔다. 그런데 국군준비대 헌군부원 9명이 습격을 방어하고 그들을 추격하여 그 배후와 사건의 내용을 폭로시키고 종업원 29명과 현금을 구출했던 것이다. 더욱이 습격을 방어하려다 국군의 고급 참모 1명은 저격을 당해 중상을 입고 그 즉시 입원하였다.

이로 인해서 결국 이 폭력 테러단은 누구나 다 아는 건국청년회라는 것이 밝혀졌다. 그리고 그 배후의 조종자는 이승만 씨와 한국민주당이고, 이승만 씨의 비서 윤치영의 직접 지도하에 건청은 이 테러행위를 계획하고 실행하였던 것이다. 이러한 위대한 지도자와 조정자를 가지고 계획한 그 원대한 테러 계획이 국군의 용감한 대원 4명의 방어로 실패로 돌아가게 되고, 게다가 그 사실이 만천하에 폭로되니, 가장 초조했던 사람은 건청 테러 단원들보다도 배후 지도자였던 것이다.

그리하여 이승만은 건청 대원들 앞에서 자신이 하지 중장에게 말을 하여 국군준비대를 해체시킬 터이니 안심하라고 공공연히 선언하였고, 갖은 모략을 다하였다. 더욱이 테러단에서는 이승만과 임시정

부의 김구 등을 경비하는 특별 경찰대원이 참가하여 공동 행동을 취하고 있었다.[7]

「조선인민보」사 습격 사건은 최초의 언론사 테러일 뿐 아니라 비품 파괴, 장부탈취, 현금 강탈, 린치, 납치, 총격 상해 등 죄질이 매우 나쁜 범죄행위였다. 더욱이 이승만, 김구 등 당시 유력한 정치인들이 배후로 의심되는 상황이었다. 하지만 경찰과 미군정은 수사를 하지 않았고, 이 사건의 정확한 실체는 묻혀 버리고 말았다. 그 결과는 비슷한 사건의 반복이었다.

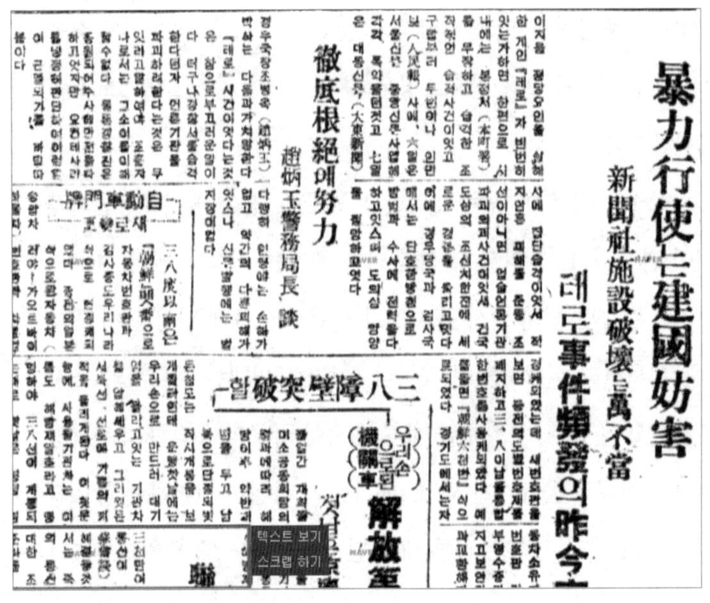

暴力行使는建國妨害

新聞社施設破壞는萬不當

테로事件頻發의昨今

徹底根絕에努力

趙炳玉警務局長談

三八障壁突破할

解放

〈그림21: 1946년 1월 10일 자 동아일보〉

7 『해방조선』 I, 과학과 사상, 1988, pp.297~298.

「조선인민보」사 테러 사건이 발생한 지 열흘쯤 지난 1946년 1월 10일 자 「서울신문」과 「동아일보」에 따르면, 얼마 전 일어난 「조선인민보」사 테러 사건을 시작으로 6일에는 「서울신문」과 「중앙신문」이 폭탄 테러를 당했고, 7일 오후에는 「대동신문」사 인쇄공장에 50여 명의 테러단이 침입하여 시설을 파괴하고 배달부 1명을 데려간 사건이 일어났으며, 8일 오후 7시에는 「자유신문」사 공장에 괴한이 침입하여 다이너마이트를 던져 소동을 일으킨 사건이 있었다고 보도했다.[8]

인명 피해는 없었고 신문도 종전대로 발간되었지만, 언론에 대한 테러와 협박, 위협, 공갈 사건에 이제 폭탄 · 다이너마이트까지 등장하게 된 것이다. 「대동신문」을 제외한 나머지 3개 언론사는 우익 청년단체로부터 테러를 당했다. 좌 · 우익의 정치적인 대립이 언론사 테러로 점화되어, 불길한 미래를 예고하는 상황이었다.

결국 유혈 참사가 일어났다. 반탁전국학생총연맹(반탁학련)의 「조선인민보」습격 사건이 학병동맹 해산 사건으로 비화하여 다수의 사망자가 발생하게 된 것이다. 사건의 전개 과정을 살펴보자.

1946년 1월 20일 자 경향 각지의 신문 헤드라인을 살펴보면, 동일한 사건을 보는 각 신문의 시각이 이렇게 다를 수 있다는 것을 보여준다. 먼저 「동아일보」를 살펴보면 "생혈 뿌려 반탁하는 학도, 반동파의 총격에도 불굴코 시위행진 18일 밤, 서대문 외 참사" "남녀 학생 40명 총상 중상자는 입원 가료 중" "4명 위독, 남녀 학생 각 2명" "범인 2명 종로

8 대동신문사, 자유신문사 등 습격 파괴, 「서울신문」, 1946.1.10; 暴力行使는 建國妨害 新聞社施設破壞는 萬不當, 「동아일보」, 1946.1.10.

生血뿌려 反託하는 學徒
反動派의 銃擊에도 不屈코 示威行進
十八日밤 西大門外慘事
男女學生四十名銃傷
重傷者는 入院加療中
儒林도 蹶起反託
犯人二名 取調中

暴力行爲는 自滅招來
世界는 우리를 注視, 冷靜하라
一部學生暴行
人民黨人民報等襲擊破壞

祖國存亡의 岐路에서 展開되는 愛國學生運動
長安에서 銃소리
武裝警察隊出動
男女學生示威
美소兩領事에 反託의 메세-지 手交

人民報 人民黨等被襲
反託學生示威途中의 不祥事
暴行團總檢擧할터

〈그림22: 좌 · 상단에서 시계방향으로 1946년 1월 20일 자 동아일보, 자유신문, 중앙신문, 대동신문〉

서서 취조 중" 등의 제목으로 게재되었다. 「대동신문」의 경우 "조국 존망의 기로에서 전개되는 애국 학생 운동" "시위운동 등은 탁치를 초래" "의주학생 참살 사건 재현" "장안에서 총소리, 무장 경찰대 출동" "국군 준비대 간부 등을 체포" "남녀 학생 시위 미 · 소 양 영사에 반탁의 메시지 수교" "적수공권의 여학생 행렬에 장권총 집중사격" "학우동맹 여러분께" 등의 제목으로 보도되었다.

「자유신문」의 제목은 "폭력 행위는 자멸 초래, 세계는 우리를 주시, 냉정하라" "일부 학생 폭행 인민당 인민보 등 습격 파괴" "현금과 무기

다수 압수, "학병동맹원들 검거" "청총서 성명" 등 이었으며, 「중앙신문」은 "인민보, 인민당 등 피습, 반탁학생시위 도중의 불상사" "폭행단 총검거할 터, 장 경기도경찰부장 담" "청총서 진상 발표" "유학무국장 담" "전혀 자연 발생적인 애국심의 행동, 이 반탁학생연맹위원장 담" 등으로 보도하였다.

제목만 보아도 각 신문의 보도경향을 파악할 수 있을 것이다. 「자유신문」과 「중앙신문」은 「인민보」와 인민당의 피습을 주 기사로 다루며, 피해 단체의 하나인 청총(전국청년단체총동맹)의 성명서를 기사화했다. 그러나 「동아일보」와 「대동신문」은 가해자인 학생들을 '생혈 뿌려 반탁하는 학도' '애국 학생' 등으로 호칭했다. 특히 「대동신문」의 경우, 국군준비대 간부들이 체포되었다는 기사와 빈 몸의 여학생들이 집중 총격을 당했다는 기사를 함께 실음으로써 국군준비대가 비무장 여학생들에게 총격을 가했다고 판단할 수 있게 편집하였다. 그렇다면 진실은 무엇일까? 먼저 당시 보도된 기사를 살펴보기로 한다.

반탁, 반탁 오직 자주독립을 염원하여 구랍 29일부터 이 땅에 성난 파도와 같이 일어난 탁치 반대 운동은 마침내 피를 흘리고야 말았다. 18일 밤 탁치 절대 반대! 독립 만세를 외치며 시가행진을 하는 반탁운동 학도대들은 무기를 휴대한 반대 단체의 습격을 받아 40여 명이 중경상을 입은 후 유혈의 참사를 이루었던 것이니 그 전말은 다음과 같다.

우리의 강산을 우리의 손으로 찾자고 反託學生聲討大會는 反託學生總聯盟 주최로써 18일 오후 2시부터 개최되어 이 땅 젊은 학도들의 결의를 더욱 굳게 하고 오후 5시경 성황리에 마치었는데 여기에 참집한 시내 남녀 전문대학생, 중학생 약 1,000여 명은 결의문과 성토문을 휴대하고 그 길로 바로 소련 영사관으로 방문하여 이를 수교하고 뒤이어 미국 영사관을 방문하였으나 아무도 만나지 못하여 반도호텔을 거쳐서 조선호텔을 방문하고 여기서 미군측에 결의문과 성토문을 수교하는 시위행진을 시작하였다. 그런데 격노한 학도들은 시위행진을 하는 도중에 황금정 1정목 朝鮮人民報社편집국과 人民黨 서울인민위원회를 차례로 습격하고 그 길로 바로 임시정부를 방문하려고 서대문 2정목을 진행하는 중 돌연 권총과 장총을 든 청년들의 습격을 받았다. 무수히 발사하는 탄환을 맞아 피를 흘리며 거꾸러지는 남녀 학생들은 조금도 굽히지 않고 '신탁통치는 절대 반대다. 우리에게 독립을 달라!' '대한 독립 만세' '김구 주석 만세'를 부르짖으며 행진을 계속하였으나 빗발 같은 탄환으로 말미암아 임시정부를 방문하는 것은 중지되고 말았던 것이라고 한다.

반탁 시위 행렬을 하는 중 습격을 받아 부상을 받은 학생들은 판명된 자만이 40여 명에 달하였는데 그 중 梨花女大 李金順(假名 20)양 외 1명과 世醫專 李相國(假名 23), 養正中學 李吉俊(假名 18)군 등 4명은 총탄에 중상을 입고 방금 세브란스의전 부속병원에 입원하여 응급가료를 받고 있으나 유혈이 심하여 모두 생명이 위독하다고 한다.

이 급보를 접한 서대문서에서는 서원 약간 명이 현장에 출동하였으나 아무 소용이 없었고 이곳 종로서에 연락하였던바 행진에 참가하였던 여학생 수명을 납치하여 가지고 도주하는 청년 2명을 검거하였다. 취조한 결과 이들은 國軍準備隊員 白某(23)와 학병동맹 모군으로 판명되었는데 어느 단체의 지시에 의한 행동인지 개인적 행동인지 알 수 없으나 이번 테러에는 약 50명이 장총과 권총을 휴대하고

참가한 모양이라고 한다.[9]

18일 오후에 열린 반탁전국학생총연맹 주최의 반탁 학생 웅변대회가 끝난 후 산회하였던 천여 학생은 반탁 시위 행렬로 옮기어 시내를 돌다가 오후 6시 20분경에는 시내 황금정에 있는 조선인민보 사옥을 습격하여 1, 2층 사옥을 파괴하고 동시에 인사정 조선인민당을 습격하여 가옥을 파괴한 후 일행은 다시 안국정 서울시인민위원회를 습격하여 1, 2, 3층 유리창 전부와 사무용 가구를 파괴한 불상사가 발생하였고, 시위 행렬의 남녀 학생 5, 6백 명은 이어서 광화문통으로부터 서대문을 향하여 행진할 즈음에 정체 모를 청년 30여 명이 남녀 학생을 향하여 권총을 발사하여 세전 학생 1명과 여학생 1명을 부상시킨 불상사가 발생하여 저물어가는 서울 장안거리에 불안을 야기시킨 사건이 이었는데 이 돌발사건의 보고에 접한 경기도 경찰부에서는 각 서원을 비상소집하고 특별 경계를 하던 중 12시 반경에 종2정목 파출소에서는 통행금지 시간 후에 통행하는 수상한 청년 이민실, 최무학, 백종선 세 명을 불심 심문한 결과 다이너마이트 8개와 현금 1만 …(판독 불가) 송환 후 장 경찰부장이 직접 취조를 한 결과 3인은 삼청정에 사무소를 둔 학병동맹원이라는 진술을 받고 19일 오전 3시 반경에 즉시 경기도 경찰부 형사대 35명을 무장시킨 후 트럭으로 학병동맹을 포위하고 체포하여할 때 경관대를 향하여 돌연 방총함으로 경관대에서도 방총하여 잠깐 교전이 있었고 따라서 학병동맹원 2

9 반탁학생총연맹, 반탁 성토대회 개최하고 시가행진 중 충돌 사건, 「동아일보」, 1946.1.20.

명은 관통상과 창에 찔려 즉사하였고 7, 8명의 부상자가 생긴 동시에 형사대 중에서도 3명의 부상자를 내었고 이 사건에 출동된 서울 각서 무장 경관 대원수는 4백 명가량이며 총 검거 인원수는 1백4십 명인데 압수한 무기 탄환이 다수에 달한다고 한다.[10]

「동아일보」 보도에 따르면, 반탁 학생 성토대회(1.18 오후 2시~5시, 반탁학생총연맹 주최) → 소련·미국영사관 방문(1,000여 명) → 조선인민보·인민당·서울인민위원회 습격 → 반탁 시위 행진 중 피습, 임정 방문차 서대문 2정목 인근, 권총과 장총을 든 청년들의 습격(중상 4명, 경상 40여 명) → 서대문서 현장 출동(아무 소득이 없음) → 종로서 연락, 여학생 납치·도주 청년 2명 검거(국방경비대원 백 모, 학병동맹 모 군) 등의 순서로 사건이 전개되었다.

그러나 「중앙신문」은 전혀 다른 보도를 하였다. 동 신문에 따르면, 반탁 학생 웅변대회(18일 오후, 반탁전국학생총연맹 주최) → 반탁 시위 행렬 → 조선인민보 습격(오후 6시 20분경, 1, 2층 사옥 파괴) → 조선인민당 습격(가옥 파괴) → 서울시인민위원회 습격(1, 2, 3층 유리창 전부와 사무용 가구 파괴) → 광화문통으로부터 서대문을 향하여 행진(남녀 학생 5, 6백 명) → 정체 모를 청년 30여 명 권총 발사(세전 학생 1명과 여학생 1명 부상) → 경기도 경찰부 비상소집, 특별경계 → 종2정목 파출소 불심검문(밤 12시 반경, 이민실·최무학·백종선, 다이너마이트 8개와 현금 1만 원 등 소지) → 장택상 부장 직접 취조(학병동맹원이라

10 人民報, 人民黨 等 被襲, 反託學生示威 途中의 不祥事, 「중앙신문」, 1946.1.20.

는 진술) → 경기도 경찰부 형사대 35명 무장, 학병동맹 포위(오전 3시 반경) → 학병동맹과 경관대의 교전 → 학병동맹원(2명 사망, 7, 8명 부상), 형사대(3명 부상) → 무장 경관 출동 인원, 4백 명(140명 검거, 무기 · 탄환 다수 압수) 등이 사건의 개략적인 내용이다.

두 신문은 가해자와 피해자를 서로 바꾸어 보도하고 있다. 「동아일보」는 반탁학생총연맹 회원들이 행진을 하는 도중 권총과 장총을 든 청년들의 습격을 받아 학생 4명의 생명이 위태로운 가운데, 종로경찰서가 여학생 몇 명을 납치하고 도주하는 국군준비대 및 학병동맹 소속 청년 두 명을 검거하였다고 보도했다. 즉 가해자는 국군준비대와 학병동맹 그리고 피해자는 반탁학생총연맹이 된다.

반면 「중앙신문」의 경우 「동아일보」가 기사화하지 않거나 불명확하게 보도한 사항을 중점적으로 보도하였다. 첫째, 반탁학생총연맹이 자행한 「인민보」 등에 대한 습격 · 테러의 구체적인 내용을 보도하였다. 둘째, 학생들에게 총격을 가한 가해자의 정체를 단정하지 않고 정체 모를 청년 30여 명이라고 했으며, 사용된 총기는 권총이라고 표현했다. 그리고 부상자 숫자도 중상 4명, 경상 40여 명이라는 「동아일보」와 다르게 세전 학생 1명과 여학생 1명이 부상당했다고 보도했다. 셋째, 납치 · 도주하는 청년들을 검거한 것이 아니라, 불심검문 중 이민실 · 최무학 · 백종선 등을 체포했으며, 장택상이 직접 취조한 결과 학병동맹원이라는 진술을 받아냈다고 했다. 넷째, 학병동맹원의 사망 사실을 보도했다.

같은 시간, 동일한 장소에서 발생한 사건에 대한 보도가 이렇게 다를 수 있을까? 신문사를 습격하고, 정당 및 사회단체를 파괴하며, 살인을 저질러도 '탁치 반대' '임정봉대'만 외치면 애국자로 치켜세우는 언론이 있었다. 한편, 사건의 실체를 밝히겠다고 나서는 언론도 있었다. 극명하게 갈린 보도경향은 '탁치 반대'와 '삼상 결정 절대 지지'로 갈라진 당시 시대상의 반영이었다. 결국 경기도 경찰부장 장택상은 학병동맹 사건 조사 결과를 공식적으로 발표할 수밖에 없었다. 그러나 경찰의 발표가 사실과 크게 다르다고 하여 조선신문기자협회는 학병사건조사위원회를 구성하여 2차에 걸쳐 진상 조사를 발표하였다.[11] 아래에 전문을 소개한다.

〈자세히 읽기-3〉

[학병동맹 사건 진상 발표]

경기도 경찰부장과 조선신문기자회, 학병동맹 사건 조사 결과 발표

지난 19일 새벽 삼청동 學兵同盟 검거 사건에 관하여 세간에서는 그 진상을 알고자 궁금히 여기고 있던바 경기도 경찰부장의 발표가 있고 경찰부장과 기자단과의 일문일답이 있었으며 또 28일에는 朝鮮新聞記者會學兵事件眞相調査委員會 및 朝鮮靑年總同盟으로부터 각기 조사 결과의 발표가 있었으므로 다음에 그 전문을 소개한다.

11 경기도 경찰부장과 조선신문기자회, 학병동맹 사건 조사 결과 발표, 「조선일보」, 1946.1.29.; 조선신문기자회, 제2회 학병동맹 사건 진상조사 결과 발표, 「중앙신문」, 1946.2.25.

◆ 경찰부장 발표

소위 학병 사건에 대한 경찰부 발표

去 1월 18일 오후 7시 40분경 시내 西大門町 2丁目 부근에서 시위 행렬을 하는 학생군에게 혹은 무기로 혹은 곤봉으로 테러 행위를 하여 연약한 여학생들을 납치하는 일당 약 40여 명의 暴漢이 있었다는 이 급보를 받은 소관 종로경찰서에서는 此를 억제하기 위하여 서원 일부를 동원하여 여학생 7명을 납치하고 있는 시내 三淸洞2번지 학병동맹본부에 거주한다는 白宗先(當 24년)을 검거하여 세밀히 취조한 결과 동일 시내 정동예배당에서 反託全國學生聯盟주최로 반탁 성토대회를 끝마친 학생 약 6백 명의 人民報社, 人民黨, 소위 서울시人民委員會를 습격한 것을 보복하기 위하여 人民黨으로부터 學兵同盟본부에 응원을 요구하였음으로 同學兵同盟본부에서는 軍事部長 朴晋東 지휘하에 제1차로 20명 제2차로 25명을 파견하였는데 1차 20명과 2차 25명이 人民黨본부 부근에서 합류하여 시위행렬하는 학생군을 추격하여 중경상 20여 명을 내었으며 또 전기 학병동맹본부에는 약 300여 명의 단원이 있는 것이 판명되었고 다음에 비상경계선에 (시내 인사동 사거리)에서 걸린 學兵同盟員 朴泰潤(당 35년) 及 李昌雨(당 26년) 兩名을 취조한 결과 소지현금 1만 수천 원 다이너마이트 8개 ,導火線 4尺, 雷管 4개를 발견하였는데 학생군을 습격한 일당이 학병본부에 돌아가 있을 것이며 동본부에는 무기를 상당히 은닉 소지하고 모종의 계획을 하고 있다는 것을 알게 되었다. 그러므로 사태가 자못 중대하며 추후가 우려되므로 비상소집한 경관 53명을 파견하여 此를 검색하여 진상을 구명하려 하였는데 경관대가 접근한 것을 간파한 학병본부내로서 경찰대라는 것을 통고함에도 불구하고 발포하기 시작하였으므로 경관대는 부득이 此에 응사하게 되었다. 그때에 학병본부내로서는 몇 소대는 어느 편으로 또 몇 소대는 어느 편으로 가라고 호령하는 소리와 기관총 소리 같은 음향이 요란하게 들림으로 경관대는 긴급히 응원을 요청하여 후속하여 온 130여 명을 합하여 학병본부 주위를 포위하고 朝明을 기다려 일제 검색하여 총합 119명을 검거함과 동시에 권총 及 기타 무기와 다수의 증거물을 발견하였음으로 세밀히 조사 중이며 일방 人民報社외 2개소를 습격한 학생군(제1차로 41명)을 검거하여 취조 중이다. 이상과 같은 정세에 있었는데 其後 항간에 유포 전파되고 있는 모든 세론은 진상과 적지 않은 상치됨이 있음은 실로 유감천만이다. 금후 취조 진전에 따라서 상세히 발표하겠지마는 항간에 떠도는 낭설을 과신하여 경거망동으로 인심을 소란케 하지 않도록 경계한다.

◆ 기자회의 조사

今次 學兵同盟 사건은 검거의 총지휘자인 張澤相 경기도 경찰부장과 피검거자 측인 學兵同盟員들과는 그 抱懷하는 정치 이념이 상당히 상위하다고 보는 것이 세론인 듯하다. 그런 까닭에 자칫 잘못하면 今般 사건에 대하여 경찰이 일방에 동정을 하였다는 무근의 의문을 품기 쉽고 절대로 공평하고 치우침이 없는 경찰을 의아의 눈으로 보기 쉬운 염려가 不無하다. 그뿐 아니라 공교롭다고 해야 좋을지 사건이 발발한 翌日인 1월 20일은 정치적 의미도 있다고 보이는 全國學兵大會가 개최될 예정이었으므로 어떠한 정당과 단체를 불문하고 위법행위는 박멸할 결심하에 전 경찰력을 총동원 전시편제로 하여 법을 절대로 遵守하며 치안을 확보하기 위하여 생명을 내걸고 나선 張澤相 경찰부장의 비장한 결심과 진격한 노력이 곡해될 염려 또한 없지 않다. 만일 지금에 이 무근한 의문을 석연히 풀어두지 아니하면 본 사건은 장래 정치적 사회적으로 미묘 복잡한 결과를 초래할 因由가 될

염려가 있는 동시에 공평무사한 입장에서 치안의 대임을 완수할 경찰의 장래에 또한 영향 할지도 모르는 본사건의 성격에 비추어 本書에서는 객관적인 입장에서 冷然한 판단력과 과학적 방법으로 본사건의 진상을 구명하여 日夜 치안 확보에 심신을 경도하는 경찰의 노고에 협력하고 아울러 건국 도상에 가로막는 一抹의 암영을 불식할 사회적 책무를 통감한다. 그러므로 本會에서는 其間 각 방면을 통하여 조사한 사건의 중간보고를 발표하여 일반의 의혹의 일단을 풀어 두려 한다.

一. 학병검거의 발단이 된 다이너마이트 8개를 소지한 두 청년의 정체는 學兵同盟員 崔武學, 李敏寧이 틀림없다고 19일 경찰부에서 누차 확신이 있었다.

이에 대하여 前記 兩名은 체포당한 그 시간에 자기 집에 있었다는 증언이 족출하였는데 1주일 후인 25일 경찰부장 성명에 의하면 다이너마이트를 소지하고 노상에서 종로서원에게 검거된 청년은 崔武學, 李敏寧이가 아니고 학병동맹원 朴泰潤, 李昌雨임을 명백히 하였다. 이 점을 의아스럽게 여겼던 기자단과 張경찰부장과의 일문일답은 상기한 바와 같다.

一. 前後 10시 이후의 통행은 張 경찰부장 취임 이후 그 취체가 더욱 엄중하여졌음은 주지의 사실임에도 불구하고 자정이 넘어(19일 오전 0시 반) 다이너마이트를 휴대하고 대로(仁寺町 십자로)로 활보하며 그들의 본부에는 다수한 무기가 있음을 진술하였다는 朴·李 양인은 그 정체를 철저히 추궁해야 할 인물이다.

一. 18일 오후 7시 반경 서대문에서 반탁 학생 행렬을 습격한 일단의 청년은 학병임에 틀림없다는 경찰부의 발표에도 불구하고 학병측에서는 20일의 대회 준비에 분망하여 전연 그러한 사실은 모르고 있었다고 극력 주장하는데 이 점은 검거당한 학병들의 알리바이 여부를 철저 구명할 필요가 있다.

一. 무기 소지의 진위는 본사건의 핵심이다. 다수한 무기를 학병본부에서 발견 압수하였다는 경찰 당국의 언명은 믿어 의심치 아니하나 19일 학병들 검거 즉석에서 압수한 다수한 무기를 공개하고(적어도 경찰부출입기자단과에) 학병들의 무기 휴대를 구체적 증거물로 명시함이 현명한 태도일 것이다. 그러나 금일까지 조사 중임을 이유로 하여 이것을 명시치 않는 경찰부의 태도는 일본도 두 자루 외에는 赤手空拳이었다는 학병들의 진술을 긍정할 가능성을 빚어내는 원인이 됨은 극히 유감이다.

一. 학병들의 銃火器로 인해 부상하였다고 언명한 경관은 기자단과 회견시켜 그 상처가 銃火傷임을 명시하므로써 학병들의 총기 사용을 실증함이 일반의 의혹을 푸는 첩경인데 아직도 이를 실행치 아니함도 역시 유감이다.

1) 검거 시에 사망한 학병 3명의 시체는 이미 검시 해부에 붙여 그 결과가 밝혀졌는데 그에 의하면 朴晋東 군은 6개 처의 총관통상과 1개 처의 劍創傷을 입었고 金星翼 군은 2개 처의 총상을, 그리고 金命根 군(李達의 본명)은 1개 처의 총상처를 입어 목불인견의 참상의 呈示했음은 그 검거 수단이 비도덕적이라는 일부의 여론이 있어 경찰에 대한 사회의 신망을 두텁게 하는데 상당한 장해가 될 염려가 있음을 우리는 민망하게 생각한다.

1946년 1월 28일

朝鮮新聞記者會 學兵事件眞相調査委員會

—

[조선신문기자회, 제2회 학병동맹 사건 진상 조사 결과 발표]

朝鮮新聞記者會에서는 學兵事件의 중대성에 비추어 사건 직후 진상 조사 발표가 있었는데, 금번 제2회로 사건의 진상을 조사 규명하여 23일 다음과 같이 발표하였다. 朝鮮新聞記者會調査 學兵同盟檢擧事件이 있은 지 벌써 1개월이 지났고 그 事件으로 慘死한 세 學兵의 葬儀도 이미 치른 지 오래이나 이 사건의 진상에 대해서는 警察部로부터 중간보고식의 발표가 있었을 뿐, 아직 결론적인 발표가 없어 일반의 의혹과 여론을 풀지 못하고 있다. 本會에서는 사건의 중대성에 비추어 사건 발생 직후부터 가장 공명정대한 입장에서 그 진상을 냉정하고도 철저히 究明하여 당국의 사건 해결에 협력하려고 노력하여 오던 터인바, 지난번 張警察部長 發表(28일부)에 있어서 本會에서도 中間報告를 공표하여 몇 가지 의문된 점을 지적하고 그 해명을 요망한 바 있었다. 그러나 아직도 그에 대한 만족할 만한 해답과 사건의 진상이 밝혀지지 않으므로 다음에 몇 가지 의혹되는 점과 本會에서 조사한 바를 대략 보고하기로 한다. 學兵同盟을 檢擧하게 된 원인으로(略)

1) 學兵이 참으로 서대문로상의 사건에 참가하였던가?

(가) 진술자 白宗先, 李昌雨, 朴泰潤은 현재 유치되어 있으므로 그들 3인을 그들과 함께 참가하였던 學兵들과 記者團의 입회하에 대면시켜 확실한 증언을 잡을 것

(나) 學兵側에서는 전연 서대문로상의 사건을 모르고 그 시간에는 學兵日의 행사로 회의를 하고 있었다고 한다(이것을 취사부炊事婦가 증언하고 있다)(略)

(다) (略)同盟에서는 白宗先은 전혀 모르는 사람이고 朴, 李는 약 2월 전

부터 소식을 모르는 터이었다고 한다.

(라) 白宗先이 납치한 여학생 7명의 성명과 재학 중의 교명 및 최초의 白宗先을 검거한 순경의 성명을 발표할 것

이상의 諸點이 정확히 드러나면 서대문로상의 사건에 참가하였던가를 분명히 알 수 있다.

2) 學兵이 과연 武器를 소지하였던가?

(가) 압수한 종류와 수량을 제시함과 동시에 부상당한 警官을 면회케 한 것을 전번의 중간보고에서 요망한 바 있었으나 아직 없다.(이에 대하여 學兵側에서는 武器라고는 日本刀 한 자루 이외에는 없었다고 한다)

이는

警務課長 談, (21일)공식 발표는 아니다. 武器는 많지 않다.

鍾路署搜査主任 談, 현장에서는 日本刀 한 자루를 발견하였다. 그리고 便所 속에서 부서진 권총 한 자루를 찾아냈을 뿐이다.

鍾路署外務主任 談, 19일 아침 日本刀 한 자루밖에 武器라고는 본 일이 없고 권총 한 자루가 있다는 말은 들었다.(略)

炊事婦 談, 武器라고는 日本刀 한 자루밖에는 본 일이 없다. 따라서 學兵側에서 먼저 발사한 일은 없다.

현장에 있던 警官 談, 우리 편의 負傷者는 日本刀에 코를 베인 사람이 한 사람 있다.

3) 警官隊에서 미리 통고를 하였다고 하면 어떠한 형식으로 通告하였는가? (略) 趙炳玉警務局長은 22일 記者團의 왜 미리 通告를 하지 않았느냐는 질문에 證據品 煙滅, 기타의 염려가 있어서 하고 말한 일이 있다.

이상의 제 문제는 본 사건을 해결하는 중요한 관건이거니와 다시 한 걸음 나아가 사건의 전체를 놓고 볼 때

1) 果然 警務當局은

(가) 治安을 위하여 신중을 기했던가?(주로 야반에 부근 주민에게 끼친 영향)

(나) 學兵이라는 젊은 靑年學徒를 지도하려는 사랑과 위엄을 가졌던가?(略)

(다) 反託示威學生群이 허가도 없이 示威를 하고 제1차로 人民報社와 제2차로 人民黨, 제3차로 서울시人民委員會를 파괴하고 다닐 때는 一指도 대지 못하고 다시 安國町으로부터 示威를 계속하여 竹添町으로 향하는 동안에도 아무런 제지도 내리지 않았던 것과(이상은 모두 그 즉시로 MP와 警察에 보고하였으므로 그때 이를 제지 해산 혹은 처리하였더라면 學兵慘死事件에까지는 발전되지 않았을 것이다) 불과 3명의 靑年을 노상에서 검거하여 취조해 보고 그들의 진술을 그대로 속단하고 4백여 명의 警官隊를 非常動員하였다는 것을 비교 생각할 때 警察의 태도가 과연 民主主義的이요 신중하고 공명정대하다고 볼 수 있을까?

(라) 學兵同盟을 검거하려거던 4백여 명을 동원하여 포위하기 전에 한두 사람이라도 미리 本部에 보내어 責任者를 당국으로 불러다 취조해 볼 수 없었을까? (그렇다면 사건은 이렇게 확대되지 않고 온건하게 처리되었을 것이다)

2) 警察當局은 학병을 어떻게 보았던가?

(가) 同盟本部를 총격하러 갈 때 警官隊에게 각각 15발씩의 탄환를 나누

어 주어 결사적 전투를 의미하는 훈시를 하였다고 한다. (學兵事件調查委員會調査 MP의 말에 의한 것)

(나) 慘死한 朴晉東 金星翼 金命根 3學兵은 총에 맞아 넘어진 것을 그 위에 다시 달려들어 칼로 찌르고 총자루로 때렸다는 것 (檢屍의 結果와 目擊者의 立證으로 알 수 있다)

(다) 學兵側에서 警官隊라면 말로 해도 해결할 수 있으니 사격을 중지하라고 손을 들었음에도 불구하고 최후로 決死的 突擊隊 종로서원들을 출동시켰다는 것(3學兵은 이때 慘死하였다) (略)

大略 이상의 보고를 발표함으로써 本會는 현명한 同胞大衆의 엄정한 비판과 당국의 공정한 처리를 기다려 마지 않는다.

1946년 2월 23일

朝鮮新聞記者會 學兵事件眞相調查委員會

경찰의 발표를 간략히 정리하면 다음과 같다.

① 1월 18일 오후 7시 40분경, 테러 및 여학생 납치 신고 접수, 가해자 폭한 40여 명

② 종로경찰서, 여학생 7명 납치범 백종선 검거, 학병동맹본부 거주

③ 백의 진술, 반탁전국학생연맹 학생 6백 명의 인민보사 및 인민당, 서울시인민위원회 습격에 대한 보복(인민당이 학병동맹에 응원 요구)

④ 군사부장 박진동 지휘, 1차 20명, 2차 25명 파견, 시위 행렬하는 학생 추격,

중경상 20여 명 발생

⑤ 비상경계선에 걸린 학병동맹원 박태윤, 이창우 검거, 현금 1만 수천 원, 다이너마이트 8개, 도화선 및 전관 등을 소지

⑥ 경관 53명 긴급 소집, 진상규명을 위해 학병동맹 접근, 경찰대라고 밝혔으나 학병동맹 측에서 발포

⑦ 긴급 응원 요청, 130여 명 증원, 학병동맹 포위

⑧ 119명 검거, 권총 및 기타 무기 다수의 증거물 발견

⑨ 인민보사 외 습격한 학생(제1차로 41명) 검거, 취조 중

이상의 발표 내용은 「동아일보」 「대동신문」 등 반탁 지지 신문의 보도 기사와 거의 같다. 하지만 무엇보다 학병 세 사람의 죽음을 언급하지 않았던 것은 다른 신문을 통해 그 사실을 알고 있는 독자들에게 수많은 의문을 품게 하였을 것이다. 조선신문기자회 학병사건진상조사위원회는 다수의 대중이 제기하는 의혹을 기본으로 다음과 같은 의문과 요망 사항을 제시했다.

① 19일 경찰의 발표(다이너마이트 등 소지인 학병동맹원 최무학, 이민영)와 25일 장택상의 성명(박태윤, 이창우)이 다른 이유

② 18일 오후 7시 반경 서대문에서 반탁 학생 행렬을 습격한 청년들의 정체 파악 요망

③ 학병 측은 20일의 전국학병대회 준비총회 준비로 정신이 없을 정도로 바빴음, 특히 군사부장 박진동이 주동했다는 것은 어불성설

④ 19일 학병들 검거 시 압수한 무기, 왜 증거물로 제시하지 않는가, 학생들은 일본도 두 자루 이외 무기는 없었다고 함

⑤ 학생들로부터 총상을 입었다는 경찰들의 상처를 왜 공개하지 않는가.

⑥ 학병 3명의 사망에 대해 왜 언급을 하지 않는가, 박진동(총관통상과 검창상), 김성익(총상), 김명근(총상)

이 무렵, 학병참상투쟁위원회(學兵慘狀鬪爭委員會)라는 단체에서 "불을 켜라 누가 업느냐, 고(故) 김성익(金星翼) 동무 유언(遺言)"이란 제목의 유인물을 뿌렸다. 학병동맹원 3명(박진동, 김명근, 김성익)의 약력과 그들을 추모하는 전단이다. 전문은 다음과 같다.

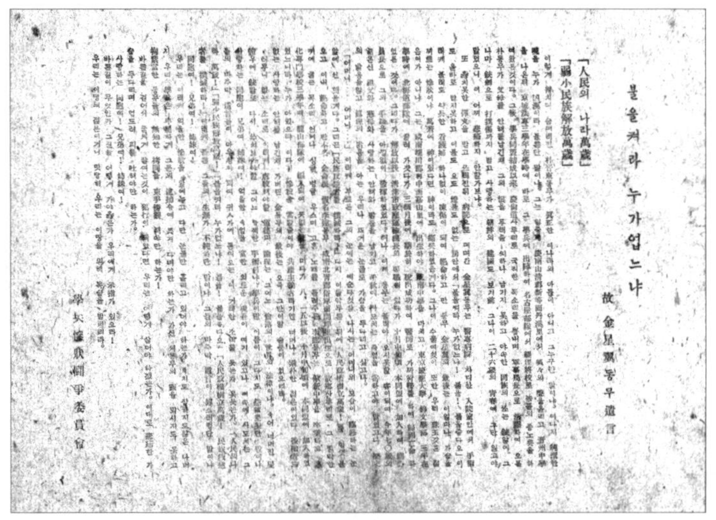
불을 켜라 누가 업느냐

故 金星翼 동무 遺言

「人民의 나라萬歲」
「弱小民族解放萬歲」

學兵慘狀鬪爭委員會

〈그림23: 전단 '불을 켜라 누가 업느냐' ⓒ국사편찬위원회 전자사료관〉

〈자세히 읽기-4〉

[불을 켜라 누가 업느냐]

고(故) 김성익(金星翼)동무 유언(遺言)

「인민(人民)의 나라 만세(萬歲)」

「약소민족해방만세(弱小民族解放萬歲)」

이렇게 외치니 숨떠러진 박진동(朴晋東) 동무가 진정(眞正)한 이 나라의 아들이 아니고 그 누구란 말이냐. 이다지 순결한 혼(魂)을 누가 흉한(兇漢)이라 부른단 말이냐. 그는 일즉이 경남 산청군 신등면 단계리(慶南山淸郡新等面丹溪里)에서 고고(呱呱)의 성(聲)을 올리고 진주중학(晋州中學)을 나온 뒤 경성법전 3학년 재학 시(京城法專三學年在學時)에 바로 그 학병(學兵)에 출진(出陳)하여 나고야부대(名古屋部隊)에서 경리장교(經理將校)로 놈들의 종노릇을 하여왔던 것이다. 그 후(後) 학병동맹 결성 이래(學兵同盟結成以來) 경상도(慶尙道) 사투리로 굵직한 목소리를 뽑내며 군사국장(軍事局長)으로 활약(活躍)하여 오든 박(朴) 동무가 부모(父母)를 안해를 남긴 채 그의 한(恨)을 풀어줄 씨 하나 남기지 못하고 야속한 동족(同族)의 쏘는 총(銃)알에 그나마 총검(銃劍)으로 타박상(打撲傷)까지 받고 사랑하는 조선(朝鮮)의 건국(建國)도 보기 전(前) 그 나이 26세(二十六歲)의 청춘(靑春)에 그만 잃고야 말었으니 이 어찌 비통(悲痛)하지 안할가 보냐.

또 옳지 못한 탄환(彈丸)을 맞고 쓰러진 뒤 병원(病院)으로 떠며간 김성익(金星翼) 동무는 의전병원(醫專病院) 차디찬 입원실(入院室) 안에서 수술(手術)도 올바로 받지 못하고 이불도 요도 등(燈)불도 없는 방(房)안에서 「불을 켜라 누가 없느냐! 물을! 물을 좀 다오」 이러케 불러도 따듯한 간호부(看護婦) 하나 없이 동상(凍傷)이 되어 절명(絕命)하고만 김성익(金星翼)의 최후(最後)는 이 얼마나 가슴을 찌르는 참상(慘狀)이냐. 만약(萬若)에 신(神)이 있다면 신(神)이라도 통곡(痛哭)하였을 게다. 그 나이 수물여섯이 또한 우리 주옥(珠玉) 갓흔 젊은이가 아니냐. 그는 함남 단천군 리중면 가산리(咸南端川郡利中面嘉山里)에 출생(出生)하야 함남중학(咸南中學)을 마치고 동경게이오대학(東京慶應大學) 불문학부(佛文學部) 3년 재학 시(三年在學時)에 북해도부대(北海道部隊)에 끌려갔다가 3개월 후(三個月後)에 기어(期於)히 탈출 성공(脫出成功)하여 의사(醫師)로 가짜 행세(行勢)를 하여 귀국망명(歸國亡命) 하였든 것이다. 그리다가 해방 이후(解放以後) 청진시정청운송과장(淸津市政廳運送課長)의 요직(要職)에 있다가 10월 중순경(十月中旬頃) 본동맹(本同盟)에 가입(加入)하여 부위원장(副委員長)으로 그의 수완(手腕)을 아낌없이 발휘(發揮)하였었다. 허나 이제 동무는 불러야 오지 못할 객(客)이 되어 금년 70세(今年七十歲)의 늙으신 조부(祖父)와 자모(慈母)와 사랑하는 안해와 딸들을 남기고 천추(千秋)에 사모치는 죽엄을 당(當)하고야 말었고나. 역사(歷史)의 발음을 알고 진리(眞理)의 밝음을 아는 우리나 뜨거운 눈물로 가슴을 두드리고 싶고나.

「어머니…어머니…」 이러케 부르든 그의 눈에는 예순다섯 살 나시는 어머니의 모습이 임종(臨終)하는 눈앞에 선했을 게다. 그리곤 「민족 반역자(民族反逆者)를 박멸(撲滅)하라!」 다시 이를 악무른 뒤에 「인민정권수립만세(人民正權樹立萬歲)!」를 힘껏 부르고 이내 절명(絕命)하고만 본명(本名) 김명근(金命根) 가명(假名) 이달(李達) 동무 함남 북청군 속후면 간평리(咸南北青郡俗厚面間坪里) 출생(出生)으로 고향(故鄕) 사투리로 그 짤막한 키에 굴근 목소리로 언제나 싱글벙글 웃으며 고운 노래를 들려주든 이달(李達) 동무는 경신중학(儆新中學)을 졸업(卒業)하고 혜화전문학교 3학년(惠化專門學校三學年) 때 용산부대(龍山部隊)에 편입(編入)되여 뜻없는 총(銃)을 미다가 8 · 15 이후(八 · 一五以後) 10월 중순경(十月中旬頃)에 본동맹(本同盟)에 가입(加入)하였으니라. 누가 아렀으랴. 이다지 참상(慘狀)을 당(當)할 줄이야. 공산주의자(共産主義者)라기엔 너머나 소박(素朴)한 젊은이었다. 후계자(後繼者)도 없는 사랑하는 안해를 남긴 채 가버린 김(金) 동무의 최후(最後)는 오즉 그만이 알 슬픔이었으리라.

터무니없는 소리로 이러케 학살(虐殺)해야 할 도덕(道德)과 논리(論理)는 그 어느 윤락(倫落)의 세계(世界)의 법률(法律)이냐. 죽어 넘어진 시체(屍體) 위에 총(銃)칼로 다시 쑤셔보아야 할 그 어느 끔찍한 수술(手術)이냐. 학병(學兵)이란 이름이 그다지도 원수(怨讐)로웠단 말이냐. 사랑하는 동포(同胞)여 형제(兄弟)여 자매(姉妹)여! 억울한 죽엄을 당(當)한 외로운 혼(魂)들이 여기 있고나. 뼛속에 사모치는 그들의 마지막 유언(遺言)들이 아우성이 되어 귓가에 들여오는 이 거룩한 소리를 듣는가 못 듣는가. 「인민(人民)의 나라 만세(萬歲)!」「약소민족해방만세(弱小民族解放萬歲)」「불을 켜라 누가 없느냐! 물을! 물을 좀 다오」「인민정권수립만세(人民正權樹立萬歲)!」「민족 반역자(民族反逆者)를 박멸(撲滅)하라!」 이렇게 부른 그들의 생애(生涯)가 불순(不純)하단 말이냐. 그들의 마지막 유언(遺言)이 죄(罪)스럽단 말이냐.

동포(同胞)여! 형제(兄弟)여! 자매(姉妹)여!

우리는 이러케 억울한 참상(慘狀)을 앞에 놓고 다만 눈물만 흘리고 있어야 하는가. 죽지도 잡히지도 않은 나머지 우리 학병(學兵)은 비굴(卑屈)하게 그들의 체포령(逮捕令)에 쫓겨 다녀야만 하는가. 가신 세동무의 영(靈)을 뫼시지도 못하고 구금(拘禁)당(當)한 동무들의 무지(無知)한 고문(拷問)을 속수

방관(束手傍觀) 해야만 하는가!

바른길을 걸어서 굳세게 살려는 것이 범행(犯行)이 되었다면 우리는 어떻게 살아야 하겠는가. 이대로 비통(悲痛)한 가슴을 두드리며 엎드려 피를 토(吐)해야만 하는가.

사랑하는 동포(同胞)여! 형제(兄弟)여! 자매(姉妹)여!

바른길이 무엇인가. 그 길을 어떻게 가야 옳은가. 우리에게 지시(指示)가 있으라!

우리는 이 땅의 젊은이거니 마땅히 우리는 이 땅을 위해 목숨을 받치리라.

학병참상투쟁위원회(學兵慘狀鬪爭委員會)

이 전단은 학병동맹 사건을 전체적으로 조명하는 글은 아니다. 하지만 이글은 3인의 학병들이 경찰에 의해 어떻게 학살당했는지, 사후 처리는 어떠했는지 그리고 그들이 원했던 나라와 민족해방에 대한 염원 등에 대해 보는 이의 심금을 울리게 쓰였다. 1월 20일 학병동맹 사건이 처음으로 보도된 이후, 앞에서 소개한 학병참상투쟁위원회를 비롯한 수많은 기관 단체에서 자신들의 입장을 대변하는 성명서를 발표했다. 물론 주장하는바 내용은 단체의 성향에 따라 천차만별이었다. 그중에서 비교적 신뢰할 수 있는 기관이 앞에서 소개한 '조선신문기자회 학병사건진상조사위원회'라고 할 수 있는데, 1월 18일 제1차 진상 발표회를 가진 이 단체는 2월 23일 제2차로 진상 조사 결과를 발표하였다. 전문

은 〈자세히 읽기-3〉을 통해 이미 소개하였고, 요점을 정리하면 아래와 같다.

① 구속된 백종선, 이창우, 박태윤을 테러에 참가하였다고 하는 학병들과 기자단의 입회하에 확실한 증언을 제시하라.

② 학병 측은 서대문 테러와 관계가 없다고 주장함(학병일의 행사로 회의 중, 취사부의 증언)

③ 백종선의 정체(학병 측은 전혀 모르는 사람이라고 주장), 박태윤 이창우(약 2월 전부터 소식 두절)

④ 白宗先이 납치한 여학생 7명의 신상 명세와 그를 검거한 순경의 성명 발표 요망

⑤ 압수한 무기의 종류와 수량을 밝히고, 부상당한 경관의 면회를 요구함(학병 측은 일본도 한 자루 외 총기류는 없었다고 주장함)

- 경찰과장: 무기는 많지 않았다.
- 종로서수사주임: 일본도 한 자루와 변소에서 부서진 권총 한 자루 발견
- 종로서외무주임: 일본도 한 자루 목격, 권총 한 자루가 있다는 말을 들음
- 취사부: 무기라고는 일본도 한 자루밖에 없었다. 학병 측에서 먼저 발사한 일이 없다.

⑥ 반탁 시위 학생들의 무허가 시위, 인민보 인민당 서울시인민위원회에 대한 파괴 행위 등에 대해서 아무런 조처를 취하지 않은 이유(사건 발생 즉시 MP와 경찰에 신고했음)

⑦ 불심검문으로 체포한 청년들의 진술만으로 4백여 명의 경찰대를 비상동원, 정상적인가?

⑧ 학병동맹 포위 전, 대표자를 경찰에 출두시킬 수 없었는가?

⑨ 동맹본부 출동 전 경관대에게 각각 15발씩의 탄환을 나누어 주어 결사적 전

투를 의미하는 훈시를 한 의미는 무엇인가?(학병사건조사위원회 조사 시 MP의 증언)

⑩ 총격을 당한 세 명의 학병에게 다시 달려들어 칼로 찌르고 총자루로 때린 행위에 대한 해명(검시 결과와 목격자의 증언)

⑪ 학병 측에서 사격중지를 요구하며 손을 들었음에도 돌격대를 출동시켜 3학병이 사망한 결과에 대한 해명

학병사건진상조사위원회가 제기한 이상의 질문과 요망 사항에 대해 경찰은 아무런 조처도 취하지 않았다. 결국 학병동맹 사건은 의도적으로 도발한 사건으로 정치적인 의도가 작용한 정치적 사건으로 결론을 내릴 수밖에 없다. 목적은 1월 20일로 예정된 전국학병대회 준비 총회의 무산과 학병동맹의 해체였다. 이렇게 단정할 수 있는 것은 몇 가지 근거자료가 있기 때문이다.

첫째, 인민보 인민당 습격과 서대문 인근에서의 충돌 사건 이후 반탁 학련 간부들은 김구에게 사건의 경위를 상세히 보고하였고, 김구는 힘 있는 격려를 했다고 한다.[12] 둘째, 러치 군정장관은 장택상 경기도 경찰부장에게 학병동맹원들을 미군 지원 없이 체포한 데 대해 감사장을 수여하였고, 경찰을 절대 신임한다는 성명을 발표했다.[13] 셋째, 반탁 학련 간부들의 취조를 담당한 노덕술을 방문한 장택상은 학생들에게 "미군정청의 특별지시로 여러분을 연행한 것이니 좀 참고 견디어

12 『한국학생건국운동사』, 사)한국반탁 반공학생운동기념사업회, 1986, p.142.

13 「學兵」 제2집, 朝鮮精版社, 1946.2.28., p.40.; 「조선일보」 1946.2.26., 자료2, p.138. 〈서중석, 『한국현대 민족운동연구』, 역사비평사, 1991, p.333.〉 재인용

보라."고 설득하였다. 하지만 이에 반발한 이철승에게는 "양측의 충돌 사건이므로 치안책임자로서는 좌익계만 처리할 수 없는 일이 아닌가? 우선 자네는 석방시킬 터이니 나가서 부상당한 학생들이나 보살펴 주게."라고 하였다.[14] 넷째, 이철승은 꼭두새벽이면 일어나 김성수 댁을 거쳐 전용순 댁에 가서 활동 자금을 타내고, 김구 댁인 경교장, 조소앙 신익희 등 임정 요인들이 묵고 있는 한미호텔을 방문하는 것이 일과였다.[15] 다섯째, 테러로 구속된 우익 청년들의 석방에 미군과의 외교교섭이 필요할 때에는 임정 외교부장 조소앙이 문제를 해결하였다.[16]

세간의 이목을 집중시키며 언론의 취재 경쟁을 불러일으켰던 학병동맹 사건의 결말은 허무할 정도로 단순하게 종결되었다. 1946년 5월 8일, 박근영(朴根榮) 검사 입회 아래 박원삼(朴元三) 판사는 "신요철 징역 1년 집행유예 3년, 김병환 외 7명 징역 10개월 집행유예 3년"으로 언도하였다.[17] 그리고 20여 일 전인 4월 17일에는 "반탁 학생 사건의 피고 김기호, 김성전, 홍석기 등 3인에게 각각 4개월 징역에 2년 집행유예"가 언도되었다. 학병동맹 사건과 같은 박원삼 판사가 재판을 주재했고, 그는 검사의 구형대로 판결을 내렸다.[18]

실형을 받은 사람은 아무도 없었고, 학병과 반탁 학생 모두 집행유

14 『한국학생건국운동사』, 사)한국반탁 반공학생운동기념사업회, 1986, p.144.

15 이철승, 『전국학련』, 중앙일보 동양방송, 1976, p.194.

16 선우기성, 『한국청년운동사』, 금문사, 1973, p.652.

17 학병동맹 사건의 언도 공판 개정, 「서울신문」, 1946.5.9.

18 반탁 학생 사건 피고들에게 형 언도, 「중앙신문」, 1946.4.18.

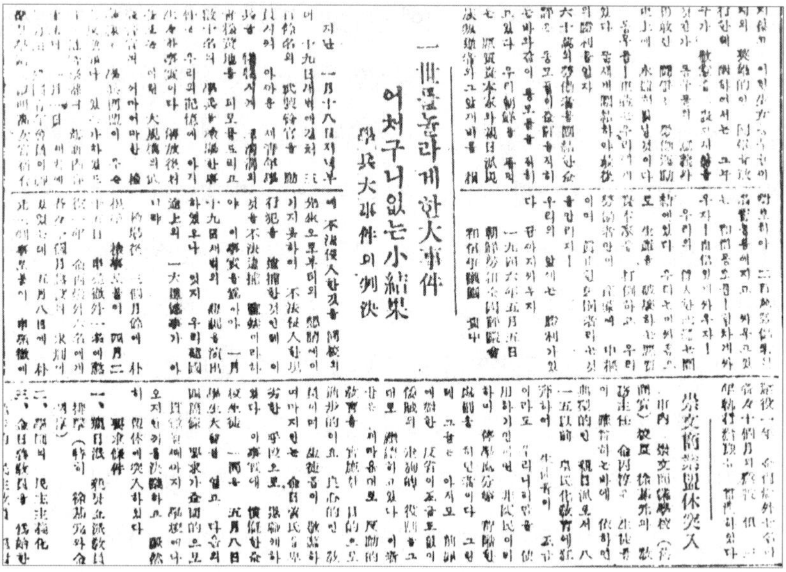

〈그림24: 1946년 5월 10일 자 해방일보〉

예로 풀려났다. 사건 초기 살인미수, 폭발물취체법칙 위반, 불법감금, 불법체포, 상해, 강도 혹은 포고령 위반 등의 범죄로 언론을 뜨겁게 달구었던 사건의 재판치고는 너무나 어이없는 종결이었다.[19] 무엇보다 학병 세 사람의 죽음에 대해 책임을 진 사람이 아무도 없었다는 것이 이 재판의 성격을 말해 주고 있다.

사건을 다시 정리해 보자. 사건 초기 경찰은 자신들이 학병동맹을 습격한 이유를, 첫째, 서대문 충동 사건에 학병이 참가했다는 점(1월 18일 오후 6시 20분경 반탁학생연맹이 반탁 시위를 감행한 후 인민보, 인민

19 一世를 놀라게 한 大事件, 어처구니없는 小結果, 「해방일보」, 1946.5.10.

[표3: 학병동맹 사건 재판 결과]

구분		일시	죄목 및 형량
반탁학생	연행	1.19.	49명 중 40명 석방
	송국	2.26.	건조물 불법침입 동 파괴 죄(9명)
	기소	3.8.	3명 기소, 김기호(京醫專), 김성전(世專), 홍석기(世專): 폭리행위취체령 위반 〈4개월 징역에 2년 집행유예〉
	판결	4.17.	〈검사의 구형과 동일〉
학병동맹	연행	1.19.	29명 중 10명 석방
	송국	2.26.	살인미수, 폭발물취체법칙 위반, 불법감금, 불법체포, 상해, 강도 혹은 포고령 위반(19명)
	기소	4.24.	9명 기소, 신요철, 이창우, 박태윤 〈징역 1년〉 김병환, 최무학, 최만진, 오석운, 이효섭, 최문환, 감금죄 〈징역 10개월〉
	판결	5.8.	〈신요철: 징역 1년 집행유예 3년〉 〈김병환 외 7명: 징역 10개월 집행유예 3년〉

당, 서울시인민위원회, 청총, 부총 등 회관을 계속 파괴한 다음 서대문 임시정부 요인들의 사무실 인근에서 인민당 경비대원과 충돌한 사건) 둘째, 인사동에서 체포된 청년이 학병이라는 점. 셋째, 학병동맹 사무실에 다수의 무기가 있었다는 점 등 세 가지 정도를 제시했다.

아무튼 이러한 이유로 경찰이 구속한 인원은 96명이었다. 이들 중 훈방, 소년심판소 회부, 기소유예 등을 제외하고 기소된 인원은 반탁 학생 3명, 학병동맹 9명, 국군준비대 15명 등 27명이었다.[20]

20 경성지방법원 검사국, 학병동맹 사건 처리 결과 발표, 「조선일보」, 1946.3.10.

檢擧와 起訴內容相違 學兵同盟事件第二回公判開廷

法曹記者 金檢事

判事忌避를 申請 昨日、學兵同盟事件第三回公判

尹致暎氏軍政

〈그림25: 1946년 4월 7일, 21일 자 중앙신문〉

학병동맹의 경우, 신호철 외 9명이 기소되어 공판에 회부되었는데, 기소 내용은 앞에 기술한 사실과 전혀 연관성이 없는 건국청년회원을 불법으로 체포하였다는 혐의였다. 더욱이 이창우, 박태윤의 기소 내용은 학병동맹 사건과는 시종 별개로 심리를 진행해 관계인들과 시민들을 어리둥절하게 만들었다.[21]

특히 동 사건에서 자진 변호를 담당한 18명의 변호인단은 사건의 진

21 민주주의민족전선, 『해방조선』 I , 과학과 사상, 1988, pp.288~289.

상을 조사하고, 피살된 3명의 학병에 대한 책임을 규명하며, 장택상 경찰부장, 노덕술 형사과장, 최진 외 시내 6명의 경찰서장을 증인으로 소환 심문해 달라는 등 10여 종의 증인 및 증거를 신청하였으나, 결국 기각당하여 판사 기피 신청이라는 문제까지 일으켜 변호인들이 해임당하기도 하였다.[22] 공판은 4월 6일, 4월 20일, 4월 25일 3회에 걸쳐 열렸었는데 전원이 4월 25일부로 보석으로 출옥하였다.[23] 5월 8일 선고일 이전에 전원이 모두 석방되었다는 얘기다.

이 사건은 모스크바 3상회의 결정이 나기 전에 조작 왜곡 보도를 하였으나, 그 후 3상회의 결정의 진실이 알려지고 여론의 움직임이 차츰 바뀌게 되자, 국내에 대중적 기반을 갖지 못했던 임정을 비롯한 극우세력이 3상회의 결정의 진의를 왜곡시켜 소위 '반탁운동'을 전개하면서 진정한 민주 세력을 억압하려는 음모로 군정 내부의 반동 경찰과 합작한 것에 그 근본 원인이 있는 것이다.[24] 그 후 전국에서 발생한 테러 사건은 이와 같은 극우 세력과 친일 경관과의 합작으로 일어난 것으로 보아도 무방할 것이다.

특히 건준과 인민공화국을 통해 건국의 기초를 닦고자 했던 여운형 세력은 이 사건으로 인해 그 기반이 무너지게 되는데, 정판사사건으로 말미암아 몰락하게 되는 조선공산당의 경우와 흡사하다. 즉 학병동맹사건은 조선정판사조작사건의 예고편이었던 셈이다.

22 判事忌避를 申請, 昨日, 學兵同盟事件第二回公判, 「중앙신문」, 1946.4.21.

23 학병들 보석 작일 전부 출옥, 「자유신문」, 1946.4.26.

24 민주주의민족전선, 『해방조선』 I, 과학과 사상, 1988, p.289.

2부

정판사사건의 전개 과정과 좌·우의 시각

01

광복군 가짜 채권 사건과 뚝섬 위조지폐 사건

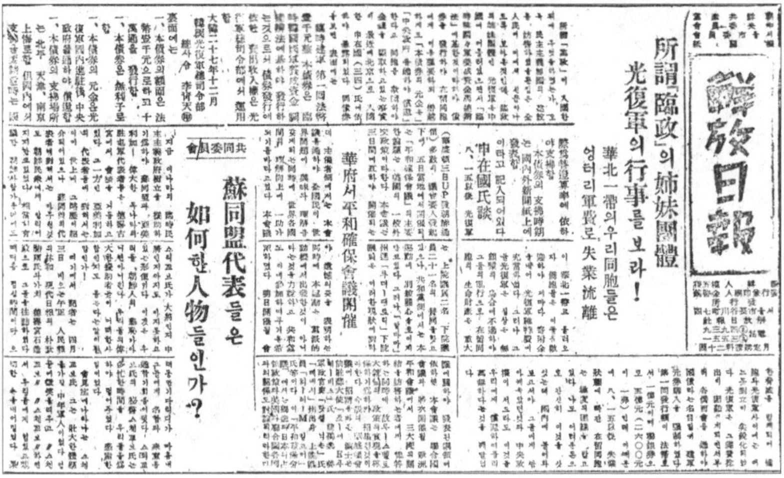
解放日報

所謂「臨政」의 姉妹團體 光復軍의 行事를 보라!

華北一帶의 우리同胞들은 엉터리軍費로 失業流離

蘇同盟代表들은 如何한人物들인가?

華府서平和確保會議開催

〈그림26: 1946년 4월 5일 자 해방일보〉

학병동맹 사건의 재판이 마무리될 무렵인 1945년 4월 5일, 놀라운 기사가 「해방일보」를 통해 보도되었다. 아래에 기사 전문을 소개한다.

> 소위 '임정'이 입국한 뒤에 무엇을 하였는가? 오직 민주주의 조국의 건설을 방해하였을 뿐임은 전 인민이 입에서 신물이 나도록 보아온 것인데, 임정의 자매단체인 광복군은 중국에 머물러 있으면서 '임시한국국군양성자금 조달변법(臨時韓國國軍養成資金調達辯法)'에 기

(基)한 것이라 하여 채권을 발행하여 재류 동포에게 이를 강요하되 준월(僔越)하게도 "본 채권의 원금은 중앙정부를 통하여 상환한다." 고 동포를 기만하여 금전을 갈취하고 있는 사실이 최근 북경으로부터 입국한 신재국(申在國, 34) 씨에 의하여 폭로되었다. 동 채권을 보면 표면에는,

임시 건군 제1회 법폐 일천원정(臨時建軍第一回法幣壹千元整)

본 채권은 임시한국국군양성자금 조달변법에 기하여 발행하는 것으로서 채권발행에 의한 매출수입권은 광복군총사령부에서 운용함

대한27년 12월

한국광복군총사령부

총사령 이청천 印

이면(裏面)에는,

— 본 채권의 액면은 법폐 천 원으로 하고 10만 통(通)을 발행함

— 본 채권은 무이자로 함

— 본 채권의 원금은 광복군 국내 진주 후 중앙정부를 통하여 상환함

— 본 채권의 지불장소는 북평, 천진, 남경, 상해로 함. 단 국내에서 지불을 요청할 시는 국제위체환산율(國際爲替換算率)에 의하여 지불함

— 본 채권의 지불 시기는 국내외 신문지상에 발표함

라고 기입되어 있다.

신재국 씨 담,

8 · 15 이후 광복군이 화북 일대로 몰려오자 교포들은 이들을 환영

하여 저마다 기부금을 내어 광복군 유지비에 충당하였다. 그러나 그들 광복군은 실상은 무뢰배의 오합(烏合)에 불과하여 그들의 난행으로 재류 동포의 생명 재산은 중대한 위협을 받게 되어 교포와 광복군 사이에는 어느덧 대립이 첨예화되었다. 광복군은 그 잡비 지출이 곤란하게 되면서부터 각 교민회를 통하여 건군원권(建軍元券) 구입을 강제하였다. 제1회 발행액이 법폐(法幣)로서 1억 원(元)이며 발은권(撥銀券)으로 5억 원(2,600원이 1$)인데 이 때문에 8 · 15 이후 실업 상태에 빠진 재류 동포는 극도의 곤란을 받고 있다. 나도 어려운 돈으로 간신히 이것을 샀는데 국내에 들어와 보고서야 그들에게 까맣게 속았던 것과 중앙정권이 서더라도 이것을 우리에게 상환하여 줄 리 만무하다는 것을 깨달았다.[1]

연합군의 힘에 의해 해방이 되었다는 자책감에 빠져 있던 조선 민중들에게 광복군은 그래도 어느 정도의 자존감을 세우게 해주는 존재였을 것이다. 광복군에 대한 시민의 보편적 인식을 보여주는 사례로 아래의 기사가 참조된다.

몸이 화류계에 묻혔다고 나라를 생각하는 마음이야 그 뉘만 못하리요. 홍등록주의 회색빛 생활을 해 오던 한 여인이 그동안 모은 자기의 전 재산을 전부 내놓아 하루라도 빨리 자주독립되어 훌륭한 나라를 만들어 주시오 하고 건물, 토지, 현금 등 약 60만 원을 건국에 써

1 소위 임정의 자매단체, 광복군의 행사를 보라!, 「해방일보」, 1946.4.5.

달라고 光復軍後援會에 기부한 여인이 있다. 그는 都染町 26番地 銀河館(料理業) 주인 金聖子(全北和順郡出身 48歲) 여사로 동 여사는 스물한 살 때에 서울로 올라와 화류계에 몸을 던져 약 15년 동안 갖은 고생을 다 하며 건축업으로 혹은 여관업 등을 해 오다가 최근에는 전기 요리업 은하관을 경영하여 오던 중 피땀으로 모은 전 재산을 작 9일에 광복군후원회에 기부한 것이다. 동 여사는 다음과 같이 겸손한 태도로 말한다.

"나는 조국이 해방되는 오늘만을 믿고 모든 고생을 낙으로 알고 살아왔습니다. 나의 오늘 가지고 있던 재산은 빗자루 한 개까지라도 나라의 것이라고 믿습니다. 몇 푼 되지 않는 것이나마 나라를 위해서 내놓은 현재의 감상은 큰 짐을 벗어낸 것 같습니다."[2]

스물한 살에 서울에 올라와 15년 동안 온갖 험한 일을 겪으며 모은 전 재산 약 60만 원을 "하루라도 빨리 자주독립되어 훌륭한 나라를 만들어 달라"며 광복군후원회에 기부한 여인이 있었다. 이 여인이 위 인용 기사를 보았다면 어떤 생각이 들었을까? 조국의 광복을 위해 싸웠다는 광복군이 실제로는 사기꾼이며, 교민들을 협박·공갈하는 폭력집단이라는 것을 알았을 때 김성자 여인의 마음은 어떠했을까?

사실 「해방일보」의 기사로 인한 사회적 파장은 그리 크지 않았다. 후속보도가 없었고, 무엇보다 다른 언론들이 이 기사를 확대·재생산하지 않았기 때문이다. 전혀 관심을 가지지 않았던 언론들이 광복군 가짜

2 김성자, 60만 원을 광복군후원회에 희사, 「서울신문」, 1945.12.12.

채권 기사를 다룬 것은 정판사사건으로 위조지폐 문제가 한참 언론의 관심을 끌기 시작하던 5월경이다. 「해방일보」 보도 이후 두 달 가까이 지나서다.

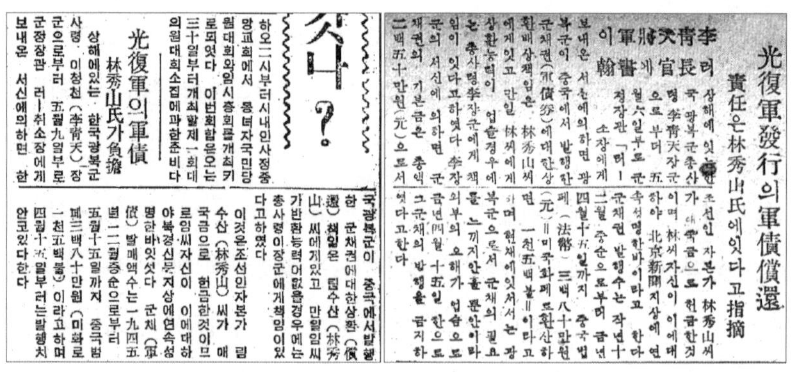

하오二시부터 시내인사정중 망표회에서 몽녀자국민당원대회와임시총회를개최키로되엿다 이번회합은오는 三十일부터개최할제一회대의원대회소집에과한준비다

光復軍의 軍債
林秀山氏가 負擔

상해에있는 한국광복군 사령 이청천(李靑天)장군으로부터 五월九일부로 군정장관 러―취소장에게 보내온 서신에의하면 한국광복군이 중국에서발행한 군채권에대한상환(償還)책임은 림수산(林秀山)씨에게있고 만일임씨가반환능력이없을경우에는 총사령이장군에게책임이있다고하였다

이것은조선인자본가 림수산(林秀山)씨가 애국금으로 헌금한것이므로임씨자신이 이에대하야북경신문지상에연속성명한바잇섯다 군채(軍債)발매액수는一九四五년一二월중순으로부터 五월十五일까지 중국법폐三백八十만원(미화로 一천五백불)이라고하며 四월十六일부터는발행치 안코잇다한다

光復軍發行의 軍債償還
責任은 林秀山氏에잇다고指摘
李靑天將軍이 러長官에게書翰

상해에 잇는 한국 광복군 총사령 李靑天장군으로 부터 五월六일부로 군정장관 「러ー」소장에게 보내온 서한에의하면 광복군이 중국에서 발행한 군채권(軍債券)에대한상환배상책임은 林秀山씨에게잇고 만일 林씨에게 상환능력이 업슬경우에는 총사령李장군에게 책임이 잇다고하엿다 李장군의 서신에 의하면 군채권의 기본금은 총액 二백五十만원(元)으로서 조선인 자본가 林秀山씨가 애국금으로 헌금한것이며 林씨자신이 이에대하야 北京新聞지상에 연속성명한바이라고 한다 군채권 발행수는 작년十二월 중순으로부터 금년四월十五일까지 중국법폐(法幣) 三백八十만원(元)＝미국화페로환산하면 一천五백불＝이라고하며 현재에잇서서는 광복군으로서 군채의 필요를 느끼지안홈 뿐안이라 외부의 오해가 업슴으로 금년四월十五일 한으로 그군채의 발행을 금지하엿다고한다

〈그림27: (좌)1946년 5월 24일 자 동아일보, (우)동년 5월 22일 자 자유신문〉

1946년 5월 22일, 뜬금없는 기사가 「자유신문」에 실렸다. 광복군이 발행한 군채(軍債)의 상환책임은 임수산(林水山) 씨에게 있다는 내용이었다. 이틀 후에 거의 같은 내용의 기사가 「동아일보」를 통해 보도되었다. 물론 대부분의 시민들은 광복군이 군채를 발행했다는 사실을 몰랐고, 더욱이 임수산이라는 인물이 누구인지도 몰랐다. 그런데 보도된 기사를 자세히 살펴보면 그 내용이 대단히 심각한 사안이라는 것을 알 수 있다.

상해에 있는 광복군 총사령 이청천이 군정장관 러치 소장에게 광복군이 발행한 군채 상환 문제에 대하여 서신을 보낸 것부터 이상하다. 아무래도 지난 4월 5일 자로 보도된 「해방일보」의 기사 탓이 아닌가 싶다. 어쩌면 피해를 입은 귀환자가 미군정에 탄원을 제기했는지도 모른다. 아무튼 이청천은 광복군이 발행한 채권에 관해 미군정 측에 해명 혹은 변명을 했다.

그러나 이청천이 러치에게 보낸 서신은 검증할 필요가 있다. 조선인 사업가 임수산이 광복군 발행 군 채권의 상환을 책임진다고 했는데, 그에 대한 정보가 부족하다. 광복군이 발행한 채권의 이면(裏面)을 보면 "본 채권의 액면은 법폐 천 원으로 하고 10만 통(通)을 발행함"이라는 글귀가 적혀있고, 표면에는 "임시 건군 제1회 법폐 일천 원정((臨時建軍第一回法幣壹千元整)"이라는 문구가 적혀 있다. 법폐 천 원권 10만 통 즉 1억 원 발행이 제1차분 계획이었다는 얘기다.

당시 남한의 1946년도 세출예산 중 군사 부분을 살펴보면, 국방부 395,000원, 해안경비대 355,540,000원, 국방경비대 669,951,000원이었다. 1억 원이라는 돈이 얼마나 큰 금액이라는 것을 짐작할 수 있을 것이다. 물론 광복군은 자신들이 계획한 목표를 달성하지 못하고 중도에 발행을 중단했다. 이청천의 주장에 따르면 이런 거액을 임수산이라는 자가 지불보증을 했다는 것이다. 그가 조선인 사업가라는 주장도 불확실하다.[3]

아무튼 보도에 따르면 광복군이 발행한 군채 발매 액수는 380만 원(미화로 1,500$)이었다. 군채 1통의 액면이 천 원이었으므로 3,800통이 발행되었다는 뜻이다. 1인당 평균 3통을 구입했다고 가정하면, 1,000명 이상의 교민이 피해를 입은 셈이다. 하지만 「해방일보」와 인터뷰를 한 신재국을 비롯한 채권 구입자들 중 단 한 사람이라도 현금으로

3 1945년 무렵 광복군 혹은 이청천과 유대를 가졌을 가능이 있는 사람으로서 林水山(1899~1951)이라는 중국인이 있다. 《중국 바이두, 林秀山-鹿寨縣▩代人物專題_博雅人物网》

상환 받았다는 정보를 찾을 수 없다. 임수산 혹은 이청천이 지불했다는 자료도 물론 없다. 광복군 그리고 이청천이 사기를 친 셈이다. 광복군 사기채권 사건은 미국 기밀문서에도 등장한다. 박태균이 발굴한 버치 문서에 다음과 같은 글이 적혔다.

> 이청천에 대한 중국 내 한인들의 명성은 좋지 않다. 그는 파산한 채권을 강제적으로 판매했다. 만약 그가 일반 배편으로 돌아온다면 많은 사람들이 배에서 그를 죽이려 할 것이다. 그에게 어떠한 특별한 대우도 있어서는 안 된다.[4]

학병동맹 사건의 언도 공판이 개정되기 하루 전날인 1946년 5월 7일, 심상치 않은 뉴스가 「조선인민보」를 통해 보도되었다.

...다고毆打

...官亂行입고起訴

紙幣偽造團逮捕

右판機七台押收

本町署에서는지난四日부터그이튿날아침에걸쳐某處에서 紙幣偽造團四人을逮捕하는동시에 石판機械七臺를押收하고

寺刹土地는

革新佛敎...

階級없고 罪惡없는平和社會의建設을目標로 從來의모든 封建的殘滓를一掃하고 新佛敎를建設하고저在京有志佛敎徒의發起로 그동안 準備하여오든革新佛敎同盟이 지난四月八日 南山町府東本願寺內에 創立되었는

〈그림28: 1946년 5월 7일 자 조선인민보〉

4 [박태균의 버치 보고서](24)"우리 목적에 가장 근접한 리더"…버치, 김규식을 가장 많이 접촉, 「경향신문」, 2018.9.9.

단신으로 치부될 수 있는 짧은 기사였지만, 정판사위폐사건 관련 최초의 보도였다는 역사적 의미 외에 이 기사는 많은 것을 함축해 주고 있다. 무엇보다 눈에 띄는 것은 대한독립촉성국민총동원 뚝섬위원회 조직위원장 이원재(李元在)를 언급하고 있다는 점이다. 그밖에 구속된 인물은 배재룡(裵在龍), 낭승구(浪承九), 낭승헌(浪承憲) 등이다. 석판 인쇄기 7대 외 다수의 물품이 증거물로 압수되었다.[5] 인용 기사를 본

大規模의 貨幣僞造事件發覺
六十二萬圓을 僞造
印刷機押收·犯人은某黨員證所持
昨曉警察隊 "近澤빌딩"을 搜査

巨額의 僞造紙幣犯
近澤빌딩을 包圍코·十餘名檢擧
經濟攪亂의 背後魔手注目

大規模의 紙幣僞造團
檢擧同時에 印刷機를 押收
只今까지 發覺額이 五千萬圓

最近出處不明의 僞造紙幣가 出沒하여 巷間에 큰 不安을 던지고 있는바 警察에서도 그 眞犯을 逮捕코저 많은 努力을 거듭하고 있었는데 드디어 去四、五日에걸처 大規模의 紙幣僞造團이 本町署에 檢擧되였다

이는 市外纛島에 本據를 둔 李元在(三五)을 비롯하여 一味七名이며 檢擧同時에 그들이 所有한 前近澤印刷所 機械 잉크 石版等을 押收하였는데 그들의 僞造物中에는 共黨員證과 黨宣傳삐라等이 있었으며 지금까지 發覺된 僞造紙幣는 約五千萬圓에 달한다하며 取調結果 그 背後에 政黨關係의 有無가 極히 注目되는바이다

僞造紙幣犯打盡

세간에 범람하고 있는 僞造紙幣가 경제계를 혼란케하여 인민의 생활을 더욱 위협하고 있거니와 本町署에서는 그 출처를 내사중이든바 드듸여 유력한 단서를 얻어 지난 四일 밤 뚝섬 모처를 습격하고 전 大韓獨立促成委員會 뚝섬지회 組織部長인 李在元 외 浪承九 浪承憲 배左龍 秀英舍印刷所직공 배石龍 등을 체포하여 엄중히 취조중이였는데 八일 오전 돌연히 長谷川町에 있는 朝 精版社를 무장경관 수十명이 습격하여 金昌善외 十一명을 체포하여 갔는데 현재 취조에 드러난 위조 지폐액만도 수千만원에 달한다하며 취조에 따러 앞으로 사건은 더욱 확대될 것으로 추측되고 있다

〈그림29: 상단 · 좌에서 시계방향, 1946년 5월 9일 자 동아일보, 한성일보, 중외신보, 대동신문〉

5 지폐 위조단 체포, 「조선인민보」, 1946.5.7.

시민들 중 대한독립촉성국민총동원과 광복군 가짜 채권 사건을 연관해 생각하는 사람들도 있었을 것이다.

「조선인민보」 보도 이후 이틀째인 9일부터 이 사건은 수많은 언론으로부터 집중 조명을 받게 된다. 사실 위폐 사건은 새삼스러울 것이 없는 사안이었다.[6] 8 · 15해방을 전후하여 일인들이 대규모로 화폐를 발권했으며, 미군정의 경우 경제정책 실패로 인해 조선총독부가 무색하게 화폐 발행을 남발했기 때문이다. 워낙 대량으로 발권하다 보니 전문 감정사가 아니면 위폐 판별 자체가 어려웠다는 것도 위폐 사건이 다량으로 발생한 원인이었다.

그러나 이번에는 상황이 달랐다. 유력한 정치단체 두 군데가 언급되

6 僞造紙幣 돌아다닌다, 「民衆日報」, 1945.11.18./ 100원 위조지폐 주의, 「자유신문」, 1945.11.22./ 僞造紙幣 百九十萬圓 一黨八名을 一網打盡, 「동아일보, 1945.12.28./ 200만 원의 위조지폐, 楊州署서 醉漢 취조 중 우연 발각, 「자유신문」, 1945.12.29./ 위조지폐범 타진, 「자유신문」, 1946.1.7./ 경기도 경찰부, 위조지폐단 12명 일망타진, 「동아일보」, 1946.1.7./ 僞造紙幣는 殆半을 押收 新型紙幣는 銀行에 가면 交換, 「동아일보」, 1946.1.28./ 僞造紙幣注意하라, 模樣은 이러하다, 「영남일보」, 1946.1.30./ 大邱에만 六十萬圓, 僞造紙幣注意하라, 「영남일보」, 1946.2.2./ 200만 원 위조지폐 사건, 「자유신문」, 1946.2.8./ 僞造紙幣團一網打盡, 現品百七十餘萬圓押收, 「영남일보」, 1946.2.9./ [지방소식] 大邱 위조지폐단, 「자유신문」, 1946.2.10./ 僞造紙幣團檢擧, 「동아일보」, 1946.2.10./ 僞造紙幣團檢擧(金泉), 「동아일보」, 1946.2.20./ 地方通信, 僞造紙幣犯送局, 「중앙신문」, 1946.2.25./ [지방소식] 손으로 그린 위조지폐, 「자유신문」, 1946.3.6./ 僞造紙幣團 六名送局, 「영남일보」, 1946.3.16./ 서울 마포경찰서, 위조지폐단 검거, 「서울신문」, 1946.3.18./ 100만 원 위조지폐단 검거, 「자유신문」, 1946.3.22./ 위조지폐 이런 것 주의, 「자유신문」, 1946.4.12./ 百圓짜리 僞造紙幣 不安하면 受檢하라, 「동아일보」, 1946.4.13./ 조선은행 발행과장, 위조지폐 진상과 대책에 대해 언급, 「조선일보」, 1946.4.13./ 위조지폐 유행과 재무부장의 발표, 「자유신문」, 1946.4.14./ 僞造紙幣 또 橫行, 一般은 注意하라, 「영남일보」, 1946.4.23./ 문제의 2호 위조지폐 공판, 「자유신문」, 1946.5.1.

었기 때문이다. '독촉국민회'[7]와 '조선공산당'이 연루되었다는 기사가 쏟아지기 시작했다. 문제는 언론사들이 선별적으로 기사를 보도했다는 점이다.

[표4: 1946년 5월 9일 자 보도기사 비교표]

	뚝섬 위폐 사건		정판사사건	
	독촉국민회	이원재	조선공산당	정판사
동아일보	X	X	김 모, 당원증	정판사 증거물 압수
한성일보	X	X	X	정판사 직원 검거
중외신보	대한독립촉성위원회	李在元	김창선 외 11명 체포	조선정판사 습격
대동신문 (5.10.)	X	李元在(35)	공산당원증	근택인쇄소 기계 압수

기사에 의하면, 5월 4일 뚝섬 관련 피의자를 체포함과 동시에 다수의 증거물을 압수했으며, 나흘 뒤인 5월 8일에 정판사 관련 인사들을 검

7 《네이버 지식백과; 대한독립촉성국민회(大韓獨立促成國民會), 1946년 2월 8일 서울 인사동에서 결성된 국민운동단체다. 신탁통치 반대 운동을 공통분모로 이승만(李承晩)의 독립촉성협의회와 김구(金九)의 신탁통치반대국민총동원중앙위원회가 통합해 탄생했다. 이날 채택한 선언문에서 이들은 완전한 자주독립, 정당 · 당파의 초월, 남북과 좌우의 통합을 내세웠다. 발족 당시 이승만이 총재, 김구가 부총재를 맡았다. 미소공동위원회 반대, 반탁운동, 좌익 봉쇄 따위의 광범위한 운동을 펴다가, 같은 해 6월에 민족통일총본부로 개편하여 재발족했다. 대한독립촉성국민회는 제헌국회 총선에 가장 많은 수의 후보를 내 전체 의석의 27.5%인 55석을 확보했다. 무소속 다음으로 많은 당선자를 내는 큰 성과를 거둔 것이다. 그러나 대한독립촉성국민회에 참여했던 김구 등 남북협상파는 제헌국회 총선에 불참했다. 이들이 빠지면서 대한독립촉성국민회는 제헌헌법 제정, 이승만 대통령 선출, 단독정부 수립, 대한민국 건국으로 이어지는 과정에서 독자적인 역할을 하게 된다. 약칭으로 독립촉성국민회, 독촉국민회, 독촉, 국민회, 대촉국 등으로 불린다.》

거했음을 알 수 있다. 두 사건에 어떤 연결 고리가 있음을 짐작하게 한다. 그러나 수사가 전개됨에 따라 두 사건은 분리되다가 종국엔 전혀 별개의 사안으로 처리되고 만다. 주목할 것은 우익신문의 보도 경향이다. 이 무렵 「동아일보」는 뚝섬 위폐 사건은 거의 다루지 않고 정판사 관련 사항만 지속적으로 보도하며 공산당이 관련된 사건이라는 것을 암시하는 기사를 쏟아냈다.

> **"大規模의 貨幣僞造事件發覺 六十二萬圓을 僞造 印刷機押收 犯人은 某黨員證所持 昨曉警察隊 近澤삘딩을 搜査"[8]**
>
> **"僞造四百萬圓也 關係者 十一名을 檢擧코 繼續取調 貨幣僞造事件 漸次로 擴大, 全貌는 不日發表 趙炳玉 警務部長談"[9]**
>
> **"僞造紙幣 一億圓計劃 背後關係를 嚴重히 取調中"[10]**

차츰 살펴보겠지만 「동아일보」가 보도한 내용은 사실과 무관한 추측성 기사다. 6개월 전 모스크바삼상회의 결과를 왜곡 보도하여 민족의 분열에 앞장섰던 이 신문은 똑같은 행위를 반복하는 중이다.

8 「동아일보」, 1946.5.9.

9 「동아일보」, 1946.5.10.

10 「동아일보」, 1946.5.14.

02

공산당 박멸하기, 정판사위폐조작사건의 전개

1946년 5월 8일, 경무부장 조병옥은 위조지폐단 검거에 대해 담화를 발표했다.

> 조국광복의 중대한 이때에 더욱이 위조지폐로 경제계를 교란시키는 자들의 행위에 대하여서는 새삼스러이 말할 것도 없는 독립 방해자이다. 이 사건은 중앙경찰청에서 방금 수사 중이므로 상세한 사건 내용과 그 배후 관계 등에 대하여는 아직 말할 수 없으나 조사가 끝나는 대로 사건 전모가 발표될 줄 안다.[1]

그리고 1주일이 지난 5월 15일, 군정청공보과는 조선 경찰 제1관구 경찰청장 장택상의 입을 빌려 '정판사 위조지폐 사건'이라는 제목으로 사건의 전말을 발표하였다. 그런데 경찰이 아니고 왜 군정청의 명의로 이 사건을 발표했을까? 일단 이러한 의문을 기억하고 계속 진행해 나가겠다.

1 조병옥 경무부장, 위조지폐단 검거에 대해 담화 발표, 「동아일보」, 1946.5.10.

紙幣偽造事件眞狀全貌

偽造一黨은十六名

全部가共產黨員

李觀述、權五稷은避身

近澤빌딩偽造紙幣團의全貌

戰慄할共黨의陰謀

精版社를利用巧妙히犯行

總額三百万圓

偽造紙幣事件全貌

〈그림30: 좌로부터, 1946년 5월 16일 자 동아일보, 한성신문, 자유신문〉

군정청 공보과의 진상 발표는 주로 우익 계열 언론을 중심으로 보도되었으며, 좌익 계열 신문은 다음날 발표되는 조공의 성명을 중점적으로 다루었다. 아무튼 그 무렵부터 성명서, 담화문, 기자회견 등을 통하여 정판사사건에 대한 각자의 입장을 표명하는 언론 투쟁의 시기에 들어가게 된다. 아래는 「동아일보」 「조선일보」 「서울신문」 등이 보도한 '정판사위폐사건 진상 발표' 전문이다.

> 세상에 커다란 파문을 던진 채로 암암리에 진상규명의 해부대에 오른 소위 정판사 위조지폐 사건은 그 간 제1관구경찰청의 직접 지령 하에 중앙경찰청 본정서 등 각 서의 활동에 의하여 드디어 그 진상의 전면이 드러나게 되어서 군정청공보과를 통하여 사건의 전말에 관한 제1관구경찰청의 진상 보고를 15일 오후 다음과 같이 발표하였다.
>
> 300만 원 이상의 위조지폐로써 南朝鮮 일대를 교란하던 지폐 위조단 일당이 일망타진되었다고 朝鮮警察 第1管區警察廳長 張澤相氏가

발표하였다. 경찰 보고에 의하면 이 지폐 위조단에는 16명의 인물이 관련되었는데 朝鮮共產黨幹部 2명, 朝鮮精版社에 근무하는 朝鮮共產黨員 14명이라고 한다. 이 紙幣僞造團의 소굴인 解放日報를 인쇄하는 朝鮮精版社所在地 近澤빌딩은 朝鮮共產黨本部이다.

이 近澤빌딩에서 지폐를 위조하였는데 상기 共產黨幹部 2명은 아직 체포되지 않았으나 이미 체포장이 발포되어 있는 중이며 그들은 朝鮮共產黨中央執行委員·朝鮮共產黨 總務部長 兼 財政部長의 李觀述(40세)과 朝鮮共產黨中央執行委員·解放日報社長 權五稷(45세)이다. 그리고 체포된 朝鮮精版社員 14명은 다음과 같다.

社長 朴洛鍾 當47年

庶務課長 宋彦弼 當46年

技術課長 金昌善 當36年

印刷課長 辛光範 當41年

平版技術工 鄭明煥 當30年

同 李禎煥 當18年

同 洪啓壎 當31年

畵工 李漢寧 當39年

工場長 安舜奎 當50年

倉庫係主任 朴相根 當43年

財務課長 李鼎相 當46年

平版技術工 金遇鏞 當26年

同 金永觀 當25年

同 金商宣 當32年

警察當局의 말에 의하면 이 위조단은 竊取한 朝鮮銀行券 平版을 사용하여 위조지폐를 인쇄한 것이라고 한다. 이 지폐를 인쇄한 용지도 日本 것으로 朝鮮에서 생산되지 않는 것이다. 警察의 보고에 의하면 이와 동일한 용지가 위조지폐가 최초로 출판하기 전에 仁川埠頭에서 도난을 입었다고 한다.

이 平版은 작년 9월에 100원 지폐를 인쇄하기 위하여 朝鮮銀行으로부터 朝鮮精版社에 이전되었는데, 其後 銀行에서는 그 平版을 朝鮮圖書株式會社에 이관하도록 명령하였다. 그리하여 이 평판을 이전하는 중에 행방불명이 된 것이다. 警察에서는 분실되었던 平版 9개를 발견하였다.

경찰의 보고에 의하면 該僞造紙幣 300만 원의 대부분은 近澤빌딩 지하실에서 위조한 것이라고 한다. 경찰은 平版의 잔해인 듯한 鐵滓와 紙幣印刷에 사용되는 平版초크 염료·잉크·기타 제 재료를 발견하였다고 한다.[2]

기사에 의하면 조선공산당은 남한 민중의 생계를 위협하는 희대의 범죄 조직이 된다. 조공뿐 아니라 당 기관지 「해방일보」 그리고 같은 건물에 입주해있던 조선정판사의 대부분 직원들도 동일 범죄 집단의 구성원이라고 미군정청은 발표했다. 아마 대부분의 독자들도 그렇게 생각했을 것으로 짐작된다. 그러나 이 발표문에는 일주일 전에 보도된 「조선인민보」 「서울신문」 「중외신문」 「수산경제신문」 등이 보도했던 뚝

2 정판사위폐사건 진상 발표, 「조선일보」「동아일보」「서울신문」, 1946.5.16.

섬 사건에 대해선 아예 언급조차 되지 않았다.

그리고 어떠한 계기로 수사를 하게 되었는가에 관한 사건 배경 설명마저 없었다. 정판사사건에 대한 체포 및 수사 개시 과정에 대한 경찰의 공식기록은 남아 있지 않고[3] 당시 수사에 참여했던 본정 경찰서 현을성(玄乙成) 경위의 증언이 거의 유일한 자료다. 현 경위의 증언은 조재천 검사의 '재논고요지(再論告要旨)'와 '판결문'에 포함되어 있다.[4] 내용 자체의 객관적 신빙성을 떠나 정판사사건 발발 초기 상황을 설명해주는 자료라는 의미로 현 경위의 증언을 소개한다.

〈자세히 읽기-5〉

[현을성 경위의 증언]

검사의 증인 현을성에 대한 청취서의 기재에 의하면, 피고인 및 변호인의 말하는 바와 같은 '정치 모략으로 미리 범죄 사실 플랜을 허구 준비하여 두었다가 5월 6일 미소공동위원회가 무기 휴회됨을 기하여 사건을 만든 것'이라고 하는 것은 허무맹랑한 선전이고, 4월 하순 본정 경찰서 벽을 바르던 가세잉 도공 박순석이가 휴식 시간에 담배를 피우면서 "사직정 부근의 사람이 하왕십리 거주이고 명치정 청구사 근무인 이정훈(李晶薰) 방(方)에 지폐 인쇄판을 팔려고 가지고 온 것을 보았다"고 말하므로 즉시 수사를

3 임성욱, 『조선정판사 '위조지폐' 사건 연구』, 신서원, 2019, p.168.

4 『위폐사건공판기록』, 대건인쇄소, pp.83~84.(재논고 요지), 123~129.(판결)

개시하여 5월 2일 이정훈을 검거하고 동월 3일 이기훈, 윤경옥, 홍사겸, 김창선을 감저(甘藷, 감자) 덩굴 당기는 식으로 순차 검거하였는데 김창선은 오전 11시 서로 데리고 가서 물은즉 강경히 부인하므로, 최후에 동인 집에서 압수하여 온 징크판을 동인의 목전에 내밀고 홍사겸의 증언도 말하면서 "이래도 네가 부인할 수 있느냐"고 맹렬히 추궁한즉 김창선은 말이 막히고 머리를 수그리고 있다가 "잠시 시간을 주시오." 하므로 가만히 있은즉 "사실은 공산당의 관계가 있으므로 무서워서 부인하였습니다. 사실대로 말할 터이니 내 입에서 폭로가 되었다는 말은 숨겨 주시오."라고 전제하고, "징크판 2조를 절취하여, 1조 일부분은 배재룡에게 팔고 홍사겸에게 견본으로 주고, 타 1조는 정판사에서 사용 인쇄하여 공산당비로 썼소."하고 일체를 자백하였는데 그것은 동일 1시경이며, 김창선 등 수인이 위조를 하였으리라는 혐의하에 취조하였는데, 의외에도 중대 사실이 나왔으므로 놀래기도 하고 반신반의하였으므로 신중을 기하기 위하여 당일은 서장에게 보고할 것도 보류하고 익일도 조사한 결과 확신을 얻었으므로 비로소 서장에게 보고한즉, 서장도 의외 사실에 놀라 직접 김창선을 조사하였는데 그때도 순순히 자백하였다는 경과 일체가 명백히 되었다. 따라서 본건을 정치모략으로 미소공위 무기 휴회를 기하여 사건을 날조한 것이라고 하는 것은 허위사실이며, 엄연히 존재하는 범죄사실을 모략 날조라고 허위 선전하는 것은 그 자체가 대모략(大謀略)이다.[5]

5 재논고 요지, 『위폐사건공판기록』, 대건인쇄소, pp.83~84.

현을성의 증언 기록은 검사와 판사가 작성한 공식 문서이다. 두 문서의 내용이 다소 차이가 있지만, 보다 상세히 기록되어 있는 법원의 판결문을 기본으로 하여 사건의 진행 과정을 시간대별로 정리하면 다음과 같다.

[표5: 본정 경찰서 현을성 경위의 행적]

날짜	시간	수사경찰	내용
4.30.	–	현을성(경위)	박순석의 정보(이정훈 징크판 판매 예정), 경사 조성기와 수사 착수
5.2.	–	상동	이정훈(단식인쇄소 청구사 근무) 검거, 이기훈(이정훈의 동생)의 친구(윤경옥)가 징크판을 갖고 왔음을 파악
5.3.	7	상동	이기훈의 자백(윤경옥이 징크판을 가지고 왔음), 윤경옥 가택수사(소 징크판 1매 압수), 윤의 자백(출처, 홍사겸)
	9.30	상동	청구사→ 서대문경찰서, 홍사겸의 자백(출처, 김창선)
	10	상동	정판사 방문
	11	상동	김창선, 본정 경찰서 동행(범행 일체 부인)
		최난수 · 김원기 · 이희남	김창선 가택수색(소 징크판 4매 발견)
	13	현을성 · 최난수 · 김원기 · 이희남	김창선, 증거물 제시 후 심경변화(공산당에 대한 두려움, 신변보호)→ 자백(징크판 2조 절취, 1조의 일부는 배재룡에게 판매, 일부는 홍사겸에게 위탁, 다른 1조는 정판사에서 위폐 제작, 공산당 경비로 충당, 위폐 제작 시기는 작년 10월과 금년 2월)
	13.30	상동	수영사의 배재룡 자백(공범, 뚝섬 랑승구 · 랑승헌 형제)→ 배재룡 동행, 뚝섬으로 이동
	16	상동	이원재의 집(랑승구, 이원재 검거), 간장공장 2층(인쇄기 발견)
		현을성 · 김원기 · 조성기	랑승헌 집 수색(소 징크판 4매 발견)
	21	최난수, 이희남	랑승헌 검거, 본정 경찰서로 입건

5.4.	–	현을성 · 최난수 · 김원기 · 조성기 · 이희남	김창선의 자백(김상선과 함께 위조지폐 제작, 송언필에게 제공, 공산당원 시인함)
	–	최난수 · 조성기	김창선 가택 수색(당원증 압수)
	–	현을성 외 형사	정판사에서의 위폐 제작 가능성 파악, 당원증 확인→ 사건 확신
	–	현을성 · 최난수	서장 사택에서 보고, 서장 이구범(저녁식사 포기, 경찰서로 가서 김창선 직접 취조)
5.5.	–	서장 이구범	사건의 중요성 강조, 송언필 · 김상선 체포 명령
5.6.	–	현을성 외	송언필, 김상선의 거주지 파악
	–	임정 요인 이시영과 김구의 비서 안미생, 압수된 증거품 참관	
5.7.	3	형사 별동대	김상선 체포(6일 밤부터 잠복)
	10	현을성 외	송언필(정판사에서 권총 소지 투서 핑계로 경찰서 동행)
	–	「조선인민보」 '지폐 위조단 체포' 보도	
5.8.	정오	본정 경찰서, 제1관구경찰청	조선정판사 급습, 피의자 10여 명 검거
	–	현을성 외	정명환 · 김우용 체포, 박낙종 경찰서 동행
5.9.	–	–	–
5.10.	–	현을성 외	신광범 · 박상근 체포

현 경위는 사건의 발단인 도공 박순석의 발언 상황부터 시작하여 열흘 정도 소요된 수사 과정을 시간대별로 비교적 상세히 증언하였다. 하지만 중요한 사항 중의 하나인 이원재의 신분에 대해선 전혀 언급을 하지 않았다. 「조선인민보」는 대한독립촉성총동원 뚝섬위원회 조직부장 이원재 외 배재룡, 랑승구, 랑승헌 등 지폐 위조단 4인을 체포했다는

기사를 보도한 바 있다.[6]

어떤 경로로 정보를 입수했는가는 알 수 없지만, 보도된 날짜가 5월 7일 자이므로 5월 6일 이전에 이원재의 신분을 파악했다는 얘기다. 그리고 이 증언에는 이시영과 안미생의 본정 경찰서 방문 건도 누락되어 있다.[7]「조선인민보」 보도 이전인 5월 6일 이전까지의 수사 결과를 정리하면 다음과 같다.

① 수사경찰: 현을성, 최난수, 김원기, 조성기, 이희남

② 체포 및 검거: 이정훈(단식인쇄소 청구사 근무) 검거, 이기훈(이정훈의 동생), 윤경옥(청구사), 홍사겸(조선단식인쇄소), 김창선(정판사), 배재룡(수영사), 랑승구(뚝섬 거주), 이원재(독촉국민회), 랑승헌(뚝섬 거주)

③ 증거물: 소 징크판 1매(윤경옥), 소 징크판 4매(김창선), 소 징크판 4매(랑승헌), 석판인쇄기 7대(간장공장 2층)

④ 증거물 참관: 이시영, 안미생

여기까지만 살펴보면, 이 사건은 독촉국민회가 관련된 뚝섬 위조지폐 사건으로 보아야 마땅할 것이다. 그러나 5월 15일, 군정청 공보과를 통하여 제1관구경찰청이 보고한 기자회견을 계기로 사건의 성격은 완전히 바뀌게 된다. 이미 언급한 바와 같이 우익 언론들은 "위조일당은 16명, 전부가 공산당원, 이관술 · 권오직은 피신"(동아일보), "근택빌딩 위조지폐단의 전모, 전율할 공당의 음모, 이관술 · 권오직은 탈

6 〈그림28: 1946년 5월 7일 자 조선인민보〉 참조

7 민주주의민족전선,『해방조선』I , 과학과 사상, 1988, p.307.

주, 14명은 체포, 정판사를 이용 교묘히 범행"(한성신문) 등과 같이 사건 자체를 공산당의 음모로 단정하고 보도를 하였다.

03

조선공산당의 반응

〈그림31: 1946년 5월 17일 자 중앙신문, 해방일보〉

군정청의 발표 후 같은 날짜로, 조선공산당은 공보부의 정판사 위조지폐 사건 발표에 대해 성명을 발표했다. 그리고 다음날인 5월 16일, 공산당 대표 박헌영은 군정청을 방문하여 공보부의 발표 내용은 사실과 다르다는 점을 지적했으며, 이관술 · 권오직 두 사람도 공동성명서를 발표하여 당국의 발표가 전면적으로 허구인 동시에, 자신들은 그 사

건과 전혀 관계가 없음을 확언하였다.[1]

조선공산당중앙위원회에서는 다음과 같이 성명하였다. 5월 15일 軍政廳公報部發表라는 제목하에 朝鮮警察 第1管區警察廳長 張澤相氏의 위조지폐 사건에 대한 발표에 대하여 朝鮮共產黨中央委員會는 左와 如히 聲明함

1) 이 지폐 위조 사건에 朝鮮共產黨中央委員 李觀述·權五稷 양인이 관련되었다고 발표하였는데 이상 양인은 이 사건에 전연 관계없음을 단호 聲明함

2) 이 사건은 관련되어 체포되었다는 14인을 모두 朝鮮精版社에 근무하는 朝鮮共產黨員이라고 하였으나 발표가 사실과 상위가 있음을 지적함

3) 同 發表에 '該僞造紙幣 300만 원의 대부분은 近澤빌딩 지하실에서 위조한 것이다.'라 하였으나, 近澤빌딩 지하실에서는 인쇄기를 설치한 일이 일차도 없으므로 이 발표는 전연 부당한 것을 지적함

4) 同 發表에 이 사건의 범인이라는 명칭하에 黨幹部 및 黨員이라는 칭호를 씌워 朝鮮共產黨이 이 사건과 무슨 관련이나 있는 듯이 발표한 것은 더욱 기괴천만이라 아니할 수 없다. 黨은 단호히 이 사건과 호말(毫末, 털끝)만 한 관련이 없을 뿐 아니라 이러한 경제 혼란의 행위에 대하여는 가장 용감히 투쟁하였고 투쟁할 것을 다시 한 번 천하에 공포함

1 조공, 공보부의 정판사 위조지폐 사건 발표에 대해 성명 발표, 「중앙신문」, 1946.5.17.

5) 이 사건과 朝鮮共產黨幹部를 관련시킨 것은 어느 모략배의 고의적 날조와 중상으로 美蘇共同委員會 휴회의 틈을 타서 朝鮮共產黨의 위신을 國內 國外에 긍(亘)하여 타락시키려는 계획적 행동임을 지적하는 동시 우리黨은 이 사건과 절대로 관계없으니만치 머지않아 이 사건의 진상이 폭로되고 우리黨의 위신은 이러한 허위적 중상이 있음에도 불구하고 조금도 동요·미혹이 없을 것을 단언함

1946년 5월 15일

朝鮮共產黨中央委員會

◆ 軍政廳房門코 朴憲永 質問

위조지폐 사건에 관하여 공산당 대표 朴憲永은 16일 오전 9시 군정청으로 러치 장관과 뉴맨 공보부장을 방문하였으나 마침 외출하였으므로 공보부의 크린 대좌와 경무부장 맥그린 대좌 등 양 씨와 회견하고 15일 발표된 내용은 사실과 틀린다는 점을 들어 질문했는데 이에 대하여 매근린 경무부장은 '이 사건에 당원이 관계되어 있는 것이지 공산당에서 한 일이라고 발표한 것은 아니다.'고 답변하였다는데 박헌영은 공산당은 이 사건에 관계가 없다지폐위조단는 것 체포된 사람 중에서 간부가 관계되어 있다고 말하였다면 그것은 전연 객관적 사실과는 관계없는 잘못된 것이라는 등 여러 가지 점을 지적하여 이번 사건도 虛構된 것으로 보니 장관의 재고려를 요청한다는 취지의 의견서를 군정장관에게 전해 달라고 부탁하고 회견을 끝냈다 한다.

◆ 李·權兩氏 聲明書發表

15일 공보부 특별 발표에 의한 위조지폐 사건의 주범으로 지적받은 조선공산당원 李觀述·權五稷 양 씨는 당국의 발표가 전면적으로 허구인 동시에 이·권 양 씨는 전연 사건에 관계없고 정판사원 14명도 전연 관계없고 이 사건은 조선공산당의 위신을 추락시키려는 모략가의 행위로 실은 지난번 뚝섬 대한독립촉성회지부장의 검거로서 참된 위조지폐 사건이 발발한 것을 지적하는 성명을 발표하였다.

조선공산당의 성명서와 박헌영 · 이관술 · 권오직 관련 기사는 「동아일보」「한성신문」 등 우익 계열의 신문에는 실리지 않았고, 「중앙신문」 등 좌익 신문에 주로 실렸다. 특히 「해방일보」는 사건의 진상을 알리기 위해 호외를 발간하고, 벽신문을 붙이는 등 사력을 다했으나, 호외와 벽신문 대부분이 압수되는 등 수난을 겪었다.[2] 무엇보다 "해당 위조지폐 300만 원의 대부분은 근택빌딩 지하실에서 위조한 것"이라고 한 경찰의 발표에 대해 "근택빌딩 지하실에 인쇄기를 설치한 일이 없다"고 말한 조공 측의 반론은 이 사건에 관심을 가지고 있는 모든 이들을 아연하게 하였을 것이라고 본다.

계속 살펴보겠지만, 정판사사건은 너무나 허술하게 조작한 사건이었다는 것이 차츰 밝혀지게 된다. 어떤 필요성에 의해 급하게 사건을 조작했다는 얘기다. 인쇄기를 설치한 적이 없는 지하실에서 위조지폐를 인쇄했다고 발표한 것이 그 증거의 하나다. 조공이 성명서를 발표한

2 해방일보 호외 압수, 「동아일보」, 1946.5.17.

날, 장택상과 본정 경찰서장 이구범은 기자회견을 가졌다.

> ◆ 張警察部長 記者團과 1문 1답
>
> 15일 공보부 특별 발표에 의한 지폐 위조 사건에 관하여 張 경기도 경찰부장은 기자단 질문에 대하여 대개 다음과 같이 말하였다.
>
> (問) 지폐 위조 사건에 관하여 상세한 발표를 바란다.
>
> (答) 이 사건에 관하여는 상부로부터 함구령을 받았으므로 옳다 그르다 일체 말할 수 없다.
>
> (問) 그러나 그 사건 발표는 귀관의 명의로 되지 않았는가
>
> (答)) 공보부에서 내 이름으로 발표한 것이지 내가 한 것은 아니다. 내가 자세한 보고를 하였으니 자세한 보고는 역시 공보부에 가서 물어주기 바란다.
>
> (問) 뚝섬에서 검거된 지폐 위조단과의 관계는 어떤가?
>
> (答)) 이것이 뚝섬 사건인지 딴 별개 사건인지 나는 모르겠다.
>
> 그리고 공보부 발표에 대하여 조선공산당에서 발표한 삐라를 읽은 장 부장은 '정판사 지하실' 운운은 내 보고서에는 없는 사실이라고 부언하였다.[3]

장택상의 발언이 흥미롭다. 그는 자신의 이름을 이용하여 공보부가 사건 발표를 하였으며 자신은 상부 즉 미군정청으로부터 함구 명령을 받았다고 했다. 다만 정판사 지하실에서 위폐를 인쇄했다는 내용은 자

3 장 경찰부장 기자단과 일문일답, 「중앙신문」, 1946.5.17.

신의 보고서에는 없다고 부언했다. 사실 장택상은 미군정의 수사 결과에 반기를 든 것이다.

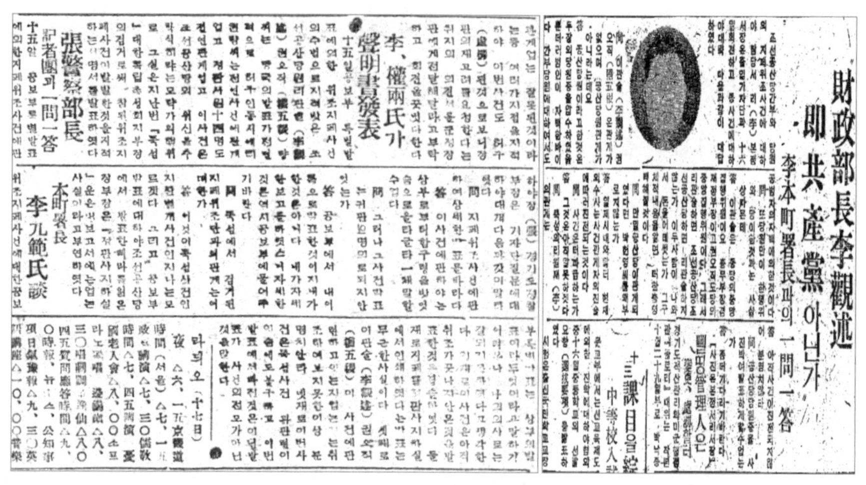

財政部長李觀述 即共産黨아닌가

李本町署長과의 一問一答

李、權兩氏가 聲明書發表

張警察部長 記者團과 一問一答

本町署長 李九範氏談

〈그림32: 1946년 5월 17일 자 중앙신문, 동아일보〉

한편, 사건을 실질적으로 주관했던 본정 경찰서장 이구범의 기자회견은 많은 논란거리를 낳게 했다. 먼저 두 신문의 기사를 살펴보자.

◆ 本町署長 李九範 談

“위조지폐 사건에 대한 공보부 특별 발표는 상부의 발표이라 무엇이라고 말하기 어려우나 나의 의사로는 잘되지 못하였다고 생각한다. 첫째로 이 사건은 아직 취조가 끝나지 않은 것을 발표한 것은 경솔하였다. 둘째로 지폐를 정판사 지하실에서 인쇄하였다는 발표는 무근한 사실이다. 셋째로 李觀述·權五稷이 사건에 관련하고 있는지 없는지는 취조하여 보지 못한 이상 분명치 않다. 넷째로 이번 사건은 뚝섬 사건과 관련이 있음에도 불구하고 이번 발표에서 빠진 것은 이번 발표가 사건의 전모가 아닌 것을 말한다."[4]

(問) 李觀述·權五稷은 관계가 없으며 공산당원 관계가 아니라는데요.

(答) 공산당원이라고 한 것은 두 장의 당원증을 압수하였을뿐더러 범인이 자백한 바이다. 간부당원에 대하여서도 공범자의 자백에 의한 것이다.

(問) 또 당원만이 한한 행위와 당이 한 것과는 사실상 다른데?

(答) 이관술은 동 당의 중앙집행위원이오, 총무부장 겸 재정부장이고. 권오직도 당의 중앙집행위원이다. 그래서 이관술하면 조선공산당, 조선공산당하면 이관술 하지 않는가. 이 두 사람이 나와서 돈을 어디 썼는가. 그 구체적 내용을 알면 더 한층 명백해질 것이다.

(問) 만일 공산당이 관계되었다면 박헌영 씨를 왜 부르지 않는가?

(答) 일제 시대와 달라 현재의 수사는 사건 관계자의 진술에 따라 진전되는 것이다.

(問) 사건은 더 파급하는가?

(答) 그것은 아직 말 못하겠다.

(問) 뚝섬의 이원재와의 관계는?

(答) 아직 사건이 진전되지 않아 분명치 않다.

4 본정서장 이구범 씨 담, 「중앙신문」, 1946.5.17.

(問) 공산당원증을 사진 박아 발표하게 할 수 없는가?

(答) 좀 더 기다리기 바란다.[5]

같은 날 게재된 「동아일보」와 「중앙신문」의 보도 내용이 서로 다르다. 뚝섬 사건과의 관련에 대하여 「동아일보」는 "아직 사건이 진전되지 않아 분명치 않다."고 보도하였으나, 「중앙신문」의 경우 "이번 사건은 뚝섬 사건과 관련이 있음에도 불구하고 이번 발표에서 빠진 것은 이번 발표가 사건의 전모가 아닌 것을 말한다." 라고 뚝섬 사건과 정판사 사건에는 관련이 있다는 것을 분명히 했다. 무엇이 진실일까? 아무튼 「중앙신문」의 보도에 따르면, 담당 경찰서장은 정판사 지하실 인쇄 사실 자체를 부인했고, 이관술 · 권오준 등 조선공산당의 핵심 인물이 관여했다는 발표조차도 아직 취조하지 않은 상태에서 어떻게 알 수 있느냐고 반문하였다. 한편, 주목할 사안은 이원재가 「동아일보」에 등장한 것이다. 독촉국민회 이원재 문제는 상당 기간 언론계의 뜨거운 감자가 된다.

「중앙신문」 등 좌익 언론이 사건의 진상을 폭로하고 의문을 제기하는 그 시간에 「동아일보」 등은 전혀 다른 기사를 쏟아내고 있었다. 특히 앞장을 선 단체는 독촉국민회와 한민당이다. 미군정청이 '정판사위폐사건 진상 발표'를 한 다음 날인 5월 16일, 독촉국민회는 "조공의 죄악은 크다"라는 제목하에 다음과 같이 조선공산당에게 경고를 했다.

5 정판사위폐사건의 동기와 담당경찰서장의 기자회견, 「동아일보」, 1946.5.17.

共產黨解體로 天下에謝過하라

朝共의罪惡은크다 獨立促成國民會의警告

포레氏平壤

〈그림33: 1946년 5월 17, 18일 자 동아일보〉

> 조선공산당의 음모하에 다량의 위조지폐를 발행하여 조선 경제를 교란하며 국민 생활을 파훼한 것은 일대 죄악이다. 악질 공산당 일파의 집단을 삼천만 동포의 총의로 배격하지 않으면 안 된다. 조선공산당의 모략에 빠진 동포들은 하루바삐 반성하여 완전 자주독립 전선으로 집결하기를 바란다.[6]

다음 차례는 한민당 차례였다. 5월 17일 오전 11시, 한민당 선전부장 함상훈은 기자단과 회견을 하고 난 뒤 담화문을 발표했다.

> 朝鮮共產黨의 위조지폐 사건은 만천하의 이목을 驚動시켰다. 천하의 公黨으로서 선언한 共產黨이 이같이 불법행위를 하고 경제계를 교란시킨 죄과는 해체로서 천하에 사과해야 할 것이다. 黨員의 한 일

6 朝共의 罪惡은 크다. 獨立促成國民會의 警告, 「동아일보」, 1946.5.17.

이 黨에서 한 일이 아니라고 변명한들 黨財政部와 黨機關紙 社長과 黨員 14명이 사건에 관계했을 때 그것을 그 黨의 소위가 아니라고 규정할 수 없다.[7]

한민당과 독촉국민회의 주장은 간단하다. "위조지폐로써 남조선 일대를 교란하고자 했다"는 미군정 발표의 재확인이었다. 9백만 원의 위폐를 발행하여 조선 경제를 경제범죄교란하며 국민 생활을 파훼한 죄악을 저지른 조선공산당은 당연히 해체되어야 한다는 것이다. 여기서 의문을 하나 제시해 본다. 미군정과 두 우익 정치단체의 주장대로 조선공산당이 9백만 원 정도의 위조지폐를 발행했다고 하고, 아니 나중에는 1,200만 원으로 재차 증가하니 1,200만 원의 위폐를 유통했다고 가정해보자. 그러면 그 금액으로 인해 당시 남한의 경제계는 어느 정도 교란될 수 있을까?

물론 위조지폐의 발행에 면죄부를 주자는 것은 아니다. 다만 당시 위폐범보다 더욱 큰 경제범죄 행위를 범한 다른 단체가 있음을 말하고자 함이다. 바로 미군정청이다. 한국금융경제연표에 의하면 1945년 9월 30일 현재 조선은행권 발행 잔액은 86억 8천만 원이었다. 불과 한 달 보름 전인 8월 14일의 46억 3천9백만 원에 비해 약 40억 원이 증가한 액수였다.[8] 물론 이 화폐는 종전을 맞아 '은사금'이니 '보상금'이니 하는

7 함상훈, 미소공위 무기 휴회와 정판사위폐사건에 대한 담화 발표, 「동아일보」, 1946.5.18.

8 한국은행 편,『한국금융경제연표(1945~2000)』, 2000, p45.; 조선은행권의 발행 잔액은 1946년 말 177억 원, 1947년 말에는 334억 원으로 증가했다.

명목으로 통치 기구 구성원들과 그 가까운 협력자들 손에 쥐어 주기 위해 총독부에서 고의적으로 발행한 것이다.

그러나 미군정청은 이 거액의 화폐가 유통되는 것을 방치했다. 더욱이 이 화폐는 급히 인쇄하느라 상태가 대단히 불량했지만 미군정은 정식 화폐로 인정했다고 한다. 그러므로 이 40억 원의 화폐 역시 일종의 위조지폐라고 할 수 있을 것이다. 김기협의 표현대로 미군정청이야말로 위조지폐를 유통시켜 남한 경제를 교란시킨 주범인 셈이다.[9] 게다가 그들은 그 후 일제보다 더욱 많은 화폐를 찍어 내어 남한의 살인적인 인플레의 원흉이 되었다.

조선정판사위폐사건의 본질은, 결국 자신들의 경제정책 실패를 조선공산당에게 전가시킨 미군정청의 음모라고 봐야 할 것이다. 한민당, 독촉국민회, 임정 세력 등 우익 정치권과 우익 언론사들은 미군정의 음모에 장단을 맞춰 주는 역할을 한 셈이었다.

9 1946년 5월 17일, 해방공간 최대의 위폐범은 미군정,《김기협, 해방일기》

04

해방일보 폐쇄, 미군정의 언론 정책이 바뀌다

大東新聞에 三週間停刊
하지中將聲明

共産黨機關紙 解放日報閉鎖

조선공산당(朝鮮共産黨) 기관지 해방일보(解放日報)는 작十八일 「하ー지」中將 명령으로 무기폐 은 八、一五이후 조선공산당의 기관지로 조선공산당의 전위적(前衛的)인 대중선동(煽動)을 일삼이온 신문이다

解放日報에 閉鎖令

共産黨機關紙 解放日報는 美軍司令官 하ー지中將의 命令에 依하여 十八日부터 指令이 있을때까지 閉鎖를 當하였다 한다。

〈그림34: 시계방향, 1946년 5월 17일 자 중앙신문, 19일 자 한성신문, 가정신문〉

1945년 5월 18일, 「해방일보」에 날벼락이 떨어졌다. 주한미군 사령관 하지 중장의 명령에 의해 무기한 폐쇄를 당한 것이다.[1] 하지만 사안

1 解放日報에 閉鎖令, 「가정신문」, 1946.5.19.; 共産黨機關紙 解放日報閉鎖, 「한성신문」, 1946.5.19.

의 중대성에 비해 보도량은 극히 미미했다. 사흘 전 「대동신문」이 3주간 정간 명령이 내려졌을 때와 비교하면 도무지 이해할 수 없는 언론의 태도였다.

「대동신문」에 정간 명령이 내려진 5월 15일은 미군정청이 '정판사 위조지폐 사건'이라는 제목으로 사건의 전말을 발표한 날이다. 이런 와중에도 「동아일보」「조선일보」「자유신문」「부산신문」 등이 성명 발표 다음 날인 16일 자 신문에 일제히 보도했다. 특히 「동아일보」는 동업 「대동신문」 운운하며 보도를 하였고, 「조선일보」는 하지의 성명 전문을 게재했다. 좌익지로 분류되는 「중앙신문」의 경우도 비교적 상세하게 동 사건을 보도했다.[2]

「해방일보」에 무기한 폐쇄령이 떨어진 다음 날인 5월 19일 자로 그 사실을 보도한 신문은 「한성신문」, 「가정신문」 두 곳뿐이다. 모두 우익계열 언론사였고, 단신으로 처리했다. 대부분의 신문이 이 사건을 제대로 보도하지 않은 것은 도저히 믿지 못할 사건이 일어났다는 놀라움 때문이라고 추측된다. 좀 더 확실한 취재가 필요했다는 얘기다. 군정청의 명령이 내려진 이틀 후인 5월 20일부터 「해방일보」 폐쇄 사건에 대하여 보도가 쏟아지기 시작했고, 5월 말까지 대부분의 언론사들이 이 사건에 대하여 거론하였다. 위폐 사건이 언론사 폐쇄, 근택빌딩 및 정판사 폐쇄, 공산당 관련 여부 등으로 걷잡을 수 없이 확대 재생산되기 시작했다. 아래는 그 무렵 「해방일보」 사건을 다룬 언론사를 정리한 표이다.

2 大東新聞에 三週間停刊, 하지中將聲明,

[표6: 해방일보 폐쇄 사건 보도 신문]

날짜	언론사	기사 제목
5.19.	漢城日報	共産黨機關紙 解放日報閉鎖
	家政新聞	解放日報에 閉鎖令
5.20.	中外新報	「解放日報」에도 停刊
	現代日報	近澤빌閉鎖命令 但共黨本部는 例外
	釜山新聞	解放日報 閉鎖
	동아일보	僞造紙幣를 印刷한 近澤삘딩을 閉鎖 共産黨機關紙 解放日報는 廢刊
	자유신문	近澤빌딩을 폐쇄
	조선인민보	공산당본부 제외, 근택빌딩 폐쇄 발표
5.21.	光州民報	共産機關紙 解放日報閉鎖
5.22.	中外新報	僞幣와는 無關 解放日報聲明
	자유신문	위조지폐 사건 단호 처단 정당은 不關 범죄가 문제일 뿐, 러치 장관이 언명
5.23.	中央新聞	解放日報停刊과 軍政廳交涉顚末
	現代日報	解放日報停刊에 對하여 軍政當局에 交涉
	서울신문	조선공산당 기관지 해방일보 정간
5.24.	全國勞動者新聞	解放日報를 續刊식히라
	光州民報	解方日報社聲明發表
	工業新聞	解放日報停刊事件, 軍政廳과 交涉顚末發表
	釜山新聞	停刊理由質問, 解放日報社서
	嶺南日報	解放日報停刊, 軍政廳交涉顚末
5.25.	漢城日報	僞幣事件各界에 波及 解放日報幹部引致取調
	자유신문	民戰서 僞幣事件調査委員會
5.26.	동아일보	解放日報에 五十萬圓 現代日報엔 卄八萬圓提供

5.27.	獨立新報	解放日報幹部, 引致된 일 없다
	現代日報	同業新聞謀陷에 對한 解放日報社 聲明
5.28.	자유신문	위조지폐 사건 그 뒤 진전, 不日 또 발표코자 경찰 수뇌 협의

[현대일보 특집]

날짜	지은이	제목
5.25.	金起林[3]	謀略政治의 各 樣相, 어두운 二週間(上)
5.26.		謀略政治의 各 樣相, 政綱政策을 들고 싸우라(下)
5.27.	金永鍵[4]	東西半世紀間의 謀略劇(上)
5.28.		東西半世紀間의 謀略圖(下)
5.29.	林和[5]	謀略政治의 各 樣相(三), 政爭은 明朗히 하라!
5.30.	朴泰遠[6]	謀略政治의 各 樣相(四), 옛날도 이런 일 있었다(上)
5.31.		옛날도 이런 일 있었다(下)
6. 1.	李源朝[7]	謀略政治의 各樣相(五), 肅宗大王卽位初에!(上)
6. 2.		肅宗大王卽位初에(中)
6. 4.		肅宗大王卽位初에(下)
6. 5.	金永浩[8]	謀略政治의 各 樣相 지노뷔에프書簡事件(上)
6. 7.		謀略政治의 各 樣相 지노비에프書簡事件(中)
6. 8.		謀略政治의 各 樣相 지노비에프書簡事件(下)
6.10.	金仲一	謀略政治의 各 樣相 萬寶山事件의 正體(上)
6.11.		謀略政治의 各 樣相 萬寶山事件의 正體(下)
6.14.	姜哲洙	謀略政治의 各 樣相 張作霖爆殺事件의 眞相(上)
6.15.		謀略政治의 各 樣相 張作霖爆殺事件의 眞相(中)
6.16.		謀略政治의 各 樣相 張作霖爆殺事件의 眞相(下)

3 김기림(金起林, 1908~ ?), 본명은 인손, 호는 편석촌(片石村), 함경북도 학성 출생, 영국 비평가 I. A. 리처즈의 이론을 도입해 모더니즘 시 이론을 세우고, 그 이론에 따른 시를 썼다. 1921년 보성고등보통학교에 입학했으나 곧 중퇴하고 일본으로 건너가 릿쿄[立教] 중학에 편입했다. 1926년 일본대학 문학예술과에 입학, 1930년 졸업 후 바로 귀국했다. 같은 해 4월 「조선일보」 기자로 근무했으며, 이듬해 고향에 내려가 무곡원(武谷園)이라는 과수원을 경영했다. 1933년 이태준·정지용·이무영·이효석 등과 함께 구인회를 조직했다. 1936년 일본 센다이[仙臺]에 있는 도호쿠대학[東北大學]에서 영문학을 전공했으며, 1939년 졸업과 함께 귀국해 「조선일보」 기자 생활을 계속했다. 1942년에는 경성중학교 영어 교사를 지냈는데, 이때 배운 제자가 시인 김규동이다.

1945년 가족과 함께 월남하여 중앙대학교·연세대학교 강사를 거쳐 서울대학교 조교수, 신문화연구소장 등을 역임했다. 1946년 2월 8일에 열린 제1회 조선문학자대회에서 '조선 시에 관한 보고와 금후의 방향'이라는 연설을 했다. 같은 해 임화·김남천·이태준 등이 중심이 된 조선문학가동맹에 참여하여 시부위원회(詩部委員會) 위원장을 맡았다. 6·25전쟁 때 납북되어 1988년에 죽은 것으로 알려져 있다. 〈다음백과〉

4 김영건(金永鍵, 1910~ ?), 습작기의 필명은 김명희. 1910년 서울에서 태어났다. 아버지 김정현(金定鉉)은 황해도 지역에서 군수 및 조선총독부 중추원 조사과 촉탁직으로 근무했다. 그때 김영건은 해주고등보통학교를 잠깐 다니다 서울로 전학했다. 1927년 3월에 경성제이공립고등보학교를 졸업했다. 1928년 『무산자』에 소설을 게재한 것으로 보아서 이 무렵 그는 사회주의 사상에 심취해 있었을 것으로 보인다. 1931년 무렵부터 베트남 하노이에 소재한 프랑스 원동학원의 도서관 사서로서 일본과 한국의 자료를 관리하고 연구했다.

1940년 일본군이 베트남 하이퐁을 점령할 무렵, 김영건은 베트남을 떠나 일본으로 옮겼다. 그 후 『민족학연구』에 글을 발표하면서 '일본민족학회'의 회원으로 활동했다. 광복 후 귀국하여 '진단학회' 회원들과 교류하면서 조선의 대외관계사에 대한 글을 발표하였다. 뿐만 아니라, '조선문학가동맹'에 가담하여 1946년 제1회 조선전국문학자대회의 준비위원으로 선출되었고, 대회에서 「세계문학의 과거와 장래의 동향」을 보고하였다. 1947년 문학가동맹을 중심으로 하여 각종 문화예술단체를 연합하여 결성한 '전국문화단체총연맹'의 대표로 선출되었다. 1948년 이후 정치 상황의 변화로 조직 활동이 여의치 못하게 되자 월북한 것으로 추정된다. 〈한국민족문화대백과사전〉

5 〈주석18(p.39), 임화〉 참조

6 박태원(朴泰遠, 1909~1986), 이명(仇甫, 丘甫, 몽보, 夢甫, 泊太苑), 서울 수중박골 출생, 1930년대에 광고 도표를 문장 속에 삽입하고, 콤마를 사용한 만연체 등의 독특한 문체를 시도했다. 주로 소시민의 생활을 소재로 한 심리소설과 세태소설을 썼다. 호는 구보·박태원. 약국을 경영하는 아버지 용환과 어머니 남양홍 씨 사이의 4남 2녀 가운데 둘째 아들로 태어났다. 어려서부터 이야기책을 좋아하고 글 짓는 데 재주가 있었다. 11세 때인 1919년 경성사범보통학교에 들어가 4학년을 마치고, 1923년 경성제일고등보통학교에 입학했다. 1930년 일본 호세이대학[法政大學] 예과에 입학했으나 2학년 때 중퇴하고 집에서 밤늦도록 책을 읽는 등 불규칙한 생활을 해 건강과 시력이 나빠졌다. 한

때 이광수를 스승으로 섬겼으나 그의 계몽주의 문학을 따르지는 않았다.

1933년 이태준·정지용·김기림 등으로 구성된 구인회에 이상(李箱)과 함께 가담했으며 특히 이태준과 친하게 지냈다. 중국 소설을 번역하면서 한때 작품 활동을 중단하다시피 하다가 해방을 맞이했고, 해방 직후 이태준과 함께 조선문학건설본부에 참여해 소설부 위원을 지냈다. 6·25전쟁 중 월북해 평양문학대학 교수로 재직하며 시조 시인 조운과 함께 〈조선창극집〉(1953)을 펴냈다. 1956년 한때 남로당 계열로 몰려 작품 활동이 금지되었다가 1960년 작가로 복위, 1986년 고혈압으로 죽었다. 1965년 실명한 데다 1975년 고혈압으로 전신불수가 되어서도 아내 권영희의 도움으로 대하역사소설 〈갑오농민전쟁〉을 완성한 것으로 유명하다. 〈한국민족문화대백과사전〉

7 〈주석10(p.47), 이원조〉 참조

8 인정식(印貞植, 1907~ ?), 이명(金永浩, 金水蔘, 金光洙, 桐生一雄), 1907년 평안남도 용강에서 출생했다. 조부가 개설한 시열재(時說齋)에서 한학을 수학하고 광량만보통학교를 졸업한 후, 1921년 평양고등보통학교에 입학했다. 1925년 일본에 건너가 호세이(法政)대학 예과에 입학했으나, 졸업 직전 자퇴했다. 1927년 9월 이우적의 권유로 고려공산청년회 일본부에 가입했고, 1928년 조선공산당 일본총국 위원 및 고려공산청년회 일본부 책임 비서로 활동했다. 1929년 귀국 후 서울을 중심으로 활동하다가 체포되어 1931년 치안유지법 위반으로 징역 6년형을 선고받았다. 1934년 11월 가출옥한 후 고향에 돌아가 야학을 개설해 활동하다가 1935년 여름 상경하여 조선중앙일보 논설위원으로 입사했다. 이후 「조선중앙일보」, 『비판』 등의 신문과 잡지에 다수의 평론을 발표했다. 1938년 인정식에게 영향을 받은 고향 청년들이 조직한 공화계 야학 사건의 주모자로 검거되어 같은 해 말 사상 전향을 선언하면서 석방되었다. 1939년 동양지광사에 입사하여 편집주임이 되었으며, 1940년에는 사상 전향자 단체인 시국대응전선사상보국연맹의 간사, 대동민우회 위원으로 활동했다.

해방 후 1945년 12월 조선사회문제대책중앙협의회 중앙위원이 되었고, 조선사회과학연구소, 조선과학자동맹, 민주주의민족전선 등에 가입해 사회주의 활동을 전개했다. 1947년 동국대학교 경제학부에서 강의했으며, 1948년 9월 창간된 『농림신문』의 주필이 되었다. 1949년 11월 국가보안법 위반으로 체포되었으나 전향해 석방되었다. 한국전쟁 중 서울시인민위원회 후보위원과 중앙위원을 지내다 월북하였다. 인정식의 이상과 같은 활동은 「일제강점하 반민족행위 진상규명에 관한 특별법」 제2조 제13호에 해당하는 친일 반민족 행위로 규정되어 『친일반민족행위진상규명 보고서』 Ⅳ-15: 친일반민족행위자 결정이유서(pp.7~41.)에 관련 행적이 상세하게 채록되었다.

대체로 좌익 계열 신문들이 폐쇄의 부당함을 지적하고, 군정청과의 교섭 과정을 보도하면서, 「해방일보」를 속간시킬 것을 요구하고 있다. 그런데 미군정청이 「해방일보」를 폐간시킨 법적 근거는 무엇일까? 그리고 왜 이렇게 성급하게 일을 진행했을까 하는 의문이 들 것이다.

「대동신문」이 정간 처분을 받은 이유는 "이즈음 동 지에 게재한 기사 중 암살 행위를 선동하고 연합국의 1국을 비방하였다는 것"이 군정법령에 저촉되어 미군정실시 후 신문에 대한 최초의 정간 처분을 받게 된 것이라는 뚜렷한 이유가 있었다.[9] 그러나 「해방일보」의 폐쇄 이유가 무엇인지 정확하게 보도한 매체가 없었다. 다만 「조선인민보」 「부산일보」 정도가 군정장관 러치와 공보부장 뉴먼의 입을 빌려 정간(폐쇄) 이유를 간략하게나마 보도하였다. 아래에 「부산일보」의 기사를 소개한다.[10]

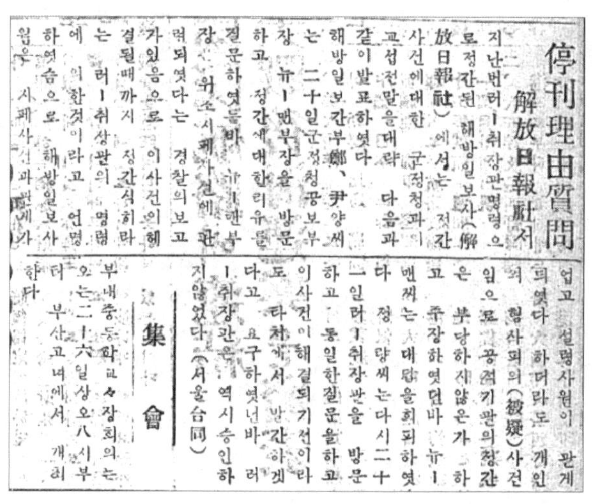

停刊理由質問
解放日報社서

지난번러―취장관명령으로정간된 해방일보사(解放日報社)에서는 정간사건에대한 군정청과의교섭전말을대략 다음과갈이발표하엿다. 해방일보간부鄭、尹양씨는二十일군정청공보부장뉴―맨부장을방문하고 정간에대한리유를질문하엿든바 뉴―맨부장은 위소시페사건에관련되엿다는 경찰의보고가잇음으로 이사건의혜결될때까지 정간식히라는러―취장관의 명령에의한것이라고 언명하엿슴으로 해방일보사원은 사페사건과관계가업고 설명사원이 관계되엿다하더라도 개인의힘사페의(被疑)사건입으로 공적기관의 정간은 부당하지않은가 하고 주장하엿든바 뉴―맨씨는 대답을회피하엿다 정당씨는 다시二十一일러―취장관을방문하고 동일한질문을하고 이사건이해결되기전이라도 타처에서발간하겟다고 요구하엿넌바 러―취장관은 역시승인하지않엇다(서울合同)

集會

부내중동학교々장회의는 오는二―六일상오八시부터 부산고녀에서 개최한다

〈그림35: 1946년 5월 24일 자 부산일보〉

9 대동신문이 3주간 정간 처분과 하지의 특별 성명 발표, 「동아일보」, 1946.5.16.

10 停刊理由質問, 解放日報社서, 「부산일보」, 1946.5.24.

지난번 러치 장관 명령으로 정간된 해방일보사에서는 정간 사건에 대한 군정청과의 교섭 전말을 대략 다음과 같이 발표하였다. 해방일보 간부 정(鄭), 윤(尹) 양 씨는 20일 군정청 공보부장 뉴먼 부장을 방문하고 정간에 대한 이유를 질문하였는바 뉴먼 부장은 위조지폐 사건에 관련되었다는 경찰의 보고가 있음으로 이 사건이 해결될 때까지 정간시키라는 러치 장관의 명령에 의한 것이라고 언명하였으므로, 해방일보 사원은 지폐 사건과 관계가 없고, 설령 사원이 관계되었다 하더라도 개인의 형사피의 사건임으로 공적 기관의 정간은 부당하지 않은가 하고 주장하였던바 뉴먼 씨는 대답을 회피하였다. 정 · 윤 양 씨는 다시 21일 러치 장관을 방문하고 동일한 질문을 하고 이 사건이 해결되기 전이라도 타처에서 발간하겠다고 요구하였던바 러치 장관은 역시 승인하지 않았다.

실로 무법천지 상태였다. 「해방일보」의 폐쇄 처리는 법적 근거가 없었다. 당시 언론 관계 법률은 1945년 10월 30일 공포된 《군정법령 제19호, 노동의 보호, 언론출판 등의 등기》만이 유일했다.[11] 그들은 점령군으로서 일본군의 무장해제를 이유로 공포된 《포고 제1, 2호》에 따라 「해방일보」를 폐쇄했다. 결국, 며칠 후인 5월 29일, 기존의 신문 및 기타 출판물 등록제를 허가제로 바꾼 미군정 《법령 제88호》가 공포된다. 이 법령은 별도의 장에서 다시 다룰 예정이다.

누가 보더라도 미군정의 행위는 공산당을 박멸하겠다는 모략 정치의

11 〈자세히 읽기-1〉 참조

일환이었다. 「해방일보」 폐쇄를 무리하게 처리하다가 골머리를 앓고 있던 군정청에 구원의 손길이 다가왔다. 「해방일보」와 「현대일보」 두 신문이 문제의 위폐를 제공받았다는 기사가 보도되었던 것이다.[12] 하지만 이 문제는 규명되지 않았고 곧 수면 밑으로 가라앉았다. 아무튼 정판사 위조지폐 사건으로 「해방일보」가 직격탄을 맞았다면, 「현대일보」는 그 유탄을 맞은 셈이다. 이 사건으로 충격을 받았는지, 「현대일보」는 '모략 정치의 각 양상'이라는 특집기사를 18회에 걸쳐 연재하게 된다. 필진도 쟁쟁하다. 김기림, 임화, 박태원 등 우리에게 익숙한 문필가들이 대거 참여했다. 연재된 글 중 김영건의 '동서 반세기의 모략극'이란 글을 인용한다.[13]

〈자세히 읽기-6〉

[동서 반세기의 모략극/ 김영건]

오늘 우리가 목도하고 있는 "정치 모략의 각 양상"은 조선에만 특유한 현상은 아니다. 역사적으로 볼 때에 우리는 그것이 몰락해가는 자본주의 제도의 최후의 발악인 것을 알 수가 있다. 앞으로 조선에 있어서도 이와 같은 반동분자의 전술에 대한 가혹한 시련과 용감한 투쟁을 통해서만 참된 민주

12 解放日報에 五十萬圓 現代日報엔 廿八萬圓提供, 「동아일보」, 1946.5.26.

13 東西半世紀間의 謀略劇(上), 「현대일보」, 1946.5.27.; 東西半世紀間의 謀略圖(下), 같은 신문, 5.28.

주의의 승리를 얻을 수 있다는 것을 알아야 한다. 자본주의 제도의 질곡을 벗어나 참된 민주주의의 사회로 발전하라는 역사적 조류를 막으려고 갖은 정치적 모략을 다하는 반동분자들의 전술을 우리는 최근 반세기 동안에 일어난 가지가지의 사건들 속에서 넉넉히 엿볼 수 있다.

먼저 카를 리프크네히트(Karl Liebknecht, 1871~1919)와 로자 룩셈부르크 (Rosa Luxemburg, 1871~1919) 등의 귀중한 희생을 내고 스파르타쿠스 운동이 실패에 돌아간 것을 비롯하여, 제1차대전을 통해서는 프랑스에 유명한 드레퓌스 사건이 일어났다. 모리스 바레스(Maurice Barrès) 등의 반동분자들은 오직 인종적 자만을 가지고 드레퓌스를 편모함(偏謀陷)하려고 들었으나 장 조레스는 "인격의 옹호(擁護)"를 부르짖고, 에밀 졸라는 "나는 규탄한다."라고 고함을 쳤으며, 아나톨 프랑스와 로맹 롤랑 등은 "다 같이 정의를 위하여" 그의 무죄를 주장하였다.

그러나 그보다도 우리에게 깊은 감명을 주었던 것은 사회주의 국가의 건설을 방해하려고 러시아에서 일어난 지노비예프 서간 사건, 고리키 독살 사건 등 일련의 사건이었던 것이다. 아메리카에서 일어났던 '사코와 반제티 사건'도 인종적 편견이 다분히 가미되어 있는 사건이었지만 불행하게도 원만한 해결을 보지 못한 채 전기의자 위에 앉게 되고 말았다. 그리고 최근에 이태리의 파시스트가 정권을 잡기 위한 로마에의 진군이라든가 뮌헨에서 들고일어나 독일 나치의 전술 등이 직접으로 제2차세계대전의 도화선이 되었던 정치적 모략이었던 것이다.

그러나 돌프스 수상 암살 사건과 디미트로프에 의해 폭로되고만 국회의사당 방화 사건을 통해 우리는 반동분자의 두 가지의 전술을 뚜렷하게 파악할 수 있게 되었다. 자본주의사회의 최대의 모순은 국내에 근로계급을 착취하는 지배계급과 지배계급에 의해 착취를 당하고 있는 근로계급의 두

계급이 서로 대립해 있다는 사실이다.

만일에 이와 같은 사태를 그대로 내버려 둔다면 근로계급이 자기를 착취하는 지배계급에 대한 증오심이 한결같이 강대해져 갈 것만은 명백한 사실이다. 그러면 지배계급은 이와 같이 자기에 대해서 피지배계급 피착취계급이 갖고 있는 증오심을 어디로 쏠리게 할 것인가? 그것은 다름 아닌 타민족에 대해서이다. "우리들이 살려면 에티오피아 민족을 정복하고 리비아인을 정복해야 한다!"고 무솔리니는 부르짖었다. "독일 사람을 못살게 만든 것은 유태인이다!"라고 히틀러는 부르짖었다. 그리고 유태인 학살을 시작했다. "오스트리아는 독일 사람의 땅이다. 대독일과의 합병을 반대하는 놈은 민족 반역자다!" 그래서 그는 돌프스를 무찔렀다. "체코와 화란놈들은 독일 민족인 즈-레튼(주테덴)을 학대한다!" 그래서 그는 체코와 화란을 쳤다. "베르사유 조약을 강제한 프랑스 민족은 독일 민족의 적이다!" 그래서 그는 프랑스를 침략했다. 그러면 이와 같은 사건은 유럽에서만 일어나는 "남의 집의 불"이었더냐? 우리도 다 같이 자본주의제도의 사회에서 살아온 이상 그와 같은 자본계급의 모략적 전술에 관련됨이 없이 지내왔을 이치가 없다. 이곳에서 나는 우리가 직접 관련이 되었던 두 가지의 사건을 들어보고자 한다.

그 하나는 우리가 지배계급의 희생이 되었던 관동 대지진 사건이다. 그때에 일본 사람들은 극도의 경제공황으로 자칫하면 사회혁명이 일어날 위기에까지 이르렀다. 그때에 동경의 계엄을 맡아보고 있던 군부에서는 한 묘책을 내게 되었다. "조선 사람들이 먹는 물에 독약을 풀어 일본 사람들을 죽이려고 한다!"고 그들은 며칠을 두고 라디오로 방송을 했다. 이때까지 지배계급에 대해 분풀이를 하지 못해 애를 쓰던 룸펜들은 조선 사람들에게 대해 그 한풀이를 하게 되었다. 즉 조선인 대학살 사건이 그것이다. 이 진상은 앤드류 로스에 의해 네이션(The Nation) 지상에도 갈파되었던 바이다. 또 하나는 우리가 가장 창피하게도 지배계급의 주구가 되었던 만보산 사건이다.

조선에도 경제공황은 심해지고 사회운동을 탄압해 놓은 끝이라 인심은 흉흉해 갈 따름이었다. 일본 제국주의는 중국을 침략하고 싶은데 중간에서 거치적거리는 조선사람들을 무엇으로 꾀어야 할 것인가?

그래서 일본 사람들은 만주에서 중국 사람들에게 학대받는 조선 사람의 일을 극도로 선전하게 되었다. "중국 놈들을 때려죽여라!" 그래서 조선사람들 속의 지각없는 몇몇 사람들은 그대로 했던 것이다.

그러면 이와 같이 타민족을 배척하는 운동은 어떻게 해서 반공 반소 운동으로 발전이 되었는가?

처음에는 무솔리니가 에티오피아를 치고, 히틀러가 체코와 화란과 프랑스를 칠 때에는 자기네 단독의 힘으로 칠 수 있었기 때문에 그 민족에 대한 증오심을 선동하는 것만으로서도 충분했다. 일본이 중국을 탐욕하려고 들 때에도 마찬가지다.

그러나 독일이 소련을 칠 때에는 단독의 힘으로는 부족했다. 그것에는 양면전쟁(兩面戰爭)을 폐(廢)한다는 이유만으로도 영미와 협력하거나 적어도 중립만이라도 절대적으로 필요했다.

그러면 어떠한 경유로 영미의 동정을 구할 수 있을 것인가?

"슬라브족은 게르만족을 못살게 하는 적이다!" 이렇게 외쳐 보았자 러시아 민족이 독일 민족의 적은 될 수 있을지 모르나 앵글로 색슨족의 적까지 되어야 한다는 이유는 못 된다. 그래서 소련의 공산주의를 치라고 했던 것이다. 왈 "소련의 제국주의는 공산주의를 갖고 전 세계를 침략하려고 한다!” 잔나비 같은 일본 사람들도 동양에 있어서 히틀러의 흉내를 내게 했다. “보아라! 중국의 공산군은 대동아를 적화시키려고 하지 않느냐?” 그래서 중화민국의 왕정위 주석은 만주의 괴뢰 정부와 같이 일본 군국주의자들이 시키는 대로 방공 협정을 체결했던 것이다. 그리고 일본 제국주의의 전술한 미나미 지로 (南次郎), 고이소 구니아키(小磯國昭), 아베 노부유키(阿部信行) 등은 조선에서도 10여 년을 두고 이 방공 사상, 반공 반소의 사상을 고취(鼓吹)해 왔던 것이다.

“공산주의의 사상은 무서운 것이다. 그것은 팔굉일우(八紘一宇)의 사상에 배치되는 것이다. 소련은 대화 민족의 적이요 그와 동근동족인 조선 민족의 적이다.” 그래서 조선 사람들은 공산주의를 무서워하고 미워하는 것을 배웠으며 러시아 말의 ‘가갸’자 근처에도 가기를 꺼려 했다. 또 일본 사람들은 조선의 청년들을 처벌할 때에 반드시 적색 사상을 가진 불령선인이라는 편리한 낙인을 찍게 되었다.

8월 15일 일이었다. 아메리카와 같이 소련은 우리 조선 민족을 일본 제국주의의 질곡으로부터 해방시켜 주었다. 미나미, 고이소, 아베 등의 총독은 물러갔다. 아메리카가 우리를 해방시켜 준 은인인 것과 같이 소련도 우리를 해방시켜 준 위대한 은인임에는 틀림없다. 우리가 아메리카의 민주주의를 배울 자유를 가질 수 있는 것과 같이 소련의 공산주의를 배울 자유도 가질 수 있는 것이다.

그러나 놀라지 마라! 오늘 서울에서는 그리고 남조선에서는 공산당원에게 매국노라는 비난을 하는 반동분자들이 대낮의 유령과 같이 횡행하고 있다. 유령, 그렇다! 그들은 미나미, 고이소, 아베의 유령인 것이다. 이 유령들은 라디오, 신문을 통하여 반공, 반소의 사상을 고취하며 무기를 들고 피에 주린 이리같이 민족의 분열을 위하여 날뛰고 있다. 우리는 이와 같은 조선의 왕정위의 일당과 그 늙은 지도자들의 정치적 모략에 속아 조선의 통일된 정부를 수립하는 길을 그르쳐서는 안 된다.

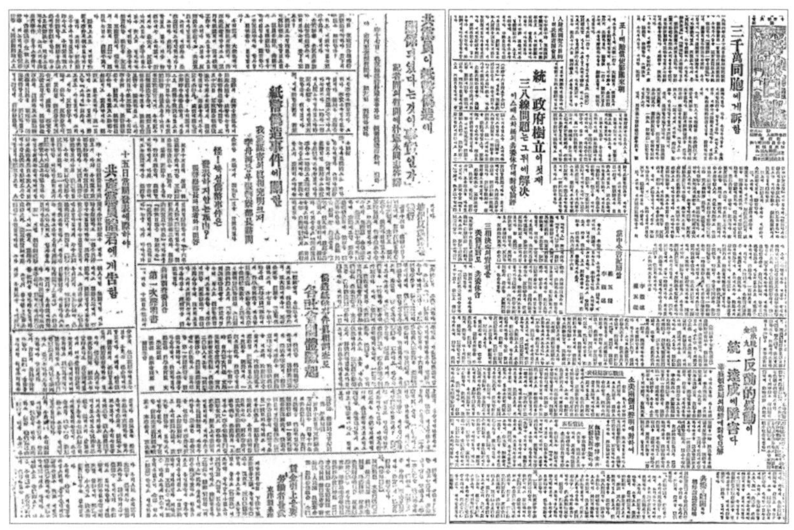
三千萬同胞에게訴함

統一政府樹立이 첫재 三八線問題는 그뒤에 解決

紙幣僞造事件에 關할

〈그림36: 1946년 5월 18일 자 해방일보(마지막 호, 150호) 1, 2면〉

「해방일보」의 마지막 호인 1946년 5월 18일 자를 살펴보면, 사설 · 주장 및 가장 중요하다고 판단되는 기사가 실렸던 1면 상단에 "삼천만 동포에게 소(訴)함"이라는 제목의 글이 배치되었다. 이관술 · 권오직 두 사람의 이름으로 작성된 호소문이다. 아래에 전문을 소개한다.

> 1946년 5월 15일 공보국 특별 발표로서 조선 경찰 제1관구 경찰청장 장택상 씨는 우리 두 사람을 3백만 원 이상의 지폐를 위조하여 〈남조선 일대를 혼란〉한 사건에 관련되었다고 발표하는 동시에 우리

두 사람에게 〈이미 체포장이 발부된 중〉이라 발표하였고, 동 발표는 다시 우리를 동포들이 가장 신뢰하고 사랑하는 〈조선공산당〉의 〈간부〉라고 지칭하였으므로 조선공산당의 위신을 위하여 조선공산당의 간부라는 영광스러운 이름을 위하여 또한 해방 조선의 중임을 맡아 보는 조선 경찰의 명예를 위하여 이 성명을 발표하는 바이다.

一, 우리는 이 사건이 전면적으로 허위임을 단연이 지적한다. 그 이유는

첫째, 우리 두 사람이 이러한 범행에 관련되었다 하나 우리 두 사람은 전연(全然) 이러한 범행을 한 일이 없다. 그러므로 우리가 이 사건에 관련되었다 함은 이 사건이 전연 허위적 날조인 것을 증명하는 것이며 둘째, 범인이라 지칭된 박락종 이하 대부분의 동지는 그 평소에 우리 민족 해방을 위하여 헌신적 사업을 하였었다. 그러므로 14인이 일당이 되어 이러한 추악한 범죄를 하였다 함이 둘째의 증거이며 셋째, 근택빌딩 지하실에서 위조지폐 3백만 원의 대부분을 위조하였다 하나 박락종 씨가 조선정판사를 관리한 이래 지하실에는 일차도 인쇄 기계를 설치한 일이 없으며 넷째, 동 발표는 조선은행권 평판을 조선은행으로부터 조선도서주식회사에 〈이관 중 행방불명〉이 되었는데 〈경찰에서는 분실되었던 평판 9개를 발견하였다〉 하였으나 이러한 평판은 조선정판사 내에서 발견된 일이 절무(絶無)한 것 이상의 증거로써 우리는 이 사건이 전연 허위인 것을 단정한다.

二, 그러면 이러한 허구의 사건이 왜 발표되었는가? 이것은 조선공산당의 위신을 추락시키기 위하여 어떤 정치적 모략 등의 책동에 의

하여 발표된 것이다. 미소공위의 휴회를 계기하여 우익 반동파는 백주에 테러단을 조직하여 공공연한 파괴를 감행하고 가두에서 공공연한 살인과 내란을 선동하고 언론 자유를 악용하며 테러 행동을 찬양 선도하는 등 실로 무질서 혼란이 연발하여 서울의 동정은 참으로 소연(騷然)한 바 있다. 이러한 반동파의 공세는 우리 해방의 최대 은인의 하나인 소연방에 대한 반대와 조선공산당의 중상에 집중되고 있다. 이 허구 위조지폐 사건도 이 공세와 중상의 일부분으로 나타난 것이다. 그러나 이러한 허구적 공격은 결코 우리 당을 훼방치 못할 뿐 아니라 이 비열하고 수매(唾罵)할 반동파의 행동은 도리어 그들 자신의 묘혈을 팜에 불과할 것이니 이것은 불원한 시일 내에 본건이 허구인 것이 백일청천하에 폭로될 수 있는 까닭이다.

三, 그러면 이 반동적 모략가들은 왜 이러한 비열한 위조지폐 사건을 허구로 하여 우리를 공격하는가? 이것은 뚝섬 대한독립촉성국민회지부 조직부장 이원재 등의 검거로써 참말 위조지폐 사건이 발발한 것은 천하가 다 아는 바이다. 이 참말 위조지폐 사건은 우익 반동파의 한 개의 추악한 범죄가 아닐 수 없으므로 이 범죄를 우리에게 전가하여 모략을 꾀함이 그 동기이다. 곧 우익 반동파들을 범죄에서 구출하고 우리를 이 허구의 범죄 속에 몰아넣으려는 음모에서 행하여 진 것이다. 이 사실은 또한 불원간 시간 내로 동포 앞에 명백히 될 것이다.

四, 끝으로 우리는 해방 조선의 질서를 책임진 경찰이 참된 애국자와 정치적 모략배를 정확히 감별하여 일시적 지위와 일시적 명예로서 이러한 모략가들의 책동에 속지 말고 새나라의 명예와 건설과 발전을 위하여 정의와 진실에 입각하여 그 중임을 이행하기 바라는 성의에 시달려, 동포들이 신뢰하고 사랑하는 조선공산당이 이 반동파의 책동에 의하여 또한 우리 두 사람의 이름으로 인하여 동포들에게 비록 일시적이나마 터럭 끝만 한 의혹이라도 받지 아니하기 위하여 이 성명을 발표하는 바이다.

1946년 5월 16일 이관술, 권오직

만약 자신들의 범죄를 은폐하기 위해 이 글을 썼다면 과연 그들을 용서할 수 있을까? 그러나 우리는 차츰 확인하게 될 것이다. 두 사람은 자신들의 양심을 걸고 정직하게 사건의 경위를 밝혔고, 그들의 주장이 진실이었다는 것은 이 책을 통하여 확인하게 될 것이다. 이관술 · 권오직의 성명서 중 가장 눈에 띄는 부분은 뚝섬 대한독립촉성국민회지부 조직부장 이원재 등을 거론하면서 "우익 반동파들을 범죄에서 구출하고 우리를 이 허구의 범죄 속에 몰아넣으려는 음모에서 행하여 진 것이다."라고 범죄의 동기를 밝힌 점이다. 사건 초기에 이들은 이미 미군정의 음모를 파악했던 것이다.

종간호 2면에는 "공당원이 지폐 위조에 관계되었다는 것이 사실인가?"라는 기자단의 질문에 박헌영이 답변한 기사를 비롯해, 지폐 위조 사건에 관한 공산당 모해의 진상을 규명하기 위해 이주하가 장택상 경찰부장을 방문했다는 기사, 위조지폐 사건 진상 조사를 위해 각 사회단체들이 궐기했다는 기사 등이 실렸다. 그 외 "괴(怪)! 뚝섬 위폐 사건은 발표하지 않은 이유?"라는 제목하에 장택상과 기자들과의 문답이 실렸는데, 이미 거론한 바 있는 5월 17일 자 「중앙신문」과 비슷한 내용이다.

「해방일보」는 1946년 5월 18일 창간 8개월 만에 지령 150호를 끝으로 폐간되었다. 편집진을 비롯한 직원들은 누구도 이와 같은 비극이 닥치리라고는 예상하지 못했던 것 같다. 종간호에는 마지막 인사말도 없으며, 종간을 암시하는 어떠한 징후도 없었다. 5월 15일에 발표된 미군정의 특별 발표에 힘껏 저항하겠다는 결의의 기사로 채워졌던 것뿐이다. 「해방일보」의 마지막 날 모습은 그 무렵 「해방일보」의 정치부 기자였던 박갑동[14]이 다음과 같이 실감나게 묘사했다.[15]

14 박갑동(朴甲東, 1919~), 1919년 경남 산청군에서 지주 집안 출신으로 태어났다. 중앙고보 재학 중에 일본 경찰 구타 사건에 연루되어 퇴학당했던 바 있었으며, 일본 와세다대학 정경학부에 입학하여 유학하다 1941년에 나와 지리산에서 학병 반대 게릴라 투쟁을 하였다. 해방 이후 조선공산당에 들어가 기관지 해방일보의 정치부 수석기자로 활동했다. 1946년 공산당 당수 박헌영이 북으로 간 후 남로당이 지하화된 후 한국전쟁 직전까지 지하 총책으로 활동했었다. 한국전쟁 발발 후 북한으로 넘어가 문화선전성 구라파 부장을 지냈으나 이내 곧 북한 김일성이 1953년 남로당 계열 대숙청을 했을 때 박헌영 일당으로 연루되어 수용소에서 3년을 보냈다. 사형 집행 대기 중 1956년 '스탈린 격하' 운동 여파로 석방되었고, 1957년 중국 베이징-홍콩-일본 도쿄로 통해 탈출했다. 그 이후 그는 일본 도쿄에 정착하여 살고 있다. 1989년 이상조(전 주소련북한대사)와 도쿄에서 '북조선개방추진위원회'를 조직했고, 1992년 조선민주통일구국전선을 만들어 상임의장을 맡고 있으며 일본, 미국, 러시아, 대한민국 등을 다니며 기자회견이나 초청 연설, 저서 등을 통해 현 북한 정권을 비판하면서 활동하고 있다.

15 박갑동, 『통곡의 언덕에서』, 서당, 1991, pp.217~221.

〈자세히 읽기-7〉

[박갑동이 증언하는 정판사사건]

5월 6일에 미소공위가 무기 휴회되자 9일 후인 5월 15일에 공산당이 위폐를 찍어 냈다는 이른바 정판사위폐사건이 발표되었다. 정말 상상도 못할 청천벽력 같은 사건이었다. 5월 15일이었다. 군정청에 가니 다른 신문사 기자가, "공산당에서 위폐를 찍었다는데…"하고 나에게 물었다. 나는 며칠 전에 뚝섬에서 위폐범을 검거했다는 말과 조병옥 · 장택상 등 경찰 최고 간부들이 한민당 간부와 김구에게도 보였다는 말을 들은 적이 있었다. "무슨 그런 말을 하는가. 뚝섬 사건을 잘못 들은 것 아닌가?" 하고 화를 냈다.

그리고 해방일보사에 돌아가니 해방일보 앞에 사람들이 많이 모여 있었다. 왜 그런가 하고 가까이 가 보니 미군 헌병이 출입문과 정판사 출입문을 막고 있었다. 내가 들어가려 하니 미군 헌병이 못 들어간다고 총구를 내 가슴에 대고 막았다. 이날부터 해방일보도 빼앗기고 정판사도 빼앗겼다. 편집실에 둔 나의 소지품도 전부 빼앗기고 말았다. 얼마 후에 해방일보 자리에 천주교의 노 주교가 경영하는 경향신문의 간판이 걸리는데 나는 또 한 번 놀랐다.

정판사위폐사건을 담당하여 취조하고 기소한 검사는 조재천과 김홍섭이었다. 조재천은 뒤에 장면 정권의 장관이 될 정도의 숨은 한민당 핵심 간부이고, 김홍섭은 한민당 최고 간부의 한 사람인 김준연의 사위였다. 이러한 정치적인 인물이 정치적 배경을 가졌다고 보이는 정판사위폐사건을 담당한 사실이 공산 진영에는 이상하게 비쳤다.

정판사사건으로 공산당은 결정적인 타격을 받았다. 첫째로 공산당 중앙 본부의 기지를 빼앗겼다. 둘째로 공산당의 입 역할을 하는 기관지 해방일보를 폐쇄당했다. 셋째로 방대하고 최신식 인쇄 시설을 가진 정판사를 빼앗겼다. 넷째로 권오직 · 이관술 · 박낙종 같은 우수한 간부를 잃었다. 다섯째로 공산당의 위신이 추락했다. 이것은 회복할 수 없는 타격이었다.

공산당에서는 수도경찰청장 장택상과 핫라인을 가지고 있는 김광수를 파견하여 장택상에게 항의했다. 장택상은 일단 김광수에게 이관술과 권오직에 대한 미군정청의 체포령이 내렸지만 자기는 이 두 사람을 체포하지 않겠다고 했다. 그래서 이관술과 권오직은 멀리 피하지 않고 서울 시내에 있었는데 그렇게 안심시켜 놓고 이관술을 체포해 버렸다. 그때 수도경찰청 수사과장이 일제 강점기 때 고문왕으로 악명 높았던 노덕술이었다. 장택상의 진의는 어떠했는지 몰라도 노덕술이 필사적으로 이관술을 체포했다. 얼굴은 권오직이 더 노출되었는데도 권오직은 체포되지 않았다. 이관술과 노덕술과의 만남은 이번이 세 번째였다. 이관술과 노덕술은 다 같은 울산 사람이었다. 노덕술은 해방되면서 일제 고등계 경찰에서 미군정 경찰로 옮겼고 도리어 영전되었다. 그의 입장에서는 이관술이 살아 있으면 자기의 전죄가 언젠가는 폭로될 것을 우려했을 것이다.

내가 이관술을 처음 만난 것은 해방일보에 들어가서였다. 일본군 졸병의 군복을 입고 처음 권오직을 찾아왔을 때 그의 얼굴이 너무나 촌사람 같고 경상도 사투리를 써 시골에서 올라온 농부인 줄 알았다. 권오직이 벌

떡 일어나 문간까지 뛰어가, "이관술 동무!"하고 손을 내밀며 맞이하는 것을 보고 그가 그 유명한 이관술이라는 것을 알게 되었다. 그는 일제 강점기 때 이재유와 같이 서울 교외의 창동에서 농부로 가장한 채 일제 경찰의 눈을 피해 당 재건 공작을 하고 있었다. 낙동강 수해로 농토를 잃은 이재민이라고 속이고 이재유를 '큰돌이', 이관술을 '작은돌이'라 하며 형제같이 가장하고 있었다. 이재유는 경성제국대학 학생 정태식과 같이 경성제대 일본인 교수 미야케를 포섭한 일로도 유명하나 그 후 그는 체포되어 1945년 봄 몇 달 뒤에 닥쳐올 해방을 보지 못하고 옥사하고 말았다.

이관술은 공산당 재정부장이었기 때문에 대중 공작의 전면에 나서지 않아 당내에서도 얼굴 모르는 사람이 많았다. 내가 이관술을 최후로 본 것은 46년 4월 17일 종로 YMCA 강당에서 개최된 조선공산당 창건 21주년 기념식장에서다. 조선공산당 창건 기념식을 공개적으로 개최한 것은 46년의 기념식이 처음이자 마지막이었다. 그날 기념식이 끝나고 헤어지는데 누군가가, "이관술 동무! 오늘 고까 입었네."하고 놀리는 소리가 들렸다. 소리 나는 곳을 쳐다보니 신사 양복을 입은 이관술이 서서 누군가를 찾고 있었다. 누구 양복을 빌려 입었는지 풍성해 맞지도 않고 와이셔츠 칼라도 쭈글쭈글하며 넥타이도 십 년이나 매었는지 색깔이 바래진 것이었다.

그는 그렇게 검소해도 도쿄고등사범학교를 졸업하고 서울 동덕여자고등보통학교 교원을 하던 고급 인텔리였다. 그는 조국 독립 이외에는 세속지사에는 아무 흥미가 없는 것 같은 사람이었다. 그는 이 세상에 나서 독립운동한다고 몇 번 경찰에 잡혀 죽을 고문만 당하고 6·25 때 교도소 안에서 죽은 사람이다. 그의 누이동생 이순금은 해방 전에는 박헌영과 같이 민족

해방투쟁을 했고 해방 후에는 김삼룡의 처로 갖은 고생을 했다. 6·25 후 그녀와 정태식과 나와 세 사람이 만나 죽은 김삼룡과 이관술의 이야기를 하며 운 일이 생각난다. 이순금은 김삼룡과의 사이에 낳은 아이 하나를 데리고 이북으로 갔는데 남로당 '숙청' 때 그녀도 화를 당했던 것을 생각하니 이관술·이순금 남매의 운명이야말로 정말 기구했다.

이관술이 체포되는 것을 보고 권오직은 해주로 탈출했다. 그는 미군정의 체포망을 피해 이북으로 갔으나 그곳도 안주의 땅은 못되었다. 53년 김일성 도당의 남로당 학살 때 체포되어 55년 말 처형되었다. 정판사위폐사건의 또 한 사람 박낙종은 내 고향인 경남 산청군 출신의 대선배였다. 대학도 같은 일본 와세다대학 출신이다. 그의 외아들 우승(雨升)과는 진주고보 때부터의 친구다. 우승은 경성제대를 졸업하고 한성은행(현 조흥은행의 전신)에 다니면서 경성제대 그룹의 지하조직에 참가하여 해방 직전에 경찰에 체포된 일도 있다. 그의 결혼식은 동성상업학교 강당에서 그 학교장 장면의 주례로 거행되었다. 그의 장인 조윤제(趙潤濟, 국문학자, 뒤에 서울대 교수)는 그때 동성상업학교에서 교편을 잡고 있었다.

나는 그때 장면·조윤제와 알게 되었다. 해방 후 박우승은 전평(전국노동조합평의회)에서 일하게 되었다. 박낙종은 해방일보가 들어있는 정판사 사장이기 때문에 매일 만났다. 그는 정판사위폐사건으로 무기징역을 받아 목포교도소에 수감되었다. 박우승이 자기 아버지 박낙종에게서 온 편지를 나에게 보여준 일이 있다. 그 편지의 내용이 나의 심금을 울려 지금도 그 일부를 외고 있다.

"… 내가 지금 있는 곳이 어딘고? 여기가 해방된 나의 조국 조선인지? 지옥인지? 분간 못 할 때가 많다. 밤이 되면 괴롭다. 바다 물새 우는 소리에 잠을 이루지 못하니 과거 생각이 구름같이 솟아오르고 앞날 생각을 하면 캄캄한 어둠뿐이다. 앞길이 보이지 않는다. 내 명이 10년 남았는지 20년 남았는지 모르지만 이 캄캄한 암흑 속에서 나의 생명이 끊어져 나간단 말이냐? 우리 조선에는 하느님이 정말 없을까? 하느님을 믿지 않는 내가 요사이는 간혹 하느님 생각을 하게 된다.

우승아! 우리 집, 우리나라 운명이 왜 이리 되고 마느냐? 나의 희망은 이제 너 하나밖에 없다. 문례(며느리의 이름, 조윤제의 딸)와 행복한 가정을 가꾸기 바란다. 내 걱정은 하지 마라!…"

밤에 바다 물새 우는 소리에 잠을 이루지 못하고 몸부림치던 박낙종도 10년 20년 뒤가 아니라 불과 4년 후 6·25 때 교도소에서 처형되고 만다. 정판사위폐사건을 기소하고 구형한 검사 조재천도, 김홍섭도 그 뒤 몇 해 안 돼서 젊은 나이로 모두 병사하고 지금은 없다. 피고들은 물론 구형자도 지금은 한 사람도 남아 있지 않다.

정판사 3층 사무실에서 쫓겨난 우리 해방일보 사원들은 갈 곳이 없었다. 사장 권오직과 주필 조두원은 피신하고 나오지 않았다. 이때부터 정태식이 해방일보의 중심인물이 되었다. 상당한 기일이 경과 한 후 공산당 중앙 본부는 남대문 앞 일화빌딩으로 옮겼다. 민주주의 민족전선도 그 일화빌딩에 같이 있게 되었다. 이때부터 우리 해방일보는 편집국과 영업국·공무국으로 각각 분산하여 아지트를 구하게 되었다. 우리 편집국은 해방일보를 대신하는 신문도 발간하지 못하고 이리저리 옮기며 대책회의만 열고 있었으나 별수가 없었다. 미군정청의 인가 없이는 새 신문을 창간할 수가 없었기 때문이다.

나는 해방일보에 미군정청 공보부장이 발급한 프레스 카드를 가진 유일한 합법성을 가진 기자이기 때문에 군정청 기자회견에 계속 출석하고 있었다. 군정청 출입기자단에서는 해방일보는 폐간이 아직 아니고 임시 정간이라고 해석해 주었기 때문에 나의 자격에는 별 이상이 발생하지 않았다. 우리는 일간신문을 발행할 전망이 보이지 않아 공청기관지 「청년해방일보」, 전평기관지 「전국노동자신문」, 전농기관지 「전국농민신문」 등 주간신문의 편집을 맡게 되었다. 이 세 신문을 다 내어도 1주일에 세 번밖에 내지 못하므로 강중학(姜仲鶴)이란 당원이 공보부에 등록만 해 놓은 「건국」이란 주간신문을 우리가 창간하게 되었다.

05

김구 며느리 안미생과 독촉국민회 이원재의 등장과 퇴장

〈그림37: 1946년 5월 16일 자 동아일보〉

「동아일보」가 자랑하는 코너가 있었다. 수시로 단행하는 지면 개편에서 무려 100년 동안 건재한 '휴지통'과 '횡설수설'이라는 코너가 바로 그것이다. 이 중 '횡설수설'은 1920년 7월 25일 자에 첫선을 보였는데, 이 신문의 주장으로는 검열 당국을 의식해 "무슨 애길 하더라도 횡설수설하는 것이니 신경 쓰지 말라"고 연막을 친 것으로써 실제로는 총독부를 공격하는 것이 주목적이었다고 한다.[1]

1946년 5월 16일, 「동아일보」가 이 코너를 통해 대형 사고를 쳤다.

1 [동아플래시100] "총독정치는 악당 보호정치" 호통친 기자 징역 3개월, 「동아일보」, 2020.4.24.

김구 며느리 안미생(安美生)을 남자로 둔갑시킨 것이다.[2] 문제의 기사를 살펴보자.

> 세간에는 동성동본, 이성 동명이 허다하거든 남자의 안미생을 여자로 넘겨짚은 게 첫째 실수요, 거액의 위조 사건을 우익에게 덮어씌우려던 억지가 수포화되니 새로운 실수.

글의 요지는 "위조지폐 사건에 등장하는 안미생이라는 자는 김구 며느리 안미생이 아니고 정체불명의 남자 안미생이다. 그리고 문제의 거액 위조 사건은 좌익이 범한 죄를 우익에게 덮어씌우려다 무산되었다."라는 주장이다. 그냥 웃고 넘어갈 수도 있는 기사였으나, 함상훈이 또 하나의 사고를 저지름으로써 안미생이 위조지폐 사건의 핵심으로 떠오르게 되었다.

1946년 5월 19일 자 신문을 받아든 독자들은 어리둥절했으리라 믿는다. 시민들이 기대한 것은 전날 전격적으로 처리된 「해방일보」 폐쇄에 관한 기사였을 것이다. 그러나 대다수의 신문사들은 민주의원 공보부장 함상훈의 담화를 선택했다. 내용은 대부분 동일했다. 담화문의 내용부터 살펴보자.

> 공산 계열에서는 시내 장곡천정 정판사를 근거로 발행한 위조지폐 사건에 임시정부 요인들도 관련되었다고 모략적 선전을 하고 있

2 횡설수설, 「동아일보」, 1946.5.16.

共産分子들의 虛僞逆宣傳

民院咸公報部長指摘

停會

李始榮, 安美生은 僞造紙幣事件 과는 關聯없다

民議咸尙勳氏談

吳夏英等에 體刑言渡

中央'의 撤去

李始榮 安美生兩氏 僞幣關聯은 浪說

共產黨機關紙 解放日報閉鎖

臨政關聯은 謀略 咸尙勳氏 談話

〈그림38: 상단 좌에서 시계방향, 1946년 5월 19일 자 중외신보, 가정신문, 동아일보, 한성일보〉

는데, 이에 대하여 민주의원 공보부장 함상훈 씨는 18일 다음과 같은 담화를 발표하여 모략적 선전을 분쇄하였다.

일부에 임시정부 이시영, 안미생 양 씨가 위조지폐 사건에 관련된 것처럼 선전하나 그것은 허위다. 일전에 CIC에서 근택빌딩에서 지폐 위조기와 위조지폐 등을 압수하고 김구 총리의 참관을 요구하였는데, 때마침 김 총리는 입원 중이므로 그 대리로 이시영, 안미생 양 씨가 구경했을 뿐이다. 그런데, 이것을 본 공산당에서 허위 선전한 것이니 기만당하지 말기를 바란다.[3]

3 임정 관련은 모략, 함상훈 씨 담화, 「동아일보」, 1946.5.19.

담화문에 따르면, "위조지폐 사건에 임시정부 요인들이 관련되었다고 흑색선전을 하는 무리가 있다, 근택빌딩에서 지폐 위조기와 위조지폐 등을 압수하고 난 후 CIC는 김구에게 참관을 요구했다, 마침 김구가 입원 중이었으므로 이시영 · 안미생 두 사람이 대리로 구경을 했을 뿐이다, 임정 요인들이 위조지폐 사건에 연루되었다는 주장은 공산당의 허위 선전이다." 등의 내용을 담고 있다.

무엇보다 이해할 수 없는 것은 왜 민주의원[4]에서 담화를 발표했는가 하는 의문이다. 당시의 김구는 민주의원 부의장을 거쳐 총리였으니

4 남조선대한국민대표민주의원(南朝鮮大韓國民代表民主議院) 또는 민주의원이란, 미군정기 1946년 2월 14일에 설립된 미군정청의 의회 형식의 입법, 자문기관을 말한다. 1946년 2월 1일과 2일 임시정부측 주최로 과도정부 수립을 목적으로 소집된 비상국민회의가 그 의결로써 28명의 최고정무위원을 선출하였던바, 미군정의 종용을 받아 주한미군 사령관 하지(Hodge,J.R.)의 자문기관으로서 과도정부 수립을 촉진시키는 사명을 띠고 2월 14일 설치되었다. 그 구성은 이승만(李承晩)·김구(金九)·김규식(金奎植)을 비롯하여 남한 각 정당 지도자 중 28명으로 구성하여, 과도정부 수립을 촉진시키는 사명을 띠고 군정청에서 창설되었으나, 창설의 목적과는 달리 결의기관이 아닌 미군정 사령관의 자문기관에 그침으로써 그 활동에는 한계가 있었다. 그러나 민주의원은 그 선언문을 통하여 미국군 총사령관이 한국의 과도정부 수립을 준비하는 노력에 자문 자격으로 협조할 것과 한국의 완전 독립을 속히 실현하는 데 공헌할 것을 선언하였다. 조직은 의장 이승만, 부의장 김구·김규식, 의원에는 원세훈(元世勳)·김도연(金度演)·백관수(白寬洙)·김준연(金俊淵)·백남훈(白南薰)·권동진(權東鎭)·오세창(吳世昌)·김여식(金麗植)·최익환(崔益煥)·조완구(趙琬九)·조소앙(趙素昻)·김붕준(金朋濬)·안재홍(安在鴻)·박용희(朴容羲)·이의식(李義植)·여운형(呂運亨)·황진남(黃鎭南)·백상규(白象圭)·김선(金善)·장면(張勉)·김창숙(金昌淑)·김법린(金法麟)·함태영(咸台永)·정인보(鄭寅普)·황현숙(黃賢淑) 등으로 구성되었다.

2월 23일〈민주의원 규범(규약)〉 32개 조를 결정함에 따라 기구가 다시 결정되어 의장 이승만, 부의장 김규식, 총리 김구, 비서국장 윤치영(尹致暎), 서무국장 고희동(高羲東), 공보국장 함상훈(咸尙勳), 통계국장 조종구(趙鍾九), 기획국장 최익(崔益)이 되었다. 또한, 〈민주의원규범〉도 "본원은 비상국민회의의 결의에 의한 최고정무위원으로 조직하고, 임무는 한국의 자주적 민주주의 과도 정권과 기타 긴급한 제반 문제의 해결에 관하여 관계 방면과 절충하며, 필요한 조치를 행하기로 함." 등이었다. 《한국민족문화대백과사전》

민주의원 공보부장인 함상훈은 김구의 문제에 개입할 수 있는 자격이 있다고 볼 수 있을 것이다. 하지만 이시영, 안미생의 문제는 다르다. 1946년 5월 현재 이시영은 중경임시정부 국무위원과 대한독립촉성국민회의 회장을 맡고 있었으나[5] 민주의원의 공식 · 비공식 직함은 없었다. 한민당과 민주의원에 소속되어 있는 함상훈이 이시영 문제에 관계하는 자체가 월권이었다는 얘기다.

안미생은 김구의 며느리이자 비서 역할을 했으니 경우가 다르다 할 수 있으나, 담화문 자체에 임시정부 문제를 거론하였으니 결국 함상훈의 주제넘는 행위였다. 공산당이 "임시정부 이시영, 안미생 양 씨가 위조지폐 사건에 관련된 것처럼 선전하나 그것은 허위다."라는 주장은 임정이나 독촉국민 관계자가 담화를 했어야만 했다.

게다가 함상훈은 미군정 혹은 CIC의 대변인처럼 행세했다. 민주의원은 미군정청의 자문기관이었다. 입법권 · 사법권은 물론 수사권이 없는 군정청의 보조 단체였다. 미군정 내에서 법적인 권한이 전혀 없는 위치에 있는 민주의원의 공보부장 함상훈이 "일전에 CIC에서 근택빌딩에서 지폐 위조기와 위조지폐 등을 압수하고 김구 총리의 참관을 요구하였는데, 때마침 김 총리는 입원 중이므로 그 대리로 이시영, 안미생 양 씨가 구경을 했을 뿐이다."라고 말한 자체가 또 하나의 월권이었다.

그런 그렇고 함상훈이 CIC의 모처로부터 정보를 얻었다고 해도 여전히 의문이 남는다. 김구 그리고 이시영, 안미생은 위폐 감별 전문가도

5 『대한민국건국청년운동사』, 건국청년운동협의회총본부, 1989, pp.730~734.

아니며, 위폐 사건에 대하여 경찰 혹은 CIC가 그들로부터 조언을 받을 위치도 입장도 아니다. 그러나 김구의 참관을 요청했다고 한다. 이것은 무엇을 뜻하는 것일까?

열쇠는 이원재에게 있다. 이원재라는 이름이 처음 거론된 것은 1946년 5월 7일 자 「조선인민보」에서다. 동 신문은 이원재라는 사람이 뚝섬 위폐 사건의 피의자 신분으로 구속 · 취조 중이며, 그의 직책은 독촉국민회 뚝섬위원회 조직부장이라고 보도했다. 그 후 5월 9일부터 「서울신문」 「대동신문」 「조선경제신보」 「자유신문」 등 좌우익을 가리지 않고 대부분의 신문에서 그의 이름을 거론했다. 급기야 5월 16일 본정서 서장 이구범의 기자회견 때에도 이원재라는 이름이 등장했다.[6] 이원재와 뚝섬 사건의 관계를 묻는 기자의 질문에 이구범은 "아직 사건이 진전되지 않아 분명치 않다."고 발언했다. 보도매체는 「동아일보」다. 이틀 후 이 신문은 갑자기, 위조지폐 사건과 이원재는 관련이 없다는 기사를 뜬금없이 보도한다.[7]

아무튼 이원재, 독촉국민회 등의 단어는 세간의 화재를 불러일으켰다. 그런데 함상훈의 담화문으로 인해 이시영, 안미생이라는 이름이 갑자기 추가된 것이다. 민주의원 공보부장의 담화문이 좌익 측에게 공격의 소재를 또 하나 제공한 셈이었다. 비슷한 시기에 임정 산하 광복군이 중국에서 가짜 채권을 발행했다는 것을 기억할 것이다. 위조지폐와 가짜 채권, 자연스럽게 연결될 수 있는 고리였다. 아래에 이원재와 안미생을 거론한 기사를 정리해 보았다.

6 정판사위폐사건의 동기와 담당경찰서장의 기자회견, 「동아일보」, 1946.5.17.

7 國民會 李源裁 花鬪資金을 提供, 「동아일보」, 1946.5.18.

[표7: 이원재 · 안미생과 정판사사건, 관련 기사]

날짜	신문사	기사제목	독촉국민회	이원재	안미생
5. 7.	조선인민보	지폐 위조단 체포	독촉국민회	李元在	–
5. 9.	중외신보	위조지폐범 타진	대한독립촉성	李在元	–
5.10.	서울신문	대규모의 지폐 위조단이 검거	우익모정치단체	李元在	–
	대동신문	大規模의 紙幣僞造團	X	李元在	
5.11.	조선경제신보	稀代僞造紙幣事件 本町署서 繼續活動	우익모정당	李元在	–
5.12.	자유신문	판명된 것은 1천만 원 정도, 대 위조지폐 사건 不日 전모 판명, 本町署 계속 활동 중	X	李元在	–
5.17.	중앙신문	李, 權兩氏가 聲明書發表	독촉국민회		–
	자유신문	위조지폐에 관하여, 朝共의견서 성명 발표	뚝섬 사건		–
5.18.	해방일보	삼천만 동포에게 소(訴)함	독촉국민회	李元在	–
	동아일보	纛島에도 僞造紙幣 一黨六名을 檢擧取調中/國民會 李源裁 花鬪資金을 提供	독촉국민회	李源裁	–
	조선인민보	독촉간부 등을 검거	독촉국민회	李元在	–
5.19.	가정신문	共産分子들의 虛僞逆宣傳	–	–	○
	동아일보	임정 관련은 모략 함상훈 씨 담화	–	–	○
	중외신보	李始榮 安美生은 僞造紙幣事件과는 關聯없다	–	–	○
	한성일보	李始榮, 安美生兩氏 僞幣關聯은 浪說	–	–	○
5.20.	부산신문	僞幣事件에 民議公報部談話	–	–	○
	한성일보	僞造紙幣의 巢窟 近澤삘딩遂閉鎖	–	–	○

5.22.	광주민보	僞造紙幣事件은 臨政要人無關係	–	–	○
	독립신보	조공서 또 성명	독촉국민회	중요인물	○
	조선인민보	지폐 사건에 조공서 2차 성명, 구구한 당국 발표, 뚝섬 사건의 관련 주목	–	뚝섬	○
6. 5.	중앙신문	僞幣事件纛島 · 近澤이 關聯, 러취長官談	–	뚝섬	–
	독립신보	纛島事件과 關聯性잇다, 僞造紙幣事件에 對해 「러」長官言明	–	뚝섬	–
7.22.	중앙신문	僞幣眞相糾明, 朝共서 質問	–	李元在	–
7.23.	동광신문	僞幣事件, 送局에 朝共談	–	李元在	○

함상훈이 담화문을 발표하기 전, 뚝섬 위폐 사건의 주요 인물은 이원재였다. 그러나 이원재는 차츰 퇴장하고 그 대신 안미생 관련 기사가 등장하는 경향을 확인할 수 있을 것이다. 사건은 새로운 국면에 접어들게 되었다. 조선공산당이 위조지폐를 발행했다고 보는 정판사사건이냐 아니면 임시정부와 관련 있는 뚝섬 위폐 사건이냐, 진영 싸움이 되어 버렸다. 이러한 와중에 5월 21일경, 조선공산당이 정판사위폐사건 관련 제2차 성명을 발표했다.[8]

8 『해방조선 Ⅰ』, 과학과 사상, 1988, pp.307~308.

〈자세히 읽기-8〉

[조선공산당 중앙위원회 정판사위폐사건 관련 제2차 성명서(1946.5.21.)]

1. 이구범 서장과 장택상 경찰부장의 언명과 공보국 발표와의 차이점, 즉 동 사건의 취조 책임자인 본동 서장 이구범 씨와 발표 책임자인 장택상 씨는 5월 16일 신문 기자단에게 정판사 지하실에서 지폐위조를 한 사실이 없음을 언명하였다. 그런데도 불구하고 공보국 발표는 어떻게 위조 장소가 정판사 지하실이라고 발표하였는가?

2. 이관술, 권오직 두 사람이 이 사건과 관련이 있는지 없는지는 아직 알 수 없다고 한 이 서장의 말과, 사건을 직접 취조하고 담당한 책임자가 아직 조사를 완료하지 않았을 뿐 아니라 이관술과 권오직 등 두 사람이 이 사건에 관련되었는지는 아직 알 수 없다고 하였는데 공보국에서 이들이 관련되었다고 발표하는 것은 무슨 이유인가?

3. 이 서장과 장 부장의 발표에 대한 의견 차이, 즉 이 서장은 경솔히 발표했다고 하였고, 장 부장은 자기 명의로 하였으나 자기가 직접 발표한 것은 아니라고 하여 두 책임자의 의견에 차이가 있음은 무슨 이유인가?

4. 뚝섬 지폐위조 사건에 대하여 이 서장은 "이번 사건이 뚝섬 사건과 관련이 있음에도 불구하고 발표에서 빠진 것은, 이번 발표가 사건의 전모를 말한 것이 아님을 나타낸다."고 하였다. 이 뚝섬 사건은 대한독립촉성국민회 지부의 중요 인물들이 거액의 지폐를 위조한 사건을 말하는 것이다. 첫째, 그 사건에 정판사 직공 김창선이 관련되었다는 것으로 그를 검거, 조사한 결과, 공산당원임이 밝혀졌으나 김창선이 공산당원이 된 것은 금년 2

월 20일이요, 그가 범행한 것은 입당 전인 작년 9월임이 판명되었다. 둘째, 뚝섬에서 다수의 증거품을 압수해 왔을 때 본(本)동 경찰서에서 김구 씨를 초청한 바 있었는데, 이시영과 안미생 두 사람이 나타나 비밀리에 증거품을 관람한 것은 무슨 이유이며, 동 사건과 무슨 관련이 있는 것인가? 셋째로, 뚝섬에서 압수한 기계에 적기와 레닌 초상화를 부착한 것은 무슨 이유인가? 이것만 보더라도 이 사건이 정치적 모략임이 자명하지 않았는가. 이상의 이유로 우리는 동 사건의 이면에는 일부 악질적 반동 정객 거두들의 모략이 있지 않은가를 지적하며, 조선공산당은 이 사건과 전혀 관계가 없음을 단호히 성명하는 동시에 정의는 승리할 것이요, 모략은 패배할 것이며, 거짓은 백일하에 폭로될 것이라고 대중 앞에 언명하는 바이다.

조선공산당은 그동안 언론 등에서 거론한 조선정판사 사건의 모순과 의문점에 대하여 네 가지 항목으로 정리하여 군정청에 질문을 하였다. 첫째, 공보국의 발표와 이구범·장택상의 발언이 왜 차이가 나는가? 둘째, 이관술·권오직의 경우도 경찰과 공보국의 발표가 서로 다르다. 셋째, 이 서장은 경솔히 발표했다고 하였고, 장 부장은 자기 명의로 하였으나 자기가 직접 발표한 것은 아니라고 한 이유, 넷째, 뚝섬 위조지폐 사건을 거론하지 않은 이유 등의 의문을 표명했으나, 미군정은 답변하지 않았다. 당연히 대부분의 언론에도 보도되지 않았다.

1번에서 3번 사항은 앞서 소개한 「중앙신문」에서 보도된 장택상과 이구범의 기자회견을 토대로 작성한 것이다. 사건의 진상을 파악할 수 있는 핵심 사항은 대부분 이구범 서장의 입으로부터 나온 것을 확인할 수 있다. 요즘으로 치면, 이구범은 일종의 양심선언을 한 셈이다. 그렇다면 이구범은 무사했을까 하는 의문이 들 것이다. 예상외로 그는 무사했다. 아마 공판이 진행될 때 그의 증언이 중요할 것으로 판단되었기 때문으로 보인다.

이구범은 1946년 9월 13일 개정된 정판사위폐사건 제12회 공판에서 강인중 변호사가 "본 사건 취조 당시 본정서에서 이시영 · 안미생 양 씨를 불러서 증거물을 무슨 이유로 보였으며 어떠한 관계로 가서 보았는가?"[9]라는 의문을 제기하며 증인 출석을 요구함에 따라, 9월 24일의 제17회 공판에서 "이시영 · 안미생 양 씨에게 증거품을 보인 것은 특히 그분들을 보이기 위한 것이 아니었으며 미인 고급장교가 보고 간 후에 와서 본 것이며…"[10] 라고 애매하게 증언함으로써 미군정청의 의도에 부응하였다. 그가 기자회견에서 보였던 의연함은 공판 과정에서는 전혀 찾아볼 수 없었다. 공직자의 한계 탓이었을 터이다. 안미생은 별도의 장에서 다시 거론할 예정임을 밝혀 둔다.

9 정판사위폐사건 12회 공판, 「서울신문, 동아일보」, 1946.9.14.

10 위폐사건 17회 공판, 「조선일보」, 1946.9.25.

06

CIC의 개입과 증거 조작

미군정청에서 지폐위조 사건에 대한 특별 발표를 한 후 가진 기자단과의 회견에서 장택상은 "이 사건에 관하여는 상부로부터 함구령을 받았으므로 옳다 그르다 일체 말할 수 없다."라는 묘한 발언을 했다. 그러면 장택상이 말하는 상부는 어디일까? 물론 군정청이다. 좀 더 정확하게는 CIC일 것이다. 정판사사건은 정치적 사건이라는 얘기다.

방첩대 특수 요원 리차드 킬린(Richard C. Killin)[1]은 정판사사건 제16회 공판정에서 "CIC의 목적은 개인의 형사사건을 취급하는 것이 아니고, 사회 전반에 영향이 되는 사건과 경제계를 혼란케 하는 사건과 군정에 영향이 되는 사건 등을 취급하는데 조선정판사위폐사건은 일반사회나 경제계에나 군정에 중대 영향이 되는 사건이므로 CIC에서 제24군 정보부의 명령으로 조사하게 된 것"이라고 증언한 바 있다.[2] 그러나 그의 발언은 모순투성이였고, 뭔가를 숨기고 있다는 정황이 뚜렷했다.

1 1946년 무렵 방첩대 특수 요원들로는 리차드 킬린(Richard C. Killin), 제이 하빈(Jay B. Harbin), 월러스 위트머(Wallace K. Wittmer), 앨런 와일리(Allen C. Wylie), 레너드 무리아(Leonard E. Murrya) 등이 활동하였으며, 리차드 킬린은 대부분의 방첩대 문서에 서명을 했다. 《주한미군사 2〉 2부. 4장. 점령 첫해의 미소관계(American-Soviet Relations, The First Year)〉 미국인들, 소련인들, 그리고 한국인 공산주의자들〉 소련과 남한 공산주의자의 관계》

2 판결, 『위폐사건공판기록』, 대건인쇄소, pp.130~131.

機械 書類를또押收

갈수록 커지는 僞造紙幣事件

世尊降誕慶祝 音樂會大盛況

〈그림39: 1946년 5월 12일 자 한성일보〉

정판사사건에서 CIC(Counter Intelligence Corps, 방첩부대)의 역할을 추적해 보기로 한다. 정판사사건의 수사는 1관구경찰청 소속 본정서가 담당하는 것으로 보도되었다. 그러나 사건 초기부터 CIC가 개입하고 있었다.

CIC의 행적이 처음 노출된 것은 1946년 5월 12일 자 「한성일보」를 통해서다. 이 신문은 "10일 아침 외국기자단과 CIC장교들이 중앙청에 가서 인쇄기 등 압수한 증거품 조사가 있었다."고 보도했다. 보도된 기사 전문은 아래와 같다.

> 세간의 이목을 끌고 있는 위조지폐 사건은 수사진의 활동에 따라 점점 확대되고 있다. 10일 아침에는 외국기자단과 CIC장교들이 중앙청에 가서 인쇄기 등 압수한 증거품 조사가 있었고, 오후 5시경에는 무장 경관대가 근택빌딩 부근을 교통차단하고 판사 인쇄소 석판, 인쇄기(石板, 印刷機), 서류 등을 압수하는 동시에 사무원 수 명을 또 검거하였고 일전에 검거되어 취조 중이던 여사무원은 석방되었다는데 주모자 몇 사람만 체포되는 데로 사건의 전모를 발표하리라 한다.[3]

3 機械·書類를 또 押收 갈수록 커지는 僞造紙幣事件, 「한성일보」, 1946.5.12.

짧은 내용이지만 위 기사는 의외로 많은 정보를 제공해 준다. 첫째, CIC는 근택빌딩(정판사)을 수색하기 전에 인쇄기 등 증거품을 이미 확보했다는 점. 둘째, 군정청 공보과가 기자회견을 통해 '정판사 위조지폐 사건'을 공식 발표하기 5일 전에 외국 기자들에게 증거품을 공개했다는 사실. 셋째, 5월 10일 현재 다수의 증거품이 중앙청(중앙경찰청)에 보관되어 있었다는 점 등이 확인된다.

한편, 5월 18일에 발표한 함상훈의 담화를 통해서도 몇 가지 정보를 얻을 수 있다. 그는 "CIC에서 근택빌딩에서 지폐 위조기와 위조지폐 등을 압수하고 김구 총리의 참관을 요구"했으나 "때마침 김 총리는 입원 중이므로 그 대리로 이시영, 안미생 양 씨가 구경을 했을 뿐이다."라고 했다. 여기서 알고 싶은 것은 이시영, 안미생이 '구경'을 한 날짜다. 두 사람이 위조지폐 관련 증거물을 참관한 날짜를 보도한 곳은 「독립신보」가 유일하다.[4] 아래에 해당 기사 일부를 인용한다.

> 위조지폐 사건은 15일 특별 발표와는 아주 별개의 장소에서 아주 별개의 인물로서 행하여진 것이다. 이것은 이서장이 "이번 사건은 뚝섬 사건과 관련이 있음에도 불구하고 이번 발표에서 빠진 것은 이번 발표가 사건의 전모가 아닌 것을 말한다." 그러면 뚝섬 사건이란 무엇이냐? 대한독립촉성국민회 지부 중요인물들이 거액의 지폐를 위조한 것이다. 그러면 이 뚝섬 사건을 어째서 공산당 간부와 당원 다수에게 뒤집어씌우려는 음모가 있게 되었는가? 정판사 직공 김창선

4 조공서 또 성명, 「독립신보」, 1946.5.22. 〈임성욱 제공〉

이가 작년 9월경 이 뚝섬 지폐 위조단에 관련이 있었다는 것이다. 이 것이 취조 중에 발각되자 경찰은 김창선을 검거 수사한 결과 공산당 원임을 알게 되었다. 이 사실이 정치적 모략에 결부되어 무조건하고 정판사 중요 직원을 검거하는 동시 이 모략은 더욱 발전시키고 공산 당 간부에게까지 미치도록 한 것이다. 이 뚝섬 사건이 진짜 위조 사 건인 동시 당 간부와 다수 당원과는 하등의 관련이 없는 것은 아래의 이유로 명백하다.

첫째 지폐 인쇄기 7수를 뚝섬에서 압수한 것, 둘째 5월 6일 이시영, 안미생 등 우익 거두가 본정에서 이 사건이 관계 재료 등을 비밀히 관람한 것으로 순 우익 반동분자의 소위가 분명한 것, 셋째 김창선은 금년 2월 20일 입당한 것으로 그 범행은 입당 전에 행하여진 것, 넷째 뚝섬 범죄 장소에서 압수된 인쇄기에 적기, 레-닌 사진 등을 일부러 첨부한 것, 이상의 것으로 우리는 진짜 위조 사건과 이 위조 사건을 공산당에 넘겨 덮어씌우고 우익 반동파를 사건에서 벗겨 버리려는 정치적 모략을 명확히 알 수 있다.

「독립신보」에 따르면 이시영 · 안미생이 관계 자료를 비밀리에 참관한 날짜는 1946년 5월 6일이다. 이 날짜는 김구의 입원 시기와도 일치한다. 김구는 심장병 치료를 위해 5월 1일경 용산 성모병원에 입원, 가료 중이었으며,[5] 미국에서 돌아온 이승만이 5월 10일 오후 7시경 문병차 방문한 사실이 확인된다.[6] 그리고 5월 25일 자 보도에 따르면 근일 중

5 金九 총리 입원, 「자유신문」, 1946.5.3.; 金九 총리 입원, 「한성일보」, 1946.5.4.

6 李博士하지中將과 會見, 「중앙신문」, 1946.5.12.

퇴근할 것이라고 한다.[7] 따라서 김구가 입원 중이었다는 함상훈의 주장은 사실에 어긋남이 없다.

하지만 근택빌딩에서 압수한 증거물을 김구에게 참관 · 요청했다는 함상훈의 담화내용은 조작된 정보라고 보아야 한다. 왜냐하면, 안과 이 두 사람이 참관한 5월 6일 무렵은 경찰 및 CIC가 근택빌딩을 수색하기 전이기 때문이다.[8] 그러므로 "근택빌딩에서 압수한 증거물을 김구에게 참관 · 요청했다"는 함상훈의 담화 내용은 허위가 될 수밖에 없다. CIC가 함상훈에게 조작된 정보를 제공했는지, 함상훈이 자의로 해석했는가는 알 수 없다. 어쨌든 CIC가 김구에게 참관을 요청한 것은 틀림없다. CIC는 뚝섬 사건부터 개입했다는 얘기다.

뚝섬에서 위조지폐를 만든 범인들 중의 한 사람인 이원재가 독촉국민회 소속임을 확인한 뒤, 좀 더 구체적인 상황을 파악하기 위해 김구에게 협조를 요청했고, 입원 중인 김구를 대신하여 이시영과 안미생이 참관했다고 보아야 자연스러울 것이다. 이때 그들이 본 것은 뚝섬 사건 관련 증거물이었다. 그러나 또 다른 범인인 김창선이 조선공산당원이라는 정보가 확인되자, CIC의 관심은 갑작스럽게 변경되었다고 판단된다. '뚝섬 위조지폐 사건'이 졸지에 '정판사 위조지폐 사건'으로 바뀌게 된 것이다.

지금까지 안미생 등의 경찰청 방문 시기에 초점을 맞춰 뚝섬 사건 관

7 金主席近日中退院, 「한성일보」, 1946.5.25.

8 <그림38: 상단 좌에서 시계방향, 1946년 5월 19일 자 중외신보, 가정신문, 동아일보, 한성일보> 참조

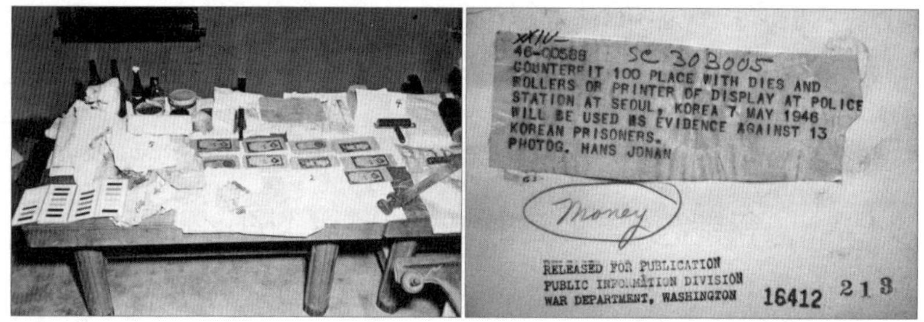

〈그림40: 정판사위폐사건의 증거물처럼 선전된 뚝섬 위폐 사건의 증거물 ©국사편찬위원회전자사료관〉

련 증거물이 정판사사건의 증거물로 변경되었음을 거론했다. 그 외 결정적인 증거 자료가 있다. 위 사진은 "수도경찰서가 압수한 조선정판사위폐사건의 증거물들"이란 제목으로 국사편찬위원회가 전자사료관을 통하여 제공하고 있는 정보 자료이다.

그런데 제목부터 번역이 틀렸다. 원 제목은 "Counterfeit 100 place with dies and rollers or printer of display at police station at Seoul, will be used as evidence against 13 Korean prisoners"[9] 인데, 조선정판사라는 단어를 찾을 수 없다. 무엇보다 사진을 찍은 날짜가 1946년 5월 7일이라는 점이다. 5월 6일 이시영과 안미생 그리고 5월 10일 외국인 기자단이 목격한 증거물은 위 사진과 동일한 물품이었을 것이다. 무엇보다 이 사진을 찍은 5월 7일 당시에는 근택빌딩(정판사 입주 건물)에 대한 압수·수색이 이루어지기 전이었다는 것을 기억하자. 여러 번 언급했지만 근택빌딩에 대한 최초의 압수·수색 날짜는 5월 8일이었다. 5월 8

9 Record Group 111: Records of the Office of the Chief Signal Officer, 1860 - 1985사료군 AUS005〉 Signal Corps Photographs of American Military Activity, 1754 - 1954 [111-SC]사료계열 AUS005_06〉 Signal Corps Photographs of American Military Activity Part 3 (2차 세계대전 전후)하위사료계열 AUS005_06_03

일 이후 위 증거 물품은 공산당이 정판사에서 위조지폐를 만들 때 사용한 물품으로 둔갑한다. 지금까지 거론한 사건의 전개 과정을 정리하면 아래와 같다.

뚝섬 사건 수사 착수(4.30.) → 김창선 체포(5.3.) → 이원재·배재룡·랑승구·랑승헌 검거(5.4.) → 이원재, 독촉국민회 소속 인지 → 김창선 자백, 조공당원 확인 → 이시영·안미생 증거물 참관(5.6.) → 조선인민보, 위폐 사건에 독촉 뚝섬위원회 조직부장 이원재 관련 보도(5.7.) → 정판사 압수, 수색, 피의자 10여 명 검거(5.8.) → 조병옥 담화 발표(5.8.) → 중외신문, 서울신문, 대동신문 등 이원재 관련 보도(5.9.) → 동아일보, 한성일보, 중외신문, 대동신문 등 정판사 관련 보도(5.9.) → 외국기자단과 CIC, 증거물 참관(5.10.) → 군정청공보과, 위폐 사건 진상 발표(5.15.)

CIC가 정판사사건에 개입했다는 사실 자체는 비밀 사항이 아니었다. 앞에서 언급했지만 CIC특수요원 리차드 킬린이 공판정에서 자신들의 개입 사실을 인정했고, 군정청 공보부 차장 이철원 역시 마찬가지였다. 그의 공술에 따르면, 군정청 공보부 제1회 발표의 자료 출처는 CIC였다. 그리고 이시영과 안미생이 본정 경찰서에서 증거품을 보게 된 것도 CIC의 연락에 의해 참관한 것이었다.[10] 문제는 왜곡된 정보를 흘리고, 사건을 조작하는 CIC의 행태와 그들의 목적 자체였다. 군정청

10 『위폐사건공판기록』, 대건인쇄소, 1947, p.26.

에서 진상 발표를 한 5월 15일까지 CIC가 거짓말을 했거나 정보를 차단시킨 예를 정리해 보면 다음과 같다.

① 뚝섬 사건의 증거물을 정판사사건의 증거물로 조작했다.

② 이시영, 안미생 참관 후 언론과의 접촉을 철저히 차단했다.

③ 외국 기자들에게 조작된 증거물을 제시했다.

④ **5월 15일 진상 발표를 할 때 뚝섬 위폐 사건에 대한 언급을 하지 않도록 했다.**

⑤ 장택상 및 본정 경찰서장 이구범과 협의 없이 진상 발표문을 작성했다.

偽幣事件被疑者를 警察部長室서訊問

CIC特別關心 어제모續開

優良兒에賞

모스크바ㅣ放送 CIC의 共檢索을 報道

偽造紙幣事件그뒤進展

不日또發表코저警察首腦協議

經濟權威로博士 普成專門서敎鞭

外協서研究講座

〈그림41: 상단 좌측에서 시계방향, 1946년 5월 27일 자 중외신보, 5월 28일 자 자유신문, 5월 30일 자 현대일보〉

CIC가 가장 곤혹스러웠던 것은 장택상과 이구범의 발언이었을 것이다. 조선공산당 및 언론들은 군정청의 진상 발표와 수사책임자의 상이한 발언에 대하여 집요하게 추궁을 했다. 결국 그들은 모종의 회합을 가질 수밖에 없었다. 1946년 5월 25일 오후 2시경, CIC의 요청에 따라 군정청 미국인 경무부장 매글린 대령의 사무실에서 송언필 등 피의자들을 심문하는 전대미문의 광경이 벌어졌다. 이때 참석한 사람은 경무부장(매글린 · 조병옥), 도 경찰부장(스톤 · 장택상), 본정서수사계장(최난수), 공보부장(뉴맨), CIC 관계자 등이었다.[11]

그리고 이틀 후인 27일에는 매글린, 조병옥, 장택상 외 직접 취조 책임자인 노덕술 등이 모여 장시간에 걸쳐 비밀 회담을 가졌다.[12] 음모의 냄새가 나는 이러한 움직임은 결국 소련 측에도 감지되었던 모양이다. 모스크바 방송은 29일 날짜로 「타스통신」 전언으로 "CIC의 조선공산당 검색(檢索)"을 보도했다.[13] 이후 CIC의 움직임은 언론으로부터 가급적 차단된다. 그들이 다시 등장하는 것은 공판정에서다. 9월 18일 그들은 위폐 사건의 증인으로서 심문을 받았다.[14]

11 僞幣事件被疑者를 警察部長室서 訊問, 「중외신보」, 1946.5.27.

12 위조지폐 사건 그 뒤 진전, 不日 또 발표코자 경찰 수뇌 협의, 「자유신문」, 1946.5.28.

13 모스코바-放送 CIC의 朝共檢索을 報道, 「현대일보」, 1946.5.30.

14 CIC 美 장교 증인 심문, 위폐 공판, 「자유신문」, 1946.9.19.

07

희대의 코미디, 위조지폐 시험 인쇄

偽幣九百萬圓어디갓나?

먼저新聞社에飛火 ○○解放, 經理部長取調

偽幣二十萬圓押收 某報事件連累者摘發

新百圓券有罪! 1, 2, 3號는要鑑定

二十萬圓의偽幣 ○○日報事件再次取調

商業銀行窓口에나타나

〈그림42: 1946년 5월 24일 자 동아일보, 한성일보〉

두 차례에 걸친 조선공산당 중앙위원회의 성명이 있었다. 하지만 군정청 공보부와 경찰의 엇갈린 견해로 인해 제대로 반박을 못했고(무엇보다 증거가 없었다), 이에 따라 배후였던 CIC가 골머리를 앓고 있을 무렵, 일부 신문은 미군정에 힘을 실어 주기 위해 대중을 선동하는 데 주력하고 있었다. 선봉에 나선 것은 역시 「동아일보」와 「한성신문」이었다. 두 신문은 반탁 진영의 기둥이었고, 특히 정판사사건에는 사운을 걸다시피 하고 전력투구하고 있었다.

당국의 발표에 따르면 인쇄된 위폐는 9백만 원 정도다. 그렇다면 그 위폐가 어떻게 유통되었을까? 당연히 가질 수 있는 의문이다. 이러한 착상하에 「한성일보」는 "모 신문사 간부 2명이 위폐 20만 원을 은행에 예금하려다가 발각되어 압수당했다"는 기사를 보도했으며,[1] 특히 「동아일보」는 "僞幣九百萬圓 어디 갓나?" "먼저 新聞社에 飛火" "○○解放 經理部長取調" "商業銀行窓口에 나타난 二十萬圓의 僞幣" "○○日報事件 再次取調" "僞造行爲暴露 愛婦講演會盛況"[2] 등의 선정적인 제목으로 독자들을 현혹하였다.[3]

위 기사는 소위 '가짜 뉴스'다. 차츰 살펴보겠지만 정판사에서 발견된 위조지폐 관련 증거물은 단 하나도 없었다. 경찰 그리고 CIC는 누구보다 이 사실을 잘 알았으리라 본다. 증거물 없는 위폐 사건, 여기서 등장한 것이 위조지폐 시험 인쇄라는 기상천외의 발상이며, 실제로 행해지게 된다.

1946년 5월 28일 오후 2시경, CIC요원, 조병옥 경무부장, 검사국 담임검사, 장택상 경찰부장, 노덕술 제1관구 수사과장, 이구범 본정서장, 최난수 본정서 수사주임 등이 지켜보는 가운데 조선정판사에서 위조지폐 시험 인쇄가 이루어졌다.[4] 그런데 황당한 일이 생겼다. 「동아일

1 僞幣二十萬圓押收 某報事件連累者摘發, 「한성일보」, 1946.5.24.

2 僞幣九百萬圓 어디 갓나? 먼저 新聞社에 飛火 ○○解放 經理部長取調//商業銀行窓口에 나타난 二十萬圓의 僞幣 ○○日報事件 再次取調//僞造行爲暴露 愛婦講演會盛況, 「동아일보」, 1946.5.24.

3 민주주의민족전선, 『해방조선』 II, 과학과 사상, 1988, p.308.

4 共黨員僞幣事件 實地로 印刷試驗, 解放經理部長 一段取調後 釋放[寫], 「동아일보」, 1946.5.29.

「僞幣」印刷實驗? 新聞記者團에 立會禁止

共黨員僞幣事件 實地로印刷試驗

解放經理部長

成人教育에

僞幣事件은一段落 實驗結果物的證據確然

오늘美戰士記念日 勇士들의英靈을追悼

眞幣못잖은僞幣 共黨員僞幣印刷鑑定結果

僞幣試驗·疑雲一掃

外務處東京事務

虎疫各地에漸

〈그림43: 상단 좌측에서 시계방향, 1946년 5월 29일 자 동아일보, 30일 자 현대일보, 한성일보, 동아일보〉

보」는 시험 인쇄를 하는 장면까지 사진으로 공개하면서 대대적으로 보도했는데, 「현대일보」의 경우 신문 기자단에게 일체 입회를 금지했다고 불만스런 보도를 했다.[5] 도대체 무슨 일이 있었던 것일까? 「동아일보」

5 「僞幣」印刷實驗? 新聞記者團에 立會禁止, 「현대일보」, 1946.5.

에게만 단독 취재를 허락했는지, 사진 등 관계 자료를 이 신문에만 전달했는지 알 수 없다. 혹은 보도 자료를 전 언론사에 전달했지만 「동아일보」만 특별히 기사화했을 가능성도 있다.

시험 인쇄는 조선공산당, 민전, 좌익계 언론 등에서 정판사사건의 위조 · 조작설을 주장하자, 이에 대한 반박의 일환으로 실시된 것이다.[6] 정판사에서 정판사의 인쇄기와 정판사가 보관 중이던 인쇄 재료를 사용하여 시험한 결과를 위조지폐와 비교해보자는 발상이었다. 증거물이 전혀 없다 보니 생각해 낸 궁여지책이었다. 시험 결과를 대대적으로 보도한 곳도 한성, 동아 두 신문이었다.

「동아일보」는 "시험 인쇄의 결과 모든 의혹은 제거되었다, 공산당원 위폐 인쇄 감정 결과 진폐와 위폐를 구별할 수 없을 정도였다" 등의 제목으로 독자들의 눈을 끌었다.[7] 그리고 "미군정과 경찰이 의도하는 바에 부합된 보도를 했다. 위폐 사건은 일단락되었다, 실험결과 물적 증거가 확실해졌다" 등이 「한성일보」의 기사 제목이다.[8] 증거 없는 사건에 억지로 증거를 만들려고 시도한 미군정의 적나라한 모습이었다.

6 임성욱, 『조선정판사 '위조지폐' 사건 연구』, 신서원, 2019, pp. 176~177.

7 僞幣試驗疑雪一掃 眞幣 못잔은 僞幣 共黨員僞幣印刷鑑定結果, 「동아일보」, 1946. 5. 30.

8 僞幣事件은 一段落 實驗結果物的證據確然, 「한성일보」, 1946. 5. 30.

08

법령 72호와 법령 88호, 종말을 고한 언론의 자유

포스타ー, 비라 取締布告

指導者誹謗도 嚴罰

法令第七十二號에 準據

軍政法令第七二號全文

六十萬歲運動을 記念

民戰서 盛大한 行事準備中

迅速한 眞相發表를 要請

朝共李舟河氏張警察部長訪問

紙幣事件

人類學講演會

列車乘客收容

〈그림44: 1946년 5월 26일 자 조선인민보〉

정판사사건이 본격적으로 등장하기 전인 1946년 5월 4일, 미군정은 본격적으로 언론을 통제하겠다는 신호탄을 쏘아 올렸다. 군정 위반에 대한 범죄를 규정하는 《법령 제72호》가 공포된 것이다. 이 법률에 따르면 (군정)지도자를 비방해서도 안 되며, 유언비어의 유포나 포스터, 삐

라 등의 방법으로 질서를 교란하는 행위도 처벌하겠다는 엄포였다.[1]

〈자세히 읽기-9〉

[법령 제72호, 군정 위반에 대한 범죄(1946.5.4.)]

제1조 열거된 범죄

군정 위반에 대한 범죄는 1945년 9월 7일부 태평양미국군총사령부포고 제2호 또는 현금까지 공포된 법령 외 좌와 여히 규정함.

1. 주둔군인 또는 기 명령하에 행동하는 자에 대한 살상, 폭력 행위
2. 주둔군인 또는 기 명령하에 행동하는 자에 대한 무력적 또는 육체적 반항 행위
3. 주둔군인 또는 기 명령하에 행동하는 자에 대한 적대 또는 강박 행위 또는 그러한 태도
4. 주둔군인 또는 기 명령하에 행동하는 자를 유괴, 납치, 불법감금 하거나 인질 대상금 기타 부정한 요구를 하려고 구치를 하던가 또는 금전, 재물의 강탈, 금전, 재물에 관한 부정한 요구를 하는 행위
5. 출입 금지 구역에 주둔군을 초대, 안내하거나 혹은 기 구역 내에서 주둔군인에게 물품을 제공하거나 봉사하는 행위

1 지도자 비방도 엄벌, 법령 제72호에 준거, 「조선인민보」, 1946.5.26.

6. 무허가 결근, 도주, 반란, 간첩 행위를 주둔군인에게 선동, 방조, 권유하는 행위
7. 주둔군인 또는 기 명령하에 행동하는 자에게, 금전, 재물, 각종 이익의 증회, 증여, 또는 기 약속 또는 여사한 악덕 행위의 종사와 예비 혹은 군정청 대리 권한의 유무를 불문하고 기 직무의 불이행 또는 타 행위의 수행을 목적으로 하는 금전, 재물 또는 각종 이익에 관한 수회의 간청 또는 수 회의 의사 표시
8. 폭력, 강박 또는 위협을 가하거나 경제상 이익 기타 이익에 관하야 약속을 하거나 차 이익의 추구를 제지시키거나 또는 차를 제지하도록 위협하거나 동맹 배척 기타 유사한 행동으로써 주둔군, 기 군인 및 기 명령하에 행동하는 자의 공무 또는 시행 예정인 공무 지장과 기 예비 행위를 좌우하난 유도 행위 또는 기 미수 행위
9. 주둔군인 또는 기 명령하에 행동하는 자의 임무, 명령에 대한 위반, 배반을 유혹, 방조 혹은 기 행동에 참가하는 행위
10. 주둔군 또는 기 명령하에 공무상 행동하는 자에 고의로 하는 방해, 비방 행위
11. 약탈, 강탈 또는 약취 행위
12. 간첩 행위
13. 주둔군의 안전과 재산을 해하는 정보의 전달 또는 여사한 정보를 즉시 보고하지 않고 권한 없이 하는 보류
14. 통신의 내용을 은폐, 가장하는 음호 또는 기타 방법에 의한 무허가 통신
15. 군정청이 인가한 이외의 방법으로써 미국 주둔군 관할 지역 이외 인과의 통신

16. 사설 전화기 또는 기 설비의 소유, 사용
17. 무허가 라디오 방송소, 라디오, 라디오 설비의 소유, 사용
18. 무허가 사설 전화선, 기구, 설비의 소유, 사용
19. 무허가 전신, 라디오, 전화의 송수신
20. 전신사, 방송사의 검열 우는 허가 없는 방송
21. 관설 우편 이외의 방법으로 미국 주둔군 관할 지역 내외에서 하는 우편물의 발송, 운수 또는 관설 우편 이외의 방법으로 한 서간을 수취한 후 신속한 보고의 불이행
22. 주둔군에 의하여 해산을 당했거나 불법이라 선언을 받은 또는 주둔군의 이익에 반하는 단체 운동을 지지, 협력하는 행동 급 지도 행위 또는 기 조직에의 참가, 여사한 행동을 원조하는 인쇄물, 서적의 발행, 유포 또는 상기 행동을 선전, 유포하는 물건의 소지 또는 상기 단체 운동의 기, 제복, 휘장으로써 하는 선동 행위
23. 전쟁 범죄자, 적국 군인의 도망, 피신을 원조 또는 기 거소의 보고 혹은 정확한 신고의 불이행
24. 주둔군, 기 명령하에 행동하는 자가 과한 구류, 구금, 감금으로부터 도망하는 행위
25. 주둔군, 기 명령하에 행동하는 자에 의하여 구금, 구류, 감금된 자의 도망 원조, 도망 후의 은닉 우는 기 거소에 관하여 당국자에 대한 위만 행위
26. 주둔군, 기 명령하에 행동하는 자가 거소를 갖고 있는 자에 대한 원조 또는 기 거소 보고의 불이행
27. 군정청의 허가 없이 미국 주둔군 관할 지역 내외에서 하는 인간, 재물의 수송, 수송의 요구

28. 군정청의 허가 없이 선박 또는 기타로 하는 이륙

29. 군정청의 허가 없이 내수로 이외에서 하는 선박 또는 항공기의 독점적 운행

30. 군정청이 필기, 인쇄, 등사한 우편물의 이동, 인멸, 오손 또는 변경

31. 주둔군, 연합국 또는 기 국민에 대하야 유해, 불손하고 그 자와의 불평, 불쾌를 조장하는 또는 필요한 신고를 하지 않은 인쇄물, 등사물, 서적의 발행, 수입, 유포

  주둔군, 연합국, 기 국민 또는 주둔군 명령하에 행동하는 자에 대한 비방물의 발행, 유포

32. 인민을 경악, 흥분시키는 또는 주둔군 혹은 기 명령하에 행동하는 자의 인격을 손상하는 유언의 살포

33. 소동 폭동의 선동 또는 참가

34. 허가 없는 일반 집합 행렬 또는 시위운동의 조직, 조장, 원조 또는 참가. 단, 종교 목적 또는 군정청이 인가한 직무 수행을 위하여 한 것을 제외함.

35. 허가 없이 무기, 흉기, 탄약, 폭약물 또는 기 유사물, 유사기구 설비의 소지, 관리, 사용

36. 허가 없이 무기, 탄약, 폭발물의 제조, 매매, 소지, 사용

37. 주둔군의 재산 또는 주둔군, 주둔군 명령하에 행동하는 자에 점유된 필요 또는 유용한 설비, 재산에 대한 파업을 목적으로 한 파괴, 훼손 행위

38. 우편, 전화, 라디오로 하는 통신의 방해, 우편물의 파괴, 절도, 절취, 공용 전신, 전화, 라디오 기구 설비의 파괴, 훼손 또는 무선 전신, 해저 전신의 절단 기타 파괴, 방해

39. 철도, 도로, 운하, 하천 또는 기타 공용 운수 기관의 훼손, 가해 또는 차등으로 하는 교통, 통상 등 작용의 방해 또는 수도 설비와 기 공급, 전등, 전력 장치, 송전선, 와사사업, 기타 유사한 사업의 작용 실익의 훼손, 방해
40. 공용시설, 공익사업의 작용에 관한 훼손, 방해
41. 군정청의 선박 설비, 공장, 장치, 재물 기타 경제재 또는 기에 관한 계획, 서류의 파괴, 은닉, 훼손, 처분, 구매, 수취, 부정 소지 및 방해
42. 주둔군 기 군인의 재산 또는 주둔군, 군인의 사용할 재산의 도취, 절취, 남용, 은닉, 매매, 수취, 담보로서의 수취, 사기, 위망 혹은 여사한 물품의 파괴, 훼손, 불정 소지, 사용
43. 공용 자산, 재산, 기록 또는 문서의 도취, 절용, 남용, 불정 신청, 불정 수취, 불정 소지
44. 적국 국민의 재산, 이익 또는 기 관계 문서의 절취, 은닉, 수송 파괴, 훼손, 이전, 구매, 수취, 담보로서의 수취, 불정 소지 또는 기 가치 효용의 훼손
45. 군정청의 취득하민 일본 정부, 기 대행기관, 기 소속기관, 기 국민이 소유하는 각종 재산 급 이익의 부정한 매매, 수취, 운수, 소지, 관리 우는 기에 관한 부정처분에의 종사
46. 미국군 또는 기 명령하에 행동하는 자가 보호 혹은 보관하는 재산의 강탈
47. 공사 문서에 대하여 고의로 하는 간섭, 파괴, 훼손, 이동, 은닉, 말소, 위조 또는 변조
48. 예술품, 기념품, 기타 문예품의 고의로 하는 파괴, 훼손, 절취, 사기, 변경, 은닉

49. 공무에 관하여 고의로 구두나 서면으로 주둔군인, 기 명령하에 행동하는 자에 대한 허위의 진술 또는 군정청이 요구하는 정보 제공에 관하여 하는 위만, 허위 혹은 거부 행위
50. 주둔군, 주둔군을 대표하는 정부에 허위, 사기, 위조, 과장된 요구 또는 문서의 제출 또는 주둔군에 의하여 발행된 또는 주둔군에 제출된 공무에 관한 영수증, 소절수 기타 증권의 위조, 변경
51. 주둔군에 관한 허위의 허가상, 신분증명서, 기타 공문서의 작성 발행, 고의로 한 소지, 허위, 유효를 불문하고 허가되지 않은 자에게 혹은 허가되지 않은 용도를 위하야 한 여사한 서류의 교부
52. 주둔군에 의하여 발행된 또는 주둔군에 제출된 혹은 주둔군과 공약관계를 가진 신분증명서, 허가상, 파쓰 또는 기 유사 서류의 위조, 변경 또는 부정 사용
53. 공문서, 증서, 기록 또는 기입 사항의 인가 없는 위조, 변조, 은닉
54. 재산에 관한 계약서, 증서, 기타 서류의 위조, 변조 또는 위조, 변조된 계약서, 증서, 기타 서류 또는 증거의 부정 소지 또는 소유권, 기 이익, 관리에 관한 증거의 위조, 변조, 부정 소유
55. 통화, 화폐, 인지의 변조, 변조 또는 안조, 변조됨을 안 경우하에서 차등을 소지, 행사, 양도, 운반하는 행위 또는 여사한 목적으로 한 재산의 소지, 처분, 운반
56. 고의로 한 불법, 불허의 통화, 화폐, 인지의 소지
57. 군사재판소에서 선서, 서언, 증언하에서 하는 중요 사항에 관한 허위의 진술
58. 고의로 주둔군인임을 가장하고 주둔군 또는 연합국의 제복 또는 제복의 일부분의(진품, 위품을 불문하고) 부정한 착복, 소지, 처분, 운반

59. 주둔군의 허가 없이 고의로서 하는 정부 당사자로서의 가장 행위
60. 주둔군인이라고 하고 혹은 허위로 주둔군인을 가장하고 우는 기 명령하에 행동하는 관공리, 고원, 대리인, 대표자 행위를 가장하고서 하는 허위, 가자 씨명 주소의 부정 사용
61. 관할관청에 의하여 할당된 또는 위급 상태의 선언을 받은 필수품의 사장, 불법 저장, 은닉, 부정으로 인한 배급의 실패 기타 불법 부적당한 취급
62. 관할관청에 의하여 규정된 최고가격 이상의 가격으로 하는 상품 기타 재산의 매매, 매매의 청구
63. 상품, 노력 대금에 관하여 주둔군 또는 주둔군인에 대한 차별 행위
64. 정가 이상 가격의 청구, 요구, 수취
65. 구매 상품의 정당 가격에 대한 이의
66. 여하한 방법을 막론하고 법률에 의한 참정권, 투표권의 자유롭고 지장 없는 행사의 방해 행위, 종시 선거자의 매수 또는 적당하고 순서 있는 투표의 방해 또는 기 투표의 간섭을 목적으로 하는 기타 부정 행위 등
67. 1회 이상의 투표 또는 허위 투표를 위하야 하는 신분 주소의 위사 행위를 포함한 허위 사기 투표
68. 위생 보건에 관한 관계 관청의 명령 요구에 불복종한 행위
69. 공중을 해하는 행동, 공중의 안전, 보건, 복지를 협박 또는 해함을 목적으로 하는 행동 또는 기 행동의 허용
70. 전염 화류 병을 가진 부녀가 주둔군인에 대한 성관계의 유혹
71. 최면약을 포함한 상습마취약의 부정한 생산, 제조, 매매, 증여, 수증
72. 메칠알콜 기타 유독 유해한 물질 성분을 포함한 음료품 식료품의 부

정한 제조, 준비, 수송, 매도, 매도 표시, 증여 또는 기타 종사 또는 종사 신출 기타 부정한 처분, 소지

73. 세금 수집의 방해, 거부 또는 기타 관리의 비행, 실태 또는 고의로 하는 직무의 태만

74. 외출 금지 시간 중 허가 없이 하는 배회

75. 주둔군에 협력하는 자 또는 기 명령하에 행동하는 자에 대한 범죄 고발, 징벌 기타 형식의 벌, 제재, 처분 또는 동맹 배척을 포함한 단체적 행위에의 착수, 수행, 조장 또는 참가

76. 재조선 미국국민에 관하여 군정청이 공포한 방침, 정책, 계획 또는 명령을 방해, 위반하거나 혹은 미국 국민에 대한 폭행, 약탈, 부정한 구금 또는 기타 미국 국민의 권리를 침해하는 행위

77. 주둔군, 기 군인 기 명령하에 행동하는 자 또는 미국 국민에 대한 적대 또는 무례한 행위

78. 모든 국빈, 파견된 외교관, 영사, 군사, 대표 또는 기 가족, 직원, 수행원에 대한 살상 폭행, 불법 감금, 유괴, 배상금의 청구 기타 부정한 요구, 금전 재물의 강탈, 금전 재물의 부정 요구 또는 부정한 협박 행위

79. 연합국에 의하여 패배, 항복한 적국에 부과한 약정 또는 약정을 보족하는 명령에 위반하는 행동

80. 군정청 및 기 명령하에 행동하는 자가 발행한 형벌이 명확히 규정되지 않은 포고, 법률, 법령, 고시, 지령, 명령에 위반 또는 불복종한 행위

81. 치안 또는 주둔군 급 기 군인의 이익을 방해하는 행동에 참가하는 행위

82. 여하한 방법으로 하는 전시 법률의 위반 또는 적국의 방조 행위 또는 주둔군, 주둔군인, 직무 수행상 주둔군 명령하에 행동하는 자의 안전 또는 활동을 위태케 하는 행위

제2조 처벌

본 령 제1조에 해당하는 범죄를 범한 자는 군정 재판소의 판결에 의하여 처벌됨.

제3조 기도 급 공모

본 령 제1조에 열거된 범죄의 예비, 공모, 동의, 권고, 방조, 기도, 야기자 또는 대략 범인임을 인정함에도 불구한 보고의 불이행자, 체포, 수사, 유죄판결: 또는 형벌을 면케 하기 위하야 한 범인 원조자는 주범으로써 처벌함.

제4조 법인의 행동에 대한 책임

단독으로나 공동으로나 법인의 이사, 역원, 직원이 기 자격으로써 한 군정 재판에 의하여 처벌될 범죄 행동에 관한 실행, 지시, 달성, 권유, 찬성, 기 행동에 참가 불참가에 관한 유리한 투표 등의 상기 행동은 개인의 자격으로써 행동함과 같이 책임을 부담함.

제5조 범죄

전 조선총독부시대의 관군의 상관 혹은 해산된 또는 부정 기관, 부정 단체의 직원, 위원의 훈령, 명령, 혹은 타인의 강박, 위협, 기에 의한 공포를 이유로 함은 상기 범죄에 대한 무죄 항변이 되지 못함.

제6조 결정

1. 자에 사용된 주둔군의 명칭은 미국 육해공군법에 복종하는 자 또는 여사한 자의 일부분 또는 전부로 구성된 군의 기관, 조직, 위원 또는

민간 대행기관을 포함함.

2. 본 령의 적의 의미는 교전 종사의 유무를 불문하고 일본, 독일, 불가리아, 헝가리, 루마니아의 정부 국민을 포함함.

합병으로써 일본 주권에 복종한 조선 또는 조선 민족을 포함치 않음.

제7조 시행기

본 령은 발포일시 10일 후에 유효함.

1946년 5월 4일

재조선미국육군사령관의 지령에 의하여

조선군정장관

미국육군소장 아처 엘 러치

군정법령이 체계화되기 전 적용 법규는 포고령 위반이 대부분이었다. 1945년 9월 7일 발표된 태평양 미국육군총사령부 포고 제1호, 제3조에 따르면 "주민은 본관 및 본관의 권한하에서 발포한 명령에 대하여 반항 행동을 하거나 또는 질서 보안을 교란하는 행위를 하는 자는 용서없이 엄벌에 처한다."고 밝히고 있다.[2]

또한 같은 날 포고된 포고 제2호에서는 "항복문서의 조항 또는 태평

2 맥아더, 포고 제1호, 제3조 참조

양 미국육군 권한하에 발한 포고, 명령 지시를 범한 자, 미국인과 기타 연합국민의 인명 또는 소유물 또는 보안을 해한 자, 공중 치안 질서를 교란한 자, 정당한 행정을 방해하는 자 또는 연합군에 대하여 고의로 적대행위를 하는 자는 점령군 군율 회의에서 유죄로 결정한 후 동회의의 결정하는 대로 사형 또는 타 형벌에 처한다"고 공포하고 있다.[3]

점령군으로서 선포한 포고령의 작위성을 보완하기 위해 만든 법령이 《법령 제72호》이다. 그러나 이 법령은 시행이 보류되었다. 군정청이 공포한 법령 중 거의 유일한 예다. 《법령 제72호》는 군정 위반에 대한 범죄를 구체적으로 82가지를 열거한 것이다. 이 법령은 주둔군, 연합국, 또는 그 국민이나 그 명령하에 행동하는 사람에 대한 비난을 일체 금지함은 물론 그러한 행위가 범죄가 되어 처벌받게 된다는 점을 규정한 것인데, 특히 문제가 된 것은 제1조 31항과 32항이었다.

31. 주둔군, 연합국 또는 그 국민에 대하여 유해, 불손하고 그 자와의 불평, 불쾌를 조장하는 또는 필요한 신고를 하지 않은 인쇄물, 등사물, 서적의 발행, 수입, 유포. 주둔군, 연합국, 그 국민 또는 주둔군 명령하에 행동하는 자에 대한 비방물의 발행, 유포
32. 인민을 경악, 흥분시키는 또는 주둔군 내에서 그 명령하에 행동하는 자의 인격을 손상하는 유언의 살포

군정청은 이러한 행위가 범죄임을 분명하게 선언하였다. 일제 강점

3 맥아더, 포고 제3호, 참조

기 시기에도 볼 수 없었던 비민주적 악법에 좌우를 가리지 않고 극렬한 반발이 따랐다. 특히 우익 계열의 대표 언론격인 「동아일보」가 좌익 계열 정당의 하나인 신민당(南朝鮮新民黨)의 담화를 인용하여 보도하는 파격을 선보일 정도로 비난 여론은 거세었다. 「동아일보」 기사 전문을 소개한다.

批判과 行動을 拘束

너무나 漠然한 七十二號法令

新民黨發表

〈그림45: 1946년 6월 6일 자 동아일보〉

新民黨京城特別委員會에서는 4일 法令 72號에 대하여 다음과 같은 담화를 발표하였다.

"72號 法令을 볼 때 우리들은 너무나 의외의 사실에 아연치 않을 수 없다. 이 法令이 軍政時라 해서 있을 수 있다고 생각할지도 모르나 美國이 軍政을 朝鮮에 실시하는 목적이 日帝殘滓의 숙청과 朝鮮을 民主主義國家建設의 길로 바르게 원조하여 주는 것인 점에 비추어 이 法令이 朝鮮으로 하여금 民主主義國家 건설을 위하여 이 法令이 朝鮮으로 하여금 民主主義國家 건설을 위하여 가져올 바 성과를 생각할 때 萬端의 고려가 필요치 않을까 느끼는 바이다. 言論·集會·結社·批判의 자유를 金科玉條로하여 오는 傳統的 民主主義國家 美國이 비민주적 法令을 구사할 리 만무하다고는 믿으나, 이 法令만으로 본다면 이 法令의 범위가 너무나 광범하고 막연타는 것, 最高刑·最低

刑의 구별과 한계가 없다는 것. 이것은 一例이지만 이 점만 보아서도 행동에 있어서 위축을 가져오게 될 우려가 있으며, 그것은 建設期에 있는 우리들로써 능동적이고 창조적이며 비판적 활동에 不活潑을 주게 될 위험이 있으니 이 점에 충분히 유의하므로써 本 法令에 대한 십분의 고려가 있어 주기를 바라는 이다."[4]

결국 《법령 제72호》는 유보되었다. 이 법령을 대체하여 공포된 것이 《법령 제88호》다. 미군정의 목적은 좌익 언론인의 검속과 함께 좌익 신문 자체에 대한 통제를 강화시키는 것이었다. 이 법령에 따르면 신문 기타 정기간행물이라 함은 1년에 1회 이상 발행하여 사회 명사 또는 공익에 관한 정보 또는 여론을 전파함에 전력하는 발행물이며[5] 허가 없이 인쇄 · 발행 · 출판 · 배포 · 판매 또는 판매 권유 · 우송 · 전시 · 진열하지 못하고 이의 허가 신청과 게시 요건에 관한 세부 사항을 명시하고 있다.[6] 「해방일보」에 대한 무기 정간(실제로는 폐간)을 명령한 열흘 후에 《군정법령 제88호》가 공포되었다.

4 신민당경성특별위원회, 법령 제72호 비판 담화 발표, 「동아일보」, 1946.6.5.

5 《법령 제88호》 제6조 신문 또는 기타 정기간행물의 정의

6 《법령 제88호》 제4조 허가취소 또는 정지

〈자세히 읽기-10〉

[군정법령 제88호, 신문 급 기타 정기간행물 허가에 관한 건(1946.5.29.)]

제1조 신문 기타 정기간행물을 허가 없이 발행함은 불법임, 하인이든지 자연인, 법인을 불문하고 좌기 규정과 여한 허가 없이는 친히 또는 대리인을 통하여 신문 기타 정기간행물을 인쇄, 발행, 출판, 배포, 배부, 판매 또는 판매 권유, 우송, 전시, 진열을 하지 못함.

제2조 허가신청

가. 신청사항

신문 기타 정기간행물 발행 허가를 득하고자 하는 자연인 법인은 좌기 사항을 기록한 신청서를 제출할 사.

1. 신청인의 성명, 주소

2. 표제, 발행 횟수, 본사 소재지, 발행 목적

3. 편집국원, 통신국원, 영업국원, 소유자의 성명, 주소, 단, 위 발간물이 법인 소유인 시는 주주 전원의 성명, 주소

4. 공채증서 소지자, 저당권자, 기타 보담권자의 성명, 주소

나. 신청서 제출소 급 허가 당국

위 신청서는 군정청 상무부에 제출할 사. 허가 당국은 상무부장임.

다. 현존 신문 급 정기간행물의 허가

현재 발행 배포하고 있는 신문 기타 정기간행물은 1946년 6월 30일 이후 항상 자에 규정한 대로 허가증을 게시함을 요함.

라. 변경 신고

위 신청서에 기입한 사항 중 변경이 유할 시는 10일 이내에 허가 당국에 변경 신고서를 제출할 사.

제3조 게시요건

가. 허가증의 게시

신문 기타 정기간행물에 관한 허가증은 항상 위 신청서에 지정한 사무소에 잘 보이게 게시할 사.

나. 준법 사항의 표시

위 사항을 모든 신문 기타 정기간행물에 각 발행물마다 잘 보이는 부분에 좌기 형식으로 인쇄할 사.

1. 명백한 기호 또는 표상을 가진 신문 또는 기타 정기간행물의 명칭
2. 일간 또는 기타 적기 간행 발행자의 성명, 주소, 인쇄자의 성명 주소
3. 편집 책임자 성명
4. 편집국원 명칭 급 성명
5. 허가번호

다. 허가 당국에 간행물 제출

모든 신문 기타 정기간행물 발행에 출판 일부를 출판 당일 허가 당국에게 제출 또는 우송할 사. 차에 대하여는 요금은 지불치 아니함.

제4조 허가취소 또는 정지

신문 기타 정기간행물 허가는 좌기 이유가 유한 시는 허가 당국에 의하여 취소 또는 정지됨.

가. 허가 신청서에 허위 또는 오해를 일으킬 신고 또는 태만이 유할 시

나. 상에 요구한 바와 여한 신청서 기재 사항 변경 신고에 유탈이 유할 시

다. 법률에 위반이 유할 시

허가 취소 또는 정지의 통지를 수리하면 즉시 신문 기타 정기간행물은 허가 당국에게 기 허가증을 양도 급 교부하고 발행 배부를 중지할 사. 허가 당국이 허가증을 반환 복구, 재발하지 않는 시는 발행 배포는 계속하지 말 사.

제5조 외국신문 급 정기간행물

북위 38도 이남 조선 지방 이외에서 발행된 신문 기타 정기간행물은 발행자 또는 기의 대리인의 신청에 의하여 조선정부 상무부장 명령하에 자에 허가함과 여히 배포함을 득함. 자에 포함된 사항은 결코 유효 현존한 출판권을 침해하는 발행물의 배포를 용인하지 않음.

제6조 신문 또는 기타정기간행물의 정의

본 영에 사용한 신문 또는 기타 정기간행물은 1년에 일회 이상 발행하며 사회 명사 또는 공익에 관한 정보 또는 여론을 전파함에 진력하는 발행물(재발행의 서적 또는 소책자 이외의)을 의미함. 기는 동일한 자, 동일한 기관에 의하여 동류의 목적으로 또는 동일한 관리하에 발행된 발행물도 포함함. 연이나 전혀 상업상 광고 목적으로 된 주소 성명록, 목록, 포고 기타 정기적 발표 또는 조선 정부 또는 기 정치적 부서 급 종속 기관의 출판은 포함치 아니함.

제7조 형벌

본 영 규정에 위반하는 자는 군정 재판에 의하여 처단됨.

제8조 시행기일

본 영은 공포기일부터 유효임.

1946년 5월 29일

재조선 미국육군 사령관의 지령에 의하여

조선군정장관

미국육군소장 아처 엘 (러취) 러치

《군정법령 제88호》 공포로 미군정의 언론정책이 크게 변경되었다. 이 법령에 의해 주무 관청이 출판물의 폐간이나 정간 등의 권한을 갖게 되었다. 1945년 10월 30일 공포된 《군정법령 제19호》에 따라 시행된 신문발행의 '등기제'가 1년도 못 가서 '허가제'로 바뀌게 된 것이다. 미군정이 제정한 대표적인 악법이 공포되었지만 언론은 예상외로 조용했다. 6월 4일 정례회견석상에서 이루어진 군정장관 러치 소장과 기자단

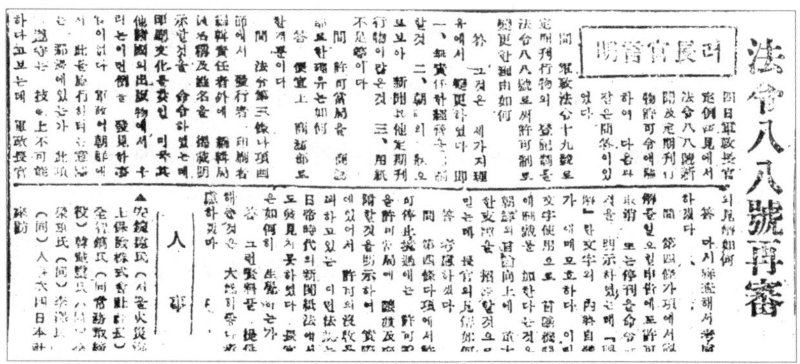

法令八八號再審

〈그림46: 1946년 6월 5일 자 조선인민보〉

과의 일문일답에 대한 보도 역시 한정적이었다.

(問) 法令 第19號가 발포되었는데 또 法令 第88號를 공포한 이유는?

(答) 無責任한 經營者가 속출하고 현하 정세로는 현재 新聞이 많으며 또 현재 용지 양으로 봐서 많은 新聞을 발행하면 지장이 많은 까닭에 이 法令을 내게 된 것이다. 同 法令은 결코 언론 자유에 영향이 없다.

(問) 同 法令 第3條 (나)項의 준법사항은 현재 발행되고 있는 스페이스로는 무리가 있어 적지 않은 支障이 있는데 編纂局員의 名稱 及 姓名까지 표시하게 한 이유 如何?

(答) 좋은 이론이라고 생각한다. 考慮하겠다.

(問) 同 法令 第4條에 의하면 오해를 일으킬 신고가 있는 때 허가 취소 또는 정지한다고 하는데 오해라고 하는 용어는 너무 막연하지 않은가?

(答) 주의하여 불공평이 없도록 할 수 있다. 再考慮하겠다.

(問) 外國 특히 東洋諸國各地의 新聞社에서 특파원을 파견하는데 허가할 용의는 없는가?

(答) 오래지 않은 장래에 실현될 때가 오리라고 생각한다. 현재는 爲替政府 또는 駐屯軍의 영향 등을 고려해야 되기 때문에 그리 간단한 문제가 아니다. 外務處에 개별적으로 절충해 주기 바란다.

(問) 京春線 碩村에 있는 朝鮮無線電信學校의 폐쇄 이유는 무엇인가?

(答) 체신부장의 인가 없이 시작한 이 학교는 체신부로서 운영할

예산이 없기 때문에 폐쇄한 것이다. 그러나 체신부에서 체신원 양성소를 그대로 계속하여서 당국의 필요한 인원을 양성하도록 할 것이다.

(問) 현재 군정청에서 38도선 월경여행을 금지했는데 이 제한을 제거할 수 없는가?

(答) 이 제한을 제거하는 것은 군정청에 권한이 없다.[7]

「조선인민보」는 「서울신문」과 달리 러치 장관이 《법령 제88호》를 재심할 것처럼 제목을 뽑았다.[8] 그러나 이 법령은 얼마 지나지 않아 엄청난 위력을 발휘하게 된다. 정례회견에서 러치 군정장관은 "무책임한 경영자가 속출하고 현하 정세로는 현재 신문이 많으며 또 현재 용지 양으로

五月廿八日以後에登錄한 새出版物은不許可

用紙不足의非常措置로

러―취長官談

新聞關係者를保護

身體拘束말라고嚴命

南朝鮮出版物 三分之二許可

復舊工事順調로 京釜線不遠開通

〈그림47: 1946년 7월 12일 자 현대일보, 7월 19일 자 동아일보〉

7 군정장관 러치, 법령 88호 제정 등에 관해 기자회견, 「서울신문」, 1946.6.5.

8 법령 88호 재심, 「조선인민보」, 1946.6.5.

봐서 많은 신문을 발행하면 지장이 많은 까닭에 이 법령을 내게 된 것이다. 동 법령은 결코 언론 자유에 영향이 없다." 라고 말했지만, 미군정의 본심은 다음 달에 곧 드러나게 된다.

《법령 제88호》제4조에 "허가 취소 또는 정지"라는 항목이 있다. 이 조항에 의해 기존 출판물도 그 사본을 정부 당국에 제출하여 허가증을 다시 받아야 하며, 이와 같이 하지 않으면 군정 재판에 회부되어 처벌받는다. 용지 부족 운운은 핑계일 따름이었다. 그들의 목적은 신문을 비롯한 정기간행물의 발행을 사전에 통제하는 것이었다. 1946년 7월 12일 자「서울신문」을 살펴보자.

> 상무부 발표에 의하면 7월 8일 현재로 남조선에서 발간되는 신문과 정기간행물 211건에 대하여 상무부 紙物係에서 허가장을 배부하였다. 그중 경성 지역 내 간행물은 164건이 허가되었으나 지금 남조선에 용지 부족이 심하기 때문에 앞으로 새 출판에 사용될 용지는 없다고 한다. 그리하여 이미 신청자 중에서 114명의 간행물 출판 허가는 얻지 못하게 되었다고 한다.[9]

보도에 따르면, 1946년 7월 8일 현재 총 허가 신청 건수 325건 중 211건(서울 지역 164건)은 허가하고 나머지 114건은 종이 부족 등의 이

9 군정청 상무부, 8일 현재의 간행물에 대해 용지 사용 허가장 배부,「서울신문」, 1946.7.12.

유로 불허했다고 한다. 남조선 출판물 중 1/3이 폐간된 셈이다.[10] 한편, 러치 군정장관은 기자회견을 통해 신문 및 정기간행물의 규제가 불가피하다는 이유로 용지 부족을 계속 언급하곤 했다.[11]

미군정은 이듬해인 1947년부터 좌익 계열 혹은 미군정에 비판적인 논조의 신문들을 폐간하는데 《법령 제88호》를 적극적으로 활용하기 시작했다. 「부산정보」「조선일일신문」(1947.1.27., 폐간), 「광주신보」(7.1., 출판 허가 취소), 「조선신문」「민보」(8.20., 무기 정간), 「우리신문」「신민일보」(5.26., 허가 취소) 등이 예다. 세부 통제 배경으로는 납본 불이행, 당국의 허가 없이 제호 변경, 발행 능력 부족, 5·10 총선거 반대, 폭도들의 만행을 인민 봉기라고 찬사 등이 적용되었다.[12]

軍政法令 88號廢止考慮
새立法措置構想
言論自由確保에努力
全公報室長談

新聞·政黨登錄法提案
申請三日內登錄
軍政法令88·55號는無効

軍政法令88號廢止
外國刊行物輸入配付法등公布

〈그림48: 1960년 1월 6일 자, 60년 5월 15일, 62년 1월 1일 자 동아일보〉

10 南朝鮮出版物 三分之二許可, 「현대일보」, 1946.7.12.

11 五月 卄八日 以後에 登錄한 새 出版物은 不許可, 用紙不足의 非常措置로 「러취」長官談[省], 「동아일보」, 1946.7.19.

12 《한국사론, 44권 광복과 한국〉 현대광복과 한국 현대 언론의 형성〉 미군정 언론정책과 언론통제〉 IV. 미군정의 언론정책과 언론통제〉 2. 신탁통치 결정 이후의 언론정책과 언론통제, 한국사론》

《법령 제88호》는 미군정이 종식되고 대한민국 정부가 수립된 후까지 살아남아 신문 발행을 억제하는 근거가 되었을 뿐 아니라, 자유당 정권의 언론탄압 도구로까지 악용된다. 이 법령은 자유당 정권하에서 그 적법성 여부의 논란이 있었으나 미군정의 유산으로 남아 있다가[13] 5·16 쿠데타 이후 폐지된다.[14] 미국 군인들이 만든 법률을 한국 군인들이 폐지하였으니 역사의 아이러니라 아니할 수 없다.

그러면 미군정은 당시 한국 정세를 어떻게 파악하고 있었을까? 하지의 정치고문 랭던이 국무부 장관에게 보고한 내용이 참고된다. 제목은 "우익의 남한 단독정부 수립에 대한 동향 등을 보고"이고 발신일은 1946년 6월 16일, 수신일은 같은 달 19일이다.[15]

〈자세히 읽기–11〉

[5월 16일부터 31일까지 한국 정세 요약]

1. 내부상황:

한국인들은 계속해서 미소공동위원회의 휴회에 예민해져 있고, 불행해

13 軍政法令 88號廢止考慮 "새 立法措置構想 言論自由確保에 努力" 全聖天公報室長談, 「동아일보」, 1960.1.6.

14 軍政法令 88號 廢止 外國刊行物輸入配付法 등 公布, 「동아일보」, 1962.1.1.

15 《FRUS 1946. The Far East Volume Ⅷ〉 [한국에 대한 미국의 정치 정책] 〉 우익의 남한 단독정부 수립에 대한 동향 등을 보고 - 재한정치고문 랭던이 국무부 장관에게》

하고 있다. 이 기간 동안 남한 단독정부의 수립 가능성이 광범위한 토론의 주제였고, 좌익분자들은 대개 침묵을 지켰다. 이승만(Rhee) 파벌은 비록 비공식적으로는 미소공위가 완전히 결렬된다는 전제하에 국제연합에 한국의 상황을 제출할 수 있을 것이라고 믿는 특정한 형태의 제한적인 남한 의회를 선호한 것으로 알려졌지만, 단독정부의 수립을 옹호한다는 공산주의자들의 혐의 제기에 대해서는 부인했다. 보수주의자들이 단독정부를 통한 이득을 고수할 것이라는 감정을 고집했는데, 왜냐하면 그것이 미래 소련의 직접 지원 가능성을 제거할 수 있기 때문이다. (Feeling persisted that conservatives would stand to gain by separate govt, as it might remove any future possibility of direct Soviet support.) 언제든지 미국인들이 소련과 대화를 재개할 준비가 되어 있다는 징후는 그러한 방향에 대한 좌익의 공포와 의심을 누그러뜨리는 경향이 있다. 우익 정당 지도자들은 지방 순회를 계속했으며, 상당한 영향력을 얻고 있는 것으로 보이는데, 특히 미국 점령지역 남부에서 그러했다. 5월 3일(5월 8일의 오기) 서울의 정판사(Chikahwa Press-치카자와 인쇄소)와 공산당 본부가 있는 건물에서 위조지폐단이 발견된 것의 후속조치로, 군정은 5월 31일(5월 18일의 오기) 위폐 행위에 대해 정판사를 폐쇄조치하였는데, 정판사는 좌익 신문인 해방일보를 인쇄하는 곳이었고, 또한 군정은 전체 건물에 대해 압류조치를 했다. 좌익 신문들은 범죄와 공산당 사이 그 어떤 연관성도 부인하면서 분개를 표시했으나, 군정을 직접 비난하는 것은 자제했다. 그러나 위폐 사건으로 인해 공산당의 위신에는 상당한 타격이 가해졌다. (중략) 6월 30일 이후로 모든 한국인 신문과 정기간행물이 군정에게 출판 허가를 받도록 한 법령 88호가 5월 29일 자로 발효되었다. 상당한 비난이 언론, 특히 좌익 언론에서 나타났는데, 언론의 자유가 심각하게 침해당하고 있으며 [내용누락] 한국인들, 우익지 대동일보의 공격적인 기사는 신문의 정간 조치와 함께 군사 법정에 의한 기사 저자, 편집장의 실형과 벌금으로 이어졌다. 이 시기 심각한 혼란은 없었다.

위 보고서에 따르면, 랭던은 독촉국민회 이원재 그리고 이시영, 안미생 등이 관련된 뚝섬 위폐 사건에 대해선 전혀 언급하지 않았다. 5월 15일 군정청 공보과가 발표한 정판사위폐사건을 거의 그대로 보고하고 있다. 공산당의 위폐조작, 정판사 폐쇄, 해방일보 폐간, 법령 88호 등 엄청난 사건에 대하여 건조하게 서술하고 있다. 게다가 "이 시기 심각한 혼란은 없었다."고 보고하고 있다.

그의 관심사는 미소공동위원회의 휴회 문제에 초점이 맞춰져 있다. 위 보고서만 살펴보면 미국무부가 파견한 랭던 역시 CIC가 행한 일련의 비밀공작을 몰랐던 것으로 보인다. 만약 CIC와 합의하에 국무부 장관에게 보고했다면, 당연히 직무 유기로 처벌받아야 했을 사안이었다.

사실 미군정은《법령 제88호》공포 이전부터 언론 통제를 하고 있었다. 그들은 소련과 공산주의를 지지하는 정당 · 단체의 기관지, 그들의 입장이나 견해를 주장 · 추종하는 언론 등을 점차적으로 억압해 나가는 방향으로 전개되었다. 또한 미국과 미군의 점령 정책에 반하는 언론에 대한 통제도 강화해 나갔다. 미군정의 언론통제 현황은 아래 표와 같다.[16]

16 《한국사론, 44권 광복과 한국〉 현대광복과 한국 현대 언론의 형성〉 미군정 언론정책과 언론통제〉 Ⅳ. 미군정의 언론정책과 언론통제〉 2. 신탁통치 결정 이후의 언론정책과 언론통제, 한국사론》

[표8: 미군정의 언론통제 현황]

일자	신문	통제내용	적용법령	세부통제배경
45.12.31.	대구시보	3단 정정기사, 1주일 정간	법령 19호	신탁통치 반대, 군정 한인 관리 총사표라는 제하의 3단 기사 게재, 군정청 프로그램 방해
46. 5. 4.	조선인민보	편집국장, 징역 1년 벌금 3만원	포고 2호	식량문제와 관련한 기사
5. 7.	인천신문	사원 60명 검거, 9명 구속	법령 19호	인천 군정청 적산관리국 공무과장 적산비행(敵産非行) 허위 보도, 공업과장 명예훼손
5.15.	대동신문	3주 정간	포고 1호	연합국의 일원 비방, 훼손죄에 대한 근본적 법규 침해, 대중의 증오심 자극하여 살인 등의 폭행 선동 및 살인 행위 찬양
5.18.	해방일보	무기 발행 정지	포고 1호	조선공산당 위 건 책임, 조선정판사 폐쇄
7.29.	건국 (주간신문)	신문주간 기소, 징역 8월 등	신문지법	군정 비판 및 재판관 모욕
8.18.	호남신문	무기 정간	포고 1호	군정 비방
8.29.	전남민보 (목포)	무기 정간	포고 1호	군정 비방, 무기 정간 후 폐간
9. 6.	조선인민보 현대일보 중앙신문	정간 및 기자 검거, 구속	포고 2호	미군 축출을 선동하는 등 조선 주둔 미군의 안전을 위태롭게 함
10. 4.	민주중보 (부산)	무기 정간	포고 1호	대구 폭동 사건 호외 발행, 운영위원장 구속, 편집국장 인책사임, 1946년 11월 15일 복간
11.16.	인민해방보 (부산)	무기 정간	포고 1호	군정 행동을 반대하고 인민을 선동하는 조소적 불진실한 기사 발표
47.1.27.	부산정보 외 1 신문	폐간	법령 88호	일간신문으로 허가된 부산정보, 조선일일신문의 간기 및 납본 불이행
6. 1.	남선신문 (군산)	면허취소 폐간	공보부령 1호	휴간 계속(전북 공보과) 테러, 경찰의 음모 단체 관련 혐의(남선신문)

7. 1.	광주신보 (광주)	출판 허가 취소	법령 88호	당국의 허가 없이 제호 변경
7. 2.	노력인민	군정 재판 기소	포고 2호	조선공산당 위폐 사건 주모자 찬양
8.10.	민주일보 인민해방보 민주중보	무기 정간	포고 2호	부산 소요 사태 관련 기사보도, 인민해방보는 다시 속간되지 못하고 폐간
8.20.	조선신문 민보	무기 정간	법령 88호	발행 능력 부족
8.27.	중외신보	무기 정간	공보부령 1호	12일간 휴간, 정기간행물 허가 자동 취소에 저촉
48.4.27.	독립신보 외	기자 구속, 징역, 벌금	포고 2호	남북협상을 지지하여 군정 기휘(忌諱)에 저촉, 독립신보 · 조선중앙일보 · 신민일보기자 포고령 위반
5.17.	우리신문	폐간, 편집국 국장 · 차장 구금	포고 2호 신문지법	단정 수립 투표에 반대하는 기사 게재
5.26.	우리신문 신민일보	허가 취소 (판권 취소)	법령 88호	5 · 10 총선거 반대, 폭도들의 만행을 인민봉기라고 찬사

09

정치검사 조재천의 등장과 조공 본부 압수 · 수색

僞幣件에本格的調査

檢査局에証據品을移送

위조지폐사건은 혹은 朝共 또는 獨促뚝섬지부가 이사건에관련되여있다하야 일반사회는물론 政界에도 크다란파문을던지고있는데 이사건은도경찰부로부터 서울지방법원검사국에 보고되여진상조사는 이미검사국에서 지휘하고있는데 二十二일에는 위조지폐의증거품까지맙당검사국에넘어왔으므로 이사건의조사는 이제야본격적으로 발전할것으로보인다

鐵道警察員卒業

鐵道警察學校 第三期生 百三十名이 二十二日 卒業하였는데 鐵道警察處에서는 앞으로 여자철도경찰관과 航空경찰관도 모집할예정이라한다

僞幣事件徹底糾明

檢事團出動 陣頭指揮

〈그림49: 1946년 5월 23일 자 중외신보, 24일 자 한성일보〉

군정청에서 정판사위폐사건을 공식 발표한 지 일주일 후인 1946년 5월 22일, 증거품 일체가 도 경찰부로부터 서울지방법원 검사국으로 이송되었다. 사건 초기에 검사국이 직접 개입한 것은 조공 혹은 독촉 뚝

섬지부가 관련되어 있기 때문이었다.[1] 이튿날 23일에 개최된 재판소 감독관 회의석상에서 검사총장 이인은 “이러한 행동은 발행 숫자 그것이 문제가 아니고 그 외 실사가 문제이며 또 그 행위는 우리 민족의 고혈과 혈액을 착취하는 진실로 악질 행위이니 엄벌에 처하지 않으면 안 된다”고 강력하게 지시를 내렸다. 그리고 조재천, 김홍섭 두 검사를 본정 경찰서에 파견하여 사건을 진두지휘시키게 하는 파격적인 조치를 취하였다.[2] 조재천 · 김홍섭이라는 이름이 해방 정국에 등장하는 순간이었다.

이쯤에서 두 사람의 이력을 간략히 살펴보기로 한다. 조재천(曺在千, 1912~1970)은 『친일인명사전』에 등재된 친일 부역자 출신이다. 이 사전에 따르면, 전남 광양 출신 → 광주서중(1931) → 대구사범 강습과(1933) → 보통학교 교사(1935~37) → 전북 산업부농무과 촉탁(1938) → 일본 주오(中央)대학 전문부 법학과 중퇴 → 조선 변호사 시험(1940.8.) → 일본고등문관시험 사법과(1940.10.) → 광주지법 사법관 시보(1941) → 평양지법 판사(1943) → 평양지법 검사(1943.7.) → 월남(1945.10.) → 군정청법무국 특별검찰청 특별검사(1945.11.) → 경성지법 검사국 검사(1946, 정판사사건 담당) → 철도관구 경찰청장(1948.1.) → 제1관구 경찰청장(1948.9.) → 내무부 치안국 경찰국장(경무관, 1948.9.) → 경북 경찰국장(1940.1.) → 경북 도지사(1950.1.~51.6.) → 변호사 → 제3대 민의원(대구, 민주국민당, 1954.6.) → 1958년, 1960년 민의원(대구, 민주당 신파) → 법무부 장

1 僞幣件에 本格的調査 檢査局에 證據品을 移送, 「중외신보」, 1946.5.23.

2 僞幣事件徹底糾明 檢事團出動, 陣頭指揮, 「한성일보」, 1946.5.24.

관(1960.8.) → 내무부 장관(보름간, 1961.5.3.~5.18.) → 변호사 → 제6대 전국구 국회의원(민주당, 1963.12.) → 민주당 부총재(1964.3.) → 민주당 총재(1967.4.) → 서울 마포에서 낙선(1967.6.) → 뇌출혈로 사망(1970.7.5.) 등의 이력을 가졌다.

일제 강점기 시기 초등학교 교사, 지방공무원, 판사 및 검사, 미군정하 검사 및 경찰공무원, 이승만 정권하 경찰공무원, 경북 도지사, 변호사, 야당 국회의원 그리고 4월 혁명 후 법무부 장관을 거쳐 5·16쿠데타 이후에는 변호사, 국회의원, 야당 총재 등을 거친 그의 일생은 이력서의 칸이 부족할 정도로 다양한 삶을 누렸다.

흥미로운 것은 이승만, 박정희와의 관계다. 조재천은 한민당 출신으로서 미군정 시절 이승만과 우호적 관계를 유지했으나, 정부 출범 후 이승만과 한민당의 결별로 인해 야당 정치인으로서 이승만의 정적이 되었다.

그리고 경북 도지사 재임 시에는 박정희 소령의 결혼식 청첩인 6명 중의 한 명으로 이름을 올릴 정도로 친분이 있었지만[3] 5·16쿠데타 이후 여와 야로 갈라져 투쟁의 대상이 되어 버렸다. 어제의 동료가 오늘의 적이 된 셈이다. 조재천은 흔히들 이승만 독재정권과 박정희 군부정권에 항거한 민주 투사로 알려져 있다.[4] 이러한 경력 때문에 정판사

3 박목월, 『육영수 여사』, 삼중당, 1976, p.111. 〈조재천은 1912년생으로 박정희보다 다섯 살 위다. 대구사범 선배로 알려져 있으나, 엄밀히 말해 다른 학교를 다녔다고 보아야 한다. 박정희는 5년제인 관립 대구사범학교 심상과 출신인 반면, 조재천은 1년 과정인 강습과를 수료했다. 강습과를 수료한 이가 보통학교 훈도가 되기 위해선 교원 시험에 합격해야만 했다.〉

4 김두식, 『법률가들』, 창비, 2018, p.174.

사건 조작 주범 중의 한 명이라는 주장에 쉽게 동의를 하지 못하는 사람들도 있을 것이다.

김홍섭(金洪燮, 1915~1965)의 이력을 살펴볼 차례다. 전북 김제 출신 → 원평공립보통학교(1930) → 약방 점원 → 일본인 변호사 직원, 독학(1935) → 보통시험(1938)→ 니혼대학 전문부 법과 입학(1938) → 조선 변호사 시험(1940) → 니혼 대학 중퇴, 와세다 대학 청강생 → 귀국, 김병로 변호사 사무실에서 실무 수습(1941) → 변호사 등록(1943) → 경성지법 검사국 검사(1945.10.) → 김계조 사건, 학병동맹 사건(1946) → 조선정판사 사건(1946.5.) → 경제 보국 문제로 사표 제출(1946.9.) → 판사로 전관(1946.12.) → 퇴직(1947.9.) → 뚝섬 귀농→ 복귀, 서울지법 소년부지원장(1948.12.) → 고등법원 부장판사(1956) → 전주지방법원장(1959) → 대법관 직무대리(1960) → 광주고등법원장(1961) → 서울고등법원장(1964) → 간암으로 작고(1965.3.) 등이 그의 이력이다.

김홍섭은 조재천, 오제도, 선우종원 같은 극우 반공 성향의 법조인은 아니었다. 하지만 그 역시 반공보수주의였다. 김홍섭의 정치적 이념은 한민당의 창당 인사인 김병로와의 인연 그리고 한민당 핵심 중의 한 명이었던 장인 김준연과의 인간관계가 많은 영향을 끼쳤을 것으로 짐작된다. 그에게 '사도 법관'이라는 명예로운 호칭을 선물한 장면도 그의 인맥 중 중요한 위치를 차지하고 있었다.[5]

5 김두식, 『법률가들』, 창비, 2018, pp.171~174.; 임성욱, 『조선정판사 '위조지폐' 사건 연구』, 신서원, 2019, pp.155~159.

公報部特別發表

注目의 近澤빌딩, 朝共本部外는 全혀 閉鎖

事務所退去에 朝共에서 聲明

朝共本部 日華빌에 移轉

朝鮮共產黨本部는 去五月二十七일 突然美軍政廳敵產管理課로 붙어 四十八時間내에 從來의 사務所이든 시내長곡川町 精版「빌딩」을 退去하다는 命令을 받고 五月卅일 시내 南大門通五丁目 前일화「빌딩」(南大門에서 京城역을向한右便)으로 이轉하였다

檢事局에서 突然 朝共本部를 수索

경성지방법원 검사국에서는 조재천(曺在千) 검사의 지휘아래 제一관구경찰청의 응원을 얻어 二十五일 오전 十一시 반 정돌연 시내 남대문통 五정목 조선공산당 본부를 수색하여 금전출납장부를 압수하였다 한다

〈그림50: 상단 좌측에서 시계방향, 1946년 5월 21일 자 영남일보, 5월 31일 자 자유신문, 6월 1일 자 공업신문, 6월 26일 자 독립신보〉

1946년 6월 25일 11시 30분경, 검사 조재천은 경찰을 동원하여 조선공산당 본부를 수색하였고, 금전 출납 장부를 압수하였다.[6] 지금까지 설마설마하던 조선공산당 와해 공작설이 현실로 드러나는 순간이었다.

1946년 5월 8일, 정판사 관련 인사들을 검거했을 때 '설마'했었다. 5월 15일, 14명의 조선정판사 사원을 포함해 조공중앙집행위원 이관술, 해방일보 사장 권오직 등을 위조지폐 범인으로 발표하고 조공 본부가 사용하고 있는 부분을 제외한 근택빌딩을 폐쇄했을 때[7] 역시 '설마'했었다. 박갑동처럼 "무슨 그런 말을 하는가. 뚝섬 사건을 잘못 들은 것 아닌가?"하고 화를 내는 사람도 있었다. 5월 18일, 「해방일보」에 무기한 정간 명령이 내려졌을 때도 마찬가지였다. "설마!"

6 檢事局에서 突然 朝共本部를 수索, 「독립신보」, 1946.6.26.

7 公報部特別發表, 注目의 近澤빌딩, 朝共本部外는 全혀 閉鎖, 「영남일보」, 1946.5.21.

5월 27일에는 군정청 적산관리과로부터 48시간 이내에 퇴거(退去)하라는 명령이 내렸다.[8] 이에 따라 조선공산당은 남대문통 5정목 전 일화빌딩으로 이전하였다.[9] 이때까지만 해도 조선공산당의 와해가 목적이라고는 어느 누구도 감히 생각하지 못했다. 어쩌면 두려웠을지도 모른다.

사실 이상한 점이 너무 많았다. 군정청의 발표와 수사 경찰의 발언 내용이 서로 어긋났다. 경기도 경찰부장 장택상은 상부로부터 함구령을 받았다고 했다. 본정서 경찰서장 이구범은 군정청 발표의 문제점을 지적하면서 취조가 끝나지 않은 사건을 발표한 것은 경솔했고, 정판사 지하실에서 인쇄했다고 한 것 역시 사실과 다르다 등의 발언을 했다. 한편, 독촉국민회 소속 이원재의 혐의에 대해선 전혀 언급하지 않았고, 「동아일보」와 「한성일보」 등 우익 신문들은 가짜 뉴스를 지속적으로 보도하였다.

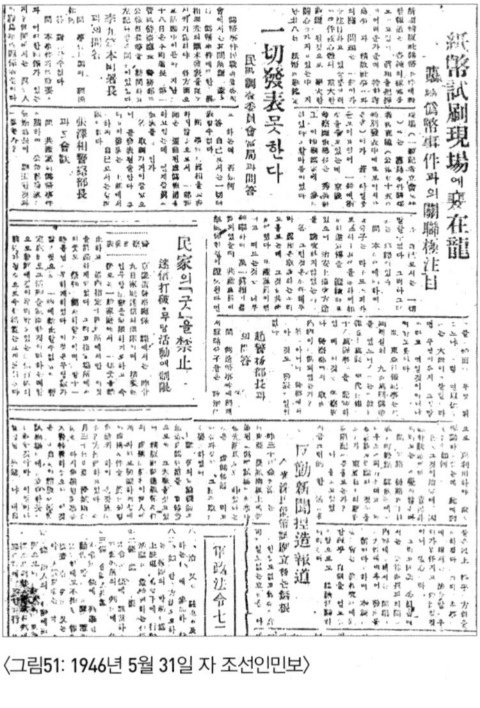

〈그림51: 1946년 5월 31일 자 조선인민보〉

8 사무소 퇴거에 朝共에서 성명, 「자유신문」, 1946.5.31.

9 朝共本部日華빌에 移轉, 「공업신문」, 1946.6.1.

그리고 CIC가 갑자기 수사에 개입하였다. 군정청 경무부장 매글린 대령의 방에서 경찰 수뇌부들이 비밀 회담을 한 것도 수상했다.

이러한 상황에서 조선공산당은 그동안 두 차례(5월 15일, 5월 21일)에 걸쳐 성명을 발표하였다. 하지만 조공의 의문 제기와 진상규명 요구에 대해 경찰과 군정청은 아무런 반응이 없었다. 수많은 의혹이 난무하는 가운데 검찰이 직접 수사를 진두지휘하겠다는 조처가 발표되었다. 그 무렵 언론보도를 보면 좌와 우를 가리지 않고 이러한 조처에 환영을 표했던 것으로 보인다. 그동안 제기된 의혹이 철저히 규명되리라고 기대했기 때문일 것이다. 그러나 조재천, 김홍섭 두 검사가 수사에 직접 개입한 후 상황은 더욱 악화되었다.

검사의 직접 수사 선언 일주일 후인 5월 28일, 위폐 사건 민전조사위원회는 이구범, 장택상, 조병옥 등을 방문하여 다음과 같은 문답을 나누었다.

[이구범 본정서장과의 문답]

- 문: 사건 취조의 경과 여하(如何)?
- 답: 대답할 수 없다.
- 문: 본 사건과 임정 요인과 어떠한 관계가 있는지? 항간에선 진·인이 뚝섬 위폐 사건 관계자들이라고 하는데 부여하(不如何)?
- 답: 자기로서는 일체 발표할 수 없다.
- 문: 사건의 진상을 공표하지 않음으로써 일부 신문은 왜곡된 허위 보도를 하고 있는데 언제쯤 진상 발표를 할 것인가?
- 답: 취조가 거의 끝났으니 곧 발표될 줄 안다. 그리고 이 발표는

상부에서 하지 자기로서는 할 권한이 없다.

[장택상 경찰부장과도 회담]

- 문: 공산당의 위폐 사건에 관하여 공보부 발표는 경찰부장이 발표한 것과 일치하는가?
- 답: 자기로서는 일체 말할 수 없다. 그러나 그 발표는 오역이었다.
- 문: 본 사건에 관하여 일부 분자는 라우드 스피커(확성기) 포스터 기타를 통하여 여전히 역선전을 계속하고 있으니 치안상 조처 방도를 강구하지 않았는가?
- 답: 그런 것은 방임해 두라. 진상을 취조하는 우리도 모르는데 그것을 공산당이 했다, 공산당원이 했다고 떠드는 것은 너무 경솔하다. 만일 진상이 폭로되었을 때 공산당원이 무관계한 것이 증명된다면 그들의 체면이 무엇이 되겠느냐. 그렇다면 이후에 너는 대중이 '살인'이라면 무엇이든지 거짓말이라고 여길 것이 아니냐. 딱한 노릇이다.
- 문: 동아일보 기사는 5회에 걸쳐 9백만 원 위조를 하였느니 또는 해방일보 50만 원 현대일보 28만 원 사건을 기재하였는데 이것은 경찰서나 경찰부에서 취조한 내용이 제공되었는가?
- 답: 아니다. 경찰에서는 아무것도 발표한 일이 없다. 사실무근이다.

[조경무부장과의 문답]

- 문: 위폐 사건에 관해서 모략 분자들은 정치적으로 악 이용하여 대중을 선동하고 있는데 차에 대한 대책 여하?

- 답: 그것이 치안에 곤란한 상태까지 야기(惹起)하리라고는 생각하지 않는다.
- 문: 종로통 종로4정목 돈암정 종점역전 등에서 라우드 스피커를 대고 무근지설로 선동하는 것을 모르는가. 동아일보의 악질 모략 기사를 모르는가?
- 답: 나는 모르고 있다. 지금 그런 정확한 정보를 들은 이상 단호한 방침을 취하겠다. 그리고 본 사건에 관해서는 법을 맡은 우리가 책임지고 해결할 것이다. 안심하라.[10]

일선 경찰의 지휘자로서 군정청의 발표에 대해 나름대로 문제점을 지적하곤 했던 이구범은 "대답할 수 없다." "일체 발표할 수 없다." "권한이 없다."라고 발언하며 태도를 바꾸었다. "상부로부터 함구령을 받았다." 하지만 "내 보고서에는 정판사 지하실에서 위폐를 찍었다는 사실이 없다"고 하며 군정청의 발표에 대해 불만을 토로했던 장택상 역시 이전과 다른 발언을 하였다. "자기로서는 일체 말할 수 없다."라고 말한 것은 함구령 운운과 같은 맥락의 발언이었으나, 자기와 의견이 달랐던 군정청의 발표는 통역의 실수였다고 화살을 엉뚱한 곳으로 돌렸다.

한편, 장택상과 조병옥은 「동아일보」의 악질 모략 기사에 대하여 서로 엇갈린 발언을 하였다. 장은 "경찰하고는 전혀 관계가 없다"고 하며 「동아일보」와의 관계를 강력하게 부인했다. 하지만 조병옥은 "사건 자체를 몰랐다, 이제 진실을 알았으니 책임지고 해결하겠다."라고 했다.

10 一切 發表못한다, 「조선인민보」, 1946.5.31.

일종의 정치적 발언을 한 셈이다.

뚝섬 사건과 정판사건의 수사 과정을 살펴보면, 군정청 혹은 CIC와 경찰 사이에는 묘한 기류가 형성되어 있음을 감지할 수 있다. 할 말은 많지만 지시에 따라야 한다는 불만의 느낌이 여기저기에서 감지된다. 이러한 상부 기관 사이의 불화가 급기야 중간 간부에게로 불똥이 튀었다.

精版社職工不參與 金光洙氏立會無根

張警察部長談

時代逆行

偽幣事件은一段落 實驗結果物的證據確然

오늘美戰士記念日 勇士들의英靈을追悼

婦人洋裁縫講習會

精版社偽幣事件 金光洙氏立會與否에 張警察部長과意見對立 問題된本町署崔搜査主任談話

偽幣取調警官도아니다 怪漢에詰問받은일없고

偽造紙幣事件圓五고 出處물을報道를追궁 檢事局과警察部서言明

文盲退治奉仕隊結成式

〈그림52: 상단 좌측에서 시계방향, 1946년 5월 30일 자 한성일보, 6월 2일, 5일, 28일 자 조선인민보〉

"희대의 코미디, 위조지폐 시험 인쇄"에서 언급했던 가짜 뉴스 문제다. 1946년 5월 30일 자 「한성일보」는 "이 자리에 입회한 공산당 중앙위원 김광수 씨는 이 사실을 목격하고 아연히 입을 벌리고 놀랐다고 한다."라는 기사를 보도했다. 공산당 최고위 간부 중 한 명이었던 김광수가 정판사 및 공산당의 위조지폐 제작 사실을 인정했다는 뉘앙스의 이 기사는 격렬한 저항을 받았다.

문제는 수사 실무자였던 최난수 수사주임과 경기도 경찰부장 장택상이 서로 다른 주장을 하였다는 점이다. 「한성일보」 보도 이틀 후인 6월 1일 정오경 장택상은 "전월 28일 정판사에서 위폐 사건의 피의자로 하여금 인쇄 실험을 하였는데 여기에 정판사 직공은 한 명도 참여한 일이 없다. 그리고 현장에 김광수 씨는 전혀 입회하지 않았고 몇몇 신문에는 김광수 씨 입회 운운한 보도가 있었는데 이것은 전혀 허위 보도이다."라는 발언을 하였다.[11] 이쯤에서 끝났으면 묻혀버릴 수도 있는 사안이었다.

그러나 수사 최일선에서 활약했던 최난수가 폭탄을 터뜨렸다. 장택상의 발표 이틀 후인 6월 3일, 최는 "위조지폐를 시험할 때 김광수 씨가 입회했느냐 안 했느냐에 대하여 말이 많은 모양이고 또 경찰부장은 입회하지 않았다고 발표하였으나 실은 입회하였다. 그러나 수사관은 그것이 번연히 검은 줄 알면서도 상부에서 희다고 하면 그냥 희다고 하지 않을 수 없다."라고 장택상의 발언을 부정하였다.[12] 누구의 말이 옳을까? 사실 최난수 발언의 진위 여부보다 "상부에서 희다고 하면 그냥

11 장 경찰부장 담, 정판사 직공 불참여, 김광수 씨 입회 무근, 「조선인민보」, 1946.6.2.

12 김광수 씨 입회 여부에 장 경찰부장과 의견 대립, 「조선인민보」, 1946.6.5.

희다고 하지 않을 수 없다."라는 소위 상명하복(上命下服)이라는 관료세계의 수직적 조직문화의 실상이 드러난 데 문제의 심각성이 더 있다고 할 것이다.

결국, 검찰이 나섰다. 6월 27일, 조재천 검사는 "위폐 사건에 대하여 「한성일보」를 위시한 2, 3개 신문에서는 전혀 허구의 기사가 보도되고 있는데 검찰 당국에서는 이러한 내용의 발표를 한 일이 없으며 또 전혀 모른다. 이러한 사건에 관한 당국의 확실한 발표도 없이 허구의 보도를 하여 인심을 현혹게 하는 것은 매우 유감으로 생각하는 바이다. 「한성일보」에 관하여서는 목하 출처를 엄중히 조사하는 바이다. 책임기자는 목하 전주 출장 중이라고 하나 진상이 밝혀지는 대로 엄중 처단할 방침이다."라는 발표를 하였다.

그리고 같은 날 장택상은 "그 기사의 출처가 어디인지 방금 검사국과 경찰부에서 엄중 조사 중에 있으며 한성일보 편집국장도 검사국과 경찰부에 호출하여 조사 중이다. 누차 당국에서 발표하지 않은 기사가 게재된 데 대하여 그 출처를 철저히 규명하겠다."라는 발언을 하였다.[13]

조 검사와 장 부장의 발언 내용은 거의 동일하다. 아마 두 사람은 기자회견 전에 말을 맞추었을 것이다. 무엇보다 이상한 것은 최난수에 대한 언급이 없다는 점이다. 김광수가 위폐 시쇄에 입회했다고 주장하는 최의 주장은 「한성일보」의 기사와 동일하다. 그렇다면 "출처를 엄중히 조사하겠다."는 조 검사나 "출처를 철저히 규명하겠다."는 장 부장은 그 출처가 최난수였을 것으로 의심해야 마땅했다. 그러나 검찰과 경찰

13 위조지폐 사건, 출처 모를 보도를 추궁, 검사국과 경찰부서 언명, 「조선인민보」, 1946.6.28.

은 최난수를 제외하고 「한성일보」에 대한 수사만 하는 시늉을 했다.

6월 28일 자 「조선인민보」는 「한성일보」의 편집국장 함대훈(咸大勳)의 실명을 언급했다. 보도에 따르면, 함대훈이 호출되어 취조를 당한 날짜는 6월 26일이다. 하지만 6월 27일 기자회견 석상에서 조재천 검사는 함대훈이 지방 출장 중이므로 진상이 밝혀지는 대로 엄중 처단하겠다고 했다. 함대훈이 어떤 처벌을 받았는가는 명확하지 않다. 오보의 당사자 「한성일보」의 경우, 군정청으로부터 어떤 제재도 받지 않았다. 아마 함대훈의 사표 처리 정도로 사건을 마무리한 것으로 보인다.[14] 한 달 가까이 지속된 김광수 사건은 또 다른 대형 사건 때문에 언론의 관심으로부터 멀어지게 된다. 이관술이 체포된 것이다.

14 함대훈은 조재천과 마찬가지로 『친일인명사전』에 등재된 친일 부역자다. 황당한 것은 기자, 소설가 출신인 그가 경찰로 전직한 것이다. 1947년 11월 경무부 교육국장(「독립신보」, 1947.11.18.), 공보국장(「중앙신문」, 1947.11.22.), 공안국장(「자유신문」, 1947.11.25.) 등을 거친 후 경찰전문학교 교장으로 재직 중이던 1949년 3월 21일 뇌일혈로 사망했다.(「동아일보」, 1949.3.23.)

10

이관술은 누구인가?

偽幣事件의 主犯 李觀述을 逮捕
市內忠信町某處에 潛伏中

偽幣團의 巨魁 李觀述遂被逮

逮捕令나린지五旬 李觀述드디어就縛
中央廳에서取調開始

李觀述氏被逮
精版社偽幣사건 혐의자로 경찰당국에서 수사중이든 觀述씨는 六일오후시내鍾路二정목 解放書店에서 道警察部員에게 체포되여 鍾路署에유치되였다

朝共李觀述氏
鍾路署에被檢取調中

李觀述氏被捉
問題의偽幣眞相도判明될듯

〈그림53: 상단 좌측에서 시계방향, 1946년 7월 8일 자 동아일보, 9일 자 대동신문, 한성일보, 중외신보, 자유신문, 중앙신문〉

1946년 7월 6일 오후 6시경, 본정서 수사주임 최난수와 형사대는 이관술을 체포하였다.[1] 다음날인 7월 9일 자 전국의 신문 대부분은 이관술의 체포 건을 앞다투어 보도했다. 주목할 것은 각 신문에 표시된 이

1 偽幣事件의 主犯 李觀述을 逮捕 市內忠信町 某處에 潛伏中, 「동아일보」, 1946.7.8.

관술의 호칭이다. 대다수의 신문은 '이관술 씨'로 표현했다.(서울신문, 중외신보, 자유신문, 중앙신문, 조선인민보, 독립신보 등)

그러나 몇몇 신문은 다른 수식어를 선택했다. 「동아일보」는 "위폐 사건의 주범 이관술", 「대동신문」의 경우 "위폐단의 거괴 이관술" 그리고 「한성신문」은 "위폐사건 주범 이관술"로 헤드라인(표제)을 장식했다. 이관술을 위조지폐 사건의 주범으로 단정한 것이다. 동아, 대동, 한성은 가짜 뉴스의 산실로 이미 정평이 난 극우 신문들이다. 열흘쯤 전인 6월 27일, 조재천 검사는 "위폐 사건에 대하여 「한성일보」를 위시한 2, 3개 신문에서는 전혀 허구의 기사가 보도되고 있다"고 했으며, 장택상 부장은 "당국에서 발표하지 않은 기사가 게재된 데 대하여 그 출처를 철저히 규명하겠다."는 발언을 했다. 하지만 이들 극우 신문들은 아무런

釋放을要求
朝共黨明發表

李觀述氏檢擧

社說
解放後最大의犯罪

左右代表各五氏
合作交涉을

基礎는勤勞大衆

國共交

〈그림54: 1946년 7월 10일 자 독립신문, 11일 자 동아일보〉

제재도 받지 않았다.

이것은 무엇을 뜻하는 것일까? 결국 당국에서 이관술을 위조지폐 제작의 주범으로 단정하고 있으며, 어쩌면 이들 신문들에게 모종의 뜻을 전달했을지도 모른다는 의심이 들게 하는 상황이었다.

이관술이 체포된 지 사흘 후인 7월 9일, 조공중앙위원회 서기국은 석방을 요구하는 성명을 발표했다. 이관술의 검거는 남부 조선의 경제적 정치적 사회 혼란과 파멸의 책임을 공산당에게 떠넘기기 위한 공작 정치의 일환이며, 더욱이 그를 위폐범의 주범으로 몰아가는 행위는 반동적 테러의 또 다른 형태일 따름이라는 내용의 성명이었다. 그리고 이러한 모략 행위를 근절시킬 근본적 해결은 미소공동위원회의 속개로 우리의 민주주의 임시정부가 수립되어 친일파 민족 반역자를 제거하는 데 있다고 강조하였다.[2]

조공의 반발에 「동아일보」가 맞대응을 했다. 이 신문은 일반 기사도 아닌 사설을 통해 공산당을 해방 후 최대의 범죄를 저지른 집단으로 매도했다. 「동아일보」 역시 오늘의 정치, 경제적 혼란을 인정했다. 그러나 그 책임을 '건준'과 '인공'에게 돌렸다. 친일 정권을 세우려는 조선총독부의 농간에 놀아나 정치적 혼란의 씨앗을 뿌린 단체로 '건준'을 지목했으며, '인공'을 일당 영도의 철없는 장난으로 만들어진 단체로 비꼬았다. 이 두 단체가 정치적 혼란의 책임이 있다는 주장이었다. 그리고 두 단체의 뿌리라고 할 수 있는 조선공산당이 이제 위폐까지 찍어 내어 경

2 釋放을 要求, 朝共 聲明發表, 「독립신보」, 1946.7.10.; 李觀述氏被檢에 朝共中委서 聲明, 「중앙신문」, 1946.7.10.

제적 혼란의 원흉이 되었다는 것이 「동아일보」 사설의 주요 내용이다.

특히 주목할 것은 마지막 결론 부분이다. 자기들은 군정 당국의 발표에 의한 경찰의 활동을 믿고 있다. 지금까지의 발표 내용만으로도 결론을 내리기엔 충분하다고 본다. 일부 단체가 주장하는 바와 같이 만약 어떤 정치적 목적에서 경찰이 사건을 조작하였고, 그 조작 사실이 밝혀진다면, 경찰을 과신했던 우리의 무지함과 군정 당국의 발표를 검증하지 못한 우리의 불찰을 천하에 사죄하겠다. 그리고 조작과 왜곡의 흑막을 규명하여 붓이 꺾일 때까지 규명할 것을 공약한다.[3] 대략 이러한 내용인데, 대단히 민감한 주제를 다루었다. 결국 그들은 알고 있었다. 정판사사건을 비롯한 일련의 공산당 와해 작업이 미군정의 정치적 공작임을 파악하고 있었단 얘기다.

그러나 「동아일보」가 사죄할 일은 발생하지 않았다. 공작이 성공했기 때문이다. 여기서 지적하고 싶은 것은, "그 조작 사실이 밝혀진다면"이란 표현 대신에 "그 조작이 실패한다면"이라고 표현하면 좀 더 우리가 이해하기 쉬웠을 것이다. 아무튼 이관술의 체포를 계기로 좌익과 우익의 투쟁이 본격적인 국면으로 접어들게 되었다.

그러면 이런 소동을 일으킨 주역인 이관술은 누구일까? 지금 우리에게는 낯선 인물이지만, 해방공간의 이관술은 조선의 민중들에게 대단히 익숙한 인물이었다. 제1부 4장 "정치 잡지 선구의 해방 후 첫 여론조사"에서 언급한 바와 같이 조선을 이끌어 나갈 지도자 중 다섯 번째로 꼽힌 인물이다. 그리고 조선인민공화국이 구상했던 내각에서 선

3 解放後最大의 犯罪 共黨員僞幣事件 一部送局[社說], 「동아일보」, 1946.37.11.

전부장으로 추천되었던 인물이다. 당시 언론이 이관술을 언급할 때 “애국자”란 단어를 늘 수식어로 사용했던 것이 여론조사에 반영된 것으로 짐작된다. 아래에 일제가 작성한 감시대상 인물카드를 먼저 소개한다. 촬영 시기는 소화 8년(1933년) 4월 11일이며 장소는 서대문형무소다.[4]

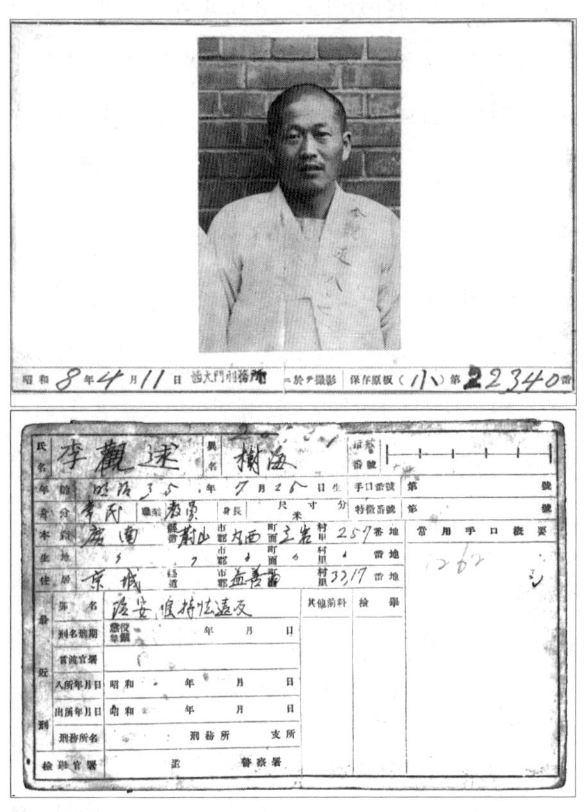

〈그림55: 감시대상 인물, 이관술 ©국사편찬위원회〉

4 《국사편찬위원회, 일제 감시대상 인물카드〉 이관술(李觀述)》

다음으로 소개할 자료는 두 사람의 인물평이다. 1946년 7월 11일 자 「조선인민보」에 "참된 애국자 이관술 동지"란 제목의 글이 있다. 이 글은 「해방일보」가 폐쇄됨으로써 졸지에 실업자가 된 정태식[5]이 동료의 억울함과 해방 조국의 현실에 비통해하며 쓴 글이다. 박갑동이 "정판사 3층 사무실에서 쫓겨난 우리 해방일보 사원들은 갈 곳이 없었다. 사장 권오직과 주필 조두원은 피신하고 나오지 않았다. 이때부터 정태식이 해방일보의 중심인물이 되었다."[6]라고 증언했던 바로 그 정태식이다. 그다음은 이관술의 동지이자 여동생인 이순금[7]이 1946년 11월 15일 자

5 정태식(鄭泰植, 1910~?) (경성콤그룹 참가자) 충북 진천 출신으로, 1929년 3월 청주공립고등보통학교를 졸업하고 4월 경성제국대학에 입학했다. 1933년 3월 경성제국대학 법문학부를 졸업하고 법문학부 조수가 되어 경제연구실에서 근무했다. 4월 이 대학에서 독서회를 조직하여 사회과학을 연구했고 용곡여학교에 독서회를 조직했다. 1934년 4월 경성법률전문대학에 반제반, 문화반, 구원반을 조직했다. 같은 달 각 공장에 적색노동조합을 조직하기 위해 노력했다. 5월 적색노동자그룹, 공산주의자그룹 결성에 참여하여 각각 식료품부 책임자, 공청부 책임자로 선정되었다. 같은 달 일본 경찰에 검거되어 1936년 11월 경성복심법원에서 징역 5년을 선고받았다. 출옥 후 경성콤그룹에 참여하여 인민전선부에 소속되었다.

(남로당 중앙위원) 1945년 9월 조선인민공화국 경제부원으로 선정되었고 조선공산당 기관지 「해방일보」 주필 겸 정치부장이 되었다. 11월 전국인민위원회 대표자대회에 참석하여 중앙위원으로 선출되었다. 1946년 2월 민주주의민족전선 중앙위원, 11월 남조선노동당 중앙위원·조사부장이 되었다. 「노력인민」 총책임을 맡았고, '이론진 블록' 책임을 맡았다. 박헌영 월북 이후 남로당 제3인자가 되었다. 1950년 4월 경찰에 검거되어 5월 용산 육군본부에서 징역 20년을 선고받았다. 한국전쟁 때 서울에서 「해방일보」 복간에 참여하여 논설위원이 되었다. 조선민주주의인민공화국에서 농림성 기획처 부처장을 지냈고 잡지 「인민」 교정부원으로 일했다. 남로당 숙청 당시 숙청되었다. 〈강만길 · 성대경 엮음, 『한국사회주의운동 인명사전』, 창작과비평사, 1996, p.443.〉

6 〈자세히 읽기-7〉 참조

7 이순금(李順今, 1912~?) (이재유 그룹 참가자) 경남 울산 출신으로, 이관술의 (이복)동생이다. 언양공립보통학교를 졸업했다. 1929년 4월 서울 실천여학교에 입학하고 1년 뒤 동덕여자고등보통학교로 전학했다. 반제동맹 동덕여고보 책임자를 지냈다. 1932년 3월 졸업했다. 5월 '경성학생알에스(RS)협의회 사건'에 연루되어 검거되었으나 불기

「현대일보」에 기고한 글이다. 제목은 "오빠, 이관술 동지 검거의 소식을 듣고서"이다. 사실 정태식, 이순금은 이관술과 특별한 관계에 있는 사람들이다. 두 사람 모두 "애국자"란 수식어를 이관술에게 붙였는데, 특히 여동생이 자기 오빠를 "위대한 애국자"라고 불렀다는 것은 이관술이 자기 주변의 사람들에게 얼마나 신뢰를 받았는가를 보여주는 방증이다. 아래에 두 사람이 기고한 글 전문을 소개한다.

참된 愛國者 李觀述同志

鄭泰植

오빠, 李觀述同志 檢擧의 消息을 듣고서

李順今

〈그림56: 1946년 7월 11일 자 조선인민보(일부), 7월 15일 자 현대일보(일부)〉

소 처분을 받았다. 1933년 1월 '오르그연구회'에 참여했다. 2월경 일본 경찰에 검거되어 3월 경성지법 검사국에서 기소유예 처분을 받았다. 그 후 이재유와 비밀리에 결혼했고, 경성고무공장 여공들을 동지로 획득하여 적색노동조합을 조직하기 위해 노력했다. 1934년 1월 일본 경찰에 검거되어 1935년 12월 경성지법에서 징역 2년을 선고받았다. 1937년 7월 만기 출옥했다. 출옥 후 운동자금 조달 혐의로 일본 경찰에 검거되었으나 1938년 6월 경성지법에서 예심 면소되었다.

(경성콤그룹원, 남로당 중앙위원) 1939년 경성콤그룹에 참여했다. 1941년 9월 일본 경찰의 수배를 받았으나 소재 불명으로 기소 중지되었다. 이후 박헌영과 함께 전남 광주로 피신하여 은둔하면서 경성콤그룹 조직원들 간의 연락 활동에 종사했다. 1945년 8월 조선공산당재건준비위원회 결성에 참여했다. 9월 조공중앙 서기국원이 되었고, 조선인민공화국 노동부원으로 선정되었다. 1946년 2월 민주주의민족전선 결성대회에 참석하여 중앙위원으로 선출되었고, '조공 중앙 및 지방동지 연석간담회'에 참석했다. 8월 조선부녀총연맹 결성에 참여하여 조직부에 소속되었다. 남조선민주여성동맹에 가입하여 조직부원을 지냈다. 1955년 박헌영 재판에 증인으로 참석했다. 〈강만길 · 성대경 엮음, 『한국사회주의운동 인명사전』, 창작과비평사, 1996, pp.346~347.〉

〈자세히 읽기-12〉

[참된 애국자 이관술 동지/ 정태식 씀]

오늘날 조선에는 애국자가 많다. 물론 40년 동안 야수 같은 일본 제국주의의 철제(鐵蹄, 침략자의 탄압이나 전제를 비유적으로 이르는 말)에 짓밟혀 있다가 해방된 만큼 인민 대중의 솟아오르는 애국의 열정을 그 누가 금할 수 있으며 자유와 주권을 찾으려는 그 정열을 누가 능히 누를 수 있으랴? 과연 인민 속으로부터 터져 오르는 민주 건국의 고함과 그 고함 소리를 대표하는 참된 애국자들의 외침은 왜적에 짓밟혀 있던 우리 조선의 산하를 뒤흔들면서 있다.

이 민족적 조류의 틈에서 ○○○애국자도 또한 춘동(春動)하고 있다. 일본 제국주의 시대에는 조선의 젊은 청년을 싸움터로 몰아넣어 우리의 우방 소미중영의 같은 청년들의 가슴에 피를 흘리게 하고, 또 자신들도 피를 흘리고 쓰러지게 하던 전쟁 선동자도 강도 일본 제국주의의 통치를 영구화할 목적으로 조선민족해방운동의 투사들을 피에 주린 원수의 뱃속에 장사질하던 주구들도 약탈자 일본 제국주의와 손을 맞잡고 같은 동포인 근로인민 대중의 피를 빨아 사복을 채우던 반동적 자본가 반동적 지주들도 오늘날 애국자로 가장하고 우국지사연하고 있다. 이들 민족의 적이 애국자인 척하고 역사의 조류에 반역하는 반동도배들이 민주주의자인 것 같이 위장하고 있다.

그러나 삭풍한설에 비로소 송죽의 절개를 아는 바와 같이 탄압의 역류 가운데에 비로소 참된 애국자의 신가를 아는 것이다. 일본 제국주의자의 어마어마한 전시계엄 속에도 이관술 동지는 조금도 굴하지 않고 일각도 쉬지 않고 오직 우리 민족의 자유를 위하여 근로인민 대중의 해방을 위하여 혈투를 전개하여 왔다. 동지에게는 이 붉은 일념 외에는 아무것도 없다. 실로 이를 위하여 그의 젊은 반생을 바쳐온 것이다. 동지는 부귀도 모르고 지위도 모르고 또한 명예도 모른다.

고사(高師)를 졸업한 최고 인텔리가 엿장수, 땜장이 노릇을 하며 적의 눈을 피하면서 우리 민족의 해방을 위하여 싸워 왔다. 나는 여기에서 동지의 고난과 희생에 쌓인 피눈물 없이는 회상할 수 없는 역사를 다 기록할 여유를 갖지 못하였다. 다만 나에게 떠오르는 9년 전 이달 1937년 7월 28일 밤에 일어난 동지의 위대한 민족애, 끓어오르는 민족해방을 위한 화염을 기록하려고 한다.

때는 강도 일본 제국주의가 중국에 대한 침략전쟁을 시작한 지 얼마 되지 않은 전 조선을 철의 계엄하에 둔 때이었다. 당시 일본 경찰은 혈안으로써 동지의 소재를 추구하던 때이었다. 죽음을 두려워하지 않는 동지는 그 계엄하의 서울에서 운동을 전개하면서 막 2일 전에 서대문형무소에서 출옥한 영매 이순금 동지와 사업에 대한 연락을 하기 위하여 여의도에서 상봉한 것이다. 연락을 끝마치고 갈려고 하니 벌써 해는 저물었고 한강의 배는 없어졌고 쏟아지는 폭우에 한강물은 불어 탁류는 흐르고 있다. 어찌할까 하고 망설이든 차에 피에 주린 적은 벌써 알아채고 비행장 근처를 경계하던 헌병에게 체포되어 여의도비행장 일실(一室)에 갇혔다.

혁명적 열정과 냉철한 과학적 이성에 빛나는 동지에게는 벌써 이 전쟁이 ○상한 전쟁이 아니며 반드시 세계적 대변혁을 가져와서 우리 민족의 해방을 위한 절호의 기회인 것을 간파하였다. 그리하여 이러한 시기를 놓치고는 우리 민족의 해방의 기회는 다시 언제 올지 모르며 이런 때야말로 혁명가의 모든 역량을 희생할 때라는 것을 느꼈다. 그리하여 동지는 이순금 동지에게 도망할 뜻을 말하고 야밤에 몰래 피하여 강가로 갔다. 풀은 우거지고 소낙비는 내리고 한강에는 탁류가 물굽이를 치고 있다. 도저히 보통의 상식으로는 건너갈 수 없었다. 이때에 동지에게는 조국의 해방을 위한 싸움이냐, 그렇지 않으면 죽음이냐? 이 두 길 중 한 가지밖에는 없었다. 그는 과감하게 탁류에 몸을 던졌다. 중류에서 사나운 물굽이에 기진맥진하여 떠내려가던 중 천만다행으로 풀에 걸렸다. 혼수상태로 마포 언덕 위에 올라왔다.

새로운 더 힘찬 헌신적 투쟁이 전개되었다. 양심 있는 사람으로서 누가 어찌 감격 없이 이 사실을 생각할 수 있을 것인가? 이 절호의 기회에 조국의 해방을 위하여 목숨을 바치겠다는 이 일편단심이 아니고는 어찌 이 탁류에 몸을 던질 수 있을 것인가? 동지의 이 위대하고 숭고한 애국적 헌신적 정열에 머리를 숙이지 않을 자 있을 것인가?

눈을 감고 가슴에 손을 대고 고요히 생각하여 보라! 이러한 애국자 민족의 영웅이 해방된 오늘날 우리 동포에 의하여 갇힌 몸이 되어야 할 것인가?

이러한 인민의 벗, 민족의 참된 지도자가 민족 생활을 파탄시키는 지폐를 위조하였을 것인가? 이런 동지야말로 그런 반인민적 범죄에 대하여 가장 불타오르는 증오를 갖는 것이다. 나는 동지의 피검의 소식을 듣고 가슴을 가로막는 솟아오르는 커다란 무엇을 막을 수 없었다.

〈자세히 읽기-13〉

[이순금 기고문, 오빠 이관술 동지 검거 소식을 듣고서]

나는 이 검거의 소식을 듣고 의아심을 가지지 않을 수 없으며 아무리 생각하여도 참말로 들을 수 없다. 해방 조선에서 오빠와 같은 애국자를 다시 그 자유를 뺏는다 함은 아무리 하여도 정말 같지 아니하다. 이것은 남매간이라는 사정(私情)에서가 아니요, 조선의 자주독립을 위하여 특히 근로인민의 이익과 생활 향상을 위하여 잔인무도한 일제 폭압 밑에서 20년간 개인의 생명과 권위와 가정을 희생하고 지하에서 토막 속에서 감옥 속에서 혈전 고투해 온 진정한 애국자임을 구체적 투쟁 속에서 가장 잘 알며 확실히 인정하기 때문이다.

오빠 이관술 동지는 1930년대부터 조선민족해방투쟁에 그 몸을 바쳤으니 일제 경찰 놈들의 혹독한 총칼이 그의 전신에 집중하였으나 사회에서나 감옥에서나 놈들 앞에서나 민중 속에서나 장소를 불문하고 낮이나 밤이나 일심전력 전 민중의 이익을 위하여 행동하여 투쟁하였었다. 그러므로 그의 생활은 반생을 통하여 혁명적이었으며 과감하고 용감하였으며 사(死)를 두려워하지 않았다. 그는 항상 말하였다. “정의를 위하여 민족을 위하여 죽음은 가장 옳은 죽음이며 사(死)를 각오한 때에는 고난도 쓰라림도 무서운 총칼도 다 극복되는 것이며 용감한 행동을 행할 수 있다.” 과연 그렇게 투쟁하였으며 그 행동은 말과 조금치도 틀림없이 일치하였다.

그의 20년간 비합법적 지하 투쟁 생활에서 몇 가지를 말함으로써 이번 검거가 얼마나 해방 조선에서는 있을 수 없는 일인가를 설명하고자 한다. 1935년 이재유 동지와 경성을 중심으로 하여 당 재건 운동에 있어 학교와 가두를 책임지고 활동하다가 왜놈들에게 발각되었다. 오빠는 그때 지하 생활로 들어가지 아니할 수 없었다. 눈은 산골에 쌓여 있고 삭풍은 사람의 뼛속까지도 시리게 할 정도로 추웠다. 남루한 외투를 유일한 방호구로 하여 눈 쌓인 산골짜기에서 사흘 동안이나 절식하고 뒷일을 수습하기에 성공하였다.

의정부에서 '장끝네 형제'라는 별명을 들어가며 남도 이재민으로 가장하고 토끼 닭을 기르며 호박 외 고추 등의 밭농사를 지어가면서 "적기"라는 비밀 출판물을 발간하였다. 그때 사용하던 등사판은 두 동지의 창안이었었다. 이 등사판 제작을 성공하기 위해 동지는 3개월이 걸렸었다. 과학자가 아닌 두 동지의 손으로 이 등사판의 제작이 성공한 것은 오빠의 개국심이 과학을 정복하였다는 증명임을 나는 단언한다. 이리하여 경성을 중심으로 근로인민의 속에서 반일 민족 해방을 힘차게 진전(進展)하였다. 때마침 이재유 동지가 가두(街頭)OO에서 놈들 손에 체포되자 오빠에 대한 놈들의 추적은 너무도 심하였다. 부득이 오빠는 경성 지방을 떠나 남선 일대로 망명 생활을 하게 되어 '방물장수'로 가장하였다. 그러나 오빠는 하루도 쉼 없이 지방 동지들을 찾아 二O業을 계속하였다.

1937년 7월 18일이었다. 내가 감옥에서 나온 지 2일 만에 여의도에서 그를 만나게 되었다. 그는 삼베 고의적삼을 입은 서울 농부로 가장하고 삽을 둘러메고 오는데 멀리서는 잘 알아볼 수가 없었다. 나는 그때 오빠의 위대한 혁명가의 면목을 얼핏 느꼈다. 오빠는 나에게 안부 한마디 외에는 곧 투쟁을 계속하기를 명령하였다. 나는 위대한 혁명가를 오빠로서 동지로서 가졌다는 것을 무한히 감격하였다. 서로 간 이야기하는 동안에 소낙비가 쏟아져 한강 물이 범람하여 건너지 못하게 되었다. 밤이 되기를 기다려 배를 타고 올 계획이었으나 이것이 불성공(不成功)되고 여의도 파출소에 검거되었다.

오빠는 나에게 일을 위하여 그곳을 탈출할 결심을 말하였다. 나는 물이 많아 귀신이라도 건너지 못할 것을 말하였다. 그때 그는 비장한 결심을 보이고 놈들이 잠든 틈을 타서 그곳을 탈출하였다. 나중에 말을 들으니 그는 한강에 몸을 던져 마포편을 향하여 헤엄치기 시작했다. 캄캄한 밤! 창대같이 퍼붓는 소낙비! 산더미같이 그 비가 흐르는 탁류 격랑에 그는 몇 번이나 기절하고 혼절하면서도 이를 악물고 구사일생으로 도하 탈출에 성공하였다. 그 다음 날 헌병과 경찰은 제아무리 초인적 용력이 있다 하다 하여도 강물 속 귀신이 되고 말았으리라고 단정하였다. 수영선수도 아닌 오빠가 특히 몸도 퍽 허약했던 오빠가 대강(大江)의 탁류를 정복해야만 한 것은 오직 민족을 사랑하는 백절불굴의 투지가 기어코 성공해야만 한 것이 아니고 무엇이랴!

그 후 그는 경성을 중심하여 노동자 속에서 투쟁을 계속하였다. 1938년 12월부터 김삼룡, 김제룡 동무를 비롯하여 공장가두학교 등에 힘 있는 기반을 닦았다. 이것이 콤그룹의 기초 조직이었다. 처음에는 '프로레타리아'라는 기관지를 발행하다가 '코뮤니스트'로 개칭하였다. 오빠는 이 출판물의 총책임자였었다. 1940년 박헌영 동지가 이 조직을 지도하게 되자 오빠는 이 월간 출판물의 책임자로서 이 비밀 출판물을 남선(南鮮) 일대와 청진,

함흥 등 북선(北鮮) 일대에 정밀한 배포망을 조직하여 노동자, 농민들에게 배부하였다. 이 당시 오빠는 기술 문제와 여비 문제로 고물 장수로 가장하여 고물 속에 출판물을 넣어서 자전거로 각지에 배부한 일이 많았었다. 한번 지방을 다녀오면 의복은 말 못할 만큼 누추하고 심히 궁하였다. 참말로 오빠는 열과 성의 화신이라고 나는 항상 감동하였다.

나는 진실한 이 애국자의 뒤치다꺼리를 할 때 그 치다꺼리가 확실히 우리 민족 해방운동의 한 사업인 것을 매우 만족히 생각하고 항상 기쁨으로 처리하였었다. 1941년 정월에 오빠는 드디어 놈들의 손에 검거되었다. 일제의 야만과 살인적 고문에도 불구하고 끝까지 비밀을 지키고 동지 한 사람도 대주지 않은 것은 그와의 관계를 더욱 빛나게 하였다. 그러나 감옥 투쟁 속에서 거의 죽게 되자 놈들도 송장 치르기 싫어 결국 보석되었다.

그의 건강은 참으로 위독하였다. 누가 보든지 절망적이었다. 그러나 백절불굴의 주인공은 병마에 사정할 그가 아니었다. 그는 결심하였다. 어떻게든지 살려고, 조선 민족 해방 투쟁에 좀 더 도움이 되지 못하고 지금 죽는다는 것은 죄악이다, 우리 민족을 위하여 살아야겠다. 곧 이 굳센 의지력에는 병마도 드디어 굴복하고야 말았다. 건강이 조금 회복되어 몸을 움직일 수 있게 되자 그는 또다시 지하 활동에 들어갔다. 이때는 전시 계엄령 상황으로서 지하 생활이 가장 곤란한 어마어마한 때였다. 솥땜장이, 남의 잡심부름꾼! 이런 가지가지의 고생을 하면서 혁명운동을 여전히 계속하였다. 이러한 사투 속에서 8·15해방이 닥쳐왔다.

8·15 이후 오빠의 활동을 나는 아니 쓰려 한다. 그것은 조선 인민이

나보다 더 잘 아는 까닭이다. 다만 내가 힘 있게 주력하는 것은 8·15 이후에 있어서도 진정한 애국자로서 민주주의를 위하여 독립을 위하여 불면불휴 그 열과 성을 다하여 일한 것은 누구나 다 아는 바라는 것이다. 이러한 애국자를 민중으로부터 빼앗아 감은 무슨 이유인가?

더욱이 추악한 죄명까지 씌워 잡아간다 함이야 꿈엔들 상상할 일인가! 나는 주장한다. 위대한 애국자 이관술 동지를 즉시 석방하라고! 해방된 조국에 있어서 진정한 애국자인 우리 오빠의 몸에 아무도 결코 손을 대지 못할 것이다.

11

조공의 마지막 몸부림

이관술이 체포된 7월 6일 이후부터 검찰의 움직임이 빨라지기 시작했다. 이관술 체포, 종로경찰서 구금(7월 6일) → 본정 경찰서 이송(7월 7일) → 중앙청 이송(7월 8일) → 장택상 직접 취조 선언, 제1관구경찰청 이송(7월 9일) → 뚝섬 사건 피의자와 정판사사건 피의자 검사국으로 송국(7월 9일) → 피의자 총 13명 기소(7월 19일)… 실로 전광석화 같은 조처였다.

兩事件關係者全部起訴

僞幣事件에 檢事局談話發表

세칭정판사위조지폐사건과 뚝도위조지폐 사건은 十九일 기소되엿는데 이에대하야 金瑢燦검사장과 담당검사 曺在千검사는 다음과같은 담화를발표하엿다

通貨僞造事件公判請求에對하야 京城地方法院檢事談

朝鮮精版社事件關係者及犯罪事實 朝鮮精版社社長(朝鮮共産黨員)朴洛鍾 同社庶務課長(同)宋彦弼 同社印刷主任(同)辛光範 同社倉庫主任(同)朴相根 同社平版課長(同)金昌善 同社平版副課長(同)鄭明煥 同社印刷職工(同)金商宣 (同)同 金遇鏞 (同)洪啓壎 朴洛鍾 宋彦弼 辛光範은 昨年九月에 府內長谷川町二四五番地 近澤빌딩을 接受하야 同所에서 經營하든 近澤印刷所를 朝鮮精版社라稱하고 印刷業을 經營하엿는데 金昌善外數名은 日政時代 近澤印刷所職工在職時 官廳의 命令으로 朝鮮銀行券을 印刷한 事實이잇고 또 同印刷原版을 窃取所持함을 奇貨로하야 右委員及이 共謀하야 共産黨費及과 精版社經營에使用하기爲하야 昨年十月下旬부터 今年四月上旬까지 數回에亘하야 右精版社內에서 朝鮮銀行券 百圓券千二百萬圓을 僞造하야 朝鮮共産黨本部 財政部長 李觀述에게 交付使用케하여써 經濟를 攪亂케하고

二、纛島事件關係者及犯罪事實

印刷職工 洪思謙 同 裵在龍 無職 郞承九 同 郞承憲

右者等은 自己等이 朝鮮銀行券을 僞造使用하기爲하야 昨年十月頃에 金昌善으로부터 朝鮮銀行券印刷原版을 買入하야 高陽郡纛島面西纛島里某人의 倉庫二層에서 朝鮮銀行券僞造에 着手하야 百圓券四萬五千二百圓을 印刷하엿스나 印刷가不鮮明하야 中止한것이다

三、右事件에 對하야 當檢事局에서는 京城本町警察署의 報告에依하야 曺、金兩檢事가 愼重調査한結果 犯罪의 證據가 充分하기로 本日起訴하엿고 關係者中 李觀述은 最近에 檢擧되여 方今調査中임으로 近日中 起訴與否를決定할豫定이다

〈그림57: 1946년 7월 20일 자 자유신문〉

1946년 7월 19일, 경성지방법원 검사장 김용찬과 검사 조재천은 세칭 정판사 위조지폐 사건과 뚝섬 위조지폐 사건에 대한 담화를 발표했

다. 담화문에서 발표한 대략적인 혐의 내용은 다음과 같다.[1]

[정판사위폐사건]

① 공산당 당원인 박낙종 등 9명은 작년 9월경 근택빌딩을 접수하여 근택인쇄소를 정판사로 명칭을 고치고 경영하는 중이다.

② 김창선 외 수 명은 일본인이 경영하던 근택인쇄소 직공 시절 조선은행권을 인쇄한 경험이 있다.

③ 김창선은 인쇄 원판을 절취하여 소지하던 중 상기 전원이 공모하여 공산당 당비 및 정판사 경영에 사용하기 위해 위폐 제작 음모를 모의했다.

④ 작년 10월 하순부터 금년 4월 상순까지 수 회에 걸쳐 조선은행 100원권 1천 2백만 원을 정판사 내에서 위조했다.

⑤ 제작한 위조지폐 조공본부 재정부장 이관술에게 교부하여 경제를 교란케 했다.

[뚝섬 위폐 사건]

① 홍사겸 등 4명은 작년 10월경 김창선으로부터 인쇄 원판을 구입했다.

② 그들은 뚝섬 소재 창고 2층에서 조선은행권 위조에 착수했다.

③ 100원권 4만 5천2백 원을 인쇄했으나 인쇄 불선명으로 중지했다.

기소 내용[2]의 사실 여부는 이 책을 통해 차츰 파악되겠지만, 한 가지

1 양 사건 관계자 전부 기소, 위폐 사건에 검사국 담화 발표, 「자유신문」, 1946.7.20.

2 공판 청구서 전문은 「동아일보」(상, 1946.7.28.; 하, 7.30.)와 『위폐사건공판기록』에 실려 있다.

사안만은 먼저 살펴보겠다. 김창선은 정판사사건과 뚝섬 사건 모두에 관련된 유일한 인물이다. 검찰의 기소 및 위 담화에 따르면, 1945년 10월경 뚝섬 위조지폐단에게 인쇄 원판을 팔았고, 같은 달 하순경에는 정판사에서 위조지폐를 제작했다고 한다.

수사 담당자 현을성 경위의 증언을 보면 더욱 황당하다. 현 경위는, 1946년 5월 3일 13시경 김창선은 "징크판 2조를 절취하여, 1조 일부분은 배재룡에게 팔고 홍사겸에게 견본으로 주고, 타 1조는 정판사에서 사용 인쇄하여 공산당비로 썼소."라고 자백했다.

돈 욕심 때문에 공공의 자산인 징크판을 훔쳐 일부는 팔았고, 또 다른 일부는 다른 사람에게 팔기 위해 견본으로 주었다가, 갑자기 조선공산당의 당비와 자신의 직장인 정판사의 경영을 위해 위조지폐를 제작하였다는 얘기다. 시차가 있는 것도 아니다. 같은 달에 이러한 범죄를 동시에 자행했다고 한다. 이 문제 역시 자세한 상황은 차츰 다루어 질 것이다. 담화문을 통해 발표된 피소자 명단은 아래 표와 같다.[3]

3 공판 청구서(1), 『위폐사건공판기록』, 대건인쇄소, pp.3~4.

[표9: 공판 청구서, 피소자 명단]

<table>
<tr><th>사건</th><th>피고인</th><th>소속</th><th>죄명</th></tr>
<tr><td rowspan="9">정판사 위폐사건</td><td>박낙종(48)</td><td>조선정판사 사장</td><td rowspan="4">통화위조 동 행사</td></tr>
<tr><td>송언필(45)</td><td>서무과장</td></tr>
<tr><td>신광범(41)</td><td>인쇄주임</td></tr>
<tr><td>박상근(43)</td><td>창고주임</td></tr>
<tr><td>김창선(35)</td><td>평판부과장</td><td>통화위조 동 행사, 통화위조미수 방조</td></tr>
<tr><td>정명환(30)</td><td rowspan="4">평판직공</td><td rowspan="4">통화위조 동 행사</td></tr>
<tr><td>김상선(32)</td></tr>
<tr><td>김우용(28)</td></tr>
<tr><td>홍계훈(31)</td></tr>
<tr><td rowspan="4">뚝섬 위폐 사건</td><td>홍사겸(24)</td><td>조선단식인쇄소 직공</td><td>통화위조미수 방조</td></tr>
<tr><td>배재룡(32)</td><td>수영사 직공</td><td rowspan="3">통화위조미수</td></tr>
<tr><td>랑승구(40)</td><td>무직</td></tr>
<tr><td>랑승헌(28)</td><td>무직</td></tr>
</table>

이 무렵까지만 해도 조선공산당은 미소공위의 타결에 대한 기대감을 버리지 못했던 것으로 보인다. 미군정에 대한 공격을 자제한 이유다. 동 당은 7월 21일 자로 두 편의 긴 글을 작성하여 관계요로에 제출했다. 하지 장군에게 보내는 청원서[4]와 최근에 상황에 대한 조선공산당 선언서[5]가 그것이다. 언론에는 조공 선언서가 먼저 보도되었다. 아래

4 朝共서 僞幣事件으로『하—지』中將에 請願, 左右代表 陪審下에, 美蘇共委 兩代表의 臨席도 要望,「독립신보」, 1946.7.23.

5 僞幣事件에 對하야 朝共 聲明, 擔當檢事 變更과 內容 再調査 要望,「독립신보」, 1946.7.22.

에 두 문서의 전문을 소개한다.

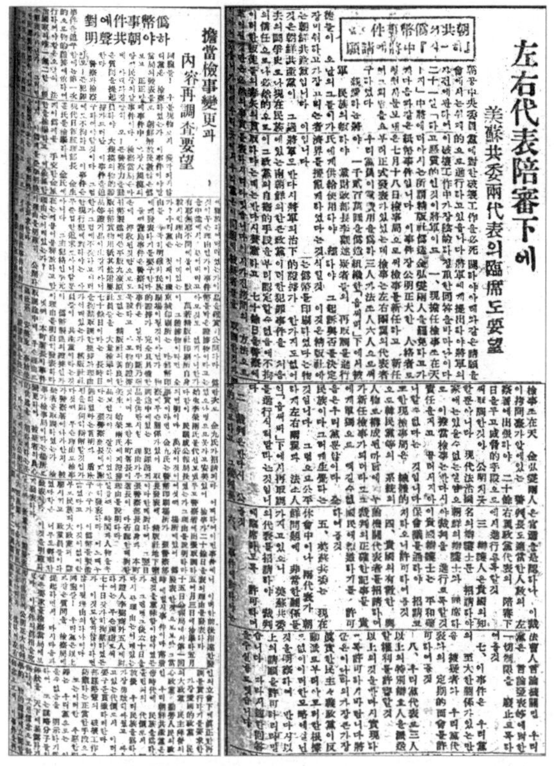

左右代表陪審下에

美蘇共委兩代表의臨席도要望

擔當檢事變更과 內容再調査要望

僞幣事件에 對하야 朝共聲明

〈그림58: 1946년 7월 22, 23일 자 독립신보〉

〈자세히 읽기-14〉

[하지 장군에게 보내는 청원서(1946.7.21.)]

친애하는 장군!

이러한 민족의 반동들이 오늘날 가장 미워하고 꺼리는 자는 조선공산당

입니다. 이것은 조선공산당이 과거 투쟁사로 보나 현재 민족의 신임으로 보나 이러한 반동들의 독화살의 과녁이 되리라는 것은 필연적인 사실이 아니겠습니까? 이에 그들은 우리 당에 대한 파괴 공작을 필사적으로 진행하고 있습니다. 이 파괴 공작 중 가장 음흉하고 악질적인 것이 장군도 알고 계신 소위 '정판사 위조지폐 사건'입니다. 이 사건은 7월 18일(19일의 오류) 검사국으로부터 정식발표가 있었는데, 우리 당원이 당 비용을 위하여 1천2백만 원을 위조하여 당 재정부장 이관술 씨에게 공급, 사용하게 하여 경제계를 혼란하게 하였다는 것입니다. 우리 당은 이런 악질적인 모략에 대하여 조금도 놀라지 않습니다. 우리 당에서는 하늘이 두 쪽이 난다고 하여도 이러한 추악한 범죄는 있을 수 없으며, 게다가 우리 당원이 이러한 범죄를 행하는 것은 있을 수 없을 뿐만 아니라, 당의 중요 간부인 이관술이 이러한 죄과를 범한 일이 없음을 명백히 알고 있는 까닭에 조금도 놀랍게 생각하지 않습니다. 다만 이러한 사건이 절대로 없으며 있을 수 없다는 사실을 국내적으로나 국제적으로 명확히 알려야 할 책임만을 느끼고 있습니다. 왜 그런고 하니, 우리 당은 우리 민족이 가장 사랑하는 당이며, 우리 민족을 대표하는 당이므로 우리 당이 이러한 범죄와는 관계가 없음을 명백히 하는 것이 민족에 대한 우리 당의 임무를 다하는 것이며 민족의 사랑을 저버리지 않는 길이기 때문입니다. 장군도 반드시 장군의 치하에 있는 남조선의 한 큰 정당이 자신을 위한 자위적 수단을 취하려는 것에 대하여 반드시 찬의를 표하실 것이라고 믿습니다. 이곳에서 우리 당은 이 문제에 관하여 아래와 같은 청원을 장군에게 제출하니 장군의 정중한 회답을 바랍니다.

1. 현 담당 검사 조재천, 김홍섭 두 사람을 파면하고 가장 공명정대한 인

격자를 검사로 새롭게 임명하여, 이 신임검사로 하여금 좌우 양쪽의 대표자 3인과 법조인 6인으로써 조직된 참관인들이 참석한 가운데 동 피의자들의 재취조를 진행하도록 해서 그 기소 여부를 결정하게 하십시오. 이것을 요구하는 이유는, 정판사에서는 위조지폐를 인쇄하였다는 물적 증거가 하나도 나오지 않았으므로 이러한 범죄를 인정할 수 없음에도 불구하고, 경찰이 70여 일 동안이나 갖은 고문의 방법으로 피의자들을 취조하고, 검사 조재천, 김홍섭 두 사람이 고문대가 있는 경찰서에 출장하여 20여 일을 두고 위협적 수단으로 취조한 사실 등은 공정치 못할 뿐만 아니라, 현대의 법치국가에서는 있을 수 없는 일이므로 그 담당 검사는 반드시 책임을 지고 물러나야 한다는 것입니다. 또한 현 검사국은 총체적으로 한민당 등 그 계통의 인물로 구성된 까닭에 누가 검사로 취임하더라도 그에게 단독으로 맡길 수 없음을 우리 당뿐 아니라 전 민족이 그렇게 생각하는 사실입니다. 그러므로 공평하게 좌우 양편과 법조인이 참관인으로 참석한 곳에서 취조를 시킬 것.

2. 재판은 반드시 공개적으로 하고, 그 재판장의 관선을 인정하지만, 재판장도 적당한 수의 좌우 정당 대표가 참석한 가운데 진행하도록 해야 할 것입니다.

3. 변호인으로는 미국의 유명 변호사를 초청하여 조선의 변호사와 동석한 상태에서 재판을 진행토록 할 것이며, 이 미국 변호사는 평화확보회의를 통하여 청하고자 하오니 허가하여 줄 것.

4. 귀국의 유수한 여론 기관의 대표자를 초청하여, 재판에 관한 정확한 기사를 귀국민에게 보도하는 것을 허가하여 줄 것.

5. 미소공위는 현재 휴회 중이나, 양측의 대표가 조선 문제에 비상한 관

심을 갖고 있으므로, 미소공위의 대표를 초청하여 재판에 임석하도록 허가하여 줄 것.

6. 이 사건에 대한 법조인, 언론기관 및 우리 당의 발표 등에 대한 모든 제한을 폐지토록 하여 줄 것.

7. 이 사건은 우리 당과 지대한 관계가 있는 만큼 피의자와 당 대표와의 정기적 면회를 허가하여 줄 것.

8. 우리 당 대표로 3인 이상의 특별변호인을 파견할 권리를 허용할 것.

이상의 것을 반드시 실현할 수 있도록 허가하기 바랍니다. 장군은 이 나라의 가장 크고 진실한 민주주의 정당이 반동파로부터 아무런 근거도 없이 모략을 당하고 있다는 것을 명확히 관찰하여, 반드시 이상의 청원을 받아들일 것이라고 생각합니다. 따라서 속히 회답을 주실 것으로 믿습니다.

친애하는 장군, 내내 건강하소서.

1946년 7월 21일

조선공산당 중앙위원회

〈자세히 읽기-15〉

[조선공산당 성명서(1946.7.21.)]

동포들! 조선공산당이 과연 당비를 마련하기 위하여 그의 당원으로 하여금 지폐를 위조케 할 정당인가? 공산당은 이러한 추악한 범죄를 행한 정당이 아니다. 하늘이 두 쪽이 나도 이러한 경제를 교란시키는 죄악을 행할 수 없으며, 할 리가 없다. 따라서 우리 정당의 지도자와 당원들이 이러한 사건에 관련될 수가 없다. 당의 비용이 없으면 우리들의 옷을 벗어 팔거나, 우리들이 사는 집을 팔아서라도 정의와 진리를 위하여 끝까지 싸우는 정당이거늘 우리가 어찌 이러한 범죄를 범할 수가 있겠는가? 동포들! 우리 당은 검찰 당국의 발표를 듣고, 정정당당히 민중 앞에 아래와 같은 질문을 제기한다.

1. 경찰과 검찰이 모든 범죄 사실을 추적할 때, 일차적으로 물적 증거물에 의해 행해져야 한다는 것은 현대 법치국가의 유일무이한 근본원리가 아닌가? 그러면 이번 소위 위폐 사건에 있어 첫째, 현대일보 20만 원 사건은 19만 원의 위조지폐가 현물로써 발견되지 아니하였는가? 이 사건이야말로 조선해방 후에 위조지폐 사건 중 가장 대규모의 사건이었다. 검찰 당국은 마땅히 모든 경찰력을 동원하여 대규모의 물적 증거가 드러난 이 사건을 추적하여야 할 것이다. 그럼에도 불구하고 이 사건은 현대일보 경리부장 김생훈 씨와 김 씨에게 이 위조지폐를 주문한 강철을 검거하고, 이 강철에게 위조지폐를 준 김봉록을 검거하는 것으로 끝났다. 왜 그들의 뒤를 더 이상 추궁하지 않고 도리어 5주일 만에 석방하여 버렸는가? 이

것은 무슨 까닭인가? 우리 당은 그 이유를 정확히 민족에게 발표하기를 요구한다.

둘째, 뚝섬 사건은 경찰의 손에 압수된 물증만 해도 위조지폐 제조에 쓴 평판 9대, 원판 위폐 실물 용지, 기타 부속품 등 증거품이 산더미 같지 않았는가? 그럼에도 불구하고 이러한 현행범에 대하여 그 주범인 이원재를 석방한 이유는 어디에 있는가? 이 이유를 명확히 공개할 것을 요구한다.

셋째, 정판사사건에 대하여 경찰이 압수한 증거품을 명확히 공개하라. 위조지폐를 찍은 증거라고는 아무것도 없지 않은가? 만약 정판사 인쇄소 그 자체가 증거물이라면, 경성의 모든 인쇄소는 다 위조지폐 인쇄장이 될 것이 아닌가? 아무런 물적 근거도 없이 정판사의 선량한 사원들을 대량 검거하여 70여 일이라는 장기간 동안 구금할 근거와 이유가 어디 있는가? 이 이유를 명백히 발표하라.

2. 무릇 범죄에 대한 취조는 공명정대하여야 한다. 조그마한 사심이라도 현대 법치국가의 검찰에서는 허용되지 않는 것이다. 그러면 검찰은 과연 이번 사건의 처리에 있어서 공명정대하였는가?

첫째, 본정 경찰서 서장이 사건 취조 도중에 무슨 이유로 임정 계통의 안미생, 이시영에게 그 증거 물품을 제시하였는가? 위조지폐 증거품 관람을 위해 김구 씨가 초청되었으나 병으로 못 가고 안미생, 이시영을 대신으로 보냈다는 것은 민주의원 함 공보국장의 변명이다. 만약 이것이 사실이라면 김구 씨는 경찰과 무슨 관계가 있어, 취조 도중에 있는 범죄 증거품을 관람할 이유가 있는가?

둘째, 무슨 이유로 검사가 경찰서에 나가 앉아 피의자를 취조하였던가.

검사는 검사국이라는 장소에서 피의자의 양심적 진술을 받아야 하는 것이다. 이곳에서 공명정대함을 기하는 것이다. 어찌하여 이런 사건에 있어서 검사가 20여 일을 두고 경찰서로 출정하여 취조하였는가? 그 이유를 설명하라.

3. 무릇 범죄라 할 때 가장 중요한 것은, 그 범죄의 장소와 시간, 규모, 인물 등이다. 만약 이들 중 그 어느 한 가지라도 갖춰져 있지 않으면 그 범죄는 성립될 수 없으며 허구임이 틀림없을 것이다. 그러면 이번 정판사사건에 대하여

첫째, 장소에 있어서 장 경찰부장 발표에 따르면 위조지폐 인쇄소가 정판사 지하실이라고 하였는데, 그 다음 날 장 경찰부장 자신과 본정 경찰서 서장이 다 부인한 것에 대한 이유를 설명하라.

둘째, 시간과 인물을 똑똑히 발표하라! 누구누구가 언제 이 위조지폐를 제조하였다고…. 이것을 밝히지 않고서는 이 사건을 함부로 민족의 대 정당과 관련짓고 그 당원들이 범행을 하였다고 하는 것은 너무나 경솔한 발표이다. 이것을 명확하게 발표하라.

셋째, 돈의 액수가 1차 발표 때에는 6백만 원이었는데, 다음에는 9백만 원, 또 다음에는 1천2백만 원으로 달라져서 발표된 이유를 밝혀라.

넷째, 5월 3일에 구금하여 5월 15일 공보국에서 제1차 발표를 한 것으로 미루어 보아, 그 당시에 벌써 사건이 다 마무리된 것을 의미하는 것이 아니었는가? 그런데 그 후 60여 일을 다시 끈 이유는 어디에 있는가?

다섯째, 증인 이필상 외 5인은 무슨 이유로 70일 가까이 구금하였던가? 이것 역시 밝혀지지 않으면 안 될 이유 중의 하나이다.

동포들! 우리 당은 이상과 같은 질문을 검찰진에게 제기하면서, 다시 다음과 같은 요구를 검찰 당국에게 보낸다. 이 사건의 진상을 규명하고 공명정대한 판정을 내리기 위하여, 편당적인 성격을 가진 현 담당 검사의 교체를 요구하며, 취임되는 좌우익 정당 대표와 좌우익 법조인의 입회하에 진정한 재취조를 실행하기를 요구한다.

하지에게 보낸 8개 항목의 청원은 언론의 큰 반향을 불러일으켰다. 이 사건을 보도하지 않은 신문이 없을 정도였다. 이 청원서는 공정한 재판을 원한다는 요망으로 그렇게 특별한 내용이 없다. 현 담임 검사 조재천, 김홍섭 두 사람을 파면하라는 정도가 눈에 뜨일 뿐이다. 정작 중요한 요구 사항은 성명서에 담겨 있다. 정리하면 다음과 같다.

① 현대일보 20만 원 위폐 사건은 왜 흐지부지했느냐?

② 뚝섬 사건의 주범 이원재의 석방 이유는 무엇인가?

③ 정판사사건에 대하여 경찰이 압수한 증거품을 명확히 공개하라.

④ 정판사 직원들을 70여 일간이나 구금한 이유는 무엇인가?

⑤ 본정 경찰서가 김구를 초청한 이유는 무엇인가, 이시영 · 안미생에게 위폐 증거물을 왜 보여 주었느냐?

⑥ 검사가 20여 일간이나 경찰서에 출정하여 취조한 이유는 무엇인가?

⑦ 정판사 지하실에서 위폐를 인쇄했다는 군정청의 발표와 장택상 · 이구범의 발언이 다른 이유는?

⑧ 누구누구가 언제 이 위조지폐를 제조하였다고, 시간과 인물을 똑똑히 발표

하라.

⑨ 돈의 액수가 1차 발표 때에는 600만 원에서 900만 원, 1,200만 원으로 바뀐 이유는?

⑩ 5월 3일에 구금하여, 그 후 60여 일을 다시 끈 이유는 무엇인가?

⑪ 증인 이필상 외 5인은 무슨 이유로 70일 가까이 구금하였던가?

조선 공산당이 제기한 질문은 그 무렵 거론되고 있던 의문점을 거의 망라한 것이다. 그리고 마지막으로 강조한 것이 "사건의 진상을 규명하고 공명정대한 판정을 내리기 위하여, 편당적인 성격을 가진 현 담당 검사의 교체를 요구"했다. 미군정, CIC, 검찰, 경찰 등은 조공의 의문 제기와 요구사항에 대하여 전적으로 무시할 수는 없었다. 수많은 언론들이 이 사안에 대하여 보도했기 때문이다.[6]

6 1946년 7월 19일(위폐 사건 기소, 자유신문), 20일(兩僞幣事件 關係者, 어제 十一名을 公判에 回附, 독립신보; 共黨員僞幣事件 遂起訴 犯罪證據는 充分 金容燦檢事長 事件眞相을 發表[省], 동아일보), 21일(張警察廳長 談, 上部 指示 있으면 發表, 僞幣事件과 張警察廳長 談, 독립신보; 僞幣事件 一回公判 卄九日에 開廷, 동아일보; 僞幣事件, 來 十九日 公判, 독립신보; 위폐 사건에 朝共측 성명, 자유신문; 위폐 사건 29일 공판, 자유신문; 精版社僞幣事件에 關하야, 현대일보; 불원 경찰부서도 발표, 장 부장 담, 조선인민보), 22일(독립신보; 僞幣事件에 對하야 朝共 聲明, 擔當檢事 變更과 內容 再調査 要望, 독립신보; 僞幣事件起訴에 關해 共産代表檢事局에 質問, 중앙신문; 朝共, 地方法院에 僞幣事件再取調要求, 현대일보), 23일(僞幣事件에 朝共서 「하지」中將에 八條項을 請願// 共産黨側에서 檢事局訪問, 동아일보; 朝共서 僞幣事件으로 『하—지』中將에 請願, 左右代表 陪審下에, 美蘇共委 兩代表의 臨席도 要望, 독립신보; 하中將에 請願文, 朝共서 僞幣事件에 八條項傳達, 중앙신문; 僞幣事件起訴에 關해 共産代表 檢事局에 質問, 영남일보; 僞幣事件, 送局에朝共談, 동광신문; 僞幣事件, 二十九日公判, 동광신문), 24일(論說, 僞幣事件公判에 對하야, 중앙신문; 위폐 사건으로 하지 중장에 서한, 자유신문; 共黨代表檢事局에, 僞幣事件起訴에對해質問, 동광신문)

僞幣事件에曖昧한聲明은過誤

眞相알려면公判을傍聽하라

司法部長 金炳魯氏의警告

〈그림59: 1946년 7월 25일 자 동아일보〉

황당한 것은 「대동신문」의 자매지 「가정신문」의 보도다. 대부분의 언론이 뚝섬 위폐 사건과 김구·이시영·안미생이 어떤 관계가 있는지 의문을 제기하고 있는데 이 신문은 뜬금없이 안미생의 일제 강점기 시절 고생담을 보도하였다.[7] 이러한 혼란 와중에 사법 당국이 먼저 반응했다. 사법부장 김병로는 7월 24일 밤, 공보부를 통하여 다음과 같은 담화를 했다.

> 위조지폐 사건으로 기소된 사람들의 재판에 관하여 각 신문지상의 여론이 분분한데 그 중 어느 신문은 이 위조지폐 사건을 재판소에서

7 海外生活回想錄 安美生, 「가정신문」, 1946.7.22.

취급하게 하지 않고 신문지상에서 취급하라고 분망(奔忙)하고 있는 것이 현저하다. 또 어떤 신문은 정치적 야망에서 그네들의 정당 당원인 피고들에게 유리하도록 민중의 호감을 사기 위하여 애매(曖昧)한 성명을 하고 있다.

그러나 그것은 큰 과오이다. 이 사건에 있어서는 피고들의 정당 관계를 전혀 고려에 넣지 않고 취조하여 왔으며 또 이 재판이 그와 같은 견지에서 진행될 것이다. 우리는 단지 위폐 사건의 진범인들을 발견하여 그 범죄인들을 그들의 어느 정당 가입과는 무관계로 처벌하는데 관심을 가지고 있을 뿐이다.

이 위폐 사건의 재판은 공개될 것이므로 이 사건에 대하여 진상을 발견하고 싶은 사람은 누구나 방청할 수 있다. 소송 순서에 관해서도 기외 어느 형사사건의 소송과 동일할 것이다.

만일 신문이 이 사건의 사실을 왜곡하려고 고집한다면 그네들은 흥미 본위라고 보기에는 너무도 악질적일 뿐 아니라 큰 과오를 범하여 현행 형사법에 저촉됨을 깨달을 것이다. 그리고 재판소의 판결에 영향을 미칠 발표는 법에 위반될 것이며 여사(如斯, 이러함)한 발표를 한 사람은 고발될 것이다.[8]

위 경고문은 군정청 사법부장으로 임명된 후 김병로[9]의 첫 담화였다.

8 僞幣事件에 曖昧한 聲明은 過誤 眞相 알려면 公判을 傍聽하라 司法部長 金炳魯氏의 警告[省], 「동아일보」, 1946.7.25.

9 김병로(金炳魯, 1888~1964), 우리나라의 초대 대법원장을 지냈다. 항상 후배 법관들에게 청렴과 강직을 강조한 그는 소신 있는 법관, 강직한 공인으로서의 자세를 철저히 지켰으며, 해박한 법률 지식의 소유자였다. 민족정기 앙양과 인권옹호를 위해 노력하였

미군정청은 처음 출범할 때 법무국 체제였고 우달 소령이 첫 법무국장으로 임명되었다.

법무국 체제는 1946년 4월 2일《법령 제67호, 총무처법제서 사법부에의 이관, 사법부 직능 등》이 공포됨으로써 사법부 체제로 전환된다. 법무국이 사법부로 명칭이 바뀌면서 우달은 사법부장으로 호칭이 바뀌게 되었다. 그 후 7월 12일 자로 김병로가 사법부장으로 임명됨으로써 그는 조선인으로서 첫 사법부장이 된 것이다.[10]

사법부장은 산하에 대법원장과 검사총장을 거느리고 있는 막강한 자리였다.[11] 김병로의 임명으로 인해 사법부장 김병로, 대법원장 김용무, 검찰총장 이인의 3인 체제가 형성되었다. 가인(街人) 김병로는 사

으며, 북풍회의 창설을 비롯하여 이상재·안재홍 등과 함께 신간회에 관여하여 직접적인 민족 항쟁 운동에 나섰다. 1913년 일본 메이지대학 법과를 졸업한 후 1914년 변호사 시험에 합격하였다. 1945년 한국민주당의 대표총무위원을 지냈고, 이듬해 남조선 과도정부의 사법부장, 정부 수립 이후에는 초대 대법원장 겸 법전편찬위원장으로서 법질서 확립에 큰 공헌을 하였다.《다음 백과》

10 김병로, 군정청 사법부장에 임명,「서울신문」, 1946.7.13.

11 법령 제67호 제2조 사법부의 기능: 司法部長을 朝鮮軍政長官의 법률고문으로 함, 司法部長은 국법제정에 관한 정책, 大法院 大法官, 拱訴院判事로의 적임자 임명에 관하여 또는 政府政策의 適法性, 法律案, 法令 及 法規에 관하여 의견을 具申함, 司法部長은 司法行政 及 司法機關을 감독함, 司法部長은 捺印登錄한 政府公文書의 발행, 法律施行에 대한 用語, 體裁 及 效力을 결재함 단 裁判所의 命令 及 決定은 此限에 부재함, 司法部長은 정부에 관한 재판 사건에 대하여 정부를 대표함, 司法部長은 軍政長官의 동의를 득하여 辯護士會中央協議會가 추천한 자 중에서 大法院, 控訴院 이외의 재판소의 판사, 검사를 임명함, 司法部長은 군정장관의 동의를 득하여 刑務署長 刑務署 及 少年審判院의 行判官, 假出獄委員會 及 司法官試補委員會의 위원, 法制圖書館職員, 判決錄, 編輯主務官을 임명 감독함, 司法部長은 법률 심사, 법률 해석 政府 及 政府機關의 法律文書를 기안하며 軍政廳 各部, 處 及 道知事에 법률 의견을 제공하는 法務官을 임명 감독함, 司法部長은 軍政長官이 수립한 정책 내에서 法務官의 訓練, 紀律 及 司法部, 재판소의 서기 직원의 훈련을 감독함, 司法部長은 辯護士 지원자로서 법률 사무에 종사함에 필요한 요건을 구비한다고 인정된 자에게 辯護士를 인가함

도법관, 한국을 대표하는 청렴 법률가, 한국 사법의 창조주, 민족 지사, 민주 헌정 수호자, 반민특위 재판부장, 초대 대법원장 등 다양한 호칭으로 알려진[12] 존경받는 인물이지만, 해방공간에서의 활동 특히 정판사사건 처리는 비판을 받을 수밖에 없다.

김병로는 일본 유학 시절부터 송진우와 30년 이상 교분을 유지했으며, 한민당 창당 발기인이었다. 감찰부장이라는 직책보다는 한민당 내 핵심 중의 핵심이라고 말할 정도로 그의 위상은 높았다.[13] 한민당 시절 상당히 급진적인 토지개혁을 주장했고, 좌우합작운동에도 참여할 정도로 개혁 성향의 인물이었지만, 미군정하에서 반공 · 보수의 입장을 취할 수밖에 없었던 것이 그의 한계였다. 위에 인용한 담화문이 좋은 예다.

수많은 의문점 그리고 조재천, 김홍섭 두 검사의 해임 등 조공이 제시한 요구에 대하여 김병로는 단 하나도 대답하지 않았다. 조선공산당에 대한 재판이 아니고 당원에 대한 재판이니 조선공산당은 아무 말도 하지 말고 재판 결과만 지켜보라는 것이 그의 발언의 요지였다. 그리고 진실을 규명하려는 언론을 "흥미 본위라고 보기에는 너무도 악질적일 뿐 아니라 큰 과오를 범하고 있다"고 경고했을 뿐 아니라 법적 처벌 운운하면서 언론의 입에 재갈을 물리려고 했다. 해명이 아니라 공갈을 한 셈이다. 김병로의 담화문 발표 이틀 후인 7월 26일, 하지도 러치 장관을 통해 자신의 견해를 발표했다.

12 [성기선의 내 인생의 책]①가인 김병로 - 한인섭, 「경향신문」, 2020.10.12. 좌우합작운동

13 김두식, 『법률가들』, 창비, 2018, p.195.

어떤 境遇라도 求刑은 政略과 報復을 斷不許

僞幣公判으로 하中將이 長官에 書翰

〈그림60: 1946년 7월 27일 자 중앙신문〉

군정장관 러치 소장은 26일 다음과 같은 성명을 발표하고 장관에게 보내온 하지 중장의 서신 내용을 공개하여 29일부터 개정되는 위조지폐 사건 공판에 대한 태도를 표명하였다.

지난 화요일(7월 23일) 신문기자 회견 석상에서 신문기자로부터 조선공산당이 하지 중장에게 진정서를 제출하였다는 데에 질문을 받았었는데 나는 그때에 그 문제를 알지 못한다고 대답하였었다. 나는 작일(어제, 25일) 이 문제에 관하여 하지 장군으로부터 서신을 받았는데 그 내용은 다음과 같다.

"내가 지금 귀관에게 보내는 진정서는 그것이 일간신문에 발표된 지 수 시간 후인 작일(作日, 25일) 정오경에야 내가 비로소 조선공산당으로부터 접수한 것입니다. 기 진정서는 수주 전에 발각된 위조단의 관계자를 재판하는 데 관한 것입니다. 이 진정서는 상당히 호한

(浩瀚, 넓고 크며 번거롭고 많음)한 것으로 여러 가지의 놀랄만한 성명과 청원이 기재되었는데 그것은 조선공산당이 확실히 착오된 생각을 가지고 있다는 것을 표시하는 것으로 이 대규모의 위폐 사건에 관한 피고의 재판을 공산당의 재판으로 만들려는 의도라고 보는 것입니다. 이 기회에 나는 나의 이전의 지령을 귀관에게 재언하는 바이어니와 피고의 다수가 우연히 공산당원이었다고 하더라도 재판의 공정에 있어서는 아무 관계가 없는 것이 이번 사건의 재판에서는 국가와 국민에 대하여 중대한 범죄를 비등(比等, 견주어서 보기에 서로 비슷함) 개인을 재판할 것이고, 이 사건의 다른 모든 범죄 사건과 똑같이 취급할 것 등입니다. 나는 이 재판이 예의와 권위로서 진행될 것과 피고의 권리가 완전히 보장될 것과 피고와 조선 국민에 대한 공정을 기하기 위하여 유능한 관리의 검토를 거칠 것을 희망하는 바입니다. 어떤 경우든지 정치적 모략이나 보복적 수단으로써 구형하는 것은 용인치 아니할 것입니다."

이미 여러분에게 말한 바와 같이 법정의 일부에 기자석을 준비할 것이며 재판은 현행 법칙에 의하여 공개될 것이다. 나는 하지 장군의 이상 서면으로써 표시한 희망이 전적으로 이행될 것을 확언하는 바이다.[14]

발표가 늦은 이유에 대해 해명을 했지만, 정작 문제가 되는 것은 조

14 어떤境遇라도 求刑은 政略과 報復을 斷不許, 僞幣公判으로 하中將러長官에 書翰, 「중앙신문」, 1946.7.27.

선공산당에 대한 하지의 인식이다. 그는 공산당이 착오하고 있다고 했다. 즉 공산당원이 개입된 사건이지 공산당 자체의 사건은 아닌데, 공산당이 착각하고 있다고 주장했다. 그 외의 발언은 김병로와 거의 동일했다. 그리고 하지 역시 김병로와 마찬가지로 공산당이 제기한 의문점에 대하여 아무런 답변을 내놓지 않았다. "여러 가지의 놀랄만한 성명과 청원이 기재되었다"고 하면서도 공산당이 착각하고 있다고 질문 자체를 차단해 버렸다.

하지의 해명 발표 다음날인 5월 27일, 서울시 민전 서기국에서 "위폐 사건에 관한 조공의 요구를 지지한다."라는 요지의 담화를 발표하였다.[15] 이 담화를 통해 민전은 첫째, 위폐 사건은 악질분자들의 정치적 모략에서 발단된 것이 분명하다. 둘째, 김 사법부장의 정당과 무관하다는 발언은 대중을 기만하는 고의적 궤변이다. 셋째, 사건의 재취조와 재판의 공정성 확보만이 사건의 정당한 해결을 보장할 것이다. 등을 주장했다. 화살은 김병로에게 돌렸지만, 하지에게도 또 같이 적용될 비평이었다. 지금까지의 사건 전개 과정을 살펴보면 미군정의 의도는 명백하게 드러난다. 그들의 최종 목표는 조선공산당의 소멸이었던 것이다. 미군정청 고위 관리의 발언을 다시 정리해 보자.

① **5월 15일**, 군정청 공보부: 해방일보는 지폐 위조단의 소굴이다. 아직 체포되지 않은 공산당 간부는 조선공산당 중앙집행위원 · 총무부장 겸 재정부장인 이관술과 조선공산당 중앙집행위원 · 해방일보 사장인 권오직이다.[16]

15 僞幣事件에 關해 朝共要求를 支持, 「현대일보」, 1946.7.28.

16 정판사위폐사건 진상 발표, 「서울신문」, 1946.5.16

② **5월 19일**, 러치 군정장관: 관계자는 최고형을 받아야 할 줄 안다. 근택빌딩에 있는 사람은 관계되거나 안 되거나 모두 조사한다.[17]

③ **6월 1일**, 러치 장관: 위조지폐 사건에 관하여 기후(其後) 아무 발표가 없다 하여 이전 발표는 허구라는 낭설이 유포되고 있으나 사실은 이와 반대로 사건은 나날이 중대화하여 갈 뿐 아니라 많은 증거가 속속 발견되는 중이며 다수의 인물이 연루되어 있으므로 근근 광범위의 검거가 있을 것이다.[18]

④ **7월 26일**, 하지 중장: 이 진정서는 상당히 호한(浩瀚, 넓고 크며 번거롭고 많음)한 것으로 여러 가지의 놀랄만한 성명과 청원이 기재되었는데 그것은 조선공산당이 확실히 착오된 생각을 가지고 있다.[19]

17 러치, 정판사 위조지폐 사건 관계자에 대한 최고형 집행을 언명, 「서울신문」, 1946.5.22

18 러치, 정판사위폐사건에 대한 특별 성명, 「서울신문」, 1946.6.26.

19 러치, 정판사 위조지폐 사건 재판의 공정을 다짐한 하지 서한 발표, 「동아일보」, 1946.7.27.

12

유혈참극의 공판 첫날 그리고 변호인단의 첫 작품, 재판장 기피 신청

공판기일이 발표되었고, 담당 판사가 정해졌다. 공판일은 1946년 7월 29일, 공판장소는 서울재판소 4호 법정, 주심 양원일 판사, 담당 검사는 조재천·김홍섭이었다.[1] 향후 계속 등장하게 될 양원일(梁元一, 1912~1949)의 이력을 살펴보기로 하자. 조재천과 마찬가지로 양원일 역시 『친일인명사전』에 기록되어 있다. 주심 판사와 사건 담당 검사가 모두 친일 부역자 출신이라는 얘기다.

전남 나주 출신으로 본명은 양판수(梁判壽)다. 해방 후 양원일로 개명했다. 사전에 따르면, 전남 광주공립고등보통학교 중퇴(1928.4.~1930.1.) → 일본 교토 료요(兩洋)중학 편입 → 교토 도지(東寺)중학 편입·졸업(1931.4.~1933.3.) → 주오(中央)대학 전문부 법학과 정과(1933.4.~1936.3.) → 일본 고등문관시험 사법과(1937.11.) → 함흥지법 사법관 시보(1939.5.~1941.1.) → 함흥지법 검사대리 겸직(1940.3.~7.) → 판사 승진(1941.1.) → 함흥지법 판사 → 함흥지법 원산지청 판사(1943.3.~1945.8.) → 월남→ 군정청, 서울지방법원 판사 임명(1945.12.) → 부장판사 승진(1946.5.) → 서

1 僞幣事件 一回公判 廿九日에 開廷, 「동아일보」, 1946.7.21.

울고등법원 부장판사(1948.11.) → 사망(1949.3.3.) 등이 그의 이력이다.

조재천과 양원일은 같은 전남 출신으로서 나이도 동갑이며, 일본에서 공부했고, 해방 후 근무지였던 북조선을 탈출하여 월남한 과정 등 대단히 유사한 경력을 가졌다. 다만 일본 고등문관시험에 양이 조보다 3년 빠르게 합격했다. 이러한 차이 때문에 해방 후 양원일의 직급이 조재천보다 높았던 것이다. 아무튼 두 사람은 계급을 떠나 대단히 친밀한 사이였을 것으로 짐작된다.

변호사는 다소 늦게 선임되었다. 공판 사흘 전인 26일에서야 완료되었는데, 윤학기, 한영욱, 강중인, 강혁선, 조평재, 김용암, 백석황 외 2인(이경용, 오성근) 등이 변호인단의 면면들이다.[2] 이 무렵 불길한 소식이 전해졌다. 방청권을 제한한다는 전언(傳言)이 떠돌았다.

재판장에 입장할 수 있는 수효는 150명이었다. 그중 20명은 공보부를 통해 각 신문사에 배분하고, 24명분은 지방법원장이 처리, 나머지 100명분을 공판 당일 선착순으로 일반 방청객에게 배분한다는 것이 군정청의 계획이었다.[3] 방청권을 공보부에서 발행하다는 자체가 전례 없는 일이라는 기자단의 질문에 공보부 그린 대령은 "당일은 대단히 혼잡할 것"이라고 답변했다.[4] 미군정청은 첫 공판 날의 혼란을 예상하고 있었다는 얘기다. 혼잡과 혼란에 대한 그들의 대응책은 무엇이었을까?

2 僞幣公判辯護人決定, 「현대일보」, 1946.7.27.

3 위폐 공판정, 일반 방청권 약 100매, 「자유신문」, 1946.7.27.

4 僞幣事件傍聽에 關해 그린大佐와 問答, 「현대일보」, 1946.7.27.

공판 당일인 7월 29일이 닥쳐왔다. 엄청난 격랑이 일었던 이 날의 모습은 "삼천만의 이목보안 듯, 피고 쇠고랑을 차고 만면 미소"라는 제목으로 「현대일보」 기자가 수기 형식으로 작성한 기사가 잘 묘사해 주고 있다.[5] 먼저 감상하길 권한다.

〈자세히 읽기-16〉

[삼천만의 이목보안 듯, 피고 쇠고랑을 차고 만면 미소/ 현대일보 기자]

새벽부터 몰려든 군중으로 출입구는 전부가 막혔다. 돗자리를 메고 와서 밤을 새운 패들도 적지 않다 한다. 4호 법정은 크지 못하다. 잘 들어가서 150명이나 들어갈까? 어디서 어떻게 들어갔는지 오전 8시경에 벌써 초만원이다. 밤을 새 가면서 기다렸는데 못 들어가다니 웬 말이냐고 밖에서는 입마다 불평이다. 좋이 3, 4백 명은 되는 듯하였다. 겨우 비비대고 정내에 들어갔다.

바깥이 궁금하다. 심상치 않은 공기였기 때문이다. 불평은 노염으로, 노염은 아우성으로 변하여 가는 듯하더니 조바심은 마침내 노호로 폭발이 된 모양이다. 와-하고 아우성이 나더니 합창 소리가 들려온다.

"조선의 대중들아 들어 보아라…제 놈들의 힘이야 그 무엇이랴" 해방의

5 三千萬의 耳目보안 듯, 被告 쇠고랑을 차고 滿面微笑, 「현대일보」, 1946.7.30.

노래다. 분노에 가득 차있는 듯한 노랫소리다. 노랫소리가 가까워 왔다. 4호 공판정 있는 쪽을 향하고 오는 것일까? 창 가까운 곳에서 노랫소리는 멎었다. 대신 노래는 노호로 변하여졌다.

모략 공판을 분쇄하라! 인민재판을 열라!

경찰대의 제지로 물러갔다. 일시 조용해졌다.

8시 40분, 피고들이 입정한다. 두 손에 쇠고랑을 차고 간수에게 끌려오는 것이다. 키가 크고 허리가 약간 굽은 이가 박낙종일세. 분명하다. 얼굴은 자못 파리하나 눈만 둥글고 번득인다. 오- 그 뒤로 들어오는 이는 누군가. 머리는 반백, 수염이 자라서 턱 아래까지 흘리면서 간수 어깨에 부축을 받아 가면서 들어온다. 송언필이다. 방청석을 휘- 한 번 돌아보더니 자못 만족하다는 듯이 미소를 만면에 띄우면서 머리를 끄덕끄덕 거리는 것이다. 그 뒤를 신광범, 김창선- 염려되던 것은 건강이었으나 투지만만한 얼굴이다. 이어서 박상근, 정명환, 김상선, 김우용, 홍계훈 등 동지들도 들어온다. 모두가 파리한 얼굴빛이다. 벌써 몇 달인가. 이만하기도 여간 하고서는 못 배길 일일 것이다.

피고들의 입정을 알았기 때문인가? 다시금 소연해지기 시작한다. 잠깐 왁자지껄하더니 와! 와! 하고 떠드는 소리가 들려온다. 이때 탕! 타탕! 총을 놓는구나! 탕! 타탕! 연달아 총소리가 나더니 와! 와 하는 군중들의 고함, 아우성을 짓밟는 기마 경관의 말발굽 소리가 어지럽게 들려왔다. 삽시간의 일이다.

정내에 앉아 있는 우리로서는 웬 영문인지 알 수 없어 가슴만 답답할 뿐이다. 얼른 뒤 낭하 길로 빠져나와 밖으로 나와서 밖으로 뛰쳐나가 보려 했으나 문은 잠기고 무장 경관이 총을 들고 통행을 금지하고 있는 것이다. "어떻게 된 일이오"하고 물었더니 "모르겠오. 해산하라는데 듣지 않기 때문인갑죠"하고 대답을 한다. 몇이나 상했을까? 어떤 정도로 대단한 일이기에 총을 놓아서 사람을 다쳐야만 되는 것일까? 알아보고 싶으나 알 길이 없다. 장내에 소문이 돌기 시작했다.

"한 사람은 즉사했다나"

"죽은 사람은 학생이라나?" 등… 총소리는 간헐적이고 조금씩 점점 멀어져 간다. 그러더니 담 너머 배재학교 교정 부근으로부터 또 커다란 고함과 함께 창가 소리가 들려온다.

높이 들어라!
붉은 깃발을!
비겁한 자는
갈려면 가라!

또 다시 연달아 총소리가 났다. 적기가다. 혁명가다. 총을 노래를 향하여 발사된 것이다.

이러는 동안에 4호 법정에 뜻하지 않은 풍파가 일어났다. 10시 20분경 하얀 백색 양복에 노-타이를 깨끗하게 입은 조병옥 경무부장이 부산한 발걸음으로 재판단상에 나타났다. 자못 흥분한 얼굴이다. 전내는 잠시 어수선해진다. 이것을 본 조 부장은 몹시 흥분한 어조로 꾸짖는 것이다.

"왜 떠들어! 가만들 있어! 시끄러워!" 하고 호령을 지르자 방청객도 흥분하여 "누구를 보고 반말질이냐"고 한동안 떠들썩해졌다. 무엇 때문인 호

령인지 처음에는 알 수 없었으나 차차 듣고 보니 결국은 질서를 문란하지 말 것, 그러니까 여기 들어온 사람은 방청권 조사를 다시 할 테니 모두 지금 당장 밖으로 나가라는 것이다. 명령이 내려졌다. 총을 든 경관들이 쏟아졌다. 법정 안에 있던 사람들은 피고나 일반 방청인은 물론 OO자들까지도 부득이 밀려 나갔다. 밖에서 다시 기별이 있을 때까지 기다릴 수밖에 없게 된 것이다.

11시 20분, 문이 열렸다. 정식 개정 전에 장택상 경기도경찰부장과 조경무부장이 다시 한 번 나타나서 주의를 준다. 이윽고 피고들이 다시 들어와서 자리에 앉는다. 피고 한 사람에 총 든 간수가 한 사람씩 따라 섰다. 손에는 물론 쇠고랑이다. 뒤를 따라서 변호인들이 들어와 앉는다.

12시 29분, 양원일 재판장이 김정렬, 최영환 양 배석 판사를 대동하고 단상에 나와서 앉는다. 조재천, 김홍섭 양 검사도 앉았다.

12시 30분, 양 재판장의 개정 선언이 있자 선언이 끝나기 전부터 변호인석으로부터 재판장을 연호하던 변호인의 긴급 항의가 나왔다. 본 재판정의 구성에 이의가 있으니 재구성하라는 것이었다. 논조가 자못 날카롭다. 왈, 형사소송법 332조에 의하면 피고는 재판정 내에서는 신체의 구속을 받지 않는다고 하였는데 지금 피고들은 모두가 손에 쇠고랑을 차고 있다. 이것은 어찌된 일이냐? 또 지금 당 법정 내부를 살펴보면 무장 간수와 경관이 근 50여 명이나 무장을 갖춘 채로 정내에 들어와서 삼엄하게 있다. 당정의 전원을 합해서 150명가량밖에 더 안 될 줄 아는데 50명의 무장 경관은 어찌된 일이냐. 이 같은 일은 3·1운동 때 공판정에서도 볼 수 없던 일이며 세계에 그 예를 볼 수 없는 처사이다. 이 같은 상황 아래에서는 변호인 자신부터가 벌써 알 수 없는 공포심 때문에 충분한 변호를 할 수 없다. 장차 피고인은 어떠하랴? 운운이 그 요지다. 여기에 대해서 재판장은 쇠고랑은 심리가 진행되면 풀어 놓을 생각이었고 경관이 많음은 오늘 사태로 보아서 이 정도의 경비는 필요하리라고 생각하니 구애받지 말고 공판을 진행하자는 의미의 답변이 있었다. 피고석으로부터 박낙종 피고가 일어나 우렁찬 목소리로 재판장을 향하여 20분 내지 30분간의 피고 회의를 열어 줄 것을 강경히 요구하였으나 일축을 당하자 변호인은 즉시 일어나서 재판장에 대한 기피를 신청하였다. 이로써 본 사건의 공판은 무기 연기가 되었다. 때는 12시 50분.

수많은 군중들이 새벽부터 운집했다. 그들은 방청을 요구하는 한편 "피고는 무죄다" "인민의 재판을 열라." 등의 고함을 지르며 4호 법정 앞으로 쇄도하였다. 경찰과의 대립 상황이 지속되었다. 이때 경찰의 발포가 있었고, 군중들은 더욱 흥분하게 되었다. 재판소 일대는 수라장이 되었다. 기자가 구타당했다는 소식이 들린다. 그리고 경동중학 3학년 전해련 군이 중상을 입었고, 이신생, 이경영 등 4인도 부상을 당했다 한다. 전 군은 그날 결국 사망했다.[6]

1946년 7월 29일, 많은 사건이 일어난 하루였다. 다음날 대부분의 신문은 대부분의 지면을 할애하여 위조지폐 사건 첫 공판의 모습을 보

6 警官發砲의 彈丸에 京東生命中生命危篤, 全海連絶命, 「현대일보」, 1946.7.30.

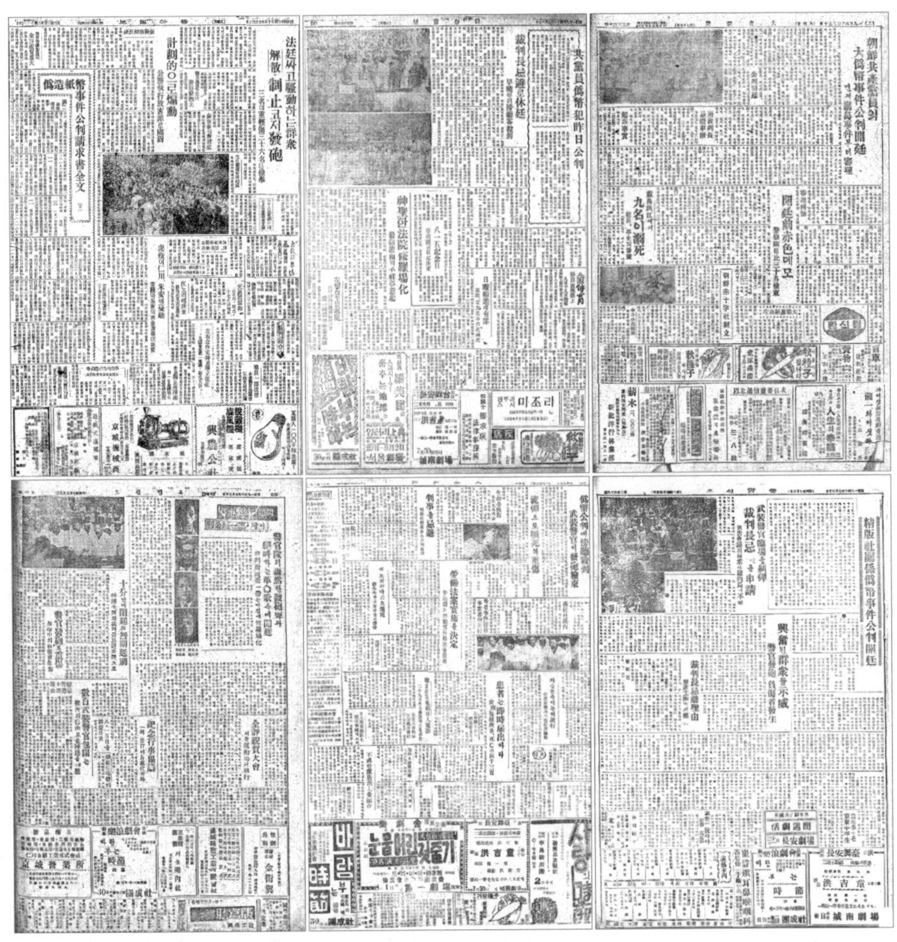

〈그림61: 상단 좌측에서 시계방향, 1946년 7월 30일 자 동아일보, 한성일보, 대동신문, 중앙신문, 자유신문, 독립신보〉

도했다. 지금까지 여러 번 언급했지만 정판사사건 첫 공판 역시 언론의 보도경향은 좌우익으로 편향되었다. 7월 30일 자 헤드라인과 보도된 사진 등을 살펴보면 각 신문의 성향을 파악할 수 있을 것이다.

[표10: 정판사사건 첫 공판 보도기사(1946년 7월 30일 자) 모음]

언론사	사진 제목	기사 제목
동아일보(2면)	법원 정문 앞에서 피고들을 싸고 쇄도한 군중들	嚴重警戒裏에 開廷된 僞幣事件屋外의 混亂으로 開廷遲延 群衆一部는 赤歌와 萬歲를 高唱
		裁判長忌避를 申請코 辯護人들은 退廷 警戒解除要求를 裁判長一蹴
	법정에서 재판받는 피고들	被告會議를 要求 要求不承認코 纛島事件부터 審理
		八月五日에 第二回公判
		裁判長忌避의 理由
		最高八年을 求刑 纛島僞幣事件은 段落[寫]
동아일보(3면)	적기가를 부르며 외치는 군중들과 제지하는 경관대	法廷 싸고 騷動하는 群衆 解散制止코저 發砲 三名이 重輕傷 三十六名은 檢擧
		計劃的으로 煽動 公務執行妨害罪로 處罰 張警察部長談
		朝共萬歲 부르다 警察隊制止
		金檢事에 脅迫狀[寫]
한성일보(2면)	법정에 나온 피고들	共黨員僞幣犯 昨日公判
		共黨員僞幣犯 昨日公判: 裁判長忌避로 休廷: 早曉부터 傍聽客殺到
	이날 법정의 광경	神聖한 法院 修羅場化: 發胞流血의 不祥事惹起
		神聖한 法院 修羅場化: 張警察廳長 談
대동신문(2면)	공판정 광경	朝鮮共産黨員의 大僞幣事件公判開廷
		公判開廷
		兩裁判長 忌避申請
		起訴事實
		開廷前赤色데모
중앙신문(1면)		論說, 未曾有의 不祥事
중앙신문(2면)	재판장에 나선 피고인들	精版社關係僞幣事件公判開廷
		武裝警官臨場을 糾彈, 裁判長忌避를 申請, 被告會議의 請求를 裁判長이 不應
	재판장에 모인 군중들	興奮된 群衆들 示威, 警官發砲, 負傷者發生
		裁判長忌避理由, 辯護士團에서 聲明
		負傷學生은 京東中學生

<table>
<tr><td rowspan="4">자유신문
(2면)</td><td rowspan="3">중상입은
전해련 군</td><td>위폐 공판에 방청 쇄도, 무장 경관이 발포 검속, 유탄으로 빈사의 중상</td></tr>
<tr><td>판사를 기피, 精版社 관계자는 공판 연기, 재판장과 피고의 기피 신청</td></tr>
<tr><td>무장 경관이 발포 검속, 삼엄한 廷內</td></tr>
<tr><td>뚝섬 사건의
피고들</td><td>뚝섬 사건 피고 사실 심리 진행</td></tr>
<tr><td rowspan="4">독립신보
(2면)</td><td rowspan="2">박낙종, 송언필,
신광범, 김창선의
인물 사진</td><td>問題의 僞幣事件, 어제 第一回 公判, 警官隊의 轟然한 發砲聲과 絶叫하는 革命歌 속에 開廷, 裁判所 附近 一帶는 마침내 修羅場化</td></tr>
<tr><td>十分만에 閉廷코 無期延期, 辯護士團의 裁判長 忌避申請으로</td></tr>
<tr><td rowspan="2">공판정에
쇄도한 방청객</td><td>警官 發砲로 重傷, 加療 中의 被害者 危篤</td></tr>
<tr><td>辯護士團 忌避理由, 數百 武裝警官 包圍는, 被告의 自由로운 陳述을 抑壓</td></tr>
<tr><td rowspan="11">현대일보
(2면)</td><td rowspan="11"></td><td>公開裁判하라는 高喊소리震 武裝警官隊發砲코 制止解散 ; 所謂僞幣事件公判傍聽客殺到</td></tr>
<tr><td>本紙記者의 廷內手記 三千萬의 耳目보안듯 被告 쇠고랑을 차고 滿面微笑 ; 法廷밖에 銃소리와 “解放歌”</td></tr>
<tr><td>開廷劈頭裁判長忌避로 公判遂無期延期 纛島事件만 分離審理</td></tr>
<tr><td>傍聽갓던 群衆多數被檢 警官銃 소리에 無數被打</td></tr>
<tr><td>民戰에서 臨時調査團組織</td></tr>
<tr><td>興奮한 傍聽未遂群衆 街道로 行進</td></tr>
<tr><td>警官發砲의 彈丸에 京東生命中生命危篤</td></tr>
<tr><td>傍聽」問題로 物議紛紛 새벽부터 기다린市民의 不平談</td></tr>
<tr><td>纛島僞幣事件 主犯에 八年求刑 言渡는 來八月五日</td></tr>
<tr><td>全海連絶命</td></tr>
<tr><td>記者도 被打 撮影技師도 押送</td></tr>
</table>

1946년 7월 29일, 서울재판소 4호 법정을 중심으로 발생한 사건을 바라보는 시각은 극과 극이다. 사건의 책임을 군중들에게 돌리느냐 혹은 군중들이 경찰에 의해 피해를 입은 사건이냐에 따라 위폐 공판 방해 사건, 위폐 공판 폭동 사건, 위폐 공판 소요 사건, 위폐 공판 방청객 진

압 사건 등으로 명칭을 달리하고 있다.[7]

"위폐 사건 옥외의 혼란" "군중 일부는 적가와 만세를 고창" "법정 싸고 소동하는 군중" "해산 저지코저 발포" "조공 만세 부르다 경찰대 제지" "김 검사에 협박장"(이상 동아일보), "신성한 법원 수라장화, 불상사 야기"(한성일보), "개정 전 적색 데모"(대동신문) 등의 기사를 보면 위폐 공판 폭동 사건으로 판단할 수 있다. 더욱이 「동아일보」와 「한성일보」는 "조선공산당이 계획적으로 선동했으며, 공무집행방해죄로 엄벌하겠다"는 장택상의 발언을 인용하여, 집회의 불법성을 부각시켰다. 이들 우익 신문들은 전해련 군의 사망 사실에 대해선 모두 외면했다.

그러나 다른 각도로 보도한 신문이 더 많았다. 위폐 사건 공판을 전후하여 발생한 불상사에 대하여 논설을 통해 자사의 의견을 피력한 신문은 「중앙신문」이 유일하다. 이 신문은 "미증유의 불상사"란 제목으로 당시의 상황에 대한 입장을 밝혔다. 그 외 "무장 경관 입장을 규탄" "흥분된 군중들 시위" "경관 발포, 부상자 발생" "부상학생은 경동중학생" 등의 기사로 당시의 상황을 전했는데, 특히 무장경찰이 발포하여 부상자가 발생했다는 점에 방점을 두었다.

「자유신문」 「독립신보」 「조선인민보」 「현대일보」 등의 보도 초점도 거의 비슷했다. 「자유신문」의 경우 중상을 입은 전해련 군의 사진을 실어 독자들에게 충격을 주었다. 대부분의 신문이 사진을 실어 당시의 광경을 생생하게 전했는데, 유독 「현대일보」는 사진을 게재하지 않았다. 하지만 이 신문은 많은 지면을 할애하여 글로써 충격의 현장을 재현했다.

7 임성욱, 『조선정판사 '위조지폐' 사건 연구』, 신서원, 2019, p.187.

앞에서 소개한 "삼천만의 이목보안 듯, 피고 쇠고랑을 차고 만면 미소"라는 기사가 한 예다. 그 외 이 신문은 "새벽부터 기다린 시민의 불평담"을 통하여 당시의 상황을 시민의 눈을 통해 전달했다.[8] 기사 전문을 소개한다.

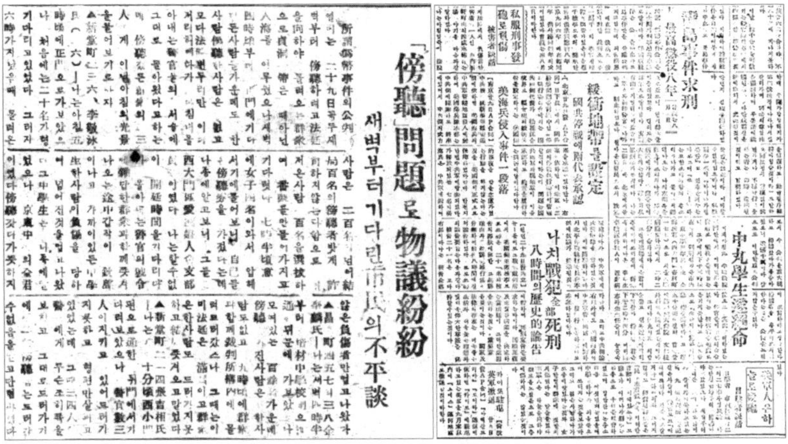

〈그림62: 1946년 7월 30일 자 현대일보, 조선인민보〉

소위 위폐 사건의 공판이 열리는 29일 꼭두새벽부터 방청하려고 법정을 향하여 몰려오는 군중으로 정동 일대는 때아닌 인해를 이루었으나 새벽 4시경부터 정문에서 기다리던 사람들 가운데도 한 사람 방청한 사람은 없고 모두 법원 변두리만 이리저리 헤매다가 마침내 몰아내는 경관들의 서슬에 그대로 돌아왔다고 하는데 방청 갔던 군중의 3인에게 이날 아침의 광경을 들어보기로 하자.

8 傍聽」問題로 物議紛紛 새벽부터 기다린市民의 不平談, 「현대일보」, 1946.7.30.

▲ 신당동 236, 이경영 씨- 나는 아침 5시경에 정문으로 가보았으나 처음에는 20명가량 기다리고 있었다. 그러자 6시가 지나갔을 때 몰려온 사람은 200명이 넘어 결국 방청자밖에 허가하지 않는다 함으로 먼저 온 사람 백 명을 선별하여 번호를 만들어 기다렸다. 7시 반경쯤에 여자 4명이 와서 앞에 서기에 물어보았더니 자기들은 방청권을 가졌다는데 나중에 알고 보니, 그들은 서대문구 애국부인회지부원들이었다. 나는 할 수 없이 개정 시간을 기다리다가 몰아내는 경관의 호령에 잡다한 군중과 함께 쫓겨 나오는 도중 갑자기 총성이 나고 가까이 있던 중학생 한 사람이 부상을 당하여 넘어진 것을 업고 나왔다. 그 중학생은 나중에 알았으나 경동중학의 전 군이었다. 방청 갔다가 뜻하지 않은 부상자만 업고 나왔다.

▲ 창신정 457의 38 김규린 씨- 나는 새벽 4시 반부터 배재중학교 측으로 통하는 뒷문에 가 보았으나 모여 있는 백여 명 가운데 방청권을 가진 사람은 한 사람도 없고 9시경에 군중과 함께 재판소 구내에 몰려 들어갔으나 그때는 이미 법정은 만원이고 군중은 한 사람도 들어가지 못하고 결국 쫓겨 오고 말았다.

▲ 신당정 214 장길상 씨- 나는 8시 10분경 서소문편으로 통한 뒷문에서 기다려 보았으나 경관 수 삼인이 지키고 있어 들어가지 못하고 형편만 살피고 있었는데 그때 3, 4인 경관에게 무슨 종이쪽을 보이고 그대로 들어가기에 일반 방청자는 들어갈 수 없음을 알고 단념하였다.

보다 충격적인 기사는 「조선인민보」를 통해 보도되었다. 사복형사의 발포로 부상을 당했다는 고발과 형사들의 사격으로 전해련 군이 쓰러졌다는 목격담이다. 이 시민은 미국 군인의 경우 하늘로 공포를 쏘았다고 증언했다. 아래는 두 사람의 경험담이다.[9]

[사복형사 발포로 부상]

피해자 담화

어제 법정에서 부상당한 1인인 서사헌정(현 중구 장충동) 산의 4 함영우 씨는 현장 이야기를 다음과 같이 말하였다.

〈나는 아침 일찍이 법원으로 갔더니 벌써 군중들이 몰려 있었다. 밀려드는 군중으로 말미암아 현관 우측까지 밀려들어 갔을 때 미 군인과 경찰관이 나가라고 제지하였으나 워낙 많은 군중이라 어찌할 수 없어 있으려니까 사복형사 1명이 "아니 나가면 쏜다"고 권총을 겨누는 바로 그때 "쏘아라!"하는 고함과 함께 총소리가 나고 돌아서서 피해 나오는 나의 좌측 목을 탄환이 스쳐 지나가 즉시 병원에 가서 치료를 받아 대단하지는 않았다. 확실히 사복형사가 쏜 것이다. 나는 2개월 전에 북지(北支)에서 돌아온 이재민(罹災民)으로서 정당 관계도 없으나 한 국민으로서 금번 공판을 중대시하고 방청 갔다가 총을 맞았으니 유감천만이다. 앞으로 이러한 중요한 공판은 일반에게 공개하는 것이 정당하다고 생각한다. 방청객을 총부리로 대한다는 것에 공분을 느끼지 않을 수 없다.〉

9 사복형사 발포로 부상; 미 군인은 하늘로 발포, 「조선인민보」, 1946.7.30.

[미 군인은 하늘로 발포]

목격자 담

목격자 시 ○○정 21에 27 이두영 씨 담, 〈나는 아침 7시부터 방청하러 갔었으나 새벽부터 몰려든 군중이 하도 많아서 들어가지 못하고 있었는데 9시경 재판소 서기 같은 사람이 경관보고 "때려 내쫓아라, 채찍으로 갈겨라." 하고 외쳐 그렇지 않아도 흥분된 군중들은 "민주주의 재판에 이러한 언동이 어디 있느냐"고 동요가 일어나자 형사는 권총으로 우리를 위협하였으며, 별안간 나는 총소리를 여섯 번째 들었을 때 중학생 하나가 피를 쏟으며 쓰러지는 것을 보았다. 그리고 젊은 사람 하나가 또 총에 맞았다는 것과 여자 한 명이 군중에 짓밟혀서 상했다는 말을 들었다. 미 군인은 하늘을 향하여 공포를 놓았으므로 그 총에는 상하지는 않았을 것이다.〉

그 밖에 공립통신 조규영 기자가 법원 유치장으로 끌려가 총상(銃床, 소총의 몸 부분)으로 머리와 허리 부분 등을 수없이 얻어맞고 약 2시간가량 구금을 당한 소식, 영화동맹 촬영기사 홍순학이 충돌 장면을 촬영하다가 소형 촬영기를 압수당하고 서대문서로 압송당했다는 소식 등을 「현대일보」가 속보로 전하였다.[10]

이런 와중에도 공판은 시작되었다. 하지만 개정 선언 20분 만에 폐정된다. 변호인들이 재판장 기피 신청을 했기 때문이다. 공판은 무기 연

10 記者도 被打 撮影技師도 押送, 「현대일보」, 1946.7.30.

기되었다. 변호인단의 재판장 기피 이유는 다음과 같다.[11]

〈자세히 읽기-17〉

[양원일 재판장 기피 이유서]

1. 오늘 삼천만 동포가 주시하고 국외의 여러 나라가 주목하는 가운데 개시된 소위 정판사 '위조지폐사건'의 재판은 어느 각도로 보든지 매우 중대한 것으로써 일부에서는 정치적 모략과 관련지어 생각하고 있다. 그러나 우리 변호인 일동은 이 사건을 정치적 의도를 가지고 취급하려고 하는 것이 아니고, 재판의 공정을 기하는데 만전의 노력을 기울이고 있다. 현재 형무소에 수감 중인 정판사 관계 피고인 전부는 이 사건에 대한 자신들의 관련성을 이구동성으로 사실무근한 일이라며 부인하고 있으며 경찰서에서 무수한 고문을 받고 허위 자백을 하였으니 공판정에서 사건의 진상을 만천하에 폭로해 달라고 애원하고 있다.

1. 이러한 점으로 본다면 재판소는 모름지기 이 사건이 공판에 회부된 후 적어도 2, 3개월 이상 동안 충분히 연구하고, 피고인에게는 10분의 자기 방위 진술 준비기간을, 또 변호사에게 12분의 변호준비기간을 허용하여야 할 것이며, 우리 변호인으로서는 당연히 이 점을 요구할 권리가

11 『해방조선』 I, 과학과 사상, 1988, pp.312~314.

있다.

1. 그럼에도 불구하고 재판장은 이 사건이 지난 7월 19일에 검사국으로부터 공판에 회부되자 10일 만인 오늘을 제1차 공판일로 지정했으니, 이것이 재판장의 본의에서 나온 것인지, 혹은 내부로부터 혹은 외부로부터 혹은 여러 가지 간섭이나 지시에 의한 것인지는 모르겠으나, 어쨌든 피고인들에게는 1941년 12월 8일 새벽, 일본이 취한 진주만 공격 이상의 야습이라고 할 것이다.

그래서 우리 변호사 일동은 공판 개정 전 수차례에 걸쳐서 이러한 난점을 지적한 후, 상당한 기간 공판기일을 연기해 달라고 교섭해왔으나, 그는 이를 끝끝내 거부하고 개정을 감행하고 만 것이다.

1. 그리고 개정 후 법정의 분위기를 본다면, 현행 형사소송법에는 피고인이 공판정에서 신체의 구속을 받지 않는다는 규정이 있음에도 불구하고 피고인들에게 수갑을 채운 채 개정이 시작되었고, 피고인 한 사람 사이에 한 사람씩의 간수를 끼어 앉히고, 그 뒷줄에는 무장 간수 10여 명이 배치되었을 뿐만 아니라, 법정 내 주위나 재판관석 좌우에 무장 경관 약 20~30명이 포위하고 있어, 중세기 공포시대의 법정이 연상될 지경이니, 이러한 분위기에서는 피고인의 자유스러운 진술을 도저히 기대할 수 없다. 그럼에도 불구하고 재판장은 법정의 구성에 대한 정당한 요구까지 거부하고 만 것이다.

1. 이러한 모든 사실에 덧붙여, 재판장이 38 이북의 신의주에서 내려왔다는 사실을 종합해 볼 때, 이 재판장에 대하여 우리는 이 사건에 관한 공

평무사한 재판을 기대할 수 없다. 도리어 편파적인 판정을 내릴 우려가 농후하다고 생각되므로, 피고인들의 이익을 위하여 기피 신청을 한다. 그러므로 재판장은 자기의 과오를 솔직히 인정하고, 이 사건에 대한 심리로부터 자진해서 물러나는 것이 당연하다고 생각한다.

윤학기, 김용암, 조평재, 한영욱, 강혁선, 백석황, 오성근, 이경용, 강중인

기피 신청을 한 변호인의 이력을 살펴보자. 강중인 · 오성근 · 조평재 등 3명은 고등시험 사법과 37기 출신으로 재판장 양원일과 고시 동기였다. 일제 강점기 시기 판검사를 지낸 중견 법조인으로서『친일인명사전』에도 함께 기재되었다. 강혁선 · 김용암 · 백석황 · 윤학기 · 한영욱 등은 미군정청에 의해 판검사로 임명된 적이 있는 사람들이었다. 재판장 그리고 검사들과는 이래저래 인연이 얽혀 있는 사람들이다.

좌익 성향의 변호사들로 강중인 · 강혁선 · 김용암 · 백석황 · 조평재 · 한영욱 등을 꼽을 수 있지만, 조선공산당에 입당한 백석황이나 인공 · 인민당 · 민전 등에서 활동하고 있던 김용암을 제외하면 그리 열렬한 좌익 계열이라고 할 수 없었다. 더욱이 오성근 · 윤학기 · 이경용 등은 우익에 가깝다고 볼 수 있었다. 변호사단은 이념에 편향된 집단이 아니었다는 얘기다.

[표11: 정판사사건 변호인 주요 이력]

이름 생몰연도	최종 학력	경력		
		일제 강점기	미군정	좌익 관련
강중인 1908~?	경성제대 법학과	고사(1937) 경성지법검사(40) 대전지법검사(43) ★친일인명사전	군정청사법부총무국장(46.3.) 변호사(46.5.)	민전토지문제연구위원(46.3.) ☆법조 프락치 사건
강혁선		조변(1937)	경지판사(45.11.)	민전노동문제연구위원(46.3.) 전평고문변호사(46.7.) ☆법조 프락치 사건
김용암		조변(1938)	경지검사(45.10.)	인공중앙인민위원(45.9.) 인민당중앙위원(46.2.) 민전중앙상임위원(46.2.) 남로당(?)
백석황		조변(1936)	경소검사(45.10.) 마산지청판사(46.5.) 변호사(46.7.)	조선공산당입당(45.11.) 법학자동맹(46.4.) 법학자동맹위원장(48.12.) ☆법조 프락치 사건
오성근 1911~02	주오대 법학과	고사(1937) 대구지법판사(40) 경성지법판사(44) ★친일인명사전	경지판사(45.10.) 장흥지청판사(46.5.) 변호사(46.7.)	-
윤학기		강원고경순사부장 조변(1939)	경지판사(45.10.)	☆법조 프락치 사건
이경용	주오대 전문부법학			☆법조 프락치 사건
조평재 1909~68	경성제대 법학과	고사(1937) 평양지법판사(40) 변호사(43) ★친일인명사전		법학자동맹위원장(46.2.) 민전상임위원(46.4.) 전평고문변호사(46.7.) 조선인권옹호연맹사무총장(47)
한영욱		조변(1925)[12]	경소판사(45.10.)	전평고문변호사(45.10.) 법학자동맹위원장

* 고사(고등시험 사법과), 조변(조선변호사 시험)

* 경지(경성지방재판소), 경공(경성공소원)

* 출전: 친일인명사전, 조선정판사'위조지폐'사건연구(임성욱), 법률가들(김두식)

12 朝鮮辯護士豫備試驗合格者《조선총독부 관보 제3630호, 大正13年 9月 17日》

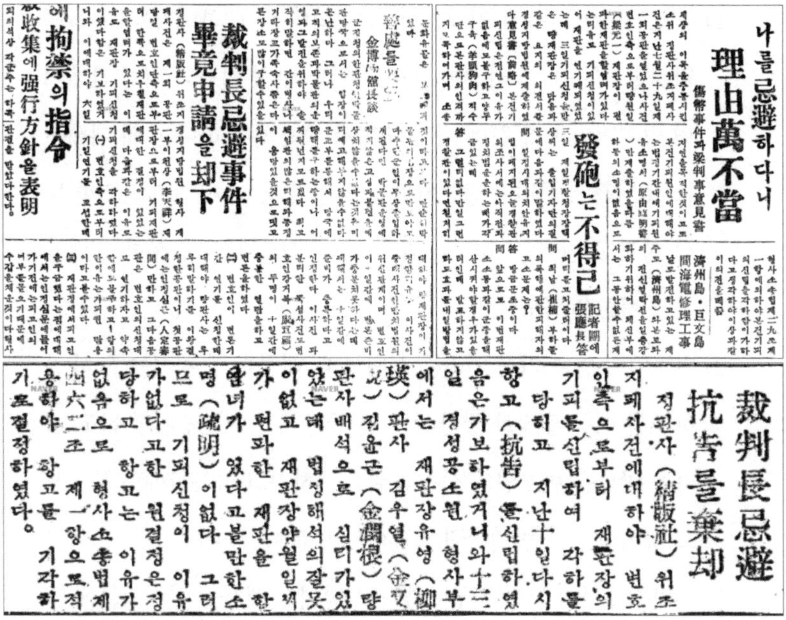

〈그림63: 1946년 8월 4일, 8일, 17일 자 조선일보〉

공판 시작과 동시에 양원일 재판장에 대한 기피 신청을 한 변호인단은 8월 1일 정식으로 '기피 원유 소명서'를 경성지방법원에 제출했다.[13] 이틀 후인 8월 3일, 양원일은 기피 신청에 대한 각하를 요망하는 의견서를 제출했는데, "나를 기피하다니, 이유 만부당"이라는 헤드라인으로 「조선일보」가 보도했다.[14] 판사의 인격을 모독하고 일대 모욕을 주었다는 얘기다. 법리적 해석에 따라 법을 집행해야 할 판사가 자신에 대한 인격 모독 운운한 것이다. 8월 6일, 경성지방법원 형사 제1부 이천상 재판장은 다음과 같은 이유로 기피 신청을 각하하였다.

13 재판장 기피 신청서 제출, 「대동신문」, 1946.8.3.

14 나를 忌避하다니, 理由萬不當, 僞幣事件과 梁判事意見書, 「조선일보」, 1946.8.4.

1) 변호인 측으로부터 기일 연기를 교섭한 데 대하여 양 재판장이 거절한 이유는 이 사건이 중대 사건인 만치 법원의 위신 관계이며 변호인이 10일간에 변론 준비가 충분치 못하다는 데 대해서는 10일간에 준비가 충분하다고 인정한다. 이 사건과 분리한 뚝섬 사건도 변호인 康巨福 외 두 명이 10일간에 충분한 열람을 하고 변론을 하였다.

2) 변호인이 변론 기간 연기를 신청한 데 대하여 양 판사는 특히 말하기를 이왕 결정한 공판이니 첫 공판에는 人定審問만 하고 그 다음 공판은 변호인의 신청대로 연기하자고 약속함에도 불구하고 항의한 이유는 기피권 남용이라고 볼 수 있다.

3) 재판정에서 피고인을 구금했다는 점에 대해서는 인정심문에 들어가기 전에는 피고의 여부를 모르기 때문에 수갑을 채운 것이다. 형사소송법 제332조의 규정은 피고인으로 하여금 자유롭게 防禦權을 행사시키는 동시에 소송 당사자인 피고인의 지위를 존중하려는 것인바 피고인 등은 개정 선언 후 소위 인정심문에 의하여 당해 사건의 피고인인 것이 인정되어야 비로소 피고인으로서 방어권을 행사하게 되므로 이 법규의 정신은 당해 사건의 피고인인 것을 확인하기 위하여 인정심문 개시 당시에 신체구속을 해제함으로써 족하다는 法意로 해석함이 정당하다고 인정한다.

4) 이상 논술한 바와 같이 정판사사건에 있어서 재판장 양원일에 대하여 하등의 위법 조치가 없음은 물론 한쪽에 치우칠 재판을 할 염려가 있다는 점에 대한 疏明이 없으므로 형사소송법 제28

조 제1항에 의하여 기피 신립을 각하한다.[15]

이천상 재판장은 고문에 의한 허위자백 문제 등에 대한 답변은 회피하였다. 그리고 장기간의 구금에 비해 변론 준비 기간을 충분히 허용하지 않은 심각한 문제 제기에 대해서도 뚝섬 사건의 예를 들어 열흘 정도면 충분하다고 했으며, 신체구속에 대해서도 양원일의 변명을 인정함으로써 공판 담당 재판장에게 면죄부를 주었다.

변호인단은 "지엽 문제로 각하는 부당하다"[16] "양 판사의 변명에 불과하다"[17] 등의 이유를 들어 8월 10일 날짜로 경성공소원에 항고를 했다. 8월 12일에 결정된 공소원의 결론도 뻔할 수밖에 없었다. 공소원장 이명섭은 아래와 같은 이유를 들어 항소를 기각했다. 사실 결론은 이미 내려졌다고 보아야 할 것이다. 이 사건은 미군정의 의지에 의한 재판이었다. 아래는 항소기각에 대한 공소원의 결정문이다.

精版社 위조지폐 사건에 대하여 변호인 측으로부터 재판장의 기피를 신립하여 각하를 당하고 10일 다시 抗告를 신립하였음은 기보하였거니와 13일 경성공소원 형사부에서는 재판장 柳瑛판사 김우열 金潤根 양 판사 배석으로 심리가 있었는데 법적 해석의 잘못이 없고 재판장 양원일이 편파한 재판을 할 염려가 있다고 볼만한 疏明이 없

15 경성지방법원 이천상 재판장, 정판사사건의 재판장 기피 신청 각하, 「조선일보」, 1946.8.8.

16 지엽 문제로 각하는 부당, 변호사단 재판장 기피를 공소원에 하고, 「조선인민보」, 1946.8.11.

17 양 판사의 변명에 불과, 위폐 사건 변호사단서 항고, 「중외신보」, 1946.8.11.

다. 그러므로 기피 신청 이유가 없다. 그러므로 기피 신청 이유가 없다고 한 원결정은 정당하고 항고는 이유가 없으므로 형사소송법 제462조 제1항으로 적용하여 항고를 기각하기로 결정하였다.[18]

18 裁判長忌避, 抗告를 棄却, 「조선일보」, 1946.8.17.

13

경동중학생 전해련 군의 비참한 죽음, 그 이후에 일어난 사건들

롤떠메이고 가까운 赤十
字병원으로 가랴고 하엿
스나 경관이 [illegible]행은 일체
용서치안어 다지반대편
길로떠메고 찻드니 장[illegible]
명령이 엄시는 통과를 못
지킨다고 하야 거절함으
로 죽어가는 사람을 다라
고 망연히 잇다가 겨우 다
동자로 城大병원으로 달
녀왓슴니다
(사진은 중상입은 全君)

〈그림64: 1946년 7월 30일 자 자유신문〉

전해련 군이 총격을 받은 사건 당일의 상황은 「자유신문」이 비교적 상세하게 보도했다.[1] 함께 살펴보자.

[유탄으로 빈사의 중상]

법정 밖의 소란 중의 유탄으로 인하여 시내 경동중학 3학년 3반 전 군(이름은 아직 불명)은 탄환이 얼굴을 뚫어 빈사의 중상을 입고 경대 병원에 입원하였다.

1 위폐 공판에 방청 쇄도, 무장 경관이 발포 검속, 「자유신문」, 1946.7.30.

[생명은 위독, 경대 문외과 담]

경대 부속병원 문외과 한격부(韓檄富) 씨는 환자 상태에 대하여 다음과 같이 말한다.

현재 인사불성이고 탄환은 아래턱을 부수고 후경부(뒷목) 근육에 남아 있다. 지금 응급치료를 하고 있으나 생명이 위험하다.

[이신생(李新生) 군 담]

중상당한 전군을 업고 온 이신생 군은 다음과 같이 말한다.

앞에 있는 전군이 피를 흘리며 넘어졌음으로 이를 떠메고 가까운 적십자 병원으로 가려고 하였으나 경관이 통행을 일체 용서치 않아 다시 반대편 길로 떠메고 갔더니 상부 명령이 없이는 통과를 못 시킨다 하여 거절함으로 죽어가는 사람을 데리고 망연히 있다가 겨우 자동차로 성대병원으로 달려왔습니다.

警官發砲 致死事件의歸趨

警察活動을表彰할터

發砲警官追究道理는없다

張警察部長言明

銃에마저죽은아들消息에

故京東中學生母親失性入院

물장수로學費번소

아들이라군그놈뿐이오

綜合서울大學案은어

빗발치는反對聲

京大全學教授

明言도에서工·大館

同大學理工學部職員

〈그림65: 1946년 7월 31일 자 현대일보〉

사건 다음날, 「현대일보」는 외동아들을 잃은 부모의 참담한 모습과 아들을 죽인 경찰에게 표창을 수여하겠다는 장택상의 담화문을 나란히 실었다. 무책임하고 잔인한 장택상의 모습을 부각시키기 위해 의도적으로 편집한 것으로 보인다. 충격적인 장택상의 발언은 좌익 언론을 중심으로 "경관 태도는 표창감"[2] "경찰의 공로 표창할 일"[3] "경찰 활동 표창할 터"[4] 등의 제목으로 보도되었다. 아래는 기자단과 장택상의 회견 전문이다.

- 문: 경찰관이 비무장 군중에게 발포 살해하여도 좋은가?
- 답: 어제 같은 사태에는 정당하다고 본다. 목적이 정당한 이상 살해는 아니다.
- 문: 발포하여 사상자가 난 것에 관하여 경찰에게 책임이 있지 않은가?
- 답: 어제 사태에 대하여는 자초지종 추호의 책임도 없고 도리어 경찰관의 공로에 대하여 표창할 의사를 갖고 있다.
- 문: 발포 명령은 누가 내렸나?
- 답: 검사차장 OOO씨가 경관에게 공포 사격을 요구했으나 불응하였다고 나에게 항의를 하였다. 그리고 발포는 명령도 없이 된 것이다. 그러나 결국 내가 명령한 것이 된다.
- 문: 피해자의 조사는 완료하였는가?

2 발포책임 내에게, 경관태도는 표창감, 「조선인민보」, 1946.7.31.

3 張澤相氏言明 秋毫過失업다 警察의 功勞表彰할일, 「중외신보」, 1946.7.31.

4 警官發砲 致死事件의 歸趨 警察活動을 表彰할터, 「현대일보」, 1946.7.31.

- 답: 경동중학생 외에는 별 피해가 없을 것이다.
- 문: 가해자(발포자)는 조사되었는가?
- 답: 알 수 없다. 추궁할 도리가 없다.
- 문: 법정 내에서 조 경무부장이 훈시하였는데 이는 월권행위가 아닌가?
- 답: 재판소 측 요구에 의하여서 한 것이다.
- 문: 영화반의 카메라를 압수한 이유는?
- 답: 상부의 지시로 압수하였다.
- 문: 위폐 사건 진상을 공판이 있을 때까지 발표 아니 한 이유는 나변(那邊, 어느 곳)에 있는가?
- 답: 조병옥 부장의 지시로 그렇게 되었다. 발표 못 한 것은 나도 유감으로 생각한다.
- 문: 변호사단이 판사 기피 신청 이유로 경찰이 고문한 것을 들고 있는데 고문한 것이 사실인가?
- 답: 고문은 개무(皆無, 전혀 없음)다. 그런데 공판도 진행하지 않았는데 기피 신청을 한다는 것은 재판 사상에 볼 수 없는 일이다.
- 문: 공립통신 조 기자가 합법적으로 보도의 임무를 수행하려는데 구타하고 유치장에까지 넣은 것은 무슨 이유인가?
- 답: 조사해 보겠다.
- 문: 당일 검속자가 38명이나 있었는데 어떻게 하겠는가?
- 답: 취조해 보아야 알 것이다.
- 문: 영화반원도 검속하여 서대문형무소에 압송하였는데?
- 답: 모르겠다.

- 문: 검속한 사람을 부장이 반쯤 때려죽이라고 하였다는데 사실인가?
- 답: 그렇게 말한 기억이 없다. 내가 했다면 그만한 이유가 있었을 것이다.
- 문: 이번 사건을 왜 습격이라고 보는가?
- 답: 구치감을 습격하고 재판소를 점령하였으니 그렇게 본다. 그러니까 이것을 해산시키는 데는 여하한 방법을 취해도 좋다고 본다.
- 문: 선반(先般, 지난번) 중외신보 사회부장 문철민 씨를 구타한 순경 767번을 파면시킨다고 하였는데 어찌 되었는가?
- 답: 알아보겠다.

경찰의 총격에 의한 방청객 사망이라는 초유의 불상사에 대하여 "목적이 정당한 이상 살해는 아니다." "추호의 책임도 없고 도리어 경찰관의 공로에 대하여 표창할 의사를 갖고 있다."라고 장택상은 발언했다. 그렇다면 다른 당국자들의 반응은 어떠했을까?

러치는 조선인의 자치 능력 결여와 연결시켰다. "이번 사건으로 인해 조선에 대한 전 세계의 여론이 악화되었지만, 자신은 조선인의 자치 능력을 믿는다."고 하면서 모든 책임을 조선인에게 돌리고 군정청의 책임은 전혀 언급하지 않았다.[5] 조병옥은 재판관을 위협하여 공정한 재판을 방해하려는 계획적 행동을 사건의 원인으로 보았으며, 검속된 38명

5 조선 위해 큰 손실, 「중외신보」, 1946.7.31.

등 책임자를 공무 집행 방해의 폭도로 보았다. 그리고 "경찰은 공중으로 공포를 쏘았는데 우연히 1명이 사망했으므로 부득이한 일이었다." 고 해명했다. 그리고 폭동 자체를 예상하지 못했다는 말로 책임 회피를 했다.[6] 두 사람 모두 발포의 책임을 인정하지 않겠다는 얘기다.

김용찬 검사장의 경우 다소 다른 견해를 표명했다. 사건의 구체적인 상황은 아직 파악되지 않았지만, "가장 신성해야 할 법원 내에서 발포하여 사상자를 낸 데 대하여 검찰 당국의 책임은 무엇인가"라는 질문에 대해선 "엄중히 진상을 추궁하여 그 책임을 묻겠다."라는 답변을 했다.[7] 고위 당국자로서는 거의 유일하게 당국의 책임을 인정한 셈이다.

그러나 책임을 진 사람은 아무도 없었다. 사복을 입은 경찰 즉 형사의 사격으로 전 군이 사망했다고 주장하는 목격자가 있었고, "아래턱을 부수고 후경부(뒷목) 근육에 남아 있다"는 의사의 소견이 있었음에도 불구하고, 경찰과 검찰은 이들을 소환조차 하지 않았다. 발포 경찰에 대한 수사가 진행되고 있다는 소식은 전혀 들리지 않았다. 몇 달 전 세 사람의 사망자를 낸 학병동맹 사건에 이어 권력에 의한 살인 행위에 면죄부를 준 사건이 다시 발생한 것이다.

민주주의민족전선(민전)이 나섰다. 전 군의 사망 당일 민전은 경찰 발포로 인한 사상자를 조사하기 위해 임시 조사단을 조직했다.[8] 다음 날인 7월 30일, 민전 사무실에 30여 개의 산하단체가 모여 '법원 내 방청인 총살 사건 대책위원회'를 구성했다. 위원장으로는 김원봉, 부위원

6 공중에만 발포, 사망자는 부득이한 일, 「중외신보」, 1946.7.31.

7 이런 불상사는 예상 외, 발포 살상의 진상 추궁하겠다, 「중외신보」, 1946.7.31.

8 民戰에서 臨時調査團組織, 「현대일보」, 1946.7.30.

장은 오영 · 김승모가 선출되었다[9] 대책위원회 구성 직후인 7월 31일, 민전은 대책위원회 명의로 담화문을 발표했다.[10] 특히 이날은 주요 사회단체들이 앞다투어 성명서 혹은 담화를 발표한 날이기도 했다. 하지도 자신의 입장을 피력했다.

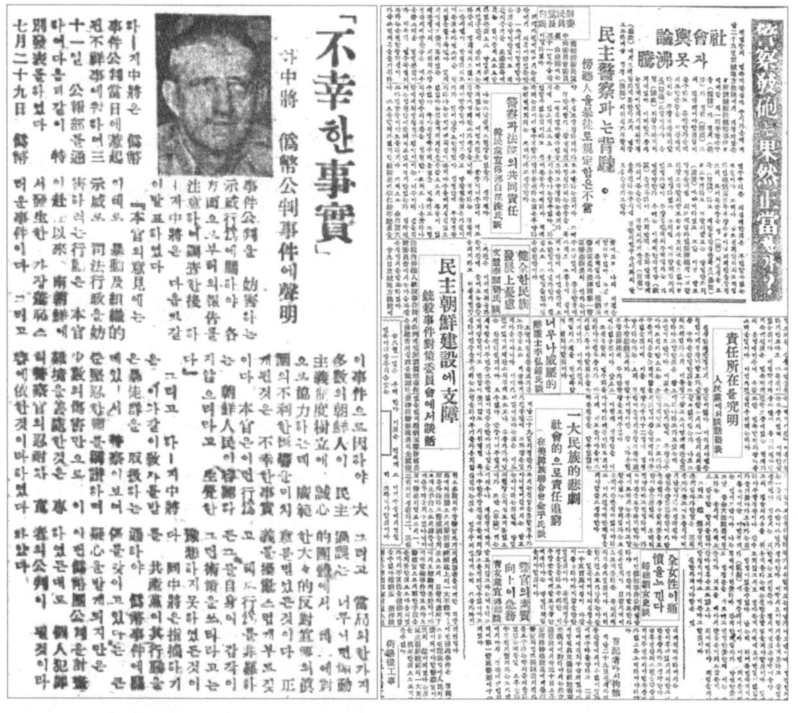

「不幸한 事實」

하ㅣ지中將 僞幣公判事件에 聲明

하ㅣ지中將은 僞幣事件公判當日에 惹起된不鮮事에對하여三十一일 公報部를通하여다음과같이 特別發表를하였다

七月二十九日 僞幣事件公判을 妨害하는 示威行爲에 關하야 各方面으로부터의 報告를 注意하여 調査한後 하ㅣ지中將은 다음과 같이 발표하였다

『本官의意見에는 이테러 暴動及組織的 示威로 司法行政을妨害하려는行動은本官이赴任以來 南朝鮮에서發生한 가장 醜惡스러운事件이다 그러고 이事件으로因하야 大多數의朝鮮人이 民主主義制度樹立에 誠心으로協力하는데 廣範圍의不利한影響을 미치게된것은 不幸한事實이다 本官은이이行爲는 朝鮮人民이容認하지않으리라고 生覺한다』

民主朝鮮建設에 支障

銃殺事件對策委員會에서談話

社會輿論 자못 沸騰

民主警察과는 背馳

傍聽人을 暴徒로規定함은 不當

責任所在를 究明

一大民族的悲劇

〈그림66: 1946년 8월 1일 자 독립신보 1면과 2면〉

본관의 의견에는 이 테러 폭동 및 조직적 시위로 사법행정을 방해

9 法院內傍聽人銃殺事件對策委員會를 組織; 委員長엔金元鳳將軍, 「현대일보」, 1946.7.31.

10 民主朝鮮建設에 支障, 銃殺事件對策委員會에서 談話, 「독립신보」, 1946.8.1.

하려는 행동은 본관이 부임한 이래 남조선에서 발생한 가장 수치스러운 사건이다. 그리고 이 사건으로 인하여 대다수의 조선인이 민주주의 제도 수립에 성심으로 협력하는데 광범위의 불리한 영향을 미치게 된 것은 불행한 사실이다. 본관은 이런 행위는 조선 인민이 용인하지 않으리라 생각한다.

그리고 하지 중장은 이와 같이 교사를 받은 폭도군을 취급하는 데 있어서 경찰이 보여준 강인한 태도를 칭찬하며 소수의 상해만으로 이 난경을 선처한 것은 전혀 경찰관의 인내와 관용에 의한 것이라 하였다.

그리고 당국의 한 가지 과오는 너무 어떤 선동적 단체에서 테러에 대한 대대적 반대 선전의 진의를 믿었던 것이다. 정의를 소란스럽게 부르짖고 테러 행위를 비난하던 그들 자신이 갑자기 그런 술책을 쓰리라고는 예상하지 못하였던 것이다. 동 중장은 지적하기를 공산당이 기 행동을 통하여 위폐 사건과 관계가 있다는 큰 의심을 받게 되지만은 이번 위폐 공판은 계획하였던 대로 개인 범죄의 공판이 될 것이다.[11]

하지의 발언 요지는 첫째, 부임 이래 최악의 테러 사건이 발생했다. 둘째, 경찰의 인내에 의해 소수의 상해만으로 사건이 종결되었다. 셋째, 이번 사건으로 공산당이 위폐를 제작했다는 의심을 받게 되겠지만, 군정청은 개인 범죄로 공판할 것이다. 하지 역시 장택상, 조병옥, 러치 등과 거의 똑같은 내용의 담화문을 발표했다. 이번 사건은 재판을 방해하기 위한 공산당의 테러 행위다, 경찰은 최선을 다해 피해를 최소

11 「不幸한 事實」, 하中將, 僞幣公判事件에 聲明, 「독립신보」, 1946.8.1.

화했다는 주장이다.

그러나 이들은 최소한의 예의마저 저버렸다. 어쨌든 사망자가 발생한 사건이었다. 최소한 유감 표명이라도 했어야 했다. 하지의 발언을 1면에 배치한 「독립신보」는 제2면 대부분을 할애하여 사회 각계의 여론을 소개했다. 동 신문은 "경찰 발포는 정당한가?"라는 설문에 대한 반응을 보도했다. 아래에 단체와 소속 및 기사 제목을 소개한다.

① 백남운(남조선신민당중앙위원회 위원장): 민주 경찰과는 배치, 방청인을 폭도로 규정함은 부당

② 민주주의민족전선(총살사건대책위원회): 민주 조선 건설에 지장

③ 백경수(한민당 선전부): 경찰과 법원의 공동책임

④ 이원조(조선문학가동맹): 건전한 민족발전상 우려

⑤ 인민당: 책임소재를 구명

⑥ 이홍종(변호사): 너무나 위압적

⑦ 김호(재미한족연합회): 일대 민족적 비극, 사회적으로 책임 추궁

⑧ 유영준(조선부녀총동맹 총재): 전 여성이 통분을 느낀다.

⑨ 청우당(선전부): 경관의 소질 향상이 급무

민전 총살사건대책위원회는 "방청객의 쇄도를 경찰은 예측하고 있었다."고 보았다. 그 근거로 조병옥과 장택상의 선두 지휘로 무장 경관과 기마대를 출동시켜 경계망을 형성했고, 제지 수단으로 군중에게 총부리를 겨눈 점 등을 들었다. 그리고 다수의 사상자를 낸 이번의 참사는 일제의 학정하에서도 경험하지 못한 일대 참사였다고 주장했다.

"내가 시켰다. 그 목적이 정당한 이상 살해가 아니다."라는 장택상의

발언과 사복형사의 권총 발사 그밖에 상부의 명령이라는 이유로 전 군의 병원 이송을 지연시킨 경관의 어처구니없는 행태 등 몇 가지 사례를 지적하며 "인도상(人道上) 용인하기 어렵다"고 경찰을 강력히 비난했다. 그 외의 사람들도 비슷한 발언을 했다. 흥미로운 것은 백경수, 이홍종 두 사람의 발언이다. 백경수는 우익의 대표정당인 한민당 선전부 소속이고, 이홍종[12]은 당시 서울변호사회 회장 직함을 가진 법조계의 원로였다. 두 사람의 담화문은 다음과 같다.

[백경수]

나는 그날 실제로 현장을 목격했는데 이번 사건은 경찰 및 재판소가 책임을 져야 할 줄 안다. 이번 불상사가 일어난 중요한 원인의 하나는 경비에 계획성이 없었다는 것을 지적지 않을 수 없다. 즉 아침 일찍부터 적당한 수의 경관을 법원 밖에 세워 방청 참관인 이외에는 법원 안에 들여보내지 않았더라면 군중이 야료를 하거나 소요를 할 리가 없지 않았을까 생각된다.

군중이 너무 많이 떠드니까 경비하는 경관대도 당황했던 것은 사실이다. 법정 안에 무장 경관까지 다수를 배치시킨 것도 유감으로써 폭동이 있을 것을 예측하고 그러한 조처가 나온 듯하나 이는 너무 미리 겁을 집어먹지 않았는가 짐작된다.

사적으로 김용무 대법원장, 이인 검찰총장을 찾아보고 나의 의견

12 이홍종(李弘鍾, 1891~?), 서기로 근무하다가 1914년부터 판사로 승진한 뒤 수많은 친일 단체에서 활동했다. 이러한 경력으로 인해 친일인명사전에 수록되어 있다. 정판사사건 당시 경성변호사회 회장이었다.

을 말해 두었다. 그날 경비의 총책임자인 조병옥 경찰부장과 장택상 제1관구경찰청장의 언사는 너무 그날 일에 흥분한 끝에 아직도 그 흥분이 사라지지 않아 어번 순간적으로 한 말이 아닌가 한다. 진심으로 그런 말을 했다면 유감천만이다.

[이홍종]

오늘 아침 신문을 보고 분노와 흥분으로 지금까지 제 마음이 아니다. 이번 사건에 있어서 재판소의 경계는 완전히 실패다. 요사이 경찰은 너무 민중과 동떨어져 강압적이고 탄압이 심하며, 민중을 무시하는 느낌이 있다. 이래서야 민중의 경찰로서 일만의 신뢰를 살 수 없지 않은가.

나도 그날 참고로 어떻게 재판을 진행하나 하고 가 보았는데 피고 한 사람에 무장 간수 한 명씩 따르고 그도 모자라서 5명 이상을 따르게 하여 무장 간수가 12명에, 법정 안에 들어선 무장 경관이 40여 명이란 참으로 놀라운 현장을 보여 주었다. 이렇게 법정 안을 어마어마하게 경비하고서야 어찌 피고들이 마음대로 바른 진술을 할 수 있겠는가. 이는 피고들을 위협하는 일종의 수단이 아닌가 생각된다. 법정서는 피고의 진술의 자유를 위하여 무장 경관이나 간수가 들어왔다가도 나가는 것이 통례이거늘 이번 경계는 언어도단이다. 나는 그날 곧 김 대법원장에게 경고하는 동시에 사적으로 강경한 항의를 했다.

그리고 조, 장 양 경비 총책임자가 한 말은 삼척동자가 묻더라도 상식에 어긋난 말이라고 생각된다. 잘했든 잘못했든 간에 사람을 죽인 이상 유감의 뜻을 표함이 옳을 것인데 도리어 정당하다고 변명하며 가해 경관을 표창까지 한다는 데 이르러서는 무어라고 말할 수 없다.

양 책임자는 모름지기 큰 반성이 있어야 하고 이 사건에 대한 책임을 져야 할 줄로 생각한다.

두 사람 모두 상식적인 발언을 했다. 재판소 인근의 무계획한 경비 상태는 백경수가 지적했고, 무장한 간수 12명, 무장 경관 40여 명이 경계를 하고 있는 언어도단의 재판장 내 광경은 이홍종이 거론했다. 법원의 최고 책임자인 김병로 대법원장에게 백경수 · 이홍종 모두 항의를 했다. 조병옥과 장택상에게 반성을 촉구한 것도 마찬가지다.

「독립신보」는 사회 지도층을 중심으로 각계의 여론을 보도하였다. 경찰과 법원이 책임져야 한다는 여론이 비등하다는 내용이었다. 아쉬운 것은 상황이 이 지경까지 왔는데도 미군정의 책임을 거론하는 사람이나 단체가 아직 등장하지 않았다는 점이다.

모스크바 삼상회의 그리고 학병동맹 사건의 조작 보도로 미군정의 의도에 맹종했던 「동아일보」가 다시 의도적인 보도를 했다. 공판정 사고 다음날인 7월 30일 자에서 "군중 속에서 쏜 일탄이 경관 머리에 맞았다"[13]고 사실을 왜곡 보도한 데 이어 이번에는 여론조사라는 권위의 힘을 빌렸다. 설문 제목은 "위폐 공판 소동에 대하여 어떻게 생각합니까?"이다.[14] 한국여론협회가 8월 3일 정오부터 오후 4시까지 시내 3개

13 오보라기보다 조작일 가능성이 크다. 경찰과 군중 사이에 총격 사건이 있었다고 보도함으로써 경찰의 혐의를 희석시키고자 했을 가능성이 크다. 학병동맹 사건에서도, 학병과 경찰 쌍방에 교전이 있었다고 보도한 바 있다.

14 僞幣公判騷動에 對하야 어떠케 생각합닛가, 「동아일보」, 1946.8.6.

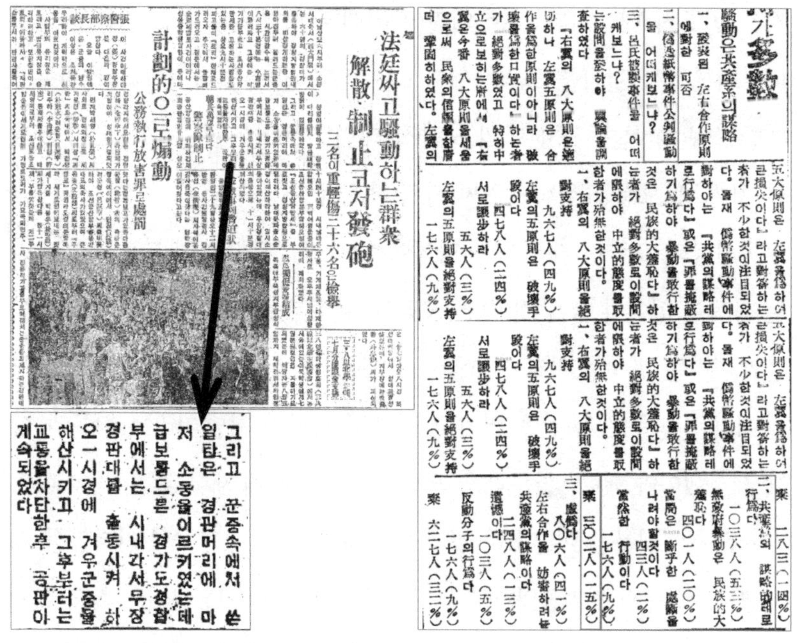

法廷싸고騷動하는群衆

解散·制止코저發砲

三名이重輕傷二十六名은檢擧

計劃的으로煽動

公務執行妨害罪로處罰

그리고 군중속에서 쏟
일탄은 경관머리에 마
저 소동을 이르키였는데
급보를 드른 경가도경찰
부에서는 시내각서무장
경관대를 출동시켜 하
오一시경에 겨우군중을
해산시키고 그후부터는
교통을차단한후 공판이
계속되었다

騷動은共產系의謀略

〈그림67: 반시계방향, 1946년 7월 30일, 8월 6일 자 동아일보〉

처(종로, 서대문, 본정) 통행인 1,960명에게 여론을 청취했다고 한다. 결과는 다음과 같다.

① 공산당의 모략적 테러 행위다: 1,038(53%)

② 무정부 폭동은 민족적 대수치다: 401(20%)

③ 당국은 단호한 처벌을 내려야 할 것이다: 43(2%)

④ 당연한 행동이다: 176(9%)

⑤ 기(棄, 기권): 302(15%)

「동아일보」는 이 여론조사를 근거로 "중립적인 태도가 거의 없고, 공산당의 모략 테러 행위다 혹은 죄를 엄폐하기 위하여 폭동을 감행하는 것은 민족적 대수치다"라는 의견이 절대다수(73%)였다고 결론을 내렸다. 여론조사 결과를 조작하였다고는 믿고 싶지 않다. 그러나 설문에 대한 답변 항목이 "공산당의 모략적 테러" "무정부 폭동" "당국의 단호한 처벌" 등으로 표현함으로써 선택 자체를 제한하였다.

'공산당의 모략적 테러'라는 항목이 있다면, '경찰의 계획적 선동'이라는 항목이 있어야 했을 것이다. 그리고 '무정부 폭동'과 '경찰의 무자비한 탄압'이라는 항목을 비교 선택할 수 있게 해야만 했다. '당국의 단호한 처벌'이라는 항목은 '총탄을 발사한 경찰과 책임자 처벌'이라는 항목과 함께 제시했어야 했다. 설문과 답변 항목을 교묘하게 제한했다는 뜻이다.

한편, 동 신문은 여론조사 결과 발표와 별도로 시민들의 인터뷰를 게재했다. 정규필(경기공업학교 교원), 서기영(경기고녀 교원), 최재극(구정상회 주), 최기연(남대문협신양회), 기원흥(태백서적공사), 강범식(조선화공기주식회사), 김한배(장사정 릉풍상회), 이완성(가톨릭 신부), 홍만길(한국여론협회) 등 9명이 답변에 응했다. 교사, 직장인, 소상공인 등 시민 대중이 다수를 점했고, 여기에 종교인과 여론협회 직원을 포함시켰다. 내용은 대부분 비슷하다. 「동아일보」는 기사 제목을 "공판 소동은 반민주적, 예방 대책을 강구 안 한 당국에도 실책"이라고 뽑았다.

한편, 주목할 사안이 있다. 총격 사건 희생자에 대하여 두 사람이 언급했다는 점이다. 무질서한 군중의 행동은 민족적 수치라는 사족을 달았지만, 기원흥이란 사람은 "하나의 생명을 잃게 된 것은 경찰의 부주의"라고 전해련의 죽음을 언급했다. 그리고 가톨릭 신부 이완성은 "그날 군중이 법을 지키고 질서를 유지하였다면 경관의 무장이 무슨 필요가 있었겠으며 어린 희생을 낼 필요가 어디 있었겠습니까?"라고 하면서 사고의 원인을 법을 지키지 않은 군중에게 돌렸다. 아무튼 이 두 사람은 그날 사망사건이 있었음을 상기시켜 주었다.

무엇보다 이 인터뷰의 문제점은 사건 현장을 목격한 사람이 아무도 없었다는 사실이다. 최재극, 김한배 이들 두 사람은 "나는 가 보지 않아 그때의 정경은 모르나…" "가 보지는 못하였으나 신문지상으로 알았을 때…"라고 말하면서 자신의 의견을 피력했다. 최와 김 외 나머지 사람들의 경우 현장의 상황에 대해선 아무도 언급하지 않았다. 설문에 답변했던 사람들은 현장을 목격하지 않았던 사람들이었던 것이다. 공판정에 가 보지도 않았고, 공산당을 악마처럼 묘사하며 그들에게 모든 책임을 돌리는 기사만을 보도하는 「동아일보」「대동신문」「한성일보」 등 극우지만을 구독하였다면 이들 독자들은 사건을 어떻게 판단할까? 사실 마지막 인터뷰인 한국여론협회 홍만길의 답변이 원하는 결론이었을 것이다. 홍만길은 다음과 같은 발언을 남겼다.

> 이날 소동은 세계적으로 처음 보는 추태다. 공산당은 그들의 이론과 실지 행동에 얼마나 큰 거리와 모순이 있는가를 스스로 폭로하였다. 그러나 유감인 것은 당국자에 하등의 "예모"가 없었다는 것이다. 공산당의 수법과 심술을 알거들 이에 대한 예방적 대처를 강구하지 않은 것은 큰 실책이라고 할 것이다.

의도가 명백하게 드러났다. 공산당의 폭동, 경찰의 숭고한 책임감이라고 여론 몰이를 시도했던 것이다. 만약 설문 제목을 "전해련 군의 죽음은 누구에게 책임이 있는가?"라고 정하고, 답변 항목으로 첫째 공산당, 둘째 경찰, 셋째 검찰, 넷째 법관, 다섯째 미군정으로 했으면 결과는 어떻게 나왔을까?

구진비내리는가운대
故全君聯合葬
어제東明高女校庭서嚴肅執行

二萬弔客애끄느는執紼裡
故全君聯合葬嚴肅執行

少年의死
朴山雲

反日記念物

〈그림68: 1946년 8월 5일 자 현대일보, 중앙신문〉

「동아일보」가 여론조사 결과를 보도했던 전날인 1946년 8월 5일, 「조선인민보」「현대일보」「중앙신문」「자유신문」 등 좌익, 중도계 신문들은 전날 거행된 고 전해련 군의 장례식 장면을 주요 뉴스로 대서특필하였다.[15] 흥미로운 것은 이날 참석한 조문객의 숫자다. 중앙신문(7천여 명), 현대일보(2만 조객), 중외신보(1만 6천의 조객), 자유신문(만여

15 구진비 내리는 가운데 故 全君聯合葬, 어제 東明高女校庭서 嚴肅執行, 「중앙신문」, 1946.8.5.二萬弔客애끈는 執紼裡, 故全君聯合葬嚴肅執行, 「현대일보」, 1946.8.5.哀悼! 故全軍社會葬, 「중외신보」, 1946.8.5.東明高女 교정서 장중히 거행, 「자유신문」, 1946.8.5.눈물에 젖고, 구진 비에 젖고, 스스로 모여드는 조객 2만, 「조선인민보」, 1946.8.5.故全海鍊君團體葬, 萬餘吊客參席, 盛大히 擧行, 「독립신문」, 1946.8.6.全海鍊君 葬式執行, 「공업신문」, 1946.8.6.

명), 조선인민보(조객 2만), 독립신문(만여 명), 공업신문(3만여 명)… 등으로 보도되었다. 7천 명에서 3만 명까지 편차가 상당하지만 대단한 수의 조문객이 방문했던 것은 분명했다. 북조선 최고의 '통일시인'으로 알려진 박산운(朴山雲, 1921~ ?)[16]이 지은 "소년(少年)의 사(死)"란 시가「현대일보」에 게재된 것도 이채롭다. 아래에 소개한다.

[少年의 死/ 朴山雲]
아무도 인제는 네 굳이 닫은 입술을
열지 못하리라
어머니의 두 볼을 적시는 뜨거운 눈물도
동무들의 목소리도
인제는 다시 열지 못하리라
왼편ㅅ볼 젖 냄새 보드라운 살에
銃口를 댄 者의 차디찬 얼굴이
바쁘게 박힌 채 외로히 닫은
네 빛나던 눈망울을…
네 두근거리던 적은 가슴을…
보라 우리는 누구를 위하여 뉘를 죽였느냐
우리는 또 몇 번을 더 죽어야 하느냐
아아 나라 없이 살아온 가난한 小年이
여기 손꾸락질하며 소리내 비웃던

16 북 최고의 '통일시인'은 박산운,「연합뉴스」, 2001.10.30.

어두운 상여를 타고 가야만 하는

적막한 우리 國土의 오날을

너와 나- 비를 맞으며 裝列에 섰다

1946년 8월 4일 오전 10시, 서울 서대문구 천연정 동명고등여학교 교정에서 전해련의 장례식이 거행되었다. '민전 산하 각 단체 연합장'으로 치러진 그 날, 사회는 장의위원회 위원장인 이영이 맡았다. 부위원장인 오영이 개회사를 낭독함으로써 시작된 장례식은 음악동맹의 연주 속에 묵상, 박상준의 경과보고, 동창 최재신의 고인 약력 소개, 조공 서울시위원회의 전해련 조공 정당원 입당 선언, 민주청년동맹 중앙위원회의 전해련 민청 중앙위원 선언 등의 순서를 거쳐 주최 측의 조사 낭독이 있었다. 그다음 차례로 동창들이 "전군! 편히 잠들라. 우리 민주주의를 사랑하는 수많은 학도가 그대의 뒤를 따라가리라"는 맹서가 있었다.

그리고 민주주의민족전선(대표 이강국), 경동중학 학생대표(최식), 법정학교, 배화고녀, 경성사범부속중학 동지일동(대표 김기준), 중앙인민위원회, 조공 반팟쇼 · 반일운동자 후원회, 민족혁명당, 부녀총동맹, 신민당, 문화총연맹 등 각 단체 대표의 조사가 뒤를 이었다. 그 후 유가족 대표(전일준)의 답사와 분향 후 정오경 조객 일동은 장지인 미아리 공동묘지를 향하여 출발했다.[17]

17 눈물에 젖고, 구진 비에 젖고, 스스로 모여드는 조객 2만, 「조선인민보」, 1946.8.5.; 二萬弔客애끈는 執紼裡, 故全君聯合葬嚴肅執行, 「현대일보」, 1946.8.5.

14

피고와 원고가 뒤바뀐 재판

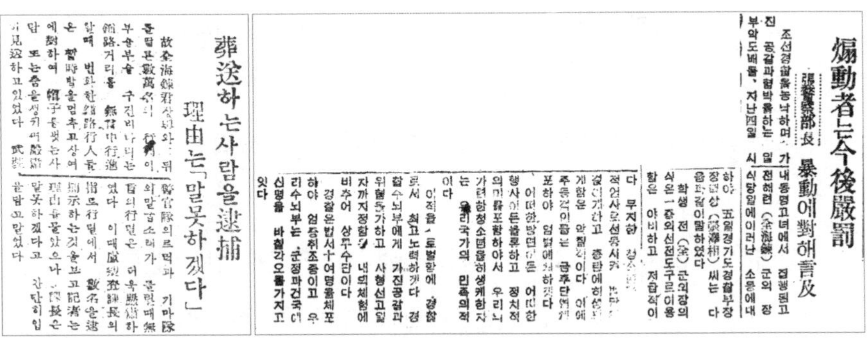

葬送하는사람을逮捕
理由는「말못하겟다」

故全海鍊君상여와 뒤를딸은數萬名의 行列이 부슬부슬 구진비나리는 鍾路거리를 無言中行進할때 번화한鍾路行人들은 暫時발을멈추고상여에對하여 帽子를벗는사람 또는춤을생키여嚴肅히見送하고있었다 武裝警官隊의트럭과 기마隊의말굽소리가 들린때無言의行列은 더욱嚴肅하였다 이때[illegible]長의 指[illegible]로行列에서 數名을逮[illegible] 指示하는것을보고記者는 理由를물엇으나 隊長은 말못하겟다고 간단히입을담고말었다

煽動者는今後嚴罰
張警察部長 暴動에對해言及

조선경찰을농낙하며 공갈과협박을하는 부악도배들, 지난四일 가내동명고녀에서 집행된고 전해련(全海鍊)군의 장식당일에이러난 소동에대하야 五일경기도경찰부장 장택상(張澤相)씨는 다음과갈이말하였다

학생 전(全)군의장의식은 1종의선전도구로이용함은 야비하고 저급적이다 무지한 청소년을 [illegible] 적언사로선동시켜 [illegible] 하고 총탄에히생되게함은 악질적이다 이에 주동적인물는 금후단연체포하야 엄벌에처하겟다 어떠한방면이든 어떠한 행사이든을투하고 정치적 의미를포함하야서 우리나 가련한청소년을히생케한자는 우리국가의 민족의적이다 이적을 토벌함에 경찰로서 최고노력하겟다 경찰수뇌부에게 가진공갈과 위협을가하고 사형선고일자까지정함은 내의체험에 비추어 상투수단이다 경찰은법서十여명을체포하야 엄중취조중이고 우리수뇌부는 군정파건국에 신명을 바칠각오를가지고 잇다

〈그림69: 1946년 8월 5일 자 조선인민보, 8월 6일 자 동아일보〉

수많은 사람들이 전해련의 죽음을 애도하고 있을 때, 경기도 경찰부장 장택상의 반응은 어떠했을까? 장택상에 따르면, 이들은 조선 경찰을 농락하며 공갈과 협박을 자행하는 악도배들이다, 전 군의 장례식을 주관한 이들은 가련한 청소년을 선전의 도구로 이용하는 우리 국가 민족의 적이다. 이렇게 악담을 퍼붓던 장은 "그들은 경찰 수뇌부에게 갖은 공갈과 위협을 가하고 있는데, 내가 바로 그 체험자다"라는 자신의 경험담을 덧붙였다. 경찰은 실제 행동으로 들어갔다. 장례식 관련 인사 10여 명을 체포한 것이다.[1] 「조선인민보」는 체포 과정을 다음과 같이

1 煽動者는 今後嚴罰 張警察部長 暴動에 對해 言及, 「동아일보」, 1946.8.6.

보도했다.

> 고 전해런 군의 상여와 뒤를 따르는 수만의 행렬이 부슬부슬 궂은 비 내리는 종로 거리를 무언 중 행진할 때 번화한 종로 행인들은 잠시 발을 멈추고 상여에 대하여 모자를 벗는 사람 또는 침을 삼키며 숙연히 견송(見送)하고 있었다. 무장 경관대의 트럭과 기마대의 말발굽 소리가 들릴 때 무언의 행렬은 더욱 엄숙하였다. 이때 노 수사과장의 지시로 행렬에서 수 명을 체포하는 것을 보고 기자는 이유를 물었으나 노 과장은 말 못 하겠다고 간단히 입을 다물고 말았다.[2]

상여와 뒤를 따르는 수만의 행렬이 엄숙한 가운데 말없이 행진하고 있는 도중, 갑자기 무장 경관들이 나타나 수사과장 노덕술의 지시로 다수의 조문객을 체포하였다. 이유를 질문한 기자에게 노덕술은 "말 못 하겠다."라고 했다는 기사이다. 당시의 상황을 「현대일보」는 다소 다르게 전했다. 동 신문은 "오후 1시 반경 종로를 통과하였다.… 2만여 명이 뒤를 따르는데 사람마다 전 군의 원사(怨死)를 애도하는 무거운 표정이었으나, 눈물에 어린 '해방의 노래'와 '혁명가'에 뒤이어 군중 가운데서는 "위조지폐 사건은 모략이다!" "애국자 이관술 씨를 즉시 석방하라!"는 함성이 끊이지 않고 연발되는 가운데 영구는 숙숙(肅肅, 엄숙하고 고요하게) 장지 미아리로 향했다."[3]라고 전했다. 경찰의 체포는 언급하지 않았다. 노덕술 일행이 나타난 것은 위 기사를 작성한 시기 이후

2 장송하는 사람을 체포, 이유는 '말 못하겠다', 「조선인민보」, 1946.8.5.

3 沿路市民도 哀悼의 눈물 靈구肅肅鍾路行進, 「현대일보」, 1946.8.5.

였던 것으로 짐작된다.

경찰이 조문객 일부를 체포하였지만 별다른 불상사가 일어나지 않은 것으로 보아, 장례식 주관자의 양해하에 몇 사람을 연행했을 것으로 짐작된다. 이유도 모르고 끌려갔던 사람들의 죄목은 수사가 완료된 후 알려졌다. 장의위원회 위원장 · 부위원장이었던 이영과 오영에게 적용된 범죄 혐의는 '기간집합취체규칙위반'이었다. 두 사람은 제1관구 경찰청에 검속 중 8월 12일 석방되었다.[4]

정작 벼락을 맞은 사람은 젊은 청년들이었다. 이들은 《포고령 제2호》[5]위반으로 구속, 기소되었다. 장의행렬에 참가하여 "정판사사건은 허구다" "반동 경찰을 매장하라" 등을 외친 것이 "공중 치안 질서를 교란한 자, 정당한 행정을 방해하는 자"로 지목되었던 것이다. 구속된 이들은 김태자(19세), 박정필(25세), 박경룡(27세), 김봉배(27세), 이종진(27세) 등 5명이었다. 경성지방법원 방순원 판사의 심리하에 재판이 진행되다가 민문기 검사가 구형을 하였고, 10월 29일 오전 10시경 재판장이 다음과 같이 선고하였다. 김태자 6개월(단기 1년, 장기 2년), 박정필 · 박경룡 · 김봉배 1년(2년), 이종진 벌금 200원(10개월) (괄호 안은 구형)[6]

평화롭게 진행된 장례식에서, 혈기를 참지 못한 젊은이들이 구호 몇 마디를 외친 결과로는 너무나 가혹한 판결이었다. 그건 그렇고 이들이

4 李英, 吳英兩氏釋放, 「독립신보」, 1946.8.13.

5 《…공중치안 질서를 교란한 자 정당한 행정을 방해하는 자 또는 연합군에 대하여 고의로 적대행위를 하는 자는 점령군군율회의에서 유죄로 결정한 후 동회의의 결정하는 대로 사형 또는 他 형벌에 처함》

6 全海鍊 葬儀日, 被檢者에 言渡, 「독립신보」, 1946.10.31.

"미군은 철수하라!" "미군정을 철폐하라!"라고 외쳤다면 어떤 형벌이 내렸을까? 정말 궁금하다.

달력을 조금 앞으로 옮기자. 공판장 소요 사건 이후에 벌어진 일이다. 보편적 상식으로 혹은 오늘 현재의 눈으로 보면, 1946년 7월 29일에 발생한 이 사건은 군정장관 러치와 주둔군 사령관 하지의 명의로 대국민 사과를 해야만 했던 사건이다. 그리고 관련 경찰, 검찰, 법관 등에게 책임을 물어야 했던 사건이다. 하지만 화살은 오히려 피해자들을 향해 쏘아졌다.

구금자가 계속 늘어났다. 사건 당일 무장경찰에 의해 구금된 사람의 수는 총 38명으로 발표되었다가, 그 후 47명, 50명으로 바뀌게 된다. 이들 50명은 제1관구 경찰청장 장택상의 고발로 군정 재판에 회부되었다.[7] 알 수 없는 것은 이들이 왜 군사재판을 받아야만 하는가 하는 의문이다. 첫 공판은 8월 5일 종로경찰서 내 군정 법정에서 열렸다. 군정재판관 알레산드로니 소위가 수석 판사였다.[8]

원고 및 증인은 경기도 경찰부 차장 리챠드슨 소좌였고, 고발 이유로 첫째 교란정치방해, 둘째 사법재판진행방해 및 공무집행방해, 셋째 경관공무집행방해, 넷째 무허가집회참가 등을 들었다.

적용 법률은 앞에서 거론한 고 전해련 군 장례식 행진 사건과 마찬가지로 맥아더《포고령 제2호》 위반이었다. 피고의 직업은 전문대학생(8명), 중학생(5), 민청원(1), 민전서기(1), 정판사 사원(1), 직공(7), 기

7 僞幣事件公判當日被檢者들 軍政裁判, 「중앙신문」, 1946.8.6.; 所謂僞幣事件公判傍聽人等 今日軍政裁判開廷, 「현대일보」, 1946.8.6.

8 朝共僞幣事件公判日의 테로團軍政裁判, 「대동신문」, 1946.8.6.

자(1), 대서인(1), 약상인 · 서기 · 점원(5), 상인(4), 소사(1), 무직(15) 등이었으며, 피고인의 숫자는 홍병우 등 50명이었다.[9]

僞幣公判當日檢束者 어제 第一回軍정裁判

告訴理由

蘇島僞幣公判

梁判事忌避申請에 愼重審議

貧窮者에게 軍用食料品配給

釜山運

〈그림70: 1946년 8월 6일 자 중외신보〉

적용된 법률도 문제가 많았지만, 무엇보다 고발인인 경찰이 원고와 증인, 검사 역할까지 한 기괴한 재판이었다. 더욱이 변호사도 없이 진행하다가 뒤늦게 참석한 변호사(강중인, 강혁선, 김용겸) 측에서 이의를 제기하자 재판장은 다음과 같이 말했다. "피고에 유리한 변호인 측의 연락 불충분에 의해 참석이 늦음으로 피고를 위하여 변호인의 준비 기간을 주기 위하여 금 6일 상오 9시부터 제2회 공판을 속개하겠다"[10]

이 사건은 7월 29일 검거된 피의자들이 제1관구 경찰청장 장택상의 고발로 군정 재판에 회부된 뒤, 8월 5일 상오 10시경에 제1회 공판이

9 僞幣公判當日檢束者 어제 第一回軍정裁判, 「중외신보」, 1946.8.6.

10 僞幣事件公判當日被檢者들 軍政裁判, 「중앙신문」, 1946.8.6.

열렸다. 피의자가 무려 50명에 달하는 대형 사건을 단 일주일 만에 첫 번째 공판을 연다는 자체가 상식을 벗어난 반민주적 행위였다.

被告:求景갔다被檢
原告:暴言하니逮捕
法院騷動事件軍政裁判問答

재판소동사건군정재판 제二회공판은六일오전九시부터계속되었다오전중은 피고측의심리가있어 고려대학 이중재(李重載) 정치대학 김한수(金漢洙) 영화동맹 이근호(李根鎬)三명을 심리하였는데 모다「방청하러갔다가 해산하라기에 어물어물하고 있노라니까 경관이폭행을 하므로왜 때리느냐고 항의하였드니 검속하드라」고죄상을 일체부인하니 원고측증인들은다시 반박하여「불온한폭언을련발하면서 공무집행을방해하므로 붓드렀다」고강조하였다 이때마츰피고김한수는「모다 경찰관의 모략이다」라고 큰소리로 웨치니 판사는 정색하여경고하는등 장내공기는자못긴장하였다

警官側의證言을...
三十萬人民의市街行進
非常用生必品等을私腹

〈그림71: 1946년 8월 7일 자 조선일보, 8월 18일 자 조선인민보〉

이 재판이 얼마나 일방적으로 진행되었는가 하는 사례를 두 가지 정도 소개하겠다. 8월 6일 오전 9시, 제2회 공판이 개최되었다. 심리가 진행된 피고인은 고려대학 이중재, 정치대학 김한수, 영화동맹 이근호 등 3명이었다. 이들 모두 "방청하러 갔다가 해산하라기에 어물어물하고 있노라니까 경관이 폭행을 함으로 왜 때리느냐고 항의를 하였더니 검속하더라."고 범죄 혐의를 일체 부인하였다.

이에 원고 측 증인 즉 경찰들은 다음과 같이 반박하였다. "불온한 폭언을 연발하면서 공무 집행을 방해했기 때문에 검거하였다." 물론 이들 피고인들은 항의를 했다. 경관의 폭력에 폭력으로 대항하지 않았고, 경찰의 주장대로라면 단지 험악한 말(폭언)로 항의했을 뿐이다. 그러나 피고 측의 증언은 받아들여지지 않았고, 며칠 후 선고공판에서 이

중재에게 징역 5년, 김한수에게 2년, 이근호에게는 3년이 선고되었다. 경찰 측의 답변이 끝난 후 "모두 경찰 측의 모략이다."라고 큰소리로 외친 심정이 이해되리라 본다.[11]

두 번째 사례는 공립통신 조규영 기자의 경우다. 현직 기자가 취재 도중 구속된 사안이므로 많은 언론들이 관심을 표명했었다. 특히 8월 18일 자 「조선인민보」는 사건의 과정과 성격을 잘 분석하여 보도하였다. 꽤 길지만 아래에 기사 전문을 소개한다.

> 지난 7월 29일 소위 위폐 사건 공판정 주위에서 검거당한 이근호, 전사옥 등 50명에 대한 군정 재판은 8월 5일부터 17일까지 종로서에서 연일 계속되어 군정 재판 초유의 대사건으로 피고 중에는 특히 당일 법원 내에서 취재 활동 중이던 공립통신 조기영 씨도 있어 그 귀추가 주목 되든바 동 씨에 대한 사실심리는 41명째로 지난 16일 오전 10시 반부터 시작되어 지난 17일까지 속개되었다.
>
> 재판은 먼저 경관 측 증언으로부터 시작되었는데 당일 군중을 무자비하게 구타하여 조 기자의 취재 대상이 되었던 문제의 순경 윤광렬(1420호) 외 박경림 경찰청 수사주임 등 3명은 판에 박힌 듯이 피고가 당일 10시 반경 재판소 서문 내에서 군중에게 대하여 "인민재판을 열어라" "판검사를 죽여라" "장택상 이하 전 경관을 죽여라" 하고 선동하였다는 죄목을 열거하였다.
>
> 이에 대하여 조 기자는 당일의 자기의 행동과 순경 1420호의 번호

11 被告…求境갔다 被檢, 原告…暴言하니 逮捕, 「조선일보」, 1946.8.7.

를 적은 경위 및 구금에서 일시 석방까지의 상세한 경위를 진술한 후 백석황 변호사의 신청으로 피고 측 증인 조선통신 사회부장 조병구, 공업신문 왕희남, 중외신보 김규엽의 제기자는 일제히 조 기자의 합법적 취재 활동을 입증하여 경관 측 증언을 번복시키고 제1일의 심리를 끝마쳤다.

제2일은 지난 17일 오전 9시부터 속개벽두 피고 측 증인 조병구, 왕희남 씨로부터 또 다시 피고의 위법 아님을 입증하였는데, 이때 입정한 원고 장 경찰청장은 "피고가 구치소 외에서는 무슨 일을 하였는지 모르나 구치소 내에서 고함치는 소리를 들었다. 그 후 피고를 조병구의 청으로 석방하였다"고 말한 데 대하여 피고는 기립하여 자기와 장 총장과 만난 시간은 단 2분이며 그때 무슨 선동적 언사를 한 일이 없다고 역설하였다.

그리고 나는 이유 없이 구금되어 20여 일을 지냈다. 내가 순경의 배지 번호를 적은 것은 기자로서 조금도 월권이 아니다. 또 구치소 외에서 어느 증인은 선동하였다고 하고 어느 증인은 구치소 내에서 했다고 하나 전무한 사실이며 경관에 대하여 반항한 일도 없음에 무죄를 주장한다. 최후로 세 가지 요구를 제출한다 하여 무죄로 구타당하고 구금당한 데 대한 책임과 가족과 자기 자신에 대한 물질적 정신적 피해에 대한 실임(實任) 및 언론인의 정당한 행동에 대한 실임을 추궁하여 달라고 요구하였다.

끝으로 백 변호사는 장 총장이 그러한 선동 언사를 듣고서도 일시나마 석방할 리 만무며 또 그럴 수 없을 것이다. 현명한 재판장은 기간 증인들의 입장으로써 피고의 죄가 없는 것은 사실이며 또 쌍방 증언이 반반이라 하여도 로마법 이래 피고에 유리하게 판결하는 것이

상식이라고 무죄를 주장하고 즉시 석방을 요구한다고 말하였는데 재판장 판결은 내주 화요일에 50명에 관해서 함께 하리라 말하고 10시 반 조규영에 대한 공판은 끝마쳤다. 이 공판의 소요 시간이 무려 7시간을 넘은 것은 금번 군정 재판 중 이채였다.[12]

석방된 조 기자가 다시 구금된 것은 미국인 수사과 요원인 맹키 대위의 고발에 의해서다. 이해할 수 없는 조처에 대해 「조선인민보」 기자는 "자세히는 알 수 없으나 그날 조 기자의 언행이 사법부에서 출장한 미국인 군정장관의 지휘에 거슬려서 도 경찰부 미국인 수사관에 위촉한

僞幣公判妨害한 테로團全部重刑
最高五年最下三個月言渡
殺人幇助犯 金柏의公判
故李秉熙君
僞幣事件公判 傍聽은先着順
暴徒所持의兇器中 鐵鉤는事前準備한것
五年·三年이殆半
秋霜烈日·判事는記者에도三年言渡
僞幣公判日設檢者들에重刑!
許憲氏特別辯護
「僞幣公判」辯護를法院에申請

〈그림72: 1946년 8월 21일 자 대동신문, 조선인민보〉

12 위폐 공판일 피검자 재판 계속, 경관 측의 증언을 번복, 조 기자 증인으로 기자 3인 출두, 「조선인민보」, 1946.8.18.

것 같다."라는 코멘트를 달았다.[13] 한마디로 괘씸죄에 걸려든 것이다.

따지고 보면 조규영 기자가 원고가 되고, 윤광렬(1420호) 외 박경림 경찰청 수사주임 등이 피고가 되어야 할 재판이었다. 그러나 오히려 조 기자가 3년 형을 선고받게 되는 것이 미군정 당시의 현실이었다.

재판은 속전속결로 진행되었다. 첫 공판이 시작된 지 보름쯤 지난 8월 20일 오후 2시, 최종 공판이 열렸다. 공판의 개정을 선언한 재판장은, "금번 재판은 계획적이며 악질적"이라고 강력하게 논고한 후 "좀 더 과격하였으면 사형에 처하였을 것"이라고 부언하였다.[14] 피고인 50명 중 49명에게 징역형이 선고되었으며, 이들 중 38명은 3년 이상 5년 이하의 중형에 처해졌다. 언도 내용은 아래와 같다.

[표12: 위폐 공판 사건 판결]

언도(인원)	이름(현대일보 보도기준)
5년(4명)	李重載, 孫永國(한성孫永德), 金亨起, ,元容萬
4년(13명)	林永澤, 宋相玉, 李京瑞, 吳相植, 安興成(한성安貴成), 金鐵民, 尹明烈(한성尹時烈), 申鎭均, 金興植, 張錫準, 李秉億, 朴完徹, 宋濟煥
3년(21명)	李根鎬, 郭應虎, 車相浩, 郭二炯, ,全虋玉(한성全劇玉), 具然相, 尹台鉉, 金光浩(한성金之浩), 安炳春, 具然幸(한성具然世), 李海範, 金鳳經, 李良雨, 李현순(한성李鉉準) 金雲鳳, 姜瑾, 徐承萬, 曺圭瑛, 安正鎬, 權俊植, 崔承大
2년(5명)	金東澣(한성金車漢), 方義鳳, 金漢洙, 洪병禹(한성金壽昌), 景應鎭

13 공립통신 기자 또다시 구금, 「조선인민보」, 1946.8.1.

14 위폐 공판일 피검자들에 중형, 「조선인민보」, 1946.8.21.

1년 6개월(1명)	韓錫浩
1년(2명)	玄慶順, 韓昌熙(한성朱昌熙)
3개월(3명)	金鎭國,安周薦, 朴順成
무죄	전석호 (증거 불충분으로 8월 19일 석방)

*한성: 한성일보

가족들이 땅을 치며 통곡하자 재판정은 울음의 바다로 변하였다. 몸부림치는 가족들은 무장경찰에 의해 해산을 당했고, 재판은 이미 끝났다. 검사의 구형도 없고, 변호사의 변론도 의미 없는 재판이었다. 이 이상한 재판은 이렇게 끝났다. 에피소드가 하나 있다. 윤명렬이라는 사람은 4년형을 언도받자 "감사합니다."라고 대답을 하였는데, 재판장은 윤명렬을 향하여 이렇게 말했다 한다. "또 다시 재판을 하겠다."

15

뚝섬 위폐 사건 재판(1), 이상한 검사와 수상한 변호사

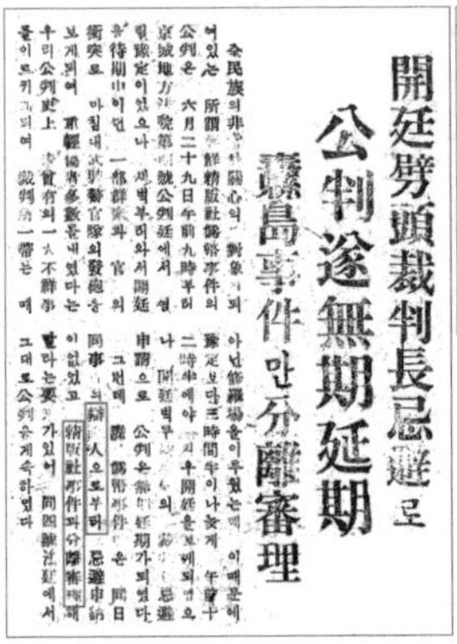

開廷劈頭裁判長忌避로

公判遂無期延期

纛島事件만分離審理

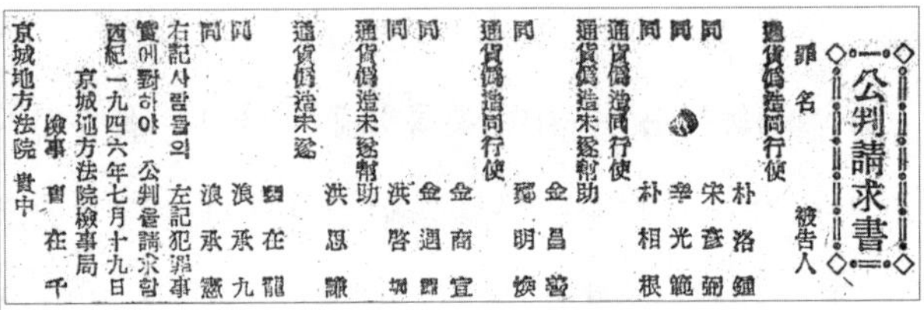

公判請求書

〈그림73: 1946년 7월 30일 자 현대일보, 한성일보〉

전해련 장례식 관련 재판과 정판사 공판 관련 재판 등 이상하고 수상한 재판에 대하여 살펴보았다. 이들 재판보다 더 이상하고 수상한 재판이 있었다. 뚝섬 위폐 사건 재판이다. 소위 조선정판사위폐사건은 오전 9시에 개정할 예정이었다. 그러나 새벽부터 몰려와서 기다리던 군중과 무장경찰과의 충돌로 사망자가 생겼고, 다수의 시민이 부상을 당하자 재판소 일대는 수라장을 이루게 되었다. 이 때문에 예정시간보다 3시간 반이나 늦은 12시 반경에야 개정하게 되었다.

하지만 개정 벽두부터 변호인단의 재판장 기피 신청으로 인해 공판은 무기 연기되었다. 공판 청구서가 접수된 날이 7월 19일인데 겨우 열흘 만에 공판이 재개된다는 것은 변론 준비 자체가 불가능하다는 것이

가장 큰 이유였다.[15] 그런데 갑자기 파란이 일어났다. 뚝섬 위폐 사건의 변호인이 분리심판을 요구한 것이다.[16]

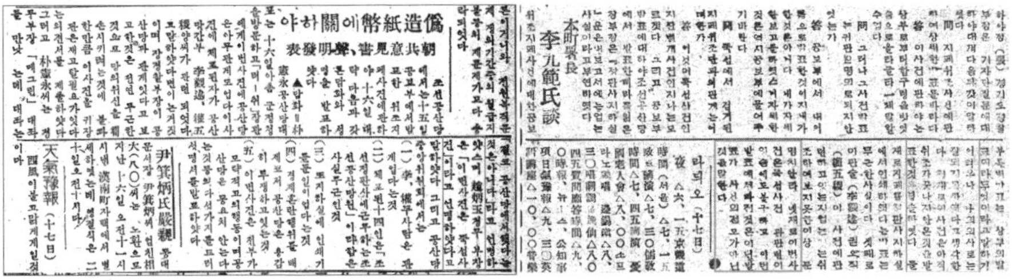

〈그림74: 1946년 5월 17일 자 자유신문, 중앙신문〉

사실 뚝섬 위폐 사건과 정판사사건은 동전의 양면과 같은 관계였다. 경무부장 조병옥은 "이번 사건은 뚝섬 사건이다"[17]라고 말했으며, 본정서장 이구범은 "이번 사건은 뚝섬 사건과 관련이 있음에도 불구하고 이번 발표에 빠진 것은 이번 발표가 사건의 전모가 아닌 것을 말한다."[18]라고 기자단에게 발언한 바 있다. 사건이 진행됨에 따라 내용이 달라지지만, 사건 초기 경찰 관계자들은 뚝섬 사건과 정판사사건의 관계를 부정하지 않았다는 얘기다. 검찰은 이러한 사실을 누구보다 잘 파악하고 있었기 때문에, 정판사사건 관련 9명과 뚝섬 사건 관련 4명을 함께 기소했던 것이다.[19] 공판 청구서를 살펴보자.

15 정판사위폐사건 피고인 측 재판장 기피 신청, 「서울신문」, 1946.7.30.

16 纛島僞幣事件 主犯에 八年求刑 言渡는 來八月五日, 「현대일보」, 1946.7.30.

17 위조지폐에 관하여, 朝共 의견서 성명발표, 「자유신문」, 1946.5.17.

18 本町署長李九範氏談, 「중앙신문」, 1946.5.17.

19 共黨員의 僞幣事件公判을 靑求: 共黨員僞幣事件公判請求書 ; 公判請求書, 「한성일보」, 1946.7.30.

〈자세히 읽기-18〉

[정판사 위조지폐 사건 관계자들에 대한 공판 청구서(公判請求書)]

罪名	被告人
通貨僞造同行使	朴洛鍾
同	宋彦弼
同	辛光範
同	朴相根
通貨僞造同行使	金昌善
通貨僞造未遂幇助	
通貨僞造同行使	鄭明煥
同	金商宣
同	金遇鏞
同	洪啓壎
通貨僞造未遂幇助	洪思謙
通貨僞造未遂	裵在龍
同	浪承九
同	浪承憲

上記 사람들의 下記 범죄 사실에 대하여 공판을 請求함

西紀 1946년 7월 19일

京城地方法院檢事局

檢査 曺在千

京城地方法院 貴中

犯罪事實

第1) 朝鮮精版社關係

被告人 朴洛鍾은 일찍이 日本政治時代에 치안유지법 위반으로 징역 5년의 처벌을 받은 일이 있고 서기 1945년 10월 朝鮮共産黨에 入黨하였으며 동년 9월 상순 日本人 經營이던 京城府 中區 長谷川町 74번지 소재 近澤印刷所를 인수하여 동월 19일경 朝鮮精版社라고 개칭하고 그 사장이 된 사람

同 宋彦弼은 同 時代에 同 罪名으로 징역 5년의 처벌을 받은 일이 있고 同 1946년 2월 同黨에 入黨하였으며 朝鮮精版社始發時以來 同社 庶務課長인 사람

同 辛光範은 滿洲에서 朝鮮共産黨 滿洲總局을 조직 중 日本官憲에 검거되었다가 해방 당시 석방되었고 同 1946년 1월 同黨에 入黨하였으며 朝鮮整版社始發以來 同社 印刷主任인 사람

同 金昌善·同 鄭明煥·同 金商宣·同 金遇鏞·同 洪啓壎·同 朴相根은·同 1945년 9월 초순 朝鮮出版勞動組合 서울지부 가입 이래 朝鮮共産黨에 접근 지지하여 오다가 同 1946년 1월부터 동년 3월까지의 間에 서로 전후하여 同黨에 入黨하였으며, 近澤時代부터 朝鮮精版社로 개칭되고 본 사건으로 同 1946년 5월 檢擧될 때까지 職員(단 金昌善은 平版課長, 鄭明煥은 同 副課長, 朴相根은 倉庫主任, 金商宣 金遇鏞 洪啓壎은 職工)인 사람들이다.

上記 金昌善 以下 5명은 近澤印刷所 재직 당시 서기 1945년 8월 23일부터 동년 9월 5·6일까지의 間에 日本官憲의 命令에 의하여 同 印刷

所에서 제1차로 朝鮮銀行券 백 원권을 印刷할 때에 관여하였으며 同 印刷所에서는 동년 9월 15일부터 제2차 印刷할 예정으로 同券 印刷用징크版(原版과 轉寫紙를 사용하여 亞鉛版에 백 원권 20매분을 진 것) 4組 12枚(1組는 黑靑 紫色印刷用 3枚)를 제작 보관하고 있었으나 형편에 의하여 印刷치 않게 되었으므로 동월 19일경의 오후 3시경부터 同 4시 반경까지의 間에 石油와 細砂 少量으로 上 징크版이 다소 희미하게 되도록 닦은 후 翌日 研磨機에 걸어 완전히 연마할 예정으로 研磨機 옆에 두고 출입문에 施錠하였던바 被告人金昌善은 同 裵在龍으로부터 징크版 구득 부탁을 받은 일이 있었음을 상기하여 그 翌日은 20일경의 오전 7시 30분경 他職工보다 먼저 출동하여 前述 징크版 4組 中 비교적 선명한 것 1組를 잉크倉庫席 上段에 은닉하고 동일 오후 5시 30분경 他職工退勤後 또 1組를 同所에 은닉하는 동시에 잉크版 保存方法으로는 2組 6枚에 아라비아고무를 칠하여 두었다. 被告 宋彦弼 同 金昌善等 良人이 서기 1945년 10월 하순 某夜 朝鮮精版社에서 숙직할 때 서로 朝鮮共産黨 及 朝鮮精版社에 재정난에 관한 담화를 하다가 被告人 金昌善으로부터 징크版이 있으니 돈을 印刷사용하면 어떻겠느냐고 提言함에 대하여 同 宋彦弼은 위험하다고 불응하였으나 약 3일 후 同社 事務室에서 同 朴洛鍾에게 대하여 金昌善이가 銀行券印刷使用 의논을 하는데 어떻게 생각하느냐고 문의한즉 同 朴洛鍾은 주저하다가 朝鮮精版社빌딩 2층에 있는 朝鮮共産黨 財政部長 李觀述(目下 別途搜査中)에게 그 旨를 傳한바 同人도 처음은 주저하였으나 탄로되지 않고 될 수 있는 일이라면 君에게 일임하니 해보라고 말하였으므로 同 被告人은 事務室에 내려와 被告人 宋彦弼에게 宋彦弼은 同 金昌善에게 순차로 印刷付託을 하고 金昌善은 신임하는 被告人 鄭明煥 同 金商宣 同 金遇鏞 同 洪啓壎에게 宋彦弼이가 共産黨 자금으로 쓸 銀行券을 印刷하여 달라 하니 印

刷하자는 말을 하였던바 同 被告人들도 최초는 반대 또는 주저하였으나 결국 승낙하고 被告人 宋彦弼은 별도로 同 辛光範에게 경계를 同 朴相根에게 用紙出庫 及 裁斷을 부탁하여 玆에 被告人 朴洛鍾 同 宋彦弼 同 金昌善 同 鄭明煥 同 金商宣 同 金遇鏞 同 洪啓壎 同 辛光範 同 朴相根은 前記 李觀述과 같이 銀行券을 위조하여 朝鮮共産黨費로 사용 행사할 것을 공모하여

1) 赤色印刷用(總裁之印 番號 括弧를 赤色으로 印刷한 것) 凸版은 日本人이 持去하여 없으므로 그즈음 被告人 金昌善 同 鄭明煥 兩人이 그려서 징크版을 제작한 후 同月 하순 某夜 오후 9시경부터 翌朝 5·6시경까지의 間에 前記 朝鮮精版社에서 被告人 朴相根은 80斤模造紙 1連(500枚)을 출고하여 同社에 설치되어 있는 裁斷機를 사용하여 半折하여 同 金昌善에게 제공하고

同 金昌善은 前記 은닉한 징크版 2組中의 1組(1組는 金昌善自宅에 가져다 두었음)을 수정한 것. 上 製作한 赤色 印刷用 징크版, 同社에 설치되어 있는 오프세트印刷機 第2號 1대, 上半折紙 及 黑青赤紫잉크를 사용하여 被告人 金昌善 同 鄭明煥은 잉크 조절을, 同 金商宣은 同 金遇鏞 同 洪啓壎은 紙折 紙差 紙取를, 同 辛光範은 外人來訪警戒를 각각 분담하여 행사의 목적으로서 朝鮮銀行券 백 원권 제2호 약 2백만 원을 인쇄하고, 同 朴相根은 裁斷機를 사용 재단하여 위조를 완성한 후 此를 行使擔當者 李觀述의 손을 통하여서 그즈음 京城府內에서 朝鮮共産黨費로 하여 경제사용을 교란하고

(1) 前記 場所에서 前 同様의 方法 及 9시경부터 翌朝 5·6시경

(2) 同月 28일의 오후 9시경부터 翌朝 7시경

(3) 同月 29일의 오후 9시경부터 翌朝 7시경

(4) 西紀 1946년 2월 8일 오후 9시경부터 翌朝 7시경

5) 同月 9일 오후 9시경부터 翌日 오후 1시경까지의 間에 行使의 목적

으로서 매회 朝鮮銀行券 백 원권 약 2백만 원씩을 印刷 裁斷하여 그때마다 통용의 銀行券을 위조한 후 此를 그즈음 前 同樣 行使하여 경제를 교란하였다.

[纛島 사건 관련자에 대한 공판 청구서]

被告 金昌善은 서기 1945년 9월 20일경 은닉하여 두었던 前記 징크版 2組 중 1組 1枚를 동월 말경 京城府 麻浦區 阿峴町 383의 5 被告人 洪思謙과 같이 同年 10월경 자택에서 수정을 하여 두었다가, 同月 말일경 同所에서 同 裵在龍 同 浪承憲이가 銀行券僞造를 하려고 매수하는 情을 알면서 同人들에게 朝鮮銀行券 백 원권 1매분을 절단한 것(이하 小징크版이라고 약칭함). 黑 靑 紫色 인쇄용 각 1매를 대가 2천5백에 賣渡하고 그 翌日 被告人 洪思謙으로 하여금 前記 金昌善自宅에서 下記 小 징크版 3매를 上記 兩人에게 인도하여 後記 3) (1)記載와 같이 銀行券僞造未遂의 用에 供케 하고

1) 前記 小 징크版 3매 중 黑色印刷用 小 징크版을 사용하여 被告人 裵在龍 등이 인쇄하여 본 결과 불선명하므로 同 被告人이 金昌善에게 대하여 다시 선명한 것을 달라고 요구하자 서기 1946년 1월 초순 前記 朝鮮精版社에서 黑色印刷用 小 징크版 1매를 同 被告人에게 교부하여 後記 3) (2)와 같이 銀行券僞造未遂의 用에 供케 하여 그때마다 被告人 裵在龍 同 浪承九 同 浪承憲의 通貨僞造未遂의 소행을 방조하고

2) 被告人 洪思謙은 印刷職工인 바 他人의 銀行券 위조용에 供케 될 것인 情을 알면서 前記 第1) (1)記載와 같이 징크版 수정을 하고 또 金昌善의 부탁에 의하여 小 징크版 3매를 被告人 裵在龍 同 浪承憲에게 인도하여 後記 3) (1)記載와 같이 銀行券僞造未遂의 用에 供케하여 被告人 裵在龍 同

浪承九 同 浪承憲의 通貨僞造未遂의 소행을 방조하고

3) 被告人 裵在龍 同 浪承九 同 浪承憲은 서기 1945년 10월경 浪承憲房에서 會飮하면서 印刷職工인 被告人 裵在龍은 기술을, 同 浪承九는 자금을, 同 浪承憲은 기타 노무를, 각각 출자하여 銀行券을 위조할 것을 공모하고 前述 1) (2)記載와 같이 小 징크版 3枚를 購入한 外 印刷機械 用紙 잉크 등을 購入한 後 화투를 찍는다는 虛言으로서 被告人 浪承九의 妻姪되는 李元在를 통하여 京畿道 高陽郡 纛島里 553번지 郭在奉의 창고 2층을 차용하여 同年 11월경 印刷機械를 설치한 후

(1) 동년 12월 말경 上記 창고 2층에서 被告人 浪承九 입회하에 同 浪承憲은 機械廻轉助力을 분담하여 黑色印刷用 小 징크版을 轉寫한 石版으로 行使의 목적으로써 朝鮮銀行券 백 원권 1천2백 원을 印刷하였으나 불선명하였으며

(2) 同 金昌善으로부터 다시 선명한 黑色印刷用 小 징크版 1枚를 구득하여 서기 1946년 1월 초순 前 同所에서 前 同樣의 分擔 及 方法으로 行使目的으로 前 同樣의 銀行券 4만 4천 원분을 인쇄한바 今回는 선명하게 되었으므로 翌日 靑色印刷用 징크版을 轉寫한 石版으로 다시 印刷하여 갈 때 被告人 裵在龍은 범죄 발각의 위험을 느끼어 고의로 로라를 비틀어 그 石版을 깐 결과 불선명하게 되었으므로 그때마다 適用의 銀行券僞造의 목적을 탈치 못한 것임.

두 사건에 모두 관련된 인물은 김창선이 유일하다. 김창선만이 '통화위조동행사'와 '통화위조미수방조' 두 가지 죄목으로 기소되었으며, '뚝

섬(纛島) 사건 관련자에 대한 공판 청구서'에는 김창선이 먼저 등장한다. 그러나 검사 측은 분리 심판 요구에 아무런 이의도 제기하지 않았다. 이로써 두 사건은 별개의 사건으로 공판이 진행되었다.

사건의 성격으로 보면, 분리 심판을 하더라도 뚝섬 사건 공판에는 김창선도 피고로 출두시켜야만 했다. 그러나 뚝섬 사건 공판에 김창선은 증인이나 참고인으로도 소환되지 않았다. 분리 심판의 결과는 김창선의 배제였다. 뚝섬 위폐 사건에 피고 김창선을 분리한 것이다. 공판 과정을 살펴보자.

1946년 7월 29일 1시경, 경성지방법원 제4호 법정에서 뚝섬 위폐 사건 제1회 공판이 개최되었다. 주심 양원일, 검사 조재천 · 김홍섭으로 정판사사건과 동일했다. 먼저 조재천 검사가 기소 내용을 설명했다.[20] 다음 차례로 재판장 양원일이 피고 배재룡에게 아래와 같은 심문을 했다.

● 재판장: 작년 9월경에 동 피고 랑승헌이가 피고에게 인쇄 원판을 구하여 달라고 한 사실이 있는가?

○ 배재룡: 너무도 강요하므로 대답한 사실이 있다.

● 문: 작년 9월 중순경에 정판사에 있는 김창선에게 원판을 구하여 달라는 부탁을 한 사실이 있는가?

○ 답: 그런 사실이 있고 김창선은 구하여 주겠다고 말하였다.

● 문: 정판사 내용은 잘 알고 있는가?

20 最高八年을 求刑 纛島僞幣事件은 段落, 「동아일보」, 1946.7.30.

○ 답: 김창선이가 일제 강점기부터 연판과장으로 있다는 것을 알 뿐이었다.

● 문: 작년 11월경에 정판사 내에 있는 인쇄용 잉크, 청색 재색 등은 김창선을 통하여 구득한 사실이 있는가?

○ 답: 구득한 사실이 있다.

● 문: 작년 12월경에 전기 인쇄기를 백 원권을 다소 인쇄한 결과 불선명하므로 다시 김창선에게 흑색판을 구득한 일이 있는가?

○ 답: 그런 사실이 있다. (이상 대동신문, 1946년 7월 30일 자)

—

- 재판장: 피고는 위조지폐를 만들 때 김창선으로부터 인쇄 원판을 빌린 일이 있지?

- 피고: 네.

- 재: 최초에 랑승구와 150만 원을 제조하기로 약속했다는 데 사실인가?

- 피: 그렇습니다.

- 재: 작년 12월에 위폐를 처음 만들어서 어떻게 했는가?

- 피: 실패해서 찢어 버렸습니다.

- 재: 금년 1월에 또 김창선에게서 흑색 원판을 가져다가 두 번째 만들었다지?

- 피: 그렇소.

- 재: 그것은 잘 되었는가?

- 피: 그것도 실패했소. (이상 동아일보, 1946년 7월 30일 자)

배재룡의 진술 및 공판 청구서에 기재된 뚝섬 위폐 사건의 전개 과정을 시간대별로 정리해 보면 다음과 같다.

[표13: 뚝섬 위폐 사건의 전개]

시기	공판 청구서(1946.7.19.)	배재룡(1946.7.29.)	
		대동신문	동아일보
1945.9월		랑승헌, 배재룡에게 원판 구입 의뢰	배재룡, 랑승구 등과 위폐 제조 모의
9.20.	김창선, 징크판 2조 은닉	중순경, 배재룡, 김창선에게 원판 구입 의뢰	
9월 말	김창선, 홍사겸과 징크판 수정		
10월			
10월 말	징크판 배재룡, 랑승헌에게 매도(2,500원)		
11월	이원재를 통해 곽재봉의 창고 2층 차용(화투 인쇄 명목), 인쇄 기계 설치	배재룡, 김창선으로부터 잉크 등 구입	
12월		인쇄 실패, 흑색판 구입(김창선 제공)	인쇄 실패, 폐기
12월 말	1,200원 인쇄, 불선명→ 흑색판 구입		
1946.1월 초	44,000원 징크판 인쇄 성공, 다음날 석판인쇄 시 배재룡이 로라를 비틈으로 실패		흑색판(두 번째) 시도 실패

배재룡에 따르면, 자신과 랑승구 형제 등이 위조지폐 제조를 모의한 뒤 김창선으로부터 원판을 구입하여 두 차례에 걸쳐 위폐를 인쇄하였으나 모두 실패했다고 한다. 공판 청구서에 기재된 범죄 혐의와 대부분 일치하는 진술이었다. 이어서 랑승구의 심문에서는 처음 위폐 제조

를 계획한 동기와 원판 구입 등에 대한 문답이 있었고, 랑승헌, 홍사겸 등 다른 피고들과 함께 재판장의 심문에서 제기된 혐의에 대해 모두 인정하였다. 다음은 증거조사로, 위조지폐의 원판 인쇄기, 모필, 철필, 칼, 모조지 등의 증거물에 대한 심문이 있었고 별다른 이의가 없자 피고인에 대한 심문 절차를 모두 마쳤다.[21]

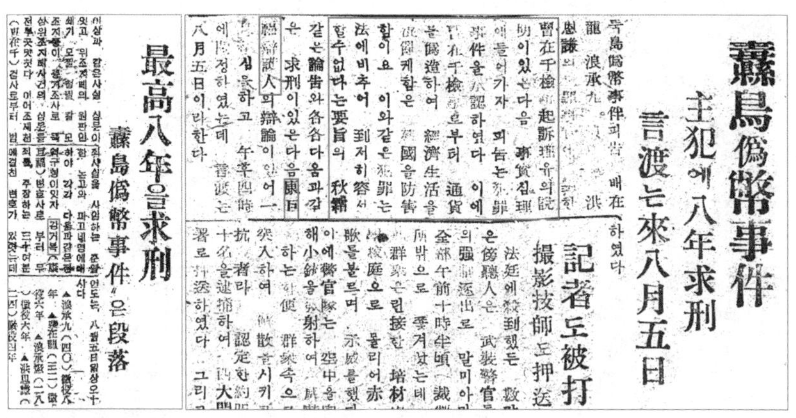

纛島偽幣事件

主犯에 八年求刑

言渡는 來八月五日

記者도 被打

撮影技師도 押送

最高八年을 求刑

纛島偽幣事件은 段落

〈그림75: 1946년 7월 30일 자 동아일보, 현대일보〉

이어서 검사의 논고와 구형이 있었다. 조재천 검사는 "통화를 위조하여 경제생활을 혼란케 함은 건국을 방해함이요 이와 같은 범죄는 법에 비추어 도저히 용서할 수 없다"는 요지의 추상같은 논고를 했다.[22] 그리고 랑승구에게 '통화위조미수죄'로 징역 8년을 구형했고, 랑승헌 · 배재룡에게는 같은 죄목으로 징역 6년, 홍사겸에게는 '통화위조미수방조

21 最高八年을 求刑 纛島偽幣事件은 段落, 「동아일보」, 1946.7.30.

22 纛島偽幣事件 主犯에 八年求刑 言渡는 來八月五日, 「현대일보」, 1946.7.30

죄'라는 죄목으로 징역 4년을 구형했다. 구형량만 보면 검사의 추상 같은 논고가 이해된다. 그러나 죄목을 살펴보면, 구형량 자체를 이해할 수 없다. 그러면 비슷한 시기에 자행된 다른 위폐범의 형량은 어느 정도였을까?

二百萬圓僞造紙幣事件
楊州서逮捕된一黨에重刑言渡

위조지페를 인쇄하야 조국의 경제교란과 동포를 기만하고자 책동하려는것을 작년 十二월廿三일 楊州署원이 탐지하고 그소굴인高陽郡崇仁面彌阿里徐대숙의집을습격하야 일망을 체포하엿섯는데 그중金현국은 경계망을뚤코 도주하여 방금수사중인바 압수된 위조지페만一백七十七만三천二백원인데 지난 一월十四일군자재판소에서徐대숙 韓공근 南리현 具성서 黃영수 陳수평등은 五년징역과 七만五천원의 벌금형에 처하엿고 황영수의아들黃선이은五년징역에 五만원의벌금형에 처하엿는데 만약 벌금을지불치못하면 다시 四년의 체형을추가할것이며 그잔여는 一년간 체형이추가되리라고한다

明紬增産爲하야
아주가리누에新研究

국제무역의새로운인기를끌고나스게된조선의비단을대량으로생산하기위하야군정청에서는「누에」치는것과뽕나무를만히심도록적극적으로장려하고잇는이때 야생뽕나무인「아주가리」([illegible])를연구하기로되엇다 군정청농상국에서는이번에잠업기사桂正三 鄭起東두분을충남大田과전남珍

僞造紙幣製造行使犯公判
首犯六年求刑
言渡는五月十三日

지난一月中旬 巧妙한技術로 五十六萬六千五百圓의巨額에達하는僞造紙幣를만드러 서울을비롯하야 大田 釜山 金泉大邱等[地]에 朝鮮一帶에걸처 이를詐用한大邱府南山町六六八印刷職工李[壽]德(四二) 慶州[郡]伏龍町二五七金[鶴]武(二四)同住所金[鶴]哉(二二) 同邑南山町八五金[星]根(二七)同邑西町李庚[述](二九) 大邱府南山町六六二李根實(三四)에對한通貨僞造通貨行使 同交附被告事件第一回公判은二十九日午後三時부터大邱地方法院第一號法廷에서金會鳳檢事立會 裵泳[植]、金弘[旭]兩辯護人臨席、高[任]鎬判事主審아래開廷되엿든바金檢事로부터 前記六被告에對하야 다음과가치求刑하엿는데言渡는오는五月十三日이라고한다
△懲役六年 李壽德、李庚述、金星根、金鶴武
△懲役三年金鶴哉、李根實

僞造紙幣團에 懲役六年言渡

위조지폐를만들어전국을 방해한 崔麟集 金在基 金炳熙 金桂吉等은 지난 一月中旬부터 二月上旬에걸처 서울시漢江通二丁目金在嘉집 지하실에서 石版鉛板동을사용하야 조선은행권五十二萬二千五百圓을위조하야 十여만圓식나누어사용하다가 검거되여그간 京城地方法院에서심리를바더왔는데 十四日金泰영판사로부터各々다음과갓튼언도가잇엇다 崔麟集(懲役六年) 金在基(同上) 金炳熙(懲役五年) 金桂吉(同上)

僞幣團嚴刑

전 종로 경찰서 순사부장 이고산(李高山)三六 발의로 무직 현성운(玄聖雲)五九 동 이만우(李晩雨)二九 동 박무성(朴와星)四一 동 최한복(崔漢復)四二 동 네명은 지난 이월경에 서로 공모하고 백원짜리 지폐를 위조 사용하다 체포되어 위조를 받아오던바 작十八일 서울법원에서 공판이 개정되어 이천상(李天祥) 재판장으로부터 각각 다음과같은 판결을받았다
피고 李高山 李晩雨 각각 징역八년 [illegible] 朴와星 崔漢復 [illegible]

〈그림76: 상단 좌측에서 시계방향, 자유신문(46.2.8.), 대구시보(5.1.), 부산신문(5.18.), 대동신문(6.20.)〉

1946년 1월부터 6월 사이에 공판이 개최된 위조지폐 사건을 예로 든다. 이들 사건과 뚝섬 사건의 개요를 비교해 보자.

[표14: 1946년 상반기 주요 위폐 사건의 개요]

구분	뚝섬 위폐 사건	양주 위폐 사건	대구 위폐 사건	전국 위폐 사건	경찰 위폐 사건
체포시기	1946년 5월	1945년 12월	1946년 1월	1946년 2월	1946년 4월
위폐 규모	1,200원(실패) 44,000원(실패)	1,773,200원	566,500원	522,500원	150,000원
죄목	통화위조미수/ 통화위조미수방조	–	통화위조통화행사 동교부	–	–
재판 시기	1946.7.29	1946.1.14.	1946.4.29.	1946.5.14.	1946.6.18.
법원	경성지방법원	군사재판소	대구지방법원	경성지방법원	경성지방법원
구형	8년(1명), 6년(2명), 4년(1명)	–	6년(4명) 3년(2명)	–	–
언도	6년(1명), 5년(2명), 3년(1명)	5년 벌금 7만 5천 원(6명), 5년 벌금 5만 원(1명)	–	6년(1명), 5년(2명), 4년(1명)	8년(2명) ?년(3명)

위폐범에게 적용되는 형량은 주범일 경우 6년에서 8년이고, 종범은 3~4년 정도였음을 알 수 있다. 그러나 뚝섬 사건에 유독 가혹한 형량이 선고되었다. 왜냐하면 다른 사건은 위폐를 유통시켰지만, 뚝섬 사건의 피고인들 중 3명은 미수범이었고 나머지 1명은 방조범이었기 때문이다. 검사의 공판 청구와 구형 형량 자체가 이상하다는 얘기다. 더욱이 다른 사건에 비해 위폐 금액 자체도 소액이었다.

정리해 보자. 뚝섬 사건 피고인들의 최초 계획은 150만 원 정도의 위조였다. 하지만 인쇄를 실패함으로써 유통시킨 위조지폐의 유통이 전혀 없는 상황에서 구속되었다. 이에 따라 '통화위조미수'와 '통화위조미수방조'라는 죄목으로 기소되었다. 그런데 최고 8년이라는 중형이 구형되었다. 반발이 없으면 비정상적인 상황이었다. 당연한 순서로 변호사 강거복이 이의를 제기했다. 30분에 걸친 그의 변론은 '미수불능죄'는 무죄 또는 집행유예에 해당한다는 주장이었다.

浪承九에 六年言渡

昨日 纛島僞幣事件公判

婦總서울 支部大會

配給生

首犯에 六年體刑

뚝섬僞幣事件言渡

〈그림77: 1946년 8월 6일 자 독립신보, 조선일보〉

제1회 공판 일주일 후인 8월 5일, 두 번째 공판이자 언도 공판이 열렸다. 형량은 랑승구 6년, 랑승헌 · 배재룡 5년, 홍사겸 3년 등이었다. 구형에 비해 1~2년이 감형되었으나, 지난 공판에서 무죄 또는 집행유예를 주장했던 변호사의 변론을 기억했던 일부 기자들은 판결에 대한 불복신청을 할 것이라고 추측했다.[23] 그러나 아무런 일도 일어나지 않

23 浪承九에 六年言渡, 昨日, 纛島僞幣事件公判, 「독립신보」, 1946.8.6.; 浪承九에 6년 언도, 纛島 위폐 사건 공판, 1946.8.6.

았다.

특히 배재룡이 판결을 승복한 것은 도무지 이해할 수 없는 반응이었다. 7월 19일 제출한 공판 청구서에는 "피고인 배재룡은 범죄 발각의 위험을 느끼어 고의로 로라를 비틀어 그 석판을 깐 결과 불선명하게 되었으므로…" 라고 기재되어 있다. 그리고 8월 5일 언도된 판결문에는 "배재룡은 양심에 가책을 받고 인쇄기의 롤러를 깨트려 인쇄를 못 하게 하고…"라고 직시되어 있다. 범죄 발각의 위험을 느꼈든, 양심의 가책의 받았든 위폐 인쇄가 실패한 것은 배재룡이 인쇄기의 롤러를 깨뜨렸기 때문이었다. 150만 원 정도의 위조지폐가 시중에 유통되었을지 모르는 대형 사건이 무산된 것은 배재룡의 공로였다는 얘기다.

지금까지 살펴본 바로는, 검사의 6년 구형이나 재판장의 8년 언도 자체가 가혹했다고 볼 수밖에 없다. 그러나 배재룡은 재판 결과에 승복했고, 변호사 역시 판결에 대한 불복신청을 하지 않았다. 무언가 수상하지 않은가?

16

뚝섬 위폐 사건 재판(2), 변호사 강거복의 역할

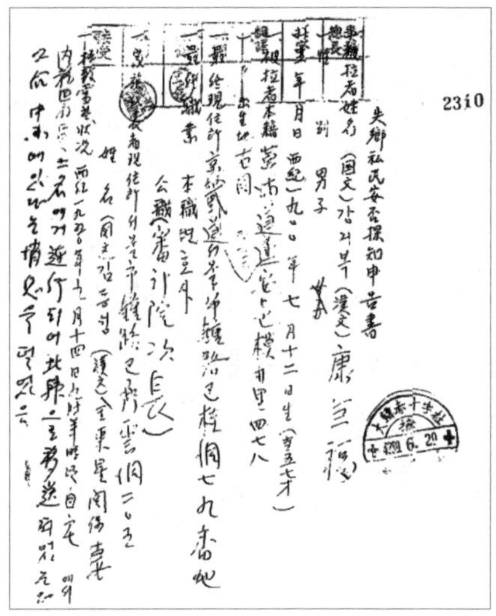
失鄕私民安否探知申告書

2310

〈그림78: 단기 4289년(서기 1956년)경 강거복의 처 김동성이 작성한 '실향사민안부탐지신고서'〉

수상한 변호사 강거복(康巨福)에 대하여 알아보기로 한다. 국사편찬위원회가 제공하는 한국근현대인물자료, 강거복의 처 김동성이 작성한 '실향사민안부탐지신고서' 그 외 각종 신문 등을 참조하여 작성한 강거복의 이력은 다음과 같다.

① 성명: 강거복(康巨福, 1900~ ?)

② 본적: 황해도 연백 출신

③ 최종 학력: 일본 중앙대 법학과(1922년 졸업)

④ 1923년 제2회 조선변호사시험 합격

⑤ 일제 강점기: 해주 · 경성 등에서 20년간 변호사 직무에 종사

⑥ 해주전기주식회사 감사역, 해주변호사회 회장

⑦ 1945년 12월 26일, 미군정청 변호사 허가 선서식

⑧ 1946년: 조선법학회 부회장, 한국독립당 요직(중앙집행위원, 법제위원장, 시국대책위원장, 중앙재무부장 등) 역임

⑨ 주요 변론: 뚝섬 위폐 사건, 장덕수 암살 사건(한독당 측 인물 변호, 김구의 출정 시 안내)

⑩ 서울변호사회 상임위원

⑪ 1949년 10월, 심계원 차장 임명

⑫ 1950년 9월, 납북

황해도 연백 출신으로 일제 강점기와 미군정 시기에 변호사 생활을 했으며, 이승만 정권에서 심계원(현 감사원) 차장이라는 고위직을 역임하다가, 한국전쟁 때 납북되어 1956년 현재 실종 상태였다는 것을 알 수 있다. 특이한 것은 그의 정치 이력이다. 강거복은 김구와 같은 황해도 출신이라는 인연 외에 김구 혹은 임시정부와 별 관계가 없었다. 하

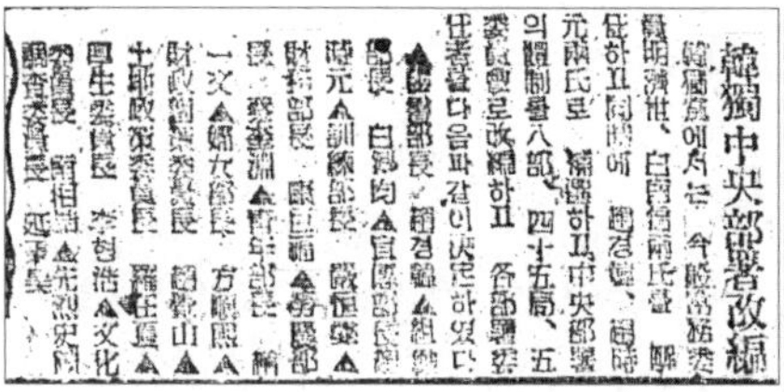

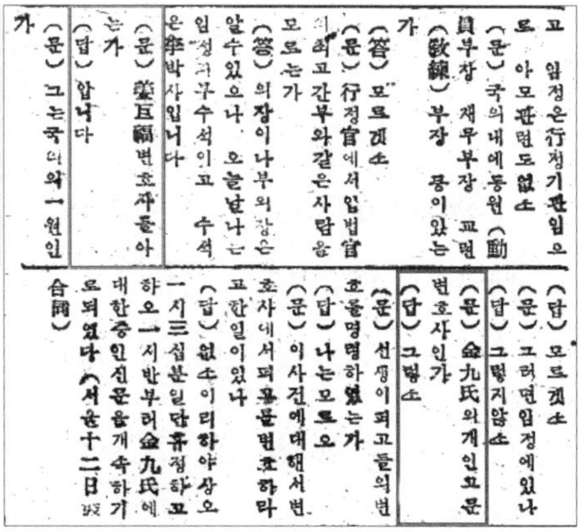

〈그림79: 1948년 4월 17일 자 민중일보, 3월 14일 자 부산신문〉

지만 월남 후 서울에서 변호사 생활을 하면서, 중앙집행위원, 법제위원장, 시국대책위원장, 중앙재무부장 등 한독당의 핵심 요직에 늘 기용되었다.[1]

더욱이 그는 김구의 개인고문변호사 역할도 했다. 장덕수 암살 사건 공판 때에 증인으로 소환되었던 김구는 강거복 변호사와의 관계에 대하여 순순히 시인했다.[2] 한독당 관련 재판 역시 그의 책임이자 의무였다.

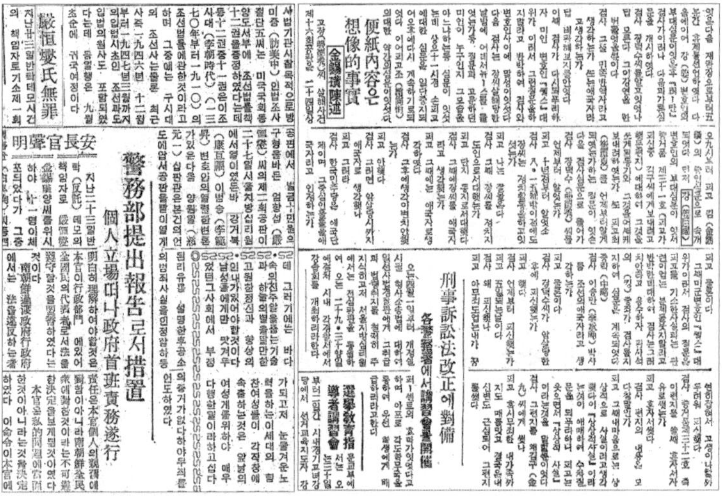

〈그림80: 1947년 6월 28일 자 한성일보, 1948년 3월 25일 자 평화일보〉

1947년 6월경, 제2차 미소공위가 진행 중일 때 격렬한 반탁운동의 책임자로 엄항섭이 구속되었고, 벌금 10만 원이라는 비교적 중형 선고

1 韓獨中央部署改編, 「민중일보」, 1948.4.17.

2 金九氏證人審問, 張氏事件軍裁十二日續開, 「부산신문」, 1948.3.14.

를 받았지만 제2차 공판에서 무죄로 이끌어 낸 것이 변호사 강거복이었다.[3] 그리고 장덕수 암살 사건 재판 때 김구 계열의 핵심이었던 김석황이 배후로 지목되어 한독당의 존립 자체가 위태로웠을 무렵, 김석황의 변호를 맡았던 것도 강거복이었다.[4]

해방공간의 거물 변호사였고, 한독당의 핵심이자 김구의 개인 고문 변호사였던 강거복이 배재룡, 랑승구, 랑승헌, 홍사겸 등 뚝섬 위폐 사건 피고인을 위한 변론을 맡았다. 판검사 경력은 없었지만 조선변호사시험 제2회 출신으로서, 강거복은 주무검사 조재천이나 재판장 양원일보다 대선배였다. 두 사람은 일본 주오대(中央大)의 후배이기도 했다.

위폐범은 예나 지금이나 사회의 지탄을 받는 파렴치범들이다. 그는 왜 이러한 사건의 수임(受任, 임무나 위임을 받음)을 허락했을까? 일단 돈 욕심에 의한 수임은 아닌 것 같다. 일확천금을 꿈꾸고 위폐 제조를 계획했으나 실패한 피고인들에게 무슨 돈이 있었겠는가? 그렇다면 무죄를 확신하고 피고인들의 인권 보호를 목적으로 재판에 참여했을까? 그것도 아닌 것 같다. 뚝섬 사건의 피고인들은 모두 악질 범죄자였다.

뚝섬 위폐 사건에 있어서 변호사 강거복이 한 일은 정판사사건과 뚝섬 위폐 사건의 분리 심판을 요구한 것뿐이다. 하지만 강거복은 미묘한 일에 담당 판사와 검사에게 큰 도움을 주게 된다. 이미 거론한 바 있지만 정판사사건 담당 변호인들이 재판장 기피 신청을 했을 때, 경성지방법원 이천상 재판장은 "뚝섬 사건도 변호인 강거복(康巨福)외 두 명이

3 嚴恒燮氏無罪, 「한성일보」, 1947.6.28.

4 便紙內容은 想像的事實, 金錫璜陳述, 「평화일보」, 1948.3.25.

10일간에 충분한 열람을 하고 변론을 하였다."[5]라고 뚝섬 사건 변호인단의 예를 들면서 재판장 기피 신청을 허가하지 않았다. 뚝섬 위폐 사건을 정판사사건과 분리하고, 열흘 동안 뚝섬 위폐 사건을 충분히 검토하고 변론을 하였다고 말함으로써, 검사와 판사의 의도대로 공판을 진행할 수 있는 계기를 마련해 준 셈이다.

궁금한 것은 그가 언제, 어떠한 연유로 김구 및 임정 측과 밀접한 관계가 되었나 하는 의문이다. 강거복이 언제부터 뚝섬 위폐 사건에 관여했는지 정확한 시기는 밝혀지지 않았다. 다만 1946년 5월 6일을 전후한 무렵으로 추정할 수 있다. 왜냐하면 이시영과 안미생이 김구를 대리하여 본정 경찰서에 출두한 날짜가 5월 6일이고, 다음날 5월 7일에는 「조선인민보」가 체포된 위폐 위조단 주범으로 배재룡, 랑승구, 랑승헌 외에 대한독립촉성국민총동원 뚝섬위원회 조직위원장 이원재를 언급하였기 때문이다. 그리고 계속해서 언론에는 이원재를 언급하고 있었다. 그 무렵 뚝섬 위폐 사건 관련 언론 보도를 다시 살펴보자.

대다수의 신문은 "희대의 위조지폐 사건" "지금까지 발각된 금액이 5천만 원" "판명된 것은 천만 원 정도" 등으로 헤드라인을 뽑았다. 각 신문의 논조는 다소 다르지만 이 사건이 지금까지 발각된 위조지폐 사건과 규모 면에서 비교할 수 없는 대형 위폐 제조 사건이라고 판단한 점에서는 일치한 것이다.

무엇보다 관심을 끌었던 것은 '이원재(李元在, 35세)라는 이름이 거론

5 경성지방법원 이천상 재판장, 정판사사건의 재판장 기피 신청 각하, 「조선일보」, 1946.8.8.

大規模의 紙幣僞造團

檢擧同時에印刷機를押收

只今까지發覺額이五千萬圓

稀代僞造紙幣事件

本町署서繼續活動

判明된것은千萬圓程度

大僞造紙幣事件不日全貌判明

本町署繼續活動

僞造紙幣犯打盡

페니시린은 徽毒에도特効

紙幣僞造團逮捕

府尹郡守會

〈그림81: 상단 좌측에서 시계방향, 조선인민보(46.5.7.), 중외신보(5.9.), 조선경제신보(5.11.), 자유신문(5.12.), 대동신문(5.10.)〉

된 것이다. 그는 대한독립촉성국민회의 뚝섬지부 조직부장이었다. 독촉국민회는 이승만, 김구, 김규식 등이 참여하고 있는 당시 우익 최대의 정치단체였다. 그런데 이상한 소문이 떠돌기 시작했다. 김구가 관련되었다는 소문이었다. 김구 및 임시정부와 밀접한 관계에 있는 이시영·안미생이 5월 6일경 본정 경찰서에 소환되었다는 소문이 퍼지기 시작했다.

이 소식은 5월 19일 보도된 민주의원 공보부장 함상훈의 담화에 의해 사실로 판명되었다. 함상훈은 김구와 안미생 등을 보호하기 위해 담화문을 발표했지만, 의도와는 다르게 좌익 측에게 공격의 빌미를 준 것이다. 이제 언론은 이원재보다 안미생·이시영에게 초점을 맞추기 시작했다. 당시 보도된 신문은 다음과 같다.

共產分子들의 虛僞逆宣傳

區々한當局發表 精版社事件의關聯注目

紙幣事件調査團招請 請警務部長과意見交換

李始榮 安美生兩氏 僞幣關聯은浪說

共產系機關紙 解放日報閉鎖

李始榮、安美生은 僞造紙幣事件 과는關聯없다

民議成尙勳氏談

吳夏英等에 體刑言渡

緩和 十日부터實施

高齡者表彰 勉勵靑年會서

僞幣事件에 民議公報部談話

科學課 各道學務

〈그림82: 상단 좌측에서 시계방향, 가정신문(46.5.19.), 조선인민보(5.22.), 한성일보(5.19.), 동아일보(5.19.), 중외신보(5.19.), 부산신문(5.20.)〉

대부분의 신문은 위조지폐 사건과 이시영, 안미생은 관계없다고 보도했다. 그러나 「조선인민보」를 비롯한 좌익계 언론들은 조선공산당의 성명서를 인용하며, 우익 계열의 범죄를 공산당에게 덮어씌우는 모략을 하고 있으며 그 중심에는 임시정부가 있다고 보도하였다. 김구 계열이 뚝섬 사건을 주도하였는가는 확실하지 않다. 다만 그 시점에서 김구, 이시영, 안미생 그리고 이원재라는 이름이 거론되는 자체가 부담스러웠을 것이다. 한독당을 비롯한 김구 계열에게 위기가 닥쳐온 것이다. 이 무렵 강거복 변호사와의 접촉이 시작되었을 것으로 짐작된다.

당시 법조계는 한민당 계열이 주도권을 잡고 있었고, 공산당 등 좌익 계열은 변호사를 중심으로 한 비주류 세력으로 형성되어 있었다. 특히 판사와 검사의 경우, 일제 강점기 때의 이력 탓으로 친일 문제에서 자유로울 수 없는 입장이었다. 항일투쟁의 이력을 전면에 내세우며 정치투쟁을 하는 한독당의 입장에선 법조인의 필요성을 절감하면서도 적당한 인물을 찾기 어려운 실정이었다. 때마침 강거복이란 변호사가 개업했다는 광고가 신문에 실렸다. 1946년 2월경이다.

강거복은 특이한 변호사였다. 그는 개업할 때마다 신문을 통해 홍보했다. 일제 강점기 시절 자신의 첫 변호사 개업은 「경성일보」를 통해 알렸고,[6] 해방 후에는 미군정청에서 변호사 허가 선서식을 한 후 곧 변호사 사무실 개업을 광고했다.[7] 1950년 1월경 심계원을 사임한 후 본업인 변호사로 돌아갔을 때도 마찬가지였다.[8] 특히 심계원 사직 후의 변호사 광고는 요즘으로 치면 전관예우 논란에 휩싸일 사안이었다.[9] 강거복은 변호사 개업 홍보의 선구자일지도 모르겠다.

6 광고, 賀正, 康巨福, 「경성일보」, 1925.1.9.

7 광고, 辯護士, 康巨福, 「중앙신문」, 1946.2.20.

8 康巨福, 「연합신문」, 1950.1.11.

9 홍복기(연세대 법학전문대학원 교수), 변호사의 개업 광고를 보면서, 「서울신문」, 2015.4.23.

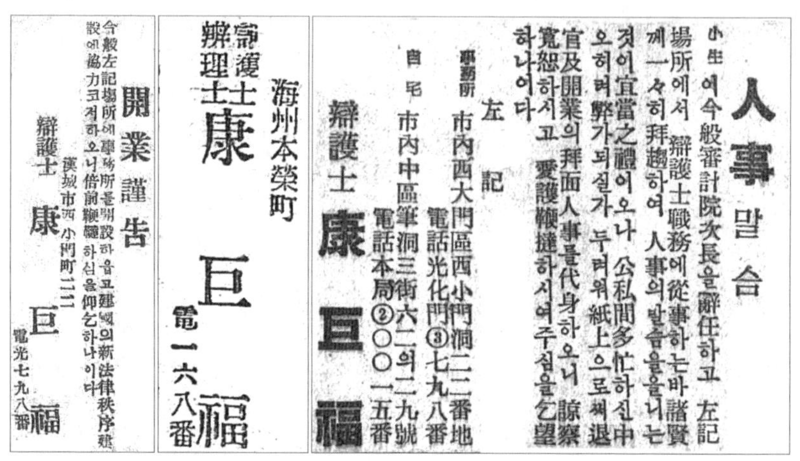

開業謹告

今般左記場所에事務所를開設하옵고建國의新法律秩序建設에協力코저하오니倍前鞭韃하심을仰乞하나이다

漢城市西小門町111

辯護士 康巨福

電光七九八番

海州本榮町

辯護士
辨理士 康巨福

電一六八番

人事말씀

小生이今般審計院次長을辭任하고 左記場所에서 辯護士職務에從事하는바諸賢께一々히拜趨하여 人事의말슴을올니는것이宜當之禮이오나 公私間多忙하신中오히려弊가되실가 두려워紙上으로써退官及開業의拜面人事를代身하오니諒察寬恕하시고 愛護鞭撻하시여주심을乞望하나이다

左記

事務所 市內西大門區西小門洞二三番地
電話光化門③七九八番

自宅 市內中區筆洞三街六二의二九號
電話本局②○○一五番

辯護士 康巨福

〈그림83: 중앙신문광고(46.2.20.), 경성일보광고(25.1.9.), 연합신문(50.1.11.)〉

김구 계열이 강거복의 광고를 보고 그와 접촉을 시작했는가는 알 수 없다. 아무튼 그는 뚝섬 위폐 사건의 변호를 맡았다. 강거복은 허헌·김병로·이인 같은 유명한 인권변호사 출신은 아니지만 판검사 경력이 없었기 때문에 친일 부역 문제에서 비교적 자유로웠다. 더욱이 북으로부터 탈출했기 때문에 반공 문제 역시 한독당과는 뜻을 같이할 수 있었을 것이다. 강거복으로서도 반탁운동 등으로 우익의 선봉 역할을 하며 당시 정계를 좌지우지하고 있던 김구 쪽의 접근이 싫지 않았을 것이다. 이 무렵부터 한독당의 고문변호사 역할을 했고, 뚝섬 위폐 사건의 처리가 그의 첫 임무였을 것으로 추정된다.

國民會李源裁
花闘資金을提供

獨立戰取 國民大會
十九日仁川서開催

偽幣事件不日送局
뚝섬關係의 李氏는 無罪釋放

在日兒童爲해
初等教材發送

李元在는釋放

〈그림84: 1946년 5월 18일 자 동아일보, 6월 24일 자 한성일보, 7월 21일 자 현대일보〉

주범으로 지목되던 이원재가 석방되었다. "누구의 중개로 내용도 모르고 집을 빌려준 것이 판명되었다"는 것이 무죄 석방된 이유였다.[10] 뚝섬 및 정판사사건에서 (법적으로) 중요한 문서는 첫째, 1946년 5월 15일 군정청 공보과가 발표한 '정판사위폐사건 진상 발표문' 둘째, 7월 19일 검찰이 제기한 '정판사 위조지폐 사건 관계자들에 대한 공판 청구서' 및 '뚝섬(纛島) 사건 관련자에 대한 공판 청구서' 셋째, 8월 5일 언도된 '뚝섬 위폐 사건 판결문' 넷째, 11월 28일에 발표된 '조선정판사위폐사건' 등을 들 수 있다. 이들 문서들에는 군정청의 발표문을 제외하고는 모두 이원재가 언급되어 있다. 정리하면 다음과 같다.

[뚝섬 사건 관련자에 대한 공판 청구서]

記載와 같이 小 징크版 3枚를 購入한 外 印刷機械 用紙 잉크 등을

10 僞幣事件 不日送局, 뚝섬關係의 李氏는 無罪釋放, 「한성일보」, 1946.6.24.

購入한 後 화투를 찍는다는 虛言으로서 被告人 浪承九의 妻侄되는 李元在를 통하여 京畿道 高陽郡 纛島里 553번지 郭在奉의 창고 2층을 차용하여 同年 11월경 印刷機械를 설치한 후…

[뚝섬 위폐 사건 판결문]

12월 하순에 랑승구는 그의 처조카되는 뚝섬 사는 이원재(당시 대한독립촉성국민회뚝섬지부장)를 통하여 뚝섬 곽재봉의 간장공장 2층을 화투를 인쇄하겠다고 거짓말을 하고 빌려서…

[조선정판사위폐사건]

본인들은 그런 징크판을 이용하여 수인이 은행권을 위조하였다는 협의하에 동인을 조사하였는데 의외에도 공산당이 관계하였다는 말이 나왔으므로 놀라기도 하고 반신반의하면서 신중히 증거를 조사하여 본 후 서장에게도 보고할 생각으로 당일은 보고하지 아니하고 또 김창선이 공산당 관계의 위조는 작년 10월과 금년 2월에 하였다 하고, 배재룡이는 수영사 인쇄 직원인 만큼 지금도 위조하고 있는지 모르겠다고 말하므로 인쇄 현장을 검거할 것이 급선무라고 생각하였으므로 즉일 오후 1시 반경 수영사에 가서 배재룡을 동행하여 와서 물은즉, 둑도 랑승구(浪昇九), 랑승헌(浪承憲)과 같이 위조하였다 하므로 배재룡을 데리고 자동차로 둑도에 가서 면사무원에 대하여 나는 문(門)안에서 왔는데 랑승구의 집이 어디요 하고 물었으나 모른다 하므로 배재룡을 보고 어떻게 하면 랑승구를 찾겠느냐고 물은즉 이원재(李元在) 집에 가서 잘 노는 모양이라 하므로 이원재 집 근방에 가서 앞집 사람을 보고 랑승구와 오늘 고기잡이하러 가기로 했는데 어

디로 갔는지 모르겠소 하고 말한즉 저기서 배 타고 있더라고 대답하므로,

동인을 불러서 이원재 집으로 가서 마루에서 물은즉 자백하였는데 그때는 동일 오후 4시경이었으며 마침 이원재가 들어오므로 최난수가 이놈도 같이 한 놈이라 하고 랑승구, 이원재 양인에게 수갑을 채운 후 위조 장소인 간장공장 2층에 간즉 기계는 뜯어서 가마니에 싸두었으며 자동차로 돌아오는 도중 종로4정목 못 미쳐서 정차한 후 랑승구 안내로 랑승헌 집을 알아둔 후 최난수, 이희남은 배재룡, 랑승구, 이원재 3인을 데리고 자동차로 서에 가고, 본인, 김원기, 조성기(趙成基) 3인은 랑승구 가를 수색하여 소 징크판 4매를 발견한 후 랑승헌이 들어오기를 기다리다가 공복(空腹)이 되므로 다른 형사 2명과 교대로 가서 석반을 먹은 후 들은즉 동 오후 9시경 랑승헌을 동행하여 왔다 하였고 그날은 피곤하여 취침하고…

조재천 검사의 수사 방향을 도무지 이해할 수 없다. 수많은 언론들이 뚝섬 위폐 사건의 주모자로 이원재를 지목했지만, 6월 20일경 이해할 수 없는 이유로 이원재를 석방했다. 「한성일보」의 보도는 다소 부정확했다. 이 신문은 "누구의 중개로 내용도 모르고 집을 빌려주었다"고 했으나, 실제 집주인은 이원재가 아니고 곽재봉 소유의 간장공장 2층이었다. 이원재가 석방되고 한 달쯤 후 작성된 검찰의 공판 청구서에 따르면, 랑승구가 처조카인 이원재에게 화투를 인쇄할 예정이니 뚝섬 곽재봉의 간장공장 2층을 빌려달라고 부탁했다고 기재되어 있다. 이원재는 자신의 이모부인 랑승구의 거짓말에 속아서 집을 빌리는 데 중개 역할을 했을 뿐이라는 것이다.

화투 인쇄 자체가 불법은 아닐 것이다. 공판 청구서에 의하면 배재룡은 수영사 직공이고, 홍사겸은 조선단식인쇄소 직공이다. 둘 다 인쇄 관련 종사자다. 랑승구가 화투 인쇄 사업을 하고자 했다면, 두 사람을 통해 수영사나 조선단식인쇄소에 의뢰하면 되었을 것이다. 만약 직접 인쇄소를 운영하고자 했으면 자신이 직접 곽재봉과 계약을 하여 공장을 마련했다는 것이 자연스러울 것이다. 정치권에서 활동하는 처조카에게 구태여 거짓말을 할 필요가 없었다는 얘기다.

'화투 인쇄 거짓말'이라는 황당한 설정은 「동아일보」가 가장 먼저 보도했다. 군정청과 경찰의 발표 내용이 서로 어긋나 한창 논란이 되고 있을 무렵, 이 신문은 거의 유일하게 이원재의 무죄를 5월 18일 자로 보도했다. 이원재가 화투 제작 비용으로 준 돈을 배재룡이 단독으로 랑승구 외 3명과 결탁하여 위조지폐 제작에 사용했다는 내용이었다.[11] 독촉국민회 이원재는 위조지폐 인쇄와 아무런 관련이 없다는 주장이다. 동 신문은 이원재의 한자 이름을 李源裁라고 표기하는 등 신뢰성에 문제가 많아 그리 주목을 받지 못했다.

그러나 이 기사가 다시 살아났다. 이원재의 화투 자금 제공설이 「한성일보」의 보도에 의해 이원재가 "누구의 중개로 내용도 모르고 집을 빌려주었다"는 내용으로 수정되었다. 이원재의 석방에 대해 조선공산당은 격렬하게 비난했다.[12] 뚝섬 사건의 주모자로 지목받고 있는 이원재를 무슨 이유로 석방했느냐고 성명서를 통해 질문했지만, 검찰 측은 아무런 반응이 없었다. 검찰의 대답은 공판 청구서였다. 검찰은 "화투

11 國民會 李源裁 花鬪資金을 提供, 「동아일보」, 1946.5.18.

12 精版社僞幣事件에 關하야 ; 朝共中委書記局聲明, 「현대일보」, 1946.7.21.

를 찍는다는 이모부의 거짓말에 속아 곽재봉의 간장공장 2층을 빌려주었다"는 가설로 그들의 입장을 정리했다. 하지만 검찰의 입장은 그 후 다시 바뀌게 된다. 아예 언급을 하지 않는 것으로 방향 선회를 한 듯 싶다.

공판 청구서 발표 이후 조재천이 발표한 문서에 이 가설이 은폐되기 시작한 것이다. 조재천은 뚝섬 위폐 사건의 논고를 할 때에 공판 청구서에 게재(揭載)된 '화투 인쇄 거짓말'설을 언급하지 않았다. 그리고 조선정판사사건의 논고 내용에서 경위 현을성(玄乙成)에 대한 청취서를 인용할 때에는 이원재라는 이름 자체를 삭제해 버렸다. 그러나 재판장의 판결문에서 이원재라는 이름이 다시 부활하게 된다. 정리하면 다음과 같다.

① 화투 인쇄 비용으로 이원재가 준 돈을 배재룡이 임의로 위폐 제작에 사용함 〈5월 18일 자 동아일보〉

② 이원재 석방, "누구의 중개로 내용도 모르고 집을 빌려주었다"는 것이 무죄의 근거 〈6월 24일 자 한성일보〉

③ 화투를 찍는다는 이모부 랑승구의 거짓말에 속아 곽재봉 소유 간장공장 2층을 차용해 랑승구에게 제공함 〈7월 19일, 뚝섬 사건 관련자에 대한 공판 청구서〉

④ 공산당 서기국이 이원재의 석방에 대하여 이의를 제기함 〈7월 21일 자 현대일보〉

⑤ 조재천, 뚝섬 위폐 사건 논고 시 이원재를 아예 언급하지 않음 〈7월 30일 자 대동신문, 동아일보〉

⑥ 강거복 변호사, 미수불능죄는 무죄 또는 집행유예에 해당하다고 변론함 〈7월 30일 자 동아일보, 현대일보〉

⑦ 양원일의 판결문, "랑승구는 그의 처조카되는 뚝섬 사는 이원재를 통하여 뚝섬 곽재봉의 간장공장 2층을 화투를 인쇄하겠다고 거짓말을 하고 빌렸다"고 판시함〈8월 6일 자 조선일보〉

⑧ 조재천, 조선정판사사건의 논고 내용에서 경위 현을성에 대한 청취서를 인용할 때 이원재의 이름을 거론하지 않음 〈10월 22일 자 동아일보, 자세한 내용은 대건인쇄소(1947년)의 위폐 사건 공판 기록(pp.83~84)〉

⑨ 양원일, 조선정판사사건 언도 시 화투 인쇄 거짓말 운운은 언급하지 않았으나, 경위 현을성에 대한 청취서를 인용할 때 이원재의 체포 과정을 언급함 〈1946년 11월 29일 자 동아일보, 조선일보, 자세한 내용은 대건인쇄소(1947년)의 위폐 사건 공판 기록(pp.123~129.)〉

17

뚝섬 위폐 사건 재판(3), 자금 출처와 사라진 증인

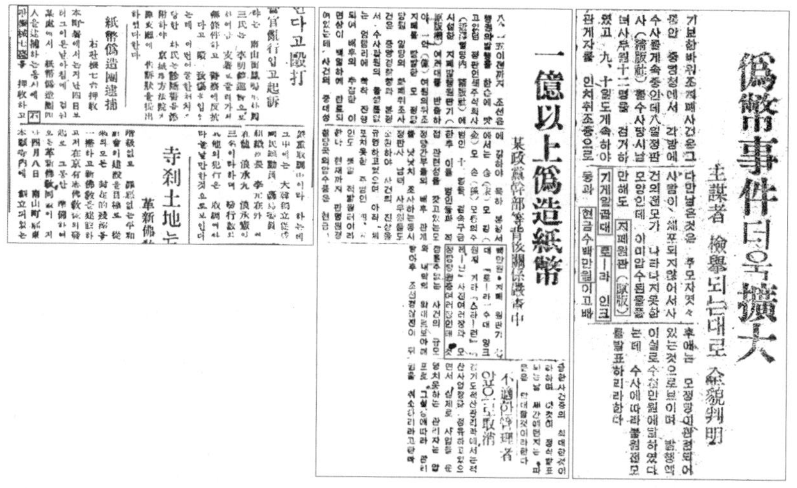

僞幣事件더욱擴大

主謀者 檢擧되는대로 全貌判明

一億以上僞造紙幣

某政黨幹部도背後關係者中

〈그림85: 1946년 5월 7일 자 조선인민보, 5월 10일 자 조선일보, 5월 11일 자 한성일보〉

본정 경찰서 경위 현을성(玄乙成)에 대한 청취서에 따르면, 1946년 5월 3일 4시경 랑승구와 이원재를 검거한 후 간장공장 2층에서 인쇄기를 발견했고, 같은 날 랑승헌의 집을 수색한 결과 소 징크판 4매를 발견했다고 한다.[1] 이와 같은 수사 결과는 「조선인민보」를 통해 처음으로

1 [표5: 본정 경찰서 현을성 경위의 증언] 참조

알려졌다. 그 후 우익 신문들은 위폐 사건이 모당 즉 공산당이 관련된 것처럼 보도했으나, 증거물의 존재 자체를 부정할 수 없었다. 그리고 여러 번 지적했지만 근택빌딩 혹은 정판사에서 위폐 관련 증거물은 전혀 발견되지 않았다. 언론에 보도된 뚝섬 위폐 사건의 증거물을 정리해 보면 다음과 같다.

① 석판 기계 7대 〈5월 7일 자 조선인민보〉

② 현금 수백만 원, 지폐 원판기 7대, 롤러 수대, 잉크원지, 스탈린 · 레닌 사진 여러 장, 모 정당 당원증 〈5월 10일 자 조선일보〉

③ 지폐 원판 기계 일곱 대, 롤러, 잉크, 현금 수백만 원 〈5월 11일 자 한성일보〉

이러한 증거물이 뚝섬 위폐 사건 공판 시에는 대부분 제시되지 않았다. 뚝섬에서 발견된 증거물의 대부분은 정판사사건의 증거물로 치환되었기 때문이다. 더욱이 조선정판사위폐사건 판결문에 따르면, 석판 인쇄기 7대 중 6대는 증발해 버린다. 정판사사건 판결문에 다음과 같은 내용이 있다.[2]

제2, 판시(判示) 제2의 사실은

(一) 피고인 김창선의 당 공판정【제3회】에서의 판시 사실에 부합한 공술 부분.

(二)【제1회】공판조서 중 전 공동 피고인 랑승구, 동 랑승헌, 동 배

2 『위폐사건공판기록』, 대건인쇄소, pp.140~141.

재룡, 동 홍사겸의 판시 사실에 부합한 각 공술 기재 부분.

(三) 압수한 조선은행권 100원권 징크판 4매〈증 제2호〉 석판 인쇄기 1대〈증 제4호〉 지폐인쇄용 잉크 3종〈증 제5호〉 및 80근 모조지 140매〈증 제8호〉의 존재.

배재룡이 롤러를 비틀어 위폐 제조를 실패하게 만들었다는 문제의 인쇄기 1대(증 제4호)만이 뚝섬 사건의 증거물로 채택되었다는 얘기다. 나머지 6대는 어디로 사라진 것일까? 따지고 보면, 검사 조재천의 직무 유기이자 증거 조작이었다. 갈팡질팡하는 그의 발언도 황당했지만, 무엇보다 조재천은 뚝섬 사건 공판 시 상기 증거물을 제시하며 피고인의 범죄 사실을 입증해야만 했다. 그러나 증거물이 증발하는데도 아무런 조처를 취하지 않았다. 더욱이 그는 자금 조달의 출처에 대해서도 아무런 언급을 하지 않았다. 양원일이 작성한 뚝섬 사건 판결문에 다음과 같은 내용이 있다.[3]

피고인 랑승구는 지폐를 위조하여 일확천금을 꿈꾸고 작년 10월에 랑승헌, 배재룡 등과 공모하고 동 10월 하순에 백 원짜리 지폐 원판을 정판사에 있는 김창선(공산당원)으로부터 10만 원에 사기로 계약하고 선금으로 2,500원을 지불한 후 이튿날 김창선의 대리인 홍사겸(공산당원)으로부터 사기로 약속한 원판을 받아다가…

3 首犯에 六年體刑, 뚝섬 僞幣事件言渡, 「조선일보」, 1946.8.6.

위폐를 제조하기 위해선 제조 장소, 인쇄기, 지폐 원판, 지폐 인쇄용 용지와 잉크 등이 필요할 것이다. 그중에 가장 핵심은 지폐 원판의 확보였다. 그렇기에 김창선과 10만 원이라는 거액의 계약을 체결했고, 선금으로 2,500원을 지불한 것이다. 그 외 소요된 금액도 상당했을 것으로 추정된다. 한편, 뚝섬(纛島) 사건 관련자에 대한 공판 청구서에 따르면, 배재룡은 기술을, 랑승구는 자금을, 랑승헌은 기타 노무를 각각 출자하였다고 되어 있다. 배재룡의 직업은 인쇄소 직공이니 그가 기술을 담당했던 것은 당연하다. 그러나 처조카 이원재와 낚시나 즐기며 소일하고 있던 무직자 랑승구가 어떻게 자금을 담당하게 되었을까? 선금으로 지불한 2,500원은 어떻게 마련했으며, 더욱이 나머지 잔금은 어떻게 준비할 계획을 세웠을까?[4] 그러나 뚝섬 사건 공판 시에 랑승구가 자금을 어떤 방법으로 조달하였는가에 대한 의문을 제기하는 사람은 아무도 없었다.

사실 자금 조달의 출처를 조사하기 위해선 이원재와 김창선에 대한 심문이 필요했다. 하지만 이 두 사람은 뚝섬 위폐 사건 공판에 등장하지 않는다. 김창선은 정판사사건과 뚝섬 사건의 분리 심판으로 인해 출석하지 않았고, 이원재의 경우는 검사의 무죄 판명으로 인해 재판정에 나올 필요조차 없었다. 조재천을 비롯한 검찰 측이 검사로서의 의

4 1946년 당시 화폐가치를 정확하게 평가하는 것은 불가능에 가깝다. 2015년 서울연구원이 제공한 '광복 70년, 서울은 어떻게 변했을까? ② 생활물가'편에 따르면, 쌀값 기준으로 대략 4만 배 정도로 올랐다. 《https://www.si.re.kr/node/52409》 그리고 경향신문은 한국은행 관계자의 발언을 근거로 해방 당시 10,000원이 지금의 10억 정도 된다는 기사를 보도했다. ([신년기획] 해방 당시 10,000원, 지금의 10억, 「경향신문」, 2005.1.2) 그러므로 1946년 당시 2,500원은 아주 보수적으로 계산해도 지금의 2,500만 원 그리고 10만 원은 10억 원 정도가 될 것이다.

무감이 있었다면, 김창선과 이원재를 최소한 증인으로라도 소환했어야 했다.

이들만이 아니다. 이정훈(이기훈의 형, 단식인쇄소 청구사 근무), 이기훈(동아정판회사 직공), 윤경옥(조선단식인쇄소 직공) 등 사건 초기에 구금되었던 자들도 기소되지 않았고 증인으로 법정에 소환되지 않았다. 간장공장 주인 곽재봉도 증인으로 채택되지 않았다. 안미생 · 이시영 역시 마찬가지였다.

현을성 · 김원기 · 최난수 · 이희남 · 조성기 등 사건 담당 형사들 그리고 본정서 서장 이구범, 장택상 제1관구 경찰청장, 조병옥 경무부장 등 경찰 관련 인사들도 재판정에 나타나지 않았다. 뚝섬 사건 초기에 구속되었던 자들 중 뚝섬 사건에는 소환되지 않았지만, 윤경옥은 유일하게 '정판사사건'에 증인으로 출두한 경우다. 그의 증언이 예사롭지 않다. 아래는 그 무렵 보도기사들이다.

證人訊問峻烈 僞幣公判伯仲化

精版社印刷工尹璟玉證言

證人訊問繼續 僞幣事件公判

尹璟玉에 證人審理 精版社僞幣公判續開

〈그림86: 상단 좌측에서 시계방향, 1946년 9월 21일 자 대한독립신문, 수산경제신문, 독립신보, 중외신보〉

윤경옥의 발언은 많은 언론이 다루었다. 위 그림으로 인용한 대한독립신문, 수산경제신문, 독립신보, 중외신보를 비롯하여 한성일보, 자유신문, 서울신문, 조선일보 등이 주요 기사로 보도했다. 그중 재판장과 증인의 대화 형식으로 취재한 「대한독립신문」의 기사를 아래에 소개한다.

- 재: 증인은 근택인쇄소(조선단식인쇄소의 오기)의 사원인 홍사겸이에게서 구득한 백 원권 징크판 1매를 이기훈이와 같이 팔려다가 못 판 사실이 있는가?
- 증: 네 있습니다.
- 재: 그러면 팔게 된 동기는?
- 증: 작년 9, 10월경 이기훈이가 와서 살 사람이 있으니 구매해 달라고 함으로 금년 2월 20일경 이기훈의 집에서 살 사람 방(方)모를 만났으나 징크판이 마멸되어 선명하지 못하다고 하여 목적을 달성하지 못했습니다.
- 재: 그러면 징크판의 출처를 아는가?
- 증: 피고인 김창선이가 홍사겸이와는 극친한 사이며 또 김창선이는 정판사에 오래 근무하였으니까 정판사에서 나온 것을 홍사겸이에게 판 것이라고 생각합니다.
- 재: 증인은 피고 김창선이와 본정서에 같은 감방에 있었다지?
- 증: 네
- 재: 언제부터 며칠 동안 있었던가?
- 증: 5월 25일부터 7월 9일 송국 시까지 함께 있었습니다.
- 재: 그러면 피고 김창선이가 고문당한 것을 아는가?

- 증: 물을 먹인 수건으로 코를 막기도 하였다고 김창선이가 말한 일이 있습니다.
- 재: 고문을 받았다면 랑골(얼굴?)에 물이 남아 있었을 것이며 상처도 있었을 것인데 그런 것은 본 일이 있는가?
- 증: 그런 것은 본 일이 없습니다.

이때 피고 송언필이가 실신한 사람처럼 혼자 코웃음을 웃고 있는 것을 재판장이 보고 증인 심문은 중요한 것이니까 특별히 조용히 하라 한즉 송언필은 몸이 아파서 그랬다고 변명하고…[5]

이 대담은 몇 가지 중요한 사실을 제공해 준다. 비록 미수에 그쳤지만, 윤경옥과 이기훈 두 사람 모두 징크판의 판매를 시도했다는 증언이다. 김창선을 통해 홍사겸에게 전달된 징크판을 윤경옥과 이기훈이 방(方)모에게 팔려고 했으나 징크판의 상태가 좋지 않아 무산되었다는 것이 윤경옥의 증언이었다. 윤경옥은 스스로 자신의 범행을 시인했다는 얘기다. 방모에 관한 이야기는 없지만, 윤경옥과 이기훈의 혐의는 현을성(玄乙成)에 대한 청취서에도 나온다. 그러나 검찰은 두 사람을 기소하지 않고 석방했다. 검찰은 왜 이들을 석방했을까? 랑승구, 랑승헌, 배재룡에게 적용된 '통화위조미수죄'는 정작 이들 두 사람에게 적용했어야 했다.

다른 한 가지는 고문에 관한 증언이다. 「대한독립신문」의 기사는 고

5 證人訊問唆烈!, 僞幣公判伯仲化, 「대한독립신문」, 1946.9.21.

문 사실을 불명확하게 표현했으나, 다른 신문 특히 「독립신보」에 따르면 5월 28일 저녁 무렵 최난수 수사주임이 "너희들은 죽어서 나갈 줄 알아라."라는 말을 했다고 한다.[6]

중요한 사실이 또 하나 있다. 「수산경제신문」과 「중외신보」는 "정판사 사건은 위폐 사건이 아니고 조작된 사건이지만, 뚝섬과 왕십리 사건은 진짜 위폐 사건이다."라는 말을 김창선으로부터 들었다는 윤경옥의 증언을 보도했다.[7] 증인으로 부터 놀라운 사실이 계속 나온 셈이다. 증인과 변호사의 발언이 기록된 공판 기록이 남아 있지 않다는 사실이 너무 안타깝다.

대부분의 관계자들은 윤경옥의 증언을 외면했다. 「조선일보」는 추측에 지나지 않는다고 윤경옥의 증언 자체를 무시해 버렸다.[8] 경·검찰 역시 마찬가지였다. 당시 그들이 왕십리 사건이나 방 모 씨를 수사했다는 흔적은 전혀 없다. 이 또한 경·검찰의 직무 유기라 아니할 수 없다. 정판사사건을 조작하기 위해 얼마나 많은 사건이 묻혀 버렸는지 알 수 없다.

사실 윤경옥과 이기훈은 피고인이 될 확률이 매우 높았던 신세였다. 7월 9일 송국(送局, 경찰청에서 조사한 피의자를 사건 서류와 함께 검찰청으로 넘김)될 때 두 사람은 홍사겸과 함께 피의자 명단에 포함되었다. 그런데 이들 세 사람이 조선정판사사건 관련 피의자로 분류되었

6 證人訊問繼續, 僞幣事件公判, 「독립신보」, 1946.9.21.

7 僞幣公判第十六回, 精版社印刷工尹경玉證言, 「수산경제신문」, 1946.9.21. 尹璟玉에 證人審理 精版社僞幣公判續開, 「중외신보」, 1946.9.21.

8 추측적인 증언, 「조선일보」, 1946.9.21.

다. 당사자는 물론 대부분의 관계자들도 놀랐을 것이다. 송국자 명단을 보면, 뚝섬 사건 피의자와 달리 정판사사건 관련자는 모두 공산당 당원이었다. 하지만 이들은 조선정판사의 직원도 아니고 법적 · 사적으로도 아무런 관계가 없었다. 검찰이 공산당원과 아닌 자로 사건을 기계적으로 나눔에 따라 생긴 소극(笑劇)이었던 것이다.

員의僞幣事件

二十名送局

朝刊에一段落·犯行도一切自白

公明、嚴重히取調

金檢事長이談話發表

僞幣事件도 同時에送局

◇公判請求書

罪名 被告人

通貨僞造同行使 朴洛鍾

同 宋彦弼

同 辛光範

同 朴相根

〈그림87: 송국시 피의자 내역(동아일보, 1946.7.10.), 공판 청구서(동아일보, 1946.7.20.)〉

당시 경성지방법원 검사장 김용린(金溶璘)의 발언을 주목할 필요가 있다. 그는 다음과 같은 담화를 발표한 바 있다.

> 위폐 사건은 세간의 이목을 끌어오던 것인데 더구나 하지 장군과 러치 장관의 담화 발표까지 있어 이 사건은 비단 국내만이 아니라 국제적 관심을 끄는 사건이며 따라서 검사국으로도 이 사건에 대하여서는 신중에 신중을 더하여 공명정대히 처리할 방침으로서 취조에

따라 진상을 명확히 발표하겠다.

뚝섬 위폐 사건도 조공당 위폐 사건과 함께 9일 송국하였다. 항간에서는 조공당원의 위폐사건과 뚝섬 사건을 혼동하고 있는 모양인데 이는 전연 관계가 없는 것이고 단지 시내 禮智町 秀英社 인쇄공 裵在龍이 정판사 기술과장 金昌善으로부터 백 원권 2매를 2천5백 원에 사들여 뚝섬장유회사 창고에다 石版인쇄기를 설치하고 약 60만 원의 위폐를 인쇄하였으나 불완전하여 사용 못 하고 만 것이다.[9]

김용린은 정판사위폐사건을 조공당 위폐 사건이라고 했으며, 조공당원의 위폐 사건 즉 정판사사건과 뚝섬 사건은 전혀 별개의 사건이라고 말했다. 그리고 두 사건의 관계 사항은 배재룡이 김창선으로부터 위조지폐용 원판을 사들인 것뿐이라고 했다. 김용린 검사장의 발언은 정판사사건과 뚝섬 사건의 분리가 검찰 측의 처음 계획이었음을 확인해 준다. 이 조공당 위폐 사건의 범인 명단에 윤경옥, 이기훈, 홍사겸이 포함되어 있다.

그러나 열흘 후에 반전이 일어난다. 7월 19일, 윤경옥, 이기훈 두 사람은 극적으로 석방되었다. 조재천 검사가 제출한 공판 청구서에 윤경옥, 이기훈이 사라진 것이다. 이로써 이원재에 이어 윤경옥, 이기훈 등 세 사람이 뚝섬 위폐 사건으로부터 삭제되었다. 공판 청구서[10]는 송국

9 公明, 嚴重히 取調 京城地方法院 金檢事長이 談話發表, 纛島僞幣事件도 同時에 送局, 「동아일보」, 1946.7.10.

10 〈자세히 읽기-18〉[정판사 위조지폐 사건 관계자들에 대한 공판 청구서(公判請求書)] [纛島사건 관련자에 대한 공판 청구서] 참조

문서와 많은 점에서 달랐다. 송국 문서는 정판사사건과 뚝섬 사건을 명확하게 구분했다. 그리고 정판사사건의 모든 피의자는 공산당 당원이고, 뚝섬 사건 피의자는 당원이 아님을 명확히 표시했다.

하지만 공판 청구서는 달랐다. 피의자를 사건에 따라 분류하지 않고, 죄목으로 구분한 것이다. 김창선을 제외한 정판사 직원 8명은 '통화위조미수방조'란 죄목으로 기소되었고, 뚝섬 사건의 배재룡 · 랑승구 · 랑승헌 등 3인은 '통화위조미수'로 기소되었다. 홍사겸은 '통화위조미수방조' 한 혐의로 기소되었는데, 김창선의 죄목은 '통화 위조 동행사'와 '통화위조미수방조' 두 가지 죄목 모두에 해당되었다. 분리되었던 사건이 하나의 사건으로 합쳐진 것이다.

공판 청구서에도 사건 자체는 정판사사건과 뚝섬 사건으로 분류되었다. '정판사 위조지폐 사건 관계자들에 대한 공판 청구서'에는 피의자들의 범죄행위뿐만 아니라 박낙종 등 9명 피의자들의 공산당 입당 시기 등 공산당 관련 이력을 비교적 자세하게 밝혔다. 반면, 뚝섬(纛島) 사건 관련자에 대한 공판 청구서'에는 범죄행위만을 기록했다. 무엇보다 이상한 것은 송국 문서에 공산당 당원으로서 정판사사건에 연루된 범인으로 구분되었던 홍사겸이 뚝섬 사건에 포함되었고, 공산당 당원이라는 내용을 언급하지 않았다는 점이다. 홍사겸은 열흘 사이에 공산당이라는 낙인에서 벗어났고, 사건 배당도 달라졌던 것이다. 더욱이 윤경옥과 이기훈은 무죄로 판명되어 석방되었다.

도대체 무슨 일이 일어났던 것일까? 궁금한 것은 뚝섬 사건과 정판사사건을 분리했다가, 합쳤다가, 다시 분리하는 검찰 측 행위에 대한 의문이다. 그들은 왜 사건을 분리하고자 했을까? 복잡한 사연을 이해하기 위하여 피의자 명단 변경 과정을 아래에 소개한다.

[표15: 정판사 및 뚝섬 위폐 사건 피의자 변동 과정]

이름(나이)	직책	송국(7.9.)			공판 청구서(7.19.)		공판	
		조공	정판사	뚝섬	조공	죄목	정판사	뚝섬
박낙종(48)	정판사 사장	●	●	X	●	통화 위조 동행사	●	X
송언필(45)	동 서무과장	●	●	X	●		●	X
신광범(41)	동 인쇄주임	●	●	X	●		●	X
박상근(43)	동 창고주임	●	●	X	●		●	X
정명환(30)	동 평판부과장	●	●	X	●		●	X
김우용(28)	동 평판직공	●	●	X	●		●	X
홍계훈(31)	동 평판직공	●	●	X	●		●	X
김상선(32)	동 평판직공	●	●	X	●		●	X
김창선(35)	동 평판과장	●	●	X	●	통화 위조 동행사/통화위조미수방조	●	X
이기훈(29)	동아정판회사직공	●	●	X	무죄, 불기소			
윤경옥(24)	조선단식인쇄소직공	●	●	X				
홍사겸(24)	조선단식인쇄소직공	●	●	X	–	통화위조미수방조	X	●
배재룡(32)	수영사 직공	X	X	●	–	통화위조미수	X	●
랑승구(40)	무직	X	X	●	–		X	●
랑승헌(28)	무직	X	X	●	–		X	●

검찰이 우왕좌왕하며 사건을 분리하고자 했던 이유가 있었다. 원죄는 미군정청에게 있었다. 1946년 5월 15일, 군정청 공보과에서 '정판사위폐사건 진상 발표'를 발표할 때 이 사건은 조선공산당이 자행한 위

조지폐 사건이었다.[11] 대다수의 우익 신문들은 군정청의 발표를 기정사실화했다. 「동아일보」의 보도를 예로 들어 보자.

* 자기비판의 시기, 조공에 일언함! (5월 17일)
* 조공의 죄악은 크다, 독립촉성국민회의 경고(5월 17일)
* 백일하에 폭로된 공당원 지폐 위조 사건의 죄상, 경제 교란과 배후의 마수(5월 17일)
* 위조 발행한 지폐는 공산당에 제공키로 결의, 취조 중의 범인들이 자백(5월 17일)
* 당원증 등 증거 압수(5월 17일)
* 재정부장 이관술 즉 공산당이 아닌가, 이 본정서장과의 일문일답(5월 17일)
* 해방일보 호외 압수(5월 17일)
* 조국재건을 방해, 단호히 처단할 터, 검사 당국자의 태도(5월 17일)
* 공당원 지폐 위조 사건과 각계의 반향과 대책(5월 18일)
* 조선공산당원 지폐 위조 사건 속보(5월 19일)
* 위조지폐를 인쇄한 근택빌딩을 폐쇄, 공산당 기관지 해방일보는 폐간(5월 20일)
* 위폐 사건 성토 애부동맹서 개최(5월 23일)
* 진폐 못지않은 공당원 위폐 인쇄 감정 결과(5월 30일)

11 제2부 2절 '공산당 박멸하기, 정판사위폐조작사건의 전개' 참조

조선공산당을 악마처럼 만들어 대중과 격리시키고, 눈엣가시 「해방일보」를 폐간시키고자 한 군정청의 의도는 어느 정도 성공한 듯싶었다. 하지만 미처 생각하지 못한 문제가 발생했다. 군정청의 발표문에는 공산당원이자 피의자인 14명의 체포자 명단이 실려 있었다.

紙幣僞造事件波紋

軍政廳公報部發表

公報部特別發表

朝鮮共産黨聲明

〈그림88: 1946년 5월 17일 자 중앙신문〉

김창선이 문제였다. 체포된 정판사 직원 14명 중 김창선은 유일하게 다른 사건 즉 뚝섬 사건으로 체포된 자였다. 다른 13명은 5월 8일 조선정판사 급습 시 체포되었지만, 김창선은 뚝섬 사건 관련으로 5월 3일경 먼저 체포되었던 것이다. 여기서부터 검찰의 고민이 시작된다. 김창선을 제외할 수도 없었다. 명단은 이미 발표되었고, 더욱이 위조용 징크판의 출처가 김창선이었기 때문에 그가 빠지면 위조지폐 사건 자체가 성립될 수 없었다.

좌익 언론은 추궁하기 시작했다. 김창선을 연결 고리로 뚝섬 사건의 실체를 파헤치기 시작했다. 그러다 보니 독촉국민회 이원재가 등장하고 김구 · 안미생 · 이시영 등 임정 관련 인사들까지 언급되다 보니 파문은 걷잡을 수 없이 확산되었다. 뚝섬 사건과 정판사사건 피의자들을 경찰서 감방에 가두어 두고 대책 마련에 전전긍긍했겠지만, 별 뾰족한 수가 없었을 것이다. 군정청의 발표가 너무 성급했던 것이다.

무엇보다 위조지폐 사건에 우익 단체와의 관련설을 차단해야 했다. 6월 20일경 일단 이원재를 석방했다. 김구 · 안미생 · 이시영 등 임정 관련 인사들에게는 언론의 인터뷰에 일체 응하지 말 것을 부탁했을 것이다. 실제 이원재를 비롯해 임정 관련 인사들은 위폐 사건에 대하여 아무런 반응을 보이지 않았다. 공판 시 증인으로도 출석하지 않았다. 그리고 14명의 정판사 직원 중 안순규(공장장), 이한녕(화공), 이필상(재무과장), 이정환(평판직공), 김영관(평판직공) 등 5명을 석방시켰다. 이유는 확실하지 않다.

피의자들의 구속기간이 2달이 넘게 되자 초조했던 모양이다. 검찰은 큰 실수를 저지르게 된다. 7월 9일, 송국 시에 공산당 관련자는 정판사사건, 아닌 자는 뚝섬 관련 피의자로 강제 배분한 것이다. 앞에서 지적했지만, 홍사겸 · 윤경옥 · 이기훈 등은 조선정판사와 아무런 관련이 없었다. 이러한 불합리한 상황을 바로 잡기 위해 7월 19일 공판 청구서에는 정판사사건 피의자에 홍사겸이 빠지게 된 것이다. 윤경옥 · 이기훈 두 사람은 운 좋게도 이때 피의자 신분을 벗어나게 되었다. 홍사겸은 다소 억울하다고 생각했겠지만, 정판사사건에서 제외된 것만으로도 만족해야 할 처지였다.

이원재 · 윤경옥 · 이기훈 등을 석방한 것은 자금 출처 문제 때문으로 추정된다. 랑승구를 뚝섬 사건의 자금 담당으로 선정했지만, 공판 시에 이원재 · 김창선 · 윤경옥 · 이기훈 · 홍사겸 · 배재룡 · 랑승구 등이 함께 등장한다면 어떤 상황이 돌발할지 누가 알겠는가? 지금까지 거론한 과정을 정리하면 아래와 같다.

[표16: 뚝섬 위폐 사건 자금 출처의 추정 배후]

<table>
<tr><th>구분</th><th>사건</th><th>시기</th><th>주요 사건</th><th>자금</th><th>추정 배후</th></tr>
<tr><td rowspan="4">별개 사건</td><td rowspan="2">뚝섬</td><td>5.2.~5.4.</td><td>이정훈 · 이기훈 · 윤경옥 · 홍사겸 · 배재룡 · 김창선 · 이원재 · 랑승구 · 랑승헌 등 검거</td><td rowspan="2">?</td><td rowspan="2">독촉국민회</td></tr>
<tr><td>5.6.</td><td>이시영 · 안미생 본정 경찰서 방문</td></tr>
<tr><td rowspan="2">정판사</td><td>5.8.</td><td>근택빌딩 급습, 정판사 직원 검거</td><td rowspan="2">이관술</td><td rowspan="2">조선공산당</td></tr>
<tr><td>5.15.</td><td>군정청, 피의자 명단 공개(박낙종 등 14명 구속, 이관술 · 권오직 수배)</td></tr>
<tr><td rowspan="4">구속수사</td><td rowspan="2">뚝섬</td><td>5.2.~7.8.</td><td>–</td><td rowspan="4">?</td><td rowspan="4">?</td></tr>
<tr><td>6.20경</td><td>이원재 석방</td></tr>
<tr><td rowspan="2">정판사</td><td>5.2.~7.8.</td><td>–</td></tr>
<tr><td>?</td><td>안순규 · 이한녕 · 이필상 · 이정환 · 김영관 석방</td></tr>
<tr><td rowspan="2">송국</td><td>뚝섬</td><td rowspan="2">7.9.</td><td>배재룡 · 랑승구 · 랑승헌</td><td>랑승구</td><td>–</td></tr>
<tr><td>정판사</td><td>박낙종 · 송언필 · 신광범 · 박상근 · 김창선 · 정명환 · 김상선 · 김우용 · 홍계훈 · 이기훈 · 윤경옥 · 홍사겸</td><td>이관술</td><td>조선공산당</td></tr>
<tr><td rowspan="2">공판 청구</td><td>뚝섬</td><td rowspan="2">7.19.</td><td rowspan="2">박낙종 · 송언필 · 신광범 · 박상근 · 김창선 · 정명환 · 김상선 · 김우용 · 홍계훈/배재룡 · 랑승구 · 랑승헌 · 홍사겸/이기훈 · 윤경옥 석방</td><td>랑승구</td><td>–</td></tr>
<tr><td>정판사</td><td>이관술</td><td>조선공산당</td></tr>
<tr><td rowspan="2">분리공판</td><td>뚝섬</td><td rowspan="2">7.29.</td><td>배재룡 · 랑승구 · 랑승헌 · 홍사겸</td><td>랑승구</td><td>–</td></tr>
<tr><td>정판사</td><td>박낙종 · 송언필 · 신광범 · 박상근 · 김창선 · 정명환 · 김상선 · 김우용 · 홍계훈</td><td>이관술</td><td>조선공산당</td></tr>
</table>

사실 검찰은 고민이 많았을 것이다. 이원재 · 김창선 · 홍사겸 · 배재룡 · 윤경옥 · 이기훈 등의 처리 문제 때문에 묘안을 찾아야 할 입장이었다. 이들의 인간관계가 복잡했다. 우익 단체에서 활동하고 있었던 이원재를 제외하곤, 모두가 인쇄 관련 직종에 종사했다. 뒤늦게 가입했지만, 김창선 · 홍사겸 · 윤경옥 · 이기훈 등은 공산당 당적을 가지고 있었다. 김창선은 홍사겸과 절친한 사이였지만, 윤경옥 · 이기훈과는 교분이 없었다. 회사는 달랐지만 배재룡과 홍사겸은 서로 친분이 있는 사이였다. 그리고 배재룡은 이원재와도 알고 지냈다. 이렇게 얽히고설킨 인간관계를 억지로 분리하려다 보니, 별개 사건 → 분리 송국 → 죄목으로 피의자 분리 등 검찰의 무리수가 드러난 것이다.

아무튼 공판 청구로 어느 정도 정리가 되었다. 하지만 검찰의 불안은 여전했다. 뚝섬 사건 공판 때 김창선이 소환된다면 무슨 말을 할까? 석방된 이원재 · 윤경옥 · 이기훈 등이 증인으로 채택된다면 어떤 일이 발생할까? 김구 · 이시영 · 안미생의 법정 출두를 막을 수 있을까? 이러한 고민을 해결해 준 사람이 강거복 변호사였다. 사건은 하나로 하되, 공판을 분리함으로써 검찰의 고민을 일거에 해결해 준 것이다. 물론 이 재판은 최대한 빨리 끝내야 했다. 이 문제는 재판장과 변호사의 협조를 얻어야 할 사안이지만, 결국 검찰의 원하는 바대로 공판은 단 2회로 끝났다.

뚝섬 위폐 사건은 증인이 없는 재판이었다. 증거물도 사라진 재판이었다. 피고인들의 반응 역시 이상했다. 배재룡 및 랑승구, 랑승헌, 홍사겸 등 피고인들은 검찰과 재판장의 심문에 자신들의 범죄 사실을 모두 인정했다. 죄목에 비해 엄청난 형량이 언도되었지만 어느 누구도 판결에 대한 불복신청을 하지 않았던 수상한 재판이었다. 변호사도 할 일이 없었다. 자신이 해야 할 일을 검사 조재천이 모두 처리해 주었기 때문이다. 그는 단지 죄목에 대한 시비만 거론했을 뿐이다.

그러나 최초의 보도처럼 랑승구 일당이 수천만 원이라는 거액의 위조지폐를 제조했다면, 거액의 위조지폐는 어디로 증발했을까? 뚝섬 사건 피고인들은 변호사뿐 아니라 판검사로부터 엄청난 혜택을 받은 셈이다. 아무튼 뚝섬 사건은 마무리되었고, 이제부터 정판사사건의 공판이 본격적으로 시작된다.

18

근택빌딩 입주자들의 명암

정판사사건의 공판 과정을 파악하기 전에, 조선공산당 본부와 조선정판사가 입주하고 있었으며 사건의 현장이었던 근택빌딩의 이력을 살펴보기로 한다.

〈그림89: 좌측 상단에서 시계방향, 조선정판사 입주 무렵의 근택빌딩(©미디어한국학), 경향신문사 입주 시절(©조선일보사DB), 현재 롯데백화점 주차타워의 모습, 재개발직전(경향신문,1980.5.30)

해방 무렵 근택빌딩은 조선에서 손꼽히는 건물이었다. 지상 5층 지하 1층의 건물로서 건축면적은 건평 77평에 총면적 약 480평 정도였으며, 최고 높이는 78척(23.6m)이었다. 난방시설뿐 아니라 엘리베이터까지 구비된 최신식 건물이기도 했다.[1] 화재로 소실된 화신백화점이 6층 건물로 신축 준공될 때까지 경성에서 가장 높은 건물로 명성을 떨쳤다.[2]

근택빌딩이란 명칭은 소유자인 일본인 치카자와 모헤이(近澤茂平, 1886~ ?)의 성에서 따온 것이다. 치카자와는 1909년 8월경 처음으로 조선에 건너왔다. 그 후 명자(名刺, 명함)인쇄업을 시작으로 사업을 확장하였다. 1942년에 발행된 『조선은행회사조합요록(朝鮮銀行會社組合要錄)』에 따르면, '화양지(和洋紙, 일본과 서양종이) 및 가공재 판매, 인쇄 제본 및 도서 출판, 인쇄용 기계 기구 및 부속품 판매, 대(貸)사무소의 경영, 이상에 관련한 일체의 업무" 등이 합명회사 근택 상점의 사업목적이었다. 본점 주소는 경성부 장곡천정 74이고, 만주 봉천에 지점도 두었다.[3]

이미 거론했지만, 제2차 세계대전 종전을 전후하여 조선총독부는 거액의 조선은행권을 발행했다. 1945년 8월 14일부 9월 말까지 38억 원 정도의 화폐를 발행하여 통화량이 거의 두 배에 달하게 만들었다. 조선은행권 인쇄를 주로 맡고 있던 조선서적인쇄주식회사가 급증한 인쇄 물량을 제대로 소화하지 못하자 일부를 다른 하청업체에 떠넘기게 된

1 [광복 75주년] 일제 강점기 때 세워진 근택빌딩, 「뉴시스」, 2020.5.10.

2 和信百貨店 新館이 落成되다. 地上 6層 地下 1層의 鐵筋콘크리트의 同建物은 93,000餘圓의 工事費가 소요되다, 「동아일보」, 1937.10.9.

3 《近澤商店(合名), 한국근현대회사조합자료, 한국사데이터베이스》

다. 이때 동원된 인쇄소가 치카자와(近澤)인쇄소였다.

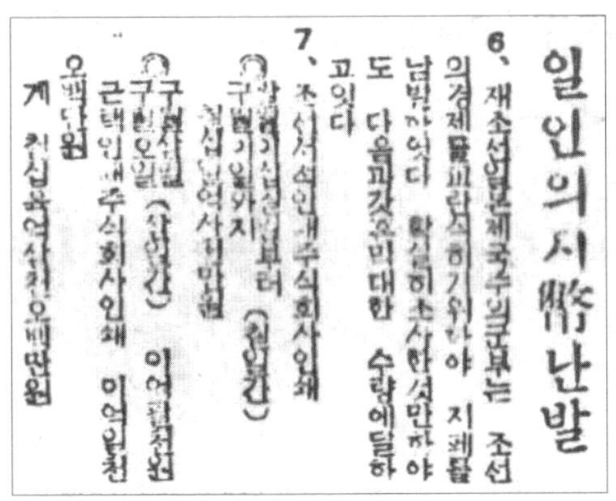

일인의 紙幣 난발

6、재조선일본제국주의군부는 조선의경제를교란식히기위하야 지폐를남발하엿다 확실히조사한것만하야도 다음과갓흔막대한 수량에달하고잇다

7、조선서적인쇄주식회사인쇄 [illegible]부터 ([illegible]간) 구월이일까지 [illegible]억사천만원

구월삼일 구월오일 (삼일간) 이억일천오백만원 근택인쇄주식회사인쇄 이억일천

오백만원

계 [illegible]

〈그림90: 1945년 9월 19일 자 해방일보 창간호 제2면〉

「해방일보」보도에 따르면, 근택인쇄소는 9월 3일부터 5일까지 3일간 2억 1,500만 원을 인쇄하였다.[4] 문제의 인물 김창선은 이 작업에 참여하였고, 그 후 징크판의 일부를 빼돌렸다. 이러한 범죄가 가능했던 것은 시대적 상황 때문이었다. 일제의 패전으로 인해 권력의 공백이 발생했고, 비록 사기업이었지만 향후 근택인쇄소의 경영권이 어떻게 정리될지 예측하기 어려운 시기였다.

미군의 상륙이 임박해지자 치카자와 가문은 다급해졌다. 적산으로 분류되어 몰수당하기 전에 부동산을 비롯한 자신들의 자산을 하루라도 빨리 처분해야만 했다. 이때 매수자로 등장한 것이 ML계 공산당원들이었다. 김철수는 다음과 같은 증언을 남겼다.

> 정판사는 그것이 왜정 때에 조선에 제일가는 출판업자, 근등빌딩이여. 그것을 광수, 박 얼른 잊어버렸어. 모다 송언필이. 아 여 잊어버렸어. 박 뭣이라고 유명한 사람. 광수하고 서이 정판사를 왜놈헌테

4 일인의 지폐 남발, 「해방일보」, 1945.9.19.

20만 원 주고 산 것이여. 허허. 돈을 20만 원을 주면서 문서해 놔라 허니게, 아 이놈이 좋다고. 그저 빼기는디, 20만 원 그놈이 받고서 문서 해줘서 정정당당하니 사위여. 정판사가.[5]

김철수가 언급한 세 사람은 김광수, 박낙종, 송언필 등을 말한다. 이들 중 김광수는 김철수의 동생이다. 그리고 세 사람은 일본 동경에서 사회주의 계열인 「대중신문」의 창간 발기인으로 함께 활동했던 이력이 있다.[6]

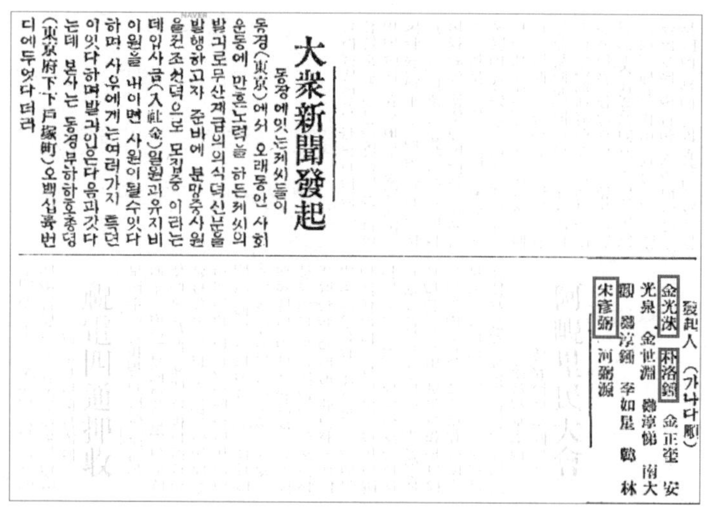

大衆新聞發起

동경에잇는케씨들이

동경(東京)에서 오래동안 사회운동에 만흔노력을 하든케씨의발긔로무산계급의의식뎍신문을발행하고자 준비에 분망중사원을전조선뎍으로 모집중 이라는데입사금(入社金)일원과유지비이원을 내이면 사원이될수잇다하며 사우에게는여러가지 특뎐이잇다하며발긔인은다음과갓다는데 본사는 동경부하하호총뎡(東京府下下戸塚町)오백십칠번디에두엇다더라

發起人(가나다順)

金光洙 朴洛鍾 金正奎 安光泉 金世淵 [illegible] 南大[illegible] [illegible] 李如星 [illegible]林 宋彦弼 河弼源

〈그림91: 1926년 4월 20일 자 조선일보〉

일본 제국주의가 한참 위세를 떨치던 1920년대 중반 무렵, 무산계급의 의식 고양을 위해서 위험을 무릅쓰고 신문을 창간했던 경험을 공유

5 『지운 김철수』, 한국정신문화연구원 현대사연구소 편, 1999, p.250.

6 大衆新聞 發起, 「조선일보」, 1926.4.20.

했던 세 사람이 해방된 조국에서 언론사를 만들고자 했다. 누구라도 납득할 수 있는 과정이다. 계약은 신속하게 이루어졌다. 박낙종이 근택인쇄소의 경영권을 인수한 사실은 검찰도 인정했다. 공판 청구서에는 다음과 같이 기록되어 있다.

> 被告人 朴洛鍾은 일찍이 日本政治時代에 치안유지법 위반으로 징역 5년의 처벌을 받은 일이 있고 서기 1945년 10월 朝鮮共產黨에 入黨하였으며 동년 9월 상순 日本人 經營이던 京城府 中區 長谷川町 74번지 소재 近澤印刷所를 인수하여 동월 19일경 朝鮮精版社라고 개칭하고 그 사장이 된 사람[7]

앞에서 언급한 바와 같이 근택인쇄소는 조선총독부의 명에 의해 9월 5일까지 지폐를 인쇄했다. 그러므로 박낙종 등이 치카자와 가문과 계약한 시기는 9월 6일부터 10일 사이일 것이다. 정리해 보면 지폐 인쇄 종료(9월 5일) → 근택빌딩 및 인쇄소 계약(9월 상순) → 조선정판사로 개칭(9월 19일경) → 박낙종, 조선공산당에 입당(10월) 등과 같다. 검찰이 누락한 사항이 몇 가지 있다. 그들은 근택빌딩의 소유권을 언급하지 않았다. 그리고 박낙종이 (재건)조선공산당에 입당하기 전에 근택인쇄소를 인수하였다는 점을 거론하지 않았다. 근택빌딩의 소유·경영권은 치카자와 가문 → 김광수·박낙종·송언필 등 ML계 공산당원(9월 6·10일) → 재건공산당으로 변경되는데 이 과정이 그리 순탄하지 않았

7 〈자세히 읽기-18, 공판 청구서〉 참조

을 것으로 짐작된다. 이 문제를 이해하기 위해선 당시 조선공산당의 재건 과정을 살펴볼 필요가 있다.

[표17: 조선공산당 계파별 분류표]

구분	계열	발족 시기/참여 인물
4대 계파	화요계	1923년 7월 7일 서울 낙원동에서 출범
		홍명희 · 홍증식 · 윤덕병 · 김병희 · 이재성 · 이승복 · 조규수 · 이준태 · 홍덕유 · 김낙준 · 원우관 등 신사상연구회 조직→화요회로 개명(1924년 11월 19일)
		박헌영 · 조봉암 · 권오설 · 김단야 · 임원근 · 조동호 · 이승엽 · 조두원 · 주세죽 · 김찬 · 홍남표 · 최원택 등이 가세
	서울계	1921년에 발족한 민족주의적 청년단체인 서울청년회가 기원
		김한 · 이득년 · 김사국 · 이영 · 장덕수 · 김명식 · 윤자영 · 오상근
		1924년 10월 김사국을 책임비서로 하는 서울계의 조선공산당 조직
		이영 · 김유인 · 정백 · 이정윤 · 박형병 · 이병의 · 김영만 · 최창익 · 강택진 등이 주도
	ML계	화요계 중심 공산당 와해 후, 1926년 서울계 소장파와 상해파가 주동이 되어 제3차로 김철수를 책임비서로 한 공산당을 조직
		김철수 · 안광천 · 김준연 · 김세연 · 오희선 · 원우관 · 양명 · 권태석 · 김강 · 하필원 · 최익한 · 한위건 · 남천우 · 김광수 · 박낙종 · 이우적 · 온낙중 · 송언필 · 김철 · 김상혁 · 정익현 · 최창익 · 이정윤
	경성콤그룹	1939년 당 재건을 위해 조직, 박헌영을 책임자로 추대
		이관술 · 이순금 · 장순명 · 정태식 · 권오직 · 김형선 · 김삼룡 · 이현상 · 이인동
장안파 45.8.15.	서울계	이영, 정백
	화요계	이승엽, 조동우(본명 조동호), 조두원(본명 조일명)
	ML계	최익한, 이우적, 하필원
	〈주요인물〉	이영(책임비서) · 이승엽(제2비서) · 최익한(이승엽 후임) · 정백 · 정재달 · 안기성 · 고경흠 · 이정윤 · 이우적 · 김상혁 · 정종근 · 강병도 · 조두원 · 이청원 · 문갑송 · 최용달

재건파	박헌영 추대	8.20.: 김형선 · 김삼룡 · 이관술 · 이현상 · 이주하 · 권오직 · 이순금 · 김태준
	장안파 해산	8.24.: 중앙집행위원회 해당 결의
	열성자 대회	9.08.: 이정윤 · 이승엽 · 안기성(이상 전형 위원) 외 약 60명 회합
	재건준비위원회	9.11.: 조선공산당 재건
조선 공산당	총비서	박헌영(화요회, 콤그룹)
	정치국	박헌영 · 김일성 · 이주하(콤그룹) · 무정(독립동맹) · 강진(ML) · 최창익(ML,독립동맹) · 이승엽(화요회) · 권오직(화요회)
	조직국	박헌영 · 이현상(콤그룹) · 김삼룡(콤그룹) · 김형선(화요회)
	서기국	이주하 · 허성택(전평위원장) · 김태준(독립동맹,콤그룹) · 이구훈(전농부위원장) · 이순금(콤그룹) · 강문석(산업노동조사소 소장, 김달삼의 장인)

1945년 8월 15일 해방이 되자 공산주의자들은 지하로부터 나와 합법적 정치활동에 나섰다. 가장 빠르게 움직인 정치단체는 소위 장안파라고 알려진 공산주의자들이었다. 주요 인물들의 면면을 보면, 이영(책임비서) · 이승엽(제2비서) · 최익한(이승엽 후임) · 정백 · 정재달 · 안기성 · 고경흠 · 이정윤 · 이우적 · 김상혁 · 정종근 · 강병도 · 조두원 · 이청원 · 문갑송 · 최용달 등이다. 서울계 · 화요회 · ML계 등 당시 공산당의 주요 파벌들이 망라되었음을 알 수 있다.

그러나 주도 인물 대부분이 조선공산주의 운동 사상을 일찍이 포기했거나, 전향성명을 발표하고 공산주의와 단절한 생활을 영위했다는 흠결을 지닌 약점이 있었다. 이영은 1920년대 서울계 공산당 조직의 주요 인물이었으나, 오랫동안 운동 일선에서 손을 떼고 고향인 북청에서 유휴 중 해방을 맞았고, 이승엽은 1925년 9월 화요회계 공산당에 가입한 뒤 1937년부터 2년간 복역했으나 그 후 전향 성명을 쓴 뒤 인천서

식량 배급 조합 이사로 근무한 이력이 있었다.

ML당의 중앙위원을 역임했던 최익한은 공산주의 진영에서 탈락한 뒤 서울 동대문 밖에서 주점을 하다가 해방을 맞이했으며, 정백의 경우 전선 이탈 후 서울에서 광산브로커 노릇을 한 바 있는 훼절자였다. 그 외 정재달, 고경흠 등도 공산주의운동과는 절연하고 있었다. 1930년대 간도 폭동 때 검거되어 8 · 15해방에 이르기까지 장기 복역한 문갑송 등 극소수를 제외하곤 변절자 · 훼절자로 불리어도 할 말이 없는 인물들이 대다수였다는 얘기다.

반면, 박헌영을 옹립하는 조선공산당재건위원회에 소속된 인물들은 달랐다. 박헌영과 이주하는 국내에서, 김태준은 중국에서 해방까지 은신하였고, 김형선과 김삼룡은 옥중에 있었으며, 이관술 · 이현상 · 권오직 · 이순금 등은 비밀 서클 투쟁으로 전선을 지키다가 8 · 15해방을 맞이하였다.[8] 장안파를 좌절파 혹은 해당파로, 재건파를 비전향 전선을 고수한 순수파로 지칭해도 이의를 제기할 사람은 거의 없었다. 결국 주도권은 명분에서 우위를 점한 재건파 특히 경성콤그룹으로 완전히 넘어갔다. 8월 24일 장안파는 해체되었고, 9월 8일 이정윤 · 이승엽 · 안기성(이상 전형위원) 외 약 60명이 회합한 계동 대회(桂洞大會, 열성자 대회)는 박헌영의 보고와 결론을 압도적으로 지지하고 3개 항의 결의를 채택했다. 이로써 박헌영은 당 통일 재건과 중앙당 건설에 관한 주도권을 완전히 장악하였으며, 사흘 후인 9월 11일에는 조선공산당의 재건을 선포하게 된다.

8 김준엽·김창순 공저, 『한국공산주의운동사』 5, 청계연구소, 1986, pp.386~387.

朝鮮共産黨의 統一再建萬歲!

해방일보

=朝鮮共産黨中央委員會機關紙=

朝鮮共産黨은 마침내 統一再建되었다

地軸을 震動하는 步武!

—共産黨再建의 大示威行列—!

共産黨合同統一

一國一黨原則下에 長安派解消

〈그림92: 1945년 9월 19일 자 해방일보 창간호 제1면, 11월 24일 자 자유신문〉

재건 조선공산당 출범 일주일 후인 1945년 9월 19일 「해방일보」가 창간되었다. 이 신문은 창간호부터 '조선공산당중앙위원회기관지'임을 분명히 밝혔고, 이러한 선언은 폐간될 때까지 지속되었다. 「해방일보」가 전한 첫 소식은 "조선공산당은 마침내 통일되었다"라는 조선공산당의 재건에 관한 기사였다.[9] 그리고 다소 늦었지만 열성자 대회의 경과를 3회에 걸쳐 상세하게 보도하였다.[10] 지금까지 거론한 과정을 정리하면 아래와 같다.

① **1945.8.15.**: 장안파 결성

② **8.20.**: 조선 공산당 재건 준비 위원회(경성콤그룹 및 화요회계) 박헌영 추대, '일반 정치 노선에 대한 결정(8월 테제) 채택

9 조선공산당의 통일 재건 만세! 조선공산당은 마침내 통일 재건되었다, 「해방일보」, 1945.9.19.

10 열성자 대회의 경과, 분열파의 행동을 비판하자, 「해방일보」, 1945.9.25.; 운동의 통일을 강조, 열성자 대회의 경과보고(중), 「해방일보」, 1945.10.12.; 아전인수격은 배격, 열성자 대회의 경과보고(하), 「해방일보」, 1945.10.18.

③ 8.21.~23.: 화요회 출신인 이승엽, 조두원 등 장안파 탈퇴

④ 8.24.: 장안파, 중앙집행위원회 당 해체 결의

⑤ 9.3.~5.: 근택인쇄소 지폐 발행

⑥ 9.6.~10.: 김광수 · 박낙종 · 송언필 등 근택빌딩 및 근택인쇄소 인수

⑦ 9.8.: 미군 인천상륙, 장안파 열성분자 대회, 조선인민보 창간

⑧ 9.11.: 조선공산당 재건 선포

⑨ 9.19.: 해방일보 창간(사장 권오직, 편집장 조두원)

⑩ 10월경: 박낙종 재건 조선공산당 입당

⑪ 11.22.: 장안파 조선공산당 발전적 해소

⑫ 11.23.: 조선공산당 본부 근택빌딩으로 이전

장안파를 흔히들 15일당이라고 한다. "결성 날짜를 지칭하여 15일당이라고 부른다"[11]는 주장도 있지만, 한편으로는 "결성한 지 10여 일 만에 해체되고 말았다"[12]는 뜻이라고도 한다. 대체로 맞는 말이다. 장안파 중앙집행위원회는 8월 24일 당 해체를 결의하였고, 9월 8일 개최된 열성자 대회를 통하여 당의 존재 자체가 유명무실해졌기 때문이다. 하지만 장안파 조선공산당이 공식적으로 해체된 것은 11월 22일경이다.[13] 저항 세력이 만만치 않았다는 얘기다.

무엇보다 박헌영의 발언이 충격을 주었다. 열성분자 대회에서 내빈

11 《장안파 조선공산당, 위키백과》

12 《김철수(독립운동가), 나무위키》

13 共產黨 합동 통일, 1國 1당 원칙하에 長安派 해소, 「자유신문」, 1945.11.24.

으로 참석한 박헌영은 "과거의 파벌 두령이나 운동을 휴식한 분자는 아무리 명성이 높다 해도 이번 중앙에는 들어올 자격이 없다는 것이다. 이러한 원칙에서 당은 새로 재건될 것이다"[14] 라고 훼절자, 변절자들에게 직격탄을 날렸다. 조동호, 조봉암, 이영, 최익한 등 박헌영보다 선배이거나 비슷한 연배의 공산주의자들에게 선전포고를 한 셈이다.

열성분자 대회에서 최익한이 "시야가 일방적이어서는 안 된다. 전체적으로 보아야 한다. 조직은 생명이다. 리청윤 동무의 15일 당에 대한 규정 비판은 불가하다. 그것이 아나키스트가 아니고 무엇이냐?"라고 반발했으나, 대부분의 참석자들은 박헌영의 제안에 대해 압도적으로 지지를 표시했다. 하지만 소위 파벌의 두령들은 그 후 박헌영과는 대립된 관계로 서로 반목하게 된다. 어쩌면 장안파와 재건파로 분열되었을지도 모르는 엄중한 이 시기에 김철수의 역할이 컸다. 그의 증언을 소개한다.

> 나는 우리 일행보고 나는 몸이 아프니 전북 부안으로 내려가야 하니 여러분은 서울에 가서 바로 역전에 나온 군중 앞에 먼저 할 말이 있다. "즉 우리의 해방은 우리의 힘으로 됐다고 주장하고 민족주의 통일, 공산주의 통일, 민족 공산 통일을 부르는 것이 급무라고 외쳐야 한다"(라고)고 일렀다. 41인은 나보고 함께 가서 병원에 누워서도 일을 같이해야 한다고 주장하지만 나는 속으로 벌써 작정한 것이 있었다.

14 열성자 대회의 경과, 분열파의 행동을 비판하자, 「해방일보」, 1945.9.25.

우리 대열 정리는 전부 박헌영에게 맡기고 그 뒤를 밀어주며 민족 운동 부분은 내가 앞서서 도와야 하겠다고. 회고하면 내가 감옥에 있을 시에 운동하다가 잡혀 오는 사람이 모두 박헌영파였다. 그리고 박은 레닌대학(각국의 책임일꾼 양성소였다) 마쳤고, 비록 나와는 딴 파에 소속했지만 공산 운동에서 죽을 사람이라고 나는 일찍 판단했던 것이다. …(중략)… 나는 나부터 당 수속을 마치고 나와 같은 대열에 섰던 동지들을 끌어드리는 데 힘썼다.[15]

김철수(金綴洙, 1893~1986)는 국내 최초의 사회주의단체인 사회혁명당 조직(1920년), 상해 고려공산당 재무 담당 중앙위원(1921년), 2차 조선공산당 중앙위원(1925년), 3차 조선공산당 책임비서(1926년) 등 조선공산주의 운동의 핵심으로 활동한 이력이 있다. 코민테른의 승인을 받기 위해 러시아를 방문하는 등 국제적인 안목과 경험을 가진 공산주의 진영의 거물이었다. 그리고 일제에 전향한 과거가 없다. 그는 치안유지법 협의자로서 이례적으로 10년형이라는 중형을 선고받았으며 해방을 맞은 곳도 공주형무소였다.[16] 많은 공산주의자들로부터 경외의 대상이었다는 얘기다.

무엇보다 김철수는 박헌영과 계파, 노선이 달랐다. 박헌영이 이르쿠츠파 고려공산당을 거쳐, 화요회, 경성콤그룹 등의 파벌소속으로 항일독립운동과 공산주의 활동을 하는 동안 김철수는 상해파 고려공산당 출신이었고, 박헌영 그룹과 연대를 맺은 적이 없었다.

15 『지운 김철수』, 한국정신문화연구원 현대사연구소 편, 1999, pp.33~35.

16 강만길·성대경 엮음, 『한국사회주의운동 인명사전』, 창작과비평사, 1996, p.134.

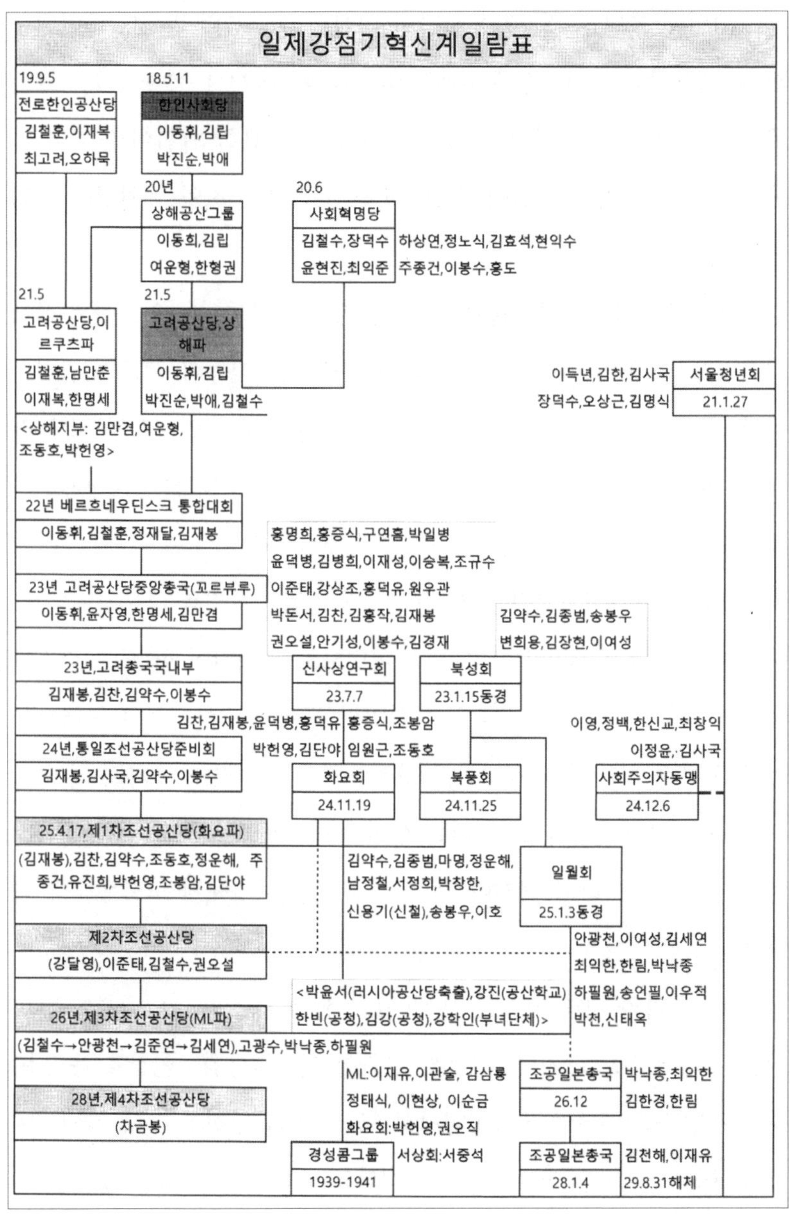

〈그림93: 일제 강점기 혁신계 일람표〉

1920년대 초반 무렵, 자유시참변(1921년 6월 27일 발생), 국민대표회의(중국 상하이 인민정부 대례당에서 개최, 1923.1.31.~6.7.) 그리고 국제공산당 자금 사건(1920~1923년) 등 주요한 사건이 연이어 발생했다. 이 세 가지 사건이 진행되면서 독립운동 진영은 치명상을 입게 된다.

사회주의를 표명한 한인운동 세력은 러시아 극동의 한인들이 중심이 된 '이르쿠츠파' 고려공산당과 상하이로 내려온 이동휘 · 김립 · 김철수 등이 중심이 된 '상하이파' 고려공산당으로 분열되었고, 그 후 서로 간의 적대감은 도저히 치유될 수 없는 지경에 이르게 되었다. 두 당의 분열을 가져온 핵심적 원인은 민족주의에 대한 태도의 차이였다. 상하이파 고려공산당은 "식민지 국가에서는 먼저 제국주의를 타도하고 민주주의 혁명 과정을 지나서 사회주의 혁명으로 들어가야 한다"고 주장한 레닌의 『제국주의론』을 정강으로 삼았다.[17] 반면 "사회주의 혁명으로 바로 들어가야 한다"는 것이 이르쿠츠파의 입장이었다. 김철수에 따르면, 이러한 차이로 이르쿠츠파는 상하이파를 백당이라고, 공산주의를 반대하는 집단이라고 러시아 제5군단장 스멜시키에게 모함했다고 한다.[18]

이르쿠츠파와 상하이파, 두 단체의 경쟁과 갈등은 국민대표회의 과정을 통해 절정으로 치닫게 된다. 상하이파는 김동삼 · 안창호 등 민족주의 계열과 연대하여 상하이임시정부의 개조를 주장했고, 문창범 · 윤해 등 이르쿠츠파는 노령의 국민회의파와 박용만 등 무장 투쟁 세력을

17 블라디미르 일리치 레닌 지음, 황정규 옮김, 『제국주의』, 장원, 2017, pp.163~180. 참조
18 『지운 김철수』, 한국정신문화연구원 현대사연구소 편, 1999, pp.34~35.

포섭하여 과거의 임시정부 등을 모두 부인하고 새로이 최고 기관을 창조하자고 했다. 이동녕 · 김구 등 일부 인사들은 임시정부의 존속을 주장했다. 상하이 국민대회는 6개월간에 걸쳐 개최되었으나, 아무런 결론도 못 내리고 독립운동 진영은 창조파, 개조파, 임정고수파 등 세 갈래로 분열되어 서로 간에 상처만 남게 되었다.

한편, 1922년 2월 11일 상하이의 자베이(閘北) 거리에서 김구 일파에 의해 김립이 암살당했다. 현장에 있었던 김철수는 "김립을 죽이면 한형권이 무서워서 돈(레닌자금 일부, 20만 루블)을 내놓을 것"이라고 판단하여 살인을 자행했다고 보았다. 하지만 김립을 죽였어도 돈은 들어오지 않았고 한형권은 국민대표회의 진행에 그 돈을 사용했다. 이제 과녁은 김철수로 바뀌었다. 왜냐하면 김립이 관리했던 돈은 이제 김철수가 관리하게 되었기 때문이다. 김구일파는 그다음 차례로 김철수를 죽이려고 시도했고, 그 후 권총을 소지하게 되었다는 것이 김철수의 회고이다.[19]

김립 암살 사건은 민족주의자와의 연대를 주장하던 상하이파를 더욱 곤경에 빠지게 만들었다. 결국 이르쿠츠파, 상하이파로 대변되던 해외의 공산주의 세력은 대부분 몰락하고, 사회주의 운동의 중심은 김재봉 · 박헌영 등 신진사회주의자들을 중심으로 국내로 이동하게 된다.

상하이파와 이르쿠츠파의 갈등은 1980년대부터 시작되어 지금까지 진행되고 있는 NL(National Liberation, 민족해방)과 PD(People's Democracy, 민중민주주의) 대립과 무관하지 않음을 알 수 있다. 아무튼 상하이파 출

19 『지운 김철수』, 한국정신문화연구원 현대사연구소 편, 1999, pp.49~50.

신 김철수가 이르쿠츠파 출신 박헌영을 지지한 것은 대사건이었다. 그뿐 아니라 근택빌딩, 신용욱(愼鏞頊)[20]이 제공한 승용차, 항공사 건물(서울비각 앞 소재, 3층) 등을 조선공산당이 사용하도록 했다.[21] 김철수의 이러한 조처(措處)에 김광수, 박낙종 등은 상당히 당황했을 것이다.

<25>

穩健派,民族陣營소외에 不滿

「先革命後獨立」·「先獨立後革命」맞서

分裂극심해 左右合作에失敗

해방으로 出獄된 인사중에는 共產主義者들이 상당히많이 섞여있었다. 그들은 형무소를 나오자 「투쟁경력」을 내세우며 곧장 共產主義運動으로 나아간다. <사진은 8월16일 서대문형무소앞=출옥한 인사들이 만세를 부르고있다>

〈그림94: 1971년 11월 27일 자 동아일보〉

20 본명 신용인(愼鏞寅, 1901~1961), 전라북도 고창군 흥덕면 사천리 출신이다. 일본 동아항공전문학교와 미국 힐라 헬리콥터학교 조종과를 나온 그는 조선비행학교를 설립하고 교장을 지냈다. 1948년 10월 대한국민항공사(KNA)를 설립하고 사장이 되어 국내 노선을 운항하기 시작하였다. 한국전쟁 때 대한국민항공사의 비행기가 징발되고 파산하였다가, 전시 중에 다시 비행기를 들여와 국제노선에도 취항하였다. 그러다가 경영난이 악화된 시점인 1961년 8월 25일 한강에 투신자살하였다. 제2대, 제3대 국회의원을 지냈으며 교통체신위원장을 역임하였다. 대한국민항공사는 현재 대한항공의 전신이다. 2002년 민족정기를 세우는 국회의원 모임이 발표한 친일파 708인 명단과 2008년 민족문제연구소가 정리한 친일인명사전 수록 예정자 명단에 모두 선정되었으며 2009년 친일반민족행위진상규명위원회가 발표한 친일 반민족 행위 705인 명단에도 포함되었다. 《위키백과》; 이윤식, 『비행기로 민심을 격발하고 장래 국내의 대폭발을 일으키기 위함이라』, 민미디어, 2003, pp.108~113.

21 『지운 김철수』, 한국정신문화연구원 현대사연구소 편, 1999, pp.147~148.

왜냐하면 이들은 ML계 출신으로서 장안파이었기 때문이다. 그들은 김철수를 내세워 ML계가 조선공산당을 장악하고, 특히 언론인 출신인 김광수, 박낙종, 송언필 등은 자신들이 주도하는 조선공산당의 기관지를 발행하고자 했을 것이다. 다시 김철수의 증언을 들어보자.

> 내가 해방으로 공주감옥을 나올 때 함께 복역했던 20여 명의 공산주의자 운동을 했던 사람들이 당장 서울로 가서 공산당을 조직하자고 했지만 박헌영과의 대립이 싫어 향리로 돌아갔던 것입니다. 그러나 그 후 고향으로 간도 사건 주범 김근(金槿)과 김현수 등이 자꾸 내려와 가자고 졸라요. 그래서 올라갔더니 명륜동에 사는 친동생 광수(그 후 월북·북괴상공부상역임·현재 행방불명)와 박낙종(조선정판사 사장으로 그 후 위폐 사건으로 검거됨), 하필원, 송언필(정판사 부사장·피체) 등이 나를 중심으로 해서 공산당을 재건하자고 해요.
>
> 그들은 그때 이미 20만 원인가를 주고 귀국하는 일본 놈으로부터 인쇄소를 사들여 조선정판사 간판을 붙인다고 서두른 때였습니다. 나는 해방 전 국제공산당 활동에서 "자리 욕심에 앞서 일을 죽도록 해야지 민중이 따라 오는 법"이라는 교훈을 얻었기 때문에 당수 같은 건 별로 생각이 없었고 좌익 내의 분열도 염려가 돼서 그랬습니다. 그래서 얼마 후 나보다는 이영(장안파 공산당·48년 월북·최고인민회의 의장·59년 조국통일 민전 의장단에서 해임·제거됨)을 중심해서 하라고 했으나 듣지 않았습니다.
>
> 내가 9월 15일경 재건파로 입당했습니다. 재건파로 입당한 데는 여러 가지 이유가 있습니다. 그 재건파는 공산주의자로 보아서는 투쟁성을 높이 평가할 수 있습니다. 그들은 줄기차게 독립운동이자 공

산주의운동을 벌여왔지요.

그래 재건파 공산당으로 입당했더니 박헌영 직계인 이주하·김삼룡이는 당권을 빼앗으러 들어온 줄 알고 몹시 싫어하는 눈치가 역력했습니다. 그 오해 때문에 그다음 민족 진영과 합작 운동에 크게 장애가 되었습니다.…[22]

신병 치료를 하며 고향 부안에서 은거하고 있던 김철수를 서울로 이끈 것은 김근 등 공주형무소 출옥 동지들이었다. 그러나 귀경한 김철수가 먼저 접촉한 집단은 동생 광수를 비롯한 박낙종, 하필원, 송언필 등 ML계이자 일월회 출신들이었다. 출옥 동지와 ML계는 각자의 계파들이 중심이 되는 공산당을 조직하고자 했고, 간판으로 김철수를 옹립하고자 했던 것이다. 하지만 김철수는 주위의 권고를 물리치고 재건파 공산당에 입당했다. 그 명분은 재건파의 투쟁성과 순결함이었다.

김철수가 재건 조선공산당에 입당한 시기는 9월 15일경이다. 이 무렵은 조선공산당 재건이 이미 선포되었고, '조공' 주요 부서와 간부가 발표된 시점이었다.[23] 1945년 9월 11일 당 재건과 함께 발표된 조선공산당 중앙 간부 명단은 대부분 박헌영 일파인 화요회나 경성콤그룹 출신임을 알 수 있다. 김일성 · 무정(독립동맹) · 강진(ML) · 최창익(ML, 독립동맹) 등의 경우 예외라 할 수 있으나, 이들은 북조선이나 해외에 있어 당 대회에 참가할 수도 없는 형편이었다. 의향도 확인하지 않고, 재건위에서 일방적으로 선출한 것은 조선공산당이 범 공산주의자 정당

22 남북의 대화, 공산당의 내분, 「동아일보」, 1971.11.27.

23 [표17: 조선공산당 계파별 분류표] 참조

임을 강조하기 위한 처사였던 것 같다.[24]

장안파도 아니며 당의 원로라 할 수 있는 김철수가 주요 보직에 누락된 것은 아무래도 이해할 수 없는 처사였다. 김철수는 이러한 사실을 알고도 입당했다. 이유는 이미 설명한 바 있다. 그러나 9월 19일 출범한 당 기관지 「해방일보」의 창간 이후부터 김철수와 박헌영의 관계는 점점 악화되기 시작한다. 먼저 「해방일보」의 판권 변동 과정부터 살펴보기로 한다.

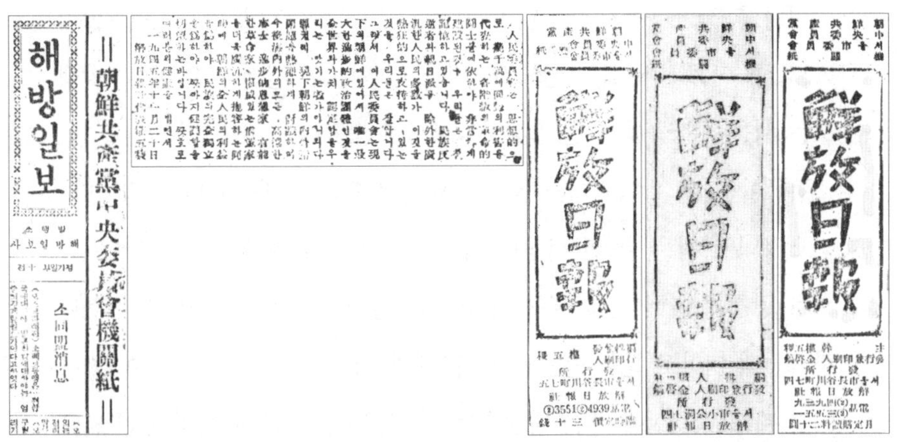
해방일보

朝鮮共產黨中央委員會機關紙

解放日報

解放日報

解放日報

解放日報

〈그림95: 좌로부터, 1945년 9월 19일(창간호), 11월 22일(13호), 46년 2월 23일(69호), 3월 20일(92호), 4월 13일(116호) 자 해방일보〉

「해방일보」 발간 초기에는 발행인과 편집인 표시 없이 발행소는 '해방

24 김남식, 『남로당연구』, 돌베개, 1984, pp.33~34.

일보사'이며 '조선공산당중앙위원회 기관지'라는 것만 표기했다. 100일쯤 후인 1945년 11월 29일 자(17호)부터는 '조선공산당중앙위원회 – 서울시위원회 기관지'로 변경되었다. 「해방일보」의 대표에 권오직이라는 이름이 등장한 것은 11월 22일 자(13호)를 통해서다. 이 날짜 신문에 실린 '해방일보 멧세이지'를 살펴보면 '해방일보사 대표 권오직'이라고 명기되어 있다. 창간 당초부터 권오직이 발행인이었다는 방증이다.

창간 5개월 정도가 지난 후 판권에 발행인과 발행 장소의 주소가 기재되기 시작했다. 1946년 2월 23일(69호) 자부터 '편집 겸 발행인 권오직, 발행소 서울시 장곡천정 75번지 해방일보사'를 판권에 기재하였다. 그러나 한 달이 채 지나지 않아 판권에 변화가 생기게 된다. 3월 20일(92호)에 따르면 편집인 권오직, 발행 겸 인쇄인 김계호(金啓鎬), 발행소는 서울시 소공동 14번지 해방일보사로 되었다.

주목할 것은 발행인이 권오직에서 김계호라고 바뀌었다는 점이다. 권오직의 직책은 한 번 더 바뀐다. 4월 30일(116호)부터는 주간(主幹)으로 명칭이 변했다. 발행 겸 인쇄인은 김계호로 변함이 없었다. 정판사사건의 여파로 문을 닫을 무렵의 「해방일보」사 사장은 권오직이 아니고 김계호였다는 얘기다. 김철수는 「해방일보」의 경영권에 관해선 별다른 증언을 남기지 않았다. 하지만 편집 문제 특히 조두원에 대해선 불만이 대단했던 모양이다. 다시 그가 남긴 회고담을 들어 보자.

> 또 아무개 조두원이라고 하는 사람은 친일 행동을 했어. 글 써. 글씨 좋아. 그것이 박헌영, 뭐시기 기관지(해방일보) 책임자. 그 사람보다 더 헌 사람 하나도 없다. 그 사람이 제일 나쁘다. 왜정 때 협력한 것으로는. 그 사람 쓰면서 왜 다른 사람 안 쓰냐?…(중략)… 그런

디 이제 한 쪽에서는 조두원이는 그게 보통 술장사하고 정비업하고, 일본놈하고 타협해 가지고 이권 운동한 그런 정도가 아니여. 조두원이는 비밀 정탐했다는 말이 아니라, 현저하니 친일 쪽으로 간 놈인디…[25]

김철수는 조두원의 친일 행위에 대하여 지나치다 할 정도로 거세게 비난했다. 김철수의 이러한 반응은 조두원이 「해방일보」의 편집국장을 맡았고,[26] 김광수 · 박낙종 · 송언필 · 하필원 등 ML계 출신 언론인들을 전혀 배려하지 않았기 때문으로 보인다. 조선공산당의 재건은 선포되었고(9월 11일), 당 기관지 「해방일보」가 창간되었지만(9월 19일), 조공 내 각 분파는 각자의 입장을 고민하고 있는 듯했다. 당시의 상황을 보여주는 예가 조선정판사에 근무하는 ML계 출신의 입당 시기다.

대부 격인 김철수가 9월 17일 입당했지만, 박낙종은 한 달 정도 고민하다가 10월경에 입당했다. 송언필의 입당 시기는 훨씬 늦었다. 11월 22일 장안파가 해체되면서 공산당이 합동 · 통일되고,[27] 근택빌딩에 조선공산당 간판이 내걸렸어도[28] 그는 입당하지 않았다.

25 『지운 김철수』, 한국정신문화연구원 현대사연구소 편, 1999, pp.247~248.

26 해방일보 판권에는 편집(국)장에 대한 표시가 없다. 그러나 각종 자료에서는 조일명(조두원)이 편집국장이었음을 인정하고 있다. 〈①정진석의 논문, 해방공간의 좌익 언론과 언론인들 ②강만길·성대경 엮음, 한국사회주의운동 인명사전 ③김철수의 회고와 증언, 지운 김철수 ④한국민족문화대백과사전 등 사전류〉

27 共產黨 합동 통일, 「자유신문」, 1945.11.24.

28 내걸은 共產黨看板, 黨本部를 近澤빌　에, 「중앙신문」, 1945.11.24.

共產黨合同統一

一國一黨原則下에長安派解消

맥아더元帥 近々赴滬說

朱德共軍總司令

奉天에서第一線指揮

錦州를中心으로 國共會戰豫想

내걸은共産黨看板

黨本部를近澤빌딩에

근로대중의 전위당(前衛黨)으로서 민중다대수의 지지를 바드며 건국에 감투해 나오는 조선공산당(朝鮮共産黨) 본부는, 해방이래 반합법적 운동을 자못 활발하게 전개하야 나오면서도 그 본부를 세상에 알니지 안허 일반이 그 소재에 대하야 궁굴합을 느껴오든바 어재 동당에서는 정식으로 간판을 내거더 본부의 소재를 명백히 하엿다 등 본부는 서울시 장곡천정 長谷川町 근택빌딩(近澤)에 두게 되엿는데 이는 一九二五년에 二동당이란 정한 이래 가진 조악한 압우해 지하운동을 해나오다가 당 결성이래 처음 보는 표면화를 의미하는 것으로 그 의의가 자못 크다

〈그림96: 1945년 11월 24일 자 자유신문, 중앙신문〉

송언필이 입당한 시기는 1946년 2월경이다. 이렇게 늦게 입당한 것은 송언필 나름대로 저항과 불만의 표출로 짐작된다. 그는 언론인이었다. 앞에서 언급했지만 1926년 2월 중순경 박낙종, 김광수, 하필원 등과 함께 「대중신문」의 창간 발기인으로 참여한 바 있다. 그 이전 1925년 1월에는 동경에서 사상단체 일월회 편집부 위원이 되어 기관지 「사상운동」 발행에 참여했으며, '소부르주아 사상과 무산 계급 사상' 등 여러 편의 글을 기고하기도 했다. 그리고 1928년 3월경에는 고려공청에서 발행되던 당 기관지 「현계단」의 책임 편집을 맡았다.[29] 검찰의 공판 청구서를 다시 읽어 보자.

29 강만길·성대경 엮음, 『한국사회주의운동 인명사전』, 창작과비평사, 1996, p.249.

同 宋彦弼은 同 時代에 同 罪名으로 징역 5년의 처벌을 받은 일이 있고 同 1946년 2월 同黨에 入黨하였으며 朝鮮精版社始發時以來 同社 庶務課長인 사람[30]

조선정판사 창업 이래 송언필의 직책은 서무과장이었다. 공산주의 사상 전파에 일생을 걸었던 송언필에게 인쇄공장의 서무과장이란 직책은 그에게 치욕이었을 것으로 짐작된다. 한편, 송언필과 박낙종 등의 조공 입당 시기는 검찰의 공판 청구서가 얼마나 모순에 가득한가를 증명해주고 있다. 공판 청구서를 중심으로 사건의 전개 과정을 살펴보자.

① 1945년 9월: 김창선, '징크판' 2조 6매 절취

② 9월 19일경: 근택인쇄소를 조선정판사로 개칭, 박낙종 사장 취임

③ 9월 19일: 해방일보 창간

④ 10월경: 박낙종 조공 입당

⑤ 10월 하순: 김창선과 송필언, 숙직 시 조선공산당과 정판사의 재정난 협의, 김창선이 위폐 제조 제의

⑥ 3일 후: 송언필, 박낙종에게 김창선의 제의 설명

⑦ 같은 날: 박낙종, 2층에 있는 조공 재정부장 이관술에게 설명, 이관술이 허락함

⑧ 10월 하순: 제1회 위폐 제조(200만 원)

⑨ 11월 11일: 이관술, 안국정 모처에서 기자회견

30 〈자세히 읽기-18, 공판 청구서〉 참조

⑩ 11월 23일: 조선공산당, 근택빌딩으로 이전

⑪ 12월 27~29일: 연 3일 위폐 제조(600만 원)

⑫ 1946년 1월: 신광범, 조공 입당

⑬ 1~3월: 김창선, 정명환, 김상선, 김우용, 홍계훈, 박상근 등 조공 입당

⑭ 2월: 송언필, 조공 입당

⑮ 2월 8~9일: 연 2일 위폐 제조(400만 원)

무엇보다 황당한 것은 김창선과 송필언 두 사람이 숙직할 때 조선공산당과 정판사의 재정난을 협의했고, 김창선은 그 재정난을 해소하기 위하여 위폐를 인쇄하자고 제의했다는 부분이다. 10월 하순경이라면 두 사람 모두 조공 입당 전이다. 그리고 두 사람 모두 조선공산당의 재정을 알 수 있는 위치에 있지 않았다. 더욱이 그 무렵의 송필언은 심경이 복잡할 때이다.

큰 어른으로 모시고 있던 김철수와 평생의 동지 박낙종은 벌써 조공에 입당했지만, 인쇄공장 서무과장으로 근무하고 있는 자신의 처지를 생각하며 미래에 대한 불안으로 고심하던 중이었을 것이다. 재건 공산당의 주도세력에 대한 증오심으로 불타고 있었다고 해도 하등 이상하지 않은 상황이었다. 이런 처지에 있는 송필언이 며칠 전만 해도 전혀 모르는 사이였던 김창선과 조선공산당의 재정난을 협의했다는 검찰의 설정에 송언필의 심경은 어떠했을까?

경우는 다르지만 김창선에 대한 공소사실 역시 보편적 상식으론 이해할 수 없는 기이한 설정이었다. 1945년 10월 하순 무렵 김창선은 두 가지 범죄를 동시에 진행하고 있었다고 한다. 뚝섬(纛島) 사건 관련자

에 대한 공판 청구서에 의하면, 김창선은 10월 말일경 소 징크판 3매를 배재룡, 랑승헌에게 판매했다. 2천5백 원을 우선 받았으며 장소는 자신의 집이었다. 홍사겸이 중계인 역할을 했다.

그리고 정판사 위조지폐 사건 관계자들에 대한 공판 청구서에 따르면, 10월 하순 오후 9시경부터 다음 날 아침 5~6시경까지 위조지폐 200만 원을 인쇄하는 데 가담했다. 이 과정에서 김창선은 정명환과 함께 징크판을 그리는 작업을 했으며 잉크 조절 담당도 두 사람이 맡았다. 가장 중요하다고 할 수 있는 작업을 김 · 정 두 사람이 맡았다는 얘기다.

이 무렵의 김창선은 정말 바빴을 것이다. 본업인 정판사 평판과장의 업무를 수행하면서 뚝섬 위폐범에게 징크판을 판매하였다. 다음 해 1월 초순에는 위폐범들이 보다 선명한 징크판을 요구하자 흑색인쇄용 소 징크판 1매를 전달했다. 그들과 계속 접촉을 했다는 뜻이다. 이러한 범죄행위를 하면서 한편으론 정판사에서 위조지폐를 제조하는 데 가장 핵심적인 역할을 수행했다. 뿐만 아니라 인쇄 필수 요원인 정명환 · 김상선 · 김우용 · 홍계훈 등을 설득하여 위폐 제조라는 엄청난 범죄에 가담시키는 것도 그의 역할이었다. 1인 3역, 4역을 한 셈이다. 과연 이러한 일이 가능할까?

아무튼 초인 같은 능력을 발휘했다고 가정해도 의문은 여전히 남는다. 뚝섬 사건은 전형적인 파렴치범들의 범죄행위다. 검찰의 주장으로는 정판사사건도 용서 못 할 범죄행위임이 틀림없다. 하지만 목적이 달랐다. 개인의 치부가 아니라 조선공산당의 경비를 조달하기 위해 공모했다는 것이 검찰의 주장이었다. 만약, 공판 청구서에 기재된 바와 같이 조선공산당과 정판사의 재정난을 타개하기 위해 나름대로의 정의감으로 위폐 제조에 나섰다면, 그 시점에서 자신의 범죄 행각을 송필언, 박낙종 등에게 고백했어야 했다. 적어도 1월 초순에 징크판을 재교부하는 것은 중단했어야만 했다.

그러나 김창선은 뚝섬 위폐 사건에 자신이 연루되었다는 사실이 탄로된다면 조공과 자신의 직장에 끼칠 누를 생각하지 않았다. 그는 정판사 직원, 뚝섬 위폐 제조, 정판사사건 등을 함께 진행했다. 파렴치한 범죄와 소위 양심범의 역할을 동시에 수행한 셈이었다. 박낙종에 관한 이야기를 빠뜨렸다. 그 역시 마음이 편치 않았을 것이다. 먼저 그 무렵 박낙종의 상황 및 근택빌딩 입주 현황을 파악해 보자. 입주 현황은 최승우의 기고문에 자세히 나와 있다. 그는 「현대일보」를 통해 다음과 같은 글을 남겼다.

> 필자가 작년 8·15 이후 동인(同人)으로 있던 '동무사'의 사무실을 구하려고 9월 중순경 동 빌딩으로 박낙종 씨를 찾아서 교섭하였던바 씨는 "같은 조선 문화 건설을 위한 사업이라면" 하고 동 빌딩 4층을 빌려주었으므로 그때부터 매일 하루도 빠짐없이 동 빌딩 4층에 출근하였고 사업관계(인쇄 관계)로 매일같이 피고인 박, 송, (신씨들과) 신씨와 거래가 있었다. 다소 탈선일지 모르나 이에 필자는 박낙종 씨를 위시하여 송언필·신광범 제씨의 인격과 민족 문화 건설에 대한 열성에 경탄하였을 뿐 아니라 필자 자신이 많은 격려와 감화를 받았다는 것을 말하지 않을 수 없다.
>
> 그러므로 필자는 그 당시 동 빌딩의 내용을 잘 아는 사람의 하나이다. 1층은 정판사 사무실, 3층은 해방일보사, 4층이 필자가 관계하던

동무사, 5층에는 산업노동조사소가 있어서 2층만이 비어 있었다. 그 후 우리에게는 4층이 너무 넓고 겨울에 추울 것 같아서 비어 있는 2층을 빌려 달라고 박낙종 씨에게 교섭하였더니 어느 학술 단체에게 선약하였다 함으로 필자는 2층을 단념하였고, 2층 각 방은 쇄를 채운 채 필자의 기억으로는 11월 중순경까지 비어 있었다가 그 후 조공당 서울시 위원회 선전부가 들어왔었고, 공산당중앙위원회의 일부가 옮겨온 것은 1945년 12월 말경이었고 동당 간부들이 전부 온 것은 1946년 1월 상순이 지나서였다.[31]

1945년 9월 중순경, 박낙종의 배려에 의해 정판사 빌딩 4층에 사무실을 얻게 된 최승우는 「동무사」라는 동인 단체를 운영하면서 매일 하루도 빠짐없이 출근하였고, 박낙종(사장)·송언필(서무과장)·신광범(인쇄주임) 등과는 업무(인쇄) 관계로 매일같이 협의하는 사이였다고 한다. 그 외 동무사는 「해방일보」를 통해 자신들이 편집한 서적을 홍보하기도 했다.

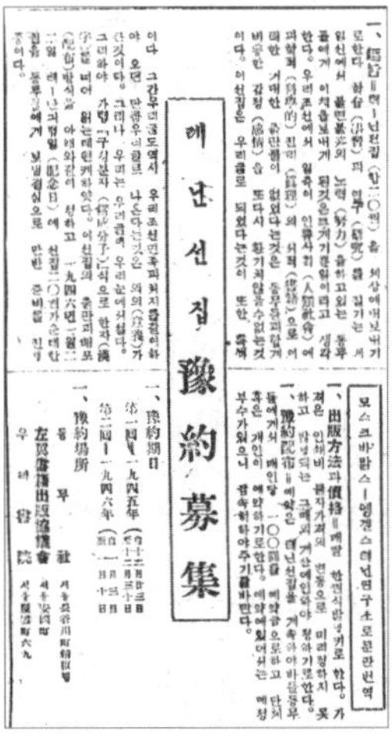
레닌선집 豫約募集

모스크바맑스-엥겔스레닌연구소로문판번역

一、豫約期日

一、豫約場所

동무社

左翼書籍出版協議會

〈그림97: 1945년 12월 28일 자 해방일보 광고면〉

그러므로 스스로 공언한 바와 같이 정판사 빌딩의 속사정에 대해 잘 아는 사람 중의 하나였음이 틀림없다. 그는 각 층에 입

31 崔昇宇, 所謂精版社僞幣事件의 起訴理由書를 駁함(中),

주하고 있는 업체 · 단체의 현황을 구체적으로 설명했다. 특히 (재건)공산당이 입주할 예정이던 2층의 입실 과정은 보다 자세하게 서술했다. 1945년 11월 중순경까지 공실(각 방은 열쇠로 잠긴 상태) → 조공당 서울시 위원회 선전부 입주 → 12월 말경(공산당중앙위원회의 일부 입주) → 1946년 1월 상순 이후(동당 간부 입주)… 즉 이관술이 정판사 빌딩으로 출근한 것은 1946년 1월 중순 무렵이었다.

최승우는 10월 하순경 어느 날 "박낙종 씨가 동 빌딩 2층에 있는 조선공산당 재정부장 이관술에게 이 범의를 피력하고 승낙을 얻었다." 함은 웬 말인가? 하고 의문을 표시하면서, "작년 10월 말경에 공산당본부는 안국정 행림(杏林)서원 2층에 있었던 것은 누구나 다 아는 사실인데 동당 중요 간부인 이관술 씨만 홀로 동 빌딩 2층 자물쇠를 채운 빈방에서 시무하였단 말인가? 그 당시 동 빌딩 내에 있던 필자로는 도저히 수긍할 수 없다"고 공판 청구서의 문제점을 지적했다.

軍政에는 積極協力
統一路線에 贊同
共産黨의 黨是拋棄는 아니다

〈그림98: 1945년 11월 12일 자 중앙신문〉

최승우의 기고문을 신뢰할 수 있는 이유는 다른 자료에서도 확인된다. "1945년 11월 11일 오전 11시부터 안국정 모처에서 이관술이 기자회견을 하였다"는 보도가 있었다.[32] 이

32 軍政에는 積極協力, 統一路線에 贊同, 共產黨의 黨是蹶起는 아니다, 「중앙신문」, 1945.11.12.

기사에 따르면 10월 하순 무렵의 이관술은 안국정 행림(杏林)서원 2층에서 근무하고 있었음을 알 수 있다. 그리고 산업노동조사소의 입주 과정도 실입주자였던 고영민(본명 고준석)의 글을 통해 확인된다. 아래는 고영민의 회고록 중 일부다.

> 이와 같은 우리들의 사정을 들은 당 중앙 재정부장 이관술이 박헌영의 양해를 얻어 당중앙본부회관 4층(오타 혹은 오기임, 실제로는 5층)을 우리들에게 제공해 주었다.…(중략)… 1945년 9월 하순에 나는 이관술과 강문석 두 사람의 보증하에 조선공산당에 입당하였다.[33]

최승우는 1946년 8월 21일, 22일, 25일 3회에 걸쳐 「현대신문」에 기고하면서, 이관술과 박낙종의 담화에 관한 것뿐만 아니라 공판 청구서의 여러 가지 허점과 억지에 대하여 지적하였다. 기고문 전문을 소개한다. 그리고 같은 건물에서 조선공산당과 정판사의 몰락을 함께 목격했던 고영민의 회고록도 아래에 인용한다.

33 고영민, 『해방정국의 증언, 어느 혁명가의 수기』, 사계절, pp.68~69.

〈자세히 읽기-19〉

[최승우의 기고문, 所謂精版社僞幣事件의 起訴理由書를 駁함]

所謂精版社僞幣事件의 起訴理由書를 駁함(上) / 崔昇宇 / 崔昇宇
현대일보 [現代日報] 1946년 08월 21일

소위 정판사위폐사건의 기소 이유서를 박(駁)함(상) 최승우

전 민족의 시선을 집중시키고 전 세계의 관심의 대상이 되어 있는 소위 정판사위폐사건의 공판은 지난 7월 29일 수많은 군중의 원성과 무장 경관의 총부리에 개정되었다가 변호사단의 재판장 기피로 제1막을 마친 후 세인의 상식에 어그러진 '기피 신청의 각하'와 변호사단의 비장한 성명서가 발표되자 세인은 이 사건의 진전에 더한층 농후한 암영이 떠돌고 있는 것을 느끼고 있는바 오는 22일 드디어 그 제2막이 열리게 되었다.

국민의 한 사람으로서 이 사건에 지대한 관심을 가진 필자는 이 사건의 담임 검사 조재천 씨의 공판 청구서(7월 30일부 한성일보 게재)를 읽고 그에 나타난 범죄 사건이라는 것이 너무나 조잡하고 모순덩어리이며 객관적 사실과 부합되지 않음에 놀라지 않을 수 없었다. 검사의 공판 청구서에 의하면 범죄 사실의 개요는 다음과 같다. (一, 二 순번으로 나눈 것은 필자)

(1) 정판사 전신인 근택인쇄소에서 근무하던 피고 김창선이가 1945년

9월에 일제가 조은권 백 원권을 인쇄하려다가 중지한 '징크판' 2조 6매를 절취하여 두었던바

(2) 동년 10월 하순 어느 날 밤 피고 송필언 씨와 김창선이가 같이 정판사에서 숙직할 때 양인이 서로 조선공산당과 정판사의 재정난에 관한 말을 하다가 김창선으로부터 "'징크판'이 있으니 돈을 인쇄하여 사용하면 어떻겠느냐"고 함에 발단이 되어

(3) 약 3일 후 송언필 씨가 동사 사장인 피고 박낙종 씨에게 전기 김창선의 제의를 제시한즉

(4) 박낙종 씨는 주저하다가 동사 빌딩 2층에 있는 조선공산당 재정부장 이관술 씨에게 그 뜻을 전달하였던바 동 씨도 처음에는 주저하였으나 "탄로되지 않고 될 수 있는 일이라면 군에게 일임하니 해보라"고 말하였으므로

(5) 박낙종 씨는 사무실로 내려와 송필언 씨에게 송 씨는 김창선에게 순차로 인쇄를 부탁하고

(6) 김창선은 신임하는 피고 정명환, 김상선, 김우용, 홍계훈에게 "송 씨가 공적자금으로 조은권을 인쇄하여 달라 하니 인쇄하자"고 말하였던바 반대 또는 주저하였으나 결국은 승낙하고,

(7) 또 송 씨는 다른 피고 신광범에게 경계를, 피고 박상근 씨에게는 용지 출고와 0裁0을 부탁하여 제반 음모를 한 후

(8) 조선정판사에서 1945년 10월 하순 어느 날(제1회) 동년 12월 27일, 28일, 29일 연 3일, 1946년 2월 8일, 9일 연 2일 밤 9시경부터 각기 익일 아침 사이에 전후 6일에 걸쳐 조은 백 원권을 매회 2백만 원식(式) 인쇄하여 이것을 쓰기로 담당한 이관술 씨의 손을 통하여 그즈음 경성부내에서 조선공산당비로 사용하여 경제를 교란하였다는 것이다.

이 공판 청구서 중에 지적된 이상의 범죄 사실을 하나하나 검토하여 볼 때 첫째로 범죄 사실 중 (2)에 있어서 즉 송언필 씨와 김창선이가 1945년 10월 하순 어느 날 밤 동사에서 숙직 중 서로 조선공산당과 정판사의 재정난에 관한 말을 하다가 김창선으로부터 위폐를 인쇄하여 사용하자는 제의를 하였다는 데 있어서 필자뿐 아니라 적어도 정신에 이상이 없는 사람이라면 누구나 다 회의를 품게 될 것이다.

왜냐하면 공판 청구서 범죄 사실의 전단을 보면 송언필 씨는 1946년 2월에 김창선은 동년 1월부터 3월까지 사이에 피고 정명환, 김상선, 김우용, 홍계훈과 전후하여 공산당에 입당하였다고 명시되어 있는데 그 양인이 이날 밤(1945년 10월 하순경 어느날 밤)에 자기들과 아무런 관계가 없는 공산당의 재정난에 관한 말을 하였다는 것과 김창선이가 그 재정난을 극복하기 위하여 위폐를 인쇄하자고 제의하였다는 점은 있을 수 없는 사실이기 때문이다.

정판사 사원이니까 동사의 재정난은 알았고 또 그것을 위하여 염려하였다면 몰라도 도대체 공산당원이 아닌 송·김 양인이 우연히 이 사실을 알았다고 하더라도 자기들이 아직 당원이 되지 않은 이상 자기들에게는 아무런 관계도 없는 일이거늘 김창선이가 자기 일신을 망칠 이 어마어마한 위폐를 인쇄하여 공산당비로 사용하자는 제의를 과연 하였을까?

자기가 근무하는 정판사 외 재정난을 구출하는 방도로도 이 엄청난 범행을 제의하였다고 하여도 보통 사람의 상식으로는 시인치 못할 일인데 항차 자기와 하등의 관계가 없는 공산당의 재정을 위하여 이와 같은 범행을 하자고 제의하였다는 것은 김창선이가 전후를 분별치 못하는 어린애가 아니고 또 정신병자가 아닌 이상 있을 수 없는 일이다. 그런데 검사의 공판 청구서에는 김창선이가 형법상 미성년이라는 것도 정신이상자라는 것도 없는 것이다.

所謂精版社僞幣事件의 起訴理由書를 駁함(中) / 崔昇宇 / 崔昇宇
현대일보 [現代日報] 1946년 08월 22일

또한 김창선이는 보통 사람으로는 상상할 수 없는 의협심이랄까 탐정소설에서만 볼 수 있는 모험심을 가진 사람이어서 이러한 제의를 하였다 하더라도 그 상대편인 송언필 씨는 최고 학부를 나온 일반사회의 정평이 있는 인격자이니 그 송씨가 응하였다는 것도 도저히 있을 수 없는 일이고 그 당시 박낙종 씨 외는 공범 전부가 공산당과는 하등 관계가 없는 인물들인데 이들 전부가 공산당비를 위하여 자기 일신을 희생하는 파렴치한 범행을 응낙하였다는 것에 필자는 놀라지 않을 수 없다.

왜냐하면 과거 일제 강점기 때 민족해방을 위한 투쟁에 있어서 동지 획득에 수많은 실패를 하였고 심지어 그 실패로 말미암아 놈들에게 짓밟히었던 경험을 가진 사람으로서는 누구나 다 이 엄청난 위폐 제조라는 파렴치죄에 또한 파렴치죄의 공통점인 자기 이익을 위해서가 아니라 자기네들과는 하등의 관계가 없는 공산당비 조달의 목적으로 하는 이 범행에 한 사람의 실패도 없이 동범 획득에 성공하였다는 것은 참으로 기이한 일이라 아니 할 수 없으며 실재로는 있을 수 없는 사실이다. 우연이라는 단순히 넘겨보낼 수 없는 일이다.

둘째로 범죄 사실 중 전기 (4)에 있어서 박낙종 씨가 위폐 인쇄의 청을 정판사 빌딩 2층에 있는 조선공산당 재정부장 이관술 씨에게 그 뜻을 전한 바 동 씨도 처음에는 주저하였으나 "탄로되지 않고 될 수 있는 일이라면 군에게 일임하니 해보라"고 말하였으므로 박낙종 씨는 사무실에서 내려와 송 씨에게 그 뜻을 말하였다고 하는데 필자는 또한 있을 수 없는 일이라고 단정치 않을 수 없다.

필자가 작년 8.15 이후 동인(同人)으로 있던 '동무사'의 사무실을 구하려고 9월 중순경 동 빌딩으로 박낙종 씨를 찾아서 교섭하였던바 씨(氏, 박낙종)는 '같은 조선 문화 건설을 위한 사업이라면' 하고 동 빌딩 4층을 빌려주었으므로 그때부터 매일 하루도 빠짐없이 동 빌딩 4층에 출근하였고 사업관계(인쇄 관계)로 매일같이 피고인 박, 송, 신 씨들과 거래가 있었다. 다소 탈선일지 모르나 이에 필자는 박낙종 씨를 위시하여 송언필 · 신광범 제씨의 인격과 민족 문화 건설에 대한 열성에 경탄하였을 뿐 아니라 필자 자신이 많은 격려와 감화를 받았다는 것을 말하지 않을 수 없다.

그러므로 필자는 그 당시 동 빌딩의 내용을 잘 아는 사람의 하나이다. 1층은 정판사 사무실, 3층은 해방일보사, 4층이 필자가 관계하던 동무사, 5층에는 산업노동조사소가 있어서 2층만이 비어 있었다. 그 후 우리에게는 4층이 너무 넓고 겨울에 추울 것 같아서 비어 있는 2층을 빌려 달라고 박낙종 씨에게 교섭하였더니 어느 학술 단체에게 선약하였다 함으로 필자는 2층을 단념하였고, 2층 각 방은 자물쇠를 채운 채 필자의 기억으로는 11월 중순경까지 비어 있었다가 그 후 조공당 서울시 위원회 선전부가 들어왔었고, 공산당중앙위원회의 일부가 옮겨 온 것은 1945년 12월 말경이었고 동당 간부들이 전부 온 것은 1946년 1월 상순이 지나서였다. 그런데 검사의 공판 청구서에는

10월 하순경 어느 날 "박낙종 씨가 동 빌딩 2층에 있는 조선공산당 재정부장 이관술에게 이 범의를 피력하고 승낙을 얻었다." 함은 웬 말인가? 작년 10월 말경에 공산당본부는 안국정 행림(杏林)서원 2층에 있었던 것은 누구나 다 아는 사실인데 동당 중요간부인 이관술 씨만 홀로 동 빌딩 2층 자물쇠 채운 빈방에서 시무하였단 말인가? 그 당시 동 빌딩 내에 있던 필자로는 도저히 수긍 못 할 일이다.

셋째로 문제를 진전 검토하기 위하여 우연히 이관술 씨가 동 빌딩 2층 빈방에 홀로 앉아 있다가 박낙종 씨에게 이와 같은 말을 들었다 하자, 이와 같은 어마어마한 파렴치 범의를 들은 이관술 씨는 처음에는 주저하였으나 "탄로되지 않고 될 수 있는 일이라면 군에게 일임하니 해보라"고 말하였다는데 이르러서는 도저히 정상(正常)한 상식으로는 판단할 수 없는 일이다.

이 엄청난 파렴치 범행을, 더욱이 20여 년간 우리 민족의 해방을 위하여 악전고투한 이관술 씨가 민족의 경제생활을 교란하는 이러한 범행에 응낙하였다는 것은 씨(이관술)의 과거를 아는 또 일제 강점기 때 조선독립을 기원하는 동포라면 누구나 시인 못 할 사실이다.

또한 설혹 이관술 씨가 공산당비가 곤란하여 이러한 생각을 하였다손 치자. 박낙종 씨 외에는 전부가 당원이 아닌 사람들((공판 청구서에 의하면 그 당시는 전부가 미 입당 중이다)에게 잠시 주저하는 정도로 당의 운명을 좌우하는 이 범행을 일임하였을까? 과거 일제 강점기 때 반일 투쟁을 도맡아 용감히 투쟁하여 온 조선공산당이 8·15 이후 또 다시 가장 용감하고 씩씩하게 조국의 완전 자주독립과 민주주의 과업을 실천하면서 3천만 민족 대다수의 지지와 인기를 독점하고 있는 것을 질시하는 나머지 적대시하여 기회만 있으면 공산당을 모략하여 위신을 떨어뜨려서 조선의 민주주의 발전을 장애(障碍)하려던 일제의 주구 그리고 친일파 민족 반역자와 반동분자들이 존재했던바, 그 당시 이 사실을 가장 경계하였을 공산당의 간부인 이관술 씨가 또 일제와의 20여 년간의 투쟁 중에 동지 획득에 헤아릴 수 없는 쓰라린 경험을 가진 씨(이관술)가 동지 아닌 사람들에게 '잠시 주저'하는 정도로 이와 같은 범행을 일임하였다는 것은 정상한 두뇌로는 시인할 수 없다는 것을 지적하지 않을 수 없다. 공산당이 한 개의 정신병자의 집단이 아니고 이관술 씨가 정신병자가 아니라면 당의 운명을 결할 이와 같은 범행을 더구나 전부가 비당원인 그들에게 위촉할 수 있었을까?

또한 공판 청구서를 보면 박낙종 씨가 근택인쇄소(정판사)를 인수하여 사장이 된 것은 1945년 9월 상순이고 이 범죄 사실이 일어난 것은 동년 10월 하순경이며 또 범죄가 박낙종 씨의 발안이 아닌 것을 보면 박 씨가 전부터 범죄의 예비 음모를 하지 않았을 것은 분명한데 김창선 이하 6명의 직공을 사장과 직공 사이의 접촉으로 불과 2삭도 못 되는 기간에 어떻게 이 6인을 신용하고 과연 이러한 위험한 범죄를 시킬 수 있었을까? 만약 상식있는 자는 고사하고 삼척동자라도 믿지 않을 것이다.

所謂 精版社僞幣事件의 起訴理由書를 駁함(下) / 崔昇宇 / 崔昇宇
현대일보 [現代日報] 1946년 08월 25일

넷째로 전기 범죄사실에 있어서 전후 6회에 걸쳐 위폐를 매회 2백만 원씩 도합 1,200만 원을 인쇄하여 이것을 쓰기로 담당한 이관술 씨의 손을 통해 그즈음 경성부 내에서 조선공산당비로 사용하여 경제를 교란하였다는 것 역시 상식 있는 사람이라면 수긍치 못할 것이다.

왜냐하면 필자는 작년 12월 말경 인쇄대금 지불 관계로 상당히 졸리었던 사실을 상기하게 된다. 필자가 관계하던 동무사가 원체 자본이 넉넉지 못하였음으로 정판사에 인쇄대금 수만 원을 지불 못 하였던 관계로 동사 사장인 박낙종 씨에게 직접 대금의 재촉을 받았었다. 그때 박 씨는 연말에 지불하여야 할 정판사 직공들의 월급 상여금의 계산표와 외상대금 징수표를 필자에게 제시하여 가면서 재촉이 아니라 사정하였었다. 아니 사정이라기보다는 애원하는 것이었다. 지금 필자의 기억으로는 그 외상표 중에 조선공산당이라는 난에 수만 원, 해방일보라는 난에 역시 수만 원이 적혀 있는 것을 본 것 같다. 그런데

검사의 공판 청구를 보면 12월 27일, 28일, 29일 연 3일간에 600만 원이란 범죄 사실 중에 가장 다액의 위페를 인쇄하였다 하였는데 이러한 박낙종 씨가 이때 그렇게도 직공의 월급과 상여금 지불에 초조하였을까? 또 수많은 위페를 사용하던 공산당 이관술 씨가 다른 곳에는 쓰면서 왜 불과 수만 원의 인쇄 대금을 지불치 못하고 공범인 박낙종 씨를 그처럼 초조케 하였을까? 참으로 이상스런 일이라 하지 않을 수 없다.

다섯째는 2, 3, 4회의 범행은 작년 12월 27일, 28일, 29일 연 3일간 5, 6회는 금년 2월 8, 9일 연 2일간 밤 9시경부터 그 익조(翌朝, 다음 날 아침) 사이에 매회 200만 원씩 지폐를 인쇄하였다는데 이르러서는 검사가 피고들에게 초인간성을 부여하고 이 범죄사실에 대하여 초과학성을 부지 중 시인하였다고 볼 수밖에 없다. 검사여! 기계가 아닌 인간으로서 연 2일, 연 3일 철야 계속 노동이 과연 가능하단 말인가? 공판 청구서에는

피고들이 낮에는 휴업하고 밤에만 작업하였다는 구절은 없고, 또 필자의 기억으로도 정판사가 정초 외에는 연 2일, 연 3일 휴업한 일이 없었는데 그렇다면 피고들은 연 2, 3일 불철주야 계속 노동을 무난히 할 수 있는 '초인간적기인'이라는 영광을 검사로부터 얻게 된 것이다.

또 직공 5명이 가과(可過) 9시간 내지 10시간에 오프셋 인쇄기 한 대를 사용하여 백 원권 지폐 2만 매(200만 원)의 인쇄가 가능하다는 말인가? 필자는 놀라지 않을 수 없다. 이상과 같이 검사의 공판 청구서에 나타난 범죄 사실의 하나하나를 분석 · 검토할 때에 법률 전문가가 아닌 필자로서도 이치에 맞지 않으며 범죄의 동기와 그 구성 자체에 모순이 있다는 것을 발견 지적할 정도인데 법률 전문가이요 범죄 사실 파악에 공정하고 가장 치밀하여야 할 검사 자신이 어찌 이러한 결론을 얻게 되었는지 놀라지 않을 수 없는 동시에 거반(去般, 지난번)조선공산당이 하-지, 러-치 양 장군에게 제의한 청원서는 이러한 사태에 비추어 볼 때 당연한 자위 수단이라 아니할 수 없다. 더욱 이러한

모순되는 공판 청구서로 기소된 이 사건은 편파할 우려가 있다 하여 변호사단으로부터 신청된 재판장 기피가 각하되고 "기피가 되지 못하면 도리어 불리"(변호사단 성명서 중에서 인용) 운운한 그 재판장에게 심리를 받게 된 이때에 필자는 조공당 청원서의 정당성을 다시 한번 시인치 않을 수 없는 바이다.

또한 이 사건은 피고들이 경찰에 구속되자(당국의 발표가 있기 전부터) 정치적 모략 · 선전의 도구가 되어왔고 정당한 공판이 있기 전에 벌써 유죄

인 것 같이 모략·선전되고 있으니 필자는 히틀러의 정당이 그 정적인 독일공산당을 인민의 신망에서 떨어뜨리고 파멸시키기 위한 음모에서 생긴 저 유명한 "의사당 방화 사건"과 우리의 원수 일제의 군벌들이 날조한 오모리깽 사건(大森깽事件[34], 일본공산당을 謨害彈壓하기 위한)을 상기하고 이와 연관시켜서 이 사건을 의심해 보지 않을 수 없게 된다.

끝으로 진리를 사랑하고 민주주의를 지지하는 동포들에게 필자는 독일의 의사당 방화 사건과 일본의 오모리깽 사건 판결의 전철을 밟지 않도록 이 사건 공판의 진전과 귀결을 단호히 감시하지 않으면 안 된다는 것을 제의하는 바이다.

---

34 '적색갱 사건'은 1932년 10월 6일, 도쿄 오모리구(현 도쿄도 오타구)에서 발생한 은행 강도 사건이다. 피해를 당한 은행은 가와사키 제백은행 오모리 지점(川崎第百銀行大森支店)인데, 복면을 한 남자 3명이 침입해 현금 31,700엔(현재 1억 엔 상당)을 강탈해 갔다. 일본에서 최초로 일어난 은행 강도사건으로, 범인은 일본공산당원으로 알려졌다. 그러나 공산당 측은 날조라고 주장하고 있다. 《일본 wikipedia, 赤色ギャング事件》

〈자세히 읽기-20〉

[고준석의 증언, 정판사사건]

정판사 위조지폐 사건

미군정청은 1946년 5월 4일과 5일에 서울 교외인 독도에 사는 이재원(李在元) 등 7명을 검거하는 동시에 일제 말기에 조선은행권을 인쇄했던 찌까자와(近澤)인쇄소(해방 뒤 정판사 빌딩)의 지폐 인쇄기와 잉크, 석판, 위조지폐 등을 압수했다. 그 위조지폐는 일제 패망과 동시에 재료가 모두 폐기된 것이어서 선명치 못했고 사용 가능한 것은 없었다. 그러나 지폐 위조단에 정판사 빌딩 인쇄공장의 노동자인 김창선(金昌善)과 정명환(鄭明煥)이 포함된 것을 안 미군정청의 경무부장 조병옥과 수도경찰청장 장택상(후에 총리가 됨)은 조선공산당을 탄압하기 위해 '조선공산당 위조지폐 사건'을 날조했다.

그리고 미군정청은 5월 16일에 CIC요원들을 동원, 지하 인쇄공장에서 인쇄하던 「해방일보」를 무기 정간 처분(실제로는 폐간 처분)에 처했다. 정판사 빌딩 사장인 박낙종(朴洛種), 서무과장인 송언필(宋彦弼) 등 공산당원 14명을 검거하는 한편 공산당 중앙재정부장인 이관술(李觀述), 당 중앙 집행위원이자 「해방일보」 사장인 권오직(權五稷) 등을 지명 수배했다. 권오직은 검거를 피했으나 이관술은 7월 6일 검거되었다. 이로써 조선공산당원으로서 정판사 빌딩 관계로 구속된 자는 15명으로 늘어났는데 그중 9명과 독도 위조단 관계자 4명이 기소되었다.

정판사 위조지폐 사건과 독도 위조단 사건은 분리 재판으로 진행되었다. 뒤의 것은 8월 6일에 판결이 내려져 낭승구(浪承九) 징역 6년, 조승헌(趙承憲)과 배재룡(裵在龍)에게 각각 징역 5년, 홍사겸(洪思謙)에게 징역 3년이 언도되었다. 이들은 가혹한 고문에 못 이겨 거짓 자백을 했고, 이것으로 위조지폐 사건이 꾸며졌던 것이다.

정판사 위조지폐 사건의 피의자들은 7월 19일에 검찰로 보내졌고, 열흘 지난 29일 제1차 공판이 열렸다. 이날 아침 일찍부터 군정청은 수백 명의 군·경을 동원해 서울지방 법원 주위에 삼엄한 경비를 폈다. 그런데 재판이 공개되기 전부터 군중이 몰려들어 '적기가'를 부르며 '조선공산당 만세!'를 외쳐댔다. 그러자 경찰대가 군중을 향해 무차별 총격을 퍼부었고, 그로 말미암아 군중 1명이 사망하고 수십 명이 부상당했다.

이 현장에서 군정청 경무부장 조병옥과 수도경찰청장 장택상의 진두지휘로 공산당원 1명을 포함, 민청원·학생을 합쳐 모두 47명이 선동혐의로 검거되었다. 검거된 사람들은 점령군 군사 법정에서 8월 20일에 징역 6년~1년 6개월을 각각 언도받고 투옥되었다.

정판사 위조지폐 사건의 제1차 공판에서 변호인들은 재판장을 기피했다. 그 이유로 공판정에서 피고인들의 신체를 구속하고 있어 자유로운 진술이 불가능하다는 것을 들며, 검찰에 보내진 지 열흘만의 갑작스러운 공판은 일본의 진주만 공격 이상의 급습이라고 규탄했다. 또한 여러 명의 특별변호인의 신청에 대해서는 허헌에게만 특별변호가 허가되었다. 피의자들은 범죄 사실을 전면 부인했다.

그러나 그 해 11월 28일에 열린 이 사건의 공판정에서 이관술 · 박낙종 · 송언필 · 김창익(金昌益, 김창선의 오기) 4명에게는 무기징역이, 신광범(辛光範) · 박상근(朴相根) · 정명환 3명에게는 15년 징역형이, 김창선(金昌善, 김상선의 오기) · 홍계훈(洪啓勳) · 김우용(金遇鏞) 3명에게는 10년 징역형이 각각 언도되었고, 그 밖에도 전원에게 유죄판결이 언도되었다.

그 후 박헌영이 가장 신뢰하던 이관술은 대전형무소에 복역하던 중 학살되었다. 정판사 빌딩은 일본인 소유였었다는 것을 법적 구실로 삼아 군정청이 접수했다가 가톨릭계의 경향신문사에 불하해 버렸다. 정판사 위조지폐 사건은 분명히 점령자의 가공할만한 모략 행위였다. 이 사건으로 박헌영의 미군에 대한 인식이 '해방자'에서 '적'으로 확실히 바뀌어 버렸다.

19

김창선의 혈서 소동, 그리고 고문이야기

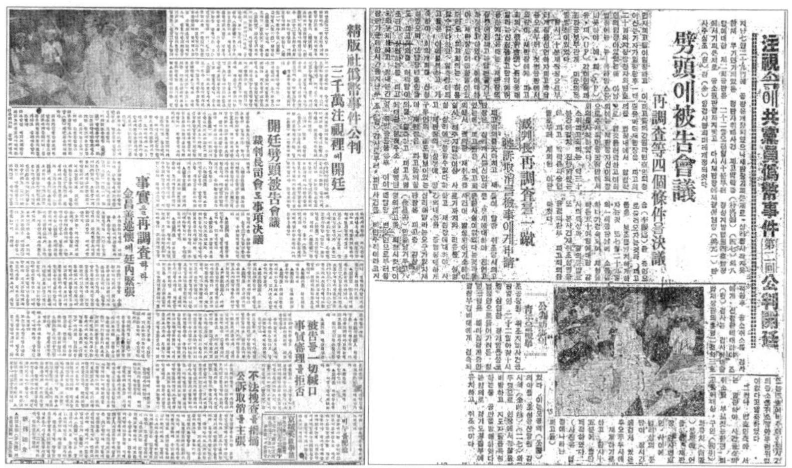

精版社僞幣事件公判

三千萬注視裡에開廷

開廷劈頭被告會議

裁判長司會로事項決議

事實을再調査하라

全員義憤에廷內緊張

被告들一切緘口

事實審理를拒否

不法搜査를指摘

公訴取消를主張

注視속에共黨員僞幣事件第二回公判開廷

劈頭에被告會議

再調査等四個條件을決議

裁判長再調査를一蹴

〈그림99: 1946년 8월 23일 자 중앙신문, 동아일보〉

1946년 8월 22일, 정판사사건의 공판이 속행되었다. 7월 29일 첫 번째 공판이 파행으로 마감된 후 거의 1개월 만에 개최된 공판이었다. 다음날 신문은 이 재판의 앞날을 예고하는 듯 좌익과 우익의 헤드라인부터 극명하게 대조되었다. 우익의 대표신문 「동아일보」는 "주시 속에 공당원 위폐 사건"이라고 제목을 선정해 이 사건이 공산당의 천인공노할 범죄행위였다고 단정했다.[1]

1 注視 속에 共黨員僞幣事件 第二回公判開廷, 「동아일보」, 1946.8.23.

반면, "정판사위폐사건 공판, 삼천만 주시리에 개정"이라고 제목을 뽑은 「중앙신문」은 이 사건의 조작 · 음모를 삼천만 민중이 주시하고 있다고 암시하는 듯했다.[2] "공산당 위폐 사건"과 "정판사위폐사건"이 두 가지 표현은 대립된 두 진영이 사건을 서로 다르게 바라보고 있다는 얘기다. 이러한 두 시선은 2021년 현재까지 진행되고 있는 민족의 아픔이기도 하다.

그동안 많은 일이 있었다. 공판 첫날 유혈참극으로 인해 중학생 한 명이 사망했고, 그날 발생했던 소요로 인해 많은 시민이 재판에 넘겨져 49명에게 최고 5년형의 실형이 언도되었다(첫 공판 8월 5일, 최종 공판 8월 20일). 8월 4일 치러진 전해련 군의 장례식에 참석한 조문객들에게도 소위 법의 심판이 내려졌다. 5명의 젊은이들에게 최고 1년의 징역형이 선고된 것이다(구속 8월 4일, 선고일 10월 29일). 아수라장이었던 7월 29일 그날 첫 번째 공판을 강행했던 뚝섬 위폐 사건은 8월 5일 두 번째 공판을 끝으로 사건을 종결시켰다. 이제부터 길고 긴 정판사사건의 공판이 시작될 차례다.

『위폐사건공판기록』에 따르면, 사건의 정확한 명칭은 '정판사 및 뚝섬(纛島) 위조지폐 사건'이다. 경성지방법원은 서기 1946년〈경지형공 제2336호〉'통화위조동행사등피고 사건'으로 피고인 이관술 외 13인(이 중 4인은 뚝섬 관계 사건 피고인)에 관한 '공판요약표'를 남겼다. 공소 제기한 날짜는 1946년 7월 19일이었고, 공소제기까지의 기록 총 장수(張數)는 2,279장(張)이었다.[3] 아래에 '공판요약표'를 소개한다.

2 精版社僞幣事件公判, 三千萬注視裡에 開廷, 「중앙신문」, 1946.8.23.

3 『위폐사건공판기록』, 대건인쇄소, pp.93~100.

[표18: 정판사 및 뚝섬 위조지폐 사건 공판요약표]

회수	일시	관여판사	입회 검사	입회 서기	조서 장수	비고
1	1946.7.29. PM0.30~5.30	양원일(재판장) 김정열, 최영환	조재천 김홍섭	이우경	53	정판사 관계 사건 소송관계인 재판장 기피 신립(申立)
						뚝섬 관계 사건 분리 심리
2	1946.8.5. AM10.~10.30	同	同	同	6	뚝섬 관계 사건 언도 정판사사건 기피 재판 중(8.1~8.4)
3	1946.8.22. AM10.~PM5.	同	同	同	85	정판사 관계 사건, 피고인 회의 등 피고인 김창선 일부 심리
4	1946.8.23. AM10.~PM4.40	同	同	同	49	피고인 김창선 잔부(殘部) 심리 (오후는 묵묵부답)
5	1946.8.27. AM10.~PM4.30	同	同	양백승	56	피고인 홍계훈 심리, 피고인 김창선, 김상선, 김우용 심리(묵묵부답)
6	1946.8.28. AM10.~PM4.	同	同	同	24	피고인 정명환 심리(묵묵부답)
7	1946.8.30. PM0.15~2.30	同	同	이우경	10	피고인 합석심리 타합 변호인 윤학기 변론금지
8	1946.8.31. AM9.~PM3.	同	同	同	44	합석심리 피고인 김우용 심리
9	1946.9.3. AM9.~PM6.	同	同	양백승	52	피고인 박상근 심리 피고인 김우용, 김창선 보충신문
10	1946.9.5. AM10.~PM8.	同	조재천	이우경	89	피고인 김상선, 정명환 심리 피고인 홍계훈 보충신문
11	1946.9.6. AM10.~PM7.40	同	同	同	88	피고인 신광범, 송언필 심리 피고인 김창선 보충신문
12	1946.9.9. AM10.~PM8.30	同	조재천 김홍섭	양백승	64	피고인 박낙종, 송언필 심리 피고인 김창선 보충신문
13	1946.9.13. AM10.~PM1.	同	조재천	이우경	2	증거신청
14	1946. 9.14. AM10.~11.30	同	同	同	6	증거결정
	AM11.40~PM2.45				33	검증(정판사, 본정 경찰서)
	PM2.50~3.10			양백승	29	증인 김석완 신문(조서 17장)

15	1946.9.17. AM10.~PM7.	同	조재천 김홍섭	이우경	58	감정인 백인제, 공병우 신문 통사(通事) 언더우드, 증인 매글린, 윔스 신문
16	1946.9.18. AM10.~PM9.	同	同	양백승	76	증인 맥 · 마흔, 킬린, 안순규 신문
17	1946.9.20. AM10.~PM0.20	同	同	이우경	5	번역인 차영조 신문
	PM1.					
	PM1.~4.			이흥식	33	증인 장택상, 김광수, 이철원 신문
18	1946. 9.24. AM10.~PM8.20	同	조재천	안재봉	67	감정인 겸 증인 오정환 증인 이구범, 김한규, 홍사겸, 배재룡 신문
19	1946.9.26. AM10.~PM3.	同	同	이흥식	36	증인 이필상, 신영철 신문
20	1946.9.30. AM10.~PM7.30	同	同	안재봉	41	증인 하필원, 이균, 원영규 신문
21	1946.10.7. AM10.~PM4.	同	조재천 김홍섭	양백승	16	피고인 박낙종, 송언필 보충신문
22 (一)	1946.10.17. AM10.~PM5.40	同	조재천	이우경	58	피고인 이관술 심리
23 (二)	1946.10.18. AM10.~PM4.	同	同	양백승	12	피고인 이관술 보충신문
24 (三)	1946.10.19. AM10.~PM3.30	同	同	이우경	48	증인 정기섭, 안기성, 최기화, 박두성 신문
25	1946.10.21. AM10.~11.	同	조재천 김홍섭	양백승	9	피고인 이관술 보충신문 병합심리(이관술/박낙종 외 8명)
	AM11.~PM6.30				9	검사논고, 구형
26	1946.10.24. AM10.~PM7.	同	조재천	이우경	11	변호인 김용암, 한영욱, 오승근 변론 변호인 강혁선 일부 변론
27	1946.10.25. AM10.~PM4.	同	同	양백승	5	변호인 이경용 변론 변호인 강혁선 잔부(殘部) 변론
28	1946.10.26. AM10.~PM7.	同	同	이우경	40	피고인 이관술, 박낙종, 신광범, 김창선, 정명환 최후 진술
	–	同	同	–	–	개성 출장(10.28.~30.)

29	1946.10.31. AM10.~PM7.20	同	同	양백승	16	변호인 백석황 변론 피고인 송언필, 박상근, 김상선, 홍계훈, 김우용 최후 진술
	–	양원일	同	–	–	충주, 부산, 진주 출장(11.2.~10.)
30	1946.11.12 PM2.30~9.5	양원일(재판장) 김정열, 최영환	同	同	31	심리 재개, 증인 이영개 신문 변호인 김용암, 강혁선, 한영욱, 이경용 변론, 각 피고인 최후 진술, 결심
31	1946.11.28. AM10.~11.15	양원일(재판장) 김정열, 이봉규	同	이우경	6	언도
총계						
31회	공판 총 시간 209시간 25분	판사 4명	검사 2명	서기 4명	1267	증인 27명, 감정인 3명 신문, 피고인 신문 37회, 검증 횟수 2회

재판장 기피 신청이라는 수모를 당했던 법원은 이제 어느 정도 정리가 끝났다고 판단했으나, 재개정 첫날부터 이 재판의 파란을 예고하는 조짐이 보였다. 정판사사건의 핵심이자 가장 주목되던 김창선이 피 묻은 셔츠를 입고 나타난 것이다.

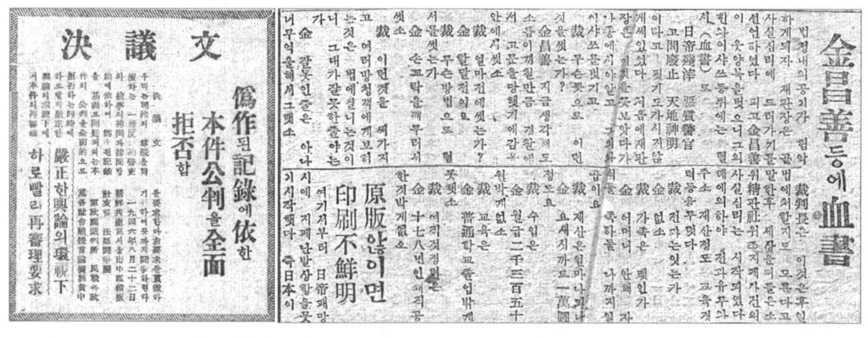

決議文

僞作된記錄에依한 本件公判을全面 拒否함

嚴正한輿論의環視下

하로빨리再審理要求

金昌善등에血書

原版안이면 印刷不鮮明

〈그림100: 1946년 8월 23일 자 현대일보, 24일 자 독립신보〉

재판장이 사실심리를 선언하자 김창선은 윗도리를 벗었다. 그의 등 뒷면 셔츠에 "일제 잔재 악질 경관 고문 폐지 천지신명"이라는 피로 쓴 글이 보였다. 이유를 묻는 재판장에게 "지금 생각해도 소름이 끼칠 만큼 경찰에서 고문을 당했기 때문에 한 달쯤 전 감옥 안에서 손가락을 깨물어서 썼다"고 대답을 했다.[4]

김창선이 이러한 해프닝을 자행한 이유는 명백하다. 재공판 첫날인 1946년 8월 22일, 김창선에 대한 심리가 시작되기 전에 피고인 일동은 피고인 회의를 통해 다음과 같은 결의문을 작성 · 발표했다.

> 우리는 사법의 존엄을 모독하는 일부 반동적 경리와 검사의 고문과 고문 방조에 의하여 위작된 기록을 기초로 개정되려는 본건의 공판을 전면적으로 거부하는 동시에 하루빨리 엄정한 여론의 환시(環視)하에 본 건의 재심리를 요구한다.
>
> 위 요구를 관철하기 위하여 끝까지 투쟁하련다.
>
> 1946년 8월 22일
>
> 조선공산당 서울시 중구 정판사지부 법정투쟁단
>
> 군정청재판소 민전 각 각정당 각 사회단체 언론기관 귀중[5]

김창선의 혈서 소동은 "고문으로 인해 작성된 검찰의 공소 청구서는 원천적으로 무효이며, 재조사할 것을 요구"하는 항의의 몸짓이었던 것

4 金昌善 등에 血書, 「독립신보」, 1946.8.24.

5 결의문, 위작된 기록에 의한 본건 공판을 전면 거부함, 「현대일보」, 1946.8.23.

이다. 어쩌면 재판장에 대한 한 가닥 희망의 기대였을지도 모른다. 하지만 그들의 희망과 기대가 물거품이 되는데 소요된 시간은 너무 짧았다. 그들은 곧 이어진 피고인 심리를 통해 검찰과 판사는 한 몸이라는 현실을 곧 파악하게 된다. 공판 기록에 대한 공식적인 자료는 지금까지 공개되지 않았다.(혹은 발굴되지 않았다.) 다만 당시의 언론보도를 통해 일부나마 확인할 수 있을 뿐이다. 아래에 「대동신문」과 「독립신보」의 기사를 소개한다.[6]

[표19: 김창선 공판 보도 비교표]

대동신문	독립신보
[1946년 8월 22일 오후 2시 개정, 재판장 양원일, 검사 조재천 · 김홍섭]	
《사상의 불철저를 피고 김창선 시인, 이관술과의 병합심리 재판장 불허, 조공 위폐 사건 공판 속개》	
재: 피고는 공산당원인데 공산당원 규약 중에 이중인격을 가져라 무자비한 투쟁을 해라고 써 있는데 이것은 어떤 의미인가?	
피: 무슨 뜻인지 모릅니다.	
재: 공산당원으로서의 의무는 어떻게 느끼고 있는가?	
피: 아무런 의무도 느끼지 않으나 다만 명령이 있으면 이행할 뿐입니다.	
재: 사상적으로 투철치 못하군.	
피: 예– 그렇습니다.	
재: 징크판으로 지폐를 인쇄할 수 있는가?	
피: 인쇄할 수 없습니다.	

6 1946년 8월 24일 자 「대동신문」 2면, 「독립신보」 2면

	〈원판 아니면 인쇄불선명〉
	재: 징크판, 종이, 잉크, 아라비아고무 등 그대로 남아 있었나
	김: 대개는 그대로 있었으나 징크판이 열두 장인 것은 모르오.
	재: 징크판 한 장에 지폐를 몇 장이나 박을 수 있나
	김: 1만 2천 장까지 박으나 무리를 하면 2만 매는 박을 수 있어도 원판으로 박지 않으면 똑똑하지 않소.
	재판장이 징크판 표본을 피고에게 보이며
재: (인쇄한 지폐를 제시하며) 이렇게 인쇄되었는데?	재: 이렇게 선명히 나왔는데도 징크판으론 안 백여 진다고 하는가?
피: 인쇄는 되기는 되나 선명치 못합니다.	김: 보통 사람은 속을지 몰라도 내가 보면 원판에서 안 박은 것을 대번에 알 수 있소
재: 이렇게 선명한데— 그러면 말이 틀리지 않느냐?	
피: …	〈도취(盜取)한 판(版)은 징크판 3매〉
재: 징크판은 몇 장 절취했는가?	재: 징크판을 훔쳐냈는가?
피: 9월 20일 아침에 2장, 저녁에 1장 도합 3장을 절취했습니다.	김: 훔쳐냈소.
	재: 언제인가?
	김: 작년 9월 20일인데 아침에 두 장 저녁에 한 장을 훔쳤소.
	재: 오전에 훔친 것은 흑청색이요 오후에 훔친 것은 자색인가
	김: 그렇소(백 원 지폐가 3색별이었기 때문에 징크판도 한 벌이 석장이라야 완전한 백 원 지폐를 백여 낼 수 있다.)
	재: 여섯 장 즉 두 벌을 훔쳐낸 것이 아닌가?
	김: 절대로 아니오. 경찰의 고문 때문에 허위로 말한 것이지 1조 3매만을 훔쳤소.
	재: 소유자는 누구인가?
	김: 박낙종이오.

재: 훔치게 된 동기는?	재: 동기는 무엇인가?
피: 뚝섬 홍사겸 · 배재룡이 돈을 많이 줄 테니 훔쳐오라고 하여 훔쳤습니다.	김: 홍사겸 배재룡(뚝섬 사건 관계자)이 3만 원을 주겠다고 꼬이는 바람에 훔쳐냈소.
《4시 50분경 휴정》	
[23일 오전 10시, 4호 법정, 조재천 김홍섭 검사 입회, 양원일 재판장 주심, 개정]	
〈역력한 증거 대면 모르겠다고 도피, 23일 오전의 공판〉	〈인쇄낫버 뚝섬(둑도)서 못한 걸 정판사선 어떠케 찍소, 피고 김창선의 주목할 진술〉
	재: 어제도 말한 바와 같이 정판사에서 징크판 1조 3매가 아니고 2조 6매를 훔쳐내지 않았나?
	김: 절대로 아닙니다. 고문에 못 이겨 1조 3매만을 훔친 것을 2조 6매 훔쳤다고 했소.
	재: 그것을 뚝섬 사건의 홍사겸 · 배재룡에게 얼마에 팔었나?
	김: 10만 원쯤 위조지폐를 찍어 가지고 삼분파하자고 합디다.
	재: 대금으로 먼저 얼마를 받았나?
	김: 2천5백 원 먼저 받았소.
	재: 언제쯤인가?
	김: 작년 10월 하순경이요.
문: 뚝섬 사건 홍사겸 · 배재룡은 언제부터 알았는가?	
피: 배는 7, 8년 전부터 홍은 해방 직전에 알았다.	
문: 그들이 피고에 대하여 인쇄 원판과 용지를 구해달라는 목적은?	
피: 지폐를 위조할 목적이었다.	
문: 인쇄용지와 잉크 등은 어떤 방법으로 주었는가?	재: 잉크와 종이는 어디서 구했나?
답: 서소문정 동진상으로부터 80근과 잉크는 정판사로부터 주었다.	김: 잉크는 정판사에서 훔쳐다 주고 모조지 80근은 서소문통 동조상회에서 사서 주었소.
문: 배재룡은 피고로부터 가져간 재료로 인쇄한 결과 불분명하게 되었으므로 또 다시 징크판을 달라고 하였는데 사실이 있는가?	재: 배재룡이가 후일에 와서 피고에게서 가져간 징크판 중의 흑색판이 잘 안 나오니 한 장 더 달라고 해서 주었다지?

답: 지난 1월 중에 징크판 한 개를 주었다.	김: 금년 1월 상순경에 한 장 더 주었소.
	이때 재판장은 손바닥만 한 징크판 네 개를 내놓으며 이것이냐고 피고에 물으니 그렇다고 했다.
	재: 홍사겸 · 배재룡 등이 650만 원의 조선은행권을 위조하려고 하다가 4만 5천2백 원만 찍고 그것도 인쇄한 것이 선명치 않아서 실패했다지?
	김: 그렇소. 뚝섬 사건에서 인쇄가 선명치 않아 실패한 것을 어떻게 그런 징크판으로 정판사에서 배겨날 수 있겠소.
	재: 가만있어. 누가 그런 말 물었어. 대체 원판 한 장에 징크판이 몇 장 나는가?
	김: 자세히는 모르나 20매가량은 날 거요.
문: 뚝섬 사건에 독립촉성국민회 뚝섬 간부 이원재 씨는 사실을 심리한 결과 이 사건에 아무 근거도 없는데 피고 때문에 애매하게 경찰의 주목을 받게 되었다는 사실을 피고는 잘 알고 있는가?	
답: 알았다.	
	재: 그러면 일본 헌병이 남아있을 때 원판(이것은 일제가 도망해 갈 때 없애버리고 갔다) 3매이니 징크판으로 자르면 1조 6매를 팔아먹고도 50여 매가 남아야 할 터인데 어찌 되었나?
	김: 대부분은 소각해 버리고 4매만 선반 위에 두었소.
	재: 이것이 압수당한 4매이고 이것이 소각하다 남은 것인가.
	김: 그렇소.
	재판장은 증거물 제35호(소각하다 남은 것)를 보였다.
	재: 1조 3매는 정판사에 남겨 두었다는데.
	김: 절대로 그런 일은 없소. 고문에 못 이겨 허위로 말한 것이오.
	〈송언필의 명령으로 인쇄한 일 절대 업소〉

문: 피고는 정판사에서 송언필과 같이 숙직을 한 사실이 있다는데?	재: 송언필과 같이 숙직한 일이 있는가?
답: 없다.	김: 한 번도 없소.
문: 송언필이 공산당비가 없으니 돈을 위조하자고 피고와 상의한 사실이 있다는데?	재: 피고가 송언필에게 공산당운용자금으로 사용하자고 위조지폐를 만들자고 진언한 일이 있는가?
답: 없다.	김: 절대로 그런 일 없소.
문: 송언필은 피고에 대하여 피고는 박낙종에게 박은 이관술에게 위폐를 인쇄하자는 것을 상론하였다는데?	재: 그 후 송언필은 박낙종 · 이관술 등과 상의하고 피고에게 위조지폐를 만들어 달라고 다시 부탁했다지.
답: 그런 일이 없다.	김: 그런 일은 절대로 없오.
문: 피고가 공산당에서 위폐를 인쇄하여 달라고 하여 다른 직공들과 상론하니 직공들은 처음에는 반대하였다가 1천2백만 원을 인쇄하여 이관술의 손으로 전부 사용하였다는데?	재: 작년 10월 하순경 제1차로 조은권 제2호를 2백만 원 인쇄하여 피고는 박낙종에게 갖다 주고 박낙종은 그것을 이관술에게 갖다 주어 공산당비로 써서 조선 경제계를 괴란시켰으나 피고는 공산당에서 일을 잘했다고 칭찬을 받았다지.
답: 그런 일이 없다.	김: 멀쩡한 거짓말이오
	재: 피고는 제2차로 작년 12월 27일, 28일, 29일 3일간에 제1차로 백인 것의 3배를 백였다지.
	김: 터무니없는 거짓말이요.
	재: 제3차로 2백만 원을 또 박었다지.
	김: 절대로 그런 일은 없오. 사실이 없는 것을 무엇이라 말하겠소.
문: 그러나 피고와 송언필은 경찰서에서 전부 자백하였는데 공판정에서 부인하는 이유는?	재: 송언필만 빼고 피고 전부가 자백했는데?
답: 나는 경찰의 고문을 이기지 못하여 허위 자백을 하였다.	김: 나와 같이 고문에 못 이겨 허위 자백한 거요.
문: 여러 가지 인쇄 물자 등을 압수하여 있는 것을 알고 있는가?	
답: 알았다.	
문: 그러면 이와 같은 물자 증거를 보아도 피고의 범죄 사실을 인정할 수도 있겠는데?	

답: 모르겠다.	
그러나 경찰에서 몰수한 인쇄 원판과 잉크 기타 증거품 심문에 대하여는 피고가 일일이 시인하였다.	
〈경찰 고문 사실을 역설〉	〈조서(調書)는 고문(拷問)으로 위작(僞作), 네 차례나 코에 물을 부었소.〉
	재: 그러면 전부 고문에 못 이겨 했단 말인가?
	김: (이때에 피고는 너무나 원통하고 흥분한 채 운다) 정말 억울하오.
문: 피고는 경찰에서 12회 취조를 받고 고문을 이기지 못하여 허위 진술을 하였다는데 무슨 방법으로 고문을 하던가?	재: 고문을 어떻게 하든가
답: 의자에 뒤집어 놓고 물을 먹이면서 머리를 끌고 무수한 구타를 하였다.	김: 기다란 걸상에 누여놓고 두 되들이 주전자의 물을 코, 입으로 막 부어서 기절했소.
	재: 몇 번이나 그리 당했나?
	김: 네 차례요.
	재: 다음 방법은?
	김: 두 팔을 밧줄로 묶고 30분이나 매달기도 하고 네 사람이 함께 달려들어 한 사람은 머리를 잡아당기고 한 사람은 목검으로 마구 갈기고 두 사람은 구둣발로 함부로 찼소. 바른말을 하면 때리고 허위 자백을 하면 매를 그치고 했소. 그리고 검사국까지만 가면 너를 옹호해 줄 터이니 너의 가족까지도 염려 없고 공산당은 전부 없애버릴 터이니 절대로 안심하고 여기서 묻는 대로 대답하라 하여 고문을 계속하여 할 수없이 허위 자백하였소.
문: 그렇다 하여도 검사조사에 일일이 시인한 것은 무슨 일인가?	
답: 경찰의 고문이 무서워서 그랬다.	
문: 고문을 하던 경관 이름은 누구누군가?	재: 고문을 한 경찰의 이름을 아는가?
답: 경위 현을성, 형사부장 조성기, 형사 이희남, 동 김원기, 동 김성환이가 주로 고문을 하였다.	김: 압니다. 본정서 현을성(경위) 조성기(경사) 이희남(경사) 김원기(경위) 김성환(경사) 최난수(사법주임) 외에도 4, 5명이오.

문: 검사가 취조 시에 전기 조성기 씨를 호출하여 고문한 사실이 있는가 하고 조사한즉 조 씨는 뺨을 두 번 때린 일뿐이라고 하는데?	
답: 그것은 조 씨가 허위 진술한 것이다.	
문: 그러면 피고는 구타를 당하여서 어디 흠점이 있는가?	재: 흔적이 지금 있는가?
답: 물론 있지만은 고문당한 후 4개월이나 되므로 그 자리는 다 삭아졌다.	김: 4개월이 지난 지금에 무슨 흔적이요. 코에 물 먹인 자국도 남겠소?
문: 검사는 엄하게 취조를 하던가?	재: 검사가 취조할 때에는 15회를 했는데 13회는 시인을 하고 두 회밖에 부인하지 않은 이유는?
답: 순하게 했다.	김: 경찰서에서 검사가 와서 취조했기 때문에 검사가 나간 뒤에 고문을 또 당할까 봐서 그랬소. 그뿐 아니라 허위고백을 했더라도 언제 명백히 사건이 드러날 것을 굳게 믿었던 까닭이오.
문: 공장장 안순규가 정판사 공장에서 지난 2월 10일경에 위폐 인쇄하는 것을 봤다는데?	재: 정판사의 공장의 공장장인 안순규가 지폐 위조하는 현장을 봤다는데.
답: 그런 일이 없다.	김: 멀쩡한 거짓말이요.
문: 그러면 안순규가 검사에게 진술한데 의하면 지난 2월 중에 동 공장에 들어가 보니 위폐 인쇄 중이던 피고 박상근을 만나니 박은 '잘못했소, 살려 주시오.' 라는 말을 하였다는데?	
답: 그것은 허언이다.	
문: 경찰서에서 함께 유치되었던 박원계가 진술한 검사의 청취서에 의하면 피고가 유치장 속에서 나는 위폐 사실이 발각되어 증거품이 많이 나오게 되어 할 수 없이 자백하였으나 앞으로 공산당 동무들에게 매장을 당하게 되겠는고로 오늘은 부인하였다고 하였는데?	
답: 그렇게 말하였다.	
문: 이관술은 과거에 있어서 공산주의자인데 본건 범죄 사실이 없다면 피신하여 있던 이유를 피고는 모르는가?	
답: 모르겠다.	

《일단 휴정, 오후 1시 반부터 속개》	이렇게 고문에 못 이겨 허위 고백을 하였다는 심문 중에 재판장은 피고가 본정서 유치장에 같이 있었다는 두 사람의 증언과 본정서에 근무하는 유인옥(17세) 급사의 청취서를 낭독하고 나중에 정판사 공장장 안순규의 위조지폐를 만드는 현장을 보았다는 목격담 청취서를 읽자 피고는 전연 그런 사실이 없다고 부인하고 열두시 반에 오전심리는 끝나고 한 시 반에 속개하기로 되었다.

두 신문 모두 지면의 제한 때문에 공판 과정 전체를 싣지 못했다. 공판내용은 그다지 왜곡되지 않았다. 그러나 제목과 소제목을 살펴보면 전혀 다른 재판을 소개하고 있는 것으로 보인다. 「대동신문」은 다음과 같은 제목을 선택했다.

〈사상의 불철저를 피고 김창선 시인, 이관술과의 병합심리 재판장 불허, 조공 위폐 사건 공판 속개〉

〈역력한 증거 대면 모르겠다고 도피, 23일 오전의 공판〉

〈경찰고문 사실을 역설〉

「독립신보」의 제목은 아래와 같다.

〈원판 아니면 인쇄불선명〉

〈도취(盜取)한 판(版)은 징크판 3매〉

〈인쇄낫버 뚝섬(둑도)서 못한 걸 정판사선 어떻게 찍소, 피고 김창선의 주목할 진술〉

〈송언필의 명령으로 인쇄한 일 절대 업소〉

〈조서(調書)는 고문(拷問)으로 위작(僞作), 네 차례나 코에 물을 부었소.〉

기사 중간 혹은 말미에 삽입된 코멘트도 전혀 다른 느낌을 준다. 「대동신문」의 경우 "그러나 경찰에서 몰수한 인쇄 원판과 잉크 기타 증거품 심문에 대하여는 피고가 일일이 시인하였다."라고 했으나, 「독립신보」는 "이렇게 고문에 못 이겨 허위 고백을 하였다는 심문 중에 재판장은 피고가 본정서 유치장에 같이 있었다는 두 사람의 증언과 본정서에 근무하는 유인옥(17세) 급사의 청취서를 낭독하고 나중에 정판사 공장장 안순규의 위조지폐를 만드는 현장을 보았다는 목격담 청취서를 읽자 피고는 전연 그런 사실이 없다고 부인"했다고 보도했다. 기사의 정확성과 진실에 대한 판단은 독자들의 몫이다.

김창선은 8월 22일, 23일 이틀간에 걸쳐 판사의 심문을 받았다. 그가 주장한 요지는 "뚝섬 위폐 사건의 범행에 가담한 사실은 인정한다. 그러나 정판사 관련 위폐사건은 고문에 의한 자백 강요"였다는 것이다. 사실 정판사사건 사실 여부의 확인은 간단하다. 핵심인 김창선의 발언이 거짓인가 진실인가만 판단하면 되는 것이었다. 하지만 다음과 같은 김창선과 재판장의 대화는 이 재판의 미래를 예고하고 있었다. 결론은 이미 정해졌던 것이다.

- 김: 그렇소. 뚝섬 사건에서 인쇄가 선명치 않아 실패한 것을 어떻게 그런 징크판으로 정판사에서 배겨날 수 있겠소.
- 재: 가만있어. 누가 그런 말 물었어.

묻지 않는 사안에 대해선 일체 발언을 하지 말라는 재판장의 경고였다. 이미 정해진 결론에 방해된다는 뜻이었다. 아무튼 공판은 계속 진행되었다. 여러 번 지적했지만 정판사사건은 위폐 제작에 대한 증거 없이, 오직 증언에 의존한 재판이었다. 그러므로 피고인들의 증언 번복과 고문에 대한 항의는 재판장을 곤혹스럽게 했을 것으로 짐작된다. 김창선 외 나머지 피고인 7명 역시 이구동성으로 자신들이 어떻게 고문당

拷問, 拷問에서 어찌하오, 被告 午後에도 全的否認

「暗室에서 十四時間拷問 罪업는 내몸 억울하오」 被告金遇鏞도 全的否認

僞幣公判 開始 所謂 合席審理

公訴를取消하라

證人審理는 公判廷에서 辯護士團이 裁判長에게 要求

「너무억울할센」

拷問事實을 指摘 全被告가 犯行을否認

再調査를要求 宋彦弼이가 裁判長에

〈그림101: 고문 사실의 증언, 각 행렬 좌에서 우로, 홍계훈(현대일보, 1946.8.28.) 김우용(현대일보, 9.1.) 박낙종(자유신문, 9.4.) 박낙종(현대일보, 9.4.) 박상근(독립신보, 9.4.) 김상선(자유신문, 9.6.) 신광범(독립신보, 9.7.) 송언필(독립신보, 9.8.)〉

했는가를 설명했고, 경찰과 검찰을 통해 진술한 것은 모두 고문으로 인해 고문으로 인해 어쩔 수 없이 허위로 자백했다고 진술했다.

고문 피해 내용은 일부 신문을 통해 보도되었다. 피해자들의 육성을 아래에 소개한다.

[홍계훈, 31세, 조선정판사 평판직공]

경찰에서 3차 취조를 받았는데 취조관 8인이 팔다리를 포박하고 둘러앉아 걸레로 입을 틀어막고 물을 코에 부었다. 또 김창선이 진술했는데 왜 부인하느냐고 2일 반을 의자를 들리고 시멘트 바닥에 꿇어앉혔다. 취조한 경관 씨명은 잘 모르겠고 본정서 형사 대부분이다.[7]

[김우용, 28세, 평판직공]

1회는 부인했으나 2회부터는 아침 10시부터 밤 12시까지 정신없이 매를 맞았다. 1, 2, 3회 조서 작성 시에 고문을 당하고 4, 5, 6회는 몹시 당하지 않았다. 형사실 옆 컴컴한 방에서 무릎을 꿇리고 이리저리 굴리며 차고 때리고 해 정신을 못 차렸다. 고문한 취조관 명은 취조서 말미에 기명한 사람들이다. 김판산(경사) 이희남(경사) 최난수(경위) 그 외에도 이름을 모르는 사람들이 있었다.[8]

7 "拷問 拷問에 어찌하오" 被告 午後에도 全的否認, 「현대일보」, 1946.8.28.

8 暗室에서 十四時間拷問 罪업는 내 몸 억울하오, 「현대일보」, 1946.9.1.

[박낙종, 48세, 사장]

본정서에서는 내가 고문을 제일 안 받았는데도 불구하고 시멘트 바닥에 무릎을 꿇리고 의자를 들고 하룻밤 두 낮을 지내어 탈항(항문 및 직장 점막 또는 전층이 항문 밖으로 빠져 나오는 병증)이 된 채로 검사의 취조를 받았으므로 검사는 그 당시 나의 모양으로 혹독한 고문을 받은 것을 알았을 것이며, 또 다른 동지도 고문 받은 흔적이 가라앉기 전에 검사의 취조를 받았는데 일전 제2회 공판 때는 경찰로부터 뺨을 두어 번 때린 보고밖에 못 들었다 하심은 유감으로 생각합니다.[9]

본정서에서 당한 고문은 40년 내(來)에 보는 진짜 고문이었다.[10]

[박상근, 43세, 창고주임]

참 기가 막히고 억울하다. 경찰서에서 죽을 줄 알았더니 이와 같이 살아 나온 것은 기적이다. 나는 무슨 영문으로 경찰에 왔는지도 몰랐다. 경찰의 고문은 입으로 말할 수 없다. 의자에다 팔다리를 꽉 묶어 놓고 자백하라고 몇 주전자나 물을 먹였다. 나는 물론 정신을 잃었다. 물을 먹인 뒤에 여러 경관들은 왼쪽 바른쪽으로 나를 무수히 난타했다. 이때 나는 턱뼈가 분질러졌다. 이날 고문은 아침 6시부터 밤 늦도록까지 밥 한술 못 먹은 채 계속되었다. 아침에 물을 먹이고 그 상처에다 또 저녁에도 물을 먹이고 나는 이로 인하여 전신이 뚱뚱 부

9 극적 장면을 이룬 공판정, 위폐 공판, 朴洛鍾의 진술로 방청석도 곡성, 「자유신문」, 1946.9.4.

10 公訴를 取消하라 拷問에 살은 것만 榮光, 「현대일보」, 1946.9.4.

어서 더구나 얼굴 상처로 밥을 먹을 수 없었다. 검사 취조 시에 자백을 한 것은 역시 고문이 무서워 허위로 자백하였다. 당시 취조 경관은 "너희들은 죽여도 그대로 죽이지 않겠다. 말려서 죽여 버리겠다." 라고 말했다.[11]

[김상선, 32세, 평판직공]

그간 경찰 검사국에서 허위 진술하게 된 원인은 5월 7, 11, 20일 3일간에 걸친 비행기 태우기와 물 먹이기 그리고 함부로 때렸기 때문이며 검사에게 역시 사실 억울함을 자백하려 하였으나 항시 배후의 경찰 위협으로 말하지 못했다.[12]

[신광범, 41세, 인쇄주임]

취조 경관의 공산당에서 위조지폐를 박었다는 말에 "조선의 건국과 근로대중을 위한다는 기관에서 그런 일을 하였겠습니까?" 하니 양팔을 묶어 널빤지에 누여놓고 배 위에 올라앉아 걸레를 입과 코를 막고 무려 다섯 시간 동안이나 계속 고문을 하였다. 조성기 형사는 머리를 끌어서 때리고 차고, 나는 일제 강점기에도 고문을 당해 본 경험이 있으나 이렇게 계속적으로 혹독한 고문은 못 보았다. 수차에 걸친 고문에 죽지 않으려면 도저히 허위 자백을 안 할 수 없었다. 고문

11 僞幣事件八回公判, 朴洛鍾公訴棄却을 主張, 朴相根은 고問을 指摘코 事實否認, 너무 억울할 뿐, 「독립신보」, 1946.9.4.

12 증인 심리는 공판정에서, 변호사단이 재판장에게 요구, 위폐 공판, 「자유신문」, 1946.9.6.

당한 지 4개월이 지난 오늘에도 아직 남아 있는 다리와 팔뚝에 상처를 보라. 조성기 형사가 검찰국에서 "뺨 두 차례밖에 때리지 않았다"고 하는 주장은 (하도 기가 막히는 듯이 한참 동안 묵묵히 한숨을 내쉬며) 전부 거짓말이다.[13]

[송언필, 45세, 서무과장]

(피고는 고문으로 허리를 쓰지 못하여 특히 의자에 앉아 진술시키었다.) 분한 말은 일어나서 해야겠다. 5월 7일 검거당한 이래 10일 밤까지 만 4주야 동안 밥 한술 안 먹고 계속적으로 고문을 당했다. 최난수 수사주임을 비롯하여 조성기 형사부장 등 6, 7인의 평안도 사투리 쓰는 사람들이 형언할 수 없는 욕설과 난폭한 고문을 하여 나는 이곳에서 죽어 버리자는 결심으로 고문에 대해 말하기 위해 왔다.

고문의 결과 왼편 눈이 실명되고 허리뼈가 부러졌고 머리 가죽이 터져 버렸다. (머리를 붙잡아 머리 가죽을 흔들어 보이고 실명된 눈을 재판장에 보이며) 나는 만 4일 동안 고문당한 후에는 한 번도 고문을 당하지 않았는데, 만일 그 후 또 고문을 당할 때에는 어떠한 방법으로도 죽을 결심을 했다. 조선 말하는 왜놈들이 그 전 주인인 왜놈들이 쫓겨 간 후 원수를 갚으려고 하니 재판장은 용단을 내려 진정한 사법의 입장에서 사건을 구명하여 달라. 그렇게 악질로 법을 사용하는 사람에게 법을 맡기면 3천만 조선 동포는 절대로 행복해 질 수 없다.[14]

13 拷問事實을 指摘, 全被告가 犯行을 否認, 「독립신보」, 1946.9.7.

14 再調査를 要求, 宋彦弼이가 裁判長에, 「독립신보」, 1946.9.8.

정판사위폐사건의 물증은 없다. 이 사건의 피고들이 유죄라는 증거는 대부분 피고들과 참고인들의 증언에 의지하였다. 그러나 피고들은 공판정에서 고문당한 사실을 폭로하는 동시에 자백을 번복하였다. 피고인들이 약 두 달간 취조 받는 동안 과연 어떤 일들이 일어났을까? 인용한 사례는 피고인들이 잔혹한 고문에 의해 허위 자백했음을 생생하게 보여준다.

경관들은 집단이 되어 발길로 차고, 방망이로 구타하고, 장의자(長椅子)에 뉘인 후 배 위에 올라앉아 물을 먹여 몇 번씩 기절시키고, 시멘트 바닥에 꿇어앉힌 후 장시간 의자를 들게 하고, 밀실에 구금한 후 밥을 먹이지 않고 또 자지도 못하게 하는 등 일제 강점기 시대에도 일찍이 보지 못하였던 잔혹한 고문을 했다.[15] 잔인한 고문과 고문에 대한 공포 등을 수단으로 하여 사건을 수사했다는 것은 사건을 조작하기 위해 인간의 공포심을 이용했다는 얘기다. 사건 조작의 유일한 원동력으로 고문을 이용한 셈이다.

15 박수환, 『소위 '정판사사건'의 해부, 반동파 모략의 진상을 해부함』, 아세아서점, 1947, p.9.

20

조선인민보, 현대신문, 중앙신문의 정간

人民報等三社無期停刊

美軍隊를危殆케한다는理由로

三新聞停刊에

公報部特別發表

朴憲永氏等指名手配?

市內警察總動員非常警戒

三新聞社關係者도

六日檢擧外에繼續搜査中

〈그림102: 1946년 9월 7일 자 독립신문, 9월 8일 자 자유신문〉

정판사사건 피고인들의 공판이 한참 진행되고 있을 무렵 충격적인 사건이 발생했다. 「조선인민보」「현대일보」「중앙신문」 등 3개 회사의 신문이 무기 정간되었다는 소식이 전해졌다. 그런데 정간 이유가 독자들을 어리둥절하게 만들었다. "3개 신문이 조선에 주둔하고 있는 미국 군대의 안전을 위태롭게 했기 때문에 이들 신문에 대한 조사가 끝날 때까지 발행을 중지시킨다."는 것이 무기 정간의 변(辯)이었다.[1] 자세한 내용은 다음 날 「자유신문」을 통해 보도되었다.

조선인민보, 현대일보, 중앙신문 등 3신문은 6일부터 정간 처분을 당하였는데 군정청 공보부에서는 다음과 같이 발표하였다.

조선에 주둔하고 있는 미군의 안전을 위태케 함으로써 수 명의 인물이 군 당국으로부터 검거되었다. 그리고 조선인민보, 현대일보, 중앙신문은 차등(此等) 신문의 활동을 상세히 조사할 때까지 정간하기로 하였다. 전기 수 명은 1945년 9월 7일부 태평양 방면 미육군총사령부 포고 제2호 위반죄로써 군정 재판에 기소될 예정이다. 그 포고 내용은 다음과 같다.

《포고 제2호- 조선 국민에게 고함》

본관은 본관 지휘하에 있는 점령군의 보전을 도모하고 점령지역의 공중치안질서의 안전을 기하기 위하여 태평양미국최고지휘관으로서 좌기(左記)와 여(如)히 포고함.

항복문서의 조항 또는 태평양미국육군최고지휘관의 권한하에 발(發)한 포고 명령 지시를 범한 자, 미국인 기타 연합국인의 인명 또는 소유물 또는 보안을 해한 자, 공중 치안 질서를 교란한 자, 정당한 행정을 방해하는 자, 또는 연합 군인에 대하여 고의로 적대행위를 하는 자는 점령군 군법회의에서 유죄로 결정하는 대로 사형 또는 타(他)

1 公報部特別發表, 人民報等三社無期停刊, 美軍隊를 危殆케 한다는 理由로, 「독립신보」, 1946.9.7.

형벌에 처함.[2]

1946년 9월 6일부로 발표된 미군정청 공보부의 특별 발표에 의하면 3신문에 대한 정간 이유는 "조선에 주둔하고 있는 미군의 안전을 위태케 함으로써 수 명의 인물이 군 당국으로부터 검거"되었고, 이에 따라 "신문의 활동을 상세히 조사할 때까지 정간"하기로 하였다고 한다. 납득하기 어려운 사유였다. 의혹을 차단하기 위한 목적이었는지 몰라도 9월 18일, 러치 군정장관은 다음과 같은 기자회견을 하였다.

- 문: 인민보·현대일보·중앙신문 3사 정간은 맥아더사령부《포고 제2호》에 위반되었다 하는데 편집자 어떠한 점이 위반되었는지 알고 싶다.
- 답: 9월 7일부 특별 신문 기사가《포고 제2호》에 직접 위반되고 또 그들이 그 기사에 책임이 있다는 것이 판명되었다. 그런데 이 사건에 관하여는 지금 조사 중에 있다.
- 문: 3신문 중에 중앙은 이 전부터 휴간되고 있었는데
- 답: 휴간 전에 저축된 기사가 있었다.
- 문: 3신문의 저축된 기사는 무엇인가
- 답: 한 기사만이 저축된 것이 아니라 많이 있다. 군정청에 대해서 얼마든지 비판할 수 있다. 그러나 군정을 방해하거나 없애고자 하는 것은 안된다. 특히 미 군대에 관한 것은 맥아더 사령

2 3신문 정간에 공보부 특별 발표, 「자유신문」, 1946.9.8.

> 부에 연관이 있다. 어떤 신문이든지 마음대로 써도 좋고 공산주의를 찬양해도 좋다. 그러나 미군을 조선에서 내쫓고자 민중을 선동시키는 것은 포고령 2호에 위반된다. 미 본국에서도 미 정부를 타도하자는 것은 절대 허용되지 못하는 만큼 조선에서도 허용치 않는다. 그래서 신문을 주의시켰는데 이번 3신문 중에는 27회나 주의당한 신문이 있다. 27회나 되어도 모르니 알리기 위해서 이번에 그러한 조치가 된 것이다. 정간된 신문 이외에도 군정을 비판한 신문이 있다. 그러나 이 신문들은 합법적으로 하여 미군정을 타도하자는 것은 없었다. 건설적인 의견과 비판은 얼마든지 환영한다.[3]

역시 문제는 맥아더 《포고 제2호》였다. 1945년 9월 7일 공포된 이 법령은 연합군의 정책에 반대하거나 미국인 또는 연합군을 해하는 자는 '사형 또는 타 형벌'에 처할 수 있다고 규정되어 있다. 구체적인 사항은 명시되지 않았으며, 미군의 점령 정책에 위배되는 어떠한 행위도 처벌할 수 있는 것이 《포고 제2호》였다. 위 사건 몇 달 전에 폐쇄된 「해방일보」도 《포고 제2호》 위반 혐의였다. 포괄적이고 추상적인 규정으로 구성된 이 맥아더 《포고 제2호》는 미군정의 기본 성격을 보여주는 상징적인 법령이었다.

3사 무기 정간을 보도한 「자유신문」을 살펴보면 이 사건보다 큰 활자로 박헌영의 수배 사실이 기사화되었음을 확인할 수 있다. 조선공산당

3 러-취長官記者團會見, 三新聞停刊理由는 美軍政妨害에 있다, 「독립신보」, 1946.9.18.

의 핵심인 박헌영 · 이강국 · 이주하의 체포령은 이 사건의 본질을 보여주고 있다.[4] 공당이었던 조선공산당이 3사 무기 정간 조치와 함께 불법화되어 이제부턴 음지에서 연명할 수밖에 없는 처지가 된 것이다. 다시 정판사사건의 법정으로 돌아가자.

4 朴憲永氏等에 逮捕令, 「대구시보」, 1946.9.8.

21

변호사 수난 시대

僞幣事件의
擔當辯護士

당키로되엇다
韓永욱、吳承根、白錫
황、姜赫善、金龍岩尹
學起、姜仲仁、趙平載

僞幣公判辯
護人決定

僞幣事件公判에 左記
諸氏가 擔當辯護하리라
하다
尹學起 韓永욱 姜중
仁 姜赫善 조平載 金
龍岩 白석황 外二人

〈그림103: 1946년 7월 26일 자 중앙신문, 27일 자 현대일보〉

공판 사흘 전인 1946년 7월 26일, 변호인의 명단이 보도되었다. 사건의 중요성에 비해 변호인단에 대한 관심이 다소 소홀했다는 느낌이 든다. 중앙, 현대 두 신문만 기사화했는데, 변호인들의 명단을 정확하게 보도하지 못했다. 조선정판사 사건의 변호인으로 참여한 사람은 윤학기, 한영욱, 강중인, 강혁선, 조평재, 김용암, 백석황, 오승근, 이경용 등 9명이다.[1]

1 [표11: 정판사사건 변호인 주요 이력] 참조

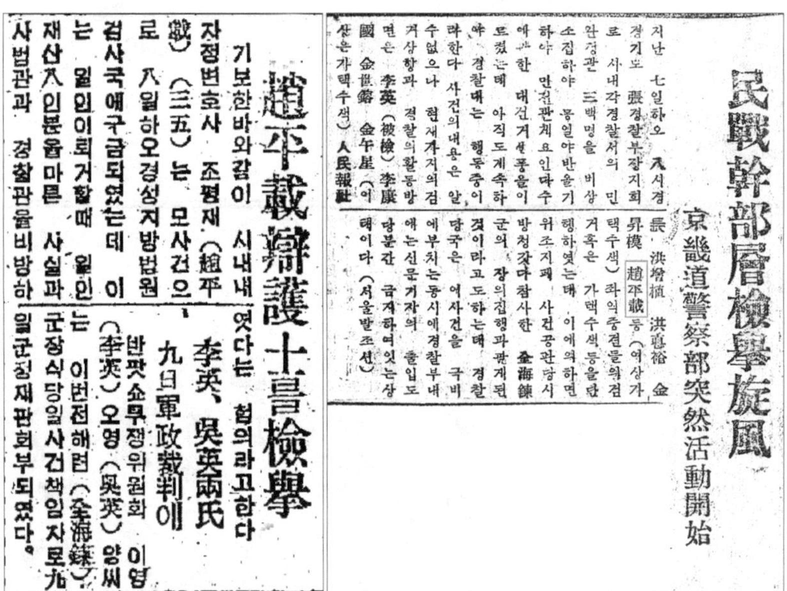

趙平載辯護士를檢擧

기보한바와같이 시내내자정변호사 조평재(趙平載)(三五)는 모사건으로 八월하오경성지방법원검사국에구금되였는데 이는 월인이뢰거할때 월인재산八인분을마른 사실과 사법관과 경찰관을비방하였다는 협의라고한다

李英、吳英兩氏 九日軍政裁判에

반팟쇼무쟁위원회 이영(李英) 오영(吳英) 양씨는 이번전해련(全海鍊)군장식당일사건책임자로九일군정재판회부되였다。

民戰幹部層檢擧旋風

京畿道警察部突然活動開始

지난 七일하오 八서경기도 張경찰부장지휘로 시내각경찰서의 민완경관 三백명을 비상소집하야 동일야반을기하야 민전관계요인다수에대한 대검거선풍을이르켰는데 아직도계속하야 경찰대는 행동중이라한다 사건의내용은 알수없으나 현재가지의검거상황과 경찰의활동방면은 李英(被檢) 李康國 金世鎔 金午星(이상은가택수색) 人民報社長、洪增植 洪悳裕 金昇模 趙平載 등(여상가택수색) 좌익중견을의검거혹은 가택수색 등을단행하엿는대 이에의하면 위조지폐 사건공관당시 방청갔다참사한 全海鍊군의 장의집행과관계된 것이라고도하는대 경찰당국은 여사건을 극비에부치는동시에경찰부내에는신문기자의 출입도 당분간 금지하여잇는상태이다 (서울발조선)

〈그림104: 1946년 8월 10일 자 동아일보, 27일 자 부산신문〉

1946년 8월 10일, 정판사사건 변호인단 9명 중의 1명인 조평재 변호사가 구속 혹은 구금되었다는 기사가 다수의 신문에 실렸다. 이상한 것은 각 신문의 헤드라인이 다르고 기사 내용도 제각각이다. 같은 날 같은 사건의 보도가 이렇게 다를 수 있는지 도무지 이해할 수 없는 일이 일어난 것이다. 살펴보기로 하자.

[표20: 변호사 조평재 관련 보도기사 비교표]

신문	제목	조평재	연루 피의자
동아	조평재 변호사를 검거	8일, 경성지법 검사국에 구금, 사법관 경찰관 비방 혐의	이영과 오영, 전해련 장례식 관련으로 9일 재판 회부
한성	사법부 독직 사건 규명	8일, 사법부 독직 사건으로 구속 · 수감	전 형사국장 최종석 외 박종민 · 박찬영 등 함께 구속 · 수감

대동	50만 원 회물 사건, 조평재 변호사 등 수감	폭리사업자가 검찰에게 50만 원을 주고 석방된 사건 관련	이종민, 박찬영, 최종석 등 구속
부산	민전 간부층 검거 선풍	7일 하오 8시경, 가택수색, 전해련 장례식 관련 추측, 극비 수사	이영(피검), 이강국 · 김세용 · 김오성 · 인민보 사장 홍증식 · 홍덕규 · 김승모(수사)
영남	좌우합작 불안상, 좌익 요인에 검거 선풍	가택수사, 좌익중견, 전해련 장례식 관련 추측, 극비 수사	7월 29일경 수사 개시, 이영(피검) 이강국 · 김세용 · 김오성(가택수사), 인민보 사장 홍증식 · 홍덕유 등(검거, 수사)
동광	민전 요인 검거 선풍, 좌우합작에 지장 막대	가택수사, 좌익 중견, 전해련 장례식 관련 추측, 극비수사	이영(피검) · 이강국 · 김세용 · 김오성 · 홍증식 · 홍덕유 등(검거, 가택수사)

우익 언론인 「동아일보」 「한성일보」 「대동신문」 등은 사법부 독직 사건 즉 파렴치범으로 조평재의 구속 혹은 구금 이유를 조명했다. 그러나 「부산신문」 등은 민전을 포함한 좌익 탄압에 초점을 맞추고 좌우합작의 무산 가능성을 염려하는 기사를 보도했다. 전해련 장례식 관련으로 인한 수사 가능성을 추측했지만, 정작 조평재가 정판사사건 변호인이라는 점은 거론하지 않았다.

조평재의 재판 결과를 살펴보면, 6개월 징역 · 벌금 1만 원 구형에 판결은 벌금 천원이 언도되었다.[2] 그런데 적용된 법령이 이상했다. 함께 기소된 사람들의 경우 사기죄, 횡령죄 등이 적용되었지만,[3] 조평재는 포고령 위반이 적용되었다.[4] 그동안 여러 번 거론했지만, 《포고 제2호》

2 前 刑事局長이든 崔宗錫은 詐欺罪, 「독립신보」, 1946.10.3.1.

3 최종석(사법부 형사국장, 사기죄·1년 6개월), 이종민(강릉 출신의 사업가, 횡령죄·징역 6개월 집행유예) 박찬영(변호사, 무죄)

4 前 刑事局長이든 崔宗錫은 詐欺罪, 「독립신보」, 1946.10.31.

는 구체적인 사항은 명시하지 않고, 미군의 점령 정책에 위배되는 어떠한 행위도 처벌할 수 있는 포괄적 법령이다. 더욱이 이 법에 의해 '사형'까지 언도할 수 있다.

사법 농단 사건에 《포고 제2호》를 적용하는 것 자체도 이해할 수 없지만, 언도된 형벌이 벌금 천원이라는 것은 더욱 수상했다. 결론부터 말하자면, 조평재는 당시 좌익 성향의 변호사였다는 것이 죄였다.[5] 조평재가 구속됨으로써, 정판사 변호인단은 8명으로 축소되었다. 정판사 변호인으로서 두 번째로 수난을 당한 사람은 윤학기 변호사다.

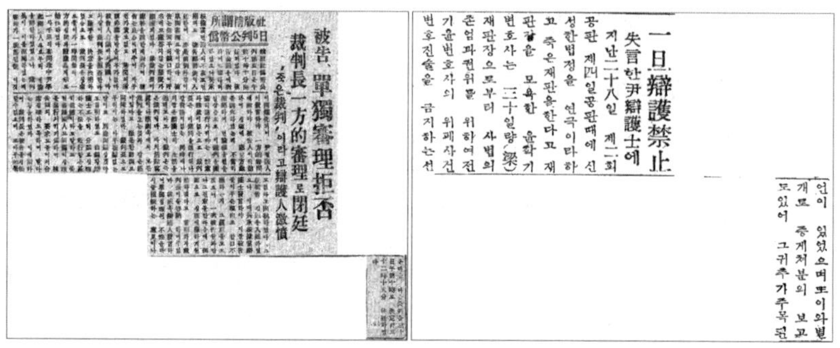
社版精讀所 僞幣公判5日

被告、單獨審理拒否

裁判長一方的審理로閉廷

'죽은裁判'이라고辯護人激憤

一旦辯護禁止

失言한尹辯護士에

지난二十八일 제二회공판 제四일공판때에 신성한법정을 연극이라하고 죽은재판을한다고 재판관을 모욕한 윤학기변호사는 三十일량(梁)재판장으로부터 사법의 존엄과권위를 위하여전기윤변호사의 위폐사건변호진술을 금지하는선

언이 있었으며또이와별개로 증계처분의 보고로있어 그귀추가주목된

〈그림105: 1946년 8월 29일 자 현대일보, 31일 자 조선일보〉

1946년 8월 28일, 정판사사건 다섯 번째의 공판일이다.「현대일보」는 공판정의 풍경을 다음과 같이 보도했다.

정판사 위폐 공판 제5일은 오전 10시 10분 개정되었다. 피고 김우

5 조평재는 법학자동맹위원장(1945.2.), 민전상임위원(46.4.), 전평고문변호사(46.7.) 등 좌익 계열 단체에서 활동한 바 있다. [표11: 정판사사건 변호인 주요 이력] 참조

용에 대하여 심리하려 하였으나 오승근 담당 변호인의 부재로 연기되고 피고 정명환이 입정하여 역시 전례와 같이 단독 심리로 들어갔다. 피고는 벽두(劈頭)부터 함구하여 호명에도 응답지 않는 태도가 계속되었다.

양 재판장이 응답을 청한 데 대하여 피고는 양심에 비추어 아무런 가책도 없고 항간의 소위 비난을 받을 여부(이유)가 없다. 피고인 회의에서 결의한 바와 같이 재판장을 거부한다고 단호한 결의를 표명하였음으로, 재판장은 심리로 들어가 1시간여의 일방적 심문과 증거품 제시로 시작하였다.

일사천리의 심문 도중 윤학기 변호인으로부터 변론을 청한 바 있었으나 재판장이 이를 거절하였는데 심리가 일단락된 후 이것이 문제화되어 윤 변호인 발언하야 일방적 심문에 대하여 피고인이 자진하여 심리에 응할 방도를 강구하였는데 부당히 거절하여 변론권 유린을 일삼음으로 이 재판을 원만히 진행시키려는 성의와 아량이 없음으로 재판장은 이 재판을 진행해 나갈 자격이 없는 동시에 나의 짧은 변호사 생활을 통해 보아도 이 재판은 죽은 재판이다. 마치 활동사진이나 연극 속에서 보던 재판을 보는 것과 같은 감이 있다고 격분한 어조로 개진하였다.

재판장으로부터 이는 아무런 근거 없는 말이고 별도로 문제 삼겠다고 언명하였고, 백석황 변호사로부터 분리로 심리하는 불법을 감행함은 심히 유감이라고 말하고, 강혁선 변호인도 원만히 심리를 진행시키기 위하여 피고 측의 요구도 들어서 합석 심리하도록 하여 달라는 청을 하였다.

이에 대하여 재판장은 피고를 신임할 수 없으며 또 아무런 효과도 없다고 고집하였다. 그 후 피고 김우용이 입정하였으나 이때 오승근 담당 변호사가 발언하야 이들 피고인들이 무슨 이유로 함구 불응하는지 그 진의를 모르겠으니 일차 피고들과 만나 그 진의를 안 다음에 측면으로 심리에 응하게 원조하겠다고 언명하자 재판장이 이를 용납하여 주었다. 한성욱(한영욱의 오타) 변호인이 발언하여 단독심리의 부성(不性)을 다시금 지적하는 의견이 나온 다음, 다음 공판을 30일 오전 10시로 결정하고 12시 15분 휴정하였다.[6]

보수언론은 "법정을 극장시하였다"[7] "실언하였다"[8] 등의 제목으로 윤학기의 발언을 문제 삼았다. 하지만 실제 상황은 인용한 기사가 참고되리라 본다. 윤학기는 "일방적 심문에 대하여 피고인이 자진하여 심리에 응할 방도를 강구하였는데 부당히 거절하여 변론권 유린을 일삼았다." "재판을 원만히 진행시키려는 성의와 아량이 없다." 그러므로 "재판장은 이 재판을 진행해 나갈 자격이 없다." 등의 지적을 하며 재판장을 비판하였다.

문제가 된 것은 그 후의 발언이었다. "이 재판은 죽은 재판이다. 마치 활동사진이나 연극 속에서 보던 재판을 보는 것과 같은 감이 있다." 라는 표현을 문제 삼아, 발언 이틀 후인 8월 30일 재판장 양원일은 "사법의 존엄과 권위"를 위하여 윤학기에게 정판사사건의 변호를 금지하

6 所謂 精版社僞幣公判 5日 被告, 單獨審理 拒否 裁判長 一方的 審理로 閉廷→"죽은 裁判"이라고 辯護人 激憤 "죽은 裁判"이라고 辯護人 激憤, 「현대일보」, 1946.8.29.

7 법정을 극장시, 「조선일보」, 1946.8.29.

8 공판정 소연! 윤 변호인의 실언에, 「동아일보」, 1946.8.29.

는 선언을 하였다.[9]

윤학기의 수난은 이것으로 끝나지 않았다. 양원일은 징계재판소에 정식보고를 하였고, 다시 지방법원은 명예훼손 · 재판 모독 · 군정포고령 제2호 위반으로 윤학기를 고소하였다.[10] 결국 8개월의 정직 처분이 내려졌다.[11] 이로써 정판사사건 변호인단은 7명으로 축소되었다. 마지막으로 재판에서 배제된 변호사는 강중인이다.

無期等重刑을求刑

僞幣公判檢事論告

二十一日일 위폐공판은오전十시 개정된바 재판장의 개정선언에 이어 피고李觀述로부터 나는 재판소에서 나를판피고와分離審理하는데대하야도 재판소를 신뢰하여왓다 그런데지난土曜日 安舜奎가 위증죄로 一年언도를바든데대하야 의심치아늘수업다 나로서는 재판소에서 무슨기정방침에 의하야 이공판을 진행하는것가튼생각이든다 그러타면 나로서는구〃히 법정에까지나와 충거제시를 할필요가 업지안흔가 말한데대하야 재판장으로부터 그는피고의 곡해라는답변이 잇고이어 지난土曜日일 다시피고와변호사 석에서 증거로 제시한것은 합의한결과 별필요업다고 인정한므로 이를각하하며 피고李觀述의 가장유력하다고 역설한安基成은 증인으로 출두지키엿스니 이로서 심리를마치겟다고선언하엿다 이어朴洛鍾외八명의피고를 합석식키고 재판장으로부터 다시 개정선언을한후 변호사姜仲仁은 大田서의 失言으로 그간문제가 되든바 징계처분을바며 六개월간정직처분을밧고 변호치못하게 됏다는말이 잇는후그간檢事와 경찰의 李觀述에대한 심문조서와 공판정에서의 심리기타 증인의 심문조서와 첨종상항갑정상항등을 일러준후이에 해 피고들의답변이잇섯다 金龍嚴변호사로부터 安舜奎를 위증죄로 一년언도한朴元三판사와 기록을증인으로신청하엿스나 합의한결과이를 각하하기로하고 재판장으로부터李觀述 朴洛鍾외八명의 심리종료선언이잇슨다음 주목을 이끄는檢事의 논고로드러갓다 먼저金洪燮검사가일어나 소감을간단히말하면 유감스럽다고하겟다 내가취조한중틀히朴洛鍾은 五十평생중 三十년의 투쟁자를가진 혁명투사이엿스므로 滿腔의 감사를 드리는한편 만흔감회를 늑겻스며

〈그림106: 1946년 10월 23일 자 자유신문〉

9 일단 변호금지, 「조선일보」, 1946.8.31.

10 재판 모독타 고소당한 윤 변호사, 「동아일보」, 1946.9.5.

11 8개월 정직을 처분, 재판 모독 윤 변호사에게, 「동아일보」, 1946.9.11.

1946년 10월 21일, 막바지에 이른 정판사사건 공판은 이날 검사의 논고가 있었다. 그런데 귀를 의심케 하는 재판장의 발언이 공판 도중 튀어나왔다. "변호사 강중인은 대전(에)서의 실언으로 그간 문제가 되든바 징계처분을 받아 6개월간 정직처분을 받고 변호치 못하게 됐다"는 것이다.

강중인의 징계처분 건은 1달 전쯤인 9월 21일, '강중인 변호사의 설화 사건'으로 「조선일보」에 의해 보도된 바 있다. 강 변호사가 설화 사건으로 정직 처분을 받았으므로 변호를 할 수 없다는 재판장과, 현재 상고 중이므로 최후 결정이 있을 때까지 변호하겠다는 강 변호사의 주장이 맞선 상황에서 결국 강중인 변호사의 뜻이 받아들여져 최종심 판결이 날 때까지 출정 변호하기로 하였다는 사연이었다.[12]

답답한 것은 설화 사건의 내용을 어떤 신문도 보도하지 않았다는 점이다. 6개월간 정직 처분이라는 2심 판결을 인용하여 정판사사건의 변호를 금지시킨 재판장 양원일도 '대전에서의 실언'으로 인해 정직 처분을 받았다고만 말했다. 변호사 강중인은 도대체 어떤 실언을 했기에 6개월간 정직 처분이란 중징계를 받게 되었을까? 결국 강중인은 스스로 사건의 내막을 밝혔다. 「독립신보」는 강 변호사의 글을 세 차례에 걸쳐 다음과 같이 보도했다.[13]

12 추측적인 증언, 「조선일보」, 1946.9.21.

13 六個月停職處分받고(上)(中)(下), 「독립신보」, 1946.11.9, 11.10, 11.12.

〈자세히 읽기-21〉

[변호사 강중인 기고문]

六個月停職處分받고(上), 독립신보, 1946,11.9.

一 나는 소위 정판사위폐사건 공판이 바야흐로 중요한 단계에 돌입하려는 때에 '지난번 대전지방법원에서 한 나의 변론이 변호사로서의 품위를 훼손하였다'는 이유로 6개월의 정직 처분을 받았고, 이 처분은 현행 법규가 전연 무시된 지난 10월 16일 확정되었다. 나는 이 징계 사건이 정판사위폐사건 공판 도중에 문제화하여 마침내는 동 사건에 있어서 나의 정식 … 판독불가… 변론의 기회를 빼앗아가고 만 것을 가장 유감스럽게 생각하면서 사법부가 현재 겪고 있는 상술(上述)의 유향(類向)에 대한 일반의 비판에 자료를 제공하기 위하여 소위 대전 사건의 변론 내용을 간단히 요약하여 공개하려 한다.

이 사건의 내용을 요약해 본다면 (1) 충남 천안군 성환면 인민위원회 및 청년동맹 간부인 피고인 세 사람이 농민조합회 결성식 기타 집합석상에서 소작료 3·7제를 선전한 것 (2) 피고인 변용성이 청년들의 집합석상에서 민주주의와 공산주의의 해설을 한 것 (3) 피고인 변용성이 구장 조 모에 대하여 임시정부가 수립되면 민주주의 행정 사법기관인 인민위원회가 현재의 관공서를 대행하게 되고 현재의 관공서는 미군정의 보조기관이니 그들의 지시에 순응할 필요가 없다는 말을 한 것이 포고 제2호 위반이 되고 (4) 피고인 정권용이 국군준비대에 백미 50가마를 기부하여 그들의 무허가 도외 반출을 방조한 것은 충남 주요 식량 도외 반출 및 취급 규칙 위반이 된다는 것이다.

그러나 이 기소 사실을 검토해 본다면 첫째, 소작료 3·7제를 선전했다는 문제이다. 조선의 자주독립은 전 인구의 70%를 점령하고 있는 농민의 해방 없이는 불가능하고 농민의 해방은 토지의 평민적 해결 즉 반봉건적 반농노적 토지관계로부터 농민을 해방하여 그들의 희구하는 토지를 보장해 주지 않고는 불가능한 것이다. 그럼으로 조선의 진보적 정치세력은 이러한 토지정책이 완전 실시될 때까지의 서정(暫定)적 조건으로 3·7제 소작료를 규정한 것이고, 그 후 미군이 남조선에 진주하자 그들은 조선혁명의의 이러한 기본 과업에 착안하여 작년 10월 5일부로 법령 9호를 발표하고 소작료는 수확의 3분지 1을 초과하지 못한다고 규정하여 결과에 있어 상술 3·7제도에 합법성을 부여한 것이다. 그러므로 나는 3·7제 소작제도를 선전한 피고인들의 행위는 완전히 합법적이라고 단정한다.

둘째, 민주주의와 공산주의를 해설하였다는 문제이다. 조선의 자주독립은 이번 2차대전 즉 반팟쇼전쟁에 있어서의 연합국의 결정적 승리에 의하여 약소된 것인 만치 조선의 정치노선은 8·15해방과 동시에 연합국의 세계민주주의화 노선에서 스스로 결정되었고 그 내용은 작년 12월 모스크바 3상회의 결정에 의하여 일층 더 구체화되었다. 그러함에도 불구하고 이 결정이 발표되면서부터 국내 정치 태세는 일층 혼란을 일으키고 있으니 이것은 국내 팟쇼 분자가 국제파시즘의 잔존 세력과 기맥을 통하여 반동으로 놀고 있는 반면에 인민 대중이 오랫동안 정치 훈련의 결핍으로 말미암아 자기네의 정치노선을 바로 파악할 정치적 예지를 갖지 못한 까닭이다. 그러므로 우리는 인민 대중의 정치 계몽을 위하여 인민 대중 앞에 민주주의 공산주의 및 자본주의가 어떠한 것이며 또 이것이 자기네와 어떠한 이해관계에 있다는 것을 설명해서 그들로 하여금 자기네의 의사와 힘을 한곳에 집결하도록 해야 할 것이다. 나는 이러한 견지에서 검찰 당국이 이 시급한 정치 계몽을 위하여 민주주의 공산주의의 해설을 한 피고인의 값있는 노력을 범죄 행위로 취급한 것은 그들의 법률 및 정치에 대한 무지를 폭로한 것으로 언어도단이라고 아니할 수 없다.

六個月停職處分받고(中), 독립신보, 1946.11.10.

三 인민위원회집권 문제이다. 우리 민족이 작년 8월 15일 장구한 노예생활에서 해방이 되자 이를 위하여 가장 용감히 싸우던 혁명 투사들은 일당에 모여 조선건국위원회를 조직하였고 이어서 작년 9월 6일 전국인민대표자회의를 열어 집행기관으로 인민위원회를 조직한 것이다.

그러므로 이 부분의 기소 사실 중 그 전반 즉 현재의 관공서는 없어지고 민주주의적 행정 사법기관인 인민위원회가 이것을 대행할 것이라는 점은 피고인의 정치 이념을 표명한 것으로서 하등 문제될 바 아니다. 그리고 그 후반 즉 현재의 관공서는 미군정의 보조 기관이니 그들의 지시에 순응할 필요가 없다고 한 점은 군정을 방해할 위험이 없다고 할 수 없으나 피고인은 시종일관 그러한 말을 한 일이 없다고 부인해 왔을 뿐 아니라 이 점에 대한 유일한 증인 조 모의 증언은 철저히 신뢰할 수 없는 것이다.

四 백미 무허가 도외 반출을 방조하였다는 문제이다. 이 점에 있어서는 피고인이 경성으로 운반해 가는 줄 알면서 국군준비대에 백미 50가마를 기부한 것은 사실인 것 같다. 그러나 이 사실을 지적해서 곧 피고인이 국군준비대원들이 해(該) 백미를 충남도지사의 허가 없이 도외 인 경성으로 반출하는데 방조한 것이라고 예단할 수는 없는 것이다. 피고인은 국군준비대원들에게 해 백미의 반출 수속에 대하여 여러 차례 다짐을 한 연후에 백미를 인도하였을 뿐 아니라 기록에 의하면 동 대원들이 해 백미를 반출한 것

은 소할(所轄) 경찰서장의 점인(點認) 하(下)에 행해진 것이 분명하기 때문이다. 그러므로 피고인의 이 의거에 대해서는 모름지기 위법성이 없다고 인정하여 형사 문제에서 도외시해야 할 것이다.

여기에서 나의 이 사건에 대한 소감을 일언으로 말하면 민주주의를 지향하고 있는 조선의 사법에서 이상 검토한 것과 같은 사실이 어찌하여 기소되었을까 하는 의혹에서 시작되어 의혹에 그치고 마는 것이다. 나는 이러한 의혹에서 상기되는 최근 사법부가 표시하고 있는 몇 가지 경향을 지적하여 이 점령지역사건처리의 참고에 공(供)하려 한다.

첫째, 사법부의 편당적 경향이다. 즉 이러한 사건이 피고인들의 신체를 구속한 채로 공판에 회부되었다는 것은 소위 좌익 탄압의 일례로 볼 수 있지 않을까 하는 점이다. 경찰의 이러한 경향에 대해서는 6월 15일부 조 경무부장이 통모를 발하여 엄중한 경고를 발하였고 사법부의 이러한 경향에 대해서는 본 변호인이 사법부 재직 시부터 누차 신문지를 통하여 사법의 공명정대를 강조하여 왔다. 생각하면 조선의 자주독립을 위하여 금일과 같이 민족 통일이 절실히 요구되고 있는 때는 없다.

이러한 때에 경찰 또는 사법인으로서 사건을 취급하는 마당에 있어 좌우 양익의 대립에 대한 경제적 사회적 정치적 기초를 밝혀 그 귀추를 규명할 성의를 갖지 못하고 일당 일파에 편중한다면 사건의 공정을 기할 수 없음은 물론이고 민족 분열을 조장하는 결과를 초래하고 말 것이니 이 점은 사법인이 깊게 삼가야 할 점이라고 믿는 동시에 이 사건에 있어서도 이러한 각도로 다시 통찰하여야 할 것이라고 생각한다.

六個月停職處分받고(下), 독립신보, 1946,11.12.

둘째는 건국도상의 형사정책이 확립되지 못했다는 점이다. 8·15해방 후 혁명 투사들은 즉시 건준 또는 인민위원회를 조직하여 각지에서 조직하여 각지에서 치안 확보와 민생 문제 및 경제 재건에 활동하여 위대한 공적을 남겼다. 그러나 그 반면에 행정에 경험이 없었던 탓으로 다소의 과실이 있었다는 것도 사실이다. 그러나 우리는 그들의 과실이 적어도 애국심에서 출발한 것이라고 하면 장래에 큰 영향이 없는 한 관대한 태도로 임해야 하며 따라서 건국도상의 형사정책도 이러한 견지에서 수립되어야 할 것이다.

그러함에도 불구하고 최근 남조선의 사법인이 이 방면의 사건에 대하여 확실한 정책을 세우지 못한 채 허둥지둥하는 모양은 유감천만의 사태이다. 생각하면 거리에는 모리배가 발길에 차이고 관리는 지위를 탐내어 눈이 어두워 가는 현실에서 오로지 민주주의 건국노선을 따라 농민의 이익을 위하여 소작료 3·7제를 선전하였고, 민중이 정치 계몽을 위하여 민주주의 공산주의 정치 해설을 하였고, 국군의 양성을 염원하여 자가용 백미 50가마를 희사한 피고인들의 애국적 노력과 희생이 얼마나 숭고한 일인가. 8·15해방 직시(直時)로 우리 땅에 우리가 염원하던 자주 정부가 수립되어 인민재판이 실시되었다고 하면 피고인들의 이러한 애국적 행동에 대하여 그 가슴에다 훈장을 채워주지 못할망정 3, 4개월이나 경찰에 구금하였다가 급기야 공판정에까지 끌어내지는 않았을 것이다. 이 점에 대해서는 깊이 반성하는 바 있어야 할 것이다.

셋째는 아직도 일제 강점기의 관료 근성이 남아있다는 점이다. 즉 경찰이나 검찰이 일단 사건에 착수한 이상 어떠한 무리를 하여서라도 사건을 성립시켜야만 경찰 또는 검찰의 체면이 선다는 관념이 아직도 뿌리깊이 남아 있다는 것은 유감스럽기 짝이 없다. 민주주의 국가의 관리는 인민의 공복인 것이다. 인민의 공복인 관리가 인민을 해쳐가면서라도 자기 체면을 세우려는 일제적 관료 근성을 하루속히 청산하여야 한다. 한걸음 나아가서 일단 착수한 사건이 성립되지 않을 때 희열을 느낄 수 있는 애족심의 환기를 지적하고 싶다. 이러한 경지까지 가지 않고는 명랑한 사법 건설은 바랄 수 없으니 이에 대해서도 심사숙고해야 할 것이다. 이상으로서 이 사건에 대한 나의 결론은 이미 명백하여졌으니 나는 재판소에 대하여 피고인 세 사람에게 곧 무죄를 선고하여 즉시 석방을 엄숙히 요구하는 바이다.

四(五의 오타) 이상이 나의 변론의 대요로서 이 사건은 즉일로 집행유예가 언도되었다. 나는 물론 이 재판에 불복이었으나 피고인들의 의사를 존중하여 부득이 이 판결을 확정시킨 후 피고인들은 무사히 석방되었고, 사건은 한 단락을 지운 셈이다.

그러면 무슨 까닭으로 이 사건이 정판사위폐사건 공판 도중에 돌연히 문제화하였을까? 나는 여기에 대하여 구구한 억측을 하고 싶지는 않으나 사법부 현관제 씨는 내게 대한 징계처분 이유 중에서 나의 변론 중 "해방 직후 우리가 염려하던바 자주 정부가 수립되어 인민재판이 실시되었다고 하면 피고인들의 이러한 애국적 행동에 대하여 그 가슴에 훈장을 채워주지는 못할망정 3, 4개월이나 경찰에 구금하였다가 급기야 공판정에까지 끌어내지 않았으리라"는 부분을 지적하여 변호인으로서 피고인들의 범죄 행위(?)를 찬양하고 군정을 비방하여 사법기구 전체의 위신을 실추케 하여서 변호사로서의 품위를 훼손하였다는 뜻의 결론을 내렸다.

'인민재판'이란 문구만 보아도 이맛살을 찌푸리는 일반인사에 대한 비판은 별문제로 하더라도 우리는 이 사건을 통하여 민주주의 사법건설의 도상에서 누가 과연 사법부 기구 전체의 위신을 실추케 하고 있는가를 분명히 판정하여야 할 것이다. 이 일문(一文)을 공개하는 소이도 오로지 여기에 있는 것이다. 대중의 엄정한 비판만이 온갖 왜곡을 시정할 수 있을 것이다.

무죄를 확신했지만 집행유예로 인신구속을 면한 피고인들의 뜻을 받아들여 판결확정에 동의했다는 것이 강 변호사의 주장이다. 아무튼 끝난 재판이었다. 그런데 정판사위폐사건 공판이 진행되고 있는 도중, 갑자기 재판 중 발언한 내용 일부를 문제화하여 징계위원회에 강 변호사를 회부하였다.

오로지 민주주의 건국노선을 따라 농민의 이익을 위하여 소작료3 · 7제를 주장했고, 8 · 15해방을 맞아 인민 대중의 정치 계몽을 위하여 민주주의 · 공산주의 및 자본주의가 어떠한 것이며 또 이것이 자기네와 어떠한 이해관계에 있다는 것을 설명했으며, 국군의 양성을 염원하여 자가용 백미 50가마를 희사한 혐의로 기소된 피고인들에 대해 변호사 강중인은 그들을 애국자로 표현했다.

강중인에 따르면 문제의 발언은 "해방 직후 우리가 염려하던바 자주정부가 수립되어 인민재판이 실시되었다고 하면 피고인들의 이러한 애국적 행동에 대하여 그 가슴에 훈장을 채워주지는 못할망정 3, 4개월이나 경찰에 구금하였다가 급기야 공판정에까지 끌어내지 않았으리라." 라는 부분이다.

강 변호사는 피고인들의 애국적 행동에 대해 실형 선고를 언도한 재판부에 대해 쓴소리를 한 것이다. 인민을 위한 사법부가 되어야 한다는 충정의 발로였다고 볼 수 있다. 당시 재판부는 강 변호사의 이러한 발언을 문제 삼지 않았다. 그런데 별도의 재판 과정에서 징계를 거론했으며, 강중인의 변론이 변호사로서의 품위를 훼손하였다'는 이유로 6개월의 정직 처분이 내려진 것이다.

강 변호사는 "무슨 까닭으로 이 사건이 정판사위폐사건 공판 도중에 돌연히 문제화하였을까?"라는 의문을 제기하며, 무엇보다 정판사사건에 대한 변론의 기회를 빼앗아가고 만 것을 가장 유감스럽게 생각하면서 대전 사건의 변론 내용을 간단히 요약하여 「독립신보」를 통하여 공개했다고 말했다.

결국 강중인은 검사의 구형이 있는 1946년 10월 21일, 정판사사건 제24회 공판부터 재판에 참여할 수 없게 된다. 조평재, 윤학기에 이어 세 번째로 재판에 배제된 것이다. 애초 9명으로 출발했던 변호인단이 이제 6명밖에 남지 않았다.

22

모해위증교사와 양심선언

〈그림107: 1946년 8월 24일 자 조선일보, 8월 25일 자 동아일보〉

1945년 8월 23일, 정판사위폐사건 공판 두 번째(공판요약표에 의하면 네 번째) 날이다. 정판사의 공장장이던 안순규가 위폐 인쇄 현장을 목격했다는 조서 기록이 공개되었다. 「조선일보」는 안순규 증언의 중요성을 부각시켰고,[1] 「동아일보」는 안순규가 직접 쓴 '수기'라는 점을 강조했다.[2] 아래에 '안순규의 수기'라는 글을 소개한다.

> …2월 10일 정오가 지나 조선정판사 앞에 당도한 즉, 동사 후문이 열렸기에 들어간즉 사무실에는 아무도 없는 것 같고 공장 안을 보니

1 사실을 부인으로 일쇄(一鎖), 중요한 안순규의 증언…"보았오", 위폐 사건 공판 제2일의 경과, 「조선일보」, 1946.8.24.

2 사용 아니오 당비에, 인쇄 현장에서 들은 안순규 씨 수기, 「동아일보」, 1946.8.25.

박상근이가 활판실 앞에 있다가 본인을 보고 평판실로 급히 들어감으로 즉시 뒤를 따라가 보니 기계 바닥에 놓인 인쇄물을 반으로 접어 가지고 나오는 순간에 백 원 지폐 인쇄한 것이 보였습니다. 박상근은 곧 가지고 평판실을 나갔으나, 재단실로 갔는지 밖으로 나갔는지 미상입니다.

본인은 "노는 날 무엇을 하느냐?" 하였더니 김창선이가 무색한 얼굴로 "잘못하였습니다. 살려주시오" 하고 신광범은 기계 옆에서 역시 무색한 어조로 "개인 사욕이 아니라 당 자금이 부족해서"라고 말을 어물어물하고 끝을 맺지 못하였소. 그래서 나는 공포를 느끼며 집으로 돌아갔소.

여러 번 지적했지만, 정판사사건은 물증이 없다. 사건 성립은 오직 증언에 의해서만 유지될 수 있었다. 이러한 상황에서 사건 현장을 직접 목격했다는 안순규의 증언은 검찰의 공소 유지를 위한 핵심이었다. 전날, 김창선이 피 묻은 셔츠를 입고 나타나 "고문으로 인해 작성된 검찰

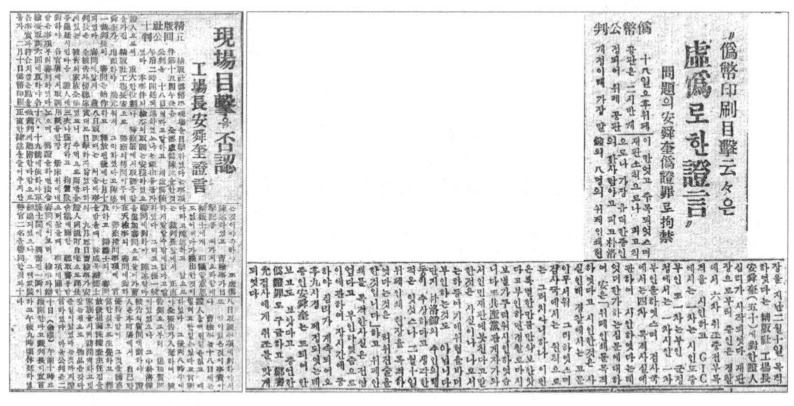
現場目擊은否認
工場長安舜奎證言

偽幣公判

"偽幣印刷目擊"云々은
虛偽로한證言"
問題의安舜奎偽證罪로拘禁

〈그림108: 1946년 9월 20일 자 독립신보, 자유신문〉

의 공소 청구서는 원천적으로 무효이며, 재조사할 것을 요구"하는 등 공판의 존립 여부가 의문시되던 무렵에, 위폐 인쇄 현장을 목격했다는 안순규의 증언은 피고인들을 비롯한 변호인단에게 치명타를 날린 셈이 되었다. 그러나 반전이 일어났다. 안순규가 양심선언을 한 것이다.

1946년 9월 18일, 정판사사건 15회 공판에서 안순규가 증언한 내용은 다음과 같다.

> …2월 20일 위폐 인쇄 현장을 목격하였다는 사항은 전부 허위 진술을 한 것이라고 말하고 왜 허위 진술을 하였느냐는 이유를 묻자 검사의 취조는 안온하였으나 경찰서에서 취조를 함으로 경찰의 고문이 두려워서 그리하였다고 진술하고 석방된 후에 7월 18일 취조 때는 처음에 사실대로 목격하지 않았다고 하였더니 주먹으로 양 뺨을 3차나 강타하고 구류장 용지를 한 장 책상 위에 내놓으며 위증을 하면 법령 18, 9호에 의하여 군정 재판에 회부한다 함으로 정직한 진술을 들어 주지 않는 것이 야속하여 또 허위 진술을 하였고, 조 검사가 목격기를 써 가지고 오라 함에 변호사에게 상의할 의사도 없어 써다가 제출한 것이다, 라고 진술하고 앞으로는 재판장 앞에서 정직하게 말할 수밖에 없다고 말하였다.…[3]

문제는 고문이었다. 고문에 대한 두려움 때문에 위증을 하였지만,

3 精版社十五回公判, 現場目擊을 否認, 工場長安舜奎證言,「독립신보」, 1946.9.20.

양심의 고통을 견디지 못해 양심선언을 했다는 얘기다. 안순규의 번복 증언에 검찰은 그를 구속하는 것으로 대응했다.[4] 그리고 일주일쯤 후에 개최된 공판에서 또 다른 증인을 내세워 안신규의 양심선언에 대한 무효화를 시도했다. 뚝섬 위조지폐 사건에서 "양심에 가책을 받고 인쇄기의 롤러를 깨트려 인쇄를 못 하게 했다"는 주장으로 이 사건을 위폐 제조 미수 사건으로 만드는 데 일등 공신 역할을 했던 장본인, 배재룡을 증인으로 내세웠다. 1946년 9월 24일 공판에서 배재룡은 다음과 같은 증언을 했다.

> "자기는 안순규와 약 50일간 경찰서 한 감방에 있었는데 동인의 말이 금년 어느 공일 날 활판 부과장 김 모를 만나러 갔더니 그 사람이 외출하고 없었으므로 귀로에 조선정판사에 들렀더니 평판과에서 일을 하다가 무엇을 덮고 감추는 것을 보았다고 하더라"…[5]

배재룡의 증언은 검찰과 법원에 큰 힘이 되었던 모양이다. 양심선언을 했던 그날 구속되었던 안순규는 곧 재판에 넘겨졌고 10월 15일 공판에서 1년이 구형되었다. 박원삼(朴元三) 판사가 주심이었고 정시윤(鄭시允) 검사가 입회했는데, 서울형무소에서 복역 중이던 배재룡도 증인으로 출두하였다.[6]

4 위폐 인쇄 목격 운운은 허위로 한 증언, 위폐 공판, 「자유신문」, 1946.9.20.

5 『위폐사건공판기록』, 대건인쇄소, p.119.

6 精版社關聯公判, 絶對로 現場 본 일 없오, 工場長安舜奎의 僞證公判, 「독립신보」, 1946.10.16.

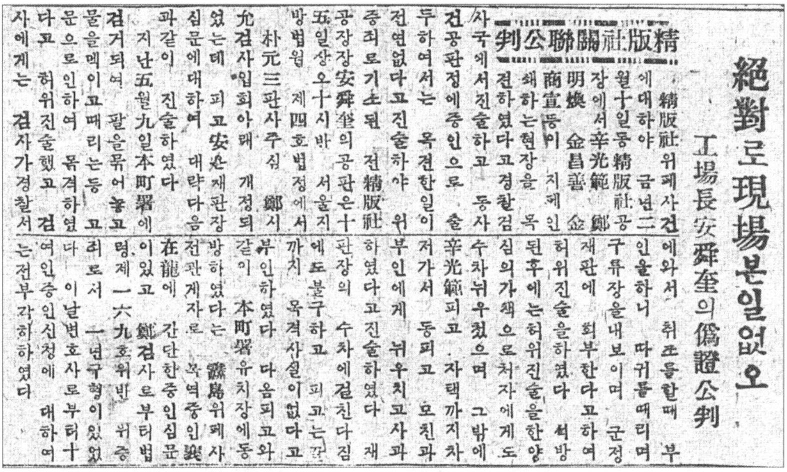

絶對로 現場본일없오

工場長安舜奎의僞證公判

精版社關聯公判

精版社 위폐사건에 대하야 금년 二월 十일 동 精版社 공장에서 辛光範 鄭明煥 金昌善 金商宣 등이 지폐인쇄하는 현장을 목견하였다고 경찰 검사국에서 진술하고 동사건 공판정에 증인으로 출두하여서는 목견한 일이 전연 없다고 진술하야 위증죄로 기소된 전 精版社 공장장 安舜奎의 공판은 十五일 상오 十시반 서울지방법원 제四호법정에서 朴元三 판사 주심 鄭시允 검자 입회 아래 개정되였는데 피고 安은 재판장 심문에 대하여 대략 다음과 같이 진술하였다

지난 五월 九일 本町署에 검거되여 팔을 묶어 놓고 물을 멕이고 때리는 등 고문으로 인하여 몸격하였다고 허위진술했고 검사에게는 검자가 경찰서에 와서 취조를 할 때 부인을 하니 따귀를 때리며 구류장을 내보이며 군정 재판에 회부한다고 하여 허위진술을 하였다 석방된 후에는 허위진술을 한 양심의 가책으로 처자에게도 수차 뉘우쳤으며 그밖에 辛光範 피고. 자택까지 차저가서 동피고 모친과 부인에게 뉘우치고 사과하였다고 진술하였다 재판장의 수차에 걸친 다짐에도 불구하고 피고는 끝까지 목격 사실이 없다고 부인하였다 다음 피고와 같이 本町署 유치장에 동방하였다는 纛島위폐사건 관계자로 복역중인 裵在龍에 간단한 증인심문이 있고 鄭검사로부터 법령 제一六九호 위반 위증죄로서 一년 구형이 있었다 이날 변호사로부터 十여인 증인신청에 대하여는 전부 각하하였다

〈그림109: 1946년 10월 16일 자 독립신보〉

이날 공판에서 안순규는 지난 9월 24일 공판에서 양심선언을 한 내용을 반복하여 증언하였다. 아래는「독립신보」의 보도 내용이다.

…지난 5월 9일 본정서에 검거되어 팔을 묶어놓고 물을 먹이고 때리는 등 고문으로 인하여 목격하였다고 허위 진술을 했고, 검사에게는 검사가 경찰서에 와서 취조를 할 때 부인을 하니 따귀를 때리며 구류장을 내 보이며 군정 재판에 회부한다고 하여 허위 진술을 하였다. 석방된 후에는 허위 진술을 한 양심의 가책으로 처자에게도 수차례 뉘우쳤으며 그밖에 신광범 피고 자택까지 찾아가서 동 피고 모친과 부인에게 뉘우치고 사과하였다.

재판장의 수차에 걸친 다짐에도 불구하고 피고는 끝까지 목격 사실이 없다고 부인하였다. 다음 피고와 같이 본정서 유치장에 동방 하였다는 뚝섬 위폐 사건 관계자로 복역 중인 배재룡에게 간단한 증인 심문이 있고, 정 검사로부터 법령 제169호 위반 위증죄로서 1년 구형이 있었다. 이날 변호사로부터 10여 인 증인 신청에 대하여는 전부 각하하였다.

양심의 가책 때문에 양심선언을 했지만, 결과는 허무했다. 나흘 후인 10월 19일, 박원삼 판사는 안순규에게 징역 1년을 언도했다.[7] 정판사 사건 담당 검사 조재천은 번복된 증언의 대용품으로 안순규에 대한 위증 판결서를 이 사건의 증거로 제출하였다. 판사는 받아들였고, 안순규의 양심선언은 재판에 아무런 영향을 주지 못했다. 판사와 검사의 야합은 다음 장을 보면 더욱 확실히 드러난다.

7 安舜奎一年言渡, 「독립신보」, 1946.10.20.

23

검사와 판사의 동행과 야합, 판결문이 조작되다

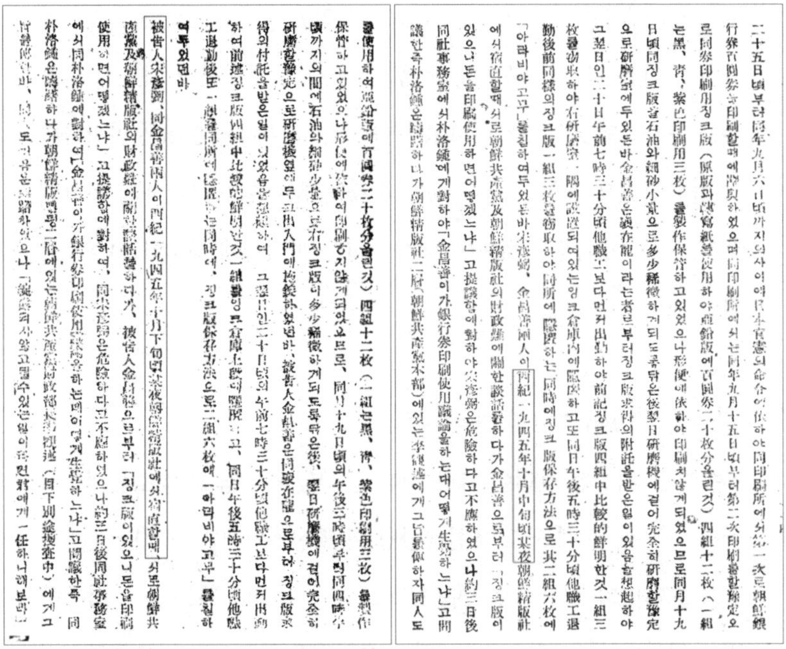

〈그림110: (좌)공판 청구서, 1946.7.19 (우)판결문, 1946.11.28〉

조선정판사사건의 공판 청구서와 판결문을 살펴보면 대부분의 내용이 일치하지만, 유독 김창선과 송언필의 숙직 시기만 다르게 기술되었음을 확인할 수 있다. 공판 청구서에 따르면 "1945년 10월 하순경 모야(某夜) 조선정판사에서 숙직할 때…"라고 되어 있다. 그러나 판결문에는 "1945년 10월 중순경 모야(某夜) 조선정판사에서 숙직할 때…"라고 기록되어 있다. 이 사건에 있어서 '하순'과 '중순'의 차이는 재판의 성립 자체를 무산시킬 수 있을 만큼 큰 의미를 갖는다. 공판 청구서와 판결문을 살펴보자.

[공판 청구서(1946년 7월 19일)]

被告 宋彦弼 同 金昌善等 良人이 서기 1945년 10월 하순 某夜 朝鮮精版社에서 숙직할 때 서로 朝鮮共產黨 及 朝鮮精版社에 재정난에 관한 담화를 하다가 被告人 金昌善으로부터 징크版이 있으니 돈을 印刷 사용하면 어떻겠느냐고 提言함에 대하여 同 宋彦弼은 위험하다고 불응하였으나 약 3일 후 同社 事務室에서 同 朴洛鍾에게 대하여 金昌善이가 銀行券印刷使用 의논을 하는데 어떻게 생각하느냐고 문의한즉…

[판결문(1946년 11월 28일)]

송언필, 김창선 양인이 서기 1945년 10월 중순경 모야 조선정판사에서 숙직을 할 때 서로 조선공산당 및 조선정판사의 재정난에 관한 담화를 하다가 김창선으로부터 "징크판이 있으니 돈을 인쇄 사용하면 어떻겠느냐"고 제의함에 대하여 송언필은 위험하다고 불응하였으나, 약 3일 후 동사 사무실에서 박낙종에게 대하여 "김창선이 은행권 인쇄 사용의논을 하는데 어떻게 생각하느냐"고 문의한즉…

법원은 검찰의 공판 청구서를 무시하고, 왜 김창선과 송언필의 숙직 시기를 10월 중순으로 변경했을까? 이렇게 중대한 결함이 생긴 것은 검찰의 자업자득이다. 공판이 진행되면서 검찰은 곤란한 처지에 빠지게 된다. 사건의 핵심인 김창선을 비롯해 대부분의 피고인들이 수사 과정에서의 진술을 취소하면서, 고문에 의한 자백이었다고 항변한 것이다.

1946년 8월 19일, 변호인단은 정판사위폐사건이 조작된 사건임을 주장하는 성명서를 발표했다. 좌익 계열 언론들은 성명서 전문을 보도하며, "국가의 공복 검사가 고문을 정당시하는 견해", "피고의 소위 '자백'을 반주하는 신음 소리는 누가 들어주나?"[1] "불법으로 사건은 날조

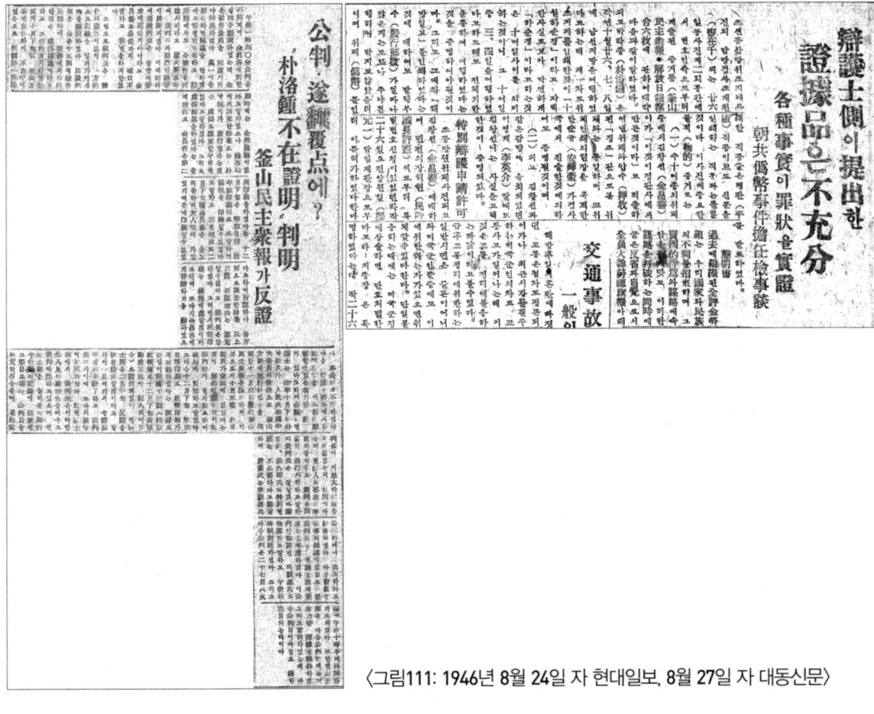

公判·遂鞴覆点에?

"朴洛鍾不在證明"判明

釜山民主衆報가反證

辯護士側이 提出한

證據品은 不充分

各種事實이 罪狀을 實證

朝共僞幣事件擔任檢事談

特別辯護申請許可

交通事故 一般이

〈그림111: 1946년 8월 24일 자 현대일보, 8월 27일 자 대동신문〉

1 국가의 공복 검사가 고문을 정당시하는 견해, 피고의 소위 '자백'을 반주하는 신음 소리는 누가 들어주나?, 「현대일보」, 1946.8.20.

되고 검사는 고문을 정당시했다, 변호사단 임무 완수를 성명"[2] 등의 제목으로 경찰과 검사를 성토하는 데 가세했다. 하지만 검찰은 언론과 변호인단이 제시한 항의를 무시했고, 재판장 역시 검찰의 조서와 공판 청구서를 신뢰·인정했다.

다시 반전이 일어났다. 주범으로 지목된 박낙종이 검찰이 주장하는 위폐 인쇄 시기에 서울에 있지 않았다는 물증이 제시되었다. 검찰의 공판 청구서가 (피고인의 양심선언을 무시하고) 옳다고 해도, 내용 자체가 논리적으로 모순에 차 있다는 지적이 제기된 것이다. 8월 23일 개최된 공판은 사건의 실체를 밝히는 데 많은 도움을 준다. 「현대일보」가 자세하게 보도했다.[3] 기사 내용을 정리하면 다음과 같다.

① 오후 1시 40분 공판 재개, 김창선에 대한 심리를 계속함

② 김창선, 피고 전원 동석 요구, 변호인단 역시 같은 주장

③ 양원일 재판장, 변호인과 피고인의 요구 묵살, 일방적으로 기록을 읽어가며 심리 계속

④ 재판장, 김창선이 15회 검사 취조 시 경찰에서의 자백을 부인한 이유 세 가지를 낭독함

⑤ 첫째, 10월 하순경 박낙종은 부산 방면으로 출장하여 부재중이었음으로 제1회 인쇄 시 참여는 불가능함 → 검사국 조사 결과, 박낙종의 여행은 허위로 인정

2 불법으로 사건은 날조되고 검사는 고문을 정당시했다, 변호사단 임무 완수를 성명, 「청년해방일보」, 1946.8.20.

3 "朴洛鍾不在證明"判明 釜山民主衆報가 反證, 「현대일보」, 1946.8.24.

⑥ 둘째, 제2회 인쇄시기인 12월 하순(27~29일)은 해방일보 신년호 인쇄로 위폐 인쇄가 불가능했다는 김창선의 진술 → 각 방면으로 조사 결과, 부인 이유를 인정할 수 없음

⑦ 셋째, 2월 하순경 윷놀이를 하러 친구 집에 갔기 때문에 인쇄를 할 수 없었다는 김창선의 진술 → 각 방면으로 조사 결과, 부인 이유를 인정할 수 없음

⑧ 양원일, 위폐 인쇄는 극형에 처할 범죄라고 위협, 김창선의 답변 요구, 김창선 묵묵부답

⑨ 김용암 변호사, 1945년 11월 3일 자 부산민주중보 제시(10월 말경 박낙종의 서울 부재 증명)

⑩ 12월 말 해방일보 인쇄로 인해 위폐 제작 불가능 증거(증거 제13호, 정판사 장부: 12월 하순 야근비 지출 기입)

⑪ 변호사단, 2월 중순경 인쇄에 대한 반증은 후일 제시 예정

⑫ 변호사단, 재판장의 선입견과 정치성을 지적

김창선은 세 가지 이유를 들어 자신이 인쇄에 참여할 수 없었다는 것을 증명하고자 했다. 제1차 시기에는 사장 박낙종이 서울에 없었고, 두 번째는 해방일보 신년호 인쇄로 위폐 인쇄 자체가 불가능했으며, 제3차 시기인 2월 하순경에는 윷놀이를 하러 친구 집에 갔기 때문에 인쇄를 할 수 없었다는 주장이었다.

"10월 하순경 박낙종은 부산 방면으로 출장하여 부재중"이었다는 김창선의 발언은 1946년 7월 9일, 박낙종이 검사국에 송국 되던 날 검사 김홍섭에게 "10월 하순 25일에 본인은 신문 사업 자금운동 겸 가사정리 차 귀성 도중 차의 고장으로 익 26일과 7일은 김천 시내 환금여관에서 체재하고 귀성한 후 회경(廻京)한 것은 11월 초가 아니었든가 하오"라고 박낙종이 진술한 바에 따른 것이다.

이러한 진술에 놀란 검찰은 7월 9일 대구지방법원검사국 김천분국에 긴급히 연락하였다. 7월 20일 김천분국 검사 윤기출은 환금여관 주인 김경춘(金京春)을 증인으로 신문하였고, "박낙종은 동년 10월 26, 7일은 물론이거니와 그 전후에도 숙박한 일이 없다"고 통보하였다.[4] 이러한 조서에 의해 재판부는 "검사국 조사 결과, 박낙종의 여행은 허위로 인정한다"고 판시한 것이다. 지금까지 거론한 인쇄 시기에 대하여 정리를 하면 다음과 같다.

[표21: 위폐 인쇄 시기 비교표]

날짜	검찰(공판 청구서)	법원(판결문)	박낙종의 남선 여행
10.11		10월 중순경某夜 숙직	
21	1945년 10월 하순경某夜: 김창선과 송언필 숙직, 조공 및 정판사 재정난 담화, 김창선이 위폐 제작 제의, 송언필 불응		
22			마산-진주, 열차 사고, 자동차로 이동 변경(박낙종, 하필원)
23			
24	〈3일 후〉 송언필이 박낙종에게 김창선의 제의를 의논, 박낙종 2층에 있는 이관술과 의논, 박낙종에게 일임 〈같은 날〉 박낙종→송언필→김창선→정명환 · 김상선 · 김우용 · 홍계훈 순으로 포섭, 별도로 송언필→신광범(경계), 박상근(용지출고 및 재단)을 부탁함	공판 청구서와 동일	서울 출발, 충주 흥아여관 숙박

4 박수환, 『소위 '정판사사건'의 해부, 반동파 모략의 진상을 해부함』, 아세아서점, 1947, p.40~41.

25	10월 하순 오후 9시~ 다음날 오전 5, 6시경(1차, 1회)	공판 청구서와 동일	김천 강연, 환금여관 숙박
26			거창 방문
27			
28			진주, 강연
29			
30			
31			
11.01			상순, 서울 도착
12.27	오후 9시~28. 오전 5, 6시(2차, 2회)	공판 청구서와 동일	
28	오후 9시~29. 오전 7시(2차, 3회)		
29	오후 9시~30. 오전 7시(2차, 4회)		
2.08	오후 9시~9. 오전 7시(3차, 5회)	공판 청구서와 동일	
09	오후 9시~10. 오후 1시(3차, 6회)		

검찰 측의 반박에 변호인단으로서는 속수무책이었다. 재반박하기 위해선 김천의 환금여관 주인 김경춘을 설득해야 하는데, 물리적으로 불가능에 가까운 일이었다. 이처럼 어려운 상황에서 변호사 김용암이 다른 카드를 내밀었다. 1945년 11월 3일 자 「부산민주중보」를 제시한 것이다. 이 신문에는, "박낙종 · 하필원(河弼源)이 1945년 10월 28일 진주에 도착하여 강연하였다"는 기사가 게재되어 있었다. 재판장과 검찰 모두 당황할 수밖에 없었다. 8월 26일 검사 조재천은 자신이 처한 상황에 대하여 다음과 같이 변명을 하였다.

피고 박낙종은 작년 10월 26, 7, 8일에 남선 지방을 여행하였다고 하는데 제1차로 위조지폐를 인쇄한 것이 '10월 하순경'이라고 자백한 사실로 보아 막연하게 '하순경'이라고 하는 것은 10여 일 사이를 의미하는 것이니 그 10여 일 중 3, 4일을 여행하였다고 하더라도 전체 기간을 통하여 여행하였다는 것을 증명하여야 할 것이다.…[5]

사실 조재천의 발언은 스스로 무덤을 파는 행위였다. "주범 박낙종은 송언필, 김창선 등에게 위폐 인쇄를 지시하고 자신은 예정된 남선 여행을 하였다."라고 했으면 재판부가 공판 청구서와 다른 내용의 판결문을 작성하는 등 구차한 일이 발생하지 않았을 것이다. 그러나 '하순'이라는 문구해석을 함으로써 「민주중보」의 증거능력을 스스로 인정한 셈이 되어 버렸다. 즉 위폐 인쇄 시기가 10월 26, 7, 8일경이라는 것을 증명하면 '정판사위폐사건' 자체가 성립될 수 없다는 위험한 발언을 한 것이다.

공판 청구서를 다시 살펴보자. 김창선과 송언필이 숙직을 한 시기가 '10월 하순경'이고, 약 3일 후 송언필 · 박낙종 · 이관술 등의 협의를 거쳐 위조지폐를 인쇄하기로 결정하였다. 이에 따라 김창선은 명환 · 김상선 · 김우용 · 홍계훈 등을 포섭하였고, 별도로 송언필은 신광범 · 박상근에게 경계와 인쇄용지 관계 일을 맡겼다. 그 후 첫 번째 위조지폐가 인쇄되었다. 공판 청구서에 기제 된 위 내용을 모두 인정할 경우, 제1차 인쇄 시기는 아무리 빠르게 잡아도 10월 25일 이후가

5 辯護士側이 提出한 證據品은 不充分, 「대동신문」, 1946.10.27.

된다.[6]

1945년 10월 26일에서 28일까지의 남선 여행은 검찰과 재판부에서 이미 인정한 바 있다. 그렇다면 24, 5일 무렵의 일정만 파악된다면 이 사건은 종결될 것이다. 의외로 검찰 측에서 먼저 충주 흥아여관 주인을 증인으로 신문할 것을 대전지법 충주분국에 촉탁하였다. 1946년 10월 19일, 충주 검사 분국은 흥아여관 사무원 김재호(金在浩)를 증인으로 신문했다. 그 결과 증인은 1945년 10월 24일 박낙종과 하원필이 흥아여관에 함께 숙박했다는 사실을 증언하고, 증거자료로 당시의 객부등본(客簿등본)을 제출했다.

한편, 흥아여관 사무원의 증언 이전인 1946년 9월 30일, 제19회 공판에서 하필원도 남선 여행에 박낙종과 동행했음을 증언했다.[7] 이로써 박낙종의 증언, 「민주중보」의 기사, 충주 흥아여관 사무원 김재호의 증언과 객부등본, 하필원의 증언 등이 일치하고 있음이 증명되었다. 즉 박낙종과 하필원은 1945년 10월 24일 서울을 출발하여 자동차 고장으로 인해 충주 흥아여행에서 숙박을 했고, 그 후 김천, 거창, 진주 등지에서 강연 · 숙박을 한 후 11월 상순(4, 6일경) 서울에 돌아왔던 것이다. 사실 이쯤에서 정판사위폐사건의 재판은 종료되었어야 했다. 적어도 박낙종은 무혐의 처리되었어야 했다.

6 10월 21일(숙직) → 약 3일 후 위폐 제조 모의(10월 24일) → 10월 하순경 인쇄(10월 25일 이후)

7 박수환, 『소위 '정판사사건'의 해부, 반동파 모략의 진상을 해부함』, 아세아서점, 1947, pp.42~43. 〈정판사 및 뚝섬 위조지폐 사건 공판요약표(『위폐사건공판기록』, 대건인쇄소, p.97)에 따르면, 1946년 9월 30일 공판 시에 하필원, 이균, 원영규 등이 증인으로서 신문받았다.〉〈하필원의 증언을 보도한 신문이 없다. 이것은 1946년 9월 6일, 조선인민보, 현대신문, 중앙신문의 정간 처분과 무관하지 않은 것으로 보인다.〉

그러나 검사 조재천은 포기하지 않았다. 그가 선택한 것은, 박낙종의 남선 여행 주장을 허위로 만드는 것이었다. 재판장 양원일도 조재천의 음모에 가담했다. 그는 피고인들의 최후 진술이 끝났음에도 어떠한 설명도 없이 결심을 무기 연기했다. 그리고 두 사람은 11월 2일부터 10일까지 남선으로 여행을 떠났다. 두 사람의 밀행은 「수산경제신문」만이 거의 유일하게 보도했다.

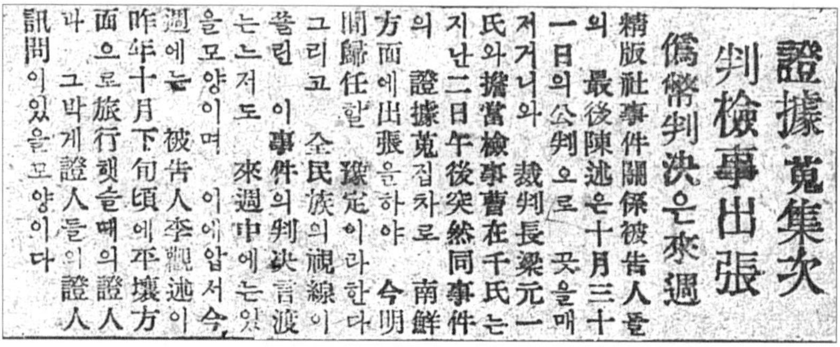

證據蒐集次
判檢事出張
僞幣判決은來週

精版社事件關係被告人들의最後陳述은十月三十一日의公判으로끚을매저거니와裁判長梁元一氏와擔當檢事曹在千氏는지난二日午後突然同事件의證據蒐집차로南鮮方面에出張을하야今明間歸任할豫定이라한다 그리고全民族의視線이쏠린이事件의判決言渡는느저도來週中에는있을모양이며이에압서今週에는被告人李觀述이昨年十月下旬頃平壤方面으로旅行했을때의證人과 그박게證人들의證人訊問이있을모양이다

〈그림112: 1946년 11월 7일 자 수산경제신문〉

판사와 검사가 증거 수집차로 남선 방면으로 함께 출장을 갔다고 한다.[8] '사법부의 중립 원칙'은 이들에게 아무런 영향을 미치지 못했다. 주범으로 몰아간 박낙종의 유죄판결은 이제 절체절명의 목적이 되었다. 제1차 인쇄 시기에 대한 논란을 잠재우기 위해선 박낙종의 부재증명을 기필코 무효화시켜야만 했다.

8 證據蒐集次判檢事出張, 僞幣判決은 來週, 「수산경제신문」, 1946.11.7.

被告의僞證判明 共黨員僞幣公判結審

精版社事件最後結審 新食中의李觀述氏도出廷

〈그림113: 1946년 11월 14일 자 한성일보, 독립신보〉

1946년 11월 12일, 제29회 공판이 개정되었다. 지난 10월 21일의 논고9에 이은 재 논고 공판이었다. 「한성일보」는 "공산당원 위폐 결심

9 共黨員僞幣事件 論告全文, 「동아일보」, 1946.10.22; 무기 등 중형을 구형, 「자유신문」, 1946.10.23.

공판에서 피고의 위증이 판명되었다"고 보도했고,[10] 「독립신보」의 경우 "정판사사건 최후 결심, 단식 중의 이관술 씨도 출정"이란 제목으로 담담하게 기사화했다.[11] 먼저 조재천 검사의 추가 논고를 살펴보자.

> …박낙종 피고가 10월 24, 5일경에 충주 흥아여관에 숙박한 사실이 기재된 숙박부가 있었으나 장부가 불완전하고 뜯어고친 흔적이 있고, 또 숙박했다는 사실이 기재된 24, 5일 양일 난에는 경찰관의 검인이 없을 뿐 아니라 증인 하필원은 숙박계를 안 했다고 증언하였음에도 불구하고 24, 5일에 걸쳐 기재되어 있는 것은 이 숙박계를 의심할 충분한 재료가 되므로 전번 논고에서는 충주 숙박을 인정하였으나 이를 수정하여 인정치 않는다.
>
> 다음 진주행에 대하여는 인민위원회, 인민당, 공산당의 책임자 또는 간부를 조사하여 본 결과 박 피고는 10월 하순경에 온 것이 아니고 음력 정월 이후에 왔다고 말하더라는 것 또 강연회를 개최하였다는 기사가 게재된 민주중보가 부산홍보과 신문철에는 없었고, 민주중보사 보관지가 11월분과 정월분이 분실되었다는 것 등으로 이제 와서는 신문기사 자체를 의심 아니 할 수 없고 따라서 10월 28일에 박낙종이가 진주에 갔다고 하는 것도 인정할 수 없다.…[12]

흥아여관 객부(숙박계)도 위조고 「민주중보」도 위조라고 한다. 『소위

10 피고의 위증 판명, 共黨員僞幣公判結審, 「한성일보」, 1946.11.14.

11 精版社事件 最後結審, 斷食中의 李觀述氏도 出廷, 「독립신보」, 1946.11.14.

12 추가 논고 전문은 〈『위폐사건공판기록』, 대건인쇄소, pp.83~90.〉

'정판사사건'의 해부, 반동파 모략의 진상을 해부함』의 저자 박수환은 "천하에 대담무쌍한 논고"라고 평하며 "검사가 권력만 믿고 맨주먹으로 바위를 치는 식의 이 논고는 억지 중에서도 우심(尤甚, 더욱 심함)한 억지로서 논고라고 하는 것보다 검사가 이 사건에 대하여 어쨌든 조작을 완성하겠다는 최후의 열성을 피력한 것이라고 보는 것이 의충(意衷, 마음속에 깊이 품고 있는 참뜻)을 촌탁(忖度, 남의 마음을 미루어 헤아림)하는 정당한 해석일 것이다."라고 분노하였다. 계속해서 「독립신보」에 게재된 변호사 김용암의 변론을 소개한다.

금번 진주 등지에 출장조사한 데 대하여는 변호인을 입회시키지 않은 데 불만을 느낀다. 충주 홍아여관 숙박계가 위조라고 검사는 단정했는데 이 숙박계가 이상적(理想的)이 아니고 시골 여관의 아무렇게나 취급하는 숙박계라는 것을 알아야 할 것이다. 왜냐하면 검사는 10월 24, 5일 양일 박 피고의 숙박 사실 게재 난에는 경찰관의 검인이 없었다고 하였으나 검인이 없는 것은 비단 이날뿐 아니라 10월 19일, 21일, 11월 3일, 6일, 8일 등 헤아릴 수 없이 많고 기재 내용은 어떤가 하면 계속적으로 되어 있지 않다. 그러므로 이 숙박계가 불완전하다는 것이다.

그러나 피고들에게는 다행하게도 박·하 양인의 숙박 사실 기재가 수사과장이 되었다는 홍 모의 검인이 찍혀 있는 이면(裏面)에 되어 있는 것이다. 이것으로 넉넉히 박·하 양인이 충주에 갔다는 것이 증명되지 않는가? 만일 그래도 이 숙박계가 위조라면 홍 모의 도장까지도 의심하게 되지 않는가?

그다음 검사는 신문을 위조하지 않았었는가 하고 의심하는데 이는 주먹으로 바위를 때리는 것이며 신문을 위조한다는 것은 과문이지만 처음 듣는 말이다. 사실이 엄연히 기재된 신문과 1년 전의 기억을 회상하여 하는 말과 어느 쪽을 믿어야 옳은가? 그래도 신문을 무시하려는가? 재판장은 숙박계와 신문을 의심하지 않을 것이다.

재판장 양원일은 고민이 많았을 것이다. 검찰이 억지를 부리지만, 변호인의 변론을 전적으로 무시할 수 없었다. 역시 문제는 "10월 하순경 숙직 → 3일 후 → 인쇄"라고 기재된 공판 청구서였다. 이 구도를 깨뜨려야 했다. 그렇다. "10월 하순경 숙직"을 "10월 중순경 숙직"으로 바꾸면 모든 문제가 해결된다. 10월 11일에서 20일 사이에 숙직을 했다고 하면, 박낙종의 부재 문제는 자연히 해결될 것이다. 판결문이 "서기 1945년 10월 중순경 모야 조선정판사에서 숙직을 할 때"로 바뀐 연유다.

공판 청구서의 모순 때문에 판결문에는 숙직 시기를 10월 중순으로 변경했지만, 이러한 시도는 또 다른 모순을 낳고 말았다. 18장에서 이미 언급했지만, 조선공산당이 근택빌딩에 입주한 시기는 1945년 11월 23일 무렵이다.[13] 판결문에 따르면, 열쇠가 잠긴 빈방에 홀로 있는 이관술에게 박낙중이 면회를 요청하여 위조지폐 제조모의를 한 것이 된다. 이러한 모순을 재판장 양원일은 몰랐을까? 아무튼 이로써 조선정판사위폐사건 재판은 종료되었다. 아래는 판결문 전문이다.

13 〈그림96-2, 1945년 11월 24일 자 중앙신문〉〈자세히 읽기-19, 최승우의 기고문, 소위 정판사위폐사건의 기소 이유를 박함〉 참조

〈자세히 읽기-22〉

[조선정판사위폐사건 판결문]

위 이관술, 박낙종, 송언필, 신광범, 박상근, 정명환, 김상선, 김우용 및 홍계훈에 대한 통화 위조 동 행사, 김창선에 대한 통화 위조 동 행사, 통화 위조미수방조 각 피고 사건에 관하여 당 재판소는 검사 조재천 관여로 심리를 마치고 좌와 같이 판결함

주문

피고인 이관술, 동 박낙종, 동 송언필, 동 김창선을 무기징역에, 동 신광범, 동 박상근, 동 정명환을 각 징역 15년에, 동 김상선, 동 김우용, 동 홍계훈을 각 징역 10년에 처함

피고인 전원에 대하여 압수한 조선은행권 100원권 33매〈증 제45호〉를 몰수함

소송 비용 감정인 백인제(白麟濟)에게 지급한 분(分)은 피고인 송언필, 동 신광범, 동 김창선 동 박상근, 동 정명환의 연대 부담으로, 감정인 공병우(公炳禹)에게 지급한 분은 피고인 송언필의 부담으로, 번역인 차영조(車英朝)에게 지급한 분은 피고인 중 이관술을 제외한 나머지 9명의 연대 부담으로 함

이유

제1, 피고인 이관술은 일정하에 치안유지법 위반으로 징역 2면 단(但) 4년간 집행유예의 언도를 받은 외에 동법 위반으로 구류되어 있다가 병으로

인하여 석방되었으며 조선 해방 후 조선공산당 재건에 진력하여 그 재건된 1945년 9월 11일경 동 당에 입당하여 동 당 통제 위원이 되고 또 동 당 재정부 책임자가 된 사람,

피고인 박낙종은 일정하에 치안유지법 위반으로 징역 5년의 형을 받은 일이 있고, 서기 1945년 10월경 조선공산당에 입당하였으며 동년 9월 상순경 일본인이 경영하던 서울 중구 소공동(舊 長谷川町) 74번지 소재 조선정판사 인쇄주식회사(俗稱 近澤印刷所, 이하 근택인쇄소라고 칭함)를 인수하여 동월 19일경 조선정판사라고 개칭하고 사장이 된 사람,

피고인 송언필은 일정하에 치안유지법 위반으로 징역 5년의 형을 받은 일이 있고, 서기 1946년 2월경 조선공산당에 입당하였으며 조선정판사 시발 이래 동사 서무과장인 사람,

피고인 신광범은 만주에서 조선공산당 만주총국을 조직 중 일본 관헌에게 검거되었다가 조선해방 당시 석방되었고, 서기 1946년 1월경 조선공산당에 입당하였으며 조선정판사 시발 이래 동사 인쇄주임인 사람,

피고인 김창선, 동 정명환, 동 박상근, 동 김상선, 동 김우용, 동 홍계훈은 서기 1945년 9월 상순경 조선출판노동조합 서울지부 가입 이래 조선공산당에 접근, 동 당을 지지하여 오다가 동 1946년 1월경부터 그 직원(단 김창선은 평판과장, 정명환은 동 부과장, 박상근은 창고주임, 김상선, 김우용, 홍계훈은 평판직공)인 사람들인바 전기 김상선 이하 6명은 근택인쇄소 재직 당시인 서기 1945년 8월 25일경부터 동년 9월 6일경까지의 사이에 일본 관헌의 명령으로 동 인쇄소에서 제1차로 조선은행권 100원권을 인쇄할 때에 참여하였으며, 동 인쇄소에서는 동년 9월 15일경부터 제2차 인쇄를 할 예정으로 동권 인쇄용 징크판(원판과 전사지를 사용하여 아연판에 100원권 20매분을 올린 것) 4조 12매(1조는 흑, 청, 자색 인쇄

용 3매)를 제작 보관하고 있었으나 형편에 의하여 인쇄치 않게 되었으므로 동월 19일경 동 징크판을 석유와 세사 소량으로 다소 희미하게 되도록 닦은 후 익일 연마기에 걸어 완전히 연마할 예정으로 연마실에 두고 있던바, 김창선은 배재룡이라는 자로부터 징크판 구득의 부탁을 받은 일이 있음을 상기하여 그 익일인 20일 오전 7시 30분경 타 직공보다 먼저 출근하여 전기 징크판 4조 중 비교적 선명한 것 1조 3매를 절취하여 우(右)연마실 일우(一隅, 한쪽 구석)에 설치된 잉크 창고 내에 은닉하고, 또 동일 오후 5시 30분경 타 직공 퇴근 후 동양의 징크판 1조 3매를 절취하여 동소에 은닉하는 동시에 징크판 보존 방법으로 기 2조 6매에 '아라비아고무'를 칠하여 두었던바 송언필, 김창선 양인이 서기 1945년 10월 중순경 모야 조선정판사에서 숙직을 할 때 서로 조선공산당 및 조선정판사의 재정난에 관한 담화를 하다가 김창선으로부터 "징크판이 있으니 돈을 인쇄 사용하면 어떻겠느냐"고 제의함에 대하여 송언필은 위험하다고 불응하였으나, 약 3일 후 동사 사무실에서 박낙종에게 대하여 "김창선이 은행권 인쇄 사용 의논을 하는데 어떻게 생각하느냐"고 문의한즉 박낙종은 주저하다가 조선정판사 2층(조선공산당 본부)에 있는 이관술에게 그 취지를 전하자 동인도 처음에는 주저하였으나 "탄로되지 않고 될 수 있는 일이라면 군에게 일임하니 하여 보라"고 말하였으므로 박낙종은 사무실에 내려와 송언필에게, 송언필은 김창선에게 순차로 인쇄 부탁을 하고, 김창선은 신임하는 정명환, 김상선, 김우용, 홍계훈에게 "송언필이가 공산당 자금으로 쓸 은행권을 인쇄하여 달라 하니 인쇄하여 쓰도록 하자"는 말을 하였던바 동인들도 최초는 반대로 또는 주저하였으나 결국 승낙하고 송언필은 별도로 신광범에게 경계를, 박상근에게 용지 출고 및 재단을 각각 부탁하여 자에 피고인 전원은 은행권을 위조하여 조선공산당비로 행사할 것을 공모하고 범의계속하에

(一) 적색 인쇄용(총재 지인, 번호, 괄호를 적색으로 인쇄한 것) 凸판은 일본인이 제거하여 없으므로 그즈음 김창선, 정명환 양인이 협력하여 그 징크판을 제작한 후 동월 하순경 모야 9시경부터 익조 5, 6시경까지 사이에 조선정판사에서 박상근은 80근 모조지 1연(500매)을 출고하여 동사에 설치된 재단기로 반절(半折)하여 김창선에게 제공하고, 김창선 등은 전기 은닉한 징크판 2조 중의 1조(타 1조는 김창선 자택에 가져다 둠), 우 제작한 적색 인쇄용 징크판, 우 반절 모조지, 조선정판사에 설치되어있는 오프셋인쇄기 제2호 1대 및 흑, 청, 적, 자색 잉크 등을 사용하여 김창선, 정명환은 잉크 조절을, 김상선, 김우용, 홍계훈은 지절(紙折, 가미오리, 맞춰 접기), 지차(紙差, 가미사시, 종이 먹이기, 삽지), 지취(紙取, 가미도리, 종이 제거)를 신광범은 외래자 경계를 각각 분담하여 행사의 목적으로써 조선은행권 100원권 제2호 약 200만 원을 인쇄하고 박상근은 재단기로 차를 재단하여 그 위조를 완성한 후 이를 행사담당자인 이관술의 손을 통하여 그즈음 서울 시내에서 조선공산당비로 소비하여 행사하고

(二) 전기 장소에서 전 동양의 방법과 분담으로

(1) 서기 1945년 12월 27일 오후 9시경부터 익조 5, 6시경

(2) 동월 28일 오후 9시경부터 익조 7시경

(3) 동월 29일 오후 9시경부터 익조 7시경

(4) 서기 1946년 2월 8일 오후 9시경부터 익조 7시경

(5) 동월 9일 오후 9시경부터 익일 오후 1시경

까지 사이에 행사의 목적으로써 매회 조선은행권 100원권 약 200만 원씩을 인쇄 재단하여 차를 위조한 후 그즈음 이를 전동양행사하고

제2, 피고인 김창선은 서기 1945년 9월 20일경 절취하여 은닉해 두었

던 전기 징크판 2조 6매 중 1조 3매를 동월 말경 서울시 마포구 아현동(구 아현정) 383번지의 52호 자택으로 가져가서 홍사겸이라는 자로 하여금 수정을 시켜 보관하던 중 배재룡, 랑승구, 랑승헌이라는 자 등(이하 배재룡 등이라고 약칭함)이 조선은행권 위조에 사용한다는 사정을 지실(知悉, 모든 형편이나 사정을 자세히 앎)하면서

(一) 동년 10월 하순경 자택에서 배재룡에게 전기 징크판을 100원권 1매분으로 재단한 것(이하 소 징크판이라고 약칭함) 흑, 청, 자색 인쇄용 각 1매를 금 10만 원에 매도할 계약을 한 다음 당일 선금 2,500원을 수취하고 익일 홍사겸으로 하여금 소 징크판 3매〈증 제2호〉 중 3매를 인도케 하여 배재룡 등으로 하여금 "행사의 목적으로 동년 12월 하순경 경기도 고양군 독도면 서독도리 553번지 곽재봉 관리 간장공장 2층에서 우 소 징크판 중 흑색인쇄용 1매 및 기타 기계기계(器械,동력 장치를 지니지 않은 기구나 연장을 통틀어 이르는 말) 원재료 등을 사용하여 조선은행권 100원권 1,200원분을 인쇄하였으나 인쇄가 불선명하여 소기의 은행권 위조의 목적을 달(達)치 못"하게 하고

(二) 서기 1946년 1월 상순경 조선정판사에서 배재룡에게 전기 흑색 인쇄용 소 징크판이 불선명하다고 하여 선명한 흑색 인쇄용 소 징크판 1매〈증 제2호〉 중 1매를 재교부하여 배재룡 등으로 하여금 "범의를 계속하여 그즈음 전기 간장공장 2층에서 우 소 징크판 1매 및 기타 기계(器械) 원재료 등을 사용하여 조선은행권 100원권 44,000원분을 인쇄한바 인쇄가 선명하였음으로 계속하여 전기 청색 인쇄용 소 징크판 1매 등을 사용하여 인쇄하던 중 배재룡이 양심의 가책을 받아 범행을 중지하기를 결의하고 인쇄기의 '로-라-'를 비틀어 판을 깐 결과 인쇄가 불선명하게 되었으므로 소기의 은행권 위조의 목적을 달(達)치 못"하게 하여서 배재룡 등의 우 각 은

행권 위조 미수 행위를 방조한 것이다.

증거를 살피건대

제1, 판시(判示) 제1의 사실은

(一) 피고인 전원의 당 공판정에서의 판시 사실에 부합한 공술 부분

(二) 검사의 피고인 박낙종에 대한 제3회, 동 신광범에 대한 제4회, 동 박상근에 대한 제5회, 동 김창선에 대한 제14회, 동 정명환에 대한 제3회, 동 김상선에 대한 제4회, 동 김우용에 대한 제4회, 동 홍계훈에 대한 제3회 각 신문조서 중 판시 사실에 부합한 각 공술 기재 부분

(三) 검사의 증인 안순규에 대한 제5회 피의자 신문 조사 중 "자기가 일요일인 서기 1946년 2월 10일 정오경 우연히 조선정판사에 들렀을 때 피고인 신광범, 동 박상근, 동 김창선, 동 정명환 등이 조선은행권 100원권을 위조하는 현장을 목격한 것이 사실이라"는 취지의 공술 기재, 증인 안순규가 작성 제출한 목격기라고 제(題)한 서면 중 "자기가 서기 1946년 2월 10일 정오경 조선정판사 인쇄직공 김한배(金漢培) 집을 갔더니 동인이 외출하고 없으므로 귀로에 조선정판사에 들려 공장문을 보니 피고인 박상근이 활판실 입구 앞에 있다가 자기를 보고 급히 들어가므로 즉시 뒤를 따라가 보니 기계 바닥에 놓인 인쇄물을 반(半)에 접어 가지고 나올 순간에 100원 지폐 인쇄한 것이 보이었는데 동 피고인은 어디로 갔는지 알 수 없었으며, 노는 날 무엇을 하느냐고 하였더니 피고인 김창선이가 무색한 어조로 잘못하였으니 용서하여 주시오 하고, 피고인 신광범도 역시 무색한 어조로 개인 사욕이 아니라 당 자금이 부족하여서 하는 일이라고 말을 어물어물하고 끝을 맺지 못하였고, 피고인 정명환도 있었으나 아무 말도 없었고 자기는 공포를 느끼어 곧 집으로 돌아왔다"는 취지의 기재,

증인 배재룡의 당 공판정【18회】에서의 "자기는 안순규와 약 50일간 경찰서 한 감방에 있었는데 동인의 말이 금년 어느 공일날 활판부 과장 김모를 만나러 갔더니 그 사람이 외출하고 없었으므로 귀로에 조선정판사에 들었더니 평판과에서 일을 하다가 무엇을 덮고 감추는 것을 보았다고 하더라"는 취지의 공술(단 피고인 이관술에 대해서는 【제18회】 공판조서 중 이상의 공술 기재가 증거 됨),

검사의 증인 김한배에 대한 청취서 중 "자기가 금년 2월 제2 혹은 제3 일요일의 익 월요일에 자기 근무 인쇄소의 공장장인 안순규를 만났을 때 동인으로부터 어제 댁에 갔으나 마침 외출 중으로 만나지 못하고 돌아왔다는 의미의 말이 있었다는 기억이 있다"는 취지의 공술 기재 및 압수한 안순규에 대한 판결담본〈증 제112호〉 중 "동인이 일요일인 서기 1945년 2월 10일 정오경 우연히 조선정판사에 들렀을 때 피고인 신광범, 동 박상근, 동 김창선, 동 정명환 등이 조선은행권 100원권을 위조하는 현장을 목격하였음에도 불구하고 기후 증인으로서 진술 시 차(此)를 부인하여 위증하였다"는 취지의 기재

(四) 증인 이영개의 당 공판정【제27회】에서의 "자기는 피고인 김창선과 서기 1946년 5월 2, 3일경부터 5, 6일간 본정 경찰서 한 감방에 있었는데 김창선이 처음 들어왔을 때 당신은 어떠한 일로 들어왔느냐고 물은즉 근택인쇄소에서 해방 직후 일본인의 명령에 의하여 지폐를 박았는데 그 원판을 감추어 두었다가 뚝도(纛島, 뚝섬) 사람에게 팔았는데 그 사건이 발각되어 들어왔다고 말하므로 우리는 흥미를 느끼어 지폐 위조 방법을 물어보았더니 3색판은 있으나 도장판은 일본인들이 가져갔으므로 다시 그려야 한다고 하였으며 한번은 조사를 받고 오더니 나는 공산당원인데 형사가 가택수사를 하여 당원증이 발견되면 큰일이라고 말하면서 큰 걱정을 하므로

본인은 둑도 쪽에 원판을 조금 팔았다는 사실이면 별로 중죄라고까지 할 수도 없고 공산당원이라고 하더라도 그렇게 큰 걱정할 것은 없다고 위안하였는데 또 한 번 조사를 받고 오더니 당원증도 발각되고 원판도 압수되었고 조선정판사에서 위조한 사실을 추궁하므로 부득이 일부를 자백하였는데 당에 대하여 중대한 영향을 끼치게 될 것이며, 자기는 영원히 당과 동지에게서 매장을 당하게 되었으니 참 기가 막힌다. 자백한 것이 후회막심이라고 하면서 소리를 내어 울므로 본인은 위안하면서 여러 가지로 이야기한즉 김창선이는 두 사람이 하였다고 자백하였다고 말하므로 두 사람 가지고 되느냐고 물은즉 사실은 수인(數人)이 필요한데 거짓말하였다고 말하였고, 그 다음 조사를 받고 오더니 금반(今般)에는 사실을 부인하였다 하면서 원판은 일본인들이 닦아 버렸고 기계도 부수고 갔으므로 아니 된다고 말하므로 본인은 '그러면 형사를 보고 그 원판과 기계로 인쇄 불능이라는 말을 하여서 시험하여 보도록 하시오, 그러면 걱정할 것 없소'라고 위안하였으며, 또 그 다음에 조사를 받고 왔기에 인쇄 불능이라는 말을 하였느냐고 물은즉 대답을 회피하고 다른 데로 화제를 돌려 버림으로 본인은 김창선이가 그 말을 안 하였다는 것을 짐작하였고, 인쇄 불능 운운이라는 말이 허언이라는 것도 알았고 따라서 지폐 위조 사실이 있지 않은가 의심을 두었으며 또 전술한 바와 같이 김창선이가 일부 자백하였다고 말한 것과 조선정판사에서 인쇄한 일이 없고 둑도에 원판을 판일 뿐이라고 가정하면 당과 동지에게서 매장 당한다는 말까지 하면서 울 이유가 없는 점으로 보아 조선정판사에서 인쇄한 것은 사실이라고 생각하였고, 또 생각나는 한 가지는 전술 일부 자백한 이야기를 하면서 나는 원판을 가지고 있으며 일본인 인쇄 시의 기계 기술자, 재료가 그대로 있어서 틀림없이 박아 낼 수 있으므로 자백한 사실은 면할 수 없다는 말까지 하였으며,

그 후 김창선은 다른 감방으로 가고 그 대신 랑승구가 들어왔는데 동인은 자기는 김창선에게서 원판을 샀으나 기계가 손으로 돌리는 작고 불완전한 기계인 관계로 실패하였으나 조선정판사에는 정교한 기계가 있으며 김창선이가 원판을 타인에게 팔기만 하고 자기 자신은 아니 박을 리는 만무하다는 말을 하므로 본인이 조선정판사 기계로 박으려면 몇 사람이나 필요하냐고 물은즉 도장판 그리는 화공까지 5, 6명은 있어야 된다고 하였으며 또 랑승구는 김창선이가 박은 것은 틀림없으며 그 액수도 1, 2백만 원 정도가 아니고 수천만 원일 것이라고 말하였다."는 취지의 공술,

검사의 증인 조성기에 대한 청취서 중 "자기는 경성 본정 경찰서 수사계 근무 경사인데 금년 5월 4일 피고인 김창선 가에서 동인의 공산당원증을 영취한 사실이 있는데 기록상 동년 5월 8일 영치로 되어 있는 것은 오기이며, 위 사실은 피고인 김창선의 가족에게 물어보아도 알 수 있을 것이라"는 취지의 공술 기재 및,

검사의 증인 이업순(李業順)에 대한 청취서 중 "자기는 피고인 김창선의 처인데 금년 음 4월 4일(양5월 4일)인가 익일 5일에 두 번째 형사가 나와서 남편의 조선공산당원증〈증 제36호〉 등을 찾아갔다"는 취지의 공술 기재

(五) 증인 이구범(李九範)의 당 공판정【제18회】에서의 "자기는 경성 본정 경찰서장인데 피고인 김창선이 체포된 익일 오후 7시 반경 집에서 석반을 먹을 시 최난수(崔蘭洙) 등 서원 3명이 와서 김창선이가 중대한 사실을 자백하였다고 말하며 보고하기를, 조선정판사에서 위조지폐를 다액 인쇄하였으며 그것은 공산당비로 제공하였다 하므로 본인은 의외의 중대사실에 놀라 곧 본정서로 가서 김창선을 대면하여 본즉 동인은 눈물을 흘리면서 자세히 사실을 자백하고 사리사욕을 위하여 한 것이 아니고 공산당비에 쓰고

자 지폐를 인쇄하였다고 하였는데 본인의 과거 경험으로 보아 허위자백이 아니었고, 기 후 2, 3일 되어 피고인 신광범의 청취서를 본즉 그리 만들려야 만들 수 없는 체계적 자백이었던 고로 자신을 얻어 상부에 보고하고 기 후 수일 되어 신광범을 대면하여 본즉 동인은 손목에 고문 자리가 있다고 하기에 형사를 조사하여 본즉 그것은 체포 시 포승으로 긴박(緊縛)한 자리라고 하였으며, 노덕술(盧德述) 수사과장이 와서 조사 시에 본인과 신광범과 3인이 있을 때 신광범을 보고 우리는 서로 다 경상도 사람이다, 경상도 사람은 선전술이나 남을 속이는 술은 없으나 솔직하고 정직하다는 것은 자랑으로 하고 있는 바이니 사실대로 말할 지며 아니한 것을 하였다고 하여서는 안 되고, 한 것을 아니하였다고 하여도 안 된다고 말한즉 신광범은 실컷 울고 나더니 나의 아버지도 경찰관이었소, 그래서 당신을 볼 때 다른 사람을 보는 것과 다르오, 이런 일을 하여서 돌아가신 아버지께도 면목이 없소 하면서 본 사건을 전부 자백하였으므로 그 후는 자신을 가지고 형사에게 사건 취조를 일임하였는데 형사들에게는 절대로 고문하지 말라고 주의하였으므로 고문은 아니 하였다고 생각한다."는 취지의 공술(단 피고인 이관술에 대해서는【제18회】공판조서 중 이상의 공술기재가 증거 됨),

및 검사의 증인 현을성(玄乙成)에 대한 청취서 중 "자기는 경성 본정 경찰서에 근무하는 경위인데 본 사건 조사의 전말을 말하자면 금년 4월 말경 강채석(姜彩錫) 외 37명이 경기, 인천 간에서 84회에 걸쳐 강도, 강간, 살인을 한 중대 사건을 수사하여 일부는 군정 재판, 일부는 검사국에 송치하고, 그간의 과로에 의하여 수일간 휴양을 할까 하고 있던 차에 당시 본정 경찰서에서 일하던 가세잉 도공 박순석이가 휴식 시간에 담배를 태우면서 본인을 보고, 사직정 부근의 사람이 하왕십리 거주이고 명치정 청구사 근무인 이정훈(李晶薰) 방에 지폐 인쇄판을 팔려고 가져온 것을 보았다는 말을 하므로 본인은 당시 위폐가 상당히 돌던 때인 만큼 휴양할 생각도 그만 두고 조성기 경사와 같이 수사에 착수하고 즉시 청구사에 가서 친구인 척하고 이정훈을 찾은즉 시골 갔다 하므로 익일 다시 간즉 감기로 조퇴하였다 하므로 그 익일 즉 5월 2일에 제3차로 청구사에 간즉 출근 중이었으므로 본정서에 동행하여 물은즉 단식인쇄소에 있는 아우 이기훈(李麒薰)의 친구가 인쇄판을 가지고 있다는 말을 하므로 주소를 들어서 익조 즉 5월 3일 오전 7시경 하왕십리 이기훈 가에 가서 물은즉 단식인쇄소에 있는 윤경옥(尹璟玉)이 가지고 왔다는 하므로 내수정에 가서 윤경옥을 만나고 동시에 가택수색을 하여 소 징크판 1매를 압수하고, 그 출처를 물은즉 단식인쇄소의 홍사겸(洪思謙)이 가지고 왔다 하므로 즉일 오전 9시 반경, 조선단식인쇄주식회사에 가서 홍사겸을 데리고 바로 그 앞에 있는 서대문경찰서에 가서 물은즉 조선정판사의 김창선에게서 받았다 하므로 즉일 오전 10시경 안면 있는 김봉옥(金奉玉)이 어떻게 왔는가 묻기에,

김창선을 만나러 왔다고 답한즉 무슨 일이냐고 자꾸 묻기에 일본인 재산을 여러 채 접수했다는 말이 있어 왔다고 임시응변적 대답을 하는 중 김창선이 왔기에 동 11시경 본정 경찰서에 동행하여 물은즉 전면적으로 강경히 부인하였는데 김창선 동행 시에 별동대 최난수(崔蘭洙), 김원기(金元起), 이희남(李熙南) 3인이 김창선 가에 가서 수색한 결과 소 징크판 4매를 발견했으나,

홍사겸의 자백과 징크판 발견 사실은 잠시(暫時) 말하지 않고 김창선을 조사한즉 여전히 강경히 부인하므로 최후에 징크판을 동인의 목전에 내밀면서 이것은 너희 집에서 발견했고 홍사겸도 너로부터 이런 것을 가져왔다고 자백했는데 그래도 부인할 수 있느냐고 준열히 추궁한즉 동인은 말이 막히고 고개를 수그리고 있더니 잠시 생각할 시간 여유를 주시오 하고 말

하므로 가만히 있은즉,

잠시 심사(深思)하더니 사실은 공산당이 관계되었으므로 무서워서 말을 못 하였습니다. 사실대로 말할 터이니 내 입에서 탄로(綻露)되었다는 것은 숨겨 주시오 하면서, 일본인이 인쇄 준비한 징크판 2조를 훔쳐 두었다가 1조는 집에 가지고 가서 일부분을 배재룡에게 팔고 1매는 홍사겸에게 주었고, 타 1조는 정판사에서 지폐 인쇄 시 사용하여 그 지폐는 공산당비로 제공하였습니다 라고 진술하였는데 그것은 동일 오후 1시경 일이었고,

본인들은 그런 징크판을 이용하여 수인이 은행권을 위조하였다는 혐의하에 동인을 조사하였는데 의외에도 공산당이 관계하였다는 말이 나왔으므로 놀라기도 하고 반신반의하면서 신중히 증거를 조사하여 본 후 서장에게도 보고할 생각으로 당일은 보고하지 아니하고 또 김창선이 공산당 관계의 위조는 작년 10월과 금년 2월에 하였다 하고, 배재룡이는 수영사 인쇄 직원인 만큼 지금도 위조하고 있는지 모르겠다고 말하므로 인쇄 현장을 검거할 것이 급선무라고 생각하였으므로 즉일 오후 1시 반경 수영사에 가서 배재룡을 동행하여 와서 물은즉, 뚝도 랑승구(浪昇九), 랑승헌(浪承憲)과 같이 위조하였다 하므로 배재룡을 데리고 자동차로 뚝도에 가서 면사무원에 대하여 나는 문(門)안에서 왔는데 랑승구의 집이 어디요 하고 물었으나 모른다 하므로 배재룡을 보고 어떻게 하면 랑승구를 찾겠느냐고 물은즉 이원재(李元在) 집에 가서 잘 노는 모양이라 하므로 이원재 집 근방에 가서 앞집 사람을 보고 랑승구와 오늘 고기잡이하러 가기로 했는데 어디로 갔는지 모르겠소 하고 말한즉 저기서 배 타고 있더라고 대답하므로,

동인을 불러서 이원재 집으로 가서 마루에서 물은즉 자백하였는데 그때는 동일 오후 4시경이었으며 마침 이원재가 들어오므로 최난수가 이놈도 같이 한 놈이라 하고 랑승구, 이원재 양인에게 수갑을 채운 후 위조 장소인

간장공장 2층에 간즉 기계는 뜯어서 가마니에 싸 두었으며 자동차로 돌아오는 도중 종로4정목 못 미쳐서 정차한 후 랑승구 안내로 랑승헌 집을 알아둔 후 최난수, 이희남은 배재룡, 랑승구, 이원재 3인을 데리고 자동차로 서에 가고, 본인, 김원기, 조성기(趙成基) 3인은 랑승구 가를 수색하여 소징크판 4매를 발견한 후 랑승헌이 들어오기를 기다리다가 공복(空腹)이 되므로 다른 형사 2명과 교대로 가서 석반을 먹은 후 들은즉 동 오후 9시경 랑승헌을 동행하여 왔다 하였고 그날은 피곤하여 취침하고,

익일에 이르러 전일 김창선이 진술한 공산당 관계의 반신반의 되는 점을 명백히 하기 위하여 동인에게 다시 물은즉 역시 김상선과 같이 작년 10월과 금년 2월에 돈을 인쇄하여 송언필을 통하여 제공하였습니다고 진술하고 그 점을 최난수, 김원기, 본인, 조성기, 이희남 5인이 틀림없느냐고 번갈아 물어도 틀림없다고 진술하므로 그러면 너도 당원이냐고 물은즉 당원이라 하므로 즉시 최난수, 조성기가 김창선 가에 가고 본인 등은 사실의 유무를 명백히 하기 위하여 기술 문제를 물은즉 근택인쇄소 때에 일본인이 인쇄하였는데 그때 기술자가 그대로 있으므로 넉넉히 인쇄할 수 있다고 하였으며 다음 압수하여 온 당원증을 보인즉 틀림없다고 말하므로 그때에 이르러 비로소 본인들도 확신을 하고 이때까지 보류하고 있던 보고를 하기 위하여 최난수, 본인 양인이 서장실에 간즉 퇴청 후이었으므로 서장 사택에 가서 보고한즉 석반을 먹으려던 서장이 의외의 중대 사실 발견에 놀라운 기색을 보이면서 그런 진술을 한다면 내가 직접 물어보겠다 하면서 같이 서에 가서 서장 자신이 김창선을 조사하였는데 그때도 역시 순순히 자백하였고,

그 익일 즉 5일에 출근한즉 서장이 '이 사건은 중대한 만큼 경찰부장께

보고도 하고 조사방침도 세워야 하겠으니 별명이 있을 때까지 가만히 있으시오.' 하고 말한 후 경찰부장께 갔다 오더니 사건이 중대한 만큼 신중을 기하고 증거를 충분히 수집할 것이며 송언필, 김상선을 체포하라 하므로 6일에 김창선에게 그 양인의 주소를 물은즉 송언필의 주소는 나는 모르고 홍계훈이가 압니다, 김상선의 주소는 우리 어머니보고 물으면 안내할 것입니다 라고 말하므로 김창선 안내로 홍계훈 집에 가서 동인을 서로 데리고 와서 송의 주소를 물은 후 동야 송언필 집에 수명이 가서 담을 넘어가 각 방문을 열면서 '방금 댁에 도적이 도망하여 왔으므로 잡으러 왔는데 주인은 어디에 있소, 놀래지 마시오.' 한즉 주인은 아직 안 들어왔다 하므로 도적을 찾는 체하다가 분명히 들어왔는데 어디로 갔나 하고 혼잣말을 하면서 '대단히 실례하였습니다,' 라고 말한 뒤 귀서(歸署)한 후 익일 7일 오전 10시경 조선정판사에 출근한 송언필을 만나 '권총을 가졌다는 투서가 들어왔으니 서에 잠깐 갑시다,' 라고 말하여 동행하였고,

타면(他面)에 있어서 6일 밤에 김상선을 체포하러 갔던 별동대는 7일 오전 3시경 동인을 체포하여 왔었으며, 송언필을 조사한즉 전면적으로 부인하므로 다시 의심을 가지고 김창선을 조사한즉 틀림없다 하면서 정명환, 김우용, 홍계훈도 같이 하였다 말하므로 다시 송언필을 조사한즉 역시 부인하므로 김창선을 불러내어서 송언필의 말은 틀린다. 사실이 어떠하냐고 물은즉 입을 다물고 눈물을 흘리며 어떠한 위협을 느끼는 모양이더니 부인하므로 유치장에 돌려보냈다가 수 시간 후 다시 불러내어 아까 위협을 느끼는 모양이었는데 무엇이 무서워서 그랬느냐고 물은즉 공산당이 제재를 가할 것이 무섭소, 라고 말하기에 그럴 리는 없다. 범죄 관계자 측이 사실대로 진술하는 양심적인 사람에게 해를 가하는 일은 없다. 만일 있다면 경찰에서도 보호하여 주마, 그러나 위폐가 전 조선의 경제를 얼마나 교란하

였는가를 생각하여 솔직히 말하는 것이 너 자신을 위하는 것이고, 이제부터라도 선량한 사람이 될 수 있는 것이 아니냐, 솔직히 양심적으로 말하면 너의 죄도 가볍게 해주마고 말한즉,

김창선은 한숨을 쉬고 '이제 그 말을 들으니 마음이 놓입니다.'라고 전제하고 범죄 사실을 순순히 자백하였는데 그 후에도 동인을 시아이시(CIC)에 데리고 갈 때에 공산당 본부 앞에서 손가락질하는 사람이 있어서 공포심을 느꼈다는 고백을 한 일이 있었는데,

8일에 정명환, 김우용 양인을 체포하였으며 홍계훈은 6일 밤에 송언필 집을 찾기 위하여 동행하여 왔으나 범죄 의심도 불무(不無)하였으므로 계속 구속하였고, 박낙종에 관해서는 7일에 김창선이 같이 말하였든가 또는 우리들이 의심하였든가 한 관계로 8일에 서로 동행하였으며, 10일에는 신광범, 박상근 양인까지 체포하였는데, 이상 진술한 바와 같이 5월 2일부터 사건이 발전되어 갔으나 관계자 검거, 가택수사, 증거 수집 등에 분주하였고 또 사건의 대략도 판명되지 않았기 때문에 '메모'를 적어 둘 정도이었고, 정식으로 청취서는 받지 않았으나 5월 6일에 이르러서는 어느 정도 판명되었으므로 정식으로 청취서를 받게 되었다."는 취지의 공술 기재.

(六) 증인 윌리암 매글린(William H. Maglin, 1898~1958, 정판사 사건 당시 대령)의 당 공판정【제15회】에서의 "자기는 군정청 미인(美人) 경무부장인데 본 사건에 있어서 피고인의 자백과 부인이 있었고, 사회적으로 문제화되었으므로 사건이 사건으로 성립될 것인가 아닌가를 알기 위하여 대략적으로 조사하여 본 것인데 경찰로부터 위조지폐 사건 조견표 2매〈증 제95호 및 96호〉 기재 내용과 같은 보고를 받고 이어서 피고인 김창선을 불러 물었더니, 하였다 하다가 내종(乃終, '나중'의 원래 말)에 부인해서, 피

고인 김상선에게 물어보니 자백하므로 위 양인을 대질시킨즉 김창선도 자백을 하였는데, 내종에는 양인이 다 부인하였으므로 먼저 자백한 이유를 물은즉 경찰관이 있어서 그랬다고 하여 경찰관을 내보낸즉 자백을 하였다가 또 부인하였는데 여하간 '유죄냐 무죄냐,' 하는 간단한 것은 경찰이 지어서 하였다고 할 수 있지만, 위 위폐 사건 조견표와 같이 복잡한 것을 경찰이 지어서 하였다고는 할 수 없으며,

그 후 자백만 아니라 물적 증거가 있어서 계속하여 취조할 적에 조선정판사에서는 은행권을 만들 수 없다는 말이 나와서 직접 가서 거기의 기계로 만드는 것을 보았는데 그 만든 것이 조선은행권 100원권 자색판 인쇄물 1매〈증 제97호〉 및 동 100원권 4도 쇄한 것 1매〈증 제98호〉이며,

또 증인으로 안순규를 불러 물어보았는데 일요일 날 조선정판사에 들어간즉 인쇄하던 것을 가리고 하여 지폐를 인쇄한 것이 아닌가 의심을 가졌다고 자세히 자백하였는데 내종에 그 일부를 부인하였으나 위 위조지폐 사건 조견표와 압수한 징크판과 인쇄 실험하여 본 것과 증인의 말을 종합하여 본건 범죄 사실이 틀림없으리라 생각하는 바이며, 자기는 범죄 조사에 관한 경력으로 서기 1924년부터 경찰관 또는 헌병의 직에 계속 근무하여 왔다."는 취지의 공술(단 피고인 이관술에 대해서는 【제15회】 공판조서 중 이상의 공술 기재가 증거 됨)

(七) 증인 리차드 킬린(Richard C. Killin, 학병동맹 사건 수사)의 당 공판정【제16회】에서의 "자기는 씨아이씨(CIC) 수사관인데 CIC의 목적은 개인의 형사사건을 취급하는 것이 아니고, 사회 전반에 영향이 되는 사건과 경제계를 혼란케 하는 사건과 군정에 영향이 되는 사건 등을 취급하는데 조선정판사위폐사건은 일반 사회나 경제계에나 군정에 중대 영향이 되

는 사건이므로 CIC에서 제24군 정보부의 명령에 의하여 조사하게 된 것인데 조사한 내용을 대강 말하면, 본인이 직접 본정 경찰서에 가서 여러 가지 증거물을 조사하고 또 부하를 시켜서 피고인을 신문하고 또 본 사건은 조선공산당에 관계가 있고 금액이 많으므로 《법령 제55호(정당에 관한 규칙)》에 의하여 조선공산당에서 재정의 수입 지출에 관하여 보고한 것을 조사한즉 여간(如干, 어지간히 생각할 정도로) 적고, 따로 CIC에서 압수한 재정 장부를 조사한즉 《법령 제55호》에 의하여 보고한 것보다 훨씬 많은 금액이 수입 지출되어 있었는데 CIC에서는 그 정도로 조사하고, 그 후로는 검사가 조사하여 CIC에서는 조사하지 않았으나,

조사의 결과 범죄가 확실하다고 생각한 것은 지폐 인쇄의 기회와 설비가 넉넉하고 김창선이 징크판을 가지고 사용한 것이 확실하고 또 김창선이 여러 가지로 범죄 내용을 자세히 말한 것 등인데, 본인의 생각을 미국의 격언으로 말하면 모 건물 지하실에서 연기가 많이 나는데 어느 부엌에서 피운 연기인지는 확실치 못하다는 것이며, CIC에서 압수한 조선공산당 중앙위원회 재정부 금전출납부는 영문으로 번역한 후에 공산당원 김광수(金光洙) 입회하에 동 당원 김제술(金濟述)에게 반환하였다"는 취지의 공술(단 피고인 이관술에 대해서는【제16회】공판조서 중 이상의 공술 기재가 증거 됨)

(八) 검사의 증인 이원희(李源熙)에 대한 신문조서 중 "자기는 조선정판사 연마공인데 근택인쇄소 시대부터 근무하여 왔으며 서기 1946년(1945년의 오타) 8월 하순경부터 동년 9월 초순까지 사이에 조선정판사에서 일본인이 지폐를 인쇄할 때에 헌 징크판을 연마하였고, 동년 9월 중순경 제2차로 지폐를 인쇄할 예정이었으나 군정청에서 허가를 하지 아니하여 중지한 일이 있었는데 본인은 당시 일본인의 지시에 의하여 조선정판사 사무실

내 금고 안에서 닦다 남은 징크판 3매를 금강사(金剛砂)를 뿌려 석유로 닦고 나온 일이 있었는데 당시 금고 안에는 석유로 닦아 놓은 듯한 징크판이 몇 장 있던 것으로 기억한다."는 요지의 공술 기재 및

사법경찰리(司法警察吏)의 증인 오정환(吳正煥)에 대한 청취서 중 "자기는 조선은행 발행과장인데 기록에 의하면 조선정판사주식회사에서 작년 8월 25일부터 동년 9월 6일까지 사이에 조선은행을(朝鮮銀行乙)100원권 2억 7천480만 원을 인쇄하여 조선은행에 납부하여 작년 중에 전액을 발행 소비하였고, 작년 9월 8일 미군 주둔 이후에는 일본인이 은행권 인쇄를 중지하게 되었는데 원판의 조치에 관하여 조사차 조선정판사주식회사에 갔으나 조선공산당 본부라는 간판이 붙어 있었기 때문에 조사하지 못하고 현재까지 아무런 보고가 없어서 조사되지 아니하였다."는 취지의 공술 기재.

(九) 증인 이필상(李弼商)의 당 공판정【제19회】에서의 "자기는 조선정판사 영업과장이며 장부 책임자이었던 사람인데 조선공산당 본부가 조선정판사로 이전하여 온 것이 작년 11월로 생각되나 퍽 오래된 일이 되어서 기억이 자세치 못한데 정확히 작성된 〈증 제9호〉 금전출납부 및 〈제18호〉 빌딩 관계 장부의 기재를 보면 3월 26일부로 조선공산당 본부 가임 자(自) 서기 1945년 11월 지(支) 동 1946년 3월분 금 1만 원 입금으로 되어 있고,

조선공산당 본부가 이전하여 온 달은 일수가 얼마 되지 않다 하여 가임을 면제한 사실로 미루어보면 조선공산당 본부가 조선정판사로 이전하여 온 것이 작년 10월 하순이 틀림없다"는 취지의 공술(단 피고인 이관술에 대해서는【제19회】공판조서 중 이상의 공술 기재가 증거 됨) 및 압수한 조선공산당 중앙위원회 재정부 금전출납부 번역문 〈증 제107호〉 중 "서기 1946년 3월 26일부로 자 10월(11월의 오기 혹은 오타) 지 3월 가임 1

만 원 조선정판사 지불"의 기재

(十) 당 재판소의 조선정판사 검증조서 중 "잉크 창고는 연마실 내 동방(東方)에 높이 설치되었는데 이동식 사다리로 올라가게 된 판자 마루에 천장과 벽을 이용하여 판자 미닫이 2매로 구성된 약 1칸(間)가량의 공작물로 내부는 동방 하부에 협소한 초자(硝子, 유리)창이 있으나 전등이 없고 대체로 컴컴하여 물품을 은닉하여 두기에는 적절한 장소라 하겠다."는 취지의 기재.

(十一) 검사의 피고인 김창선에 대한【제17회】신문조서 중 "압수한 조선은행권 100원권 징크판 9매〈증 제1, 2, 3호〉 및 동 소각잔재 1포〈증 제35호〉는 조선정판사에서 절취하고 자택에서 절단하여 은닉 혹은 매각 혹은 소각한 것이고, 동 연마 징크판 3매〈증 제40호〉는 조선정판사에서 연마한 징크판 30여 매 중 3매를 압수한 것인데 본건 위조 시 사용한 것인지 아닌지는 알 수 없고, 동 80근 모조지 12연 20매〈증 제41 및 제47호〉는 조선정판사에 있던 것이고, 동 지폐 인쇄용 잉크 4관〈증 제42호〉은 본건 위조 시 사용한 것과 동일한 것이고, 동 코롬페-파- 236매〈증 제43호〉는 본건 적색 인쇄용 징크판 제조 시 사용한 것과 동일한 것이고, 동 위조 조선은행권 100원권 33매〈증 제45호〉는 본인 등이 조선정판사에서 인쇄한 것인데 위조라는 것은, 번호 글자가 굵고, 괄호 획 돌아가는 것이 다르고, 전체적으로 조금 불선명한 점 등으로 알 수 있다."는 취지의 공술 기재,

이상 각 압수 물건의 존재, 검사의 검증조사 중 "조선정판사 평판실 설치 오프셋 인쇄기를 사용하여 〈증 제2호〉 흑색 인쇄용 징크판 1매를 이용하여

제본한 인화(印畵) 5면을 현출한 동 징크판 1매와 〈증 제2호〉 자색 인쇄용 징크판 1매와 〈증 제3호〉 청색 인쇄용 징크판 1매와 연마 징크판 절단품에 총재인과 기호를 그려서 제작한 조선은행권 100원권 적색 인쇄용 징크판 1매와 모조지 및 잉크 등으로 조선은행권 100원권을 인쇄하였는데 진권과 유사하였으며 매분 32매 평균이 인쇄되었다."는 취지의 기재,

감정인 겸 증인 오정환(吳正煥)의 당 공판정【제18회】에서의 "자기는 조선은행 발행과에 10여 년간 근무하여 은행권 감정에 자신을 가지고 있는데 조선은행권 100원권 중에도 〈증 제104호〉 진권과 여히 차이점이 있는데,

제1, 표면 좌상우(表面左上隅)백(百)자 위에 새 날개 같은 흰점이 있는 것과 없는 것,

제2, 표면 흑색 테두리 문의(紋儀)가 선명하고 불선명한 것,

제3, 표명 좌하우 아라비아 숫자 1자 두부가 山과 같이 올라간 것과 민틋하게 올라간 것,

제4, 표면 화상 얼굴이 넓은 것과 좁은 것,

제5, 지면(紙面)에 망문(網紋, 그물처럼 여러 줄이 가로세로로 얽혀 있는 무늬)이 있는 것과 없는 것, 제6, 용지에 있어서 후박(厚薄)한 것, 광윤(光潤)이 강약(强弱)한 것, 지질(紙質)이 표리(表裏, 물건의 겉과 속. 또는 안과 밖)가 부동(不同)한 것,

제7, 표면 청색 인쇄의 색채가 농한 것과 담한 것 등이고,

〈증 제45호〉 조선은행권 100원권 33매는 위조한 것인데 인쇄가 선명한 것과 불선명한 것이 있을 뿐 전부가 다 같은 것이며 위조 조선은행권 100원권 40여 종류 중 제일 정교하며 특히 색감이 우수한 것인데 〈증 제104호〉 조선은행권 100원권 진권과의 차이점은

제1, 표면 인장과 기호의 색이 다른 것

제2, 표면 흑색 인쇄의 색감이 다른 것

제3, 기타 차이점은 경찰에서 진술한 것과 같은 것 등이고,

검사의 검증조서에 첨철(添綴)한 조선은행권 100원권 시쇄권(試刷券)과의 차이점은

제1, ㅇㅇ흑색 인쇄의 색감이 위조권은 농(濃)하고 시쇄권은 담(淡)하고,

제2, 표면 흑색 테두리 문의의 마멸 정도가 위조권은 얕고(약하고) 시쇄권은 높고(심하고),

제3, 표면 좌상우 'I'자 두부의 형상이 위조권은 민틋하게 올라가고 선별권은 산(山)과 같이 올라가고,

제4, 표면 화상 얼굴의 폭이 위조권은 넓고 시쇄권은 좁고,

제5, 배면 자색 인쇄권의 선명도가 위조권은 완전하고 시쇄권은 불완전한 것 등이며

조선은행권 100원권 진권과 위조권 중 표면 좌하우 'I'자 두부가 민틋하게 올라가게 된 것은 징크판을 수정 시에 무의식적으로 일필(逸筆)하여 그리된 것으로 생각하나, 원판에 그런 형으로 된 것이 있어서 그것으로 사진종판(寫眞種版)을 만든 후 징크판에 소부(燒付, 가열해서 고화시킴)하는 관계로 전부가 그 형(形)으로 되는 일도 있으며, 근택인쇄소에서 납품한 진품 중에도 'I'자 두부가 민틋하게 올라간 것과 산(山)과 같이 올라간 것의 두 종류가 있었고,

다음 피고인 김창선이 〈증 제45호〉 위조조선은행권 100원권 33매를

선출 시는 본인은 호남지방에 출장 중이었으므로 못 보았으나, 어느 날 본정 경찰서원이 동 피고인을 조선은행에 데리고 와서 선출한 위조권과 진권의 차이를 조사할 때 동 피고인은 담소하면서 대답하는 것을 보았고,

다음 최초에 위조은행권을 발견한 것은 작년 11월 7일경인데 그 후 점차 증가하다가 금년 1월경에는 다소 감소되더니 인쇄 기술이 점진(漸進)적으로 진보되어 금년 3, 4월경에는 진권에 근사한 우수한 위조권이 대량 증가하였으며 현재까지 조선은행에서 발견한 위조권은 10계통 40여 종류로 구분하고 있는데 2천 수백만 원의 위조권이 남조선 각지에 유통되고 있고 그 3, 4할이 〈증 제45호〉 위조 조선은행권 100원권이라고 생각하며,

위조권 유통으로 금년 5월경에는 금융계에서 조선은행 발행의 청색권을 '보이콧' 한고로 그 진권 이십 수억 원이 불통이 되어서 각 금융기관에 혼란을 일으키고 개인적 경제의 파탄(破綻)을 초래하였고, 조선은행에서는 청색권 교환 사무로 일주일이나 근무 불능이었으며,

다음 근택인쇄소에서 일본인이 2차로 조선은행권 100원권을 인쇄하려다가 중지한 이유는,

제1, 종업원에게 좌익적 세력 침투

제2, 인민위원회의 간섭

제3, 용지의 부족

제4, 종업원의 휴양 문제

제5, 일본인하에 종업 반대 등이었다"는 취지의 공술(단 피고인 이관술에 대해서는 【제18회】 공판조서 중 이상의 공술 기재가 증거 됨)

사법경찰리의 전현 증인 오정환에 대한 청취서 중 "〈증 제45호〉 위조 조선은행권 100원권과 동 진권과의 차이점을 말하면,

제일 인상으로서 우 위조권은 대단히 정교하여 급속히 진권과 구별키 난이한 점을 들 수 있으나 부분적으로 세밀히 말하면 진권에 있어서는 화상의 관이 2중이고 입체적이나, 위조권에 있어서는 평면적으로 되어 있고 수염이 하단에서 중절(中絕)되었으며 윤곽 각 문의의 인쇄가 불분명하여 판이 심히 경감(磬減)되어 있는 형적이 역력하고,

좌하우 'T'자 두부가 진권과 상위(相違, 서로 다르거나 어긋남)한데 차(此)는 원판 수정 시 무의식적으로 일필된 것으로 인정되며 위조가 틀림없고, 또 한 가지는 괄호가 진권과 흡사(恰似)하나 세밀히 보면 상위한 점이 있는데 위조권의 괄호 최고단을 예로 들면, 진권에 있어서는 고(孤, 외로울 고)를 획(劃)하였으나 위조권에 있어서는 직선의 감이 있다"는 취지의 공술 기재,

검사의 증인 유석희(柳錫熙)에 대한 청취서 중 "자기는 조선서적인쇄주식회사 사진주임인데 작추(昨秋) 일본인이 우 회사에서 조선은행권을 인쇄할 때 판의 소부 작업에 종사하였고, 당시 일본내각 인쇄국 기사 타자키(田崎) 모(某)가 본인에 대하여 근택인쇄소에서 쓸 징크판을 만들기 위하여 필요하니 아연판에 조선은행권 100원권 1매분씩을 소부(燒付, 마찰 면이 마찰로 인해 열이 발생하여 금속의 일부가 녹아서 상대의 표면에 점착되는 것)하여 달라고 명령하므로 만들어 주었고, 그 후도 동 기사가 다시 요구하여 전후 수차례 가져갔으며,

근택인쇄소에는 사진제판 설비가 없으므로 동 인쇄소에서는 타자키 기사가 가져간 소부판(燒付版)으로 전사지(轉寫紙, 석판 인쇄에서, 석판의 원판이 되는 글씨나 그림을 그리는 얇은 가공지)를 사용하여 징크판을 제작하였으리라고 생각하였으며, 금년 5월경 조선은행 발행과장이 본인에게 대하여 귀 회사에서 인쇄 납품한 조선은행권 100원권 좌하우(左下隅)의 'T'자

두부가 산(山)과 같이 올라간 것과 민틋하게 올라간 것이 있다는 말을 하여 비로소 일본인이 원판 수 매를 가져온 듯하고 인쇄 납품한 것 중(中) 우 양 형상(右兩形狀)의 은행권이 있는 것으로 보아 원판에 양(兩) 종류가 있었다는 것을 추측하였고,

타자키 기사가 원판을 내주면서 소부하라고 명령한 일이 수회 있었으므로 우 양 종의 소부판이 근택인쇄소에 갔을 가능성이 있고, 근택인쇄소에서는 소부판에 티가 묻었든지 하면 수정할 경우도 있을 것이며, 우 'I'자 두부에 티가 묻어 수정할 때 일필하여 그 두부가 민틋하게 올라간 형상으로 될 수도 있을 것이라"는 취지의 공술 기재,

압수한 위조 은행권 견양(見樣, 일정한 물건에 겨누어 정한 치수와 양식) 3권〈증 제101 내지 제103호〉 및 동 조선은행권 100원권 진권 15매〈증 104호〉의 존재,

검사의 피고인 박상근에 대한 【제3회】 신문조서 중 "작년 9월 일본인 명령으로 은행권을 인쇄할 시 조선정판사에 80근 모조지가 70연 있었는데 그 후 조선서적인쇄 주식회사에 50연을 내주고 잔(殘) 20연 중 6연으로 은행권을 위조하고 2연은 포스터 등 박는데 쓰고 12연 남은 것은 압수되었다"는 취지의 공술 기재,

검사의 증인 최장수(崔長秀)에 대한 청취서 중 "자기는 조선서적인쇄주식회사 관리인인데 서기 1945년 12월 21일 조선은행 경리부장 일본인 토쿠치야(德地屋, トクチヤ) 모(某)로부터 80근 모조지 6, 70연이 조선정판사에 있으니 가져가라 하므로 본인은 용도주임(用度主任) 유현(劉炫)을 보내어 50연을 가져왔는데 동인이 보고하기를 내주는 사람 말이 우리도 포스터도 박아야 하겠고 하는데 기어이 가져가겠느냐, 50연밖에 없다 하여 50연만 받고 그 영수증을 주었다고 하더라"는 취지의 공술 기재 및

압수한 증명서 2통〈증 제44호〉 중 "조선서적주식회사가 서기 1945년 10월 21일 조선은행 간여(幹旅)하에 근택상점으로부터 80근 모조지 50 연을 접수한 것이 사실이라"는 취지의 기재,

(十二) 증인 맥 · 마흔 대위(Capt. Mc. Mahan)의 당 공판정【제16회】의 에서의 "자기는 사법부 연락장교인데 CIC(Counterintelligence Corps, 방첩대)에서 압수한 조선공산당 중앙위원회 재정부 금전출납부를 검사국에서 해람(偕覽)코자 할 때 본인이 간여하였으나 CIC에서는 동 장부를 영문으로 번역한 후 공산당원 김광수(金光洙) 입회하에 동 당원 김제술(金濟述)에게 반환하였다 하여, 그 번역문을 빌렸었는데 그 내용을 본즉《법령 제55호》에 의하여 보고된 것과 다를 뿐 아니라 이관술 개인명의로 작년 추동(秋冬)으로부터 금년 5월경까지 사이에 전후 20여 회에 긍하여(亘하여, 걸쳐) 매회 회비나 기부금 수입이 아닌 만원 단위 이상의 거금이 지출 재원이 떨어질 만하면 입금되어서 이상하게 생각하였다"는 취지의 공술(단 피고인 이관술에 대해서는【제16회】공판조서 중 이상의 공술 기재가 증거 됨),

압수한 조선공산당 중앙위원회 재정부 금전출납부 번역문〈증 107호〉 중 "피고인 이관술 개인명의로 서기 1945년 11월 24일부터 동 1946년 5월 14일까지 사이에 전후 28회에 긍하여 매회 회비나 기부금 수입이 아닌 최저 1만 원 최고 20만 원의 금원(金員)이 지출 재원이 부족하여 질 만하면 입금되어 있는" 기재,

압수한 조선공산당 금전수납부〈증 제48호〉 동 조선공산당 금전지출부〈증 제49호〉 및 조선공산당 재정수입지출보고서〈증 제109호〉의 각 기재와 그 금액이 압수한 조선공산당 중앙위원회 재정부 금전출납부번역문〈증 제107호〉의 기재와 그 금액보다 현저히 적은 사실 및 압수한 조선일보 제

7,141호〈증 제99호〉 중 조선공산당 정치국원 강진(姜進)의 당내 열성자 동지 제군에게 고하노라는 성명서에 "당의 재정 상태와 당세 등은 완전히 자파(일부 간부파) 외의 동지들에게 봉쇄되어 있었고 중앙위원회에서도 토의되지 않았다"는 취지의 기재.

(十三) 판시(判示, 판결) 단기간 내에 동종 행위를 반복(反復, 거듭해서 되풀이함) 누행(累行)한 사적(事跡), 등을 종합하여 차를 인정할 수 있고

제2, 판시(判示) 제2의 사실은

(一) 피고인 김창선의 당 공판정【제3회】에서의 판시 사실에 부합한 공술 부분.

(二)【제1회】공판조서 중 전 공동 피고인 랑승구, 동 랑승헌, 동 배재룡, 동 홍사겸의 판시 사실에 부합한 각 공술 기재 부분.

(三) 압수한 조선은행권 100원권 징크판 4매〈증 제2호〉 석판인쇄기 1대〈증 제4호〉 지폐 인쇄용 잉크 3종〈증 제5호〉 및 80근 모조지 140매〈증 제8호〉의 존재.

(四) 전기 전 공동 피고인 등이 판시 단기간 내에 동종 행위를 반복 누행한 사적 등을 종합하여 차를 인정할 수 있는데, 타(他)에 이상의 인정을 반복(反覆, 말이나 행동을 이랬다저랬다 하여 자꾸 고침)할만한 확증이 없으므로 판시 사실은 전부 그 증명이 충분하다.

법률에 비추건대, 피고인 김창선을 제외한 이여(爾餘, 그 나머지) 9명의 판시 소위(所爲, 하고 있거나 해 놓은 일) 중 은행권 위조의 점은《형법 제148조 제1항, 제55조, 제60조》에, 동 행사의 점은《형법 제148조 제2항, 동조 제1항, 제55조, 제60조》에 각 해당하는데, 우 양자(右 兩者)는

수단 결과의 관계에 있으므로《형법 제54조 제1항 후단 제10조》를 적용하여 범정(犯情)이 중한 후자의 형에 좇아 피고인 이관술 동 박낙종 동 송언필에 대해서는 소정 형(所定 刑) 중 무기징역을 선택하여 동 피고인 3명을 각 무기징역에,

피고인 신광범, 동 박상근, 동 정명환, 동 김상선, 동 김우용, 동 홍계훈에 대하여는 소정 형(所定 刑) 중 유기징역을 선택하여 기 소정 형기 범위 내에서 피고인 신광범, 동 박상근, 동 정명환을 각 징역 15년에, 동 김상선, 동 김우용, 동 홍계훈을 각 징역 10년에 처하겠고,

다음 피고인 김창선의 판시 소위 중 은행권 위조의 점은《형법 제148조 제1항, 제55조, 제60조》에,

동 행사의 점은《형법 제148조 제2항, 동조 제1항, 제55조, 제60조》에, 은행권 위조 장애(障碍) 방조의 점은《형법 제151조, 제148조 제1항, 제55조, 제62조 제1항》에,

은행권 위조 중지 미수 방조의 점은《형법 제151조, 제43조, 단서(但書, 법률의 조문이나 문서 따위에서, 본문의 다음에 그에 대한 어떤 조건이나 예외를 덧붙여 쓴 글) 제148조 제1항, 제62조 제1항》에 각 해당하는데,

위 은행권 위조와 동 행사는 수단 결과의 관계에 있음으로《형법 제54조 제1항 후단 제10조》를 적용하여 범정(犯情)이 중한 후자의 형에 좇아 처단하겠고,

위 은행권 위조 장애 미수 방조와 동 중지 미수 방조는 연속범(連續犯) 관계에 있으므로《형법 제55조, 제10조》를 적용하여 중한 전자의 형에 좇아 처단하겠는데, 위 위조 은행권 행사 죄와 은행권 위조 장애 미수 방조죄는《형법 제45조》전단(前段)의 병합 죄(併合罪)임으로 전자에 있어서는 소

정 형 중 무기징역형을 선택하고, 후자에 있어서는 소정 형 중 유기징역형을 선택한 다음 《형법 제63조, 제68조 제3항》을 적용하여 법정(法定)의 감경을 한 후 《형법 제46조 제2항》 본문을 적용하여 동 피고인을 전자의 무기징역에 처하고, 후자의 유기징역형은 차를 과(科)치 아니 하겠고,

다음 압수한 조선은행권 100원권 33매〈증 제45호〉는 본건 위조 은행권 행사 죄의 조성물건으로서 하인(何人)의 소유도 불허하는 것이므로 《형법 제19조 제1항 제1호 제2항》을 적용하여 피고인 전원에 대하여 차를 몰수하겠고, 다음 소송비용에 있어서는 《형사소송법 제237조 제1항, 제238조》를 적용하여 감정인 백인제에게 지급한 분은 피고인 송언필, 동 신광범, 동 김창선, 동 박상근, 동 정명환의 연대 부담으로, 감정인 공병우에게 지급한 분은 피고인 송언필의 부담으로, 번역인 차영조에게 지급한 분은 피고인 중 이관술을 제외한 이여(爾餘) 9명의 연대 부담으로 하는 것이다.

이상 이유로서 주문과 여히 판결함

서기 1946년 11월 28일

경성지방법원 형사 제1부

재판장 판사 양원일(梁元一)

판사 김정열(金正烈)

판사 최영환(崔榮煥)

24

이관술의 최후 진술과 이솝 우화

뚝섬 사건은 수많은 증거품이 있음에도 위폐제조 미수 사건으로 끝난 반면, 정판사사건은 증거 없이 증언만으로 공판이 진행되었다. 그리고 극형에 가까운 징역형이 언도되었다. 최종판결이 있기 전, 당사자들의 심정은 어떠했을까? 살펴보면 피고인들의 호소와 변호인단의 변론이 채택된 경우는 거의 없었다. 검사의 일방적 주장과 거기에 동조한 판사의 결론만이 있는 공판이었다. 피고인들의 최후 진술 그리고 변호인단의 변론을 살펴보자. 김홍섭 · 조재천 두 검사의 논고와 구형이

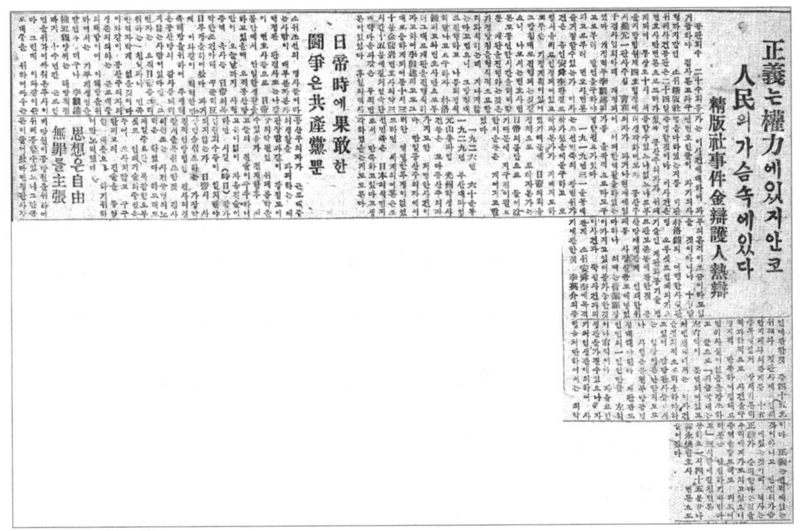

正義는 權力에있지안코 人民의 가슴속에있다

精版社事件金辯護人熱辯

日帝時에 果敢한 鬪爭은 共產黨뿐

思想은自由 無罪를主張

〈그림114: 김용암 변호사의 변론, 1946년 10월 25일 자 독립신보〉

있고 사흘 후인 1946년 10월 24일, 변호사단 변론 시간을 통해 김용암 변호사는 다음과 같은 열변을 토했다.

후일의 역사가는 이 사건에 대하여 과연 변호인들이 자기의 사명을 다하였는지를 비판 증명할 것이다. 이 사건을 첫째, 공산주의자가 위폐를 할 수 있느냐 없느냐로부터 생각하여 보자. 공산주의자가 과거나 현재에 있어 어떠한 역할을 하였는가를 윤곽적으로라도 규명할 필요가 있다.

1919년 3·1운동에는 조선 민족의 광범위가 참가했음에도 불구하고 토착 자본가가 지배 지도하였기 때문에 일제의 회유정책으로 토착 자본가는 일제의 품 안으로 들어갔기 때문에 지구전이 필요한 이 운동은 깨어지고 말았다.

1926년 6·10운동, 1929년 부산 대파업, 원산 총파업, 광주학생사건 등은 모두 공산주의자가 지도한 저명한 사건이다. 만일 공산주의자의 이러한 열렬한 투쟁이 없었더라면 세계의 여론은 조선 민족은 일본의 식민지로서 만족하고 있다고 생각하였을지도 모른다.

소위 조선의 명사들이라는 사람이 대부분 자본가, 행정가, 판검사 또는 나같이 변호사 등으로 일제의 품 안에서 안일한 생활을 하고 있을 때 오직 공산당만이 오늘날까지 사형, 중역, 옥사 등 일제의 폭악한 조건 아래 꾸준히 반일 투쟁을 하여왔다. 과거에 이와 같이 혁혁한 민족해방을 위하여 투쟁해 온 공산당에게 감사를 드리지 않는 사람이 있다면 그런 자는 오직 일제를 그리워하는 친일파나 민족 반역자밖에 없을 것이다.

이와 같이 공산주의자의 생존의 의의는 근로대중의 해방이며 이

해방을 위해서는 기쁘게 생명을 바친다. 더구나 이관술, 권오직 양씨는 해방 직전까지 십수 년간 근로인민을 위하여 싸워 온 투사이다. 그런데 이와 같이 근로대중을 위하여 싸우는 공산주의자가 근로대중의 생활을 파괴하는, 재판장의 말과 같이 강절도 이상의 악질인 위폐를 박을 수 있을까 전제한 후 피고들의 진술이 구구하니 고문이 없이 자유 진술이라면 시일, 참가인원, 횟수 등이 일치해야 되지 않는가. 일제 시 사상범을 취조하는 가장 악질적인 방법인 검사의 경찰서 출동 취조한 것, 검사의 취조는 사건 규명의 노력을 하였다 하더라도 제일 중요한 오프셋 인쇄 기술에 중심을 두어 조사하지 않고 구구한 피고의 진술을 동일한 내용으로 하기 위한 노력만 했다.

비당원이 공당원을 위하여 위폐를 제작할 수 있느냐. 그만큼 돈이 들어왔다면 정판사 장부의 흔적이 조금이라도 있을 것이 아니냐. 10월 말 박낙종의 여행한 사실 판명. 오프셋 인쇄의 기초 기술인 제판·화공기술·징크판 보존 등에 관한 것. 공산당 재정 관계. 인쇄한 위폐를 사장실 금고에 넣었다 하나 열쇠는 영업과장이 가지고 있어 불가능한 것. 이 사건과 뚝섬 사건과의 관계. 소위 안순규의 목격기에 관한 것. 이영개의 증인에 관한 것. 증45호 위폐와 정판사에서 (시험)인쇄한 지폐와의 관계 등 15종목에 걸쳐 상세히 논리적 과학적으로 사건을 구명지적 반증하여 절대로 범죄 사실이 없음을 강조하고 끝으로, 지금 국내는 좌우익이 분열되어 있고 어떤 단체에서는 이 사건을 정치적으로 이용하려 하고 있어 담당판사로서는 입장이 곤란할 지도 모르나 사법은 불편부당 공명정대해야 된다. 재판관도 인민의 일인인 만큼 좌익이나 우익이나 자유로운 인생관을 가질 수 있으나 자기의 인생관에 의하여 사법을 처단해서는 죄악이다.

정의는 권력에 있는 것이 아니고 인민의 가슴에 있는 것이다. 역사는 정의가 승리한다는 것을 우리에게 가르치고 있으니 중형을 받더라도 피고 여러분은 안심하기 바란다.[1]

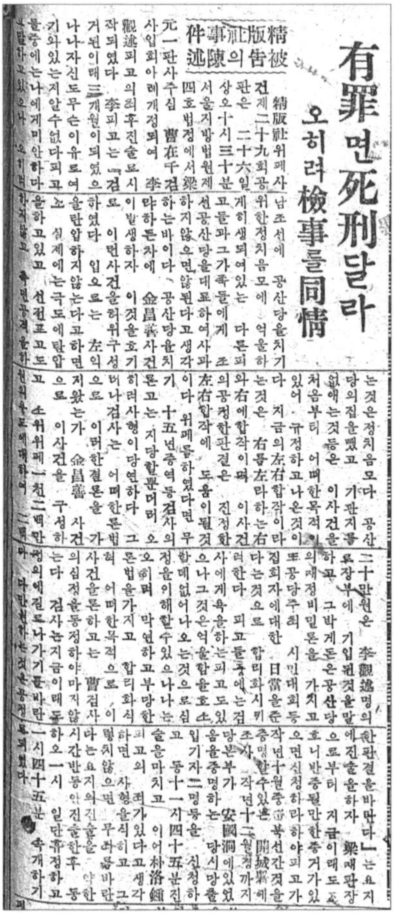
有罪면死刑달라
오히려檢事를同情
精版社事件被告의陳述

〈그림115: 이관술의 최후 진술, 1946년 10월 27일 자 독립신보〉

해프닝이 있었다. 김용암의 변론이 있기 전 이관술이 발언을 요청했다. 변호인단의 변론을 거절할 수 있는가를 묻고 난 뒤, "양심선언을 한 안순규에 대한 판결로 짐작하건대, 정판사 사건 피고인에게 유죄판결이 언도될 것은 이미 정해진 것 같다. 이미 정해진 각본에 의해 재판이 진행되고 있는 것 같으니, 변호사가 애써 변론을 해도 공연히 시간만 낭비할 따름이다. 모든 정황이 그러하니 당국의 방침대로 재판을 진행하고, 나를 퇴청시켜 달라"고 한 것이다.

변호인단 및 박낙종과의 협의 끝에 이관술은 자신의 요구를

1 正義는 勸力에 있지 안코, 人民의 가슴속에 있다, 精版社事件金辯護人熱辯, 「독립신보」, 1946.10.25.

철회했다. 그들의 심정도 마찬가지였을 것이다. 그러나 역사의 심판을 위해서라도 우리는 증거를 남겨야 한다고 설득했을 것으로 짐작된다. 그 후 김용암은 15종목에 걸쳐 피고인들의 범죄 사실이 없음을 강조하였고, 정판사사건은 정치적 음모라고 결론을 내렸다. 덧붙여 피고인들에게 비록 중형 언도가 예상되지만, "정의는 권력에 있는 것이 아니고 인민의 가슴에 있는 것이다. 역사는 정의가 승리한다는 것을 우리에게 가르치고 있다."라고 정판사사건의 실체를 고발하는 것으로 변론을 끝맺었다. 다음은 이관술의 최후 진술을 들어 볼 차례다. 이틀 후인 10월 26일, 피고인 최후 진술에서 그는 다음과 같이 최후 진술을 했다.

> 검거된 이래 3개월이 되었으나 나 자신도 무슨 이유로 여기에 와 있는지 알 수 없다. 피고들 중에는 나에게 미안하다고 말하고 있으나 오히려 남조선에 공산당을 치기 위한 정치음모에 억울하게 희생된 다른 피고들과 그 가족들에게 조선공산당을 대표하여 사과하지 않으면 안 된다고 생각하는 바이다.
>
> 공산당을 치려고 하던 차에 김창선 사건이 발생하자 이런 사건을 허위 구성하였다. 입으로는 좌익을 탄압하지 않는다고 하면서 실제로는 극도로 탄압하고 있고, 선전포고도 하지 않고 측면공격을 하는 것은 정치 음모다. 공산당의 집을 뺏고 기관지를 없애는 것 등은 이 사건을 처음부터 어떠한 목적이 있어 규정하고 나온 것이다. 지금의 좌우합작이란 것은 우를 좌라하는 우와 우의 합작이며 이 사건의 공정한 판결은 진정한 좌우합작에 도움이 될 것이다. 위폐를 하였다면 무기, 15년 중역 등 검사의 논고는 지당할 뿐더러 오히려 사형이 당연하다.

그러나 검사는 어떠한 논법으로 이러한 결론을 가져왔는가. 김창선 사건으로 이 사건을 구성하고 소위 위폐 1천2백만 원의 용도에 대하여 2백2십만 원은 이관술 명의로 장부에 기입된 것을 말하고 그밖에 돈은 공산당의 재정 비밀 돈을 가지고 또 공당주최 시민대회 등 집회자에 대한 일당을 준다는 것으로 합리화시키려 한다.

피고들 중에는 검사에게 욕을 하는 피고도 있으나 그것은 억울함을 호소할 데 없어 나오는 것으로 심정을 이해할 수 있으나 나는 오히려 막연하고 부당한 논법을 가지고 합리화시켜 어떠한 목적으로 이 사건을 논하고 있는 조 검사의 심정을 동정하여 마지않는다. 검사는 지금 이래도 정의에 길로 가기를 바란다. 다만 원하는 것은 공정한 판결을 바란다.[2]

이관술 역시 사건의 본질을 정확하게 꿰뚫고 있었다. 공산당을 소멸시킬 방법을 찾고 있던 중, 마침 뚝섬 위폐 사건이 일어나자 김창선 사건을 공산당 위폐 사건으로 둔갑시킨 것이 정판사사건의 본질이라는 것이다. 정치적 음모라는 얘기였다. 이러한 관점으로 보면 조재천 검사 역시 피해자로 볼 수 있다. "조 검사의 심정을 동정하여 마지않는다."고 말한 연유다. 1947년 8월 13일 자 미군정장관의 문서에 다음과 같은 내용의 글이 기록되어 있다.

미 재판 과정에서 법원연락장교와 한국인 직원 등등이 긴밀하게 협

2 精版社事件, 被告의 陳述, 有罪면 死刑달라, 오히려 檢事를 同情, 「독립신보」, 1946.10.27.

조하여 처리된 것이므로 더 이상 추가적인 조치를 할 필요가 없다.[3]

제2부 6장(CIC의 개입과 증거조작)에서 지적한 바 있지만, 정판사사건은 사건 초기부터 CIC가 개입된 사건이었다. 하지만 어느 시점부터 CIC는 표면에 나서지 않았다. CIC를 대신한 경찰과 검찰 그리고 법원이 서로 간의 역할을 조율해가면서 재판을 이끌고 있었던 것이다. 배후에서 미군정이 재판 과정을 조정하고 있었다는 사실을 증명해 주는 것이 위 문서다. 이관술은 이와 같은 현실을 이솝 우화를 빌려 다음과 같은 얘기를 남겼다.

어느 봄날에 양 새끼 세 마리가 제 어미에게 아름다운 바깥구경을 갔다 오기를 청하였음에 대하여 어미는 외계의 위험을 말하고 처음에는 거절하였으나 결국 새끼 양의 청에 이기지 못하여 승낙하였다. 새끼 양들이 구경을 마치고 돌아올 때에 어느 시냇물을 건넜다. 그때 마침 시냇물 상류에서 물을 먹고 있던 사자가 내려와서 새끼 양에게 '너희들이 시냇물을 흐렸기 때문에 나는 깨끗한 물을 마시지 못하였다'고 말하였다. 이 말에 대하여 새끼 양들은 자세히 생각한 끝에 '우리들은 시냇물 하류를 건넜기 때문에 그럴 리 없다. 물은 언제든지 밑으로 흐른다.'라고 대답하였다.

사자도 이 대답에는 어찌할 도리가 없어서 또 한 번 꾸며서 '너희들은 재작년에 내가 너희들 집 앞을 지날 적에 나에게 욕을 하였는데

3 〈고지훈, 정판사사건재심청구를 위한 석명서, 「역사문제연구」제20호, 2008년 하반기, p.357〉 재인용

용납할 수 없다'고 말하였다. 이 말에 대하여 새끼 양들은 '우리는 작년에 태어났기 때문에 재작년에 당신을 욕할 리가 없다'고 대답하였다. 이 말에서도 말문이 막힌 사자는 폐일언하고 '나는 너희들을 잡아먹고 싶다'고 본의를 말하였다.[4]

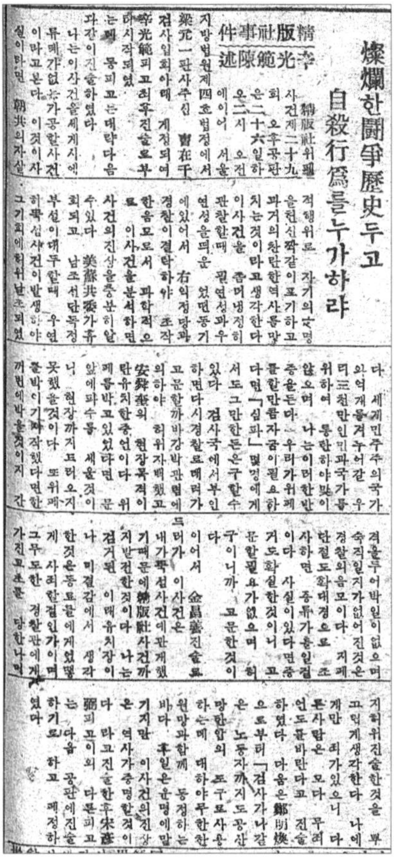

燦爛한鬪爭歷史두고 自殺行爲를누가하랴

精版社事件 李光範陳述

〈그림116: 신광범 · 김창선 · 정명환의 최후 변론, 1946년 10월 30일 자 독립신보〉

미군정을 사자로 조선을 새끼 양으로 비유하여 설정함으로써 당시의 상황을 설명했다. '나는 너희들을 잡아먹고 싶다'는 미군정의 본심을 위해, 검사와 재판관들은 어떤 수단과 방법을 동원해서라도 피고인들에게 위폐범이라는 낙인을 찍어야만 했다는 얘기다. 다음 차례로 박낙종이 최후 진술을 했다. 그는 "죄가 있다고 생각하면 사형을 시키고 그렇지 않으면 무죄를 바란다"는 요지의 발언을 했다.[5] 이관술, 박낙중에 이어 신광범이 등장했다. 그에게 언

4 박수환, 『소위 '정판사사건'의 해부, 반동파 모략의 진상을 해부함』, 아세아서점, 1947, pp.47~48.

5 피고들의 의견을 진술, 「경향신문」, 1946.10.27.

도된 구형량은 15년이다.

나는 이 사건을 세계사에 유례가 없는 가공할 사건이라고 본다. 이것이 사실이라면 조공의 자살적 행위로 자기의 사명을 헌신짝같이 포기하고 과거의 찬란한 역사를 망치는 것이라고 생각한다. 이 사건을 좀 더 냉정히 관찰할 때 필연성과 우연성을 띄운 어떤 동기에 있어서 우익 정당과 경찰이 결탁하여 조작한 음모로서, 과학적으로 이 사건을 분석하면 사건의 진상을 충분히 알 수 있다.

미소공위가 휴회되고 남조선 단독정부설이 대두될 때 우연히 뚝섬 사건이 발생하여 그 기회에 허위 날조되었다. 세계 민주주의 국가와 어깨를 겨누어 갈 우리 3천만 인민과 국가를 위하여 통탄하여 마지않으며 나는 이러한 반증을 든다. 우리가 위폐를 할 만큼 자금이 필요하다면 '심파(동조자)' 몇 명에게서도 그만한 돈은 구할 수 있다.

검사국에서 부인하면 다시 경찰로 데려가 고문할까 하는 강박관념에 의하여 허위 자백했고, 안순규의 현장 목격이란 유치한 증언이다. 위폐를 박고 있었다면 문 앞에 파수를 세울 것이니 현장까지 들어오지 못했을 것이다. 또 위폐를 박기 시작했다면 한꺼번에 박을 것이지 간격을 두어 박을 리 없으며, 숙직 일지가 없어진 것은 경찰의 음모이다. 지폐 단절도 확대경으로 조사하면 종류가 틀릴 것이다. 사실이 있다면 증거도 확실한 것이니 고문할 필요가 없으며 허구이니까 고문한 것이다.[6]

6 精版社事件, 辛光範 陳述, 燦爛한 鬪爭歷史 두고, 自殺行爲를 누가 하랴, 「독립신보」, 1946.10.30.

신광범은 지난 공판과정에서 "양팔을 묶어 널빤지에 누여놓고 배 위에 올라앉아 걸레를 입과 코를 막고 무려 다섯 시간 동안이나 계속 고문을 하였다."라고 자신이 고문당한 사실을 구체적으로 진술한 바 있다. 그리고 '조성기'라고 고문을 한 형사의 실명도 공개했다.[7] 최후 진술에서도 "증거가 확실하다면 고문할 필요가 없으며, 이 사건을 허구로 조작하기 위하여 고문을 하였다."고 재차 고문으로 인한 진술을 부정하였다. 설령 고문에 의한 진술이 옳다고 가정하더라도, 보초가 없는 인쇄 현장, 여러 번에 걸친 인쇄, 숙직 일지의 분실, 위조지폐의 확인 조사 생략 등 공판 청구서의 문제점을 지적하였다. 하지만 검사와 판사는 피고인의 호소를 외면했다. 이러한 상황은 무엇을 말하는 것일까? 다음은 김창선이 진술할 차례다.

> 내가 뚝섬 사건에 관계했기 때문에 정판사사건까지 발전한 것이다. 나는 검거된 이래 유치장이나 미결감에서 생각한 것은 동료들에게 어떻게 사죄할 것인가 이며, 그 무도한 경찰관에게 가진 고초를 당한 나머지 허위 진술한 것을 부끄럽게 생각한다. 나에게만 죄가 있으니 다른 사람은 모두 무죄 언도를 바란다.

그는 조선공산당에 입당하기 전 뚝섬 위폐 사건에 가담하였다. 입당 후에는 조선정판사사건의 주범이 되었다. 정판사사건은 공산당의 범죄라고 진술을 한 것이다. 그러나 공판이 시작되자, 뚝섬 위폐 사건에 가

7 〈제2부 19장, 김창선의 혈서 소동, 그리고 고문 이야기〉 참조

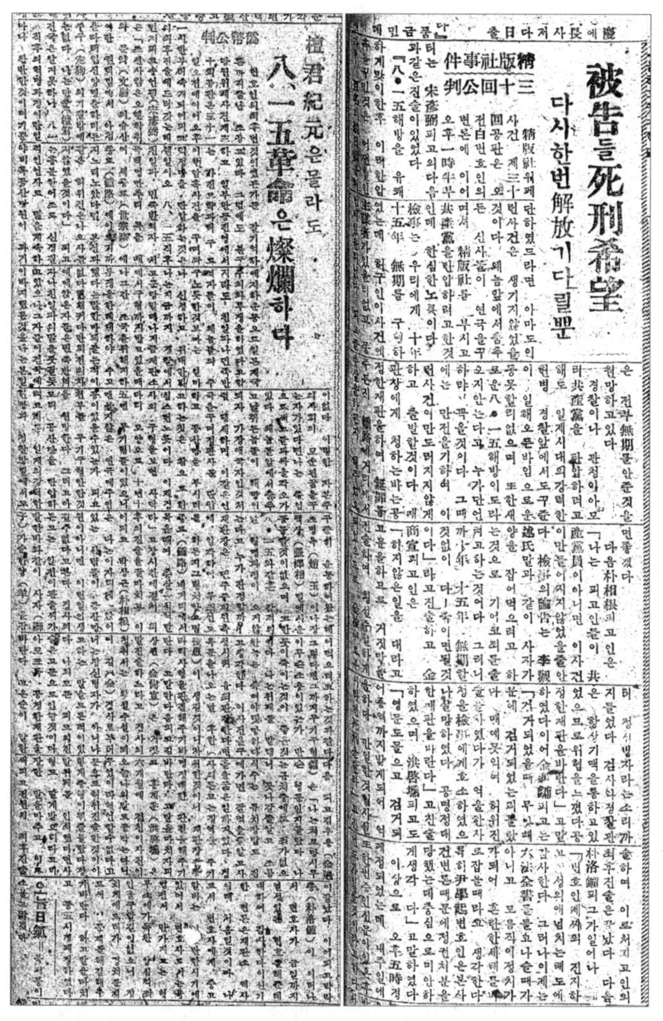

被告들死刑希望

다시한번解放기다릴뿐

精版社事件 三十回公判

檀君紀元은몰라도

八·一五革命은燦爛하다

〈그림117: 송언필 · 박상근 · 김상선 · 김우용 · 홍계훈의 최후 진술, 1946년 11월 2일자 대한독립신문, 독립신보〉

담했다는 것은 인정했지만 정판사사건 관련은 고문에 의한 허위 진술이었다는 사실을 고백했다. "나에게만 죄가 있으니 다른 사람은 모두 무죄 언도를 바란다."라는 그의 최후 진술은 그의 진심이 담겼다고 판단된다. 10월 26일 개최된 피고인들의 최후 진술 공판에서 마지막으로 진술한 사람은 15년형이 구형된 정명환이다. 검사를 동정한다는 인쇄 노동자의 최후 발언은 다음과 같다.

검사가 나 같은 노동자까지도 공산당 탄압의 도구로 사용하는 데 대하여 무한한 원망과 함께 동정하는 바이다. 후일은 운명에 맡기지만 이 사건의 진상은 역사가 증명할 것이다.

1946년 10월 26일, 피고인들의 최후 진술이 계속되었다. 무기징역이 구형된 4명 중 한 명인 송언필이 먼저 시작했다.

"조선 사람은 오랜 착취와 문약의 유산이란 권력 밑에서 아첨을 떨어 입신양명을 하려는 주구의 기질밖에는 없다. 나는 단군 건국을 알지 못하나 8·15 직후의 혁명 과정이란 얼마나 찬란한 것이며 기쁜 일이었는가를 잘 기억하고 있다. 그럼에도 불구하고 일부 반동 진영에서는 가진 모략과 허구로 이런 암흑 사건을 꾸며 좌익정당을 탄압하는 것은 웬일이오.

8·15 직후 친일파, 민족 반역자 중에서 꼭 백 명만 추려 세종로에서 종로에 이르기까지 늘여 놓았다면 본 건과 같은 허위 사건은 나오지를 않았을 것이다."

피고는 흥분한 어조로 신경질적인 언사로 말을 계속하여, 비록 공산당원이 과거에 지하운동으로 일본 제국주의와 투쟁을 하였다고 할지라도, 친일파나 민족 반역자들이 왜놈들의 주구 노릇 한 것보다는 얼마나 신성하고 위대한가.

나는 지금까지 경찰에서 고문당할 때나 지금 재판소에서 구형까지 받고 있을 때나 그간 조국을 위해 지하투쟁을 한 데 대하여 수고했다는 말 한마디를 들은 적이 없다. 현재 커다란 회전의자에 앉은 자들은 민족 반역자나 친일파의 말을 곧이듣고 있으나, 그자들이 건국에 이바지했다는 것을 나는 본 일이 없다. 이러한 자본주의 사회의 모순된 꿈을 꾸는 자가 있다면 나는 죽음으로써 그들과 싸울 각오가 있다. 왜놈들 앞에서 춤을 추고 날뛰던 놈들이 해방이 되자 가장 애국자인 것처럼 행세하며 이 같은 연극을 꾸며 정판사를 탄압하고 공산당을 부수려고 하는 것은 참으로 한심스러운 노릇이다.

이제 검사의 구형을 보면 사다리 모양으로 10년, 15년, 무기형들이 있으니 만들지 않은 연극에 주인공이 있을 수 있는가. 피고 전부를 무기구형 안 한 것을 원망한다. 그리고 아무리 공산당을 탄압하려고 해도 일제의 강력한 헌병과 정찰망 밑에서도 꾸준히 운동하여 왔는데 조병옥이나 장택상 밑에서 운동 못 할 것이 없으며 또한 8·15와 같은 감격의 날 혁명과정이 오지 않는다고 누가 단정할까? 재판장은 민주주의 원칙에 입각하여 무죄 언도를 하든지 그렇지 않으면 종로 네거리에서 목을 매어 총살을 시켜 달라.[8]

“피고는 흥분한 어조로 신경질적인 언사로 말을 계속”했다고 기자가 사족을 달았지만, 송언필은 대담한 발언을 했다. 미군정(미국)을 일제에 그리고 조병옥이나 장택상 등을 친일파(민족 반역자)로 지적한 것이

8 僞幣公判, 檀君紀元은 몰라도 八, 一五革命은 燦爛하다, 「대한독립신문」, 1946.11.2.; 精版社事件, 三十回公判, 被告를 死刑 希望, 다시 한 번 解放 기다릴 뿐, 「독립신보」, 1946.11.2.

다. 미군정에서 벗어나는 날이 바로 새로운 8 · 15혁명의 날이라고도 했다. 정판사사건 조작의 배후는 미군정이라고 확실하게 말하지 않은 것은 포고령에 대한 공포 탓으로 짐작된다. 그동안 여러 사례를 언급했지만, 미군정 내내 《포고 제2호》는 무소불위의 권력이었다. 송언필은 "무죄언도를 하든지 그렇지 않으면 종로 네거리에서 목을 매어 총살을 시켜 달라"고 박낙종과 같은 주문을 하면서 최후 진술을 마감했다. 신언필의 뒤를 이어 박상근, 김상선, 김우용, 홍계훈의 순서로 진술을 했는데, 언론에 보도된 내용은 아래와 같다.

> 나는 이 자리에 앉아있는 사람들이 공산당원이 아니면 이런 일이 생길 수 없다고 본다. 검사의 논고는 일전 이관술 씨가 말한 바와 같이 사자가 순한 양을 먹으려 하는 것과 같다. 그렇다면 그까짓 무기 구형이 무슨 소용이 있는가. 반드시 죽이는 것이 좋을 것이다. 나는 위폐를 발행한 놈은 죽여야 마땅하다고 생각한다. 이 사건을 구성시켜 유죄판결을 한다면 옥문을 나오는 날 후환이 생길 것이니 차라리 사형을 판결해 주기 바란다. (박상근)

> 거짓말 진술하느라고 검사의 청취서는 횡설수설이 되어 김 검사로부터 너는 정신병자가 아니냐고 하는 말을 들은 적이 있다. 나의 모든 피고로서의 진술은 고문으로 인한 것이다. 아무쪼록 공정한 재판을 바란다. (김상선)

> 나는 체포 당시 무슨 영문인지 몰랐다. 나는 유치 중에도 죄가 없으니 곧 나갈 줄 알고 조금씩 주는 유치장 밥도 집에 가면 잘 먹을 줄

알고 사흘을 굶는 일까지 있다. 검사의 논고는 징역을 주기 위한 것이니 재판장은 공명정대한 판결을 해주기 바란다.(김우용)

6개월에 걸친 이 사건이 오늘 나의 말로 끝난다고 하니 무엇이라 형언할 수 없다. 고문으로 허위 진술한 것이 이렇게 중형이 될 줄 몰랐다. 정말 위폐를 인쇄했다면 사형도 달게 받겠다.(홍계훈)

25

좌익 사건은 증거가 없어도 유죄판결을 언도하라

精版社事件 言渡를 延期,

精版社偽幣事件은 지난 十三일 第十二回公判으로써 決審을 마치고 言渡가 今주中에 잇슴을 豫定이엿섯는데 이것이 延기되여 來週以後에 잇슬모양으로 이에 對하야 梁元一 裁判長은 遲延된 原因을 다음과 같이 말하엿다

裁判所로서 여러차례 督促하엿으나 辯護人中三人이나 辯론要旨를 提出안햇으며 檢事의 론告要旨도 提出를 보지 못하야 遲延되엿으나 明二十三일까지 提出이 없을때에는 公判調錄으로 充當하며 따라 公判期일은 來주月曜일에 發表하겟다

惡의 華·罪의 實·法의 斷

檢事의 求刑대로 言渡

李觀述、朴洛鍾、宋彦弼等無期

精版社事件 言渡公判

司法部에、다시외치노니

正義는 權力에 있지않고 人民의 가슴속에 있다

◇…辯護士

〈그림118: 1946년 11월 23일 자 수산경제신문, 11월 29일 자 한성일보, 독립신보〉

1946년 11월 28일, 정판사사건의 언도 공판이 개정되었다. 일주일쯤 공판이 연기되었고,[1] 재판장 양원일과 검사 조재천이 남선 방면으로 밀행했음은 거론한 바 있다. 명목은 증거 수집차였다.[2] 그리고 이미 판

1 精版社事件言渡를 延期, 「수산경제신문」, 1946.11.23.

2 제2부 23장 검사와 판사의 동행과 야합, 판결문이 조작되다, 참조

결문 전문을 소개했지만,[3] 보도 언론사에 따라 제목부터 확연하게 차이가 났다.

극우 언론인 「한성일보」는 "악의 화 · 죄의 실 · 법의 단, 위폐 사건 종결 구형대로 언도" "일장곡, 일장가, 이관술만은 태연자약, 언도 받고 나서는 피고들의 표정" 등으로 헤드라인을 뽑아 피고인들을 악마화했다. 반면, 해방일보 · 조선인민보 · 현대신문 · 중앙신문 등의 발행정지로 인해 좌익지로서의 위치를 거의 유일하게 지키고 있던 「독립신보」는 검사의 구형대로 이관술 · 박낙종 · 송언필 등이 무기징역형이 언도되었음을 알리는 동시에,[4] "사법부에 다시 외치노니, 정의는 권력에 있지 않고 인민의 가슴속에 있다."라고 절규하는 변호사단의 성명을 함께 실었다.[5]

언도 공판 이후 피고인들은 즉시 상고했을 뿐 아니라, 고문을 가한 경찰관 6명(최난수, 조성기, 이희남, 김원기, 현을성, 김성환)도 고소했다. 담당 판사에 대한 기피 신청도 했다. 그리고 수많은 단체들이 성명을 발표하는 등 공판 결과를 뒤집기 위해 사력을 다했으나, 결과는 상고기각이었다. 보도된 기사를 중심으로 언도 공판 이후의 주요 사건을 정리하면 다음과 같다.

3 〈자세히 읽기-22〉조선정판사위폐사건 판결문

4 精版社事件言渡公判, 檢事의 求刑대로 言渡, 李觀述,朴洛鍾,宋彦弼等無期, 「독립신보」, 1946,11.29.

5 司法部에 다시 외치노니, 正義는 權力에 있지 않고 人民의 가슴속에 있다, 「독립신보」, 1946,11.29.

[표22: 정판사사건 언도 공판 이후 주요 사건]

날짜	신문	사건 내용
46.11.30.	경향신문	사로당, 정판사위폐사건 재심 요구 담화 발표
	서울신문	정판사위폐사건 이관술을 제외한 8명 상고
	경향신문	정판사위폐사건의 이관술 상고
	독립신보	政治的謀略은 不可, 『精版社』判決에 民戰等談話
12.01.	경향신문	정판사사건 상고 무죄를 주장, 이관술 침묵
	조선일보	정판사 위폐건 상고
	독립신보	『精版社』事件被告九名 二十八日正式不服上告
12.02.	영남일보	精版社事件, 被告九名 不服上告
12.03.	경향신문	우리 정부를 빨리 세우자
	대한독립신문	李觀述을 除外한 僞幣犯九名上告
	자유신문	위폐 피고들 上告
12.04.	조선일보	이관술 씨 상고
	경향신문	이관술도 상고
	독립신보	許多한 矛盾을 指摘, 精版社判決에 法同서 談話
	대한독립신문	李觀述마저 드디어 上告
12.05.	독립신보	共産黨의 威信을 墮落, 精版社事件 判決에 南勞黨 談
12.07.	자유신문	精版社 위폐 변호인들 검사국에서 전부 호출
12.10.	조선일보	위폐 담당 변호인의 성명서 문제화
	경향신문	독립 · 중외 양 신문 편집인 검사국에
	동아일보	검사총장 이인, 당면한 제반 문제에 관해 기자회견
	독립신보	精版社事件辯護士團聲明問題化
	대한독립신문	非難記事問題로 新聞編輯人審向
12.12.	대한독립신문	精版社僞幣事件, 辯護士聲明紛糾
12.13.	자유신문	崔蘭洙 씨에 大功章
12.25.	대한독립신문	司職完遂者 表彰式擧行(양원일, 최영환, 김정열, 이상 정판사사건 판사)

47.01.22.	중외경제신보	精版社上告書類大檢察廳에 受理
	경향신문	정판사위폐사건 대검찰청에 회부
01.23.	독립신보	精版社事件上告, 大檢察廳서 受理
01.24.	민주중보	歸趨가 매우 注目! 精版社事件上告書類管理
01.28.	경향신문	정판사사건 관계자들이
	동아일보	위폐 사건 관계자 취조 경관을 고소
	대한독립신문	『虛僞自白을 强要햇소』, 精版社被告拷問吏거려 告訴
	독립신보	拷問한 警官을 告訴, 精版社事件被告人六名이
	자유신문	취조하던 형사 걸어, 精版社 피고들 고소
01.29.	중외경제신보	精版社僞幣事件, 被告가 取調警官을 告訴
01.30.	경향신문	안순규 위증죄 상고 기각의 판결
	대한독립신문	精版社社長上告棄却
02.18.	독립신보	可憎한 陰謀다, 民戰, 蘇軍指令說에 談話
02.19.	독립신보	最高十五年을 求刑, 獨促幹部等의 僞幣事件公判
02.21.	경향신문	동문서 수사주임 최난수 씨를 파면
02.22.	조선일보	최란수 씨 파면
02.28.	조선일보	정치범 문제로 대 논전
03.02.	동아일보	남조선 경제를 전복할 의도로 위폐한 공당원에 최고형(맥아더)
03.04.	경향신문	맥 사령부 월례 보고, 38선 제거에 진전없다
	동아일보	부정 미군은 처형, 일부 선동자로 경찰 증오감 양성
03.30.	경향신문	정판사사건 11일 상고심
	민보	精版社事件, 四月11日上告審
03.31.	자유신문	精版社 위폐 사건 11일에 상고심
04.02.	자유신문	李駿馬 씨 옥사
04.04.	민보	獄死에 民靑聲明
04.06.	자유신문	옥사한 李駿馬 씨, 금일 民靑葬 거행

04.11.	조선일보	위폐 사건 상고심 재판장 기피 신청
	독립신보	精版社事件擔當辯護人들이 擔當審判官五氏를 忌避
		被告들도 忌避申請
	서울신문	대법원 정판사위폐사건 피고의 상고를 기각
04.12.	조선일보	정판사사건 상고심 기각
	경향신문	정판사사건 기각
	민보	精版社事件上告棄却
	독립신보	精版社事件上告棄却
	자유신문	精版社사건 상고 기각, 변호인은 대법관 기피
	중외경제신보	精版事僞幣事件 上告審棄却
	민주중보	精版社事件上告를 棄却
	서울석간	上告中의 李觀述辯護人, 擔當大法官들에게 忌避聲明
	민보	忌避原由, 辯護士團이 疏明
04.13.	영남일보	精版社事件上告棄却, 大法院最高會議서 決定
	부녀일보	精版社事件上告棄却 大法院最高會議決定
	동아일보	精版社事件棄卻
04.16.	민보	精版社被告, 上告忌却에 辯護士團聲明
	독립신보	司法의 威信은 公正, 精版社事件에 辯護士團聲明
04.17.	자유신문	精版社사건에 변호사단 성명
	영남일보	精版社事件上告棄却을, 辯護士團이 聲明
	부녀일보	精版社事件에 担當辯護士團이 聲明
	민주중보	辯護士團, 政治判決是正要求 精版社事件上告棄却에 談, 南朝鮮司法機關은?
04.18.	민보	收監者의 家族, 要路에 陳情書
	중앙신문	衛生施設改善等要求
04.20.	경향신문	40명 옥중 단식, 이준마 군 옥사 동정
	독립신보	李駿馬氏獄死를 同情코, 刑務所서「항 · 스트」
	자유신문	在監者의 대우 개선하라 진정

04.26.	민보	南勞黨談, 精版社被告再審을 强調
04.27.	서울석간	精版社事件上告棄却에 抗議
	부녀일보	精版社事件 上告棄却에 南勞党이 再審要求
04.29.	동아일보	위폐 사건 이관술 등 4명 대전형무소에 이감
04.30.	조선일보	정판사사건 관계자 복역
05.01.	부녀일보	西大門刑務所에 萬歲소動, 精版社事件關係者는 斷食始作
	자유신문	대우 개선 요구, 西大門刑務所 죄수들 만세 절규
05.08.	부녀일보	精版社事件關係者, 大邱移管은 全然浪說!
05.11.	민보	僞幣公判騷擾事件關係者四名假出獄
	자유신문	僞幣 공판 소요 사건 관계자 4명 가출옥
05.13.	중앙신문	金東漢外 三氏, 假出獄
05.15.	민보	尹學起辯護士停職處分滿了
	자유신문	尹 변호사 정직 해제
05.16.	독립신보	尹學起辯護士 停職期限滿了
05.18.	민중일보	李觀述等, 大戰에 移監(이관술, 송언필, 박상은, 정명환)
05.20.	경향신문	지방형무소 시찰기(상)
05.21.	독립신보	大邱刑務所에 獄死者, 營養醫療不足으로 一年에 卅三名, 今年에는 벌서 廿八名이나 獄死
05.22.	민보	南朝鮮刑務所視察記(上), 激增해 가는 獄死者, 移監된 이들 고랑 찬 채 斷食抗拒
05.30.	독립신보	姜辯護士開業(강중인)
06.15.	조선일보	무허가집회 등 수감자 669명을 석방
07.05.	부산신문	精版社事件關係 三名釜山서 出獄
	민주중보	精版社事件公判騷動犯三名出獄
	중앙신문	曹圭映氏出監
	독립신보	共立通信社 曹圭영記者出監
07.08.	자유신문	全駟玉 씨 등 석방

07.09.	독립신보	精版社事件公判關係者釋放
	부녀일보	精版社關係五名出監, 軍裁者釋放令과는 別個
	민주중보	精版社公判關係五氏出監
	중앙신문	軍裁關係者出監
07.18.	경향신문	구, 광 양 씨 출감
08.06.	조선일보	홍증식 씨 등 3씨 포고령 위반 혐의
08.10.	독립신보	精版社僞幣事件에 辯護士團陳情
	민주중보	精版社事件, 國際輿論을 喚起, 서울辯護士團 하中將等에 陳情
08.31.	경향신문	김광수 씨 기소
	중앙신문	金光洙氏起訴
09.11.	경향신문	김광수 씨 1회 공판
10.01.	조선일보	도장쟁이 위폐단을 일망타진
10.03.	경향신문	김광수 씨 금고 10개월을 구형
	조선일보	김광수 씨에 금고 10개월 구형
10.14.	민중일보	金光洙氏에 禁錮十個月言渡
11.25.	동아일보	경관살해범 김재왕 체포(최난수 공헌)
12.25.	자유신문	위폐 사건 餘燼, 담당형사 고소(이관술, 박낙종, 송언필, 김창선→형사6인)
48.01.13.	중앙신문	首都治安에 功績, 張廳長就任滿二年, 崔顧問官回顧談
01.17.	동아일보	수도청 특별 발표(최난수 표창)
01.18.	경향신문	범인 체포 협력한 운전수 등을 표창(최난수 표창)
01.30.	경향신문	새 운수경찰청장에 조 검찰관 발령 내정
01.31.	경향신문	조재천이 운수경찰청장에 임명
49.03.05.	조선일보	보초병의 발포로 양원일 판사 변사
	경향신문	고등법원 양원일 판사 피살
	자유신문	高審 梁元一 판사, 3일 밤 국군 총탄에 절명
55.12.03.	경향신문	야당의 맹장 조재천

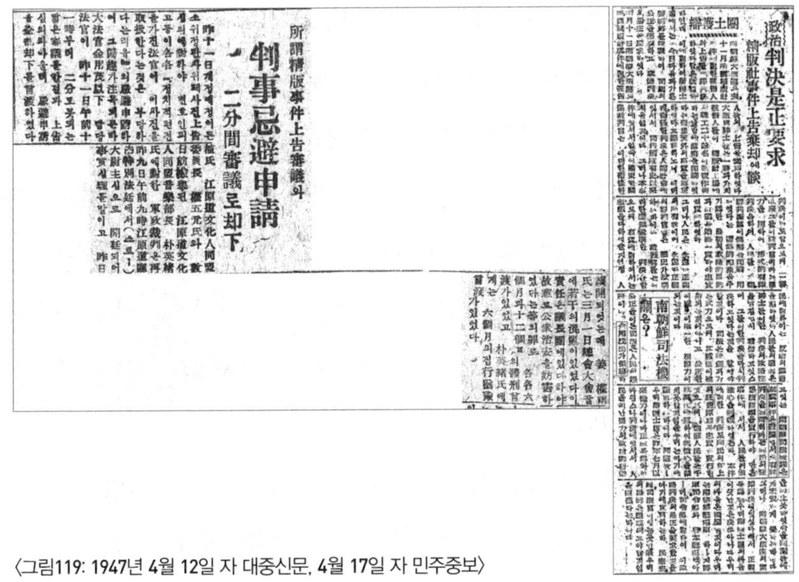

所謂精版事件上告審議와

判事忌避申請

二分間審議로 却下

辯護士團

政治判決是正要求

精版社事件上告棄却에 談

南朝鮮司法機關은?

〈그림119: 1947년 4월 12일 자 대중신문, 4월 17일 자 민주중보〉

조선정판사사건 재판은 짜인 각본에 의해 진행되었다는 것은 여러 차례에 걸쳐 언급했다. 마지막으로 지적할 것은 도무지 이해할 수 없는 대법원의 행태다. 그들은 상고심의와 판사 기피 신청을 단 2분간 심의로 각하했다.[6] 더욱이 대법원장 김용무는 "좌익 사건은 증거가 없어도 유죄판결을 하라"고 사법관에게 훈시했다고 한다.[7] 김용암 변호사로 추정되는 박수환은『소위 '정판사위폐사건'의 해부』란 책을 통해 다음과 같은 글을 남겼다.

6 所謂精版事件上告審議와 判事忌避申請, 二分間審議로 却下,「대중신보」, 1947.4.12.

7 辯護士團, 政治判決是正要求 精版社事件上告棄却에 談, 南朝鮮司法機關은?,「민주중보」, 1947.4.17.

사법은 인민의 의사를 대표하여 공정하게 집행되어야 한다. 이것은 사법의 생명이다. 법관이 인민의 의사를 무시하고 자기 개인의 편견이나 또는 반인민적 편협한 생각을 재판에 반영시킨다면 그것은 죄악이다. 그러나 인류 역사에 있어서 법관이 이러한 죄악을 범한 예가 많이 있다. 낡은 시대의 실례이지만 소크라테스를 사형하고, 예수를 사형하고, 조선 근대사에 와서 단종을 사형하고, 성삼문 이하 6신을 사형한 것 등은 역사에 있어서 씻으래야 씻을 수 없는 영원한 오점이 되고 말았다.

당시의 권력은 이들을 사형하고 쾌감을 느꼈을 것이다. 인민들은 수천년래 혹은 수백년래 당시의 권력을 통매(痛罵, 몹시 꾸짖음)하는 반면, 희생된 이들에 대해서는 영원한 조의(弔意)를 표하고 있다. 그러므로 정의는 인민을 떠난 권력에 있지 않고 인민의 가슴 속에 있는 것이며 인민으로 구성된 인민의 권력만이 오직 정의를 현현(顯現)할 수 있는 것이다.

나는 1심 변론에서 이 사건을 해부한 후에 이상의 역사적 사실을 들어서 재판관들을 경고하였으나 결국 인민을 떠난 권력의 모략적 판결을 방지 못 하였다. 그리하여 이 사건은 끝끝내 건국애사의 한 구절이 되어 천추에 긍(亘, 뻗치다)할 의분의 씨를 뿌리고 말았다.

1심에서 유죄판결이 된 이 사건은 상고심에서 그대로 확정되었다. "증거가 없어도 유죄판결을 하라."고 사법관에게 훈시한 김용무(金用茂)를 재판장으로 하는 상고심은 드디어 그 본령을 철저하게 발휘하여 피고들의 상고를 기각(棄却)하였다. 이리하여 그들의 천하 무도

한 모략은 완수된 듯하나 이에 대한 (인민의) 인민 정의의 분노는 격화될 뿐이다. 인민이 정권을 장악하고 인민의 아름으로 사법이 운행될 때 비로소 김용무를 비롯한 이 음모 사건 날조의 판검사, 경찰관의 죄악은 심판될 것이다. 그들에게 인민의 심판이 내리는 날 이관술 씨 등 애국 투사에게는 백방(白放, 죄가 없음이 밝혀져서 놓아줌)과 아울러 인민의 환호가 보내질 것이다. 그리고 이날은 멀지 않은 장래에 닥쳐온다. (1947년 4월 24일)

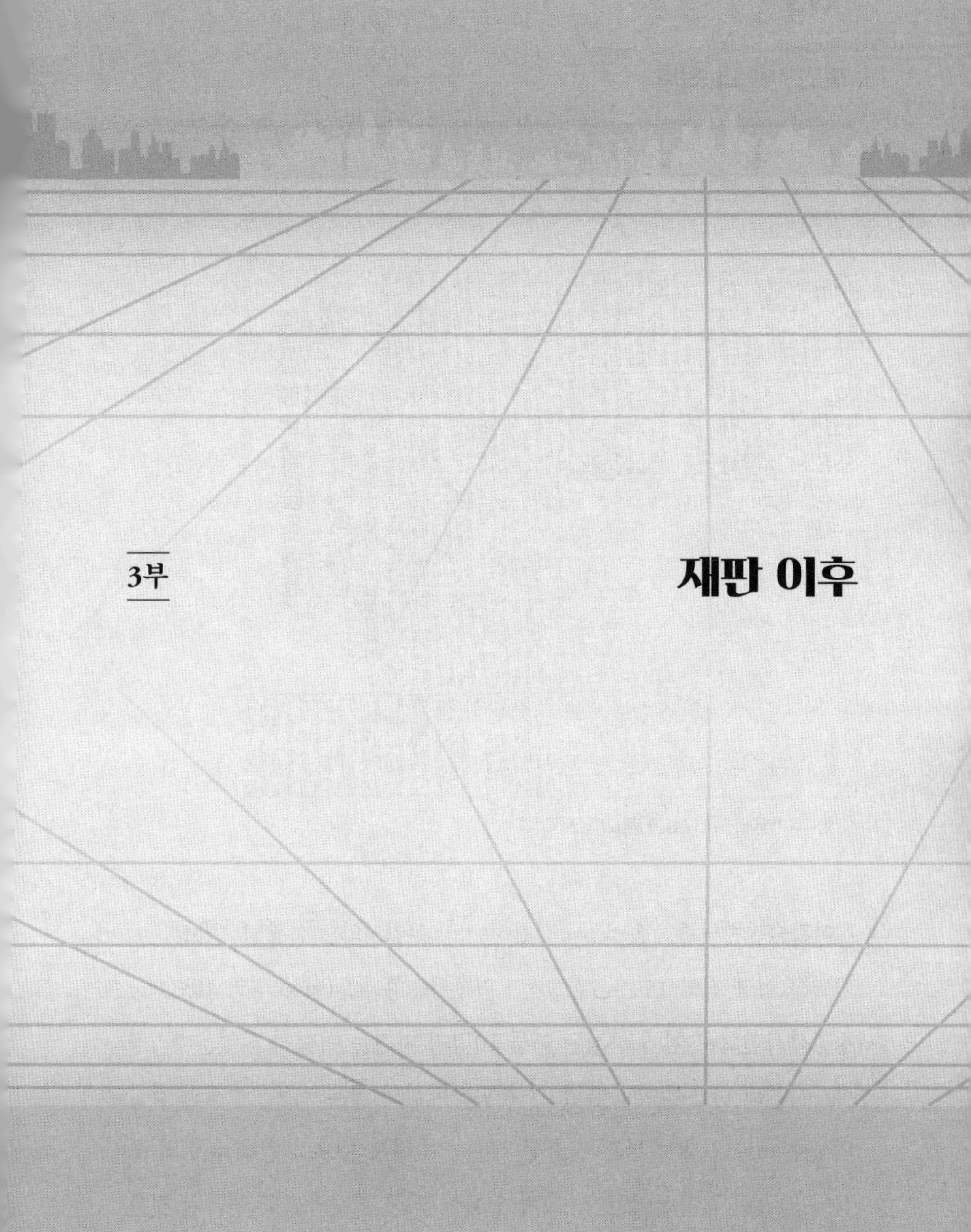

3부

재판 이후

01

피고인들의 최후

죽엄의 溪谷 『골린눌』의 慘狀!

李觀述先生外 三千餘愛國者虐殺

敗走하는怨讐들의 大田蠻行暴露

〈그림120: 1950년 8월 12일 자 (복간)조선인민보〉

이관술 · 박낙종 · 송언필 · 김창선(이상 무기징역), 신광범 · 박상근 · 정명환(이상 징역 15년), 김상선 · 김우용 · 홍계훈(이상 징역 10년) 등 정판사사건으로 형이 확정된 이들 10명의 미래는 어떻게 되었을까? 정판사사건의 단초를 제공했었고, 공판장에서의 혈서 소동, 경찰과 검찰의 고문으로 인해 허위로 진술했다는 증언 번복 등으로 인해 뉴스의 초점이 되었던 김창선이었다. 그가 언론에 의해 마지막으로 언급된 것은

1947년 12월 25일 자 「조선중앙일보」 기사다. 이관술, 박낙종, 송언필 등과 함께 최난수 등 형사 6명을 독직상해죄로 고소했다는 보도였다.[1] 하지만 그 후 그의 행적은 전혀 알 수 없다. 구금된 형무소가 어느 곳인지, 혹 감형을 받은 후 출소한 것은 아닌지 파악할 수 없다. 한국전쟁 당시 남한 국군 측에 사살되었거나 혹은 북조선으로 탈출했는가도 알 수 없다. 신광범 · 김상선 · 김우용 · 홍계훈 등도 언론의 관심을 전혀 끌지 못했다.

행적이 어느 정도 파악된 사람들은 대전형무소에 수감되었던 이들이다. 이관술, 박상근, 정명환 등 3명은 1947년 5월 7일경 서울형무소에서 이감되었고,[2] 마포형무소에 있던 송언필은 이틀 후인 9일경 이감되었다.[3] 이들의 최후는 한국전쟁 후 복간된 「조선인민보」에 의해 확인된다. 이 신문에 따르면, 미 제국주의자들과 그 주구 이승만 도당은 인민군대에 쫓기어 패주하면서 검거 투옥하였던 애국자들과 또는 그 전에 무수히 검거 투옥하였던 애국자들과 인민들을 각 도시에서 대량 학살하였다. 대전의 경우, 6월 27일부터 7월 15일까지 사이에 걸쳐 3천 명 이상을 학살하였다. 소위 정판사사건으로 알려진 매국노들의 악질 모략 음모에 의해 검거 투옥되었던 이관술, 송언필도 이때 살해되었다. 날짜는 7월 7일이다. 학살 장소는 죽음의 계곡 '골린골(현 대전 동구 낭월동 곤룡골)'이었다.[4] 박상근과 정명환은 「조선인민보」에 언급되지 않

1 僞幣事件, 擔當刑事를 瀆職罪로 告訴, 「조선중앙일보」, 1947.12.25.

2 李觀述氏等大田에 移監, 「수산경제신문」, 1947.5.18.

3 童顏白髮의 老鬪士宋彦弼氏大田으로 移監, 「대중신보」, 1947.5.11.

4 죽엄의 계곡 '골린골'의 참상, 이관술 선생 외 3천여 애국자 학살, 패주하는 원수들의 대

았지만, 징역 15년의 장기수였으므로 이관술 · 송언필과 함께 처형된 것으로 짐작된다.

幽囚의 獄窓·苦惱의 日月

—韓賢宇 朴洛鍾兩氏의 獄中談—

秋窓의 悲憤의 蟲聲

잠못이는 獨房의 煩悶

長期囚의 獄中實態

故鄕하늘 그리며 前過를 懺悔

25年間에 열번째 投獄

庶子이고 20年

〈그림121: 1948년 9월 5일 자 국제신문, 1950년 2월 25일 자 국도신문〉

박낙종의 경우 『한국사회주의운동 인명사전』에 따르면, 목포형무소에 수감되어 있다가 한국전쟁 직후 총살당했다.[5] 박낙종의 처형 장소는 좀 더 검증해야 할 사안이다. 1948년 9월 5일 자 「국제신문」에 따르면 그 무렵 박낙종은 서울형무소에 있었고,[6] 한국전쟁이 발발하기 4달 전

전만행 진상, 「조선인민보」, 1950.8.12.

5 강만길·성대경 엮음, 『한국사회주의운동 인명사전』, 창작과비평사, 1996, p.183.

6 幽囚의 獄窓·苦惱의 日月, 韓賢宇·朴洛鍾兩氏의 獄中談, 「국제신문」, 1948.9.5.

인 1950년 2월 25일경에는 마포형무소에 수감되어 있었기 때문이다.[7] 물론 그 후 목포형무소로 이감되었을 수도 있다. 하지만 아직까지 구체적인 사료가 발굴되지 않은 상태다. 처형과 별개로 박낙종은 정판사사건 혐의로 구속된 인물 중 유일하게 옥중 인터뷰를 남겼다. 아래는 그의 인터뷰 전문이다.

> 3천리 강토를 뒤흔들던 8·15의 감격적인 선풍이 아직도 우리의 가슴 속에서 사라지기도 전인 1946년 4월, 너무나 의외로운 사실로써 조선공산당의 소위 精版社 위폐 사건의 전모가 경찰에서 발표되어 반신반의로 세인의 이목을 아연케 하였다. 이 사건의 관계자가 어느 개인이나 또는 보통 단체가 아니라 과거 일제의 몸서리치는 혹독한 탄압 속에서 종시일관 조국의 독립과 해방을 위하여 혁혁한 투쟁을 하여온 것인 만큼 세간의 의혹이 깊었고, 각종의 정치적 모략과 아울러 이 사건에 대한 파문이 사회적으로 중대한 관심을 사게 되어 그 진상 연부에 대한 각 방면의 여론이 비등하여 갔다.
>
> 李觀述·박락종·宋彦弼의 각 피고는 이구동성으로 본 사건은 순전히 경찰의 고문에 의하여 조작된 허구라는 것을 지적하여 사실심리에 불응하며, 이에 호응하여 조선공산당에서도 산하단체를 총동원시켜 當 사건의 허구를 반증하는 성명서와 항의문을 사법 당국에 제출하고 공소 철회를 강경히 요구하는 한편, 공판정에서는 무장 경관과 시위군 중간에 충돌로 수 명의 사상자까지 발생하는 등의 불온한 사

7 希望中斷, 長期刑囚의 監房生活을 알려주십시요, 長期囚의 獄中實態, 故鄕하늘 그리며 前過를 懺悔, 「국도신문」, 1950.2.25.

태까지 발전되었으나 공소 사실을 전복시킬 수 있는 법적 근거가 없어 각하되고, 공판 기간 4개월, 그동안 무려 30수회에 걸친 공판은 드디어 피고 전부에게 유죄판결을 내리었으니 이로써 조선 재판계의 희유의 대사건은 종지부를 찍게 되었다.

그러면 본 사건의 중요한 관계자로서 공판정에서 무기 언도를 받고 퇴청하며 呵呵大笑, "이번 언도는 만신창이의 불구자인 남조선의 사법권이 몇 사람에게 유죄판결을 하기 위하여 자살행위를 한 것이다. 바로 이 자살행위를 동족의 한 사람으로서 吊喪한다"라는 최후의 불만을 남기고 옥문을 두들긴 박락종의 옥중 소감을 듣기로 하자. 금년 49세, 사상적으로나 인간적으로 보아 가장 활동적인 성숙한 시기, 혁명가라는 그다지 화려할 수 없는 직업으로 반생을 살아온 박의 옥중 모습은 어디인가 싸늘하고도 기자의 질문에 대하여 몹시 피곤한 말씨로 대략 다음과 같이 차근차근 말한다.

"소위 혁명운동이랄까 해방 전후를 통하여 십수 년의 감옥살이를 하고 보니 몸과 마음에 타격이 크다. 더욱이 최근에는 독방 살이를 하고 있어 신경이 극도로 예민해져서 잠을 잘 이루지 못한다. 이렇게 사회와 격리된 생활을 하니 사회 정세를 잘 모르니 무엇이라 소감을 말할 수 없다. 그러나 그 하고 많은 범죄 가운데서 하필 통화 위조라는 파렴치한 죄명을 쓰고 감옥살이를 하게 된 자신의 불행을 뼈아프게 통감한다. 이 사건은 어떤 정치적 모략에 의한 것이라 생각한다. 그러므로 신정부가 섰다 하면 그 정부가 어떠한 성격의 정부이든 간에 우리 조선인의 정부라면 마땅히 우리에게 옥문이 열리어야 할 것이다. 심경 변화가 있을 수 없고 참회가 있을 수 없지 않은가. 자기에게 죄가 없는 곳에 무슨 변화가 있겠는가. 남조선의 단독정부가 서리라고는 생각지 않았다. 정치 정세를 잘 파악하지 못하고 그 시비를 말하는 것은 비과학적이며 또는 감정에 흐르기 쉬울 것이니 말하고 싶지 않다. 3천만이 한가지로 갈망하는 남북통일을 위함이 아니고 남북의 분열과 그 대립을 전제로 한다면 그 정부는 찬성 못 할 존재일 것이다. 그리고 38선이 해결되지 않는 이상 자주적 통일정부는 성취할 수 없으리라 생각한다."[8]

박낙종은 무기징역형이 언도되자 껄껄 크게 웃으면서(呵呵大笑) "이번 언도는 만신창이의 불구자인 남조선의 사법권이 몇 사람에게 유죄판결을 하기 위하여 자살행위를 한 것이다. 바로 이 자살행위를 동족의 한 사람으로서 조상(吊喪)한다."라고 독설을 퍼부은 바 있다. 수년간 감옥살이를 하면서도 그의 기개는 전혀 변하지 않았다. 정판사사건은 정치적 모략 즉 공산당을 소멸시킬 목적으로 조작된 사건이며, 죄가 없는데 무슨 참회가 있을 수 있느냐며 기자에게 오히려 반문하였다. 그리고 전혀 예상하지 못했던 상태에서 수립된 단독정부는 "남북통일을 위함이 아니고 남북의 분열과 그 대립을 전제"로 한 정부이기 때문에 자신을 석방하지 않는 것이라고 이승만 단독정부를 거세게 비난하는 것으로 마지막 인터뷰를 마감했다.

8 宋鎭禹 암살범 韓賢宇, 朝鮮精版社사건 朴洛鍾 옥중 인터뷰, 「국제신문」, 1948.9.5.

02

법조 프락치 사건과 변호사들의 운명

미군정기 동안 정판사사건을 조작함으로써 조선공산당과 남로당을 무력화시키는데 성공했고, 좌익계 언론도 대부분 소멸시켰다. 1948년 8월 15일, 남한에서의 단독정부가 출범했다. 미군정의 연장선상으로 볼 수 있는 이승만 정권의 최대 현안 역시 좌익 척결이었다. 군부 내의 좌익을 숙청하는 작업이 시작이었다. 제주4·3사건과 여순 사건을 전후하여 좌익 계열 군부는 대부분 제거했다. 12월 1일에는 일본 제국의 치안유지법과 보안법을 기반으로 한 국가보안법(國家保安法)도 제정·통과시켰다.

그래도 문제는 남았다. 수많은 좌익 세력을 무조건 죽일 수는 없었다. 형식적이나마 재판을 거쳐야만 했다. 그런데 재판 과정에서 좌익을 두둔 혹은 변호하는 법조인들이 있었던 것이다. 대표적인 사례가 정판사사건이었다. 법조계뿐 아니라 정치판에서도 좌익 국회의원이 암약하고 있다고 판단했다. 이러한 상황에서 발생하게 되는 것이 법조 프락치 사건과 국회 프락치 사건이다. 이 글에서는 1차 법조 프락치 사건만 간략하게나마 살펴보기로 한다.

제2부 21장 〈변호사 수난 시대〉에서 언급했지만, 조평재·윤학기·강중인 등 세 변호사가 정판사사건 공판에서 배제된 것을 기억할 것이

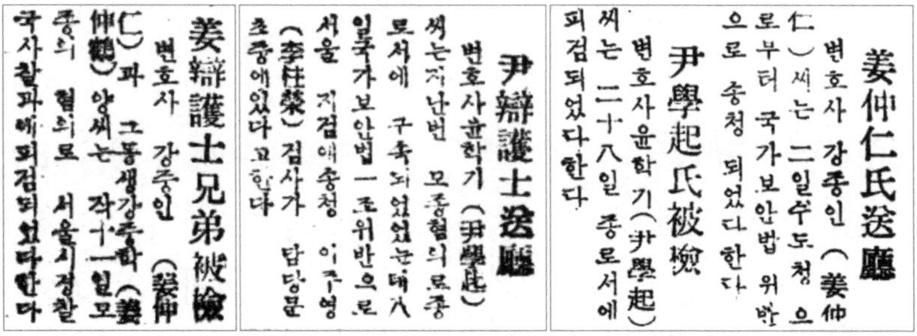

〈그림122: 1949년 2월 12일 자 조선일보, 3월 4일 자 경향신문, 3월 10일 자 조선일보〉

다. 이들 중 강중인(2월 11일), 윤학기(2월 28일) 두 변호사가 보름 정도의 간격을 두고 피검되었다.[1] 그리고 곧 검찰에 송청되었다.(3월 2일, 8일)[2] 혐의는 국가보안법 위반이다.

윤 변호사의 경우가 기구하다. 정판사사건 관련으로 정직 처분을 받는 등 수난을 겪다가 1947년 5월 중순 무렵 정직 기간이 만료되었다.[3] 다시 변호사 생활을 시작한 지 한 달이 채 되지 않은 6월 10일 오전 4시 13분경, 이번에는 테러를 당했다. 한민당 · 한독당 계열인 대한노총, 독청, 서청, 청총(전 대한민청), 광청 등이 자행하는 테러의 진상을 파악하기 위해, 민전호남방면 조사단의 일원으로 나섰다가 봉변을 당한 것이다. 6일 전주역전에서 1차 테러를 당했고, 군산 도착 후 여관에 숙박 중 총소리와 함께 등장한 60명 이상의 테러단에 의해 집단 구타를 당한 것이 사건의 전말이다. 물론 범인은 단 한 명도 체포되지 않았다

1 강 변호사 형제 피검, 「조선일보」, 1949.2.12.

2 강중인 씨 송청, 「경향신문」, 1949.3.4.; 윤학기 씨 송청, 「조선일보」, 1949.3.10.

3 尹學起辯護士停職處分滿了, 「민보」, 1947.5.15.

한다.[4]

보라韓民韓獨系列의正體를!

共委決定的成功에唐慌 親日派集團最後發惡

共委서合意된臨政의 政策에關한質問書

民戰調査團逢變詳報 吳英尹學起氏等生命危篤

民戰에서 警務部長에抗議

講演會不許可에 主催側이서長官에抗議

〈그림123: 1947년 6월 12일 자 대중신보〉

'물리적 폭행'에 이어 소위 '법에 의한 폭행'이 윤 변호사에게 다시 가해졌다. 죄목은 《포고령 제2호》 위반이었고, 김광수와 함께 피검되었다. 김광수는 민전중앙위원이었고, 윤학기 변호사는 법학자동맹 소속이었다.[5] 혐의 없음으로 풀려난 것은 열흘 후쯤인 9월 6일경이다.[6] 윤 변호사의 수난은 이것으로 끝나지 않는다. 다음 차례는 사기꾼 혐의였다. 《포고령 제2호》 위반 혐의로 구속되었다가 석방된 지 10달쯤 후인 1947년 10월 6일경, 모 형사재판을 유리하게 변론하여 준다는 명목으로 피의자로부터 약 5만 원을 사기했다는 혐의로 구속되었다.[7] 이번에는 실형이었다. 체형 6개월에 집행유예 1년이 언도된 것이

4 民戰調査團逢變詳報, 吳英尹學起氏等生命危篤, 「대중신보」, 1947.6.12.

5 金光洙, 尹學起 兩氏 送廳, 佈告令 第二號 違反으로, 「독립신보」, 1947.8.28.

6 尹學起 辯護士 釋放, 「독립신보」, 1947.9.7.

7 辯護士尹學起, 詐欺嫌疑로 取調中, 「민중일보」, 1947.10.18.

다.[8] 법정모독죄로 변호사정직 8개월, 우익 테러단에 의한 집단 폭행, 포고령 위반으로 구금되었다가 석방, 사기꾼 혐의로 집행유예… 미군정 기간 동안, 변호사 윤학기가 당한 수난일지다.

이승만 정권이 시작되었어도 그에 대한 핍박은 전혀 변하지 않았다. 정부 출범 열흘이 지나지 않아 윤 변호사는 또 피검(被檢)되었다. 지하선거관계자로 지목된 것이다.[9] 구류처분 및 벌금 1만 원 판결이 내려졌으나,[10] 정식재판을 요청했다. 그러나 고문을 당했다는 주장은 무시되었고,[11] 재판부는 치안관의 언도가 정당하다는 이유로 재판 기각 처분을 하였다.[12]

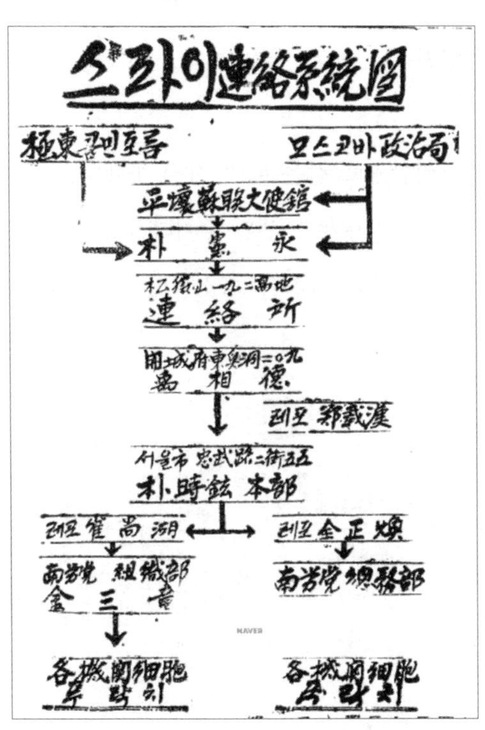

〈그림124: 1949년 7월 27일 자 동아일보〉

1948년 11월 4일, 수

8 尹學起辯護士에 執猶言渡, 「수산경제신문」, 1948.6.10.

9 地下選擧關係者尹辯護士被檢, 「수산경제신문」, 1948.8.25.

10 尹學起拘留處分, 「평화일보」, 1948.8.26.

11 尹辯護士公判開廷, 「수산경제신문」, 1948.9.2.

12 尹辯護士裁判棄却, 「대한일보」, 1948.9.2.

도경찰청은 이날 새벽부터 대량 검거에 착수하였다. 한독당, 근민당, 남로당을 비롯한 정계 인사는 물론 언론계 인사까지 검거 대상 인사는 광범위했다. 이들 중에 정판사 관련 변호사도 포함되었다. 윤학기와 조평재 변호사였다.[13] 반정부계 거두로 지목된 수백 명에게 구금장이 발부되었지만, 이들은 곧 풀려나왔다. 정부의 의도가 무엇인지 의문이 들었던 수도비상경계 해프닝이었다.

윤학기는 한숨을 돌렸지만 그러한 안도감은 얼마 가지 못했다. 신정부 2년째인 1949년, 그에겐 악몽 같은 형무소 생활이 기다리고 있었다. 3월 8일, 국가보안법 위반으로 송청된 사건은 기소유예로 풀려나왔

尹辯護士被檢

서울시경찰국사찰과에서는 작二十二일아침九시경 시내모처에서 변호사 윤학기(尹學起)씨를검거하고 방금 문초중인바 검속내용은 국가보안법위반혐의 라고한다

地檢金次長檢事
23日突然廳內서被檢

崔檢事長
事實發表

지난二十三일하오五시경 서울지방검찰청 차장검사 김영재(金寧在)씨는 청내(廳內)에서 돌연 경찰에 구속(拘束)되었다 내용인즉 그동안 국회내(國會內)의 남노당푸락치사건을 취조조사중에 있던 서울시경찰국(市警察局)에서는 법조계(法曹界)내에도 남노당(南勞黨)푸락치가있음을 발견하고 이를서울지방검찰청 최대교(崔大教)검사장에게 보고 하였이 검찰청(地檢)에서는최(崔)검사장 지휘아래 조사 결과 사실혐의가농후함으로 지난二十三일 오후五시 차장실(次長室)내지경찰로하여금 체포케하여 방금 서울시경찰국(市警)에서 검사지휘아래 취조중이라하며 이사건에대하여 서울지검(地檢)최대교(崔)검사장은 다음과같이 말하였다

준법(遵法)을 생명으로하여야할 법조계 특히 검찰청산부에 이러한불상사가있었다는것은 지방검찰청 책임자인 나로서는 만천하(滿天下)에 사죄하여야할것이다 이사건은 검찰청에서 직접구속취조치않고 경찰시켜 한것은 그관계사건을 경찰에서 취조중에있음으로본사건만을분리하면 수사에 지장이있음으로 인함이며 경찰은 일일이 검사의지휘하에 행동하며 필요에따라 검사도직접취조하고 있다

金寧在一黨
六名遂送廳

지난七월二十一일경소위 법학자동맹에 가입한 변호인윤학기(尹學起)외五명(姜仲仁 白錫洸 吳圭錫 金承弼 李曝鐘)은 시경찰에서검거하여문초하는한편 계속하여 서울지방검찰청 차석검사 김영재(金寧在)를검거하여 취조하고있던바 전기七명은 국가보안법 제一조와 제三조위반의 혐의로 九일 일건서류와같이 송청하였다

〈그림125: 1949년 7월 25일 자 조선일보, 7월 26일 자 조선중앙일보, 8월 10일 자 경향신문〉

13 反政府系巨頭檢擧 某種陰謀露顯?, 「남조선민보」, 1948.11.6.

다.[14] 그러나 보다 큰 시련이 기다리고 있었다. 앞에서 언급한 법조 프락치 사건이 시작된 것이다.

국가보안법 위반 혐의로 구속되었다가 기소유예로 풀려난 것이 불과 몇 달 전이었다. 그런데 같은 혐의로 다시 구속되었다.[15] 그동안 수없이 감옥을 들락거렸지만 이번에는 예감이 이상했다. 프락치라는 용어가 등장한 것이 아무래도 수상했다. 윤 변호사가 구속된 다음날인 7월 23일 오후 5시경, 서울지방검찰청 차장검사인 김영재가 청 내에서 돌연 구속되었다. 남로당 프락치 혐의였다.[16]

8월 9일, 구금된 법조인이 7명으로 불어났다. 김영재, 윤학기, 강중인, 백석황, 오규석, 김승필, 이경용 등이 국가보안법 제1조와 제3조 위반혐의로 송청된 것이다.[17] 이로써 그들은 남로당 프락치가 되었다. 이들 중 김영재를 제외한 6명은 법학자 동맹에 가입한 동료였다. 그리고 윤학기, 강중인, 백석황, 이경용 등 4명은 정판사사건 변론을 함께 맡았던 인연이 있었다.

법조 프락치 사건으로 기소된 사람은 위 7명 외 양규봉, 장진호, 조노현, 강혁선 등 4명이 추가되었다. 이들 중 조노현 변호사는 1949년 12월 10일경 기소되었고,[18] 양규봉 변호사는 1950년 1월 19일 추가되

14 尹辯護士起訴猶豫, 「조선중앙일보」, 1949.3.18.

15 윤 변호사 피검, 「조선일보」, 1949.7.25.

16 崔檢事長 事實發表, 地檢金次長檢事 23日 突然廳內서 被檢, 「조선중앙일보」, 1949.7.26.

17 김영재 일당 6명 遂途廳, 「경향신문」, 1949.8.10.

18 조노현 변호사를 기소, 法曹푸락치에 關聯, 「한성일보」, 1949.12.11.

었다.[19] 나머지 두 변호사의 경우 확인이 되지 않는다. 아무튼 이 사건으로 피소된 이는 검사 1명, 변호사 10명이었다.

第一次 법조 푸락치 언도

檢事즉석에서 控訴

그동안 법원당국의 제반사정으로 말미암아 지연되고오던 유일한 변호사들로서 구성된 속칭 제一차법조푸락치사건의 피의자 金寧在등 十一명에대한 언도공판은 廿五일상오十一시三十분부터 대법정에서 李奉圭판사 鮮于宗源검사 관여로 개정되었는데 재판장으로부터 각각다음과같은 언도가있었다

▲被告白錫광|懲役三年(懲役十二年求刑)▲被告金寧在|懲役二年|三年執猶(懲役三年求刑)▲被告尹學起|懲役二年(懲役八年求刑)▲被告조啓鉉|懲役二年|三年執猶(懲役三年求刑)▲被告姜仲仁|懲役三年(懲役八年求刑)▲被告楊圭鳳|懲役四年(懲役十二年)求刑▲被告李경鎬|懲役二年|四年執猶(懲役八年)刑 ▲被告吳圭錫|懲役二年|四年執猶(懲役八年求刑)▲被告全承福|懲役二年|三年執猶(懲役三年求刑)▲被告張진鎬|懲役二年三年執猶(懲役五年求刑▲被告姜赫善|無罪(懲役四年求刑) 한편검찰청에서는 법원당국의이와같은처사에대하여 제二차법조푸락치언도의 재판이라고 반박하였으며 담당검사는 즉석에서공소를제기하였다 그리고 鮮于검사는 ―왕방한기자에게 같은보안법사건을 가지고 같은법정에서같은판사가 이렇다할만한 차이도없는 피고에대여 이같이형벌의차이를 둔다는것은 도저히이해할수없는일이라고 유감의뜻을표하였다

〈그림126: 1950년 3월 26일 자 부인신문〉

1950년 3월 25일 오전 11시 30분, 언도 공판이 개정되었다. 장소는 서울지방법원 대법정이었고, 주심은 이봉규(李奉奎), 배심 신해갑(申海甲)·최윤권(崔允權) 그리고 담당 검사는 선우종원(鮮于宗源)으로 재판부가 구성되었다. 언도는 다음과 같다.

양규봉(楊奎鳳, 구형 징역 12년 → 언도 징역 4년), 백석황(白錫晃, 12년 →3년), 강중인(姜仲仁, 8년 → 3년), 윤학기(尹學起, 8년 →2년), 이

19 楊奎鳳 변호사 19일 遂 기소, 「자유신문」, 1950.1.21.

경용(李暻鏞, 8년 → 2년·집행유예 4년), 오규석(吳圭錫, 8년 → 2년·집행유예 4년), 장진호(張軫昊, 5년 → 2년·집행유예 3년), 김승필(金承弼, 3년 → 2년·집행유예 3년), 조노현(曺魯鉉, 3년 → 2년·집행유예 3년), 김영재(金寧在, 3년 → 2년·집행유예 3년), 강혁선(姜爀善, 4년 → 무죄)

담당 선우종원 검사는 "같은 보안법 사건을 가지고 같은 법정에서 같은 법원 판사가 죄줌에 있어 이렇다 할 차이도 없는 자에 대하여 형벌에 너무나 차이를 두는 것은 도저히 이해할 수 없는 일이다."라고 유감을 표하며 즉석에서 공소를 제기하였다.[20] 선우종원의 입장을 이해할 수 있다. 국회 프락치 사건(3월 14일), 1차 법조 프락치 사건(3월 25일 언도), 2차 법조 프락치 사건(3월 21일 언도) 등 비슷한 시기에 비슷한 사건의 언도 공판이 있었다. 조재천에 이어 공안 · 사상 검사로서 입지를 다지고자 경쟁하는 입장에 있었던 오제도, 선우종원, 정희택 등 세 검사는 판결에 신경을 쓸 수밖에 없었을 것이다. 최고 8년에서 12년 등 세 사건 모두 구형은 비슷했다. 그러나 결과는 상당히 달랐다. 특히 오제도가 담당이었던 국회 프락치 사건의 경우 무죄는 없었고, 집행유예도 단 1명이었다. 나머지 14명은 모두 실형이었고, 2명이 언도받은 10년이 최고형이었다. 이에 비해 선우종원의 경우, 4명이 실형을 받았지만 최고형은 4년이었고, 집행유예는 6명이나 되었다. 더욱이 4년 구형에 무죄가 선고되었던 사안은 그의 이력에 치명상이 될 수도 있는 판결이었을 것이다.

20 第一次법조푸락치언도, 檢事 즉석에서 控訴, 「부인신문」, 1950.3.26.

[표23: 프락치 사건 1심 재판 결과 비교표]

사건	언도	담당 검사	실형	집행유예	무죄
국회 프락치[21]	3.14	오제도	10년(2명), 8년(2명), 6년(3명), 4년(1명), 3년(5명)	1명	–
1차 법조 프락치	3.25	선우종원	4년(1명), 3년(2명), 2년(1명)	6명	1명
2차 법조 프락치[22]	3.21	정희택	5년(1명), 2년(1명)	–	5명

이들의 범죄 혐의는 조선노동당, 남로당 그리고 법학자동맹 등 좌익 단체에 가입하여 활동한 것이었다. 신설된 《국가보안법》에 의하면 모두들 신생 대한민국의 역적들이었다. 검사 측의 불만과 별도로, 체형을 선고받은 윤학기 · 강중인 · 양규봉 · 백석황 등 4명은 3월 27일, 피고 공소를 제기하였다.[23] 그러나 검사와 피고인들이 제기한 항소심은 의미 없는 시도가 되어 버렸다. 전쟁이 발발한 것이다.

항소심이 진행 중이었기 때문에 무죄 · 집행유예가 언도된 피고인들도 출옥을 할 수 없었다. 김두식에 따르면, 당시는 아직 대한민국의 형

21 △노일환(37) 징역 10년(구형 12년) △이문원(48) 同 10년(동 12년) △金若水(57) 동 8년(동 8년) △朴允源(42) 동 8년(동 8년) △金沃周(39) 동 6년(동 6년) △姜旭中(42) 동 6년(동 6년) △金秉會(34) 동 6년(동 6년) △黃潤鎬(37) 동 6년(동 6년) △崔泰奎(32) 벌금 10만 원, 동 3년(동 2년) △李龜洙(38) 동 3년(동 2년) △徐容吉(39) 동 3년(동 5년) △裵重爀(30) 동 3년(동 4년) △申性均(44) 동 3년(동 4년) △吳寬(36) 동 4년(동 5년) △崔基杓(35) 확정일부터 집행유예 3년, 징역 1년 6월(구형 2년 6개월) 〈동아일보, 1950년 3월 15일〉

22 △김진홍(판사) 징역 5년(구형 8년) △白相憲(일반인) 동 2년(동 3년) △李正男(검사) 무죄(동 5년) △金斗植(판사) 무죄(동 3년) △李仕黙(검사) 무죄(동 3년) △金永夏(판사) 무죄(동 2년) △姜日求(판사) 무죄(동 3년) 〈조선일보, 1950년 3월 22일〉

23 法曹프락치사건, 尹學起 등 불복상고, 「자유신문」, 1950.3.29.

법과 형사소송이 제정되기 전이었고, 따라서 일제 강점기 시대의 법률이 적용되었는데, 이에 따르면 원심의 무죄, 면소, 공소기각을 받아도 검사가 항소하면 피고인의 구속이 계속되었다 한다. 집행유예는 말할 것도 없었다.[24]

항소를 제기한 이들뿐 아니라 무죄·집행유예가 언도된 강혁선·이경용 등 정판사 관련 변호인들 5명은 모두 월북한 것으로 보인다. 그들이 월북했다는 추정은 몇 가지 정황 증거가 있다. 이들은 항소심이 진행 중이었기 때문에 구치소 역할을 했던 서울(서대문)형무소에 투옥되어 있었다고 보아야 한다.

6월 26일 오후 6시경 처형된 김삼룡과 이주하는 예외지만, 서울 및 마포형무소의 재소자들 대부분은 6월 28일 인민군에 의해 풀려났다. 법무부 장관은 전쟁 발발 후 전황을 정확히 파악하지 못하고 형무소에 비상 경비를 강화하라는 지침만 내렸을 뿐 국가보안사범 등에 대한 대책을 마련하지 못했고, 형무소 측은 재소자에 대한 구체적인 조치를 취하지 못한 채 6월 28일 새벽 북한 인민군의 서울 진입과 함께 서둘러 후퇴했기 때문이다.[25] 서울형무소에 수감되어 있다가, 6월 28일 출옥했고 그 후 9·28 서울 수복 시에 윤학기·백석황·강중인·강혁선·이경용 등은 자연스레 월북했을 것으로 짐작된다.

이들 중 윤학기와 백석황의 월북은 민동식 변호사에 의해서도 확인된다. 1939년 조선변호사 시험에 합격했고, 서울고등법원 부장판사를 역임한 바 있는 민동식은 "저하고 시험 동기인 윤학기 변호사가 있었는

24 김두식, 『법률가들』, 창비, 2018, pp.470~471.

25 형무소 재소자 학살 사건(1)- 중부와 대전·충청지역, 「통일뉴스」, 2016.9.21.

데, 아주 똑똑했어요. 그런데 포고 제2호 위반으로 구속되어 공판 중에 6 · 25가 터져 풀려나왔지요. 그 후에 월북하고 말았는데, 검사로서는 김영재가 있었고 변호사로서 좌익 사건으로 구속된 사람은 윤학기밖에 없습니다."라는 증언을 남겼다.[26] 윤학기만이 좌익 사건으로 구속되었다는 그의 말은 오류이지만, 어쨌든 민 변호사는 윤 변호사의 월북을 진심으로 믿었던 것으로 보인다. 민동식은 아래와 같은 증언도 남겼다.

> 지금 기억하면 그 당시의 임시정부를 반대하고 좌익 노선을 굉장히 주장하는 변호사가 몇 분 있었습니다. 백석황·김양·오관·오건일 등이 있었는데…(중략)… 그들은 6·25 때 전부 월북했지요.[27]

정판사사건 피고인들을 변론했던 변호사 9명 중 조평재, 오승근, 김용암, 한영욱 등 4명이 남았다. 이들 중 김용암 · 한영욱 두 사람은 남북연석회의를 전후하여 월북한 것이 틀림없다. 일찍 월북한 탓으로 법조 프락치 사건에 연루되지 않았다.[28] 마지막 남은 조평재, 오승근 두 사람은 남쪽을 택했다. 소위 전향을 한 것이다. 조평재의 이력이 흥미롭다. 그에 대해서 알아보기로 하자.

경성제국대학 입학(1928.4.)[29], 법문학부 법학과 졸업(1933.3.), 조

26 김준수, '민동식 변호사와의 대담', 「대한변호사협회지」 통권 132호, 대한변호사협회, 1987년 8월, p.69. 〈김두식, 『법률가들』, 창비, 2018, p.165.〉 재인용

27 김준수, '민동식 변호사와의 대담', 「대한변호사협회지」 통권 132호, 대한변호사협회, 1987년 8월, p.69. 〈김두식, 『법률가들』, 창비, 2018, p.296.〉 재인용

28 김두식, 『법률가들』, 창비, 2018, p.345.

29 京城大學豫科 入格者成績發表, 합격자 백사십구 명 중 朝鮮學生六十六名, 「중외일보」,

선총독부 철도국 서무과(1933.5.), 영업과(1933.7.), 대전철도사무소(1935.10.), 일본 고등문관시험 사법과 합격(1937.11.), 경성지방법원 검사국 사법관 시보(1938.3.), 경성지방법원 검사대리(1938.10.~39.12.), 평양지방법원 예비판사(1939.12.), 평양지법 판사(1940.5.~43.3.), 경성에서 변호사 개업(1943.3.), 여기까지가 일제 강점기 시기 동안 그의 이력이다.

5년 동안 검사와 판사로 활동한 이력으로 인해 『친일인명사전』에 등재되어 있다. 하지만 반민특위에 소환될 정도로 악질적인 친일 행위는 없었던 모양이다. 해방되기 2년 전부터 변호사로 이직했기 때문으로 보인다. 악질 친일파는 아니었지만 그렇다고 허헌처럼 인권변호사로 활동하지도 않았다. 중도 성향의 법률가 정도로 보면 될 듯싶다. 해방 후의 조평재는 좌익 계열 변호사의 선두로 변신한다.

그가 최초로 활동한 단체는 1945년 12월 말경 결성된 조소문화협회(朝蘇文化協會)다. 소련과 조선의 문화 교류와 친선을 도모하기 위하여 결성된 이 단체의 결성총회에서 조평재는 김용암과 함께 법조계를 대표하여 이름을 올렸다.[30]

1946년 2월, 민주주의민족전선(민전)이 출범했다. 조선공산당, 조선인민당, 남조선신민당, 조선민족혁명당 등과 전평, 전농, 청년총동맹, 부녀총동맹, 각종 문화단체 등이 가입하였고, 중경 임시정부 국무위원이었던 김원봉, 장건상, 성주식, 김성숙과 중도우파에서 활동하였던

1928.3.30.

30 朝蘇文化協會, 二十七日朝映서 結成總會, 「공업신문」, 1945.12.26.

自由新聞

「民線」의 擴大强化等 各項提案을決議

歷史的民線大會·圓滿히閉幕

中央議員은 三百五名

「民線」의緊急經濟對策

自力으로獨立戰取하자

大會에보내는呂運亨氏의熱辯

法學者同盟結成

過去三十餘年間朝鮮에 施布되엿든 專制的이며 强壓的인 法律制度를 一掃하고 眞正한 民主主義에 立脚한 法律理念의 創建과 法律文化의 昂揚發展을 期하야써 新國家建設에잇서, 무엇보다도 必要한 法律制度制定에 이바지하고저 지난 十二日 有志法學者들이 糾合하야 「法學者同盟」을 結成하얏다 委員長에 趙平載氏 副委員長에 洪淳曄氏가 被選

〈그림127: 1946년 2월 17일 자 자유신문〉

이극로, 천도교 간부 오지영 등이 가담했다. 공동의장단은 여운형, 박헌영, 허헌, 김원봉, 백남운의 다섯 명으로 구성되었다.[31] 당시 영향력이 컸던 단체의 중앙의원 305명 명단에 조평재가 포함되었다.[32]

무엇보다 2월 12일 결성된 법학자동맹의 위원장에 조평재가 선출된 것이 주목된다.[33] 법학자동맹은 조선문화단체총연맹[34]의 일원으로서

31 심지연, 신민당·백남운의 통일전선론, 「역사비평」 1988년 봄, p.120.

32 民線의 확대 강화 등 각항 제안을 결의 역사적 민선대회 원활히 폐막, 「자유신문」, 1946.2.17.

33 法學者同盟 결성, 「자유신문」, 1946.2.17.

34 1946년 2월 24일 결성된 문화단체. 약칭 문련(文聯). 해방 후 조직된 총 25개 문화예술단체가 총망라되었다. 조선학술원(45. 8. 16. 결성, 위원장 백남운)·조선과학자동맹(45. 10. 21. 결성, 위원장 박극채)·조선산업의학연구회·조선법학자동맹·조선언어학회·조선과학여성회 등 13개 학술단체, 조선문학가동맹·조선연극동맹(45. 12. 20. 결성, 위원장 대리 조영출)·조선음악동맹·조선영화동맹(45. 12. 16. 결성, 위원장 추민(秋民)).

이승만 정권이 들어서기까지 중요한 성명서를 대거 발표하였다. 대법원장 김용무에 대한 불신임안,[35] 법령72호의 비민주성 지적,[36] 정판사 사건 방청객에 대한 부당한 형벌,[37] 경찰의 보복적 태도,[38] 영남 소요 사건(대구 시월 항쟁)에 대한 성명,[39] 쌀 배급으로 인한 소요 사태,[40] 이주하의 석방 문제,[41] 10월 항쟁으로 구속된 18명의 사형 언도,[42] 민청 해산령에 대한 여론,[43] 5 · 10선거에 대한 선거 거부의 자유권,[44] 5 · 10 선거 등록의 불법성 문제,[45] 정치범 석방의 불공정성[46]… 등 정치권에

조선미술가동맹(46. 2. 23. 결성, 위원장 김주경(金周經)) 등 9개 예술단체, 그리고 조선신문기자협회·조선교육자협회·조선체육회 등이 그 구성원이다. 문련은 강령으로 △민족문화의 정당한 계승 및 세계문화의 비판적 섭취 △진보된 과학의 수입 연구 및 그 이론 확립 △인민의 민주주의적 교육 및 과학적 계몽 △비과학적 반민주적 문화 경향 배제를 내걸었고, 민주주의민족전선 지지를 표방했다. 이 때문에 우익계 문화예술인들은 문련에서 이탈, 전국문화단체총연합회를 결성했다.《[네이버 지식백과] 조선문화단체총연맹,(한국근현대사사전, 2005.9.10, 한국사사전편찬회)》

35 金法院長의 不信任案, 法學者同盟서 當局에 提出, 「중앙신문」, 1946.7.19.

36 法令七二號의 非民主性, 法學者同盟서 不○함을 指摘, 「중앙신문」, 1946.7.21.

37 위폐 방청객 공판 중 형벌은 부당, 法學者同盟 성명, 「자유신문」, 1946.8.23.

38 法學者同盟서 聲明發表, 警察의 報復的態度는 禁物, 騷擾原因은 民生問題等에 있다, 「독립신보」, 1946.11.7.

39 嶺南騷擾事件聲明, 法學者同盟, 「영남일보」, 1946.11.8.

40 三合以上配給要請, 騷擾事件에 對한 聲明, 法學者同盟, 「부산신문」, 1946.11.8.

41 李舟河氏釋放을 各團體에서 要望, 「독립신보」, 1946.11.15.

42 18명 사형 재고하라, 「자유신문」, 1946.12.23.

43 民靑解散令과 輿論, 法學者同盟, 「민보」, 1947.6.22.

44 選擧拒否自由, 各團體에서 絶對保障을 要求, 法學者同盟談, 「독립신보」, 1948.4.3.

45 法理上으로 이번 登錄은 無効, 强迫과 虛僞로 된 意思表示는 無効란 世界法制上共通된 制度, 選擧의 違法을 法學者同盟等서 指摘, 「독립신보」, 1948.4.18.

46 政治犯釋放 不公平하다, 法學者同盟談, 「부산신문」, 1948.5.5.

예민한 사건이 발생할 때마다 법맹의 입장을 밝혔다.

사실 조평재는 법맹에서 그리 활발한 활동을 하지 못했다. 이미 거론한 바 있지만, 정판사사건의 공판이 시작되자마자 구속되었고,[47] 1947년 8월경에는 모종 사건관계자 은닉 혐의로 구속되었다가 8월 29일 기소 유예 처분을 받고 석방되었다.[48] 1948년 새 정부가 수립되자마자 또 구속되었다. 이번 역시 모종의 혐의였다.[49] 이듬해 역시 구속되었다. 1949년 7월 25일, 적색분자 담당 변호사로 유명한 조평재 및 백석황 두 변호사가 서울시 경찰국에 의해 구속되었다.[50]

법조 프락치 사건이 시작될 무렵이었다. 변호사 조평재는 해마다 구속되었고, 곧 풀려나왔다. 이쯤이라면 누구라도 지칠만했다. 법조 프락치 사건으로 기소되지 않고 풀려나올 무렵부터 전향을 결심했던 것 같다. 좌익 관련 변론보단 인권 문제 등 비교적 비정치적인 사건 변론에 집중한 것이다. 그 후 조평재는 서울제일변호사회 부회장(1961년), 서울제일변호사회 회장(1962.4.~64.4.), 대한변호사협회 상무위원장, 국제법률가협회 회장, 한국법학원 이사, 대한중석 법률고문, 삼성물산 법률고문 등을 맡다가 1968년 사망했다.

47 趙平載氏送廳,「중앙신문」, 1946.

48 法同趙平載氏 ▩九日無罪釋放,「민주중보」, 1947.8.31.

49 辯護士趙平載金養兩氏拘束,「국민신문」, 1948.9.22.

50 김영재 사건 확대,「동아일보」, 1949.7.27.

03

김계조 사건과 사법 파동

조선정판사사건 변호인 9명 중 검 · 경찰에 구금되지 않았고, 북으로도 가지 않았던 유일한 사람이 오승근 변호사다. 다른 변호사들과 달리 그는 법맹, 민전, 조선공산당, 남로당 등 좌익 활동을 적극적으로 하지 않았다. 그러면 그는 왜 정판사사건 변론에 참여했을까?

일제 강점기, 미군정, 대한민국을 거치면서 늘 최고로 인정받았던 사람들이 고등시험 사법과 합격자들이었다. 1937년 11월 4일 일본 고등시험위원회가 발표한 합격자 256명 중 한국인은 17명이었다.[1] 오승근은 강중인, 민복기, 조평재 등과 함께 이 명단에 올랐다. 오 변호사는 1937년 고등시험 사법과 출신이었던 것이다. 1938년 3월, 조선인 합격자 중에서 제1차로 사법관 시보에 임명된 5명(민복기 · 오승근 · 전병식 · 조평재 · 한복) 중에 속했던 경력도 있다.[2] 게다가 주오대 법학과 출신으로 일본 유학까지 거쳤으니, 남다른 자부심을 가질 만했다. 해방 이후도 마찬가지다.

1 김두식, 『법률가들』, 창비, 2018, p.37.(강신태, 강중인, 권혁주, 김동진, 김영재, 김용근, 민병창, 민복기, 서재원, 손동욱, 양판수(양원일), 오승근, 유진령, 전병식, 조평재, 최종석, 한복)

2 김두식, 『법률가들』, 창비, 2018, p.52.

1945년 10월 11일, 미군정청은 일본인 판검사를 전원 퇴임시키고 조선인으로 구성된 법관을 임명했다. 대법원장 김용무, 대법관 서광설 · 이종성 · 심상직 · 이인, 대법원 검사장(검찰총장) 김찬영 등이 주요 인사들이다. 오승근은 요직인 경성지방법원 판사로 임명되어 새롭게 구성된 법원의 일원이 되었다. 흥미로운 것은 조만간 정판사사건의 변호인으로 등장하게 되는 인물들이 다수 포함된 점이다. 한영욱(경성공소원 판사), 백석황(경성공소원 검사), 윤학기(경성지방법원 판사) 김용암(경성지방법원 검사) 등인데 윤학기는 오승근과 같은 법원에서 근무하게 되었다. 그 외 김홍섭이 경성지방법원 검사로 임명된 점도 눈에 띈다. 정판사사건 검사(김홍섭)와 변호사(김용암)가 당시에는 같은 소속이었던 것이다.[3] 아무튼 이 무렵까지의 오승근은 법조 엘리트의 길을 착실하게 밟고 있었다. 그가 나락으로 떨어진 발단은 소위 김계조 사건 때문이다.

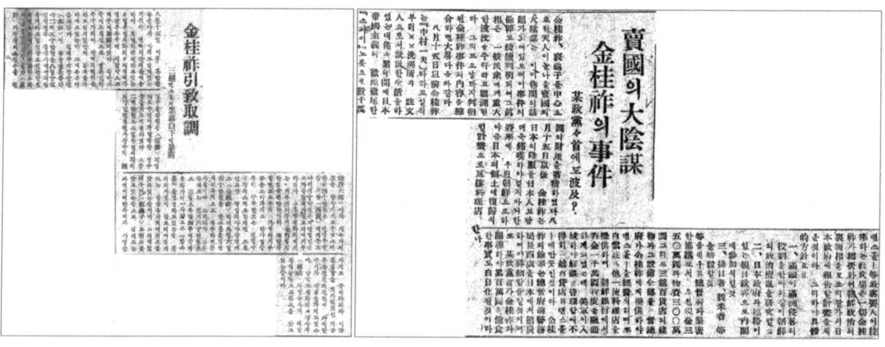
金桂祚引致取調

賣國의大陰謀
金桂祚의事件
某政黨수首에로波及?

〈그림128: 1945년 11월 16일 자 중앙신문, 12월 19일 자 대동신문〉

3 軍政廳法官新任, 「민중일보」, 1945.10.16.

미군정이 시작된 지 2개월, 조선인으로 구성된 법원이 출범한 지 3개월 정도 된 1945년 11월 중순경, 세간을 놀라게 한 사건이 언론을 통해 공개되었다. 이른바 김계조 사건이다. 먼저 보도한 곳은 「중앙신문」이다. 8월 15일 정전 후 전 재무국장 미즈다(水田直昌)가 금융단을 통해 250만 원을 모금했다. 금융단 이사장 호시노(星野喜代治, 조선은행 부총재), 총독부 정무총감 엔도(遠藤柳作) 등이 관여했으며, 목적은 경성 시내의 치안 유지와 조일인(朝日人) 상호 귀환 알선이었다.

모금된 자금 중 200만 원은 일본인세화회(日本人世話會)회장 호즈미(穗積眞六郎)에게, 전 경무국장 니시히로(西廣忠雄)에게 40만 원 그리고 10만 원은 재단법인 근로자급전재자원호회에 기부하였다. 그 후 세화회는 기부자의 요구사항을 이행하지 않았을 뿐 아니라 별도로 거액의 자금을 모금했는데, 특히 전 경무국장 니시히로를 통해 알게 된 전 조선인조양광업회사 사장 김계조(金桂祚)에게 9월 6일경 60만 원을 대부하여 주었다 한다. 사업 목적은 댄스홀 경영이었다. 김계조는 이 돈으로 미쓰코시 백화점(三越, 현 신세계백화점) 4층에 국제문화사라는 이름으로 댄스홀을 운영하고 있던 중 구속되어 취조 받고 있다는 것이 개략적인 보도 내용이다.[4]

사실 이 정도의 보도 내용만으로 정국을 뒤흔들 정도의 사건이라곤 할 수 없다. 그러나 연이어 보도되는 기사를 살펴보면 「중앙신문」의 보도 내용은 빙산의 일각이고, 미군정청이 무언가를 숨기고 있다는 의심을 거둘 수 없게 만든다. 한 달 후쯤 이번에는 극우 언론의 대명사 「대

4 金桂祚引致取調, 三越땐스홀의 黑幕白下에 暴露, 「중앙신문」, 1945.11.16.

동신문」이 보도했다. 이 신문의 기자는 김계조를 아예 스파이로 단정하고 기사를 썼다.

김계조의 창씨명은 나카무라 가쓰오(中村一夫)이며 일본 제국주의의 철두철미한 '스파이' 노릇으로 수천만 원의 재산을 축적했으며, 8월 15일 이후 일본의 항복을 일본인보다 더욱 통곡하였다. 그 후 그는 장래에 조선을 일본의 영토로 복귀시킬 계획을 세웠다. 계획의 일환으로 거대한 요리점, 댄스홀 등을 경영하면서 그곳을 정객 요인이 왕래하는 사교장으로 만들고자 했다. 조선 정치의 이면(裏面)을 파헤쳐 일본 정부에 보고할 목적이었던 것이다. 구체적인 방침으로 첫째, 만철이 만주 침략의 역할을 한 바와 같이 조선의 정치 혼란을 연구할 것. 둘째, 일본 정부와 연락이 있는 친일 정객으로 내각에 참여시킬 것. 셋째, 배일자, 친미자 등을 암살할 것… 등 믿기 어려운 내용을 보도했다.

금액이 엄청나게 늘었다. 현금 350만 원, 물자 300만 원 그리고 댄스홀 경영을 위한 미쓰코시 백화점의 건물과 설비 제공, 백운장 기타 일류 요리점 제공, 조선은행의 1천만 원 융통… 등 「중앙신문」이 언급한 60만 원과는 비교조차 되지 않는 자금이 김계조에게로 흘러갈 예정이었다 한다. 그러나 미군이 입성하고 그들이 조선은행을 관리함에 따라 부득이 댄스홀의 개업에 그치고 말았는데, 전 경무국장 니시히로를 일본에서 송환해서라도 사건의 전모를 밝혀야 한다고 기자는 주장했다. 그리고 모 정당 당수에게 전달된 누(累)백만 원도 조만간 밝혀지리라는 말을 덧붙이는 것으로 기사를 마감했다.[5]

5 賣國의 大陰謀 金桂祚의 事件, 「대동신문」, 1945.12.19.

상상을 초월한 금액이 문제가 아니었다. 일제의 스파이, 새 정부의 친일내각 조각, 배일자와 친미파를 암살할 것 등 「대동신문」의 기사는 수많은 사람들을 흥분시켰다. 그리고 거액의 자금을 받았다는 모 정당의 당수에 대한 궁금증도 유발시켰다. 보름쯤 지난 1946년 1월 5일, 이번에는 「조선일보」가 김계조 관련 기사를 보도했다. 아래는 기사 전문이다.

> 40년간 조선을 착취 무대로 착취한 악마의 전당 전 총독부는 무조건 항복 후에도 그래도 무엇이 부족한지 놀랄 만한 음모를 세워 우리 조선을 영구히 그들의 식민지화하려던 사실이 백일하에 폭로되었다. 前 朝鮮鑛業會社 사장 金桂祚(39)를 중심으로 한 횡령장물수수에 관한 사건은 그간 검사국의 金洪燮 검사의 담임 아래 취조를 전부 끝마치고 사건 일체를 서울지방법원으로 넘기었는데 동 법원에서는 머지않아 공판에 부치기로 되었다는 바 사건 내용의 개략은 다음과 같다.
>
> 금차 대전이 일본의 무조건 항복이라는 확정적인 단계로 들어가게 됨을 알게 되자 8월 9일 총독부의 총독 이하 각 수괴자들은 자기들이 조선을 철거한 후 조선에 친일 정부를 수립할 음모를 세웠으나 그것이 수포로 돌아가게 됨을 염려하여 8월 15일 후 또 다시 그들은 조선인으로 된 정치 음모 비밀단체를 조직하고자 일본인 세화회 회장 穗積眞六郎(37), 전 경무국장 西廣忠雄, 전 조선신탁회 사장 石田千太郎, 전 재무국장 水田直昌, 전 광공국장 鹽田正洪 등은 전기 김계조에게 기밀 자금으로 현금 250만 원과 물자 설비 500만 원 이상 700

만 원 총계 1,000만 원을 제공하여 國際文化社를 조직하고 표면으로는 극장, 댄스홀, 요리집, 여관 등을 경영하는 것처럼 보이게 하고 그 실은

(1) 장래 조선 정부에 친일파를 잠재시켜 친일적 시정을 하도록 하며

(2) 배일 친미파를 암살하며

(3) 조선 정부 비밀 정책을 탐지하며

(4) 조선과 미국과의 이간을 책동하고

(5) 조선 국내 치안 교란 등…….

조선 독립 발전의 방해와 일본인의 생명 재산을 보호할 목적으로 탐정과 정치 모략을 꾀하게 하였다는 것으로 이들에게는 많은 무기와 악질적 폭력단까지 배치하였다는 사실이 폭로된 것이다.[6]

내용은 「대동신문」의 기사와 비슷하다. 전 조선신탁회 사장 이시다(石田千太郎), 전 광공국장 시오다(鹽田正洪) 등 관련 인물이 다소 추가되었을 뿐이다. 아무튼 김계조는 재기는커녕 조선에선 아예 생존 자체가 불가능한 인물로 낙인이 찍힌 것처럼 보였다. 1946년 1월 17일 1회 공판이 개정되었다.[7] 주심은 오승근 판사, 입회는 김홍섭 검사였다. 몇 개월 후 이들은 정판사사건에서 검사 김홍섭, 변호사 오승근으로 입장이 바뀌어 재회하게 된다. 아무튼 이 두 사람은 수많은 사람들의 주목 속에서 공판을 진행했다.

6 일인과 결탁 음모, 김계조 중심의 횡령·장물수수 사건, 「조선일보」, 1946.1.5.

7 金桂祚兄弟事件, 昨日第一回公判開廷, 「중앙신문」, 1946.1.18.

各團에 資金提供是認

金桂祚公判記 第一日

〈그림129: 1946년 1월 18일 자 동아일보〉

- 문: 재산은 얼마나 되는가?
- 답: 동산, 부동산 합하여 2백만 원가량 됩니다.
- 문: 학력은
- 답: 소학교 4학년에 중도 퇴학하였습니다.
- 문: 일본에는 몇 살 때에 갔는가?
- 답: 19세 시에 일본 구주(九州)에 건너갔다가 또 다시 광도(廣島)로 가서 돈벌이를 하였습니다.
- 문: 광도에 가서 일인 정치가들과 교분을 맺었다지.
- 답: 그렇습니다. 망월칠랑(望月七郞)과 민정당의 목원(木原) 씨와 알게 되었으며 물정(物情) 양면의 원조를 받았습니다.

- 문: 광도에서 귀국한 후는 무슨 일을 하였는가?
- 답: 회문탄광(會文炭鑛)을 발견하여 회사를 조척한 후 탄광개발비로 동척으로부터 120만 원의 대여를 받아 가지고 석탄을 파는 사업을 하였습니다.
- 문: 김정목과는 언제부터 알게 되었는가?
- 답: 4년 전에 알았습니다.
- 문: 피고가 관계한 여덟 회사 자금은 2천만 원이라는데 그 자금의 출처는?
- 답: 안전은행(安田銀行)과 동척에서 1천만 원, 개인에게서 얻은 돈이 6, 7백만 원가량 됩니다.
- 문: 피고는 일본인들과 교제 시에는 배귀자(裵龜子)를 통하여 만났다는데.
- 답: 그렇지 않습니다.
- 문: 원등(遠藤) 정무총감과 수전(水田), 서광(西廣) 국장과는 언제부터 알았는가?
- 답: 원등은 작년 5월에 김정목의 소개로, 서광은 경전사장 수적(穗積)의 소개로 알게 되었으며, 수전(水田)과 염전(鹽田)은 광산관계로 알게 되었습니다.
- 문: 8·15 후 그들과 처음 만난 날짜는?
- 답: 8월 20일경에 댄스홀을 설립할 생각으로 서광을 방문하고 자금을 융통하여 달라고 교섭하였으나 여의치 못하였습니다. 그렇기 때문에 원등과 교분이 깊은 김정목을 시켜 매일같이 원등을 방문케 하여 자금을 운용하였습니다.
- 문: 댄스홀 경영비로서 서광 경무국장에게서 받은 50만 원을 각

단체에 주었다는데.

- 답: 그렇습니다.

- 문: 일인세화 회장 수적이 무상으로 60만 원을 준 것은 이해하기 어려운데.

- 답: 서광이는 저에게 빌려 준 50만 원을 받기 위하여 60만 원의 대여를 알선한 것입니다.

– 문: 기록에 의하면 위정자인 총독부 관리가 조선의 부녀자를 위하여 극력 거액을 대 주었다는 것은 이해키 어려우며 딴 의사가 있지 않은가?

- 답: (대답이 없다.)

- 문: 피고는 극력 부인하지만 김정목의 말에 의하면 친일 세력을 부식·유지시키는 동시에 정치적 음모를 세우는 소굴을 계획하였다는데.

- 답: 그렇지 않습니다.

- 문: 김정목은 피고와 어떠한 원한이 있는가?

- 답: 댄스홀 경영에 있어서 경영권을 3분 하자는데 피고가 응치 아니한 일이 있기 때문입니다.

- 문: 일본군 사령부 연회는 항시 피고의 집에서 했다는데.

- 답: 1년에 1, 2회밖에 한 일이 없습니다.

- 문: 댄스홀 장소에 대하여 강(岡) 경기도 경찰부장이 힘을 썼다는데.

- 답: 그렇습니다.

- 문: 그 장소의 교섭은?

- 답: 다 여의치 못하고 우선 삼월(三越) 4층으로 하였습니다.

- 문: 댄스홀 수입은?

- 답: 한 달에 30만 원 정도였습니다.[8]

김계조는 정무총감 엔도(遠藤柳作), 재무국장 미즈다(水田直昌), 경무국장 니시히로(西廣忠雄), 광공국장 시오다(鹽田正洪) 등 총독부의 고위 관리와 일본인세화회 회장 호즈미(穗積眞六郎) 등 경제계 인사들과의 교류 · 친분을 인정했다. 그들로부터 자금을 받은 사실도 인정했다. 경무국장으로부터 받은 돈을 각 단체에게 주었다는 것 역시 시인했다.

하지만 총독부 관리가 그러한 거액의 돈을 왜 대 주었느냐는 판사의 심문에는 대답하지 않았다. 그리고 친일 단체 육성 및 정치적 음모에 대해선 강력하게 부인했다. 판사의 심문은 상식적인 질문이었다. 김계조의 주장에 따르면, 유흥 사업을 하는데 총독부 고위 관리 및 재계의 유력 인사들이 합심하여 편리를 봐주고 자금을 제공한 것이 된다.

판사 오승근은 피고인이 진실을 은폐하고 있는 것으로 판단했던 모양이다. 김계조의 아픈 부분을 건드렸다. "김정목은 피고와 어떠한 원한이 있는가?" 즉 '동업자였던 김정목이 왜 고발했는가?' 라는 질문을 한 것이다. 댄스홀 경영권을 3분 하자는 요구에 자신이 거절했기 때문이라는 김계조의 발언은 이 사건의 숨겨진 사연을 밝히는 계기가 된다. 한편, 김계조 · 김정목 외 댄스홀 경영권 1/3을 요구한 또 한 명은 누구일까? 아무튼 동업자 간의 자중지란으로 인해 이 사건이 표면화된 것이 분명해졌다. 이후의 공판은 진실 게임으로 서로 간의 공방전이 벌어

8 각 단에 자금 제공 시인, 「동아일보」, 1946.1.18.

지게 된다.

2월 7일 개정된 3회 공판에는 백형건(경무국 수사과), 호즈미(穗積眞六郎), 윤명룡(尹明龍, 최초 고발인, 변호사에서 서울지법부장판사로 전직), 김정목, 이명효(李明孝, 김계조의 비서), 구본순(具本舜, 회문탄광 지배인) 등 6명의 증인에 대한 심문이 있었다.[9] 김정목과 김계조는 서로 친일파라고 욕설하며 언쟁하였는데, 실제 김정목은 해방 전까지 일본 문부교학관의 자리에 있었던 자였다. 특히 자신의 저서 『사(死)의 철리(哲理)』를 통해 "조선 청년들은 모름지기 천황 폐하를 위하여 죽어야만 참된 인간으로 갱생할 수 있다"고 하여 조선의 청년학도들을 전장으로 내몬 장본인의 한 사람이었다고 한다. 그리고 김계조 사건을 고발할 당시 군정청 경무국장에게 개인적으로 밀고했으며, 엔도(遠藤) 등을 탈주하도록 협조하였다는 사실 등이 밝혀졌다. 결국 2월 9일 자로 그는 구속되고 말았다.[10]

이러한 와중에 엔도, 미즈다, 니시히로, 시오다 등 총독부 전 고위 관료들의 증인소환이 임박했다는 기사가 보도되었다.[11] 이 무렵까지만 해도 대부분의 시민들은 '김계조 사건'을 친일 정권 혹은 친일 정부를 설립할 의도로 기획된 '스파이 사건'으로 인식했을 것으로 짐작된다. 그런데 고발인에서 피의자로 전락한 김정목이 대형 사고를 쳤다.

1946년 2월 28일, 5회 공판에서 현직 대법원장 김용무와 한민당의

9 금일 金桂祚 공판, 「자유신문」, 1946.2.7.

10 問題의 金正睦拘禁, 金桂祚事件新局面展開, 「중앙신문」, 1946.2.10.

11 증인 遠藤柳作 소환 결정, 「자유신문」, 1946.2.22.

金桂祚證人으로 大法院長도 登場

金桂祚사건은 날이갈사록 복잡다단하야 일반의 흥미를 집중하고 잇는중 이번에는 그사건의 증인으로 大法院원장金用茂씨가 오는二十八일제사호법정에 나오게 되엿는데이는 최초金桂祚가 국제문화사를 경여할때 그계획중에 표면대표로 金用茂씨와 姜炳順씨가 나서고 후면에는 金桂祚가 운영하기로 되엿던사실과 八一五직후 지명인사十여명이 金正諭의 안내로 金桂祚집에서 만찬회를 열엇던것과 모처에 五十만원을 준 내막에 대하야 세상이 궁금이 역이엿는데 이번 金用茂씨의 증인심문에 일반의 주목은 크다 한다

注目되는證言 金桂祚五日公判

金桂祚사건의 제五회 공판은 二十八일 오전十一시 제四호법정에서 吳承根판사 주심아래 개정되엇는데 열두횡령리로 검속망한 金正諭과 대법원장 金用茂씨가 증인으로 등정한까닭에 정내는 한층더 긴장하엿다 증인 김정목 오로부터 김계조가 경영하는 국제문화사에 "宋○○ 金○○ 白○○ 李○○ 제명사가 이면으로서 참가할을승인하고 법원장김용무씨와 변호사姜炳順씨는증역으로서 표면참가를승인하엿다고 증언하엿다

〈그림130: 1946년 2월 24일 자, 3월 1일 자 자유신문〉

중진인 김성수, 백관수, 송진우, 김준연, 강병순(변호사), 이순탁(연희전문 교수) 등이 국제문화사 중역 예정자로 거론되었다고 주장한 것이다. 「동아일보」「대동신문」「한성신문」 등 우익 신문을 비롯하여 대부분의 신문은 김정목의 폭로 내용을 보도하지 않았다. 「조선일보」「중앙신문」 등 몇몇 신문은 김용무와 강병순의 이름 정도만 보도하였고, 「자유신문」의 경우 송○○, 김○○ 등으로 익명 처리하였다. 좌익 계열인

第五回金桂祚公判

김계조사건 제五회공판은 二十八일에 개정되여 [illegible] 으로 기소된김정목(金正睦)과 대법원장 김용무(金用茂)씨에 대한 증인심문이잇섯는데 김용무씨는 재판장의심문에대하야 처음 고(故)송진우에게서김계조란사람이 국제문화사란것을 [illegible] 이에참가하여협력하라고 하기에 [illegible] 생각해보겟다고 말한일이잇고 그후 [illegible] 에 처음으로 김정목이를만나 김계조집에서저녁을먹자고해서 이순탁([illegible])씨와함께 세사람이가서 주인업는자리에서 저녁은먹엇스나 별이야기는하지아니햇스며 [illegible] 김계조를 만나지못하여김계조가 누구인지모른다 그리고 나에게명예[illegible]를배당하엿다는것도 나는전연몰을일이다 라고답변하엿다 다음공판은三월十일이다

金興祚에四個月

김흥조에대한 명예훼손사건에 대해서는 이날 오승근재판장으로부터 四개월징역을언도하엿다

注目되는證言 金桂祚五日公判

金桂祚사건의 제五회 공판은 二十八일 오전十一시 제四호법정에서 吳承根판사 주심아래 개정되엇는데 열두횡령리로 검속망한 金正諭과 대법원장 金用茂씨가 증인으로 등정한까닭에 정내는 한층더 긴장하엿다 증인 김정목 오로부터 김계조가 경영하는 국제문화사에 "宋○○ 金○○ 白○○ 李○○ 제명사가 이면으로서 참가할을승인하고 법원장김용무씨와 변호사姜炳順씨는증역으로서 표면참가를승인하엿다고 증언하엿다

그리고 八·一五이후에일본인이 물너간후 영단주택에 들어잇으면서 영단과의계약을하지안흔이들은 다음사항에의해서 곳 수속해주기바란다고한다

一、朝鮮住宅營團家屋에 昨年八月十五日以後居住하는이는 全般的으로 營團과契約을締結하여야함

二、서울市家屋居住者는 來三月一日부터三月十五日까지長谷川町營團事務所까지本人及保證人印鑑持參하고 出頭할事 地方에잇는住宅契約은 地方別로따로定한日時에함

三、以上定한期限을遵守치안는이는 故意또는退去自願者로取扱함

〈그림131: 1946년 3월 1일 자 조선일보, 자유신문〉

「조선인민보」만이 실명으로 보도했다.[12] 미군정의 파트너인 한민당으로 불똥이 튄 것이다. 무엇보다 현직 대법원장 김용무의 처지가 곤란해졌다.

결국 김용무는 증언대에 설 수밖에 없었다. 법조계의 최고 지위인 대법원장이 사건 증인으로 피고 법정에 호출되어 판사 심문에 응답한 사실은 세계적인 기문(奇聞)이었다.[13] 김 대법원장은 재판장의 심문에 다음과 같이 답변했다.

> 처음 고 송진우에게서 김계조란 사람이 국제문화사란 것을 만들 터인데 이에 참가하여 협력하는 것이 어떠냐고 권하기에 생각해 보겠다고 말한 일이 있고 2, 3일 후에 처음으로 김정목이를 만나 김계조 집에서 저녁을 먹자고 해서 이순탁 씨와 함께 세 사람이 가서 주인 없는 자리에서 저녁은 먹었으나 별 이야기는 하지 않았으며, 따라서 김계조를 만나지 못하여 김계조가 누구인지도 모른다. 그리고 나에게 명예주를 배당하였다는 것도 나는 전혀 모르는 일이다.[14]

사실 김용무의 답변은 모순투성이였다. "김계조를 만나지 못하여 김계조가 누구인지도 모른다."는 말부터 그렇다. 송진우로부터 김계조가 국제문화사를 설립할 예정이라는 정보를 얻었다고 자신이 스스로 말한 것을 부정한 것이다. 김정목, 이순탁, 김용무 세 사람이 주인 없는 집

12 김두식, 『법률가들』, 창비, 2018, p.247.

13 金桂祚事件 第六回公判 證人訊問으로 終結, 「대동신문」, 1946.3.8.

14 제5회 김계조 공판, 「조선일보」, 1946.3.1.

에서 식사를 했다는 주장도 너무 부자연스럽다. 2월 24일 자 「자유신문」은 "8 · 15 직후 저명인사 십여 명이 김정목의 안내로 김계조의 집에서 만찬회를 열었다"고 했는데 이러한 보도에 대해서도 해명해야만 했다. 더욱이 같은 신문 3월 1일 자에 따르면 "증인 법원장 김용무 씨는 당시 댄스홀과 영자신문 운영에 대해 생각할 여지는 있다고 했지만 구체적인 교섭은 없었다."고 증언한 바 있다. 구체적 교섭은 없었으나 추상적으로나마 교섭은 했다고 스스로 시인한 셈이다.

상황이 이 정도쯤 되었으면, 대법원장 김용무는 증인에서 피의자로 전환되었어야 했다. 이순탁, 김성수, 백관수, 김준연, 강병순 등도 소환했어야만 했다. 김계조의 동생 김흥조의 기소,[15] 김정목의 구금[16] 및

大法院長에不信任案

法院判事陣이提出

法은神聖

사법권의 신성과 위엄을 그의절대성을 옹호하기위하야 법원내의 판사진이 주동이되여 대법원장(大法院長) 불신임안(不信任案)을 법무국장(法務局長)에게 제출하였다는바 그안의 내용은대략 다음와같다

一、박흥식(朴興植) 석방문제에 김원장(金院長)과 장택상(張澤相)이 중간에들엇다는 관게

二、임정(臨政)을 지지하야 사법권(司法權) 독립을모독하는것

三、과거정당 관게인으로써의사법부문에들어와그 행동에 있어색채가잇는것

四、기타중요문제 동인에 법무국에서는 三월一일오전중에 김원장을 중심으로 중요회담이잇다한다 이 대법원장불신임안의 법무국제출에 대하야 김용무(金用茂) 대법원장은 다음과같이 말하엿다

사법부내에 동요라함은 처음듯는 일입니다 명一월 법무국장을 차저보고 부하통솔에 있어 책임문제를 사과하랴한다 또 진퇴에있어서는 법무당국의 지시에따라 명령에좃겟다

〈그림132: 1946년 3월 1일 자 한성일보〉

15 金桂祚의 동생도 명예훼손죄로 기소, 「자유신문」, 1946.1.6.

16 問題의 金正睦拘禁, 金桂祚事件新局面展開, 「중앙신문」, 1946.2.10.

기소[17] 등의 신속한 처리에 비해 한민당 고위층에 대한 대응은 누가 보아도 이해할 수 없는 대우였다는 것을 짐작할 수 있을 것이다. 이 무렵 다시 대형 사건이 터졌다. 대법원장 김용무에 대한 불신임안이 제출된 것이다.

사법권의 신성과 절대성을 수호하기 위하여 법원 내의 판사진이 주동이 되어 대법원장 불신임안을 법무국장에게 제출하였다. 내용은 다음과 같다.

> 첫째, 박홍식 석방 문제에 김 원장과 장택상이 중간에 들었다는 관계의 책임
>
> 둘째, 임정을 지지하여 사법권 독립을 모독한 것
>
> 셋째, 과거 정당 관계인으로서 사법 부문에 들어와 그 행동에 있어서 색채가 있는 것
>
> 넷째, 기타 중요 문제 등

이러한 주장에 대해 대법원장은 "사법부 내에 동요라 함은 처음 듣는 일이다. 조만간 법무국장을 방문하고 부하 통솔에 있어 책임 문제를 사과하려 한다. 또 진퇴에 있어서는 법무 당국의 지시에 따르겠다."고 했다.[18] 판사들이 자신들이 상관인 대법원장에 대한 불신임안을 제출했다는, 특종이라고 볼 수 있는 기사를 보도한 「한성일보」가 갑자기 꼬리

17 金正睦도 起訴, 金桂祚事件擴大, 「중앙신문」, 1946.2.24.

18 법은 신성, 대법원장에 불신임안, 세 법원의 판사진이 제출, 「한성일보」, 1946.3.1.

를 내렸다. 사흘 후, 3월 1일 자 기사를 취소한다는 정정 보도를 낸 것이다.[19] 그런데 흥미로운 일이 생겼다. 「광주민보」에서 「한성일보」가 취소했다는 기사를 거의 그대로 보도한 것이다.[20] 도대체 무슨 일이 일어난 것일까? 사실 '대법원장 불신임안' 파문 소동은 사연이 있었다.

1946년 2월 20일경, 대법원장 김용무는 장경근 서울지방법원 원장에게 오승근 판사를 형사부에서 민사부로 전임 조치하라고 지시했다. 자신이 증인으로 소환될 것이라는 소문이 떠돌 무렵이다. 오승근은 강력히 반발했다.

> 사법부에서도 암흑면이 있다면 솔직히 지적 시정해야만 일반의 신뢰도 더할 것이며 명랑한 사법부가 될 것으로 믿는다. 나는 개인적 입장으로 말하면 民事가 전문인 만큼 민사 전임을 희망한다. 따라서 전임에 대하여 일반이 의아스럽게 생각함을 심히 유감으로 여긴다. 나는 일반의 의아를 일소하기 위하여 전임의 원인을 말하지 않을 수 없다. 즉 대법원장 金用茂 씨는 判事에 대한 훈령 제1호를 법적 근거로 하여 지방법원판사 직무 분담에 간섭할 권한이 있다 하여 (실은 이 훈령에는 간섭할 수 있다는 규정이 없다) 나의 전임을 지방법원장에게 지시 간섭한바 지난 2월 20일경에 지방법원장으로부터 전임을 발표하였다. 김용무 씨는 金桂祚가 음모의 소굴로 이용하고자 한 국제문화사의 重役으로 참가하게 되었을 뿐 아니라 사건 수사 중에 金正睦과 검사국 3장관을 회합시킨 후 사건 내용을 말하여 모 장관은 들을

19 대법원장 불신임 사건, 장택상은 무관, 「한성일보」, 1946.3.4.

20 神聖한 法을 모瀆 大法院長에 不信任案, 「광주민보」, 1946.3.6.

수 없다고 퇴장까지 한 사실이 있는 김계조 사건을 나는 심리하고 있었다. 이 미묘하고 명랑치 못한 관계에 있는 김용무 씨가 나의 전임을 지시하였다는 것이 대법원장의 부당한 소위라고 다수의 판검사는 이를 지적하여 대법원장 불신임의 많은 이유 중 보조적 한 가지 이유로 했다. 그리고 불신임의 많은 이유는 차차 발표되리라고 믿고 우선 나에 대한 일반의 의아를 일소하기 위하여 이상의 정도로 발표하는 바이다.[21]

오승근의 담화에 대하여 김용무는 당황할 수밖에 없었다. 김용무의 조처에 대해 서울재판소 당국은 다음과 같이 해명했다.

金桂祚 사건 심리 중에 吳承根 판사가 민사로 전임케 된 것은 김계조 사건에 악영향을 주려는 의도에서 나온 것이 아니다. 판사가 사건 취조 중에 직무 부담을 변경하는 것은 소속장관의 직권에 속하는 것으로 항상 있는 일이며 오판사를 民事로 전임시킨 후도 김계조 사건과 이에 관련된 사건을 전부 취급시켜온 것을 보더라도 공명정대한 당국의 조처에 일반은 오해 없기를 바라는 바이다. 또 전일 발표된 오승근 판사 담화에 김계조 사건 취조에 있어 내부의 간섭이 있던 듯이 말하였는데 이에 대하여는 오판사 스스로 이러한 말을 한 일이 없다고 함으로 전일 기사는 사실의 오보이니 이 문제에 관하여 일반은 추호도 오해함이 없이 우리 사법부를 절대 신뢰하고 협력하기를 바

21 민사 전임한 김계조 사건 담당 판사 오승근의 담화 발표, 「서울신문」, 1946.3.28.

란다.[22]

김계조 스파이 사건이 사법부의 갈등으로 인해 실종되어 버렸다. 대법원장 불신임안 제출 후 갑자기 재판이 빠르게 진행되었다. 3월 7일 개정된 6회 공판에서는 엔도, 니시히로 등 전 총독부 고위 관리에 대한 소환 불가 결정이 내려졌다. 김성수, 김준연 등 한민당 관련 인사들에 대해선 아예 언급조차 없었다. 그리고 다음 공판(3월 12일, 7회 공판)에서 검사의 구형이 내려졌다.

金桂祚事件求刑

懲役三年에追徵金만三百萬圓

문제의 김게조(金桂祚)사건은 지난十二일오전十一시부터 경성지방법원에서 제七회공판이열이엿는대 우선 검사의논고로드러가 CIC로부터의 의견서의세가지 죄목중 셋재죄목에잇는 이사건(김게조사건)은 이다음조선의 정부가성립될때에는 또다시한번 심판을바드리라 하는구절을 인용한후 준열하기 가차업스면서도 립지전(立志傳) 중의 한인물이라하는 견해를표명한후 징역三년 추징금은 百十만원을 구형하엿다

金桂祚에 五年言渡

追徵金은三百十萬圓

오랫동안항간에 큰화제의 중심이되엿엇고또 그에대한판결이 주시의초점이되여잇든 김계조(金桂祚)사건은 공판을거듭하고또거듭하여오든바드듸여 지난十九일오전十시반부터 경성지방법원 대법정에서 그에대한언도가잇섯는데 오승근(吳承根)판사로부터 연합국(聯合國)이우리조선을원조함에잇어 조선의완전자주독립의 건설을위하야 진력함이그획록적인대 이를엄한목적을짓밟분자는없을것이니 이것이에꼿우리의 불성문헌장(不成文憲章)이다 그런대 군정의기밀(機密)을 탐지수집하야일인에게 통고함은 군정의목적수행을 방해하는반역행위라 론단하고 또더구나이와아울너 친일세력이 유지부식과 친일권이수립되도록 원조하기위하야 총독부고관 조선석탄통제회사(朝鮮石炭統制會社) 일본인세화회(日本人世話會) 등으로부터 합三一〇만원을바더 때쓰홀, 기타회사등을경영하든중 一九四五년九월二十일경에 사건이발각되여 간첩예비(間諜豫備)로곳이엿다는요지의 판결리유를말한다음징역五년 추징금三一〇만원의 언도가있었다

〈그림133: 1946년 3월 13일, 20일 자 한성일보〉

공금횡령·뇌물수수죄 징역 3년, 추징금 310만 원의 실형 구형이었다. 하지만 친일죄는 정부수립 후 논의하겠다는 것이 검사의 논고 이유였다.[23] 일주일 후인 3월 19일 언도 공판에서 또 세인을 경악시킨 엄청

22 金桂祚 사건 담당 판사 吳承根 전임 진상에 대한 당국의 발표, 「서울신문」, 1946.3.27.

23 김계조 사건 구형, 징역 3년에 추징금만 300만 원, 「한성일보」, 1946.3.13.

난 사건이 벌어졌다. 검사의 3년 구형보다 2년이 추가된 5년형이 언도된 것이다. 판사 오승근의 판결 이유는 다음과 같다.

> 연합국이 우리 조선을 원조함에 있어 조선의 완전 자주독립의 건설을 위하여 진력함이 그 목적인데 이 존엄한 목적을 짓밟을 자는 없을 것이니 이것이 우리의 불성문 헌장이다. 그런데 군정의 기밀을 탐지 수집하여 일인에게 통고함은 군정의 목적 수행을 방해하는 반역행위라 논단하고, 또 더구나 이와 아울러 친일 세력이 유지부식과 친일 정권이 수립되도록 원조하기 위하여 총독부 고관, 조선석탄통제회사, 일본인세화회 등으로부터 합 310만 원을 받아 댄스홀, 기타 회사 등을 경영하던 중 1945년 9월 20일경에 사건이 발각되어 간첩 예비로 그치었다. 이에 징역 5년, 추징금 310만 원을 언도한다.[24]

김계조의 친일 반역 혐의는 검사 김홍섭이나 판사 오승근 모두 인정했다. 다만 현재 처벌법이 없으니 향후 조선 정부 수립 이후에 다시 거론하자고 한 것이 검사 김홍섭의 입장이라면, 판사 오승근은 간첩예비를 적용해서라도 악질 민족 반역자를 단죄해야만 한다고 한 점이 다를 뿐이었다. 어떻게 보면 검사와 판사의 입장이 바뀐 듯한 공판장 풍경이었다. 사실 김홍섭은 고민이 많았을 것이다. 무엇보다 이 사건에는 자신의 장인 김준연이 관여되었다는 사실이 그를 괴롭게 만들었을 것으로 짐작된다. 다행히 김성수, 김준연 등 한민당 수뇌부로 사건이 확대

24 김계조에게 5년 언도, 追徵金은 三百十萬圓, 「한성일보」, 1946.3.20.

되지 않고 사법파동으로 세간의 관심이 바뀌자 안도의 한숨을 내쉬었을지도 모른다. 아무튼 이로써 1심 재판은 종결되었다. 그러나 대법원장 불신임 건이 다시금 점화되었다. 전체 판검사 80% 이상이 불신임안에 연명한 것이다.[25] 오승근은 대법원장이 김정목과 검사들을 만나게 해 사건 무마를 시도한 사실도 폭로함으로써 김용무를 곤혹스럽게 했다.[26] 김용무는 어쩔 수 없이 대법원장직을 사임했다.[27] 하지만 사표는 수리되지 않았고, 미군정청은 김용무를 재신임하게 된다.[28] 이제 대법원장의 보복이 시작될 차례다.

한편, 사법부의 파문과 별도로 김계조의 2심 공판은 신속하게 절차를 밟아가는 중이었다. 5년 선고가 억울하다고 상고를 했고,[29] 7월 초순경 상고 공판이 시작되었으며,[30] 8월에 사실 심리가 진행되었다.[31] 그리고 1946년 10월 1일 구형, 15일 2심 언도 공판이 개정되었다. 검사는 김병용, 주심은 김우열 판사였다.

김병용 검사는 횡령, 장물수수 죄명으로 징역 5년을 구형하였다.[32] 1심 김홍섭 검사보다는 2년 높은 형량이었으나, 1심판결에 적용된 간첩

25 경성재판소 판·검사 40여 명, 대법원장 불신임안 관철 결의, 「서울신문」, 1946.3.24.

26 明朗한 司法部되라, 吳判事轉任理由表明, 「중앙신문」, 1946.3.28.

27 金用茂氏는 辭任, 「현대일보」, 1946.4.5.

28 金用茂氏의 留任은 우돌中佐의 推薦, 「중외신보」, 1946.5.19.

29 5년은 억울하오, 金桂祚不服上告, 「한성일보」, 1946.3.22.

30 金桂祚上告公判, 「수산경제신문」, 1946.7.4.

31 金桂祚事件을 控訴院서 事實審理, 「부산신문」, 1946.8.9.

32 김계조에 5년 구형, 「조선일보」, 1946.10.4.

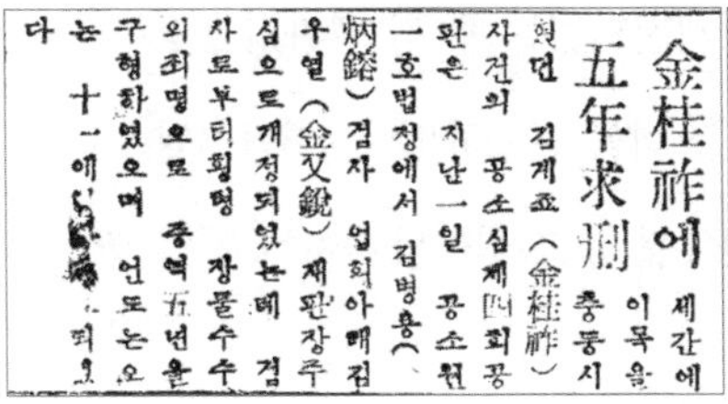

金桂祚에 五年求刑

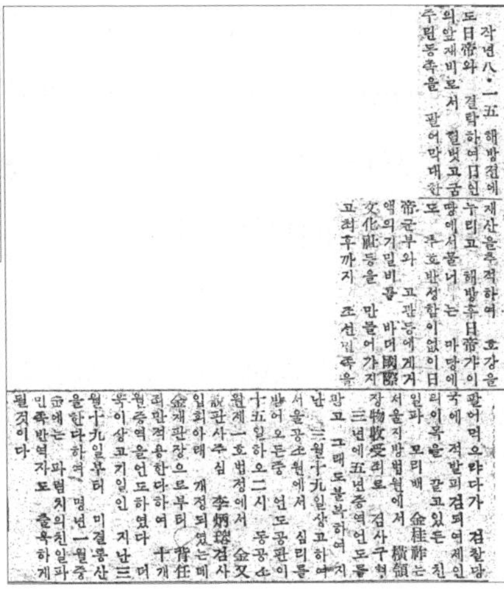

金桂祚十個月言渡
단지背任罪로正月엔出獄

〈그림134: 1946년 10월 4일 자 조선일보, 10월 17일 자 독립신보〉

예비 혐의는 적용하지 않았다. 그러나 2심 판사 김우열은 1심 판사 오승근과 전혀 달랐다. 그는 징역 10개월(미결통산 3월 19일부터)이란 관대한 처분을 내렸다. 이 언도 판결에 대해 「독립신보」는 다음과 같은 기사로 분노를 표출했다.

> 작년 8·15해방 전에도 일제와 결탁하여 일인의 앞잡이로서 헐벗고 굶주린 동족을 팔아 막대한 재산을 축적하여 호강을 누리고 해방 후 일제가 이 땅에 물러가는 마당에도 추호의 반성함이 없이 일제 군부와 고관 등에게 거액의 기밀비를 받아 국제문화사 등을 만들어 가지고 최후까지 조선 민족을 팔아먹으려 하다가 검찰 당국에 적발 피검되어 세인의 이목을 끌고 있는 친일파 모리배 김계조는 서울지방법원에서 횡령·장물수수 죄로 검사 구형 3년에 5년 징역 언도를 받고, 그래도 불복하여 지난 3월 19일 상고하여 서울공소원에서 심리를 받아오던 중 언도 공판이 15일 하오 2시, 동 공소원 1호 법정에서 김우

> 열 판사 주심, 이병용 검사 입회 아래 개정되었는데, 김 재판장으로부터 배임죄만 적용한다 하여 10개월 징역을 언도하였다. 지난 3월 19일부터 미결 통산을 한다 하여 명년 1월 중순에는 파렴치한 친일파 민족 반역자도 출옥하게 될 것이다.[33]

여론을 전혀 무시한 판결에도 대중은 어떻게 할 도리가 없었다. 당시는 미국 군인들이 통치하는 나라였기 때문이다. 그렇다면 해외에선 김계조 사건을 어떻게 보았을까? 동경발 UP통신은 아래와 같이 보도하였다.

> 김계조는 스파이 활동을 수행하고, 조선정부와 일본이 우호적인 관계를 지탱하도록 하려는 의도와 함께 댄스홀, 레스토랑, 사창가 등을 설치하여 미국 군대에 제공한다는 목적으로 조선석탄통제회사의 사장이었던 이시다 센타로(石田千太郞), 경무국장이었던 니시히로 다다오(西廣忠雄), 일본전쟁구제협회장(일본인세화회 회장)인 호즈미 신로쿠로(穗積眞六郞) 등에게 고용되었다.… 전 조선총독부 경무국장 니시히로 다다오(西廣忠雄)의 자백에 의해, 일본이 항복했을 때 경찰의 비밀 자금은 800만 엔이었다는 것이 밝혀졌다. 그중 300만 엔 이상이 7월의 스파이 활동비로 사용되었다는 사실이 이전에 광산의 간부 사원이었던 김계조의 체포에 의해 밝혀졌다.[34]

33 金桂祚十個月言渡, 단지 背任罪로 正月엔 出獄, 「독립신보」, 1946.10.17.

34 UP·共同(동경), 1946년 4월 8일 〈데이비드·콩드, 편집부 역, 『분단과 미국』 1, 사계절, 1988, pp.174~175.〉 재인용

해외의 언론도 수많은 한국인들처럼 김계조를 일본 스파이로 판단했다는 방증이다.[35] 김계조 사건 2심이 진행될 동안 오승근은 대법원장 김용무을 향한 투쟁을 계속 진행했다. 사실 오승근이 대적하고 있는 진짜 상대는 한민당과 미군정청이었다. 아무래도 역부족일 수밖에 없었다. 1946년 5월 16일, 오승근(서울지방법원 판사)은 광주지방법원 장흥지청 판사로 전보되었고, 백석황(서울공소원 차석검사)은 부산지방법원 마산지청 판사로 임명되었다.[36] 누가 보더라도 보복성 좌천 인사였다. 오와 백 두 사람은 러치 군정장관 비서와 우달 사법부장을 방문하여 전임에 대한 의견을 진술하고, 이 상황에서는 부임할 수 없다고 항변하였다. 하지만 그들에게 돌아온 답은 군정 당국의 명령에 대한 위반 즉 《포고령 제2호》에 저촉된다는 협박뿐이었다.[37] 그리고 이틀 후인 5월 18일 날짜로 김용무는 대법원장으로 복귀했다.[38] 두 사람은 사표를 제출할 수밖에 없었다. 한편, 사법부 총무국장 강중인은 5월 11일 밤 기준으로 해임되었다. 강중인은 5월 23일 광화문 빌딩에서 가진 기자와의 간담에서 다음과 같은 말을 남겼다.

35 김계조 사건은 지금까지 거론한 것보다 훨씬 복잡하고 큰 사건이었다. 보다 자세한 내용은 〈정병준의 논문 '패전 후 조선총독부의 전후(戰後) 공작과 김계조(金桂祚) 사건', 「이화사학연구」 36권, 2008년 3월〉을 참조할 것 그리고 일본인세화회에 대한 자료는 〈이상호의 논문 '해방직후 재조일본인의 한미이간공작음모', 「한일민족문제연구」 제37집, 2019년 12월 30일〉을 참조할 것, 사법파동은 〈김두식의 글 '김계조사건과 법조계의 마지막 봄'『법률가들』, 창비, 2018, pp.261~299.〉 참조 요망.

36 司法部異動發表, 大法院檢事總長에 李仁氏, 「영남일보」, 1946.5.19.

37 司法府異同波汶 白,吳兩氏轉任理由究明, 「부산일보」, 1946.5.20.

38 民間의 物議를 一掃 大法院長金用茂氏留任 ; 우-들司法部長記者團에 言明, 「한성일보」, 1946.5.19.

> 내가 사법부에 들어간 것은 당시 사법부장의 권고를 거절하지 못해서였다. 그럼에도 불구하고 한마디의 의논도 없이 아무런 이유 설명도 없이 해임 통고를 한다는 것은 민주주의를 신봉하는 우리로서는 이해할 수 없다. 그리고 만약 나의 해임이 5월 6일부의 담화와 관련이 있다는 것이 사실이라면 사법부를 포위하고 있는 일부 모략배들의 정체도 알 수 있는 것이다. 그들의 가슴 속에 음모가 숨어 있지 않다면 사법의 생명인 공명정대를 살리기 위하여 사법부에서 정당색을 일소하지 않으면 안 되다는 나의 발언이 그렇게도 비위에 거슬릴 리가 없지 않은가. 나는 그 담화 발표 후 '사법의 독립 운운은 미친놈들의 소리'라는 모 요인의 폭언을 들은 일도 있다.[39]

어쩌면 김용무로 추정되는 모 요인의 폭언이 진실일 수도 있다. 미군정하에서 사법의 독립을 주장하는 자체가 미친놈들의 소리일 수밖에 없지 않은가… 미군정청은 사법의 정의구현이란 이상보단 그들에겐 한민당이란 우호 세력이 더욱 중요했다. 사법파동의 중심에 있었던 오승근, 백석황, 강중인 등은 모두 정판사사건의 변호인단에 합류함으로써 기성 법조인에 대한 항거를 계속하고자 했으나 결과는 처참했다. 정판사 변호인단 9명 중 7명이 월북한 것이 그 방증이다.

앞에서 언급한 바와 같이 오승근은 조평재처럼 전향했다. 그 역시 그리 큰 역할을 하지 못한 채 남쪽의 법조계 변두리에서 활동하다가 2002년 1월 29일 사망했다. 서울제일변호사회 부회장 및 회장, 대한변호사

39 말성만흔 司法部人事, 有能한 判檢事多數 辭職, 前 總務局長 姜仲仁氏 談, 「현대일보」, 1946.5.25.

협회 총무, 한일은행 법률고문 등이 오승근의 이력이다. 안타까운 것은 그와 조평재 변호사 두 사람 모두 정판사사건에 대한 증언을 남기지 않은 점이다. 반공이란 통치 이념 탓에 정판사사건은 난도질 당하며 조작되었다. 그 주범들인 학계, 정치계, 언론 등의 행태를 보았을 것이다. 정판사사건의 실체와 진실을 알고 있고, 청춘의 신념을 바쳐 변론했던 사건에 대해 오승근 · 조평재 두 사람은 왜 침묵했을까?

04

본정 경찰서 고문 경찰의 몰락과 부활

崔蘭洙에 大功章

서울地方法院檢察局에서는 十일 우량경관표창식을 거행하야 崔蘭洙씨외 廿七명의 우량경찰관을 표창하엿는데 특히 崔蘭洙씨에 대해서는 精版社僞幣事件검거수훈으로 大功章을 수여하엿다

精版社事件被告 取調警察告訴

방금서대문형무소에수감중에있는 정판사위폐사건관계피고 朴洛鍾외 八명은 동사건취조경관이든 당시본정서근무 崔蘭洙 趙成基 李熙南 金元起 玄乙成 六씨에게 대하야 동사건담당변호사 金龍岩 韓永환 姜赫善 등제씨를 고소인대리로 폭행죄로 서울지방검찰청에 고소를 제기하리라한다 동고소장내용에는 一九四六년五월三일이래 고소인들이 소위정판사위폐사건 즉 고소인들에대한 통화위조 동행사피의사건으로 검거된자 고소인들에게 해법행을강요하기위하야 폭행을가하여 그직권을 람용한것으로 이에 고소하는것이라고 씨어있다

僞幣事件 擔當刑事를 瀆職罪로告訴

정판사 위폐사건으로 복역중인 전조선공산당원 李觀述 朴洛鍾 宋彦弼 金昌善외 一명은 二十二일 申彦倫검찰관을 통하야 당시 정판사위폐사건을 담당 취조한 현수도청 수사과 崔蘭洙주임을 비롯하야 형사 六명을 상대로 독직상해죄(瀆職傷害罪)로 고소하였다 하는데 二十四일 申검찰관은 이에대한 사실심리를 시작하였다 한다

〈그림135: 1946년 12월 13일 자 자유신문, 1947년 1월 29일 자 중외경제신문, 1947년 12월 25일 자 조선중앙일보〉

정판사사건 피고인들에게 1심 언도(1946.11.28.)가 내려지고 재판이 마무리로 접어들 무렵인 1946년 12월 10일, 서울지방법원 검사국에서 우수경찰 27명에 대한 표창식이 있었다. 중부경찰서 소속 6명(경위 최난수 · 경위 김원기 · 경위 현을성 · 경사 김성환 · 경사 이희남 · 경사 조성

기)은 정판사사건 검거 수훈으로 대공장(大功章)이 수여되었다.[1] 하지만 이들의 감격은 그리 오래가지 못한다. 이들 대부분은 이런저런 이유로 감옥 생활을 맛보게 되며, 진급 혜택도 그리 누리지 못한다.

몰락의 시작은 서대문형무소로부터 발화되었다. 정판사사건 피고인들이 중부경찰서 소속 6명을 고소한 것이다. 혐의는 직권남용, 고문 등이었다.[2] 고소에 대한 조처가 이루어지지 않자, 그 해 말경, 독직죄로 다시 고소하였다. 이번 역시 아무런 반응이 없었다.[3] 그러나 별도의 사건이 기다리고 있었다. 중부경찰서 고문 경찰들이 피소되는 사건이 연이어 터진 것이다.

1947년 6월 28일, 중부서 형사주임 현을성 경위가 1개월 정직 처분을 받았다. 시민을 함부로 구타한 혐의다.[4] 그리고 중부서 동료였던 김원기에게도 좋지 않은 일이 생겼다. 이듬해인 1948년 3월 18일, 재(在)서울 검찰관 29명이 하지 등에게 진정서를 제출한 것이다. 절도 피의자로 서대문서에 구금 중인 사법부 미8고문실 전속 자동차운전수인 윤종인(23세)이 고문을 당했다는 정보를 입수한 서울지방검찰청 조병진 검찰관이 진상 여부를 조사하려고 서대문서에 출두하였다. 그러나 수사계 주임 김원기는 수도청장의 명령 없이는 유치장을 보여줄 수 없다고 완강히 거절하여 검찰관은 돌아갈 수밖에 없었다고 한다. 결국 수도청장 장택상과 서울지검 김용찬 청장에게까지 불똥이 튀었다. 사건은 더

1 崔蘭洙씨에 大功章, 「자유신문」, 1946.12.13.

2 精版社事件被告取調警察告訴, 「중외경제신보」, 1947.1.29.

3 僞幣事件, 擔當刑事를 瀆職罪로 告訴, 「조선중앙일보」, 1947.12.25.

4 중부서 현 형사주임 1개월 정직 처분, 「경향신문」, 1947.7.3.

이상 확대되지 않았다. 그러나 고문 문제로 사법계에 파문이 일었고, 경찰의 독재적 경향이 노출되었으며, 그 중심에 정판사사건의 실무 담당이었던 김원기가 있었다는 사실이 많은 시민들에게 알려지게 되었다.[5]

大韓民國正副代表決定

大統領李承晩博士

副統領에李始榮先生

李大統領첫會見談

一週日內에組閣

情實엔나適合者登用

首都廳三次肅淸

捜査局서盧課長等問招

〈그림136: 1948년 7월 21일 자 동아일보, 7월 23일 자 경향신문〉

1948년 7월 20일, 이승만이 초대 대통령으로 선출되었다. 출석의원 196명 중 180표를 얻어 차점자인 김구(13표)를 압도적으로 눌렀다. 부통령 선거는 이시영 113표, 김구 65표, 조만식 10표로 어느 누구도 3분의 2에 미달하였으므로, 다시 선거를 한 결과 이시영 133표, 김구 62표로 이시영이 선출되었다. 이제 국무총리, 내무, 재무, 국방부 장관 등 주요 보직에 관심이 쏠렸다. 미군정 시기 여당이라고 할 수 있었던 한민당에서는 국무총리 김성수, 내무 조병옥, 법무 김준연, 재무 김

5 拷問問題로 司法界에 波紋, "警察은 獨裁的傾向" 檢察官20名, 하中將等에 陳情, 「독립신보」, 1948.3.19.

도연, 상공 허정 등이 그들의 몫이 될 것으로 예상했다. 하지만 국무총리 이범석, 내무 윤치영, 외무 장택상, 국방 이범석, 재무 김도연, 법무 이인, 문교 안호상, 농림 조봉암, 상공 임영신, 보건 구영숙, 체신 윤석구, 교통 민희석, 무임소 이윤영 · 지청천 등이 이승만의 선택이었다. 한민당 입각자는 김도연 한 명뿐이었다.[6]

내각 선출을 앞두고 한민당, 독촉국민회, 조민당, 무소속구락부 등의 치열한 암투가 시작될 무렵, 의미심장한 기사가 보도되었다. 경무부 수사국에서 3차에 걸쳐 수도청을 숙청할 예정인데, 1차로 수도청 간부 최운하 · 이주호 · 박주식 등을 숙청하고, 2차로 중부서장 이구범 이하 중부서 간부 그리고 마지막으로 노덕술을 비롯한 수도청 주요 간부 4, 5명을 숙청할 것이라는 섬뜩한 내용이었다.[7] 이 무렵은 행정권이 미군정청으로부터 아직 이양되기 전이었다.[8] 당시 행정권 특히 경찰 권력에 대한 갈등 양상은 아래 글이 참조된다.

> 각 부에로의 행정권 이양에도 여러 문제가 발생하였다. 이는 주로 이양 과정에서 한민당계와 친이승만계 사이의 갈등이었다. 미군정 경무부장 조병옥과 새정부의 내무부장관 윤치영이 경찰권 이양 문제를 둘러싸고 대립하였다. 즉 새정부의 공보처장이 경무부 행정권이 내무부에 완전히 이양되었다고 발표하고, 8월 26일에는 윤 내무장관

6 서중석, 『한국현대민족운동연구』 2, 역사비평사, 1996, pp.78~79.

7 수도청 3차 숙청, 수사국서 노과장 등 문초, 「경향신문」, 1948.7.23.

8 1948년 9월 13일, 행정권 완전이양에 관한 성명이 발표되었다. 《남조선과도정부기구인수에관한 건 대통령령 제3호 공포 관보 제3호, 1948.9.13.》

이 경찰 인사 문제에까지 언급하자, 이에 대해 조병옥은 아직 완전히 이양이 끝나지 않았고 명령권도 자신이 가지고 있다고 언명하였다. 오히려 조병옥은 윤치영 내무장관을 비난하며 사무 인계 완료에 관한 조인과 미군 사령관에게 하는 보고 절차가 남아 있으며, 윤치영의 행태는 마치 "해방 직후 건준도배가 일제 행정기관을 접수하는 태도와 같다"고 비난하고 있다.

또한 새정부의 외무부장관이자 미군정의 수도경찰청장이었던 장택상은 수도관구경찰청 사무인계 문제에 대해 군정 명령 없이는 사무인계에 불응한다고 말하였다 이를 공보처를 통해 취소하기도 했다. 결국 이 문제는 9월 3일 정오를 기하여 남조선과도정부 경무부의 지휘권이 대한민국 내무부장관에 이양됨으로써 이는 마무리되었다.[9]

실질적인 갈등은 조병옥 · 장택상을 통해 표출되었다. 경무부장 조병옥(1894~1960)은 지휘계통상 수도관구경찰청장 장택상(1893~1969)의 상관이었지만, 실제로는 친구이자 경쟁자였다. 주 무대는 본정 경찰서(중부경찰서)다. 정판사사건 담당 김원기가 관여되었던 서부서 사건이 잠잠해 질 무렵, 이번에는 중부서에 파문이 일어났다. 1년 전 정직 처분을 받았던 현을성과 경찰서장 이구범이 불구속으로 송청된 것이다. 이 사건은 처리 결과에 따라 경찰에 대한 신뢰 자체가 뿌리째 흔들릴 수 있는 사안이었다. 아래는 당시 보도된 기사이다.

9 강혜경, 국가형성기(1948~1950) 이승만정권의 행정기구 구성과 관료충원 연구,「國史館論叢」第79輯, 1998.6.30.

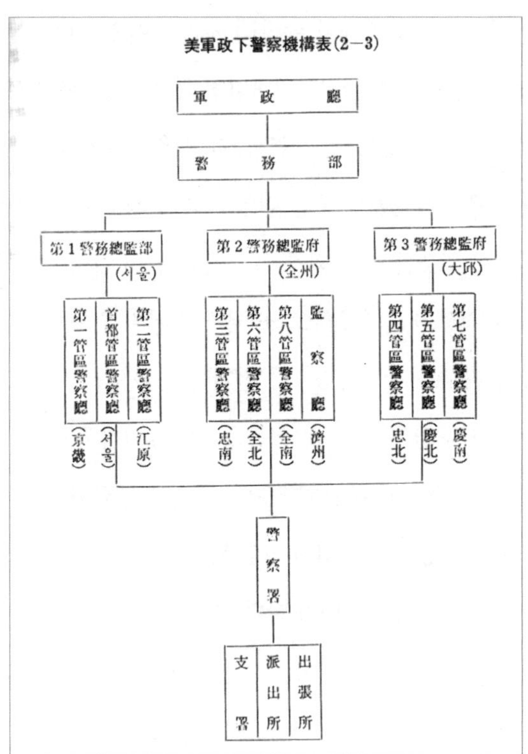

〈그림137: 행정권 이양 무렵 경찰조직, ⓒ국립경찰50년사〉

작년(1947년) 6월 19일 중부서에서는 인천부 송림동에 거주하는 이명룡 외 4명을 구속하였는데, 전기 5명은 작년 4월 25일 하오 1시부터 동 3시까지 사이에 평북 다사도에서 대련으로 가는 우세무(于世武) 씨 소유의 무역선 해양호(287톤)를 습격하고선 선원 강진청 외 1명을 죽인 후배를 인천으로 돌려온 사실이 탐지된 것이었는데 중부서에서는 배의 물품인 중유와 담배 마는 종이 등을 압수하고 170만원에 팔아서 경찰후원회 자금으로 융통하고 그 살인범은 석방하였다. 이것이 범인 은폐의 혐의이고 다음 독직 혐의는 12월 30일경 서울시 을지로3가 291번지의 장성룡집에서 손형래 씨의 소유인 시가 35만 원의 홍삼을 무조건 몰수했고, 금년 1월 8일경 개성부 동흥동 410번지의 최봉진 씨한테서 홍삼 24근과 현금 42만 원을 몰수했고, 지난 5월 8일 을지로1가 융안기업공사 주인 김영구 씨가 생고무 사정가격 위반으로 동 서에서 취조를 받게 되자 이 서장은 친히 김영구 씨를 서장실로 불러 지금 총선거로 분주하고 또 경찰에 경비가 부족하니 100만 원의 현금의 기부를 강요하였으나 전기 김은 이를 거부하고, 그 후 3차에 걸쳐 형사주임 현에게 30만 원을 기부금이라고 주어 무사한 사실, 이상 몰수와 강요한 금품 약 300만 원으로 보강회비니 경찰후원회비니 하여 부정 융통한 나머지 현은 59만 원, 조·도(趙·都) 양 형사는 각 10여만 원을 편취한 것이라 한다.[10]

살인범을 풀어 준 대가로 금품을 갈취하고, 실정법 위반을 빌미로 사업가로부터 물품을 몰수하거나 기부금 명목으로 거액의 현금을 강탈하였다 한다. 이 정도의 사안이라면 관련 경찰관의 파면 · 구속은 물론 상급기관인 수도청장에게도 책임을 물었어야 했다. 하지만 중부서 경찰관들은 기소조차 되지 않았다. 서울지방 검찰청은 이구범 서장을 불기소하였고, 현을성 외 2명의 경관은 기소유예로 처분하였다. 「조선일보」의 기사를 다시 인용한다.

사람을 죽인 해적단을 빨갱이를 죽인 것이니 용서한다고 석방하고

10 살인범 은폐, 독직 등 이구범 전 서장 등 불일 기소, 「조선일보」, 1948.8.4.

> 압수한 물품을 팔아 썼으며 홍삼 밀조범을 잡고도 물건과 현금만 압수하고는 석방하고, 생고무 사정가격을 위반한 상인을 협박하여 금품을 받고는 석방한 등등의 혐의로 중부서 이구범 서장, 현을성 형사주임 외 2명의 경관이 7월 23일 불구속으로 송청되었다 함은 기보한 바이나, 9일 서울지방검찰청에서는 이구범 서장을 불기소하고 현을성 형사주임 외 2명을 기소유예처분에 부치기로 결정하였다는 담당 검찰관인 이원희 검찰관의 보고서에 의하면, 이구범 서장은 그런 사실이 없다고 본다는 것이며 현을성 형사주임 외 2명은 사실은 있으나 이미 현직에서 물러났을뿐더러 편취했던 금전을 반환하였으며 또 국립경찰의 공로자인 까닭에 관대히 처분한 것이라 한다.
>
> 그리고 특히 서장에 관한 살인범 은닉혐의 사건에 대해서는 상사의 명령에 의한 것이니 본인들에게는 죄가 없다는 것이 검찰청의 견해이며 '상사'란 누구냐 하는 데 대해서는 답변을 피하고 있다.[11]

미군정이 끝나고 새롭게 출범한 이승만 정권하 경찰과 검찰의 민모습이다. 정판사사건을 조작하여 빨갱이를 소탕하는 데 큰 공로를 세웠으니 이 정도의 사건은 불문에 부친다는 얘기다. 다만 현을성이 현직에서 물러나는 것으로 사건은 종료되었다. 이로써 정판사 관련으로 고소되었던 6명 중 1명인 경위 현을성은 경찰에서 사라졌다. 그러나 그 해 9월, 이구범은 수도경찰청 부청장으로 오히려 영전된다. 그 후 이구범은 반민특위 요인 암살 사건 혐의 등으로 반민특위가 체포령을 내리

11 상사 명령이라 무죄?, 「조선일보」, 1948.8.11.

자 일본으로 도피하려다가 체포되지만, 1952년 7월부터 1953년 3월까지 경무관으로 강원도 경찰국장을 지냈다.[12] 한편, 기사 말미에 언급된 '살인범 은닉혐의 사건'은 별도의 사건이다. 중부서 사건과 비슷한 시기에 보다 엄청난 사건이 터졌다. 피의자 고문치사 후 사체 한강 투기 사건이 발생한 것이다.

들어난 首都廳拷問致死事件全貌

杖殺後·死體遺棄

搜査課長等어제送廳

盧德述逃走

責任者引責必要

首都廳長은否認해왔다

〈그림138: 1948년 7월 27일 자 경향신문〉

금년(1948년) 정월 24일 수도청장 장택상 씨를 저격한 사건이 발생하자 수도청에서는 27일 그 혐의자로 박성근(25세)이를 사찰과에서 체포하여 중부서 형사실에서 취조 중 수도청 수사과장 노덕술, 사

12 《이구범, 친일인명사전》

찰과장 최운하는 27일 오전 10시 취조 현장에 출두하여 소위 임화(본명 박성근)의 자백을 강요하기 위하여 노덕술 자신이 곤봉으로 난타 고문하여 중상을 입힌 후 다시 노덕술 지휘로 사찰부 부과장 박사일, 수사과 부과장 김재곤, 사찰과 경위 김유하, 사찰과 경사 백대봉 등 4명에게 물을 먹이는 등 고문을 하라고 지시하여 드디어 사망케 하였는데 이 사실을 은폐하기 위하여 노덕술은 김재곤·박사일을 수도청 관방장실로 불러 놓고 3인이 모의하여 도주를 가장키로 하고 박사일 등이 28일 오전 2시경 중부서 형사실 들창문으로 뛰어 나가며 "저 놈 잡아라."고 고함을 쳐서 다른 직원에게 임화가 도주한 것 같이 오인시킨 다음 박사일·김재곤이는 구급용 자동차에 시체를 싣고 한강으로 가 인도교와 철교 사이의 얼음 파는 구덩이에 집어넣어 버린 것이라 한다.[13]

사건의 현장이 또 중부서다. 정판사사건 조작의 무대 중부경찰서는 이제 비리와 불법의 온상으로 변해 버렸다. 무엇보다 정판사사건의 비밀을 알고 있을 가능성이 큰 수도청장 장택상과 수도청 수사과장 노덕술이 중부경찰서를 통해 소환된 것이다. 사건의 전개는 장택상 테러사건(1948.1.24.) → 혐의자 박성근 체포(1.27.) → 중부서 형사실에서 취조 → 노덕술의 고문으로 피의자 중상(1.27. 오전 10시) → 노덕술, 박사일 등 4인에게 고문 지시 → 박성근 사망 → 피의자 탈출 조작(1.28. 오전 2시경) → 한강 얼음 구덩이에 사체 은닉의 순으로 이루어

13 천인공노할 복잡한 내막, 장살 후 사체 유기, 수도청 고문치사 사건 전모, 「경향신문」, 1948.7.27.

졌다. 사건 발생 6개월가량 후인 7월 26일, 경무부 수사국은 노덕술의 자백을 받아내었고 곧 노덕술 등을 구속 · 송청하였다. 수사국장 조병계, 부국장 이만종 등이 기자들과 일문일답한 내용을 살펴보자.

- 문: 수도청 책임자는 이 사건을 아는가?
- 답: 알 것이다. 2월 3일 당시 경무부장이 직접 장 총감을 불러 고문 사실을 물었는데 그때 장 씨는 극력 부인하였다.
- 문: 사건 단서의 경위는?
- 답: 고문 치사했다는 노덕술의 진술로 취조에 착수했으나, 장 청장의 부인으로 지금까지 계속 내사해 왔던 것이다.
- 문: 책임자의 책임 규명은?
- 답: 당연히 인책 사직해야 될 것이다.
- 문: 고문 취조 경관을 수도청에서 치하했다는데 그 내용은 어떤 것인가?
- 답: 2월 5일 11시, 수도청 회의실에서 고문치사에 관련한 직원과 기타 직원 등 14명을 불러 치하 훈시하고 최고 2만 원, 최저 5천 원을 주었다.
- 문: 이런 사건의 빈발을 어떻게 보는가?
- 답: 고문하지 못하게 지시 단속하고 있는데 말단 제1선에서는 이 지시를 무시하고 있는 곳이 있어 여러분에게 미안한데 이를 계기로 철저 단속하겠다.[14]

14 책임자 인책 필요, 수도청장은 부인해 왔다, 「경향신문」, 1948.7.27.

경무부 수사국에 따르면, 수도청장 장택상은 사건의 전말을 파악하고 있음에도 불구하고, 오히려 고문한 경찰관들에게 금일봉을 주어 격려한 셈이 된다. 인원이 14명으로 불어난 것은 사건을 봉합하기 위해 주위의 사람들까지 포섭한 것으로 볼 수 있다. 더욱 황당한 것은 노덕술이 도주했다는 아래 기사다.

> 이 고문 사건의 수괴라고 할 수 있는 수도청관방장 겸 수사과장 노덕술은 그동안 경무부 수사국에 구금 취조 중이던 바 25일 수도청 부청장으로부터 신원은 책임질 터이니 잠시 돌려보내라고 요청한 바 있어 수사국에서도 사건 문초를 다 끝내고 돌려보냈는데 노덕술은 뻔뻔스럽게도 도주하여 종적을 감추었다 한다. 이에 수사국에서는 도주 사실을 탐지한 즉시로 전국 각 관구에 체포령을 내렸다 함으로 체포는 시간문제로 보고 있다. 인권옹호연맹에서는 수도청 고문치사 사건에 대하여 기자단에 다음과 같이 발표하였다.
>
> 신문보도를 보고 그 진상을 밝히기 위하여 수사국장을 찾았는데 이것이 사실이라면 적극적으로 책임 소재를 규명하여 사회에 사과하는 동시에 인책 사직해야 옳다고 본다. 인권옹호연맹으로서 곧 간부회의를 열고 조속한 시일 내에 규탄 방법을 세울 작정이다.[15]

이 기사에 따르면, 수도청 부청장이 노덕술을 도피시켰음에 틀림없다. 경무부 수사국의 발표 다음날인 7월 27일, 사건의 핵심 인물을 사

15 노덕술 도주, 「경향신문」, 1948.7.27.

라지게 만든 뒤 수도청 부청장 김태일은 기자회견을 자청했다. 수도청 고문치사 사건에 관하여 경무부의 발표는 허위이며, 경찰의 위신을 추락게 하기 위한 악질분자들의 책동 모략 수단이다. 박성근은 도주했음이 틀림없고, 특히 장 총장의 시상 운운은 사실무근한 것이며 훼손당한 명예는 법에 의하여 추궁할 것이다. 등의 주장을 기자들에게 피력했다.[16] 이제 경무부 차례다. 7월 28일, 경무부 부국장 이만종은 다음과 같은 담화를 발표했다.

> 동 사건을 허위 날조한 것이라고 김 수도경찰청부청장은 언명하였으나 수사국으로서는 치밀한 내사와 과학적인 수사 방법으로 인적 증거와 물적 반증을 파악하고 피의자의 자백과 증인들의 증언으로 사건은 명백하게 된 것이며 김 부청장은 수사국에 와서 "직무에 충실하였던 결과의 치사사건인 만치 관계자를 관대하게 처리하여 달라"고 언명한 바 있었고, 또 노덕술의 사직원을 부청장 자신이 전달한 사실에 비추어 자기를 기만하고 민중을 또한 속이려는 행위인 것이다. 이는 최운하, 박주식 등 사건을 사실무근이라고 하던 수도경찰청의 상투적인 모략 수단인 것이다. 그러므로 경찰 내부의 부패 분자를 발본색원적으로 처단하여 민주 경찰의 건전한 발전을 기도하고 아울러 중흥 재건되는 신정부에 애국적 양심으로 민족을 위한 청렴한 관리를 인계시키기 위하여 악질분자의 소탕은 시급한 시대의 요청인 것을 마음 깊이 명심하여야 할 것이다.[17]

16 수도청 김 부청장담, 수사발표는 악질 모략 수단, 「경향신문」, 1948.7.28.

17 수도청 부청장은 민심을 현혹, 수사국 부국장 거듭 담화, 「동아일보」, 1948.7.29.

고문치사, 사체 유기라는 사건의 본질은 사라져 버렸다. 조병옥와 장택상의 권력투쟁 양상으로 보아도 무방한 분위기로 변질되어 버렸다. 결국 김태일은 28일부로 정직처분을 받았다. 경무부에 따르면, 노덕술에 대한 신원보증을 언명하여 노덕술이 잠적하게 한 죄목이었다. 29일에는 경무부 사문위원회에 회부하여 행정적 조치를 하기로 되었다고 한다.[18] 하지만 사건은 이것으로 종료되지 않았다. 이승만과 어떻게 연줄이 닿았는가는 알 수 없지만, 29일 오전 11시 30분경 김태일이 이화장을 방문하여 이승만과 요담을 가진 것이다.[19]

조병옥이 항복했다. 29일 오후 경무부장 조병옥은 "국립경찰은 건국성업의 중요한 이때 서로 각축전을 하는 것은 삼가야 할 것이다. 수도청 부청장의 정직처분과 사문에 회부할 것을 정지한 것은 오로지 그의 정상을 고려한 조치이다."라고 선언함으로써 김태일이 기사회생하게 되었다.[20] 반면, 경무부 수사국의 이만종과 조병설은 "악화가 양화를 구축한다"는 그레샴의 법칙이 적용되고 있음을 거론하며 8월 10일 사표를 제출했다.[21]

1948년 11월 5일, 세칭 '수도청 고문치사사건'에 관한 공판이 개정되었다. 사찰부 부과장 박사일, 수사과 부과장 김재곤, 사찰과 경위 김유하 등 3명은 재판장에 출두했으나 노덕술과 백대봉은 보이지 않았

18 수도청 부청장 정직처분, 금일 사문위원회 회부, 「동아일보」, 1948.7.29.

19 김성수 씨 등 대통령 요담, 조각 본부, 「동아일보」, 1948.7.30.

20 김 부청장 정직 해제, 「동아일보」, 1948.7.30.

21 제약에 못 이겨, 「조선일보」, 1948.8.11.

다.[22] 11월 19일, 3회 공판에서 파란이 일어났다. 전 중부서 형사주임 현을성이 증언을 번복한 것이다. 아래에 재판장의 증인 심문 골자를 소개한다.

- 문: 증인 현을성은 당시 중부서 수사계실에서 피고들이 고문한 사실을 수사국의 취조 당시 시인한 사실이 있는가?
- 답: 추측할 수 있다는 것이지 명확히 말한 적은 없습니다.
- 문: 증인 최운하는 고문치사 사실을 시인하였다는데.
- 답: 있습니다.
- 문: 지금도 시인하는가?
- 답: 할 수 없습니다.
- 문: 어째서.
- 답: 사실이 없으니까요.
- 문: 그럼 수사국과 검사국에서의 증인 심문 시에는 왜 시인하였는가?
- 답: 7월 21일 오후 10시경 김재곤이 자기를 찾아와 노덕술 과장의 전언이라고 하며 노 씨가 진술한 대로 자기(최)도 증언하라고 하기에 노 씨와 보조를 맞추려고 이 같은 허위 증언을 하였습니다.
- 문: (이때 재판장은 언성을 높이어) 증인의 증언은 상식으로 생각지 못하겠는데.

22 노덕술 불출두, 「조선일보」, 1948.8.11.6.

- 답: 당시 경무부에서는 수도청을 전복시키려고 갖은 수단을 다하였다는 사실을 재판장도 환기하십시오. 내 사건에 미루어 보아 확언할 수 있습니다.[23]

도무지 이해할 수 없는 재판이었다. 현을성은 최운하의 변호인처럼 대답하였고, 더욱이 재판장에게 충고하는 모습도 보였다. 최운하에 관련된 사항을 왜 현을성에게 심문하는지 이유를 모르겠다. 아무튼 현을성의 답변처럼 최운하가 노덕술과 보조를 맞추려고 허위 증언을 했다면, 최운하를 위증죄로 구속했어야 했다. 그러나 재판장은 아무런 조처를 취하지 않았다. 마치 코미디의 한 장면 같은 공판이었다.

1949년 1월 25일, 그동안 잠적했던 노덕술은 효창동의 지인 집에 숨어 있다가 반민특별조사위원회에서 파견된 특별경찰대의 손에 의해 체포되었다. 그는 그동안 청파동 자택에 주로 있었고, 경찰 4명이 경호를 하고 있었음이 밝혀졌다.[24] 체포해야 할 경찰이 피의자를 오히려 보호하고 있었던 것이다. 그 후 일어난 일은 『친일인명사전』에 기재된 내용으로 대신한다.

노덕술(盧德述, 1899~1968)은… 도주 중이던 1948년 10월, 수도경찰청 수사지도과장 최난수 등과 함께 친일파 처리에 적극적이던 반민특위 핵심 관계자인 김상덕·김상돈·노일환 등 국회의원을 포함한 15명 요인의 암살을 모의했다. 1949년 1월 반민특위에 반민족행

23 노 씨와 보조 맞춰 증언, 「조선일보」, 1948.8.11.20.

24 노덕술 반민자로 체포, 「조선일보」, 1949.1.26.

위 혐의자로 체포되었으며, 같은 달 노덕술 등에게서 반민특위 관계자에 대한 암살 지시를 받았던 백민태의 자수로 암살 전모가 밝혀졌다. 같은 해 4월 고문치사 사건과 관련하여 서울지방법원에서 열린 재판에서 검찰이 3년을 구형했으나 재판부는 무죄를 선고했다.

또 5월 반민특위 관계자 암살모의 혐의와 관련하여 서울지방법원에서 열린 재판에서 검찰이 4년형을 구형했으나 6월 열린 선고 공판에서 증거불충분으로 무죄가 선고되었다. 7월 반민특위 특별재판부에 의해 병보석으로 석방되었다. 이후 검찰의 공소로 1949년 11월 대법원에서 열린 고문치사 사건과 관련한 제2심 재판에서 무죄가 언도되었다. 12월 대법원에서 열린 반민특위관계자 암살 모의 혐의와 관련한 결심공판에서도 무죄가 언도되었다.

이후 헌병으로 전직하여 1950년부터 육군본부 제1사단 헌병대장(중령), 1954년 부산 제2육군범죄수사단 대장(중령), 1955년 서울 제15육군범죄수사단 대장(중령)을 지냈다. 부산 제2육군범죄수사단 대장으로 재임 시의 뇌물수수 혐의로 1955년 11월 육군중앙고등군법회의에 회부되어 징역 6월을 언도받으면서 파면되었다. 1960년 7월 제5대 민의원선거에 경상남도 울산 동구에서 무소속으로 출마했으나 낙선했다. 1968년 4월 1일 사망했다.[25]

노덕술은 3개의 재판을 동시에 받는 희귀한 사례를 보여 준다. 경무부 조사 과정에서 자신의 혐의를 시인하기도 했던 고문치사 사건 무죄,

25 《노덕술, 친일인명사전》

백민태의 자수로 자신이 사주했음이 밝혀진 반민특위 관계자 암살 모의도 무죄, 친일 부역 혐의로 반민족행위특별조사위원회에 체포됐으나 특별재판부에 의해 병보석으로 석방… 노덕술의 놀라운 재판 이력이다. 그 후 그가 실형을 받게 된 혐의는 뇌물수수 6월형이었다. 사형까지 가능했던 친일 부역, 살인, 살인 모의 혐의에서 벗어났던 노덕술이다. 그런데 위 세 가지 혐의에 비교하면 하찮은 범죄라고도 할 수 있는 뇌물수수 혐의는 왜 벗어나지 못했을까? 이제 최난수에 대해 이야기할 차례다.

최난수의 경찰 경력은 일제 강점기 시기(1932~1945)[26]를 포함하여 30년 정도 된다. 일제 강점기 말기 그의 최종 직위는 경부보(한국경찰의 경위급)이었으며,[27] 1946년 5월 정판사사건에 투입될 무렵의 계급은 경위, 직책은 수사주임이었다. 일제 강점기 시기 경력이 그대로 인정된 셈이다. 정판사사건은 그의 인생에 큰 변곡점이 된다.

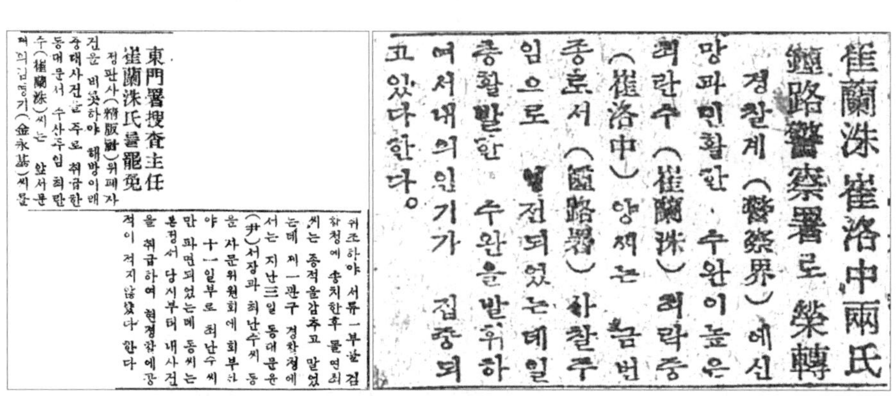
東門署搜査主任 崔蘭洙氏를罷免

정판사(精版社)위페자건을 비롯하야 해방이래 중대사건을 주로 취급한 동대문서 수사주임 최란수(崔蘭洙)씨는 앞서문제의김영기(金永基)씨를 귀조하야 서류一부를 검찰청에 송치한후 돌연히 씨는 종적을감추고 말었는데 제一관구 경찰청에서는 지난三일 동대문운(尹)서장과 최난수씨 동윤 자문위원회에 회부하야 十一일부로 최난수 씨만 파면되었는데 동씨는 본정서 당시부터 내사건을 취급하여 현경찰에공적이 적지않었다 한다

崔蘭洙 崔洛中兩氏 鍾路警察署로 榮轉

경찰계(警察界)에 신망과 민활한 수완이 높은 최란수(崔蘭洙) 최락중(崔洛中) 양씨는 금번 종로서(鍾路署) 사찰주임으로 영전되었는데 일종활발한 수완을 발휘하여 서내의 인기가 집중되고 있다 한다。

〈그림139: 1947년 2월 21일 자 경향신문, 8월 23일 자 현대일보〉

26 최난수는 1932년 6월 전라북도 순사 시험에 합격되었다. 〈매일신보(1932.6.4.)〉

27 各道警官大異動 - 全北, 「매일신보」, 1940.2.10.

정판사사건 피고인으로부터 고소를 당한 6인 중 총경까지 진급한 인물은 최난수가 유일하다. 하지만 그 과정이 순조로웠던 것은 아니다. 고문 경찰 6인방 중 시련은 최난수가 가장 먼저 겪었다. 1947년 2월 21일, 최난수가 해임되었다는 기사가 보도되었다.[28] 다분히 동정적인 내용이다. 해방 이후 정판사사건을 비롯하여 중대사건을 주로 취급했으며, 왜 최 주임만 파면되었냐고 항의를 하는 듯한 논조였다. 6개월 후, 해임되었다는 최난수가 갑자기 종로서 사찰 주임으로 영전되었다는 기사가 떴다.[29] 도대체 어떻게 된 일일까? 사실 그는 경위라는 중간 간부치고는 유달리 근무처가 자주 바뀌었고, 신변 역시 굴곡이 많았다. 최난수의 근무처를 추적해 보자.

본정서 수사주임(1946년 초기) → 수도청 수사과(1946.7.22.) → 충남경찰서 수사과장(8.25.) → 동대문서 수사주임에서 파면(1947.2.11.) → 종로경찰서 사찰주임(8.23.)→ 수도청 수사주임 → 수도청 사찰과장 대리, 경감 승진(1948.9.11.) → 제주비상경비사령부 직속 특별수사대 대장(11.) → 수도청 수사과장(11.8.) → 수사과장 사의 표명(12.24.) →

총경승진, 치안국정수과 제2계장(1950.3.18.) → 남원경찰서장(12대, 1952.9.17.~1953.4.2.) → 충남경찰국 사찰과장(1953.10.17.) → 제주도제주서장(15대, 1954.4.6.~10.16.) → 전남경찰서 수사과장(1954.10.16.) → 전북경찰서 수사과장(1955.3.14.) → 춘천경찰서장

28 동문서 수사주임 최란수 씨를 파면, 「경향신문」, 1947.2.21.

29 최난수·최낙중 양 씨 종로경찰서로 영전, 「현대일보」, 1947.8.23.

(14대, 1956.2.20.~1958.8.22.) → 김제경찰서장(1958.8.22.) → 공무원훈련원입소(1959.4.20.) → 내무부치안국경무과(1961.1.) → 내무부치안 제4과장(2.6.) → 내무부치안국정보과 중앙분실장(2.9.) → 직위 해임(1961년 6월)

최난수는 수사과와 사찰과를 넘나들었으나, 특히 공안 분야에서 큰 역할을 했다. 시작은 정판사사건이었다. 그 후 제주4·3사건에서 악명을 떨쳤다. 그의 직책은 제주비상경비사령부 직속 특별수사대 대장이었다. 최난수가 언론의 집중적인 주목을 받았을 때는 '반민족행위처벌법' 제정을 주도한 국회의원 등 반민특위 관계자 암살 모의 사건 무렵이다.

〈그림140: 노덕술(앞줄 왼쪽에서 첫 번째), 최난수(세 번째), 6·25 후 노덕술이 헌병사령부 근무 당시의 사진이다. ⓒ동아일보(1973.6.30.)〉

1948년 10월 하순, 수도경찰청 수사과장 최난수와 노덕술 · 수도경찰청 사찰과 부과장 홍택희 · 중부경찰서 박경림 등은 중요한 밀담을 나누었다. 임화 고문치사 사건으로 노덕술이 도피 중이었던 시점이다. 당시 최난수는 한창 주가를 올리던 중이었다. 김영기 도피 사건으로 파면되는 등 잠시 고난을 겪었지만, 종로경찰서사찰주임 · 수도청수사주임 등을 거쳐 수도청 사찰과장 대리 등으로 보직이 변경되는 동안 대활약을 했다.

1947년 11월, 경관살해범 김재왕을 체포했다.[30] 그리고 다음 해 1월, 보다 엄청난 사건의 중심에 선다. 한독당 중앙위원이며 · 국민의회 동원부장 · 대한보국의용대장 등의 직책으로 중경 임시정부계의 핵심 요원이자 김구의 수족 같은 김석황(1894~1950)을 체포한 것이다. 혐의는 장덕수 암살 배후다.[31] 김석황의 구속으로 천하의 김구는 증인의 신분으로 두 차례에 걸쳐 재판정에 서는 수모를 겪게 된다.[32]

이러한 활약으로 최난수는 표창을 받게 되며,[33] 곧이어 제주4 · 3사건에서도 빛나는 공훈을 세움으로써[34] 경감으로 승진하게 된다. 이제 오랫동안 벗어나지 못했던 주임이란 직책에서 벗어나 최(대리) 과장으로 불리게 되는 기쁨도 누리게 되었다.[35] 서울과 제주도를 오가며 수도경

30 경관살해범, 김재왕 체포, 「동아일보」, 1947.11.25.

31 수도청 특별 발표, 「동아일보」, 1948.1.17.

32 장덕수 암살 관계는 졸저 〈『김구청문회』 2, 매직하우스, 2014, pp.135~148.〉을 참조할 것

33 경관 21명 표창, 「조선일보」, 1948.1.18.

34 제주도 소요격화, 「조선일보」, 1948.5.18.

35 수도청 사찰과장 대리 임명, 경감 최난수, 「자유신문」, 1948.9.12.

찰청의 '총아'로 언론의 집중 조명을 받던 최난수는 또 다른 개가를 올린다. 1948년 11월, 우익 테러단의 핵심이었던 이철승 등 전국 학련 관계자를 검거하면서 수류탄 다수를 압수한 것이다.[36] 곧 대리라는 딱지가 떨어지고 수도청 수사과장으로 임명되었다.[37]

과장으로 임명되자마자 이번에는 좌익 단체의 핵심이었던 전평(全評)을 습격하였고, 관련 회사인 조선수산업 이사 겸 업무부장 유용대를 자택에서 체포한다.[38] 그에게는 좌도 없었고, 우도 없었다. 오로지 경찰로서의 직분에만 충실한 것처럼 보였다. 이렇게 정신없이 활약하는 가운데, 최난수 등은 반민특위 핵심 관계자 15명 요인의 암살을 모의했다.

그러나 10월 2일 구성된 반민족행위특별조사위원회는 활동을 시작한 초창기였다. 압도적인 여론의 지지를 받고 있었고, 특별검찰부는 의욕에 차있었고, 힘이 있었다. 더욱이 노덕술, 최난수 등을 비호해 왔던 장택상은 경찰과 관련 없는 직책에 임명되었다. 그는 외무장관에 임명되었고 내무장관은 윤치영이 낙점되었다.[39] 한민당이 밀었던 조병옥은 정일형과 함께 구미(歐美)를 방문할 대통령특사로 임명되었다.[40]

이로써 미군정기 동안 경찰권을 양분했던 조병옥과 장택상 두 사람 모두 물리력을 잃게 되었다. 노덕술, 최난수 등이 과욕을 부렸다는 얘

36 학연위원장 검거, 수류탄도 압수, 「경향신문」, 1948.11.5.

37 수도청 양 과장 발령, 「동아일보」, 1948.11.10.

38 전평을 습격코 서류 다수 압수, 「경향신문」, 1948.12.3.

39 초대 내각 작일 수성립, 「조선일보」, 1945.8.5.

40 UN 파견 외교사절 환송회, 6일 오후 중앙청과장, 「경향신문」, 1948.9.5.

기다. 암살단의 핵심 백민태가 심경의 변화를 일으킨 배경이다. 친일 경찰들이 체포되기 시작하자 결국 백민태는 자수했다. 이에 따라 배후가 드러났다.

百眼을 廻避하든 惡質警官、軍人도 該當

反民特委의 金相敦氏談

逃走튼 李九範

釜山에서逮捕코 서울로押送

〈그림141: 1949년 1월 30일 자 경향신문〉

1949년 1월 25일 새벽 노덕술이 체포되었고, 같은 날 최난수와 홍택희도 검거되었다.[41] 이구범 역시 구속되었다. 「경향신문」의 기사에 따르면, 28일 드디어 부산에서 그리운 과거의 '오야붕'에게 구원을 받으려 도주 계획을 하다 체포되었다.[42] 30일, 전 중부서장 박경림 역시 반민특위 살해혐의로 구속되었다.[43]

41 최란수·홍택희 양 경감 체포, 「동아일보」, 1949.1.29.

42 도주튼 이구범, 부산에서 체포코 서울로 압송, 「경향신문」, 1949.1.30.

43 전 중부서장인 박경림 구속, 「조선일보」, 1949.2.2.

수도청 수사과장을 역임했던 노덕술과 최난수, 중부서장을 지냈던 이구범과 박경림 그리고 수도청 사찰과 부과장 홍택희 등은 모두 영어의 몸이 되어 법의 심판을 받게 된 셈이다. 이미 기소된 노덕술 외 홍택희 · 최난수 · 박경림 등은 2월 12일, 살인 · 살인예비 · 폭발물취체 위반으로 기소되었다.[44]

5월 26일, 이들 4명에게 징역 4년이 구형된다.[45] 이들의 혐의는 임화(박성근) 고문치사 사건, 국회의원 등 반민특위 관계자 암살 모의 사건, 친일 행위 등이었다. 이 무렵만 해도 노덕술, 이구범, 최난수 등 정판사사건 조작에 관련되었던 고문 경찰 대부분은 몰락하는 것처럼 보였다. 그러나 이들은 모두 기사회생하게 된다.

1심부터 살펴보자. 1949년 6월 20일, 특위 요인 암살 사건 언도 공판이 개정되었다. 검사 이원희(李元熙) 입회하에 주심은 임석무(林碩戊) 판사였다. 피고 최난수 · 홍택희에게는 살인예비 · 폭발물취체규칙 위반으로 징역 2년이 선고되었다. 노덕술 · 박경림은 증거불충분으로 무죄가 되었다.[46] 사실 이 무렵부터 반민특위의 활동은 종결되었다고 보아야 한다.

1949년 6월 4일, 서울시경찰국 최운하 사찰과장이 반위특위에 의해 체포되었다. 다음날 오후, 서울시경찰국 440여 명의 경찰관이 사표를 제출했다. 오후 2시부터는 사찰과원 전체가 파업에 들어갔다. 전례가

44 모종 암살 음모? 최난수·홍택희 기소, 「동아일보」, 1949.2.15.

45 특위 요원 암살 음모 공판, 노덕술에 4년 구형, 「경향신문」, 1949.5.28.

46 노덕술에는 무죄, 「조선일보」, 1949.6.22.

警察、突然"特委"를包圍

武器押收·廿名을引致

特委、隊員釋放國會에要求

上部指示로 武器를回收 李治安局長談

金泰善氏談話發表

特警隊"武裝 政府서從前

法的解決 金特委員長談

特委脅威警察에影響

李大統領解散發令을言明

[서울7日發AP合同] 지난6日40名의警察이叛民特委를襲擊하여 22名의特別警察을臨時的으로 逮捕하였었는데 이에關하여李承晩大統領은AP記者에게다음과같이말하였다

내가特別警察隊를解散시키라고警察에게命令한것이다 特委襲擊이있은後 國會議員代表團이 나를찾아와서 特警解散을延期하라고要求하였으나 나는그들에게憲法은다만行政府만이警察權을가지는것을容許하고있기때문에 特警解散을命令한것이라고말하였다 特別警察隊는國立警察의老練한警察官인 崔雲霞氏等을逮捕하였는데 이兩人은6日에釋放되었다 現在特委에依한逮捕의脅威는 國立警察에重大한 影響을미치고있다 나는國會에對하여 特委가起訴할者의 秘密名簿를 作成할것을要請하였다 그런데無慮百餘名의이름이그들간에오르나리고있다 그러나그것에는相關하지않는다 다만그들이이와같은名簿를우리에게提出해주면 우리는起訴者를全部逮捕하여한꺼번에 事態를淸潔할것이다우리는언제까지그러한問題를길게끄을수없다

〈그림142: 1949년 6월 7일 자 조선일보, 6월 9일 자 동광신문〉

없는 일이다. 경찰이 파업을 하다니… 그리고 경찰관들이 물리력을 행사하기 시작했다.

6월 6일 오전 7시부터 8시 사이, 특별조사위원 박우경, 특별검찰관 서성달, 동 서용길의 집에 무장 경관이 출동하였다. 그 외 각 조사관들의 집에도 경관들의 예비조사가 있었다. 오전 8시 30분경에는 중부서 윤기병 서장 지휘하에 중부서 외 각 경찰서 경찰 80여 명이 남대문로에 있는 특위를 포위한 뒤, 출근하는 조사관 및 직원들이 휴대하고 있는 권총을 압수하고 특경대원 20여 명을 잡아갔다. 마침 특위사무소에 있던 반민특위 검찰부장 권승렬도 권총을 압수당했다고 한다.[47] 모든 것은 이승만의 작품이었다. 6·6사건 다음날인 1949년 6월 7일, AP통신

47 경찰, 돌연 '특위'를 포위, 무기압수·20명을 인치, 「조선일보」, 1949.6.7.

기자에게 다음과 같이 말하였다.

> 내가 특별경찰대를 해산시키라고 경찰에게 명령한 것이다. 특위 습격이 있고 나서 국회의원 대표단이 찾아와서 특경 해산을 연기하라고 요구하였으나 나는 그들에게 헌법은 다만 행정부만이 경찰권을 가지는 것을 용허하고 있기 때문에 특경 해산을 명령한 것이라고 말하였다. 특별경찰대는 국립경찰의 노련한 경찰관인 최운하 씨 등을 체포하였는데 이 양인은 6일에 석방되었다. 현재 특위에 의한 체포의 위협은 국립경찰에 중대한 영향을 미치고 있다. 나는 국회에 대하여 특위가 기소할 자의 비밀 장부를 작성할 것을 요구하였다. 그런데 무려 100여 명의 이름을 모르는 자도 있으며, 천 명 혹은 만 명의 이름이 그들 간에 오르내리고 있다. 다만 그들이 이와 같은 명단을 우리에게 제출해 주면 우리는 기소자를 전부 체포하여 한꺼번에 사태를 청결케 할 것이다. 우리는 언제까지 그러한 문제를 길게 끌 수는 없다.[48]

이후 정국의 흐름은 익히 우리가 알고 있는 바와 같다. 반민법 공소시효 단축을 골자로 하는 정부개정안(2차 개정안) 국회 통과(7월 6일) → 위원장 김상덕 사퇴(7월 7일) → 법무부 장관 이인, 위원장 취임(7월 15일) → 사퇴한 위원들 자리, 친일파 청산을 반대해 온 인사들로 보충 → 반민특위 중앙조사부 해체(8월) → 반민법 공소시효 종료(8월 31일)

48 特委脅威警察에 影響, 李大統領 解散發令을 言明,「호남신문」, 1949.6.9.

→ 반민법 개정안 통과(9월) → 도조사부 폐쇄(10월 말) → 특별검찰부, 특별재판부와 함께 해체(10월)

한편, 특위 요인 암살 사건 1심 언도 공판 후 최난수와 홍택희는 보석으로 석방되었다.(1949년 7월 26일) 그리고 12월 26일, 노덕술 · 박경림 · 최난수 · 홍택희 등 4피고인들에게 1심과 같은 4년형이 구형되었으나,[49] 재판부는 노덕술 · 박경림에게 무죄, 최난수 · 홍택희는 벌금 20만 원을 언도하였다.[50] 세간의 예상대로였다. 반민특위의 와해와 궤를 같이했다는 얘기다. 아래에 지금까지 거론한 고문 경찰 관련 사건을 정리한 표를 소개한다.

[표24: 고문 경찰 관련 사건 일람표]

중부서 독직 사건	현을성(형사주임), 시민 구타로 1개월 정직 처분(47.6.28.)
	경무부 수사국, 현을성 · 이구범(중부서장) 취조 개시(48.7.15.)
	현과 이 송청, 독직 공갈 혐의(48.7.23.)
	이구범(불기소), 현을성 · 조덕순 · 도진희(기소유예), 횡령 금액 변상(48.8.9), 현을성 사직
	이구범, 수도청 부청장 임명(48.9.21.)
	이구범, 사표 제출(48.12.30.)
	내무부, 이구범 체포령(49.1.12.)
	이구범, 일본 도피 시도→ 부산에서 체포, 서울 압송(49.1.28.)

49 원심대로 각 4년형 구형, 「조선일보」, 1949.12.28.

50 노덕술 씨 무죄, 암살 음모 사건 언도, 「동아일보」, 1950.1.1.

<table>
<tr><td rowspan="7">수도청
독직 사건</td><td colspan="4">최운하(수도청 사찰과장) · 박주식(동대문서장),강태석(사업가,구속), 불구속송치(48.6.23.)</td></tr>
<tr><td colspan="4">최운하 · 박주식 구금(48.7.23.)</td></tr>
<tr><td rowspan="3">1심</td><td colspan="3">민동식 판사 기피 소명, 공판 무기 연기(48.7.26.)→ 기피 철회(8.3.)</td></tr>
<tr><td>구형(강석복)</td><td>48.9.3.</td><td>강태석(1년 6월) 최운하(1년, 추징31,250원)
박주식(1년, 추징26,250원)</td></tr>
<tr><td>언도(민동식)</td><td>48.9.20.</td><td>최(무죄)박(1년 집유 3년 추징26,500원)강(1년 6월)</td></tr>
<tr><td rowspan="2">2심</td><td></td><td></td><td></td></tr>
<tr><td></td><td></td><td></td></tr>
<tr><td rowspan="16">임화
(박성근)
고문치사
사건</td><td colspan="4">경무국 수사국, 노덕술(관방장 겸 수사과장) 문초(48.7.21.)</td></tr>
<tr><td colspan="4">노덕술, 최운하(사찰과장), 김재곤(수사과 부과장), 박사일(사찰과 부과장) 인치, 문초</td></tr>
<tr><td colspan="4">노덕술 사표(48.7.22.)</td></tr>
<tr><td colspan="4">노덕술 · 최운하(이미 7.23. 구속) · 김재곤 · 박사일 구속(48.7.23.)</td></tr>
<tr><td colspan="4">노덕술 자백(장택상 저격 혐의자 임화 고문치사, 사체 유기)</td></tr>
<tr><td colspan="4">노덕술 도주(48.7.25.)</td></tr>
<tr><td colspan="4">김태일(수도청부청장), 노덕술 등 비호 기자회견(48.7.27.)</td></tr>
<tr><td colspan="4">경무부, 김태일 정직 처분(48.7.28.) – 29일, 경무부사문위원회 회부 예정</td></tr>
<tr><td colspan="4">김태일 이화장 방문(48.7.29.)→ 정직 취소</td></tr>
<tr><td colspan="4">수도청 피의자 고문치사 사건 기소, 노덕술 · 김재곤 · 박사일 · 김유하–상해치사 · 사체 유기, 백대봉 – 기소 중지, 미체포 (48.8.2.)</td></tr>
<tr><td rowspan="4">1심</td><td>구형(윤두식)</td><td>49.1.7.</td><td>노덕술(도피 중) · 박사일 · 김재곤 · 김유하(2년)</td></tr>
<tr><td colspan="3">노덕술 반민자로 체포(49.1.25.)</td></tr>
<tr><td>구형(윤듀식)</td><td>49.4.15.</td><td>노덕술(3년), 박사일 · 김재곤 · 김유하(2년)</td></tr>
<tr><td>언도(민광식)</td><td>49.4.30.</td><td>노덕술 · 박사일 · 김재곤 · 김유하(무죄)</td></tr>
<tr><td rowspan="2">2심</td><td>구형(권오병)</td><td>49.11.21.</td><td>1심과 동일</td></tr>
<tr><td>언도(김준원)</td><td>49.11.26.</td><td>노덕술 · 박사일 · 김재곤 · 김유하(무죄)</td></tr>
</table>

<table>
<tr><td rowspan="11">특위 요인 암살 사건</td><td colspan="4">노덕술 체포→ 최난수 · 홍택희 체포(49.1.25.)</td></tr>
<tr><td colspan="4">검찰청장, 노덕술을 직접 취조(49.1.28.)</td></tr>
<tr><td colspan="4">백민태 자수, 체포(49.1.29.)</td></tr>
<tr><td colspan="4">최난수 · 홍택희 문초, 신익희 · 지대형 등 살인 음모, 백민태에게 지령(49.1.30.)</td></tr>
<tr><td colspan="4">최난수(서울경찰국수사과장) · 홍택희(동사찰과부과장) · 박경림(전중부서장) 기소 (49.2.1.)</td></tr>
<tr><td rowspan="3">1심</td><td>구형(이원희)</td><td>49.5.26.</td><td>노덕술 · 박경림 · 최난수 · 홍택희(4년)</td></tr>
<tr><td>언도(임석무)</td><td>49.6.20.</td><td>노덕술 · 박경림(무죄), 증거 불충분/
최난수 · 홍택희(2년),살인예비 · 폭발물취체규칙 위반</td></tr>
<tr><td colspan="3">최난수 · 홍택희, 보석(6.26.)</td></tr>
<tr><td rowspan="2">2심</td><td>구형(권오병)</td><td>49.12.26.</td><td>노덕술 · 박경림 · 최난수 · 홍택희(4년)</td></tr>
<tr><td>언도(김준원)</td><td>49.12.31.</td><td>노덕술 · 박경림(무죄), 최난수 · 홍택희(벌금 20만 원)</td></tr>
<tr><td>대법원</td><td>양대경</td><td>50.4.18.</td><td>유죄 취지, 파기 환송→ 고법 공소 기각 (51.12.31.)</td></tr>
<tr><td rowspan="5">반민특위</td><td>노덕술</td><td colspan="3">반민자로 체포(49.1.25.)→ 보석 석방(49.7.23.)→ 중령, 제1사단 헌병대장 (1950년)</td></tr>
<tr><td>최난수</td><td colspan="3">최난수 체포(49.1.25.)→ 총경 승진, 치안국정수과 제2계장(50.3.18.)</td></tr>
<tr><td>이구범</td><td colspan="3">일본 도피 시도, 부산에서 체포, 서울 압송(49.1.28.)→ 강원도경찰국장 (52.7.)</td></tr>
<tr><td>최운하</td><td colspan="3">체포 · 수감(49.6.4.)→ 석방(49.6.6.)→ 사찰과장복직, 표창(50.2.26.)→ 서울시경 부국장(50.4.29.)</td></tr>
<tr><td colspan="4">※반민특위 습격(49.6.6.)→ 반민법 2차 개정(7.6)→ 반민특위 해체(1949년 10월)</td></tr>
</table>

피의자를 고문하여 죽이고 난 뒤 사체를 유기하여도, 피의자로부터 금품을 갈취해도, 15명에 이르는 반민특위 관련자 암살 모의를 해도, 일제 강점기 시절 일제의 주구 노릇을 했어도, 그 누구도 처벌받지 않았다.

정판사사건에 관련한 경찰은 수사 실무자(경위 최난수 경위 김원기 경위 현을성 경사 김성환 경사 이희남 경사 조성기), 중부경찰서장(이구범), 수도청수사과장(노덕술), 수도청사찰과장(최운하), 수도청장(장택상) 등을 들 수 있다. 이들 중 수사 실무자 6명은 정판사사건 피고인들로부터 고소를 당했음은 이미 거론했다.

그리고 최난수, 현을성, 이구범, 노덕술, 최운하 등은 독직 사건, 고문치사 사건, 특위 요인 암살 미수 사건에 1건 혹은 3건의 혐의로 피고인이 된 바 있으나, 실형을 받은 사람은 아무도 없다. 모두 무죄가 확정되어 공식적으로 면죄부를 받았다는 얘기다. 그러나 그것으로 끝이었다. 수사 실무자 중 최난수만이 총경까지 진급했다. 하지만 10년 이상 총경직을 유지했어도 경무관으로 진급되지 못하고 5 16쿠데타 이후 직위 해임된다. 위 10명의 해방 후 최초 계급과 그 후 최종 계급은 다음과 같다. 최난수(경위→총경), 김원기(경위→경감), 현을성(경위→경위), 김성환(경사→경사), 이희남(경사→경사), 조성기(경사→경사), 이구범(총경→경무관), 노덕술(총경→총경, 육군중령), 최운하(총경→경무관 한국전쟁 중 납북), 장택상(치안감→외무부장관)…진급면만 따지자면 출세한 사람은 거의 없었다는 얘기다. 아래 표는 수사 실무진 6명의 이력이다.

[표25: 최난수(崔蘭洙) 이력]

일시	주요 이력	출전
1909.7.16.	충청북도 永同郡(본적)	대한민국건국십년지
	東京 法政大 전문부 졸업	대한민국건국십년지
1932.6.	전북도 순사 합격	매일신보(1932.6.4.)

1936.3.	도경부, 경부보 고시합격(전북)	매일신보(1936.3.21.)
1939	전북 고창경찰서, 경부보	직원록자료 (한국사데이터베이스)
1940.2.	전북 진안서 겸무(고창), 경부보	매일신보(1940.2.10.)
?	본정서 수사주임	
1946.7.22.	경찰청 수사과	현대일보(1946.7.22.)
8.23.	김창선, 정판사 2회 공판에서 고문 경찰 지적 (현을성 · 조성기 · 이희남 · 김원기 · 김성환 · 최난수)	중앙신문(1946.8.24.)
8.25.	충남경찰서 수사과장으로 영전	한성일보(1946.8.25.)
9.6.	송언필, 10회 공판, 최난수 · 조성기 등 고문	독립신보(1946.9.8.)
12.10.	정판사사건 검거 수훈으로 대공장 수여	자유신문(1946.12.13.)
1947.1.25.	박낙종 외 8명, 최난수 외 6명 고소(직권남용, 고문)	중외경제신보(1947.1.29.)
2.11.	동문서 수사주임 최란수 씨를 파면	경향신문(1947.2.21.)
8.23.	종로경찰서 사찰주임으로 영전	현대일보(1947.8.23.)
11.12.	수도청 경위 최난수(경찰살해범 체포)	독립신보(1947.11.14.)
12.	수도관구경찰청 최난수(불교 재산 횡령범 체포)	중앙신문(1947.12.12.)
12.22.	이관술 등 명 독직죄로 최난수 등 6명 고소	조선중앙일보(1947.12.25.)
1948.1.17.	우수경찰관 표창(장덕수 살해범 김석황 체포)	민중일보(1948.1.17.)
5.	서울→제주(5.18, 6월 중순)	조선(5.18.) 동아(6.24.)
9.11.	수도청 사찰과장 대리 임명, 경감 최난수	자유신문(1948.9.12.)
11.	제주비상경비사령부 직속 특별수사대 대장	제주4.3사건진상조사보고서
11.8.	수사과장 임(복직/사찰과장최운하 · 수사부과장홍택희)	독립신문(1948.11.12.)
12.24.	수사과장 최난수 사의 표명	독립신보(1948.12.26.)
1949.1.25.	최난수 · 홍택희 양 경감 체포(반민특위 노덕술 체포)	동아일보(1949.1.28.)
6.20.	노덕술 · 박경림(무죄), 최난수 · 홍택희(2년 언도)	동광신문(1949.6.23.)
7.26.	최난수 · 홍택희, 보석 석방	경향신문(1949.7.28.)
12.31.	노덕술 · 박경림(무죄), 최난수 · 홍택희(벌금 20만.원)	동아일보(1950.1.1.)

1950.3.18.	총경승진, 치안국정수과 제2계장	동아일보(1952.3.20.)
1952.9.17.	남원경찰서장(12대, 1952.9.17.~1953.4.2.)	대한민국건국십년지
1953.10.17.	충남경찰국 사찰과장	경향신문(1954.4.8.)
1954.4.6.	제주도 제주서장(15대, 1954.4.6.~10.16.)	경향신문(1954.4.8.)
1954.10.16.	전남 수사과장	조선일보(1954.10.18.)
1955.3.14.	전북 수사과장	조선일보(1955.3.15.)
1956.2.20.	춘천 경찰서장(14대, 1956.2.20.~1958.8.22.)	경향신문(1956.2.22.)
1958.8.22.	전북 김제서장	경향신문(1958.8.23.)
1959.4.20.	공무원훈련원 입소	경향신문(1959.4.21.)
1961.1.	내무부 치안국	조선일보(1961.1.31.)
2.6.	치안제4과장(전직 경무과)	동아일보(1961.2.7.)
2.9.	내무부 치안국 정보과 중앙분실장	조선일보(1961.2.9.)
6.	직위 해임	조선일보(1961.6.21.)
1963.4.26	신정당 발기인	경향신문(1961.4.26.)

[표26: 김원기(金元起) · 현을성(玄乙成) · 김성환(金成煥) · 이희남(李熙南) · 조성기(趙成基) 이력]

일시	주요 이력	출전
1946.12.10.	정판사사건 검거 수훈으로 대공장 수여	자유신문(1946.12.13.)
1947.1.25.	박낙종 외 8명, 최난수 외 6명 고소(직권 남용, 고문)	중외경제신보(1947.1.29.)
1947.3.27.	[조성기]중부서 수사계, 살해범 체포	동아일보(1947.3.27.)
1947.6.28.	[현을성]형사주임 1개월 정직, 시민 구타	경향신문(1947.7.3.)
1947.12.22.	이관술 등 명 독직죄로 최난수 등 6명 고소	조선중앙일보(1947.12.25.)
1948.1.24.	[장택상]테러, 범인 체포(임화, 본명 박성근 25세)	장병혜, 상록의 자유혼
1948.1.29.	임화 사망→노덕술 · 김재곤 · 박사일→시체 유기(한강 얼음 구멍)	강원용, 역사의 언덕에서

1948.3.18.	[김원기]검찰관 29명, 하지에게 진정, 고문 감찰 거부 문제	독립신보(1948.3.19.)
7월 중순	[이구범]특무과장 이만종이 문초, 살인용의자 은닉(금품 수수)	경향신문(1977.6.3.)
	수사부국장 이만종, 노덕술 · 최운하 · 김재곤 · 박사일 구속	
	임화 고문치사, 한강 얼음판 시체 유기(김재곤 · 박사일) 수사 결과 발표	
1948.7.23.	[현을성]전 중부서장 이구범 등 경찰 4명 구속(독직 · 공갈)	조선일보(1948.7.24.)
	[노덕술]경무부 탈출(수도청부청장 김태일, 고문 최연이 보증)	경향신문(1977.6.3.)
1948.7.26.	[노덕술]최운하 · 김재곤 · 박사일 송청	
	수도청 김태일 성명 발표, 고문치사 사건 날조 주장	
	경무부 이만종, 김태일 정직 처분	
	김태일 등 이승만에게 호소→ 정직 취소, 국회 진상조사	
	[노덕술]등장, 노덕술 · 최운하 · 김재곤 · 박사일 기소→ 무죄	
1948.8.9.	[현을성]조덕순 · 도진희(기소유예), 이구범(불기소), 횡령 금액배상	경향신문(1948.8.11.)
1948.11.	[현을성]노덕술과 공모 증언 〈임화고문치사사건〉 최운하 시인	조선일보(1948.11.20.)
1949.1.9.	[노덕술]2년 구형→ 무죄	조선일보(1949.1.9.)
1949.2.24.	[조성기]종로서 수사계주임, 깽사건 공범자 체포	경향신문(1949.2.24.)
1949.4.13.	[김원기]강원 수사과장, 경감	동아일보(1949.4.18.)
1951.9.2.	[김원기]중부서 수사계장, 경감	조선일보(1951.9.2.)
1952.9.20.	[김성환]치안국 정보수사과 경사, 금일봉과 감사장(체신장관)	동아일보(19525.9.22.)
1953.1.20.	[김원기]중부소방서 총무계장	경향신문(1953.1.20.)
1956.8.25.	[김원기]고령으로 감원, 서대문서 수사계장	경향신문(1956.8.27.)

25

사상 검사와 정치 판사

高等法院 梁元一(判事)被殺

三日午後九時國防部步哨兵發砲로

梁元一氏略歷

崔榮煥判事急逝

특별재판부 제三부재판 장대리로서 반민공판에 활약하여오던 고등법원 판사겸 특별재판관 최영환(崔榮煥二九)씨는 二十三일 오후 六시경 대법관 노진설(盧鎭卨)씨의 감찰위원장 선임 축하회 자리로 북악산 불노덕정에 심장마비로 급사하였는데 영결식은 二十五일 오후二시 서대문구 아현동(阿峴洞) 법원 판사 제三호 사택에서 거행되었다

"不過半年同居했어요"

속은結婚에生活費는每朔六千圓

金三龍 李舟河의 妻어제 첫公判

〈그림143: 시계방향으로, 1949년 3월 5일 자 경향신문, 7월 26일 자 경향신문, 1950년 6월 25일 자 경향신문〉

정판사사건 담당 판사는 주심 양원일(梁元一, 1912~1949), 배석 김정렬(金正烈, 1907~1974), 최영환(崔榮煥, 1911~1949), 이봉규(李奉奎, 1916~1950?)[1] 등이다. 이들 중 유일하게 김정렬만이 한국전쟁 이후에도 생존했다. 나머지 3명은 피살, 익사, 실종 등으로 천수를 누리지 못했다. 이들의 행적을 살펴보자.

1 《증언영상채록, 6·25전쟁납북인사가족협의회》

정판사사건이 어느 정도 정리된 1946년 12월 24일, 대법원장 김용무는 위조지폐 사건에 관계한 관리 9명에게 "의무를 잘 수행했다"고 표창장을 수여했다. 양원일, 최영환, 김정렬 등이 수상자 명단에 포함되었다.[2] 이봉규의 경우, 최영환을 대신하여 언도 공판에서 단 한번 배석했던 것뿐, 공판 참가가 미미했던 탓으로 제외된 것으로 보인다. 양원일은 정판사사건 재판 이후에도 반공 판사로서 이름을 날리게 된다. 시국관련 재판은 그의 몫이었다. 아래에 몇 가지 사례를 소개한다.

① 개성상도지서 습격 사건: 신광선(구형 7년 → 언도 8년), 김호봉 · 이회로 · 이도영(5년 → 5년)[3]

② 엄항섭, 6 · 23 반탁 데모 사건: 10만 원 구형, 무죄판결[4]

③ 독촉국민회 회현동 살인 강도 사건: 이의하 · 임용기(무기 → 무죄)[5]

④ 개풍군임한지서 습격 사건: 이재천 · 이신호 · 이영호(무기 → 사형), 이봉룡 · 이철환(7년 → 무기)[6]

한독당, 중경 임시정부, 독촉국민회 등 반탁운동 관련 인사에게는 벌금형, 무기 등 검사의 구형에 관계없이 무죄를 언도하였다. 반면 좌익 관련 정치 사건에는 구형보다 높은 형량을 언도했다는 것을 파악할

2 양원일 재판장 등 표창, 「자유신문」, 1946.12.26.

3 開城上道支署襲擊事件, 關係者最高八年懲役言渡, 「서울夕刊」, 1947.4.3.

4 嚴恒燮氏에 無罪判決, 「중앙신문」, 1947.6.28.

5 회현동 살해 사건, 무죄로 판결 언도, 「경향신문」, 1947.8.2.

6 무기 구형에 사형언도, 「조선일보」, 1947.8.1.

수 있다. 정판사사건에서 검사의 구형을 그대로 인정한 것과 맥락을 같이한다. 그의 판결은 극우 · 반공 · 미군정 종속이라는 그의 성향을 알 수 있게 만든다. 전형적인 정치 판사였다는 얘기다. 아무튼 양원일은 출세 가도를 달리게 된다.

1948년 5월, 제주4 · 3사건의 처리를 위해 사법관을 파견할 때 대표판사로 선임되었으며,[7] 며칠 지나지 않아 제주지방법원 대리에 임명되었다.[8] 다시 서울지방법원으로 돌아온 양원일은 좌익 관련 공판[9]을 주재하던 중 일본의 사법제도를 연구한다는 명목으로 일본시찰단에 합류하기도 했다.[10] 이 무렵 서울지법 부장판사였던 양원일은 서울고등법원 부장판사로 영전하게 된다.[11] 촉망받던 법조계 중진 간부에서 이제 곧 고위 간부로 변신하리라고 대부분의 법조계 인사들이 인정하고 있을 때 그가 사망했다는 소식이 전해졌다.[12] 국방부 육군총참모장 이응준은 사건의 진상을 다음과 같이 발표했다.

> 一, 해병사령부 부근에는 수일 전부터 계속적으로 좌익 불온 삐라 산포 사건이 있었고, 3·1절을 전후하여 군에서는 특별 비상경계 중이었음으로 보초는 긴장한 정신으로 근무하고 있었던 것이다.

7 濟州道事件, 檢察官들이 現地을 踏査, 「민중일보」, 1948.5.25.

8 濟州島法院長代理 梁元一部長就任, 「대한일보」, 1948.6.4.

9 南勞 간부들 11일부터 공판, 「자유신문」, 1948.10.9.

10 法曹視察次 梁元一氏渡, 「부인신보」, 1948.11.27.

11 양원일 씨 이력, 「경향신문」, 1949.3.5.

12 고등법원 양원일 판사 피살, 「경향신문」, 1949.3.5.

二, 3월 3일 밤 9시 40분경 탄약 공급 병사(兵舍)를 중심으로 경계 중인 보초 일등병 이응주는 탄약고 (보초선) 부근을 통행하는 2인의 통행인에 대하여 "정지! 누구냐?"의 수하를 하였다. 그러나 정지도 않고 대답도 없음으로

三, 재차 수하를 하였으나 역시 응답이 없이 정지치 않고 그대로 통과하였다. 차에 대하여 보초는 그 동행인을 견책하여 다시 정지를 강요하였다. 차에 대하여 그 통행인 중 그는 "이 자식 사람을 몰라본다."의 폭언을 하면서 보초의 총을 탈취하려 하였다. 그럼으로 보초는 일층 분격하여 총대 머리로 그자를 2회 구타하였다. 그 순간 피살자는 보초에 향하여 권총을 내들고 발사하려는 태세를 취하였으므로 보초는 위급을 느껴 대퇴부를 향하여 발사한 것이다.

四, 당시 그 병사에 파견 중인 헌병 2명은 총성을 듣고 곧 그 현장에 도달하여 피해자를 적십자 병원에 수용하고 백방 치료를 가하였으나 불행히도 절명하였던 것이다. 그리고 해 사건관계 보초는 즉시 구금하였고, 군법회의에 붙여 실정과 입장을 밝히기로 하였다.(서울발 고려)13

대다수의 언론은 "이 자식 사람을 몰라본다."라고 한 양원일의 폭언에 초점을 맞추었고, 일부 신문은 보초를 향하여 권총을 발사하려고 한 양원일의 대응방식도 보도했다. 과잉검문… 운운하면서 보초의 문제점에 대해 지적하는 언론은 거의 없었다. 진실은 알 수 없다. 다만 대부

13 梁元一判事慘變 軍當局에서眞相發表,「동광신문」, 1949.3.8.

분의 언론이 양원일의 죽음에 조의를 표명하지 않았다는 얘기다. 반공판사의 허무한 죽음이었다. 양원일의 나이 38세였다. 한편, 중앙고등군법회의는 오발로 구금되었던 입초병사 이응주에게 무죄를 언도하였다.[14]

양원일이 사망한 지 4개월쯤 지난 1949년 7월 말경, 배석판사로서 정판사사건의 재판을 진행했던 최영환이 작고했다는 기사가 보도되었다. 늘 따라붙던 정판사사건 담당 판사라는 수식어는 없고, 고등법원 판사 겸 반민특위 제2부 재판장 대리로 활동 중이라는 이력만 소개되어 있다.[15] 사인은 익사다. 대법관 노진설의 감찰위원장(현 감사원) 전임 송별야유회로 뚝섬에서 물놀이하던 중 심장마비로 사망했다고 한다. 그의 나이 39세 때다.

기묘한 것은 그가 죽은 장소다. 여러 번 거론했지만, 정판사사건은 뚝섬 위조지폐 사건으로부터 발단되었다. 그리고 뚝섬 위조지폐 사건의 판사와 검사는 정판사사건 담당 검사 · 판사와 동일하다. 뚝섬 위조지폐 사건 담당 판사가 뚝섬에서 사망한 것이다. 이로써 정판사사건의 진실을 알고 있을 4명의 판사 중 두 명이 사고사로 유명을 달리했다.

정판사사건 언도 공판에 배석판사로 참여했던 이봉규의 이력을 살펴보자. 송진우 암살 사건,[16] 백계 러시아 신부 폭행사건,[17] 법조 프락치

14 양판사 사건 무죄를 언도, 「조선일보」, 1949.4.9.

15 최영환 판사 급서, 「경향신문」, 1949.7.26.

16 송진우암살 방조사건의 전백에 대한 1회 공판, 「동아일보」, 1946.9.4.

17 白系 러시아인 신부의 폭행 사건에 대한 수사 확대 중, 「서울신문」, 1948.12.22.

사건,[18] 중앙청 공무원 프락치 사건,[19] 남로당 특수정보부 사건,[20] 대통령 암살미수 사건[21] 등 예민한 사건에 영향력을 행사한 것을 알 수 있다. 이봉규의 마지막 재판은 김삼룡의 처 이옥숙(李玉淑, 35세)과 이주하의 처 이을순(李乙順, 26세) 등 8명에 관한 제1회 공판이다.[22]

〈그림144: 북한 평양 신미리애국열사릉에 있는 김삼룡의 묘에 함께한 부인 리옥숙과 가족들.[캡처–조선의 오늘]. ©통일뉴스〉

공판 다음날 6 · 25전쟁이 발발했고, 6월 26일 김삼룡 · 이주하 처형, 6월 28일 서울형무소 재소자 출옥 등 일련의 사건은 이미 알려진 바와

18 제1차 법조 프락치 사건 언도 공판에서 金寧在 전 차장검사에게 집행유예 선고, 「서울신문」, 1950.3.26.

19 중앙청 공무원 프락치 사건 관련자에 대한 언도 공판이 진행, 「한성일보」, 1950.5.19.

20 남조선노동당 특수정보부 관공서 B블록 사건 언도 공판, 「연합신문」, 1950.5.21.

21 趙邁死刑言渡 景武臺爆破未遂犯, 「동아일보」, 1950.6.3.

22 김삼룡·이주하의 처, 어제 첫 공판, 「경향신문」, 1950.6.25.

같다. 「통일뉴스」의 보도에 따르면 김삼룡의 처 이옥숙은 세 딸 경애 · 영애 · 해산과 함께 월북했고, 2016년 5월 17일 100세 생일을 맞아 자손들과 함께 김삼룡 비석 앞에서 가족사진을 찍었다고 한다.[23] 궁금한 것이 하나 있다. 이봉규 역시 북으로 간 것으로 알려져 있다.[24] 자신의 마지막 공판 피의자였던 이옥숙 그리고 자신이 주심을 맡았던 법조 프락치 사건의 피고인 윤학기 · 백석황 · 강중인 · 강혁선 · 이경용 등도 월북했다. 북에서 그들이 다시 만났다면 어떤 얘기가 오갔을까? 아무튼 이봉규가 납북(월북)됨으로써 정판사사건 공판 담당 판사 4명 중 3명이 사라졌다.

정판사사건 공판 담당 중 이제 김정렬만 남았다. 서울지법 판사로서 정판사사건 배석판사로 활동했던 김정렬은 그 후 서울지법 인천지원 판사(1948년, 42세) → 인천시 선거관리위원장(1949년, 43세) → 서울지법 부장판사 겸 인천지원장(1951년, 45세) → 제2대 민선 인천시장(1954년, 48세) → 인천시교육위원회 의장 · 인하공대후원회장 · 인천체육회장 → 직선 인천시장(1958년, 52세) → 심계원(현 감사원) 차장 겸 고등고시 전형위원(1960년, 54세) → 경기도지사 낙선(1960년 12월) → 제1대 인천시행정자문위원장(1965년, 59세) → 서울 제2변호사회 회장(1966년, 60세) → 제7대 국회의원 당선(신민당, 1967년, 61세) 등을 지냈으며 1974년 68세로 타계했다. 장례는 향토사회장으로 치러졌으며, 사후 22년만인 1996년 6월 10일, 인천시 남구 숭의동 수봉공원에서 '송

23 北 김삼룡 부인 리옥숙 가족사진 공개, 「통일뉴스」, 2016.9.7.

24 김두식, 『법률가들』, 창비, 2018, p.515. 〈김두식은 납북된 것으로 보고 있다.〉; 《증언영상채록, 6·25전쟁납북인사가족협의회》

덕비' 제막식이 거행되었다.[25]

김정렬은 행정 최일선 '민주주의 수호자', 청백리, 맑고 깨끗한 관리 등의 이미지로 인천지역에선 명망가의 반열에 올랐다. 그의 생애를 살펴보면, 옳은 판단이다. 김정렬은 사법(司法), 행정(行政), 입법(立法)의 3부(三府)를 두루 거친 흔치 않은 인물이다. 행정부(심계원 차장, 인천시장 등)와 입법부(국회의원)에서 활동하던 김정렬은 그리 큰 과오가 없다. 인천지역에서의 평가와 대체로 일치한다. 하지만 판사 김정렬은 원죄가 있다. 즉 정판사 위조지폐 조작 사건 문제다. 그는 수많은 공직을 거치는 동안 정판사사건에 대해선 철저히 침묵을 지켰다. 그가 내린 판결에 대해 옹호하지도 않았고, 참회하지도 않았다. 동료 판사 3명이 모두 사라진 상황에서 유일하게 생존한 인물이라면 정판사사건에 대해 어떤 식으로라도 증언을 남겼어야 했다. 그는 비겁했던 것이다. 이로써 공판 판사 4명 모두가 약속이나 한 듯 정판사사건에 대해 아무런 기록도 남기지 않게 되었다.

다음은 검사 조재천(曺在千, 1912~70)과 김홍섭(金洪燮, 1915~65)의 이력을 살펴볼 차례다. 공판 판사들이 자의건 타의건 모두 법조계를 떠난 것과 마찬가지로 조와 김, 두 명의 검사들도 일찌감치 검찰을 떠난다. 정판사사건 이후 조재천의 이력을 살펴보자. 철도관구 경찰청장(1948년 1월, 37세) → 제1관구 경찰청장(9월) → 내무부치안국경무과장(11월) → 경상북도 경찰국장(1949년 1월, 38세) → 경상북도 도지사(1950년 1월, 39세) → 한국전쟁 중 사임 → 제3대 민의원 당선(민

25 [인천인물100人·34] '묵헌' 김정렬 前 인천시장, 「경인일보」, 2005.12.8.

주국민당, 1954년 6월, 43세) → 제4대 민의원(민주당, 1958년 6월, 47세) → 제5대 민의원(민주당, 1960년 8월, 49세) → 법무부장관(민주당, 1960년) → 내무부장관(1961년, 50세) → 5 · 16쿠데타로 퇴임 → 제6대 국회의원(민주당 전국구, 1963년 12월, 52세) → 민주당부총재(1964년 3월, 53세) → 의원직 사퇴(민중당, 1965년, 54세) → 신민당 탈당(1967년, 56세) → 민주당총재 추대(1967년 4월) → 제7대 국회의원 낙선, 총선 참패로 정계 은퇴(1967년)→ 사망(1970년 7월 5일, 59세)… 조재천은 김정렬과 마찬가지로 사법, 행정, 입법의 3부를 모두 거쳤지만, 김정렬과 비교되지 않을 정도로 행정 · 입법부의 최고 위직을 역임한 정치인이었다.

그의 변신은 청년 시절에도 마찬가지였다. 정리를 해보면, 전남 광양(1912년 11월) → 광주서공립중학교(1931년 3월, 20세) → 대구사범학교 강습과(1933년 3월, 22세) → 교원시험 합격(1933년) → 전북 청하(靑蝦)공립보통학교 → 조선총독부 보통시험 합격(1934년 8월, 23세) → 전남 남원공립보통학교 퇴직(1937년 4월, 26세) → 전북 산업부 농무과 촉탁(1938년 12월, 27세) → 주오대학(中央大學) 전문부 법학과 → 조선변호사시험(1940년 8월, 29세) → 일본 고등문관시험 사법과(10월) → 주오대학 중퇴, 귀국(12월) → 조선총독부 사법관 시보(1941년 1월, 30세) → 광주지방법원 및 동 검사국 근무(1년 6개월) → 평양지방법원 예비판사(1943년 3월, 32세) → 판사임명(7월) → 평양지방법원 검사(1945

년 6월, 34세)… 등과 같다.[26] 초등학교 선생, 행정직 공무원, 판사, 검사… 20대부터 30대 초반까지, 일제 강점기 시기 조재천의 이력이다.

請牒狀

朴東熙氏 二弟 正熙君
陸鍾寬氏 二女 英修孃

이 두 분은 서로 百年을 함께 할 뜻을 이루어 여러 어른과 벗을 모신 앞에 華燭을 밝히려 하오니, 부디 오시어 복된 자리를 더욱 빛내 주소서。

時日 檀紀四二八三年 十二月 十二日(火曜日)
下午 二時
場所 大邱市 桂山洞 天主敎聖堂

檀紀四二八三年 十二月 日

主禮 許億
請牒人 吳德俊 曺在千
辛相默 李聖許
孫熙善 朴春植

同夫人 貴下

〈그림145: 1930년대 엽서에 실린 대구사범학교 전경,ⓒ위키백과, 박정희와 육영수의 결혼 청첩장〉

조재천은 특이한 이력이 있다. 1933년 3월, 조재천은 대구사범 강습과에 입학했다. 1931년 4월에 개설된 강습과는 중학교, 고등보통학교, 5년제 실업학교의 제4학년 수료 정도의 학력이 있는 자에게 입학 자격이 주어졌는데, 수업연한은 1년이고 졸업 후 조선총독부가 실시하는 교원 시험에 합격해야 초등교원이 될 수 있었다. 박정희가 보통학교(초등학교)를 졸업하고 1932년에 입학한 5년제 심상과와는 달랐다는 얘기다. 조재천이 졸업한 광주서공립중학교(광주서중)은 지방의 명문교였다. 그가 경성제대 예과 혹은 관립전문학교, 사립전문학교의 국내 학교에 입학하거나 일본 대학에 유학하지 않고 1년제 대구사범 강습과에 입학한 이유는 알 수 없다.

다만, 사명감 때문에 훈도(訓導, 선생)직을 택한 것은 아닌듯하다.

26 《조재천, 친일인명사전》

왜냐하면 훈도 생활 틈틈이 고시 공부를 했고, 얼마 지나지 않아 조선 총독부 보통시험에 합격한 뒤 전라남도 산업부농무과(촉탁)에 근무하게 되기 때문이다. 선생에서 관료로 변신한 것이다. 흥미로운 것은 박정희와 육영수의 결혼식 청첩장에 청첩인 명단에 조재천이 포함되었다는 점이다.[27] 청첩인은 오덕준(吳德俊)[28], 조재천(曺在千)[29], 신상묵(辛相默)[30], 이성조(李聖祚)[31], 손희선(孫熙善)[32], 박춘식(朴春植)[33] 등 6명이다. 이들 중 오덕준, 손희선, 박춘식 등 3명은 현역군인이고 나머지는 대구사범 출신이다. 조재천의 경우, 정통이라고 할 수 있는 대구사범 심상과 출신은 아니지만 경북도지사라는 직함 때문에 이름을 올린 것으로 보인다. 박정희와 조재천은 이렇게 인연을 맺었지만, 먼 훗날 두 사람은 적대적인 관계로 다시 만나게 된다. 5 · 16쿠데타로 인해 정치인 조재천이 몰락하기 때문이다.

해방 공간으로 돌아가자. 정판사사건 이후 검사 조재천은 계속해서

27 박목월, 『육영수 여사』, 삼중당, 1976, p.111.

28 오덕준(1921~80), 9사단 사단장(준장), 군사영어학교, 5·16 후 소장예편, 한국수출무역공사 설립

29 조재천(1912~70), 경북도지사, 대구사범강습과, 일본중앙대학, 일제 강점기 검사, 해방 후 장관, 국회의원 등 역임《친일인명사전》수록

30 신상묵(1916~84), 경북경찰국 보안과장, 대구사범5기, 훈도 재직 중 지원병1호 입소, 일본군 헌병조장 봉직, 해방 후 경찰서장 충남 경찰국장 등 역임《친일인명사전》수록

31 이성조(?~2005), 중학교 교감, 1931년 대구사범입학(3기)로 입학했으나, 박정희와 같은 4기로 졸업했다. 해방 후 경북도교육감 역임

32 손희선(1924~09), 9사단 연대장(중령), 육사2기, 소장 예편

33 박춘식(1921~), 9사단 작전참모(대위), 만주 육군훈련학교 7기, 간도특설대 근무, 육사5기, 5·16주체, 교통부 장관 역임, 소장 예편《친일인명사전》수록

시국 관련 주요사건을 담당한다. 광주경찰서 습격사건,[34] 여운형 자택 폭발 사건,[35] 평택 사건,[36] 대한민청 테러 사건,[37] 여운형 암살 사건[38], 8 · 15 폭동 사건[39], 법원 내 남로당 세포 사건[40]… 등 수많은 공안 사건, 우익 단체 테러 사건이 그의 몫이었다. 우익에겐 관대하고, 좌익에겐 가혹했던 조재천의 구형은 정판사사건의 콤비 양원일의 판결과 매우 흡사했다. 곧이어 언론의 주목을 받게 될 오재도 · 선우종원보다 앞선 사상 검사의 출현이었다.

승승장구하던 조재천이 갑자기 검사직을 사임했다. 그리고 경무부는 1948년 1월 31일 날짜로 공석 중이던 철도경찰청장에 조재천을 임명했다.[41] 그의 나이 37세 때의 일이다. 경찰로의 전직이 외부의 힘에 의한 것인지 자신의 뜻이었는가는 불확실하다. 새롭게 출범한 이승만 정권은 경찰 조재천에게 보다 큰 힘을 실어주었다. 1948년 9월 서울을 제외한 경기도 전역과 황해도 일부를 관장했던 제1관구 경찰청장으로 임명되었고,[42] 1달 후에는 10월 25일부로 내무부 치안국 경무과장으로 전

34 廣州署襲擊事件, 關係者數十名起訴, 「대한독립신문」, 1946.12.29.

35 呂氏宅投彈犯丁昌和, 證據不充分으로 不起訴釋放, 「독립신보」, 1947.4.27.

36 平澤事件關係者에 最高五年求刑, 「독립신보」, 1947.3.26

37 首都廳 發表, 大韓民靑員테로事件, 十名의 死傷者를 낸 集團的 蠻行, 「독립신보」, 1947.4.25.

38 曺在千檢察官談話, 呂氏殺害犯人, 韓智根六日起訴, 「민중일보」, 1947.9.7.

39 八一五事件六十八名三十四名起訴, 「독립신문」, 1947.12.3.

40 法院內赤色事件取調一段落, 「독립신문」, 1948.1.24.

41 警察異動, 曺在千檢事 鐵道管區廳長에, 「독립신보」, 1948.2.3.

42 三八線警戒 注力할 터 曹在千廳長 就任談, 「동아일보」, 1948.9.25.

보된다.[43] 그리고 2달쯤 후인 1949년 1월 31일, 내무부는 경상북도 경찰국장 박명제를 파면하고 후임으로 조재천을 발령했다.[44] 영전 형식을 취했지만 정신없는 인사이동이었다. 경북 경찰국장은 경찰 조재천의 마지막 자리였다. 업무 현황을 파악하기도 전에 제1관구 경찰청장, 치안국 경무과장, 경북 경찰국장 등으로 자리바꿈을 했으니, 거의 매월 이삿짐을 꾸린 셈이다. 이것으로 끝이 아니었다.

1950년 1월 24일, 조재천은 같은 내무부 관할이지만 업무가 전혀 다른 경북지사로 임명되었다.[45] 법무부 검찰관에서 내무부로 소속이 바뀐 후 조재천의 보직은 유달리 자주 변경되었다. 더욱이 정기 인사가 아니고 경질 혹은 사임 후 대치 인사 발령이 잦았다. 1951년 6월 29일, 결국 사표를 제출했다.[46] 법복을 벗고 경찰 및 내무부 관료로 입신한 지 3년 6개월 만이었다. 이제 40세가 된 조재천이 선택한 것은 정치였다. 그는 민주국민당[47]에 입당했고 중앙상무집행위원이 되었다.[48]

43 내무부 인사발령, 「자유신문」, 1948.10.27.

44 慶北警察局長, 曺在千氏決定, 「동광신문」, 1949.2.2.

45 慶北知事에 曺在千氏被命, 「자유민보」, 1950.1.26.

46 曺在千慶北知事 辭表提出, 「동아일보」, 1951.6.30.

47 민주국민당(民主國民黨, Democratic National Party)은 1949년 2월 10일 한국민주당과 대한국민당이 통합하여 결성된 대한민국의 정당이다. 한국민주당의 후신으로, 약칭은 민국당이다. 민주국민당은 1949년 창당 초에는 국회 내 69석을 차지하여 한국민주당을 이어 원내 제1당의 지위를 유지하였으나, 여수·순천 사건 당시 이승만 정부에 대한 견제, 농민들에게 불리한 농지개혁법 제정 노력, 반민족행위처벌법 공소시효 단축 결의 등으로 민심이 떠나 1950년 제2대 국회의원 선거에서 24석을 차지하였고 당세가 크게 위축되었다. 이후 1952년과 1954년에 개헌 파동을 겪었다. 1954년 호헌동지회에 참여하였고, 1955년 9월 19일 민주당(1955)에 흡수되었다. 《위키백과》

48 상집 등 선출, 민국당중집위서, 「동아일보」, 1951.10.14.

「면도날」같은 性品

新派에서는「보배로운 입」

法務部長官 曺在千氏

話題와 人物

野黨의 猛將 曺在千

〈그림146: 1960년 8월 25일 자 동아일보, 1955년 12월 3일 자 경향신문

정치인 조재천의 이력은 화려하다. 제3대 민의원의원(달성군, 1954~58, 민주국민당)을 시작으로 제4대 민의원(대구 정, 1958~1960, 민주당), 제5대 민의원(대구 정, 1960~61, 민주당), 제6대 국회의원(전국구, 1963~67, 민주당) 등 4선을 했으며 그 외 제11대 법무부 장관(1960.8.23.~61.5.2.), 제25대 내무부장관(1961.5.3~5.18) 등 장관직을 두 번 역임했다.

이러한 경력을 쌓으면서 그는 이승만 독재정권 그리고 박정희 군부정권과 싸우는 야당투사로 대중들에게 알려지기 시작했다. 정치인 조재천이 등장할 때 늘 언급되는 소재는 정판사사건이다. 사례를 살펴보자.

> 국회의원이란 정치무대에서의 화려한 배우임에 틀림없다. 직업이 배우이니만치 무대 뒤의 고뇌와 비애도 무던히 간직되어 있으리라… 일제 강점기 시 검사, 해방 후 부장검사로서 민완을 휘두르는 것은

> 저 유명한 정판사위폐사건의 처리이었을 것이다…[49]
>
> 그러나 그의 지나치게 예리하고 차돌 같은 성격을 아는 이들은, 그의 정판사위폐사건 담당 …검사 시절을 상기시키면서 '면도날 법무'의 앞날을 턱없이 경원하는 자세를 보이기도 한다.[50]

그동안 정판사사건은 "남한에 공산 정권 수립을 위하여 당의 자금 및 선전 활동비를 조달하고 경제를 교란시킬 목적으로, 1945년 10월 20일부터 6회에 걸쳐 조선정판사 사장 박낙종(朴洛鍾) 등 조선 공산당원 7명이 위조지폐를 발행한 사건"[51]으로 규정되어 왔다. 그리고 조재천은 빨갱이로부터 나라를 구한 영웅 대접을 받고 있었다. 언론들이 일방적으로 보도해 주니 조재천은 정판사사건에 대해 별다른 언급을 할 필요가 없었다.

讀書

큰波紋일으킨長篇「北의詩人」

日 推理小說家「松本淸張」씨作品 問題化

「精版社僞幣事件」등實名小說로

「左翼活動」을두둔

曺在千씨 反駁文 日週刊誌서特筆

우리文學界의反響

脫線作家의「모랄」

虛構한 바탕에 實名은 말도안된다

〈그림147: 1962년 12월 29일 자 경향신문, 1964년에 발간된 '북의 시인' 일본어판 표지〉

49 화재의 인물, 야당의 맹장 조재천, 「경향신문」, 1955.12.3.

50 면도날 같은 성품, 신파에서는 보배로운 입, 법무부장관 조재천 씨, 「동아일보」, 1960.8.25.

51 《조선정판사위폐사건(朝鮮精版社僞幣事件), 한국민족문화대백과사전》

반전이 일어났다. 1962년, 마쓰모토 세이초(松本清張, 1909~92)라는 작가가 「중앙공론[52]」이라는 잡지를 통해 정판사사건을 언급했다.[53] 일본에서 영향력이 가장 큰 작가 중의 한 명이, 일본에서 가장 영향력이 큰 잡지 중의 하나를 통해 정판사사건의 실체를 고발한 것이다. 제목은 '북의 시인'이다. 일본보다 한국에서의 반응이 보다 뜨거웠다.

가장 먼저 반발한 사람은 조재천과 장택상이다. 조재천과 장택상은 「동아춘추」 12월호(창간호)와 1월호를 통해 항의문을 싣고 '북의 시인'을 규탄했다. 조재천은 그때의 사건 경위를 설명하면서 작가 마쓰모토에게 "임화의 일방적인 말만 듣고 한 쪽에 치우친 견해를 실명 작품화할 수 있느냐"고 항의했다. '북의 시인'에는 "당시 위조지폐 1천2백만 원을 만들어 낸 사건은 공산당 탄압의 구실이라고 믿는다. 이것은 타인에게서 들은 것이 아니라 그 자신(임화)이 설정식(薛貞植, 당시 미군정청 근무)에게서 직접 들어서 알고 있는 일이다."라고 서술되어 있다.

조재천의 주장은 방송을 통해서 일본에도 전해졌다. 1962년 11월 24일 밤, 「서울국제방송국」은 대일방송(對日放送)을 통해 30분 동안 조재천의 항의문을 소개하면서 마쓰모토의 작품을 규탄한 바 있다. 한국에

52 1887년 창간되어 현재도 발행되는 월간종합잡지이다. 1999년까지 中央公論社(旧社), 이후 中央公論新社가 발행한다. 일본에서 가장 오랜 역사를 가진 종합잡지로서 일본의 근대뿐만 아니라 전후 70년을 대변해 왔다고 할 수 있는 잡지다.《日本, ウィキペディア》

53 마쓰모토의 작품은 일본의 저명한 출판사에서 지속적으로 출판하고 있고, 한 해 세금으로 2,500만 엔(1961년, 전년도 고액 납세자 순위로 작가 부문에서는 1위)을 납부할 정도로 책이 많이 팔리는 작가였다. 그렇다고 통속·대중 작가도 아니다. 그는 어느 '고쿠라 일기'전(或る『小倉日記』伝)으로 1952년 제28회 아쿠타가와상(芥川龍之介賞)을 받은 바 있다. 〈松本清張의 인물, 「경향신문」, 1962.29.〉

서 마쓰모토를 일방적으로 규탄하자, 그 파문은 대한해협을 건너 다시 일본으로 번졌다. 「주간요미우리(週刊讀賣)」는 "한국의 전 법무장관에 의해 공박당한 마쓰모토 세이초(松本淸張) 씨"라는 제목으로 조재천의 항의문을 논평했으며, 「중앙공론」 편집장도 마쓰모토를 대변해서 「동아춘추」에 작품의 게재 경위를 밝히겠다고 했다.[54]

정판사사건은 16년 전에 발생한 사건이다. 조재천은 그동안 이 사건에 대해 공식적인 발언을 한 바 없다. 그런데 일본의 한 잡지에 실린 내용을 두고 왜 그렇게 과민하게 발언했을까? 『북의 시인』에 게재된 내용 중 정판사사건 관련 일부를 살펴보자.

① 해방일보는 공산당의 기관지다. 이 신문을 해산시킨다는 것은 공산당에 대한 직접적인 탄압이다.

② 조일명은 화가 나서 얼굴이 새빨개졌다. "이건 분명히 우익의 모략이오. 엄중히 항의할 겁니다."

③ "도대체 어떤 놈이 이런 짓을 생각해 냈을까요? 잔꾀가 빤히 들여다보여요. 어쨌든 이승만 · 김구 일파에게 매수당한 썩은 경찰이 지혜를 짜내어 만든 것이겠지요?" 임화는 고개를 끄덕였다. 우익 신문들이 일제히 떠들고 있는 것이 무엇보다 그 증거가 된다고 생각했다.

④ "하급 당원이지만, 그만큼 우리는 경찰의 유도신문과 고문을 경계해야 합니다." 고문이란 말을 듣고 임화는 가슴이 떨렸다.

⑤ …해방일보에 관해서는, 동지 주필 이승엽(조선공산당 중앙위원), 동 편집국장 조일명(조선공산당 간부)이 앞의 위조지폐 발행에 관련된 것으로 밝혀져, 양인을 검거했으며 해방일보에 무기 정간 처분 조치를 내렸다.

54 큰 파문 일으킨 장편 '북의 시인', 「경향신문」, 1962.12.29.

⑥ 설정식 자신이 그 공작을 계획한 사람의 하나가 아니었겠느냐 하는 상상이다. 주요 멤버의 한 사람은 아닐지라도, 한국인으로서 사정이 밝은 그에게 뭔가 의논을 했을지도 모른다. 임화는 약을 준 로빈슨 박사의 금빛 털이 난 긴 손가락이 생각났다. 임화는 설정식과 관계를 끊으리라 결심했다.

⑦ "신문에선 당의 자금 획득과 남조선의 경제 교란을 꾀하기 위해 백 원짜리 지폐를 찍어 냈다고 하더군. 좀 읽어 보면 그런가 하는 생각이 들 테지만, 지금 인플레가 일고 있는 조선에서 백 원짜리 위조지폐가 구두닦이에게 잡혔다고 해서 경제계에 혼란이 야기된다고 볼 수 있나?" 하고 임화는 말했다.

⑧ "하여간 날조된 증거와 자백으로, 공산당이 위조지폐를 찍어 냈다고 선전하고 싶은 거야. 노리는 점은 조선공산당이 무서운 범죄를 저지르고 있다는 것을 대중에게 선전하여 공포심을 불러일으키자는 거겠지."

⑨ "아니야, 미군정청 자체에서 했을 거야."하고 임화는 설정식의 희멀쑥하게 살찐 얼굴을 생각하며 말했다.

⑩ 《반동의 음모는, 있지도 않은 사실을 날조하여 마치 공산당이 한 것처럼 조작하였다. 그러나 보라! 이 사건의 취조를 맡았던 명동경찰서의 이구범과 장택상 수도경찰청장은 위조 장소가 건물 내부가 아니라고 했으며… 조선공산당 시위원회 선전부》

⑪ 경찰대가 일제히 허리에서 권총을 빼 들고 군중들에게 총구를 돌린 것은, 장택상의 명령에 의해서였다.… 땅에는 유혈이 낭자했다. 그 가운데 피투성이가 되어 쓰러진 학생이 있었다. 열아홉의 소녀로 탄알이 왼쪽 볼로 들어가 턱으로 나왔다. 소녀는 경찰들의 손에 의해 급히 대학병원으로 운반되었지만 이미 죽어 있었다.… 경찰의 발포는 절대 용서할 수 없습니다. 사람이 하나 죽었습니다. 가엽게도 열아홉 살 난 소녀입니다. 이름이 전해련(全海練)이라고 하는 학생입니다.[55]

55 마츠모토 세이　, 김병걸 옮김, 『북의 시인, 임화』, 미래사, 1987, pp.166~187.

『북의 시인』은 소설 형식을 빌렸지만 임화, 조일명(조두원), 설정식, 안영달, 하지, 러치(군정장관), 이승만, 김구, 박헌영, 이승엽, 이주하, 박낙종, 이관술, 권오직, 송언필, 조재천, 김홍섭, 이구범, 장택상, 전해련… 등 수많은 사람들이 실명으로 등장한다. 마쓰모토는 주로 임화의 입을 빌려 정판사사건의 진실을 말하고자 했다.

그러나 이 작품은 오류와 누락된 내용이 많다. 정판사사건의 핵심인 김창선을 언급하지 않았고, 무엇보다 뚝섬 위폐 사건를 전혀 다루지 않았다. 등장한 인물에 대한 오류도 적지 않다. 「해방일보」 폐간 당시의 임원은 권오직(사장), 김계호(발행 겸 인쇄인), 이우적(논설부위원) 등이었고, 그 외 주필 조두원, 편집국장 정태식, 영업국장 윤형식, 정치부 기자 박갑동, 편집국 강병도, 문예부 이상운, 이신연 등이 주요 구성원이었다.[56] 하지만 『북의 시인』에는 주필 이승엽(조선공산당 중앙위원), 동 편집국장 조일명(조두원, 조선공산당 간부)으로 되어 있다. 그리고 정판사사건을 담당했던 중부서를 명동경찰서로 표기했고, 특히 경찰의 총격으로 사망한 경동중학 3학년 전해련(全海練) 군을 열아홉 살 난 소녀 전해련(全海練)으로 오기(誤記)하였다. 소설 형식으로 쓰다 보니 작가가 상상력을 다소 가미한 것으로 보인다.

왜냐하면 '북의 시인'이 「중앙공론」에 연재될 무렵, 도서관 등을 통해 해방일보, 조선인민보, 중앙신문, 현대일보, 독립신보, 자유신문 등 좌익 · 중도계의 신문을 통해 당시의 상황을 파악할 수 있었고, 1946년 8월 조선해방연보출반부가 발간한 『해방조선』, 1947년에 발간된 『"정판

56 정진석, 해방공간의 좌익 언론과 언론인들, 「관훈저널」 겨울호, p.294.

사위폐사건'의 해부』(박수환, 아세아서점), 『위폐사건공판기록』(서울지방심리원, 대건인쇄소) 등의 자료를 분석하면 예로 들은 오류가 나올 수 없었기 때문이다.

어떻게 보면, 조재천이 너무 과도하게 반응했다고 볼 수 있다. 그냥 소설이라고 웃어넘길 수도 있었다. 하지만 그는 마쓰모토를 일방적으로 규탄했다. 그는 왜 이렇게 과격하게 반응했을까? 비록 소설 형식을 빌렸지만, '북의 시인'에는 진실이 담겨 있었기 때문이다. "날조된 증거와 자백으로, 공산당이 위조지폐를 찍어 냈다고 선전하고 싶은 거야. 노리는 점은 조선공산당이 무서운 범죄를 저지르고 있다는 것을 대중에게 선전하여 공포심을 불러일으키자는 목적으로 미군정청이 정판사 사건을 조작했다"는 것이 작가가 이 작품을 쓴 의도였을 것이다.

「경향신문」의 특종 그리고 조재천의 과민한 반응은 더 이상 확대되

「精版社僞幣事件」을 파헤쳤던
當時의 擔當檢事…曺在千氏의 말
殺氣속의 孤壘 法의 良心
◇曺在千씨
脅迫…反證까지 僞造
流血暴動물결속에 1審公判만30餘回
檢事席까지 左翼系靑年이메워

〈그림148: 1965년 1월 10일 자 조선일보, 1987년 한국에서 번역 · 출간된 『북의 시인 임화』의 표지〉

지 않았다. 한국과 일본의 외교적 문제로까지 비화할 뻔했던 『북의 시인』 및 '정판사사건'은 조용히 묻혀버렸다. '반공과 진실'이라는 담론은 1960년대에 거론하기에는 너무 일렀던 모양이다. 글을 연재했던 「중앙공론」은 1964년 단행본으로 발간했다. 한국의 언론은 어떠한 반응도 보이지 않았다.

조재천은 5 · 16쿠데타 이후 정치 낭인으로 있으면서 변호사 생활을 하다가, 1963년 정치 규제가 풀리고, 그해 전국구로 제6대 국회의원(민주당)으로 당선되었다. 그리고 이듬해인 1964년 3월에는 소속당인 민주당의 부총재로 선출되었다. 이 무렵 「조선일보」는 아래와 같은 조재천의 인터뷰 기사를 보도했다.

> "조선공산당이 합법적으로 간판을 내걸고 숱한 음모와 살인·방화·폭동을 서슴지 않던 해방 직후의 사회상"- 그 속에서 "단신 수십만 전 조선공산당원과 투쟁한 적이 있다"고 조재천 씨는 그때를 회고하며 쓴웃음을 지었다.
>
> 일정 때까지 평양에 있었던 조 씨는 해방이 되자 미군정의 특별검찰청 검사로 전임되었고 거기에서 줄곧 일인 고관들의 범죄만 다스려 오다가 46년 초에 서울지방검찰청 부장검사로 승진하면서부터 공산당이 벌벌 떨던 사상 검사로서의 그의 화려한 대공 투쟁은 벌어졌다. 공산당은 미군정-우익 진영에서 공산당을 때려잡기 위해 허위 조작된 사건이라고 우겨댔고, 우익 진영에서는 공산당이 저지른 사건이라고 아우성쳤던 세칭 '조선정판사위폐사건'은 당시 34세였던 조 씨의 날카로운 판단으로 백일하에 "공산당과 관련 있는 사건"으로

결말이 났고 이것이 결정적인 동기가 되어서 "공산당은 국민으로부터 신망을 잃게 되었다"는 것이다. "참 외로웠어요. 서울에서 발행되던 신문이 20여 종, 그중에서 우익을 대변한 것은 불과 서너 종이었고 나머지는 모두 친좌(親左)나 중립지였지요. 도무지 공산당의 악랄한 수법을 당해낼 수 있어야지요. 앞에도 공산당, 뒤에도 공산당, 정말 고군분투했지요." 조 씨는 그러나 일체의 정치적인 면을 떠나 법조인의 양심으로 일을 처리했다고 한다.

조선정판사는 일제 강점기 때 조선은행권을 인쇄하던 근택빌딩(지금 경향신문사)을 접수했고, 공산당본부도 함께 들어앉아 기관지 해방일보를 인쇄하던 곳이다. 거기에는 조은권을 인쇄하던 그 기계, 그 직공, 그 징크판, 그 잉크, 그 용지가 모두 남아 있었다.

공산당이 자금이 필요하니까 46년 9, 10월에 걸쳐 극히 비밀리에 돈을 찍었고, 그것을 감쪽같이 몰랐다가 그 이듬해 봄에야 탄로가 난 것이다. 감자 덩굴처럼 주렁주렁 매달린 연루자 10여 명 중엔 공산당 재정책임자 이관술과 간부 권오직의 이름이 끼어 있었고 이 사건은 이들의 지령이었음이 밝혀졌다.

그러자 전공산당 내지는 그 계열이 벌떼처럼 일어나 "우익인 독촉국민회가 저지른 위폐 사건을 적반하장으로 우리에게 몰아 씌우려 한다"고 우겨댔다. 처음 듣기에는 그럴듯하고 교묘하게 꾸며진 반증 40여 가지가 제시되었다. 담당 검사 조 씨는 일일이 다 조사했다.

모두가 조작된 것, 위증한 것이 드러났다. 이 사건은 1심 공판만도 30여 회, 나이 어린 조 검사에겐 협박장이 수없이 날아들었고 회유의 간청도 들어왔다. "실로 생명의 위협을 받은 적이 한두 번이 아니었다."고 조 씨는 몸서리치면서 당시를 회고했다.

처음 공판이 열렸던 46년 7월 29일, 이날은 공산당의 폭동이 일어났다. 공판장은 물론 판·검사석, 복도, 심지어 구치소까지 모두 좌익계 청년들이 점령했고, 당시의 수도청장이었던 장택상 씨는 사태 진압을 진두지휘했으나 기마대와 폭도들은 서로 총을 쏘는 유혈 소동이 일어났다. 저들이 쏘아죽인 소년의 시체를 메고 공산당은 시가 데모를 했다. 매일 삐라가 뿌려지고 벽보가 거리 담벽에 나붙고 극심한 '아지프로(선동적인 선전 활동)' 속에서 가위(可謂) 공산당 천지가 되어 버린 것이다.

"일인 작가 마쓰모토 세이초(松本清張)는 그 사건이 조작된 것이라고 곡필을 휘둘렀지만…" "애초 신문이 '공산당 위폐 사건'이라고 부르던 것을 사건을 어디까지나 법적으로 다스리기 위해 '정판사위폐사건'이라고 내가 이름 붙였다."면서 조 씨는 "터무니없는 소리"라고 잘라 말했다. 조 씨가 잊을 수 없는 사건이라고 말하는 또 하나는 경기도 광주경찰서 습격사건을 조사하던 일, 수사에 매듭을 짓고 주모자를 검거해 보니 한국어학회의 이윤재(李允宰) 선생의 아들이었다. 아버지는 존경받는 민족진영의 인사요, 아들은 좌익, 이것이 당시의 거친 사회상의 한 단면이었을 거라고 조 씨는 말을 맺었다.[57]

정치를 재개한 조재천은 '정판사사건'을 다시 소환했다. 매번 같은 레퍼토리다. 단신으로 수십만 공산당원과 싸웠다, 극심한 좌익 언론지 홍수 속에서 고군분투했다, 일체의 정치적인 면을 떠나 법조인의 양심

57 정판사위폐사건을 파헤쳤던 당시의 담당 검사, 조재천 씨의 말, 「조선일보」, 1965.1.10.

으로 일을 처리했다, 그들은 “우익인 독촉국민회가 저지른 위폐 사건을 적반하장으로 우리에게 몰아 씌우려 한다”고 우겨댔다, 공산당이 조작하고 위증한 것을 모두 밝혀냈다… 등등. 조재천의 주장 대부분이 허위임은 이 책을 통해 이미 언급했다.

무엇보다 용서되지 않는 거짓말은 경찰의 총에 의해 사망한 전해련 사건을 “저들이 쏘아죽인 소년의 시체를 메고 공산당은 시가 데모를 했다”고 전해련 군의 사망요인조차 조작하는 뻔뻔함이다. 조재천 및 언론에 의하면, 자신들은 무조건 선이고 좌익은 모두 악이 되는 셈이다. ‘반공=애국’이란 프레임하에서 조재천의 발언에 대해 이의를 제기할 개인이나 집단은 존재할 수 없는 시절이었다.

그러나 정치인 조재천이 간과한 점이 있었다. 박정희 정권은 반공을 국시로 내세우며 쿠데타를 성공시켰고, 그 후에도 반공을 외치며 집권에 성공한 세력이었다. 그러한 집단과 싸우기 위해선 좀 더 다른, 보다 신선한 이미지로 국민에게 다가서야만 했다. ‘정판사사건’의 영웅 조재천이 몰락한 이유다.

◇麻浦	(6)
吳在泳(統韓)	5,934
朴昇鉉(民衆)	833
▲金弘壱(新民)	44,506
金甲洙(共和)	27,321
吳在植(韓独)	935
曺在千(民主)	22,089

〈그림149: 1967년 6월 11일 자 조선일보〉

1967년 6월 8일에 치러진 제7대 국회의원 선거에서 조재천은 낙선했다. 대구 지역에서 3선, 전국구 1선 등 4선 관록의 중진 정치인이 처음으로 낙마를 한 것이다. 그것도 차점자가 아니라 신민당(김홍일), 공화당(김갑수)에 이은 3위였고, 득표수는 당선자의 60% 정도밖에 되지 않는 참패였다. 더욱이 그가 대표로 있던 민주당은 단 1석도 획득하지 못한 처참한 패배를 당했다.[58] 조재천은 정계 은퇴를 선언했고, 1970년 7월 5일 사망했다. 정치가 조재천의 명암에 대해선 거론하지 않는다. 그러나 조재천의 정치계 입신의 발판이 된 '조선정판사사건'의 거짓과 진실을 밝히는 것은 우리의 의무일 것이다. 이 책을 통해 고발한 검찰 및 사법부의 범죄 혐의를 정리하면 대략 다음과 같다.

① 직권남용: 선택적 수사 및 기소(독촉국민회 이원재 불기소)

② 직무 유기: 선택적 증인 소환(이원재 · 안미생 · 이시영 증인 출석 요청 기각)

③ 증거 조작: 뚝섬 위폐 사건의 증거물을 정판사사건의 증거물로 변경, 검사 조재천과 재판장 양원일의 밀행

④ 모해위증: 안순규의 증언을 묵살하고 오히려 위증죄로 구속, 배재룡의 모해위증

⑤ 고문 묵인: 경찰의 고문을 일부 시인했으나, 공소장에는 전혀 반영하지 않음… 등등.

조재천을 비롯해 경찰, 검찰, 법관 등은 죄를 덮고, 죄를 만들며, 특권을 누린 셈이다. 법조계 인사 중 마지막으로 거론할 사람은 김홍섭 검사다. 조재천과 양원일은 사상 검사와 정치 판사로 단정할 수 있다. 반면 김홍섭의 경우, 다소 애매하다.

58 제7대국회의원선거 정당별 당선자 수: 민주공화당(129석), 신민당(45석), 대중당(1석) 《위키피디아》

經濟輔國會問題로 地方法院金洪燮檢事辭表提出

精版社위폐사건담당검사인 京城地方法院검사 金洪燮씨는 지난十八일 돌연사표를제출하여 그 원인에대하여 일반사회의주목이집중되고있는데 동검사가 사표를내게된 경위는 다음과같다한다 즉지난十八일 위페공판도중 美인장교 뻐—취중위가찾어와 동金洪燮검사를불러내가지고 「나는모고관의명령으로 왔는데 經濟輔國會는 모장관의 지시에의해서된기관인데 만일검찰관으로서 동단체의 내용에대해서 의심을하고 조사한다는것은 월권이요 불손이다. 朴基孝 全用淳양씨는 조선사회에서 존경을받고있는인물이다 그런사람을소환하여 취조하는것은불법이다 따라서명령은아니나 朴全양씨집을 차저가서진사함이어떤가」하고 朴全양씨에게진사를요구하고 도라갓다한다 이에 사법의위신을 직히기위하여 사과치않기로결심한 金檢事는현직으로 구속되여가는일이있으면 사법부의위신의관계됨을 생각하고만일에대처해서 사표를제출한것이라한다

司法權獨立을主張 朴基孝事件에檢事總蹶起

지난十八일經濟輔國會 朴基孝、全用淳양씨취조는제보 사표를제출한경성지방법원金洪燮검사사직건은 그후이러한사건은일개검사의문제가않이라 사법부검찰당국을모욕한중대한위신문제라하여 동二十일지방법원공소원검사가총회합로의한후 검사총장을통하여 —취장관에게 이후다시는이런일이없도록검사의직권행위를 보장해줄것 또美인으로하야금 그런일을시히여 검사들모욕케한 배후인물을 조사하여 엄중처단하도록할것등을결의하여 동건의문(建議文)을 전검사총장에、의뢰하였다하는데 만일 이상건의문에 목적이 관철되지않는경우에는 사법부위신을위하여검찰진은 총사직할각오이라하며 한편문제의인물 朴基孝、全用淳양씨는 美인으로하여금 이런일을식힌혐의로지난二十一일부터 동지방법원 姜錫福검사의취조를밧고있어 이사건의추이는 일반사회에 많은 주목을집중하고있다한다

〈그림150: 1946년 9월 22, 24일 자 독립신보〉

1946년 9월 18일, 정판사사건 담당 검사 김홍섭은 갑자기 사표를 제출했다. 보도에 따르면, 미국인 장교 버치(Leonard Bertsch) 중위가 공판 도중에 찾아와서 다음과 같은 말을 했다.

> 나는 모 고관의 명령으로 왔는데 경제보국회는 모 장관의 지시에 의해서 된 기관인데 만일 검찰관으로서 동 단체의 내용에 대해서 의심을 하고 조사한다는 것은 월권이요. 불손이다. 박기효(朴基孝), 전용순(全用淳) 양 씨는 조선 사회에서 존경을 받고 있는 인물이다. 그러한 사람을 소환하여 취조하는 것은 불법이다. 따라서 명령은 아니나 박·전 양 씨 집을 찾아가서 진사(眞謝)함이 어떤가.[59]

김 검사는 사법의 위신을 지키기 위해 사과하지 않을 것을 결심했고, 현직으로 구속되면 사법부에 누가 되리라는 판단에 만일에 대처해서 사표를 제출했다고 한다.[60] 미군정하에서 흔치 않은 사례다.

59 經濟輔國會問題로 地方法院金洪燮檢事 辭表提出, 「독립신보」, 1946.9.22.

60 經濟輔國會問題로 地方法院金洪燮檢事 辭表提出, 「독립신보」, 1946.9.22.

경제보국회는 1945년 12월 12일, 자본가(김홍량, 민규식, 최창학, 강익하, 전용순, 김제동, 조준호, 박기효 등)들이 미군정(하지, 굿펠로우, 버치)의 지원과 조정하에서 미곡수집 촉진과, 보국 기금 모집이라는 목적하에 만든 단체이다. 조직의 결성은 이승만이 주도했다. 그러나 정치자금 조성과 운용이 실질적인 목적이었음이 드러난다. 1946년 6월 중순경, 971 CIC지대는 경제보국회가 우익 정치지도자(이승만, 김구 등)들에게 막대한 재정지원을 했다는 정보를 입수하고 수사를 시작했으나, 하지의 명령에 따라 자금 조사를 중단한 사건이 있었다. 이러한 배경하에서 9월 10일, 김홍섭은 경제보국회 간부인 박기효, 전용순을 검사국으로 소환하여 신문하자, 하지 사령관의 정치고문 버치 중위가 김 검사에게 박 · 전 두 사람에게 사과할 것을 요구한 것이다.[61]

김홍섭이 사표를 제출한 이틀 후인 9월 20일 오후, 검사국은 회의를 열어 검사의 직권 행위를 보장할 것과 검사를 무시하고 법의 위신을 훼손하는 배후 인물을 엄중히 처벌할 것을 결의하고, 만일 이러한 요구가 관철되지 못할 때는 총사직으로 항거하겠다고 결의하였다. 이 결의는 건의문 형식으로 이인 검사총장을 거쳐 미군정 사법부장 존 코넬리(John W. Connely, Jr.) 소령에게 전달되었다.[62]

결국 이 사건은 묻히게 된다. 김 검사의 사표는 반려되었고, 박기효 · 전용순 등 경제보국회 간부들은 아무런 처벌도 받지 않았다. 다만 경제보국회에서 조성한 자금이 누구에게 흘러갔는가 정도만이 알려

61 임성욱, 『조선정판사 위조지폐사건 연구』, 2019, p.156.

62 총사직으로 직권보장, 주목되는 검사 무시의 귀추, 「동아일보」, 1946.9.24.; 司法權獨立을 主張, 朴基孝事件에 檢事總蹶起, 「독립신보」, 1946.9.24.

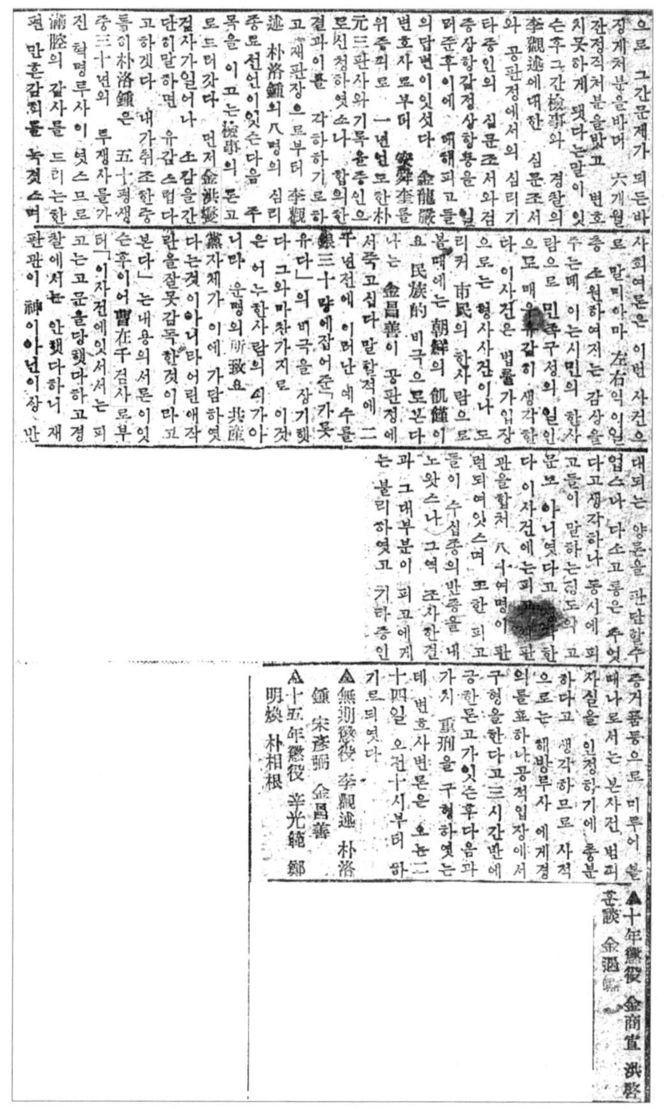

으로 그간문제가되든바 징계처분을바며 六개월간정직처분을밧고 변호치못하게 됏다는말이잇슨후그간檢事와 경찰의李觀述에대한 심문조서와 공판정에서의 심리기타증인의 심문조서와검증상항갑정상항등을일머준후이에 애해피고들의답변이잇섯다 金龍巖변호자로부터 安舜奎를위증죄로 一년언도한朴元三판사와 기록윤중인으로신청하엿소나 합의한결과이를 각하하기로하고 재판장으로부터 李觀述 朴洛鍾외八명의 심리종료선언이잇슨다음 주목을 이끄는檢事의 론고로드러갓다 먼저金洪燮검사가일어나 소감을간단히말하면 유감스럽다고하겟다 내가취조한중특히朴洛鍾은 五十평생중三十년의 투쟁자를가진 혁명투사이엿스므로滿腔의 감사를 드리는한편 만흔감회를 늑겻스며

사회여론은 이번사건으로말미아마 左右익이일층소원하여지는 감상을주는때 이는시민의한사람으로 민족구성의일인으모 매우유감히생각한다 이사건은 법률가입장으로는 형사사건이나도리커 市民의 한사람으로볼때에는 朝鮮의飢饉이요 民族的 비극으로본다나는 金昌善이 공판정에서죽고십다 말할적에 二十년전에 이러난예수를銀三十량에잡어준가못유다」의 비극을 장기햇다 그와마찬가지로 이것은 어누한사람의 식가아니라 운명의所致요 共産黨자체가 이에 가담하엿다는것이아니라 어린애작란을잘못감독한것이라고본다」는내용의서론이잇슨후이어 曹在千검사로부터「이사건에잇서서는 피고는고문을당햇다하고경찰에서는 안햇다하니 재판관이 神이아닌이상 만

대되는 양론을 판단할수업스나 다소고통은 주엇다고생각하나 동시에 피고들이 말하는정도의 고문보아니엿다고 [illegible]한다 이사건에는피[illegible]판관을합처 八十여명이 관련되여잇스며 또한 피고들이 수십종의 반증을 내노왓스나 그역 조사한결과그대부분이 피고에게는불리하엿고 키타증인

증거품등으로 미루어볼때나로서는 본사건 범죄사실을 인정하기에 충분하다고 생각하므로 사적으로는 해방투사 에게경의를표하나 공적입장에서구형을한다고 三시간반에공한론고가잇슨후다음과가치 重刑을 구형하엿는데 변호사변론은 오는二十四일 오전十시부터 하기로되엿다

▲十年懲役 金商宣 洪啓勳 金遇[illegible]

▲無期懲役 李觀述 朴洛鍾 宋彦弼 金昌善

▲十五年懲役 辛光範 鄭明煥 朴相根

〈그림151: 1946년 10월 23일 자 독립신보〉

졌다. 이승만(1천만 원), 농민주보 지원금(5백만 원), 민주의원(1백만 원), 독립촉성국민회 · 청년연맹 · 노동연맹 · 부인연맹 · 학생연맹(1백

만 원)… 등이 경제보국회로부터 지원을 받은 곳이다.[63] 이 무렵 검찰이 정판사사건 재판을 통해 조선공산당이 위폐를 제조했다고 주장한 금액이 1천2백만 원인데, 이승만이 경제보국회를 통해 조성한 금액이 1천만 원이었다는 것과 비교하면, 왜 미군정과 언론이 '경제보국회' 사건을 덮으려고 했는지 이유를 짐작할 수 있을 것이다.

김홍섭은 사표를 제출하고 난 뒤, 박낙종이 출석하는 공판(1946년 10월 7일, 21회)과 구형공판(10월 21일, 25회)만 출정하고 다른 공판에는 참석하지 않았다.[64] 구형에 앞서 김홍섭과 조재천의 소감이 언론을 통해 보도되었는데, 정판사사건의 민낯을 짐작할 수 있는 주요한 발언이 포함되어 있다. 아래에 전문을 소개한다.

> 먼저 김홍섭 검사가 일어나, 소감을 간단히 말하면 유감스럽다고 하겠다. 내가 취조한 중 특히 박낙종은 50평생 중 30년의 투쟁사를 가진 혁명 투사이었으므로 만강(滿腔, 가슴 속에 가득 참)의 감사를 드리는 한편 많은 감회를 느꼈으며 사회 여론은 이번 사건으로 말미암아 좌우익이 일층 소원하여 지는 감상을 주는데, 이는 시민의 한 사람으로 민족구성의 1인으로 매우 유감스럽게 생각한다.
>
> 이 사건은 법률가 입장으로는 한 개의 형사사건으로 보나, 돌이켜 시민의 한 사람으로 볼 때는 조선의 기근(飢饉)이요, 민족의 비극으로 본다. 나는 김창선이 공판정에서 죽고 싶다고 말할 적에 2천 년 전에 일어난 예수를 은 30냥에 잡아준 '가롯 유다'의 비극을 상기했다.

63 정병준, 『우남이승만연구』, 역사비평사, 2005, p.599.

64 [표18: 정판사 및 뚝섬 위조지폐 사건 공판요약표] 참조

그와 마찬가지로 이것은 어느 한 사람의 죄가 아니라 운명의 소치요 공산당 자체가 이에 가담하였다는 것이 아니라 어린애 장난을 잘못 감독한 것이라고 본다는 내용의 서론이 나온 후 이어 조재천 검사로부터,

이 사건에 있어서는 피고는 고문을 당했다고 하고 경찰에서는 안 했다 하니 재판관이 신이 아닌 이상 반대되는 양론을 판단할 수 없으나 다소 고통은 주었다고 생각하나 동시에 피고들이 말하는 정도의 고문은 아니었다고 생각한다.

이 사건에는 피고, 재판관을 합쳐 80여 명이 관련되어 있으며 또한 피고들이 수십 종의 반증을 내놓았으나 조사한 결과 그 대부분이 피고에게는 불리하였고 기타 증거품 등으로 미루어볼 때 나로서는 본 사건 범죄 사실을 인정하기에 충분하다고 생각하므로 사적으로는 해방 투사에게 경의를 표하나 공적 입장에서 구형을 한다.[65]

박낙종 등 조선공산당 간부들이 혁명 투사요 해방 투사라고 인정한 점에서는 두 검사의 의견이 일치한다. 그러나 범죄 혐의에 대해서 두 사람의 견해는 다르다. 조재천은 무기징역(이관술 · 박낙종 · 송언필 · 김창선), 징역 15년(신광범 · 정명환 · 박상근), 징역 10년(김상선 · 홍계훈 · 김우용) 등 10명의 피고인에 대한 구형이 정당하다고 주장했다. 반면 김홍섭은 김창선 개인의 죄로 판단했고, 공산당 관련 인사들에겐 김창선에 대한 감독 소홀의 죄를 물었다.

65 最高無期에 最低十年, 精版社事件重刑求刑, 「독립신보」, 1946.10.23.

두 검사의 소감만을 놓고 보면, 김홍섭은 구형에 대한 불만을 가졌으나 주임검사인 조재천의 주도하에 구형량이 정해진 것으로 보인다. 조재천의 소감을 다시 살펴보자. 신이 아닌 이상 고문을 하지 않았다는 경찰과 당했다고 하는 피고인의 주장을 판단할 수 없지만, 다소 고통은 주었다고 생각한다고 자기 생각을 밝혔다. 조재천의 주장은 스스로 모순을 드러내고 있다. 경찰과 피고인의 주장에 대한 진실 여부 판단은 신의 영역이라면서, 그는 "다소 고통은 주었다"고 경미한 고문이 있었다고 밝혔다. 그의 주장대로라면, 경찰과 피고인의 주장은 모두 무시하고, 오로지 증거(물)에 의해서만 판단했어야 했다. 하지만 그의 구형은 오로지 증언에 의존했다는 것은 이 책을 통해 이미 밝혔다.

그리고 죄의 유무, 고문의 유무를 밝혀야만 하는 것이 사법의 존재 이유다. 고문의 유무를 확인하는 것이 신의 영역이라면, 죄의 유무에 대한 판단 역시 신에게 맡겨야 할 것이다. 그러나 검사 조재천은 증거 없이 증언만으로 피고인들에게 중형을 구형했다. 그의 말대로라면 자신이야말로 신의 영역을 침범한 셈이 된다.

김홍섭은 구형 공판 이후 언도 공판을 포함한 6차례의 공판에 모두 참가하지 않았다. 공판에 대한 불만을 간접적으로 표시한 것으로 볼 수 있으나, 엄격히 말해 그는 직무 유기를 한 것이다. 정판사사건에 대해 침묵을 선택한 김홍섭은 먼 훗날에라도 진실의 목소리를 냈어야 했다. 그러나 그는 자신의 말을 스스로 뒤집는 증언을 남기게 된다. 김홍섭을 존경했던 도서출판 정음사의 사장 최철해(崔哲海)는 다음과 같이 말했다.

> 하두 세상이 뒤숭숭해서 누가 하는 얘기가 진실인지 믿을 수가 없

없어요. 정판사사건만 해도 굉장했지요. 그때 나는 정읍사에 들르신 김 검사께 넌지시 물어보았어요. 사실대로라는 거예요. 나는 그제서야 믿게 되었어요. 김 검사 같은 양심적인 사람이 맡아서 하는 일이 진실이 아니겠느냐는 생각에서였지요. 나는 그전부터도 저 분 같으면 돈 한 푼 없이도 인품으로 살아갈 분이라고 생각했댔어요.[66]

정판사사건 공판 이후 그의 이력은, 서울지방법원 판사(1946.12.) → 사임(1947.9.)→ 변호사 등록(1947.10.) → 뚝섬에서 농사와 수필 집필(1년 3개월) → 서울지법소년부 지원장(1948.12.) → 서울고법 부장판사(1956) → 전주지법 법원장(1959) → 대법원 판사, 대법관 직무 대리(1960) → 혁명재판소 상소심 심판관, 광주고법 법원장(1961) → 서울고법 법원장(1964) 등을 지내다가 1965년 간암으로 작고했다.

66 1975년 2월 1일 정읍사에서의 면담 〈최종고, 『사도법관 김홍섭』, 육법사, 1985, p.48. 재인용〉

06

사라지는 증인들과 김구 며느리 안미생의 실종

뚝섬 위조지폐 사건을 최초로 보도한 「조선인민보」에 따르면 당시 구속된 인물은 이원재, 배재룡, 랑승구, 랑승헌 등 4명이다.[1] 이들 중 랑승구(6년), 랑승헌 · 배재룡(5년) 등 3명은 실형이 언도되었으나, 이원재는 기소되지 않았으며 법정에 증인이나 참고인으로도 소환되지 않았다.[2] 체포 당시 이원재의 직책은 대한독립촉성국민총동원 뚝섬위원회 조직위원장이었는데, 1946년 6월 20경 석방된[3] 이후 그의 종적은 묘연(杳然)하다.

김구 · 이시영 · 안미생 등은 이원재의 직책으로 인해 거론된 인물들이다. 입원 중인 김구를 대신해 중부경찰서에 출두했던 이시영 · 안미생은 변호인들에 의해 증인 소환 대상이 되었으나 검 · 판사에 의해 기각되었다.[4] 그 후 세 사람은 사망할 때까지 정판사 사건에 대해 전혀 언급하지 않았고 어떠한 글도 남기지 않았다. 이들은 침묵을 선택한 것이다.

1 〈그림28: 1946년 5월 7일 자 조선인민보〉 참조

2 〈자세히 읽기-22〉[조선정판사위폐사건 판결문] 참조

3 위폐 사건 조만간 송국, 뚝섬 관계의 이 씨는 무죄 석방, 「한성일보」, 1946.6.24.

4 證人召喚을 申請, 僞幣事件公判第十二日經過, 「독립신보」, 1946.9.14.

朝鮮女性은團合하자

解放의前衛들婦女總同盟結成

建國途上重大課題인

一千五百万女性의나갈길

서울勞働人大運動会

女學校聯合音樂會

〈그림152: 1945년 12월 23일 자, 46년 1월 1일 자 자유신문〉

안미생은 임시정부와 김구에게 없어서는 안 될 요인으로서 중요한 역할을 수행했을 뿐 아니라, 한발 더 나아가 해방공간에서 여성의 역할과 지위에 대하여 자신의 목소리를 내기도 했다. 사회주의 여성운동가로서 맹활약하던 고명자[5]와의 대담이 좋은 예다.[6] 그 외 전국부녀총동맹 결성대회에서 축사를 했으며,[7] 개성의 한 여고 강당에서는 "여성들의 나갈 길에 대해서"라는 주제로 강연하기도 했다.[8]

5 고명자(高明子, 1904~?)는 일제 강점기 조선공산당 재건운동 및 해방 후 좌익 부녀운동에 참여한 여성 사회주의자이다. 본관은 제주(濟州)이며, 고사찰(高四察), 김정주(金貞柱), 김정조(金貞祚), 시베리스카야라는 이름도 사용하였다. 1904년 충청남도 부여군 석정면(石城面) 석정리(石城里) 523번지에서 출생하였으며[「사상요시찰인연명부」(경성지방법원 검사정, 1926)에는 충청남도 논산군 강경 출신으로 기록되어 있다], 아버지는 고의환(高宜煥)이다. 해방 이후 조선부녀총동맹 총무부위원, 근로인민당 중앙위원으로 활동한 바 있다. 《한국민족문화대백과사전》

6 건국 도상 중대한 과제인 1천500만 여성의 나갈 길, 「자유신문」, 1946.1.1.

7 조선 여성은 단합하자, 해방의 전위들 婦女總同盟 결성, 「자유신문」, 1945.12.23.

8 安美生女史講演(開城), 「동아일보」, 1946.1.18.

그러나 정판사사건이 발생하자 안미생의 대외 활동은 거의 중단되었으며 이에 따라 언론 노출 빈도도 현저히 줄어들었다. 정판사사건 이후 안미생의 행적을 살펴보면 흥미롭다 못해 기이할 정도다. 김구의 장남 김인의 처, 김구의 며느리, 안중근의 조카, 안중근의 동생 안정근의 딸 등으로 익히 알려진 안미생에 관한 정보는 상상외로 극히 제한적이다. 재판 이후를 중심으로 안미생의 행적을 살펴보자.

造船學을研究

伊京羅馬에서 留學中인 朝鮮靑年 安珍生君

故安重根氏令侄

安珍生君의반가운消息

〈그림153: 1935년 2월 22일 자 동아일보, 1946년 11월 15일 자 경향신문〉

정판사사건 공판이 진행될 동안 대외적 활동을 거의 하지 않던 안미생이 언론에 다시 노출되기 시작했다. 1934년 9월경 북경 주재 로마교황 대표의 도움으로 이탈리아 유학길에 오른 후[9] 10년이 넘게 연락이 끊겼던 안진생(1916~1988)의 소식이 전해졌다. 이 소식을 들은 안미생은 기쁜 빛을 감추지 못하며 “우리 오빠가 돌아가신 줄 알았는데 이렇게 훌륭한 사람이 되었군요. 마음 같아서는 당장에라도 만나보고 싶지만 어느 때고 웃음 가운데 내 나라 내 땅에서 만날 날이 있을 것만 기

9 조선학을 연구 이경라라(伊京羅馬)에서 유학 중인 조선 청년 안진생군, 「동아일보」, 1935.2.22.

대한다."는 인터뷰가 보도되었다.[10]

정판사사건 재판이 완료된 1947년부터는 안미생에 관한 기사가 꽤 많이 등장하기 시작한다. 그런데 안미생의 행적이 다소 이상하다는 느낌을 지울 수 없다. 1945년 11월 23일 임정 환국 제1진으로 귀국한 뒤, 김구와 엄항섭을 비롯한 임정 요인들의 곁에는 늘 안미생이 있었다.[11] 하지만 정판사사건 이후의 안미생은 독자 행동을 택했다.

1947년 1월 6일부로 입법의원의장(김규식)의 영문 비서로 임명됐다는 기사가 보도되었다.[12] 그리고 남경 익세보(益世報)의 사장(신부) 우약망(牛若望) 박사, 경향신문 부사장 윤형중(尹亨重), 주간 정지용(鄭芝溶) 등과 함께 안미생은 3월 12일 오후 서울 명동성동에서 노 주교(盧基南)와 환담을 나누었다는 소식이 전해졌다.[13] 3월 26일에는 안중근 의사의 순국 37주기를 맞아 명동성당에서 안현생(안중근의 딸) 등 안 의사의 유족, 노기남 주교, 김구, 군정장관 러치 등과 함께 추도 미사에

10 고 안중근 씨 영질 안진생 군의 반가운 소식, 「경향신문」, 1946.11.15. 안진생은 1953년 이승만의 제의를 받고 귀국하여 고국에 정착한다. 《위키피디아》

11 ①1945년 11월 24일: 중경 임정 요인 환국과 군정청 발표〈金 九(主席)…嚴恒燮(宣傳部長)…安美生…〉(중앙일보, 서울신문) ②1945년 12월 30일: 임정 선전부장 嚴恒燮, 아널드와 회견하고 반탁 강력 주장〈임정 嚴恒燮 선전부장은…주석비서 安美生 여사를 대동하고 회견〉(자유신문) ③1946년 1월 1일: 서울 시민의 반탁 시위 대회 개최〈趙素昻외무부장과 安美生여사와 수원 3인이 행렬 속에 뛰어들어 한 시민으로서 참가〉(중앙신문) ④1946년 4월 5일: 조선청년문학가협회 결성대회〈金九主席, 安美生, 趙素昻, 嚴恒燮을 박수로 환영〉(조선일보, 서울신문) ⑤1946년 4월 6일: 대한독립촉성부인회와 애국부인회 합동회의 개최〈金九와 安美生의 축사가 있고〉(조선일보) ⑥1946년 4월 23일: 김구 총리 충남 시찰〈김구 총리는…안미생 비서를 대동하고〉(자유신문) ⑦1946년 4월 26일: 새 진용 정체, 활발한 진발〈엄항섭·안미생 외 다수 저명인사의…〉(자유신문)

12 立法議院, 新年初度會議, 副事務長等을 任命, 「부녀일보」, 1947.1.8.

13 노 주교와 환담, 남경 익세보 사장, 「경향신문」, 1947.3.14.

참석했다.[14] 안중근 의사의 순국 추도 미사는 김구와 함께 참석했지만, 그 외 한독당·임정에서 주관한 다른 행사장에서 안미생의 흔적은 거의 찾을 수 없다. 주목할 것은 1947년 6월 1일 자 「여성신문」에 기고한 안미생의 글이다. 아래에 전문을 소개한다.

共委에 보내는 여성의 말 (3)

치우치는정부가 않되기를바란다

金九先生秘書 安美生氏 談

쓰미공동위원회에 대하여서는 무었이라고 언급할수없고 또아모런의사도발표할수없다 그러나 남북이통一되여서다같이잘살수있는 나라가건설되기를 희망할뿐이다 한一개월전에 강원도홍성(江原道洪城)에 갓다가 최근에왔는데 오히려 농촌사람들의 진실한 태도가전국의용사(勇士)갈이보였다 서울의인사들은 어쩐지모다가면(假面)만쓰고있는것같이느껴진다 앞으로도 나는농민과 손을잡고고통의생활에 도음이되고저한다 엇챗든 진리를탐구하여서 가난한조선의 딸로서거러갈길을 새로 개척할생각이다 여하튼공위의 성공을 나개인으로는 마음으로 기원하며 지도자여러분께서는 치우치는정부가 않되도록노력하시기를 바라마지아니한다

전모성의따뜻한품안에안겨

「마라손王」再覇를盟誓

三選手歡迎母性大會盛況

本社主催

〈그림154: 1947년 6월 1일 자, 6월 27일 자 여성신문〉

소미공동위원회에 대해서는 무엇이라고 언급할 수 없고 또 아무런 의사도 발표할 수 없다. 그러나 남북이 통일되어서 다 같이 잘 살 수 있는 나라가 건설되기를 희망할 뿐이다. 강원도 홍성(홍천의 오타로 보임)에 갔다가 최근에 왔는데 오히려 농촌 사람들의 진실한 태도

14 안중근 의사의 37주기 추도 미사 성제와 기념식 엄수, 「경향신문」, 1947.3.28.

가 건국의 용사같이 보였다. 서울의 인사들은 어쩐지 모르게 가면만 쓰고 있는 것같이 느껴진다. 앞으로도 나는 농민과 손을 잡고 그들의 생활에 도움이 되고자 한다. 어쨌든 진리를 탐구하여서 가난한 조선의 딸로서 걸어갈 길을 새로 개척할 생각이다.

여하튼 공위의 성공을 나 개인으로는 마음으로 기원하며 지도자 여러분께서는 치우치는 정부가 안 되도록 노력하시기를 바라마지 아니한다.15

환국 후 김구의 노선은 반공 · 반탁으로 요약할 수 있다. 여기에 임정봉대를 추가할 수 있을 것이다. 인용한 안미생의 글은 김구의 노선을 부정할 뿐 아니라 결별 선언으로 보아도 무방할 정도다. 그녀는 "서울의 인사들은 어쩐지 모르게 가면만 쓰고 있는 것같이 느껴진다."라는 발언을 했다. 시아버지 김구도 가면을 쓰고 있다는 얘기다. 그리고 "공위의 성공을 마음으로 기원"한다는 것은 분명히 한독당 · 중경임정의 노선과 배치된다. 한편, "치우치는 정부가 안 되도록 노력" 바란다는 말은 그 당시 여운형과 김규식을 중심으로 전개되고 있던 좌우합작의 성공을 기원한다는 의미일 것이다. 1947년 초 입법의원의장(김규식)의 영문 비서로 임명된 것과 같은 맥락의 행보였다.

「여성신문」을 통해 자신의 미래를 암시하는 듯한 글을 기고한 안미생은 그 후 동 신문이 주최한 3선수(서윤복 · 손기정 · 남승룡) 환영모성대회(三選手歡迎母性大會)에 김구, 김순애(김규식의 부인)과 함께 내빈 축

15 공위에 보내는 여성의 말(3) 치우치는 정부가 안 되기를 바란다, 「여성신문」, 1947.6.1.

사를 하였다.[16] 이 모임이 안미생이 김구와 동행한 마지막 행사이며, 의문의 출국 전 마지막 모습이었다. 이쯤에서 안미생의 큰 오빠 안원생(安原生, David An, 안 스미스, 1905~1982?)의 움직임을 살펴볼 필요가 있다.

〈그림155: 좌측에서 시계방향 ①안정근 가족(1줄 왼쪽: 안정근. 셋째 딸 옥생(은생). 부인 이정서. 둘째 딸 미생/ 2줄 왼쪽: 안창호. 큰아들 원생 ② 상해에 도착한 임시정부 요인들(1945.11.05.) 왼쪽에서 김규식. 조완구. 김구. 안미생. 이시영…이종찬(어린이) ③적 후방공작에 나서는 동지들(1940년경 추정, 1줄 왼쪽: 조소앙. 김구. 엄항섭. ○. 안원생 ⓒ국사편찬위원회 전자사료관〉

안원생은 원래 중경 임시정부의 핵심 중 한 명이었다. 그는 한국독립당의 당원이자 임시정부 의정원의 의원으로서 선전 · 홍보 · 외교 활동

16 전모성의 따뜻한 품 안에 안겨, 「마라손王」 再覇를 盟誓, 三選手歡迎母性大會盛況, 本社主催, 「여성신문」, 1947.6.27. 〈6월 26일 개최된 이 행사가 모습을 드러낸 안미생의 마지막 공식 행사였다〉

을 맡았다. 1944년에는 주석판공실 비서를 역임하기도 했다.[17] 그러나 그의 노선이 갑자기 바뀌게 된다. 1944년 3월경 주중 미국대사 고스(C. E. Gauss)가 국무장관에 보고한 문서 중 일부를 소개한다.

> 이 만남은 한국인들을 만나는 동안 연합국이 대한민국임시정부를 승인해 주기를 바라는 한국의 소망이 언급되지 않은 최초의 접촉이었었습니다. 이는 아마도 자신들의 불화를 해결할 수 없다는 것이 명백한 상황으로 인해 한국인들의 사기가 떨어졌음을 보여주는 것인지도 모릅니다. 안원생(한국독립당 소속이며 이제껏 임시정부 지도자들을 옹호해왔던)이 자신의 정당 지도자들을 아주 강하게 비판하고 새로운 내각 선거에서 조선민족혁명당 편에 서서 한국독립당에 맞선 다른 한국독립당 당원들이 취해 왔던 비판적인 태도를 보이는 것을 본인이 최초로 목격한 일이었습니다.[18]

안원생은 김규식, 김원봉이 이끌고 있는 (조선)민족혁명당에 우호적인 입장이 되어 "연합국이 대한민국임시정부를 승인해서는 안 된다"는 충격적인 입장을 표명했다. 결국 안원생은 1945년경 외무부 외사과장을 사임하고 신한민주당에 가입하였다.[19] 안원생이 김구와 결별한 시기는 여동생 안미생이 김인과 결혼하여 김구의 손녀 김효자(1942년생)

17 《大韓民國臨時政府公報, 대한민국임시정부자료집 1》

18 한국 상황 : 한국 대표단의 미국방문 제안 [1944년 3월 25일 안원생과의 대화 비망록] 《대한민국임시정부자료집 26》

19 외무부 외사과장 安原生의 사직서 수리에 관한 건《대한민국임시정부자료집 16》

가 한참 재롱을 부릴 때였다. 여동생이 처한 상황과 그동안 맺어 왔던 김구와의 인연을 생각해 보면, 안원생의 행위는 도무지 납득이 가지 않을 것이다. 무엇이 그를 그렇게 분노하게 만들었을까? 안원생이 한독당을 탈퇴한 이유는 안공근의 사망과 깊은 관련이 있지만, 자세한 내용은 다음 기회로 미룬다.

1945년 2월 7일, 한국독립당에 불만을 갖고 있던 조선혁명당 출신의 유동열과 최동오, 재건 한국독립당 출신의 홍진, 진보적인 사상을 갖고 있던 소장파의 안원생, 그리고 민족혁명당에 불만을 갖고 이탈한 김붕준·신기언·신영삼 등에 의해 신한민주당이 조직되었다. 그러나 조직된 지 반년 만에 해방이 됨으로써 신한민주당은 특별한 활동이나 세

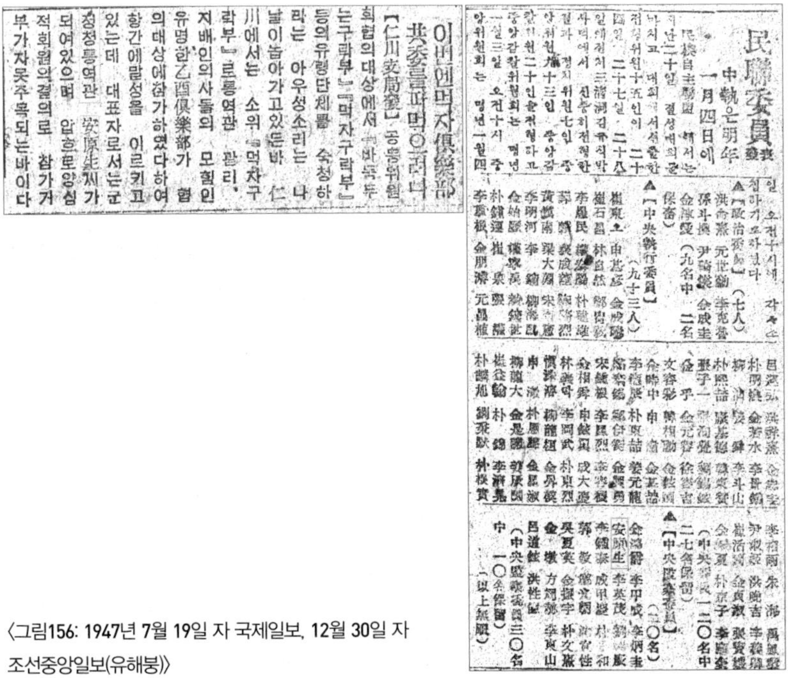

〈그림156: 1947년 7월 19일 자 국제일보, 12월 30일 자 조선중앙일보(유해붕)〉

력의 확장을 이루지 못했다.[20] 안원생은 신한민주당 와해 이후 특별한 정당 활동을 하지 않고 미국 대사관과 연관된 업무를 하게 된다. 해방 이후 그의 행적이 거의 노출되지 않은 이유다.

사촌 동생 안우생(安偶生)에 따르면 해방 이후 중경에서 설립된 중한문화협회에서 사장 손과(孫科, 국민당 입법원장), 중국대표비서장 사도덕(司徒德)과 함께 활동했다고 한다. 그의 직책은 조선대표부 비서장이었다.[21] 그 후 1946년경 고국으로 돌아왔다. 환국 후 안원생이 언론에 노출된 것은 3월 26일 서울운동장에서 거행된 안중근 의사의 순국 36주기 추도회에서다. 그는 유족 대표로서 답사를 했다.[22]

올림픽대책위원회 위원,[23] 축구 유지들이 조직한 청백축구단의 단장[24] 등 정치와 무관한 활동을 하던 안원생이 정치 문제로 인해 비난을 받았다. 보도에 따르면, 미소공동위원회의 협의 대상에 '먹자구락부' '바둑두는 구락부' 등의 유령 단체가 포함되어 있어 원성이 높은데, 인천지역의 통역관 · 관리 · 지배인 · 의사 등이 모여 만든 '을유구락부'가 실질적으로 '먹자구락부'이면서도 공위 협의 대상에 참가하였고, 그 대표자는 군정청 통역관인 안원생이 대표다.[25] 대략 이런 내용이다. 후속보

20 《신한민주당, 우리역사 넷》

21 延安과도 連絡잇섯다, 宣傳部秘書安偶生氏談, 「중앙신문」, 1945.12.6.

22 日帝 물너간 後 첫 忌日, 追念의 感懷새로워, 서울運動場서 安義士追悼會, 「중앙신문」, 1946.3.27.

23 體育, 올림픽對策委員會, 「대한독립신문」, 1946.7.3.

24 체육: 청백축구단 결성, 「한성일보」, 1947.3.22.

25 이번엔 먹자俱樂部, 共委를 따먹으려나, 「국제일보」, 1947.7.19.

도가 더 이상 없어 「국제일보」의 문제 제기가 타당한 것인지는 알 수 없다. 다만 인용한 기사보다 2개월쯤 먼저 보도된 기사를 살펴보면, 좀 더 검증이 필요한 사안으로 볼 여지가 있다. 「현대일보」는 안원생이 주간으로 있는 '을우구락부' 1주년 기념식을 취재 보도했다. 주목할 것은 이 행사에 참석한 인사들의 면면이다. 러치 군정장관 부부, 안토훈(미국인) 경기도지사 그 외 각 관공서 관리 등이 참석하였다고 한다.[26] 군정장관이 축사를 할 정도의 단체라면 단순히 먹고 즐기자고 만든 친목단체는 아닐 것이다. 아무튼 이 두 기사를 통해, 환국 후 안원생은 군정청 통역관으로 활동했고, '을우구락부'라는 단체를 통해 미소공위에의 참여를 시도한 정보를 확인할 수 있다.

1947년 10월 21일 소련이 대표단을 철수시킴으로써 미소공동위원회는 해산되었다.[27] 이로써 좌우합작에 의한 민족통일정부에 대한 기대는 물거품이 되고 말았다. 이 무렵 우익중도파가 중심이 되어 출범한 단체가 민족자주연맹(민련)이다. 김규식 · 원세훈 · 안재홍 · 최동오 · 김병로 · 김붕준 · 홍명희 · 이극로 등이 중심인물이다. 정당으로는 천도교보국당(대표: 신숙) · 조선공화당(김약수) · 조선농민당(원세훈) · 민주독립당 · 천도교청우당(이응진) 등 중도우파 정당, 사회민주당 · 민중동맹 · 민주한독당 · 근로인민당 · 근로대중당 등 중도좌파 정당들이 참여하였다. 사회단체는 조선건국청년회 · 애국부녀동맹 등이 참여하였다.[28] .

26 을우구락부 1주년 기념식, 러치 장관 부처 참석하에, 「현대일보」, 1947.5.8.

27 미소공위 소련 측 잔여 위원이 離京하다, 「서울신문」, 1947.10.24.

28 《민족자주연맹, 우리역사 넷》

이 단체에 안원생이 참여했다. 1947년 12월 20일 결성대회를 가진 민련은 28일 개최된 전형위원 회의에서 중앙감찰위원 20명을 선정했는데, 이 명단에 안원생이 포함되었다.[29] 민족자주연맹에서의 활동을 끝으로 한국의 정치계에서 안원생의 모습은 더 이상 찾을 수 없다. 눈여겨볼 것은 김구 및 임정 · 한독당 계열과는 아예 접근조차 하지 않았다는 점이다. 이 무렵 안미생이 갑자기 사라지는 의문의 사건이 일어난다.

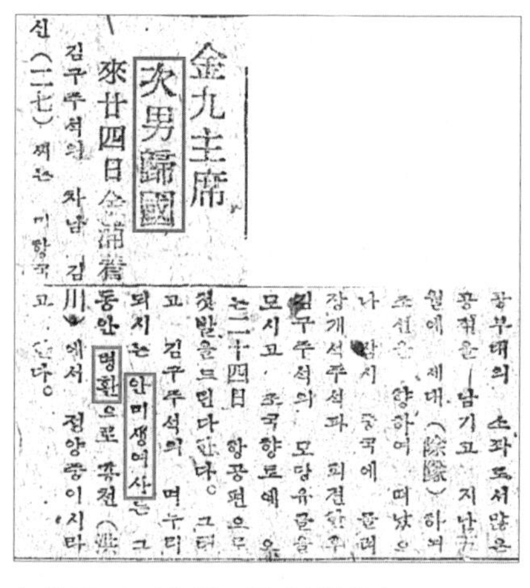
金九主席 次男歸國
來廿四日金信着

〈그림157: 1947년 8월 13일 자 부인신보〉

한동안 뜸했던 안미생 관련 기사가 보도되었다. 「부인신보」는 김구의 차남 김신이 조만간 귀국할 것이라는 보도를 하면서, 형수 안미생이 병환으로 강원도 홍천에서 정양 중이라는 소식을 전했다.[30] 병환으로 정양 중이라는 이 기사는 오보일 가능성이 높다. 왜냐하면 그 무렵 안미생에게 지병이 있었다는 소식이 없었고, 무엇보다 1947년 6월 1일 자 「여성신문」에 기고한 글 '치우치는 정부가 안 되기를 바란다'는 글을 통해서도 알 수 있지만, 그 무렵 안미생의 강원도 홍천행은 뚜렷한 목적이 있었기 때문이다. "앞으로도 나는 농민과 손을 잡

29 民聯委員發表, 中執은 明年一月四日에, 「조선중앙일보(유해붕)」, 1947.12.30.

30 金九主席 次男歸國, 「부인신보」, 1947.8.13.

고 그들의 생활에 도움이 되고자 한다. 어쨌든 진리를 탐구하여서 가난한 조선의 딸로서 걸어갈 길을 새로 개척할 생각이다.” 라고 말한 바처럼 홍천에서 제2의 인생의 인생을 시작했다고 보아야 될 것이다.

이러한 정황으로 보아 안미생은 1947년 6월경부터 시아버지 김구와 거리를 두었던 것으로 보인다. 김구계의 핵심이었던 안원생이 김구 · 한독당을 비난 · 비판하는 입장으로 돌아선 것과 매우 흡사하다.

金九先生令息 十三年만에 金信君歸國

航空國防에努力 金信君談

金九主席 令息歸國

기보한金九주석영식 金信(27)씨는지난十八일 上海를 출발하야 臨政요인二十여명과함께 지난二일釜山에도착하야 釜山까지 마중나간 安美生여사와함께 재작二일하오七시경성역에도착하였는데 이날靑總원의 환영리에 무사히竹添莊에안착하였다고한다

그런데 전기金信씨는 十九년만에 고국에도라왓는데 과거\미국항공소좌 중국항공대좌등의, 군역의경험까지 있어 앞으로 이방면의지식을 활용하야 조국독립에이바지할것으로 예상되고있다

〈그림158: 1947년 9월 4일 자 동아일보, 민중일보〉

미국에 머물던 김신은 상해를 거쳐 1947년 9월 2일 한국에 도착했다. 「독립신문」은 2일 오후 8시 5분경 경성 역에 도착했을 때 청총(靑總)원 약 2천 명이 천지를 울리는 만세 소리로 환영하였다고 보도하였다.[31] 「동아일보」에 따르면, 서울역 도착 특급 ‘해방자호’로 임정 요인 20여 명과 함께 13년 만에 그리운 고국에 돌아왔는데 수많은 각 청년 단체의 환영을 받으며 죽첨장에 들어갔다고 한다.[32] 그 외 「조선일보」 「부인신

31 金九先生令息, 故國山川 그리워라! 金信君十九年만에 歸國, 「독립신문」, 1947.9.4.

32 金九先生令息 十三年 만에 金信君歸國[肖]//航空國防에 努力 金信君談, 「동아일보」, 1947.9.4.

보」「현대일보」「한성신문」 등이 비슷한 내용으로 보도하였지만 대부분의 신문은 안미생과 김효자 관련 기사는 보도하지 않았다.

그런데 다소 결이 다른 보도를 한 언론도 있었다. 안미생에 관한 언급을 한 신문이 있었다는 얘기다. 「민중일보」는 안미생 여사가 부산까지 시동생을 마중 나갔고 경성 역에 함께 도착했다고 보도했다.[33] 그리고 「대한일보」의 경우, 안 여사를 비롯하여 요인 다수가 경성 역에서 김신과 임정 요원 20여 명을 영접하였다고 보도했다.[34] 어떤 신문이 정확한 보도를 했을까? 알 수 없는 일이다. 당사자의 발언을 들어 보자.

> 나는 1947년 8월 말 상하이에 도착한 뒤 난징으로 가서 제대 수속을 밟았다. 그런데 한국으로 갈 교통편이 없었다. 나는 안정근 선생을 찾아갔다. 당시 상하이 홍커우공원(지금의 루신공원) 근처에 살고 계셨던 선생은 한국구제총회 회장으로 교민을 돌보는 일을 하면서, 김인 형님과 안미생 형수 사이에서 태어난 나의 조카 김효자를 맡아 기르고 있었다. 당시 형수는 아버지와 같이 귀국해 서울에 있었다. 나는 안정근 선생에게 난징에서 제대 수속을 마친 뒤에 조카를 데리러 오겠다고 말했다.…(중략)… 조카 김효자를 데리고 부산으로 출발하는 배에 올랐다. 일본군 포로들 중 부상자를 싣고 가는 병원선이었다. 상하이에 살던 한국인들도 꽤 많이 승선했다. 미군들은 포로들을 배 아래에 몰아넣고, 한국인들에게는 꽤 좋은 장소를 배정해 주었다.

부산에 도착해서 곧바로 다른 곳으로 다른 곳으로 이동하지는 못했

33 金九主席令息歸國,「민중일보」, 1947.9.4.

34 金九先生令息金信氏二日歸國,「대한일보」, 1947.9.4.

다. 콜레라가 유행하던 때라 검역을 마친 뒤 항구를 벗어날 수 있었다. 9월 초여서 아직 날씨가 더웠다. 검역하는 동안 더위를 참지 못하고 바다에 뛰어들어 수영했다. 검역과 수속을 마치고 조카와 함께 기차를 타고 서울로 향했다.[35]

김신은 형수에 대해 전혀 언급하지 않았다. 김신이 어떤 의도로 윗글을 작성하지 않았다면, 「민중일보」와 「대한일보」는 소위 가짜 뉴스를 보도한 셈이 된다. 김신과 절친한 사이였던 김자동의 증언을 들어보자.

> 김신은 47년 여름 중국 공군에서 예편하고 귀국하기에 앞서 8월 상하이에서 한국구제총회의 회장으로 교민을 돌보는 일을 하는 (안)정근 댁에 들렀다 한다. 그때 정근은 건강이 좋지 않다고 말하며 외손을 서울로 데려가라고 해서 9월 초 효자를 데리고 귀국했다. 미생도 친정 부모에게 '딸을 시동생 편에 보내 달라'고 부탁한 것 같다. 그러나 효자가 서울에 도착하기 전에 미생은 미국으로 떠나고 없었다.[36]

도진순(창원대 사학과 교수)은 다소 다른 의견을 남겼다. 그의 말로는, 안미생은 1947년 9월 초, 부산으로 가서 홍콩을 경유하여 미국으로 갔다고 한다. 그녀가 망명하다시피 미국으로 향한 이유는 알 수 없고, 6세의 어린 딸 효자(1942년생)를 두고 미국으로 간 이유는 앞으로

35 김신, 『조국의 하늘을 날다』, 돌베게, 2013, pp.107~109.

36 김자동, 『상하이 일기』, 도서출판 두꺼비, 2012, p.213.

조사가 필요하다는 코멘트를 남겼다.[37]

안미생은 딸 효자를 보기 위해 부산항으로 달려갔다.[38] 네 살의 어린 딸을 두고 중국을 떠났으니, 얼마나 애타게 보고 싶었겠는가? 효자는 여섯 살이 되었다. 2년 가까이 보지 못했던 엄마와 딸이 서로 부둥켜안고 울고 있는 모습을 쉽게 상상할 수 있다.

1947년 9월 초, 김효자는 작은 아버지 김신의 손을 잡고 경교장에 도착했지만 두 모녀는 얼마 후 다시 헤어졌고, 재회의 기쁨을 누리게 되는 것은 20년 가까운 세월이 지나서다. 도대체 무슨 일이 일어난 것일까? 시아버지 김구와 외동딸 효자를 두고 안미생이 사라졌다. 이상한 것은 안미생의 실종에 대해 어떤 언론도 관심을 두지 않았다는 점이다. 안미생의 근황이 일부나마 알려진 것은 안정근의 죽음 때문이다. 2년 가까운 세월이 흐른 후다.

1949년 3월 17일, 중국 여순(旅順)에서 안정근이 사망했다.[39] 보도는

37 安重根의 직계 후손, 全세계로 뿔뿔이 흩어져, 「월간조선」, 2009년 12월호

38 안미생의 정확한 출국 시기는 알 수 없다. ①당사자인 안미생, 김효자, 김신은 이에 관한 증언을 전혀 남기지 않았고, ②김자동의 경우, 부산항에서의 상황은 언급하지 않고, 효자가 서울에 도착하기 전에 미생은 미국으로 떠나고 없었다고 했다. ③도진순은 1947년 9월 초, 부산으로 가서 홍콩을 경유하여 미국으로 갔다고 했으며, ④프레시안은, "안미생-김효자 모녀는 1947년 9월 초 김효자의 귀국과 안미생의 출국 사이의 지극히 짧은 기간만 국내에서 함께 생활한 것으로 알려졌다."고 보도했다. ※지은이는 1947년 9월 2일 부산항에서 딸과 짧은 재회를 한 뒤 한국을 떠난 것으로 정리했지만, 이 문제는 향후 좀 더 추적할 예정임을 밝힌다.

39 안정근 씨 별세, 「경향신문」, 1949.3.24. 〈안정근의 사망 장소를 여순으로 보도한 신문: 경향신문, 조선중앙일보(유해붕, 3.24.) 연합신문(3.24.) 수산경제신문(3.25.) 대구시보(3.25.) 동광신문(3.25.) 호남신문(3.26.)/ 상해로 보도한 신문: 조선일보, 자유신문(4.10.)〉

安定根氏別世

고안중근(安重根)열사의 친동생 안정근(安定根=六四)씨는 지난十七일 여순(旅順)에서 별세하였다고 二十二일 그의 영식인 인천외국문화관장 안원생씨에게 전하여왔다는데 동안(安)씨댁에서는 오는 二十八일 안중근열사 三十九주기일을 겸하여 인천 천주교회에서 추도미사를 하기로되었다 한다

故安定根氏賻儀金 社會事業費로寄贈

【仁川】 안중근(安重根) 의사의실제 고안정근(安定根) 씨가상해에서작고하여 인천에있는 가족파및 그분의아들인 안원생(安原生) 씨는 지난三월二十六일 씨의미사(彌撒)를 부내천주교당에서 거행하였는데 이날드러온 부의금(부儀金) 四만八천원전부를 사회사업을위하여부내 [illegible]에 기증하였는데 이미거에일반의칭송이자자하다

◎ 안미성 녀사 디성

사위 본댁 을로 부터

중국 사위에 교육하든 고 안정근씨의 령이 미성 녀사는 三삭전에 미국으로 부터 사위 본댁에 갓다가 五월 十四일 위돗은 선편으로 상항에 상륙하야 즉시 라성에 와서 지금 파림대씨 동부인의 사회에 거숙하고 잇다고한다.

〈그림159: 시계방향, ①1949년 3월 24일 자 경향신문, ②4월 10일 자 조선일보, ③상하이 만국공묘에 있는 안정근의 묘 앞에서 오열하는 부인 이정서 여사와 딸 미생, ⓒ월간조선 뉴스룸, ④1949년 5월 26일 자 신한민보〉

극히 제한적이었다. 「조선일보」「경향신문」은 안정근의 사망을 단신으로 보도했다. 3월 26일, 인천의 한 성당에서 조촐하게 추도 미사가 거행되었다. 상주 안원생은 부의금 4만 8천 원 전부를 소년단인천부연합회에 기증하였다 한다.[40]

추도 미사장의 분위기가 이상했다. 당연히 있어야 할 사람들이 보이

40 고 안정근 씨 부의금 사회사업비로 기증, 「조선일보」, 1949.4.10.

지 않았다. 안정근은 슬하에 3남(원생 · 진생 · 왕생) 3녀(혜생 · 미생 · 은생)를 두었는데,[41] 추도 미사를 치른 성당에는 안원생 이외 나머지 형제들은 보이지 않았다. 그 무렵 원생을 제외한 나머지 형제들은 국내에 있지 않았기 때문이다.[42] 사돈인 김구, 김신의 모습 역시 보이지 않았다. 고인의 외손녀인 김효자의 모습도 보이지 않았다. 고인의 자녀들, 외손녀, 사돈 등 가까운 일가들이 상해에서 치러진 장례식은 물론 국내에서 거행된 추도 미사에조차 참석하지 않은 것이다. 도대체 어떤 사연 때문에 이런 일이 일어난 것일까? 이 무렵 안미생은 아버지의 빈소가 있는 상해에 있었다. 그녀의 행적은 국내가 아닌 먼 나라 미국에서 전해졌다. 샌프란시스코 교민들이 발행하는 「신한민보」는 다음과 같은 기사를 보도했다.

> 중국 상해에 교류하던 고 안정근 씨의 영애 미생 여사는 3삭 전에 미국으로부터 상해 본 댁에 갔다가 5월 14일 윌슨 선편으로 상항에 상륙하여 즉시 라성에 와서 지금 곽임대 씨 동부인의 사택에 기숙하고 있다고 한다.[43]

보도에 따르면 안미생은 미국(1949년 2월경) → 상해(부모의 자택) →

41 김자동, [길을 찾아서] 백범 장남과 결혼한 안 의사 조카 미생, 「한겨레」, 2010.3.30.

42 둘째 아들 안진생(1916~1988)은 1934년 당시 마카오에서 성직을 하던 중국인 신부의 후원으로 인하여 이탈리아에 유학을 떠난 후 소식이 두절된 상태였고, 혜생, 왕생, 은생 등도 미국에 거주하고 있다는 소문만 무성할 뿐 역시 연락이 되지 않았다고 한다.

43 안미생 여사 귀성, 상해 본댁으로부터, 「신한민보」, 1949.5.26.

샌프란시스코(5월 14일 도착, 윌슨 호) → LA(곽임대[44]의 동부인 사택) 등의 행선으로 움직였음을 알 수 있다. 샌프란시스코 입항 기록을 살펴보면, 좀 더 많은 정보를 확인할 수 있다.

Form I-415
TREASURY DEPARTMENT
UNITED STATES CUSTOMS SERVICE
UNITED STATES DEPARTMENT OF JUSTICE
IMMIGRATION AND NATURALIZATION SERVICE
(Rev. 1-5-48) ALIEN CHINESE

Form approved.
Budget Bureau No. 43-R019-3.

1300-93543 MANIFEST No. Fourteen (14)

MANIFEST OF IN-BOUND PASSENGERS (ALIENS)

Class FIRST from SHANGHAI, (Port of embarkation) 28 APRIL, 1949

on S.S. PRESIDENT WILSON (Name of vessel) arriving at port of SAN FRANCISCO, 12 MAY, 1949 MAY 14 1949

Line No.	(1) Family Name—Given Name / Destination in United States	Age (Years)	Sex (F-M)	(2) Married or Single	(3) Travel Doc. No. / Nationality	(4) Number and Description of Pieces of Baggage	(5) Head Tax Collected	(6) This Column for Use of Master, Surgeon, and U. S. Officers
	HO, Wei-Lan 605 W. 156th St., Apt. #6, NYC, NY	53	M	M	V-886527 China 3(2) # 677	493704	105.1 46713	3(2) pl. 6/ MAY 14 1949
1	AHN, Susanna 207 East 71st St., NYC, NY Fordham Univ.	29	F	M	I-524507 China 4E # 903	493705	105.1 46667	4E to 5-14-50
2							105.1	3(2) pl.

〈그림160: 1949년 안미생의 샌프란시스코 입항 기록〉

이 자료에 의하면, 안미생은 1949년 4월 28일 상해를 출발하여 5월

44 곽임대(郭臨大) 1885년(고종 22) 9월 9일~1971년 11월 24일. 일제 강점기 독립운동가. 다른 이름은 곽임대(郭林大)·곽태종(郭泰鍾)이다. 본적·출신지는 황해도 은율군(殷栗郡)이다. 1911년 11월 '105인 사건'으로 체포되어 1913년 10월 9일 무죄로 석방된 후, 1913년 미국으로 망명하였고, '흥사단(興士團)'에 가입하여 안창호(安昌浩)·이대위(李大偉) 등과 함께 활동하였다. 1919년에 '대한인국민회(大韓人國民會: 약칭 국민회)' 대표원으로 활동하였고, 1920년에 '국민회' 총무가 되었다. 1920년 2월 20일 임시정부 군무총장 노백린(盧伯麟)이 미국에 체류할 때 캘리포니아 주 윌로우스(willows)에 김종린(金鍾麟) 등과 함께 설립한 비행사양성소(飛行士養成所) 연습생 감독으로 선임되어 운영을 도왔다. 처음 19명의 학생을 모집하여 비행술을 교육하고, 무선통신 장비까지 갖춘 연습기도 구입하고, 미국인 교관 1명과 한국인 교관 6명으로 교관단을 구성하여 현대적인 항공술을 교수하였다. 1922년 6월에는 학생이 41명에 달했으며, 1923년에는 11명의 졸업생을 배출하였다. 비행기도 5대에 이르렀고 비행기에는 무선 통신 장비도 갖추었다. 비행사 양성소가 폐교되자 켄터키사립사관학교에 입학하여 교육을 끝마쳤다. 1929년 1월 '흥사단미주위원부(興士團美洲委員部)' 이사부장으로, 1944년 '주미외교위원부(駐美外交委員部)' 대표원으로 활약하면서 임시정부를 후원하기도 하였다. 1993년 건국훈장 애국장이 추서되었다. 안중근의 고모인 안태희가 그의 처다. 《한국역대인물 종합정보시스템》

14일 샌프란시스코에 도착했다. 선편은 윌슨호(S. S. PRESIDENT WILSON)이다. 5월 14일 윌슨 선편으로 상항에 상륙했다는「신한민보」의 기사와 정확히 일치한다. 그러면 그녀가 중국에 간 이유는 무엇일까? 이 문제는 간단히 해결된다. 상해에는 그녀의 부모가 있었고 아버지 안정근의 작고일이 1949년 3월 17일이라는 기초 정보만 알고 있으면 된다는 뜻이다. 안미생은 아버지의 병환이 위중함을 알고 미리 중국으로 갔다가 장례식을 치르고 난 뒤 미국으로 돌아갔던 것이다.

인용한 사진(그림159-③)을 보면, 안미생 · 이정서 여사 두 모녀가 외롭게 장례를 치렀음을 알 수 있다. 인천에서 거행된 추도 미사보다 더 초라하게 보이는 안정근의 장례 장면을 생각해 보면 이해할 수 없는 일이 몇 가지 있다. 첫째, 안정근 부부는 원생과 미생 등 자식들이 사는 한국으로 왜 오지 않았을까? 둘째, 안중근의 동생이라는 혈연관계를 떠나 한국 독립운동사에 큰 족적을 남긴 독립투사의 서거에 대한 예우에 모두들 왜 그렇게 인색했을까? 셋째, 안미생이 부친의 장례식에 참석했다는 사실을 보도한 국내 언론은 왜 단 한 곳도 없었을까?…

지금까지 살펴본 바에 따르면 1949년 2월경의 안미생은 미국에 거주하고 있었음을 알 수 있다. 그러면 언제쯤 미국으로 갔을까? 지은이는 안미생이 사라진 시점을 시동생 김신이 데려온 딸을 만난 후인 1947년 9월 초순 무렵으로 추정했다. 하지만 아직도 안미생이 고국을 떠난 정확한 시기는 알 수 없다. 다만 안미생의 또 다른 입항 기록을 보면 어느 정도 참고가 되리라 본다.

1300-78130

List 1

LIST OR MANIFEST OF ALIEN PASSENGERS FOR THE UNITED

S. S. PRESIDENT McKINLEY V10 Passengers sailing from SHANGHAI, MAY 23, 1948

No. on List	Head-tax status	Family name	Given name	Age Yrs.	Sex	Married or single	Calling or occupation	Read	Read what language	Write	Nationality	Race or people	Place of birth: Country	City or town	Immigration Visa	Issued: Place	Date	Data concerning verifications of landings, etc.	Last permanent residence: Country	City or town
1	✓ 105.1	AHN	MEI-SHENG Susanna	29	F.	S.	Student	Yes	Chinese and English	Yes	CHINESE	CHINESE	CHINA	Peiping	Visa No. 1472 Sec.4(e)	Shanghai	5/27/48	CPP#18079 NANKING 4/19/48	China	Shanghai

Closed with one alien passenger only
Line 1 admitted as Sec 4(e)
George T. Patterson
Immigrant Inspector

〈그림161: 1948년 안미생의 출입국 기록〉

Name: Susanna Ahn

Arrival Date: 12 Jun 1948

Age: 29

Birth Date: abt 1919

Birthplace: Peiping, China

Gender: Female

Ethnicity: Chinese

Ship Name: President McKinley

Port of Arrival: San Francisco

Port of Departure: Shanghai, China

Last Residence: China

Archive information (series:roll number): M1410:398

동 자료에 따르면, 안미생은 1948년 5월 23일 상해에서 출발하여 동년 6월 12일 샌프란시스코에 도착했다. 선편은 맥킨리(President McKinley)호다. 즉 안미생은 고국을 떠난 후 부모가 있는 상해에 일정

기간 머물다가 미국으로 간 것이다. 이러한 행적을 참고하면 안미생의 한국 출국 시점은 1948년 5월 23일 이전이 된다. 그 외 안미생이 태어난 곳은 북경(Birthplace: Peiping, China)이며, 그 무렵까지 중국 국적(Ethnicity: Chinese)을 유지하고 있었다는 것 그리고 출생 연도는 1919년(Birth Date: abt 1919) 등을 확인할 수 있다.

흥미로운 사항이 하나 있다. 이름란(그림161, given name)을 자세히 보면 Susanna라는 타자 글씨 위에 미생(MEI-SHENG)이라고 손으로 쓴 글자를 확인할 수 있을 것이다. AHN, Susanna와 안미생은 동일 인물이라는 뜻이다.

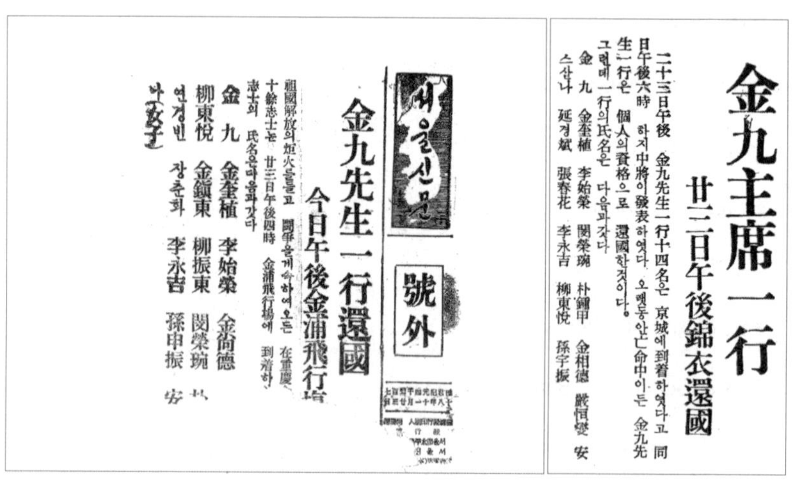

서울신문

號外

金九先生一行還國

今日午後金浦飛行塲

祖國解放의炬火를들고 鬪爭을계속하여오든 在重慶十餘志士는 廿三日午後四時 金浦飛行場에 到着하 志士의 氏名은다음과갓다

金九 金奎植 李始榮 金尙德

柳東悅 金鏞東 柳振東 閔榮琬 朴

연경빈 장춘화 李永吉 孫申振 安

[illegible]

金九主席一行

廿三日午後錦衣還國

二十三日午後 金九先生一行十四名은 京城에到着하엿다고 同日午後六時 하지中將이發表하엿다. 오랫동안亡命中이든 金九先生一行은 個人의資格으로 還國한것이다。

그런데一行의氏名은 다음과갓다

金九 金奎植 李始榮 閔榮琬 朴鏞甲 金相德 嚴恒燮 安

스산나 延경斌 張春花 李永吉 柳東悅 孫宇振

〈그림162: 1945년 11월 23일 자 서울신문 호외, 11월 24일 자 조선일보〉

수산나(Susanna)는 가톨릭 신도들이 즐겨 사용하는 세례명인데, 안미생은 본명처럼 사용했던 모양이다. 환국 당일인 1945년 11월 23일 자 「서울신문」 호외와 11월 24일 자 「조선일보」는 임정 요인 명단을 소개하면서 '안 스산나'라고 표기한 바 있다.[45] 지금까지 확인된 안미생의 행적은 아래와 같다.

- 1919년 7월 13일 북경에서 출생
- 1945년 11월 23일 서울 도착
- 1947년 9월 2일, 김신과 외동딸 김효자 한국 도착
- 1947년 9월 초순경(?), 중국 혹은 미국으로 출국(?)
- ?~1948년 5월 23일 : 중국 체류(?)
- 1948년 5월 23일: 중국 상하이에서 미국 선적 매킨리호로 출항
- 1948년 6월 12일: 미국 샌프란시스코 입항
- 1948년 6월 12일~1949년 2월경: 미국 체류
- 1949년 2월경, 중국으로 출국
- 1949년 3월 17일: 안정근 사망
- 1949년 3월 중순(?)~1949년 4월 19일 : 중국 체류
- 1949년 4월 28일: 중국 상하이에서 미국 선적 윌슨호로 출항
- 1949년 5월 14일: 미국 샌프란시스코 입항→ LA, 곽임대의 동부인 사택 거주

안미생이 서울을 떠난 정확한 시기는 파악하지 못했다. 한국에서 미국으로 곧장 갔는지 혹은 중국을 거쳐 일정 기간 중국에 있다가 미국으로 갔는지 불명확하다. 안미생의 실종은 전설 속의 괴담 같다. 2

45 김구 선생 일행 환국, 「서울신문」 호외, 1945.11.23.; 김구 주석 일행 23일 오후 금의환국, 「조선일보」, 1945.11.23.

년여 동안 헤어져 있던 딸과 잠시 재회한 후 이제 여섯 살배기 어린 딸을 두고 그녀는 사라졌다. 김구의 일생에 가장 중요한 사건이었던 남북연석회의가 열렸던 1948년 4월 19일~23일 동안에 그녀는 시아버지 곁에 없었고 1949년 6월 26일 김구의 임종도 못 지켰다. 1949년 6월 26일 김구가 암살당했을 때 그녀는 조문 전보를 한 통 보냈을 뿐이다.

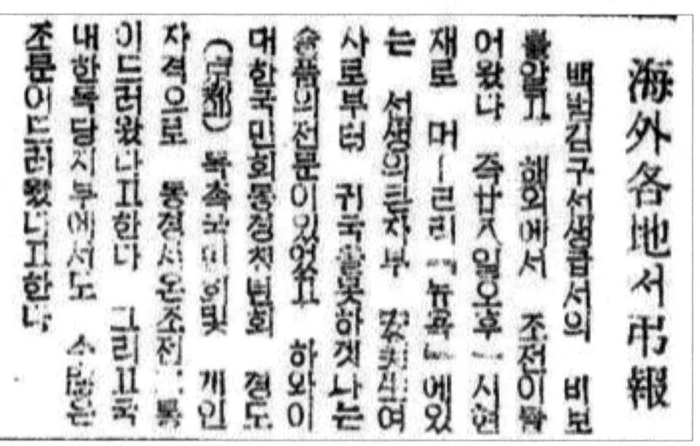
海外各地서弔報

백범김구선생급서의 비보를알고 해외에서 조전이쌓어왔나 즉廿六일오후一시현재로 머—린 「뉴욕」에있는 선생의큰자부 安夫人여사로부터 귀국을못하겠나는 弔電의전문이있었고 하와이 대한국민회중앙집행회 령도(京都) 북측유민회및 개인자격으로 동정서온조전 수통이드러왔나고한다 그리고국내한독당지부에서도 수백통조문이드러왔다고한다

〈그림163: 1950년 3월 23일 자 신한민보, 6월 15일 자 신한민보〉

안미생이 보낸 조전은 "귀국을 못 하겠다"는 간단한 내용뿐이다. 한편, 안정근의 장례식에 김구 일가가 참석하지 않은 것과 마찬가지로 김구의 장례식장에는 안정근 일가의 모습이 보이지 않았다. 사돈과의 관계가 왜 이런 지경이 되었을까? 아무튼 우리는 아직까지 안미생이 조국을 떠난 이유를 파악하지 못하고 있다. 김자동에 따르면, 미 대사관에 다니던 오빠 안원생의 알선에 의해 미국으로 유학을 떠났다고 한

다.[46] 하지만 이 견해는 많은 의문점을 해소해 주지 못한다. 안미생의 당시 상황을 정리해 보자.

남편 김인은 이미 고인이 되었고, 시동생 김신은 이제 막 고국에 돌아와 아버지 김구를 보좌하기 시작했다. 딸 김효자는 오랫동안 헤어졌던 엄마를 다시 만나 엄마 곁을 도무지 떠나지 않으려고 한다. 안미생은 며느리로서 경교장의 안살림을 책임졌을 뿐 아니라, 김구의 비서라는 공식 직함으로 임정과 한독당에 관한 업무도 처리해야만 했다. 더욱이 대내외 행사에서 처(妻)가 없는 김구 주석의 퍼스트레이디 역할도 감당해야만 하는 처지였다.

더욱이 그녀는 당시로는 인텔리였다. 안미생은 홍콩의 센트베리(Centeberry) 학원에서 중 · 고등 과정을 이수하고, 윈난(雲南)성 쿤밍(昆明)의 곤명서남연합대학 영문과[47]를 졸업했다. 대학 졸업 후 충칭(重慶)의 영국대사관에서 근무하다가 김구의 장남 김인을 만나 결혼하였다. 그 뒤 임시정부, 재중경 애국부인회 등에서 활동했다. 그녀는 영어와 중국어에 능통한 재원으로서 임시정부와 김구에게 없어서는 안 될 중요한 역할을 수행했던 것이다. 김구의 며느리, 외동딸의 어머니, 김신의 단 하나뿐인 형수, 백범 김구의 비서, 임시정부의 퍼스트레이디…이 모든 역할과 책임을 외면하고 미국으로 유학을 떠났다는 설정은 아무래도 부자연스럽다.

주목할 것은 김구와 거리를 두기 시작한 시점이다. 정판사사건이

46 김자동, 『상하이 일기』, 도서출판 두꺼비, 2012, p.212.

47 1946년 1월 1일 자 자유신문에 따르면, 안미생은 청화대학을 다녔다고 되어 있다. 곤명서남연합대학은 1938년 청화대학이 일시적으로 개칭한 명칭이다.

일어난 1946년 5월 이후 안미생은 한독당 · 임정 세력과 거리를 두기 시작했고, 재판 이후인 1947년경부터는 주거지를 강원도 홍천으로 옮겨 새로운 인생을 설계하기 시작했다. 그리고 큰 오빠가 1946년 3월경 서울에 왔다는 점도 주목할 사안이다. 임정 · 한독당의 핵심 요원이었던 안원생이 1944년 중반 무렵부터 그들과 적대적인 관계로 변했음은 앞글에서 이미 언급했다. 안미생이 김구계와 거리를 둔 시점이 오빠의 귀국 시점과 맞물려 있었던 것이다. 김자동의 증언 중 유학이란 단어를 제외하면 "미 대사관에 다니던 오빠 안원생의 알선에 의해 미국으로 떠났다."라는 문장이 된다. 이 말은 정확한 정보로 보인다. 오빠의 조언 혹은 설득으로 안미생이 미국행을 결심한 것은 사실일 것이다.

해방 전후 무렵 안원생은 늘 미국과 관련된 일에 종사했다. 1945년 5월경 독수리 작전의 필요에 의해 안원생을 약 두 달간 파견해 달라고 싸전트(Clyde B. Sargent)대위가 관계 기관에 요청한 이후,[48] 미국 국무부는 안원생에 주목하기 시작한다. 미국OSS(Office of Strategic Services, 전략사무국, CIA의 전신)와의 접촉 이후, David An이라는 미국식 이름을 가지게 되었으며, 군정청 통역관, 미국대사관 직원, 미국 공보원 인천분원 원장 등으로 활동했다. CIA요원 혹은 정보원일 가능성이 높다는 얘기다. 아무튼 그는 안미생을 미국으로 도피 혹은 망명시킬 수 있는 지위에 있었다. 김구가 사망한 이듬해 「신한민보」는 안미생의 행적을 다음과 같이 보도했다.

48 한인 안원생의 파견 요청과 관련한 전문(2급 비밀)《대한민국임시정부자료집 13》

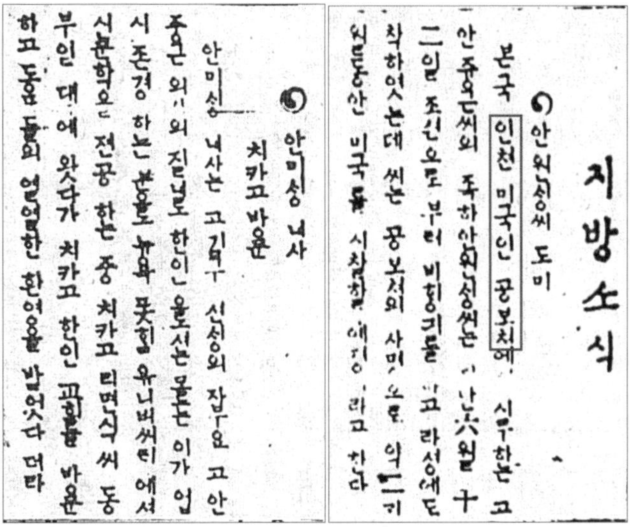

◉안미생 녀사
치카고 방문

안미생 녀사는 고 김구 선생의 자부요 고 안중근 의사의 질녀로 한인으로서는 모를 이가 업시 존경하는 분으로 뉴욕 폿함 유니버씨티 에서 신문학을 전공 하는 중 치카고 리연식씨 동부인 댁에 왓다가 치카고 한인 교회를 방문하고 동포 들의 열렬한 환영을 받엇다 더라

지방소식

◉안원생씨 도미

본국 인천 미국인 공보처에 시무하는 고 안중근씨의 족하 안원생씨는 지난 六월 十二일 조선으로부터 비행기를 타고 라성에 도착하엿는데 씨는 공보처의 사명으로 약 二개월동안 미국을 시찰할 예정이라고 한다

〈그림164: 1950년 3월 23일 자, 6월 15일 자 신한민보〉

안미생 여사는 고 김구 선생의 자부요 고 안중근 의사의 질녀로 한인으로서는 모르는 이가 없이 존경하는 분으로 뉴욕 폿햄 유니버시티에서 신문학을 전공하는 중 치카코 리연식 동 부인댁에 왔다가 치카고 한인 교회를 방문하고 동포들의 열렬한 환영을 받았다고 하더라.[49]

안미생에게 늘 따라붙는 수식어는 김구의 며느리 혹은 안중근 의사의 조카였다. 시카고 교민들 역시 다르지 않았다. 주목할 것은 "뉴욕 폿햄 유니버시티에서 신문학을 전공"했다는 내용이다.[50] 뉴욕 폿

49 안미생 여사 시카고 방문, 「신한민보」, 1950.3.23.

50 첫 번째 미국 입국 기록(그림161)에는 안미생의 직업이 학생으로 되어 있으나, 두 번째

햄 유니버시티는 뉴욕의 포덤(Fordham)대학[51]을 말한다. 가톨릭 계통의 대학에서 신문학을 전공했다는 것은 새로운 정보다. "미국으로 유학을 떠났다"는 김자동의 증언이 전혀 근거가 없는 허언(虛言)은 아닌 셈이다. 문제는 그 후 그녀의 행적이다. 신문학을 전공했다는 안미생이 더 이상 사람들에게 나타나지 않고 완벽한 은둔의 길을 선택한 것이다.

안미생의 시카고 한인 교회 방문 3개월쯤 후인 6월 12일, 안원생이 LA에 나타났다. 배편이 아니고 비행기를 타고 왔다고 한다. 미국 공보처의 사명으로 약 2개월 동안 머물 예정이라고 「신한민보」는 보도했다.[52] 6 · 25전쟁 발발 직전, 안원생은 어떤 임무로 미국에 왔을까? 1950년 무렵 비행기를 타고 다녔다는 것은 안원생의 신분이 예사롭지 않다는 방증이다. 안원생의 도미와 안미생의 은둔이 거의 같은 시기에 이루어졌다는 것은 무엇을 말하는 것일까? 한편, 안원생 · 미생 두 남매가 먼 이국에서 조우했을 가능성은 매우 높다고 본다. 아무튼 그 무렵부터 작고할 때까지 안미생은 언론에 전혀 모습을 드러내지 않았다.[53]

기록(그림160)에는 포덤대학(Fordham Univ.)으로 되어 있다.

51 포덤대학교는 미국 뉴욕에 위치한 예수회 계열의 사립대학이다. 1841년에 세인트 존스 칼리지로 가톨릭 뉴욕 주교에 의해 설립되어 1846년에 뉴욕의 인가를 받아 켄터키 세인트 메리 칼리지 등에서 예수회 교수가 초대되었다. 1907년 포덤대학교로 개명하였다. 《위키백과》

52 안원생 씨 도미, 「신한민보」, 1950.6.15.

53 1950년 3월 23일 자 「신한민보」에 안미생 관련 기사가 보도된 뒤, 그 후 그녀 관련 기사는 더 이상 볼 수 없다.

〈그림165: (좌)할아버지 김구, 삼촌 김신과 함께 경교장에서 찍은 사진©프레시안(돌베개 제공), (우)1953년 경 미국 뉴욕에서 찍은 안미생과 시동생 김신©프레시안(2022.2.7.)〉

한창 어리광을 부릴 나이이지만, 두 차례에 걸쳐 어머니와 생이별을 한 김효자는 그 후 어떻게 지냈을까? 중국에서의 생활과 달라진 것은 외할아버지 · 외할머니 손에서 할아버지의 품으로 옮겨진 것뿐이다. 그립던 어머님의 품은 어디에서도 찾을 수 없었다. 게다가 할아버지 김구마저 유명을 달리하고 만다. 그녀의 나이 겨우 여덟 살 때다. 어머니가 미국으로 떠난 후 김효자는 고아 아닌 고아 생활을 하게 된 것이다. 다행히 박병래라는 의사가 효자를 친딸처럼 양육하여 대학까지 마치게 해 주었다고 한다.[54] 김효자가 어머니 안미생의 곁으로 간 것은 1965년 무렵이다. 1960년대 초반 김신이 중화민국(현재의 대만)의 대사로 있을 때, 서울대 조소과를 졸업한[55] 조카 효자를 타이베이(臺北)로 데려와 2

54 김자동, 『상하이 일기』, 도서출판 두꺼비, 2012, p.213.

55 김구 손녀 김미 & 안중근 조카 손녀 안기수, 「신동아」, 2006.11.13.

년간 함께 지냈다. 이 무렵 형수로부터 갑자기 요청이 와 미국으로 유학을 보냈고, 잘 도착했다는 연락을 받은 후 그 후 소식이 완전히 끊겼다 한다. 김신은 그 뒤에도 미국에 갈 기회가 있을 때마다 형수와 조카의 소식을 알아보려고 백방으로 노력했으나 전혀 연락이 안 된다고 했다. 미생이 다니던 가톨릭 성당에 가서 물어봐도 모두 소식이 끊어졌다는 말만 들었다 했다.[56]

무슨 괴담 같은 이야기다. 솔직히 안미생은 김신에게 빚을 졌다고 봐야 한다. 효자는 말할 것도 없다. 20년 가까이 조카가 성인이 될 때까지 김신은 나름대로 최선을 다했을 터이다. 형수는 왜 시동생과의 인연을 그렇게 가혹하게 단절했을까? 더욱이 왜 조카마저 작은아버지에게 모습을 드러내지 않았을까? 사실, 조카가 모친 곁으로 떠날 무렵까지는 김신과 안미생 간의 연락이 완전히 단절되지는 않았던 모양이다. 김신은 다음과 같은 증언을 남긴 바 있다.

> 1953년쯤의 일이었다고 한다. 생전의 김신 장군 말씀에 의하면, 자신이 미국 공군대학 연수 중에 뉴욕에 가서 형수(안미생)를 한 차례 만났다고 한다. 형수는 그때 중국인들이 많이 다니는 성당에 다니고 있었고, 어떻게 사느냐고 물었더니 "넥타이 같은 데에 그림을 그려서 생활하고 있다"고 하더라는 것이다.[57]

56 김자동, 『상하이 일기』, pp.213~214.

57 홍소연 전 백범김구기념관 자료실장의 증언 〈안중근 조카·女독립운동가, 안미생 흔적 75년 만에 찾았다, 「프레시안」, 2022.2.7.

1953년경 두 사람이 다정한 모습으로 뉴욕에서 찍은 사진이 남아있는 것을 보면, 안미생은 적어도 그 무렵까지는 시동생과의 연락을 유지하고 있었음을 알 수 있다. 2008년 7월 13일, 안미생은 향년 90세로 작고했다. 고국을 떠난 지 60년이 지난 후다. 그동안 고국의 언론뿐 아니라 미주 지역의 한인 언론들마저 안미생에 관한 취재를 거의 하지 않았다. 시동생 김신을 비롯한 몇몇 지인들이 안미생 모녀의 행적을 찾고자 했으나 실패했다고 한다. 그러나 안미생의 부고(obituary)가 인터넷으로 공개됨으로 인해 굳게 닫혔던 안미생에 대한 흔적이 조금씩 알려지는 중이다. 먼저 부고의 내용을 소개한다.

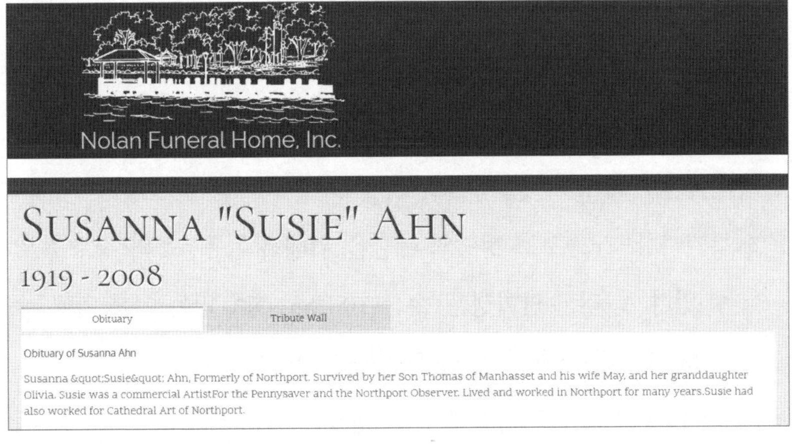

〈그림166: 안미생의 부고ⓒNolan Funeral Home〉

Susanna "Susie" Ahn 1919 - 2008

Obituary of Susanna Ahn

Susanna " Susie" Ahn, Formerly of Northport.

Survived by her Son Thomas of Manhasset and his wife May, and her granddaughter Olivia. Susie was a commercial Artist For the Pennysaver and the Northport Observer. Lived and worked in Northport for many years. Susie had also worked for Cathedral Art of Northport.[58]

이 부고를 통해,

① 사망자: 수산나 안, 수지(애칭)

② 출생 1919년, 사망연도 2008년

③ 거주지: 노스포트

④ 유족: 아들 토마스(뉴욕주 맨해셋에 거주), 며느리 메이, 손녀 올리비아

⑤ 직업: '페니세이버'와 '노스포트 옵서버'의 상업 미술가(노스포트에서 활동)

⑥ 특기사항: 노스포트 성당의 예술을 위해서 활동, 등의 정보를 알 수 있다. 그리고 안미생은 '수산나(SUSANNA)'라는 이름 외에 '수지(SUSIE)'라는 애칭도 사용도 했음을 알 수 있다.

안미생의 행적과 사망에 관한 내용은 다른 자료를 통해서도 확인할 수 있다. 여권, 사회 보장 번호(SSN: Social Security Number) 등에 기록된 수산나 안에 관한 정보는 다음과 같다.

58 《Nolan Funeral Home, Inc.》

Name: Susanna Ahn

Last Residence: 11355 Flushing, Queens, New York, USA

Born: 13 Jul 1919

Died: 24 Nov 2008

State (Year) SSN issued: New York (1951–1952)

Name: Susanna Ahn

Residence Year: 1958

Residence Place: Sarasota, Florida

Occupation: Staff Artist

Publication Title: Sarasota, Florida, City Directory, 1958

안미생은 1919년 7월 13일 태어나 2008년 11월 24일 작고했으며, 마지막 거주지는 뉴욕이었다. 그리고 1951년에서 1952년 사이에 뉴욕에서 사회보장번호(SSN)를 취득했고, 1958년 한때 플로리다에 거주했음도 확인이 되었다. 직업은 (상업)예술가였다. 앞에서 소개한 안미생의 부고에 실린 내용과 대부분 일치한다. 다만 마지막 거주지가 부고에는 '뉴옥주–노스포트[59]'인 반면 상기 자료에는 '뉴욕주–플러싱[60]'으

59 노스포트(Northport)는 미국 뉴욕 주 서포크 카운티의 롱아일랜드 북쪽 해안에 있는 유서 깊은 해양 마을이다.《위키백과》

60 플러싱(Flushing)은 퀸스에 한 지구로, 인구는 176,026명이다. 한국 이민자들이 모여

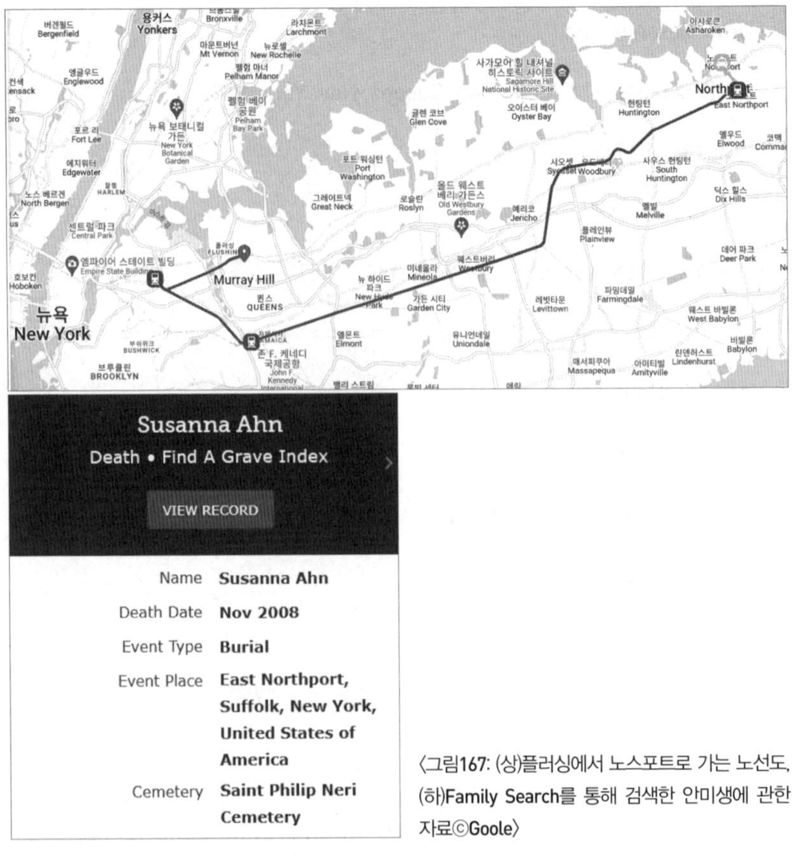

Susanna Ahn

Death • Find A Grave Index

VIEW RECORD

Name	**Susanna Ahn**
Death Date	**Nov 2008**
Event Type	**Burial**
Event Place	**East Northport, Suffolk, New York, United States of America**
Cemetery	**Saint Philip Neri Cemetery**

〈그림167: (상)플러싱에서 노스포트로 가는 노선도, (하)Family Search를 통해 검색한 안미생에 관한 자료ⒸGoole〉

로 되어 있다. 계보 기록, 교육 및 소프트웨어 등을 제공하는 《Family Search》를 통해 확인해 보면 안미생의 마지막 거주지는 노스포트이다. 아무튼 안미생의 마지막 거주지 문제 역시 좀 더 검토해야 할 사안으로 보인다. 이제 안미생의 묘소를 방문해 보자.

사는 코리아타운이 있다.《위키백과》

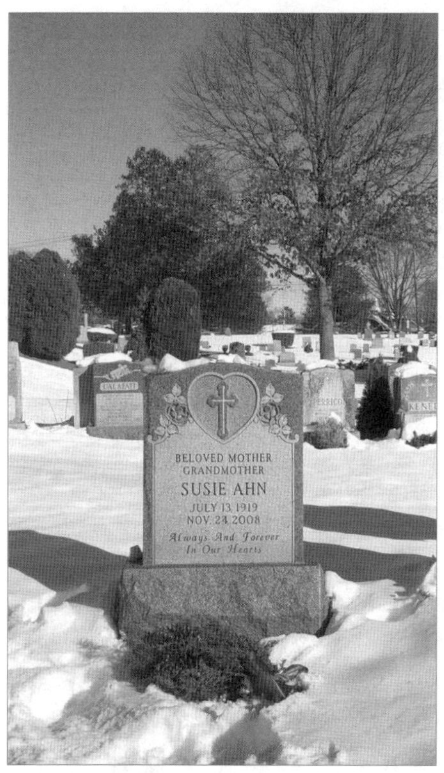

〈그림168: 가톨릭교회가 운영하는 성 필립 네리 공원묘지(St. Philip Neri Cemetery)에 있는 안미생의 묘소ⓒ홍영혜(프레시안 2022.2.7.)〉

미국 뉴욕의 중심가 맨해튼에서 약 70km 정도 거리에 있는(그림167 참조) 롱아일랜드의 한적한 마을인 노스포트에 가톨릭교회가 운영하는 성 필립 네리 공원묘지(St. Philip Neri Cemetery)라고 하는 아담한 공원묘지가 있다. 안미생은 이곳에 묻혀 있다. "사랑하는 어머니, 할머니 수지 안/ 1919년 7월 13일 출생, 2008년 11월 24일 작고/ 늘, 그리고 영원히 우리 마음속에 머물기를"이라는 글이 적힌 묘비가 선명하게 보인다.[61] 안미생의 실종 이후 그의 소재가 75년 만에 처음으로 확인된 셈이다.[62]

무엇보다 놀라운 사실이 있다. 수지 안(안미생)을 어머니, 할머니라

61 "안중근 조카·女독립운동가, 안미생 흔적 75년 만에 찾았다"라는 글을 프레시안에 기고한 김창희에 따르면, 2022년 1월경 뉴욕의 지인이 묘지를 찾는 수고를 대신해 주었다고 한다.

62 "안중근 조카·女독립운동가, 안미생 흔적 75년 만에 찾았다", 「프레시안」, 2022.2.7.

고 부른 이가 전혀 예상하지 못했던 인물인 것이다. 안미생의 가족관계를 조금이라도 아는 사람들은 묘비에 기록된 "사랑하는 어머니, 할머니"라고 부른 이는 김효자와 그녀의 딸이라고 단정할 것이다. 그러나 안미생을 사랑하는 어머니라고 부르고, 사랑하는 할머니라고 부른 이는 부고를 통해 소개한 아들 부부(her Son Thomas of Manhasset and his wife May)와 손녀(her granddaughter Olivia)를 뜻한다.(그림166 참조) 1949년 5월 14일 샌프란시스코 항에 도착한 이후 미국 생활이 어느 정도 안정되었을 때 안미생은 재혼을 했다는 뜻이다. 다만 묘비와 부고에 김효자가 등장하지 않는 이유는 알 수 없다.

〈그림169: ①다울링대의 메인 캠퍼스가 있던 오크데일의 위치도, ②1960년대 말 미국 뉴욕의 다울링대 강사 시절 자신이 제작한 이 학교 설립자 로버트 다울링의 흉상 앞에서의 김효자ⓒ프레시안(2022.2.7.)〉

안미생의 은둔 생활 자체가 미스터리이지만, 엄마 찾아 미국으로 떠난 후의 김효자의 행적은 우리를 보다 더 답답하게 한다. 「프레시안」의 보도에 의하면, 롱아일랜드 지역의 다울링대(Dowling College)[63]에서 미

63 Dowling College는 뉴욕 롱아일랜드에 있는 사립대학이었다. 메인 캠퍼스는 뉴욕 오크데일(Oakdale) 에 있었고, 1968년에 설립되었다. 이 대학은 예술 및 과학 학교, 교육 학

술 강사로 일하기 시작했고, 그 무렵 만난 미국인과 결혼한 것으로 알려졌으며, 전공을 살려 새로운 삶을 시작했다고 한다.

모친 안미생과 마찬가지로 한국인들과는 거의 접촉이 없었는데, 이유를 짐작조차 할 수 없다. 1965년 무렵 떠났으니 김효자가 조국을 떠난 지도 어언 60년이 다 되어간다. 우리 나이로 80세를 넘겼다. 1947년 고국을 떠나 2008년 작고할 때까지 모친 안미생이 침묵을 지킨 기간과 비슷한 세월 동안 그녀 역시 침묵을 지킨 셈이다. 그 침묵이 자의적인지 어떤 강압에 의한 것인지 우리는 알 수 없다.

2022년 2월 27일, 국가보훈처는 제103주년 3·1절을 맞아 중경 임시정부 비서로 활약한 안미생 선생 등 219명을 독립유공자로 포상한다고 밝혔다. 안미생에겐 건국포장이 추서되었다.[64] 원래 안중근 가문은 한국 독립운동사에서 독보적이며, 보훈 사상 가장 서훈을 많이 받은(15인) 가문으로 유명하다.[65] 이제 이 가문은 안미생이 추가됨으로써 16명

교, Townsend 비즈니스 학교 및 항공 학교의 4개 학교로 구성되었다. 수년간의 재정적 어려움 등으로 인해 2016년 8월 31일에 운영을 중단했다.《영문 위키피디아》

64 여성 독립운동가 안미생 등 219명 독립유공자 포상,「여성신문」, 2022.2.27.

65 안 의사의 직계 가족으로 서훈된 이는 조마리아(조성녀, 안 의사의 모친, 2008년 애족장), 안중근(1962년 대한민국장), 안정근(동생, 1987년 독립장), 안공근(동생, 1995년 독립장), 오항선(안 의사의 여동생 안성녀의 며느리, 1990년 애국장), 안원생(안정근의 아들, 1990년 애족장), 안낙생(안공근의 아들, 1995년 애족장) 등 7명이었다. 방계로는 안태순(안 의사의 숙부, 2009년 애족장), 안명근(사촌, 1962년 독립장), 안홍근(사촌, 2010년 애국장), 최익형(안명근의 매제, 1977년 독립장), 안경근(사촌, 1977년 독립장), 안봉생(안 의사의 5촌, 1990년 애국장), 안춘생(안 의사의 5촌, 1963년 독립장), 조순옥(안춘생의 처, 1990년 애국장) 등 8명에게 서훈되었다. 그 외 안우생(안공근의 장남)과 한지성(안공근의 사위)은 독립운동 이력이 뚜렷하지만 월북하여 북에서 활동했다는 이유로 지금까지 독립운동가로 인정받지 못하고 있다.

안정근 安定根 | 관리번호: 5293

- 이명: 없음
- 출생-사망: 1885-01-17 - 1949-03-17
- 본적: 황해도 신천 斗羅 淸溪
- 훈격(서훈년도): 독립장(1987)
- 운동계열: 임시정부
- 공적개요:

安重根 義士擧事后 1910年頃부터 中國으로 亡命 新幹 靑年団 理事, 臨政調査員, 上海 大韓 赤十字会 副会長, 中쏘聯合宣伝部 間島支部宣伝部長 臨政 間島 特派員 時事策進会員 在上海中韓互助社 營業科 幹事 臨政議員等 歷任한 사실이 확인됨.

안원생 安原生 | 관리번호: 3131

- 이명: 安스미스
- 출생-사망: 1905-02-27 - (1982-09)
- 본적: 황해도 신천 斗羅面 淸溪里
- 훈격(서훈년도): 애족장(1990)
- 운동계열: 임시정부
- 공적개요:

1. 1940. 光復軍 二支隊員 2. 1943~1945 9월 광복군 印度派遣隊員

김인 金仁 | 관리번호: 1720

- 이명: 金東山
- 출생-사망: 1918-11-12 - 1945-03-29
- 본적: 황해도 벽성 雲山面 芝村里 126番地
- 훈격(서훈년도): 애국장(1990)
- 운동계열: 중국방면
- 공적개요:

故 金仁은 1920年 中國으로 亡命 1936年부터 中國各地에서 金九主席을 補佐하면서 抗日運動에 積極活動한 사실이 확인됨.

안미생 安美生 | 관리번호: 956501

- 이명: 安수산나
- 출생-사망: (1915) - (2008-11)
- 본적: 황해도 신천 斗羅面 淸溪里
- 훈격(서훈년도): 건국포장(2022)
- 운동계열: 임시정부
- 공적개요:

1940년대 중국 중경에서 한국독립당 당원, 대한민국임시정부 비서 등으로 활동함.

〈그림170: 안미생 일가의 서훈 공적 개요〉

의 독립운동가를 보유한 가문으로서 더욱 빛이 나게 되었다.[66]

국가의 이러한 포상에 대해 안미생 일가는 어떠한 반응도 보이지 않

66 안미생의 경우 뚜렷한 이유 없이 단지 연락 두절 상태라는 점 때문에 미루어져 왔다. 하지만 2022년 2월 "안중근 조카·女독립운동가, 안미생 흔적 75년 만에 찾았다"라는 기사가 「프레시안」을 통해 보도된 이후, 확인 절차를 거쳐 포상이 주어진 것으로 짐작된다.

았다. 1977년 김인에게 건국포장(6급)이 추서되었다. 그리고 1990년에 애국장(4급)으로 재 서훈되었다. 그러나 안미생, 김효자 두 모녀는 아무런 연락을 취하지 않았다. 국가가 제공하는 보상금(연금)과 《독립유공자예우법》에 따라 지급되는 각종 혜택에 아무런 관심을 보이지 않았다. 지난해(2022년) 독립유공자로 포상된 안미생 유족에게도 보훈 혜택이 주어지지만, 김효자뿐 아니라 재혼 자녀인 안미생의 아들 토마스마저 가족 등록을 하지 않겠다고 한다.

60여 년 이상 조국과 절연하고 미주 거주 한인들과도 거의 접촉하지 않았던 모녀의 흔적은 안미생이 사망한 후에야 조금씩이나마 밝혀지고 있다. 그러나 생존한 것으로 알려진 김효자가 모친과 마찬가지로 은둔함으로써 한계에 부딪히고 있다. 이들 가족은 왜 이러한 명예와 혜택을 거절했을까?

보훈처가 운영하는 〈공훈전자사료관〉의 독립유공자 공적정보 중 안정근·안원생에 관한 묘소 정보란을 살펴보면 "해당 유공자는 묘소 위치 확인이 필요한 독립유공자입니다."라는 안내문이 보인다. 장례식 직후 상하이 만국공묘(萬國公墓, 현 宋慶齡陵園·송경령능원)에 있는 안정근의 묘소 앞에 선 부인 이정서 여사와 딸 안미생의 사진이 남아 있음에도(그림159-3 참조) 현재 우리는 그 묘의 위치를 모른다. 안정근이 서거한 지 얼마 되지 않은 1949년 5월 27일 상하이가 중공군에 함락된 후 아무도 그의 묘를 확인하지 않았기 때문이다.[67]

안원생의 묘지가 확인되지 않는 것도 충격적인 사실이다. 안원생은

67 安重根의 직계후손, 全 세계로 뿔뿔이 흩어져, 「월간조선」, 2009년 12월호

사위 김인을 포함한 안정근 일가 중 가장 먼저 독립운동의 이력을 인정받았다. 그가 생존해 있을 때인 1963년 대통령표창(7급)을 받았고, 1990년 재 서훈되어 건국훈장 애족장(5급)이 추서되었다. CIA의 전신인 OSS와의 접촉을 시작으로 안원생은 미대사관에 근무하면서 인천미 공보원장으로 일했으며, 그 뒤에도 인도네시아 등에서 미대사관 직원으로 근무하는 등 미국 정부와 밀접한 신분이었다.[68] 그러나 1950년 6월 12일 비행기를 타고 LA에 나타난 안원생이 미국 공보처의 사명으로 약 2개월 동안 머물 예정이라는 발언(그림164-2 참조)을 끝으로 언론은 더 이상 그의 현황을 보도하지 않았다. 동생처럼 그도 사라진 것이다. 보훈처의 공적 개요에 따르면 안원생은 1982년 9월경 사망한 것으로 추정된다. 40년이 지나도록 독립공훈 서훈자의 사망 연도, 사망 장소뿐 아니라 묘마저 정확한 위치를 확인하지 못하고 있는 것은 무엇을 뜻하는 것일까?

앞글에서 언급한 바대로 안미생의 묘는 뉴욕주 노스포트에 위치한 성 필립 네리 공원묘지에 위치하고 있다. 보편적 상식대로라면 안미생의 시신은 국립묘지 대전 현충원에 안장된 남편 김인의 묘에 합장되었어야 했다. 물론 그녀가 재혼했기 때문에 합장이 불가능했다고 볼 수 있다. 하지만 그녀에 대한 정보는 여전히 베일에 싸여있다.[69]

2008년 7월 13일, 안미생은 머나먼 이국 미국에서 향년 90세로 작고했다. 고국을 떠난 지 60년이 지난 후다. 그동안 고국의 언론뿐 아니라

68 김자동, 백범 장남과 결혼한 안 의사 조카 미생, 「한겨레」, 2010.3.30.

69 안미생이 정말 재혼을 했는지, 그녀의 재혼 상대는 누구인지, 아들 토마스가 안미생의 친자인지 혹은 양아들은 아닌지… 정확한 사실은 아직 알 수 없다.

미주 지역의 한인 언론들마저 안미생에 대한 취재를 전혀 하지 않았다. 시동생 김신을 비롯한 몇몇 지인들이 안미생 모녀의 행적을 찾고자 했으나 실패했다고 한다. 어떻게 이런 일이 일어날 수 있을까? 생각해 볼 수 있는 것은 미국의 증인 프로그램[70] 정도다.

증인 보호 프로그램은 각종 사건이나 사고의 피해자, 피고인, 신고자 또는 관련자를 재판이나 사건이 해결될 때, 혹은 평생 생명이나 물질적인 위협으로부터 신변을 보호하기 위한 제도이다.[71] 문제는 왜 안미생을 보호했을까 하는 의문이다. 안미생은 범죄자도 아니고 어떤 범죄에 연루된 적도 없다. 그렇다면 답은 한 가지다. 미국이 숨기고 싶은 범죄 행위에 대한 정보를 그녀가 갖고 있었다고 볼 수밖에 없다.

따지고 보면, 미국은 한국의 군정 기간 정치, 경제, 언론, 사법, 행정, 사회, 교육, 종교, 문화 등에 걸쳐 많은 문제점을 일으켰다. 그중에는 범죄 행위라고 볼 수 있는 사안도 수없이 많다. 안미생은 의외로 많은 것을 목격한 인물이다. 모스크바삼상회의 보도 조작 사건, 반탁운동, 송진우 · 여운형 · 장덕수 암살 사건, 미소공동위원회, 정판사조작사건, 좌우합작위원회 무산… 등의 사건에 직간접으로 관여했다. 그러면 미국이 필히 숨겨야 할, 가장 치명적인 문제는 무엇일까? 아무래

70 미 정부는 증인과 증인 가족의 과거 기록까지 철저하게 지워 추적을 원천 봉쇄한다. 사회보장카드 운전면허증 자동차등록증 출생증명서 결혼허가서 신용카드 학교기록 등 증인과 가족의 과거 신분에 관한 정보가 담긴 자료는 모두 폐기한다. 과거 알고 지내던 사람과 연락하고 싶으면 연방집행국이 나서서 은밀하게 처리해 준다. 법 제정 이후 증인 8,600명과 증인 가족 9,900명이 증인 보호 프로그램에 따라 보호받고 있다. 매년 드는 비용만 1,000만 달러가 넘는다. 〈해외선 제보자 보호 어떻게…미국은 이사·성형수술까지 지원, 과거 기록 폐기,「한경닷컴」, 2017.7.14.〉

71 《나무위키》

도 정판사사건을 들 수밖에 없다.

안미생은 뚝섬 사건 관련 사항으로 김구를 대리하여 이시영과 함께 중부경찰서에 출두한 적이 있다. 정판사사건 피고인 변호사에 의해 증인으로 신청되었으나 부결되었다. 따라서 위폐 사건의 처음부터 끝까지 가슴 졸이며 공판 과정을 지켜보았을 것이다. 그리고 그녀는 고명자 등 좌익 관련 여성 인사들과 인연이 많은 처지다. 이들로부터 생각하지도 못했던 많은 정보를 얻었을 것으로 짐작된다.

더욱이 큰 오빠 안원생이 귀국함으로써 작은아버지 안공근의 죽음에 얽힌 비화와 한독당과 시아버지의 문제점 등에 대한 많은 정보를 입수했을 것이다. 결국 안원생은 동생의 신변 보호를 미 국무부에 보고했을 것이고, 이에 따라 증인 보호 프로그램이 작동했다는 것이 필자의 견해다. 아무튼 안미생이 침묵함으로써 정판사사건의 진실은 영원히 묻히게 되었다. 정판사조작사건 발생 이후 일어난 10월 항쟁, 제주도4 · 3 사건, 여순 사건, 한국전쟁… 등을 거론하는 것은 사족이 되겠다. 정판사사건의 진실을 밝히는 것은 이제 우리의 과제이자 의무가 되었다. 미군정이 자행한 범죄 행위는 정판사사건의 실체를 규명함으로 시작된다고 본다.

부 록

소위 '정판사위폐사건'의 해부를 통해 본 사건의 실체

01 사건 경위의 개략

[박수환(朴壽煥) 저]

소위 '정판사위폐사건'의 해부 –반동파 모략의 진상을 폭로함–

제1부 사건 경과의 개략과 모략 판결의 인정 내용

이 사건을 제 각도로 논술하려면 무려 수천 페이지의 책이 될 것이다. 이것은 문필의 재간 없는 나에게는 불가능할 뿐 아니라 본 고는 이 사건을 위요(圍繞, 어떤 지역이나 현상을 둘러쌈)한 여러 갈래 문제 중에서 판결이 인정한 조작 사실의 해부에 중점을 둔 간략한 소책자를 발간하는 것이 목적임으로 여기에서는 사건 경과의 극히 개략적인 것과 모략 판정의 인정 내용만을 말하고 전반에 관한 상세한 것은 후일 사계(斯界, 어떠한 일에 관계되는 그 사회. 그 전문 방면)의 권위(權威)가 반드시 집필할 것이라고 믿는다.

1. 사건 경과의 개략

1945년 12월 28일 조선에 관한 모스크바삼상결정이 발표되자 이 결정을 중심으로 좌우의 대립은 일층 심각화 하였으며 이 결정에 의한 소미공동위원회가 1946년 4월 17일 발표된 제5호성명은 종래 동 결정에 반대해 오던 우익 정당에 대해 비상한 충격을 주었다.

4월 21일 우익 기관지의 하나인 「대동신문」은 "제5호 성명은 애국자에게는 절통사(切痛事)이나 매국자에게는 희소식(喜消息)"이라는 단평을 게재하여 삼상결정을 지지하는 공산당을 위시한 좌익정당에 대한 공격을 선동하였다. 동년 5월 6일 소미공동위원회가 무기 휴회되자 5월 12일 반탁 시민대회를 개최하고, 우익 공세의 야수적 테러 행동이 더욱 합법화되어 경향 각지에서 좌익 단체를 습격하는 만행이 속출하였다.

소위 정판사위폐사건이란 모략(謀略)은 좌익 파괴 음모에서 출발하여 순전히 고문에 의하여 만들어진 사건이다. 경찰로부터 발표가 있기도 전에 우익 단체들은 "위폐를 위조한 공산당을 타도하자"라는 삐라를 서울 시내 각지에 붙이고 동시에 종로 광화문 네거리 등에서는 라우드스피커(loudspeaker, 확성기)를 통하여 길가는 사람들에게 "조선공산당 위폐 운운의 데마(demagoguery, 대중을 선동하기 위한 정치적인 허위 선전이나 인신공격)"를 선전하고 우익 신문은 신문으로써 또한 이러한 선동 선전에 총동원되었다. "공산당 위폐 운운"은 천만 상상외(千萬想像外)로서 인민들은 출처를 알지 못할 이러한 사건의 선전에 대하여 많은 의혹을 갖게 되었다.

5월 15일 이 열성적인 선전대들의 선전의 뒤를 이어서 미군정청 공보부는 특별 발표를 통해 조선공산당 간부 2명과 동당 당원 14명이 조선공산당 중앙사무소 근택(近澤)빌딩 내 정판사에서 "위폐 약 300만 원 운운"을 판결도 있기 전에 확정적으로 발표하였다. 조선공산당은 이에 대하여 미군정청 공보부에 항의를 표하고 동월 17일에 그 발표가 허구날조라는 것을 성명하여 이것은 조선공산당을 해하려는 모략이라는 것을 명백히 하였다.

동월 18일에는 CIC가 조선공산당 중앙사무소를 수색하는 동시에 근택빌딩을 폐쇄하고 기익일(其翌日) 19일에는 조선공산당 기관지인 「해방일보」에 대하여 정간 처분이 내렸다. 이 사건에 관련하여 미군정청이 취한 이러한 조처는 천만부당한 것으로서 그렇지 않아도 발악적인 악질 선전으로 인하여 많은 의혹을 품어오던 일반 사람들에게 이 사건이 모략적이며 전혀 허위라는 심정을 일층 더 넣어 주었다.

피의자들은 경찰에서 약 60여 일간 법률에 의하지 않은 장기간의 불법 유체를 당하면서 기간잔혹(其間殘酷)한 고문과 고문의 협박을 당하여 이에 견디지 못한 피의자들은 허구의 사실들을 되는 대로 부득이 승인하였다. 원래 김창선은 뚝섬 배재룡에게 징크판을 매각한 사람으로서 1946년 5월 3일 뚝섬 위폐 사건 피의자의 한 사람으로 배재룡과 같이 본정 경찰서에 검거되어 취조 받아오던 중 그 징크판의 출처를 추궁 당하매 자기는 해방 직후 근택빌딩 내 인쇄소에서 일본인들이 조선은행권을 인쇄할 때에 직공으로 있던 사람인데 일본인들이 동 인쇄소에서 제2차 인쇄를 하려고 지폐를 인쇄하는 징크판을 준비하였으나 사정에 의하여 이것을 중지하고 세사(細沙)와 석유로 희미하게 닦아 두었던 우(右) 징크판 4조(四組) 중에서 1945년 10월 중순 그 1조를 절취하여 배재룡에게 매각한 것임을 자백하게 되고 또 김창선의 자택을 수색한 결과 조선공산당원증이 발견됨에 이르러 경찰은 여기에서 첫째, 김창선이 공산당원이고 둘째, 근택빌딩에는 조선공산당본부와 좌익 출판물을 맡아서 인쇄하는 조선정판사가 있고 셋째 징크판은 박낙종이 경영하기 전이라 하더라도 동 인쇄소에서 나온 것이 확실한즉 이것을 이용하면 조선공산당에 대한 공격의 재료를 만들 수가 있다는 것을 생각하고 김창선의 자백 형식을 취하기 위하여 고문하기 시작하였다.

김창선은 고문을 당하다 못해 되는대로 말하였다. 김창선이 검거된 수일 후 김창선의 모친이 김창선의 근무처이던 조선정판사에 와서 김창선이 검거되었는데 경찰에서 자기 집을 수색하여 발견된 지폐판과 공산당원증을 갖고 갔으니 이것이 무슨 일인지 알 수 없다고 어머니로서의 걱정하는 심정을 말하였다. 그 1, 2일 후부터 경찰은 조선정판사에 근무하고 있는 피고(이관술 씨 제외)들과 또 안순규, 이필상, 김영관, 전병철 등을 검거하였다. 경찰에서 이러한 모략이 진행되고 있는 것을 알지 못하는 피고인들은 무슨 영문인지 모르고 경찰에 순차로 끌려갔다. 박낙종은 이 피검으로 회사 일에 지장이 생기게 되어 석방 교섭까지 갈려고 하던 차 마침 조선정판사를 조사하려는 경찰관에게 이 뜻을 말하고 본정 경찰서까지 같이 갔다가 거기에서 구속되었다. 만약에 피고인들이 위폐를 인쇄하였다고 하면 범죄가 범죄인만치 피신하는 것이 당연할 것이다. 이 점만을 보아도 이 사건이 허위라는 것은 명백하다.

이 사건은 1946년 7월 9일 검사국에 송국되어 동 19일 검사들은 예정대로 공소를 제기하였다. 이 사건에 대한 변호인은 한영욱(韓永煜), 백석황(白錫滉), 조평재(趙平載), 윤학기(尹學起), 강중인(姜仲仁), 오승근(吳承根), 강혁선(姜赫善), 이경용(李璟鏞), 김용암(金龍巖) 등 9명이었으나 공판 진행 중에 윤학기 씨는 공판을 평하길 "연극을 보는 것

같은 공판"이라고 재판소를 공격한 이유로 정직되고, 강중인 씨는 차전(次田)재판소에서 한 좌익 형사 3건 변론이 문제되어 정직되고, 조평제 씨는 다른 사정으로 공판에 입회하지 못하게 되어 결국 최종까지 공판에 참가한 사람은 나머지 여섯 사람뿐이었다.

이 사건 공소를 수리한 재판소는 사건에 대해서 상부로부터 특별히 속히 판결하라는 독촉이 있다 하여 공소제기로부터 불과 10일 후인 7월 29일을 제1회 공판기일로 지정하였다. 변호인들은 이 단기간에 도저히 변론 준비를 할 수 없음으로 재판장 양원일(梁元一)에게 수차 공판기일 연기를 요구하였으나 그는 이것을 완강히 거절하였던 것이다.

7월 29일 제1회 공판일에는 수천의 방청인들이 재판소 마당에 운집하여 이곳저곳에서 이 사건의 진상을 잘 아는 사람들에 의하여 정의를 위한 열변이 토로되었다. 경찰이 무기를 안 가진 평화 군중에 발포한 결과 방청 왔던 전해련(全海練) 소년이 즉사한 외에 수명의 부상자를 내었고 또 그날 50여 명을 검거하였다. 「건국」 호외는 그날 상황에 대하여 "피에 굶주린 경관"이라고 기사를 썼다. 조선공산당 중앙위원회는 희생된 전해련 소년을 조선공산당 정당원으로 결정하여 그 영예를 유족에게 전달하였고, 그 장례식은 3만여 명의 회장객(會葬客)의 통곡(慟哭)과 분한(憤恨) 속에서 거행되었으며 종로를 통과한 영구와 장송 행렬은 거리의 행인들을 울리었다. 검거된 50여 명은 기후(其後) 군정 재판소에 의하여 최고 4년까지의 징역 언도를 받았고, 징역 중 이준마(李駿馬) 청년은 1947년 3월경 옥사하였다.

7월 29일 오후에 공판은 개정되었으나 공판정은 50여 명의 무장 경관으로 삼엄한 광경을 노정(露呈, 예상치 못하거나 원치 않은 사실을 드러내어 알게 하는 것)하였다. 이러한 중세기적 법정에서는 피고인들과 변호인들은 법률이 부여한 권리를 충분히 행사할 수 없음으로 변호인들은 재판장에게 대하여 무장 경관들을 퇴출시킬 것을 강경히 요구하였으나 재판장은 끝끝내 들어주지 않았다. 여기에서 변호인들은 다른 수 개조의 이유를 겸하여 재판장 양원일을 기피하였다. 이 기피 신청은 결국 채택되지 않았다.

8월 22일 제2회 공판이 개정되어 피고인들은 공판벽두(公判劈頭)에 조선정판사법정투쟁단 명의로 "우리는 사법의 존엄을 모독하는 일절(一切)반역적(反逆的) 경리(警吏)와 검사의 고문 및 고문의 방조에 의하여 작성된 기록을 기초로 하여 개정되려는 본 건의 공판을 전면적으로 거부하는 동시에 하루빨리 엄정한 여론의 감시하에서 본 건의 재심리를 요구한다. 위 요구(右要求)를 관철하기까지 싸우겠다."라는 성명서를 발표하고 일체 진술을 거부하였다.

그리하여 재판장이 혼자 말하는 재판이 며칠 동안 계속되었으나 나중에는 재판장이 형무소에 피고인들을 방문하고 다시 그 익일(翌日) 재판소와 피고인들의 연석회의가 개최되어 피고인들은 재판장으로부터 여러 가지의 약속을 받고 진술하게 되었다. 그 후 약 30여 회의 공판을 거쳐 재판소는 결국 자기들이 예정한 의도대로 동년 11월 24일 유죄의 모략 판결을 언도하였다.

판결 언도가 끝난 후 공판정에서 “남조선 사법이 자살하였다.”고 재판장을 향하여 어이어이 조상(弔喪)하고 다른 피고인들은 적기가와 해방의 노래를 불음으로써 불의의 모략 판결에 대하여 항쟁의 뜻을 표시하였다. 그동안 조선공산당과 변호사단으로부터 이 사건의 부당성을 지적하는 성명서가 여러 번 발표되었다.

피고인들은 이 모략 판결에 대하여 상고를 하였으나 “좌익 사건은 증거 없어도 유죄판결을 언도하라”고 남조선사법관들을 선동한 김용무(金用茂)를 수반으로 한 남조선대법원은 1947년 4월 11일 본건 상고를 기각함으로써 재판장의 반인민적 성격을 또다시 한 번 천하에 고백하였다.

02 모략 판결의 인정 내용

2. 모략 판결의 인정 내용

그러면 판결은 여하한 모략 사실을 인정하였는가. 본 건의 피고인은 이관술(李觀述) · 박낙종(朴洛鍾) · 송언필(宋彦弼) · 신광범(辛光範) · 박상근(朴相根) · 김창선(金昌善) · 정명환(鄭明煥) · 김우용(金遇鏞) · 홍계훈(洪啓壎) · 김상선(金商善 혹은 金商宣)인바 판결서의 기재를 여기에 인용하여 설명의 대용으로 한다.

…동 인쇄소(조선정판사—필자)에서는 동년(1945년—필자) 9월 15경부터 제2차 인쇄를 할 예정으로 동권(조선은행권 백 원권—필자) 인쇄용 징크판(원판과 전사지를 사용하여 아연판에 백 원권 20매분을 올린 것) 4조 12매(1조는 흑黑청靑자紫색 인쇄용 3매)를 제작하고 있었으나 형편에 의하여 인쇄치 않게 되었음으로 동년 19일경 동 징크판을 석유와 세사(細沙) 소량으로 다소 희미하게 되도록 닦은 후 익일 연마기에 걸어 완전히 마멸할 예정으로 연마실 내에 두었던바 김창선은 배재룡이라는 자로부터 징크판 구득(求得)의 부탁을 받은 일이 있음을 상기하여 익일인 20일 오전 7시 30분경 타 직공보다 먼저 출근하여 전기(前記) 징크판 4조 중 비교적 선명한 것 1조 3매를 절취하여 우(右)연마실 일우(一隅, 한쪽 구석)에 설치되어 있는 잉크 창고 내에 은닉하고 또 동일(같은 날) 오후 5시 30분경 타 직공 퇴근 후 전동양(前同樣, 전과 같은 모습) 징크판 1조를 절취하여 같은 장소에 은닉하는 동시에 징크판 보존 방법으로

그 2조 3매에 아라비아고무를 칠하여 두었던바, 송언필 김창선 양인이 1945년 10월 중순경 모야(某夜, 어떤 밤) 조선정판사에서 숙직할 때 서로 조선공산당 및 조선장판사의 재정난에 관한 담화를 하다가 김창선으로부터 "징크판이 있으니 돈을 인쇄하여 사용하면 어떻겠느냐"라는 제의를 받게 되자 송언필은 위험하다고 불응하였으나, 약 3일 후 동사 사무실에서 박낙종에게 "김창선이가 은행권 인쇄 사용 의논을 하는데 어떻게 생각하느냐"고 문의한즉 박낙종은 주저하다가 조선정판사 2층 조선공산당 본부에 있는 이관술에게 모지(某指)를 전하자 동인도 처음에는 주저하였으나 될 수 있는 일이라면 군에게 일임하니 하여 보라"고 하였음으로 박낙종은 사무실에 내려와 송언필에게, 송언필은 김창선에게 순차로 인쇄 부탁을 하고 김창선은 신임하는 정명환, 김상선, 김우용, 홍계훈에게 "송언필이가 공산당 자금으로 은행권을 인쇄하여 달라 하니 인쇄하여 쓰도록 하자"는 말을 하였는바 동인들도 최초는 반대 또는 주저하였으나 결국 승낙하고, 송언필은 별도로 신광범에게 경계를 박상근에게 용지 출고 및 재단을 각각 부탁하여 자(玆)에 피고인 전원은 은행권을 위조하여 조선공산당비로 쓸 것을 공모하고 범의 계속하에【판결문 pp.113~115.】

(一) 자색 인쇄용(총재지인번호, 괄호 등 적색으로 인쇄한 것) 凸판은 일본인이 제거하였음으로, 그즈음 김창선 · 정명환 양인이 협력하여 그 징크판을 제작한 후, 동월 하순경 모야(某夜) 9시경부터 익조(翌朝) 5시경까지 사이에 조선정판사에서 박상근은 80근 모조지 1연(500매)를 출고하여 동소(同所)에 설치된 재단기로 반절(半折)하여 김창선에게 제공하였고, 김창선 등은 전기 은닉한 징크판 2조 중의 1조(다른 1조는 김

창선 자택에 갖다 두었음), 우(右) 제작한 적색 징크판 우(右) 반절 모조지, 조선정판사에 (설치되어 있는) 설치된 오프셋인쇄기 제2호 1대 및 흑청자색 잉크 등을 사용하여 김창선 · 정명환 양인은 잉크 조절을, 김상선 · 김우용 · 홍계훈은 지절(紙折, 가미오리, 맞춰 접기), 지차(紙差, 가미사시, 종이 먹이기, 삽지), 지취(紙取, 가미도리, 종이 제거) 등을, 신광훈은 외래자 경계를 각각 분담하여 행사(行使)의 목적으로써 조선은행권 제2호 약 2백만 원을 인쇄하고, 박상근은 재단기로 차(此)를 전단하여 그 위폐를 완성한 후 이를 행사 담당자인 이관술의 손을 통하여 그즈음 서울 시내에서 조선공산당비로 소비하여 행사하고【판결문 pp.115~116.】

(二) 전기(前記) 장소에서 전동양(前同樣, 앞과 같은 모양)과 분담(分擔)으로 ①서기 1945년 12월 27일 오후 9시경부터 익조(翌朝) 5, 6시경 ②동월 28일 오후 9시경부터 익조 7시경 ③동월 29일 오후 9시경부터 익조 7시경 ④서기 1946년 2월 8일 오후 9시경부터 익조 7시경 ⑤동일 오후 9시부터 익조 오후 1시까지 사이에 행사의 목적으로써 매회 조선은행권 백 원권 약 2백만 원식(式)을 인쇄 · 재단하여서 차(此)를 위조한 후 그즈음 이를 전동양(前同樣) 사용(使用)…【판결문 p.116.】

03 공산주의자와 통화 위조는 수화상극

제2부 사건의 해부

1. 공산주의자와 통화 위조는 수화상극

이 사건에 있어서 피고인들은 전부가 공산당원이고 그들이 위폐를 인쇄하여 조선공산당에 제공하였다는 것이 기소 사실의 골격인 만큼 【판결문 pp.114~115.】

이 사건에 대한 논리적 해부는 공산주의자가 위폐를 인쇄할 수 있을 것인가 하는 문제로부터 시작되어야 할 것이며 또 이렇게 하기 위해서는 공산주의자는 과거에 여하한 운동을 하였으며 또 현재는 여하한 운동을 하고 있는가를 윤곽(輪廓)이나마 알아야 할 것이다.

일본 제국주의자가 조선을 강점한 이후 우리 조선 민족은 그 가혹한 탄압 밑에서 꾸준히 투쟁하여 왔다. 그 투쟁 형식은 혹은 시위운동 혹은 노동 파업 혹은 농민조합운동 혹은 학생 동맹 휴학 등 여러 가지의 형식이 있었으나 조선 민족이 일본 제국주의에 대한 열렬한 투쟁이라는 점에서는 동일한 것이었다.

그러면 이러한 반일 투쟁은 어떠한 사상의 소유자들이 기획하고 지도하였는가. 이것을 고려할 필요가 있다. 조선의 지주의 극히 소수와 자본가의 일부가 오직 한 번 1919년 3 · 1운동에 참가한 일이 있었으나 그 후는 일제의 일면탄압과 일면회유 정책에 의하여 일제의 품속에 기어들어 가서 근로인민을 착취함으로써 비지비대(肥脂肥大)하였으며 3 · 1운동 이후의 반일 투쟁은 공산주의자들의 기획과 지도하에서 근로

인민 속에서만 추진되어 왔다.

1926년 6월 10일 운동, 1928년 원산 총파업 및 불이 농장 쟁의, 1929년 부산 대파업, 광주학생사건을 계기로 한 전국 학생 총맹휴, 1931년 만보산 사건을 계기로 한 반일 제국 투쟁 등은 공산주의자들이 기획하고 지도한 저명한 반일 제국 투쟁 사건이다. 이외에도 대소(大小) 사건을 계상하면 공산주의자들이 기획하고 지도한 반일제 투쟁 사건은 부지기수이다.

만일 지나간 날 조선에 공산주의자가 없었더라면 또 공산주의자가 있었더라도 일본 제국주의자에 대한 이러한 불굴의 계속적 투쟁이 없었더라면 세계의 여론은 일본의 조선에 대한 정책을 비난하지 않았을 것이고 따라서 조선 민중은 일본 정책에 만족하고 있었다고 보았을 것이다.

더욱이 만주사변 이후 조선의 민족 자본가들은 일제의 금융자본 품속에서 일본 제국주의 전쟁에 협력하고 친일파들은 "내선일체" 운동 또는 "농민화"운동의 선구가 되어 조선 천지를 좁다고 날뛸 적에 공산주의자들의 계속적인 투쟁이 없었더라면 조선 민족은 전부가 일본 정책에 동화되었다고 민주주의 연합국은 우리들을 오해하였을 지도 또 만약 연합국이 오해하였더라면 우리에게는 8·15해방이 없었을 지도 모를 것이다.

공산주의자들이 기혹한 일본 제국주의자에 대하여 이러한 불굴의 해방 투쟁을 전개하여 온 것은 결코 평안한 환경하에서 전개한 것이 아니고 여기에는 비싼 희생의 대가를 물어온 것이다. 공산당의 1차, 2차, 3차, 4차 총검거를 위시하여 매년 수천 명이 검거되어 경찰에게 맞아 죽고 징역 가고 사형당하고 옥사하는 등 그 고난은 더 말할 수 없는 것이었다.

3 · 1운동 이후의 조선의 투쟁사는 공산주의자들의 피 흘린 기록이다. 조선의 자본가와 함께 대부분의 지식층은 일제의 품속에서 영리 사업가가 되고 혹은 고급 행정관이 되고 혹은 판검사가 되고 혹은 변호사가 되어서 자기의 영리와 자기의 출세와 자기의 지위를 향락하고 있을 때에 공산주의자만이 피를 흘려가면서 과감한 해방 투쟁을 계속하여 온 점에 대해서 조선 민족은 개인의 주관을 떠나서 거국적으로 경의와 감사를 표하여야 할 것이다. 이것을 거부하는 것은 일제를 그리워하는 친일파 민족 반역자에게만 가능할 것이다.

그러면 8 · 15 이후 공산주의자들의 운동은 어떠하였던가? 8월 15일 일제가 무조건 항복을 하자 전조선의 형무소 예방 구금과 경찰서 유치장으로부터 만여 명에 공산주의자 등이 출옥하고 또 지하에서 해방 투쟁을 하던 공산주의자들이 표면에 나타나 이들은 조선공산당을 재건하였다.

그리하여 그들은 일제잔독(日帝殘毒)과 봉건 요소를 청산하고 전 국민이 자유와 평등을 향유할 수 있는 명실상부한 민주주의 건설을 위하여 반동 세력과 투쟁하여 왔다. 그들은 구체적으로는 민주주의적 무차별 평등 선거제도, 남녀동등권 제도, 진보적 노동 제도, 인민적 토지개혁 제도, 사무원 후생법 보호 제도, 중요 기업 국영 제도 등을 실시할 것을 인민들의 절대적 지지 밑에서 인민을 대표하여 주장하여 왔으며 이것을 관철하기 위하여 투쟁하고 있다. 이러한 주장은 조선의 현 단계에 있어서 객관적으로 가장 정당한 것으로써 이리함으로써만 이 노동자, 농민, 봉급자 등 광범한 근로인민이 정치적 경제적으로 해방되는 것이며 또 이리함으로써만 민족의 번영과 사회의 발전이 있게 되는 것이기 때문에 오늘날에 와서는 이것은 민주주의 정당, 사회단체의 공통된 주장으로 되어 있다.

공산주의자는 노동자 농민을 중심으로 한 근로인민의 정치적 경제적 생활 이익을 위하여 투쟁하는 것이 그들의 지상 임무이다. 근로인민의 이익을 위하여 과거에도 싸워왔고 현재도 싸우고 있으며 미래도 싸울 공산주의자들이 과연 통화를 위조하였을 것인가?

통화를 위조하면 통화가 팽창되고, 통화가 팽창되면 물가가 고등(高騰)하여지고, 물가가 고등하여지면 사회의 어느 부분보다도 경제적으로 빈약한 근로인민의 생활이 위기에 직면할 것은 누구든지 잘 알고 있는 상식이다. 공산주의자가 통화를 위조하였다면 근로인민의 생활을 파괴로 몰아넣는 것인 만큼 그것은 공산주의자로서 자살적 행위이며 또 스스로가 인민의 적이 되는 행위이다. 공산주의자로써 통화 위조란 있을 수 없는 일이니 이것은 실로 수화상극(水火相剋)이라 아니할 수 없다.

더욱이 내가 여기에서 말하고자 하는 것은 이관술 · 권오직 · 박낙종 · 송언필 등 제씨는 과거의 혁혁한 투쟁경력을 갖고 있는 지사들이며 기중(其中, 그 가운데)에서도 이관술 · 권오직 양 씨는 일제의 인난(因難)한 환경하에서 장구한 기간 쉼 없이 제일선에서 민족해방과 근로인민의 이익을 위하여 투쟁하여 온 저명한 공산주의자이다. 이 사람들이 이 사건에 참가하였다는 것만으로도 우리는 사건이 허위라는 것을 벌써 알게 되는 것이다.

04 고문과 고문의 공포, 유도신문은 사건 조작의 원동력

2. 고문과 고문의 공포유도, 신문(訊問)은 조작의 원동력

피고인들은 경찰서에 검거되어 약 60일간 취조 받는 동안 형언하기 어려운 잔혹한 고문을 당하였다. 경관이 집단이 되어 발길로 차고 방망이로 구타하고 장의자(長椅子)에 뉘인 후 배 위에 올라앉아 물을 먹여 몇 번씩 기절시키고 시멘트 바닥에 꿇어앉힌 후 10수 시간 환형(環型) 의자를 들게 하고 밀실에 구금한 후 밥을 먹이지 않고 또 자지도 못하게 하는 등 일제 강점기 시대에도 일찍이 보지 못하였던 잔혹한 고문이었다.

공판정에서 피고인들이 경찰의 고문을 호소할 적에 뜻있는 사람은 누구든지 모골이 송연하였으며 방청석에서는 여러 번 곡성이 터졌다. 고문이 얼마나 혹독하였던지 검사 조재천(曺在千)으로 하여금 논고 시에 "경찰이 고문은 하였을는지 모른다"고 말할 수밖에 없게 하였다.

그러면 검사의 취조는 여하하였는가? 검사는 경찰 취조 도중부터 경찰서에 출장하여 고문하는 경찰들을 지휘하여 가면서 피고인들을 취조하고 만약 피고인들이 부인하면 곧 경관에게 통고하여 피고인들로 하여금 다시 잔혹한 고문을 받게 하였다. 검사 자신은 때로는 피고인들에 대하여 유화한 태도를 취하였으며 박낙종 씨에게 대해서는 찻물도 주고 케이크도 준 일이 있었으나 기후(其後) 검사는 찻물 주고 케이크 준 사실을 입증하기 위하여 찻물 심부름하던 본정 경찰서 사환 우인옥(禹仁玉)을 증인으로 신문하여 신문조서를 증거로서 사건기록에 첨부하였다.

그러면 이 사건에 있어서 검사가 찻물이나 케이크 준 사실을 증거로서 기록에 첨부한 것은 무슨 이유인가? 이것은 검사 자신은 고문을 하지 않았다는 발뺌을 하기 위한 얄미운 심리에서 나온 행위인 것으로써 이점으로서도 얼마나 잔혹한 고문이 있었다는 것을 넉넉히 추단(推斷)할 수 있는 것이다. 검사는 자기의 신문한 결과를 고문한 경관에게 통고할 뿐 아니라 자기 자신은 피고인들에게 대하여 검사로서 가장 삼가야 할 유도신문을 하였다.

그러므로 이관술 · 송언필 양 씨는 시종일관 부인하였으나 기외(其外, 그밖에)의 건강이 약한 피고인들은 경찰관과 검사의 이상(以上)의 조사태도 더욱이 고문과 고문의 공포에 견디지 못하여 위폐를 인쇄하였다는 허위의 진술을 하지 않을 수 없었다. 이 점을 명백히 하려 한다.

一, 피고인들이 '위폐를 인쇄하였다.'라고 한 진술에 있어서 세부분(細部分)은 말할 것도 없거니와 중요한 골자 문제와 관한 진술에 있어서 피고인 각자가 다르고 또 동일한 피고인에 있어서도 진술의 시기적 차이에 의하여 각각 다르다. 이것을 이 사건의 기록에 의하여 지적하면

김창선은

1946년 5월 6일 경사 조성기(趙成起)에 대하여 제1차는 1945년 10월 20일경 야간 김상선과 같이 위폐 12만 수천 원을, 제2차는 1946년 2월 10일경부터 3일 야간 계속하여 위폐 약 5십만 원을 각각 인쇄하였다는 요지의 진술을 하였고,

1946년 5월 8일 경사 이재금(李在金)에 대하여 제1차는 1945년 10월

30일경 야간 정명환, 김우용, 김상선, 홍계훈과 같이 5인이 송언필의 지도하에 위폐 약 120만 원을, 제2차는 1946년 2월 16경부터 3일간 계속하여 위 5인이 송언필의 지도하에 위폐 약 4백8십만 원을 각각 인쇄하였다는 요지의 진술을 하였고,

1946년 5월 11일 경사 김성환(金成煥)에 대하여 1946년 2월 15일경부터 3일 야간 계속하여 재단공인 박상근을 참가시켜 정명환, 김우용, 홍계훈, 김상선 등과 같이 위폐 약 500만 원을 인쇄하였다는 요지의 진술을 하였고,

1946년 5월 16일 순경 김창덕(金昌德)에 대하여 제1차는 1945년 10월 28일경 정명환, 김상선, 김우용, 홍계훈과 같이 5인이 송언필 지도하에 위폐 약 100만 원을, 제2차는 동년 12월 26일경부터 3일 야간 계속하야 위 5인이 송언필 지도하에 위폐 약 200만 원을, 제3차는 1946년 2월 8일, 9일 양일간을 계속하여 송언필, 이관술, 권오직 3인 감독하에 위 5인이 위폐 약 200만 원을 각각 인쇄하였다는 요지의 진술을 하였고,

1946년 5월 21일 경사 조성기에게 대하여 1차는 1945년 10월 27, 8일경 야간 정명환, 김상선, 홍계훈, 김우용, 박상근과 같이 6인이 송언필의 지도하에 위폐 약 200만 원을, 제2차는 동년 11월 16일경 위 6인이 위폐 약 200만 원을, 제3차는 동년 12월 23, 4일경 야간 위 6인이 위폐 약 200만 원을, 제4차는 1946년 2월 10일경 야간 위 6인이 송언필 입회하에 위폐 약 200만 원을 각각 인쇄하였다는 요지의 진술을 하였고,

김상선은

1946년 5월 11일 순경 이희남(李熙南)에게 대하여 제1차는 1945년 10월 하순경 박낙종, 신광범, 안순규(安舜奎), 박상근, 송언필 입회하

에 김창선, 정명환, 김영관(金永觀), 홍계훈, 전병철(全秉哲)과 같이 위폐 약 200만 원을, 제2차는 동년 12월 초순 야간 신광범, 안순규, 박상근, 송언필 입회하에 위 6인이 위폐 약 200만 원을, 제3차는 동년 12월 하순 야간 위 4인 입회하에 김창선, 정명환, 김영관, 홍계훈과 같이 5인이 위폐 약 200만 원을, 제4차는 1946년 1월 하순 야간 박낙종, 신광법, 박상근, 안순규 입회하에 위 5인이 위폐 약 200만 원을, 제5차는 동년 2월 하순 야간 위 4인 입회하에 위 5인이 위폐 약 200만 원을, 제6차는 동년 3월 하순 야간 박낙종, 송언필, 신광범, 박상근, 안순규 입회하에 위 5인이 위폐 약 200만 원을 각각 인쇄하였다는 요지의 진술을 하였다고,

1946년 5월 20일 경사 이희남에게 대하여 제1차는 1945년 10월 하순 야간 김창선, 정명환, 김영관, 홍계훈과 같이 5인이 위폐 약 100만 원을, 제2차는 동년 12월 23, 4일경 3일 야간 계속하여 위 5인이 위폐 약 400만 원을, 제3차는 1946년 2월 중순경 야간 계속하여 위 5인이 위폐 약 500만 원을 각각 인쇄하여 김창선, 정명환이 각각 재단하였다는 요지의 진술을 하였고,

박상근은

1946년 5월 10일 경사 조성기에 대하여 제1차는 1945년 10월 20일경 야간 박낙종, 신광범, 송언필, 김상선, 김창선, 정명환과 같이 밀의하여 김창선, 정명환, 홍계훈, 김상선, 김우용 등이 위폐 약 200만 원을, 제2차는 동년 12월 5일경 위 7인이 밀의하여 김창선, 정명환, 홍계훈, 김상선 등이 위폐 약200만 원을, 제3차는 1946년 2월 20일경 야간 박낙종, 송언필, 김창선, 정명환, 김상선과 같이 밀의하여 김창선,

정명환, 홍계훈, 이정환(李貞煥), 김영관, 김우용, 전병철과 같이 8인이 위폐 약 200만 원을 각각 인쇄하였다는 요지의 진술을 하였고,

1946년 5월 20일 경사 김재옥(金在玉)에게 대하여 제1차는 1945년 10월 중순 야간 박낙종, 이필상(李弼商), 송언필, 김창선, 정명환, 안순규와 같이 8인이 공장에 집합하여 김창선, 정명환이 김우용, 김영관 외 2인을 지도하여 위폐 약 200만 원을, 제2차는 동년 12월 20일경 야간 위 8인이 공장에 집합하여 전(前)동양(同樣)으로 위폐 약 200만 원을, 제3차는 1946년 2월 20일경 야간 위 8인 외에 권오직이 참가하여 전 동양으로 위폐 약 200만 원을, 제4차는 동년 3월 초순경 야간 위 9인 입회하에 전 동양으로 위폐 약 200만 원을 인쇄하였다는 요지의 진술을 하였고,

정명환은

1946년 5월 16일 경사 조성기에게 대하여 제1차는 1945년 10월 20일경 야간 김창선의 지도로 위폐 약 100만 원을, 제2차는 1946년 3월 초순경 김창선의 지도하에 김우용, 김상선과 같이 위폐 약 200만 원을 각각 인쇄하였다는 요지의 진술을 하였고,

또 같은 1946년 5월 16일 경사 조성기에 대하여 제1차는 1945년 10월 중순경 야간 김창선의 지도하에 김우용, 김상선과 같이 위폐 약 60만 원을, 제2차는 1946년 3월 중순 2일 야간 계속하여 김창선의 지도하에 위 3인이 위폐 약 120만 원을 각각 인쇄하였다는 요지의 진술을 하였고,

1946년 5월 17일 경사 조성기에 대하여 제1차는 1945년 10월 20일경 야간 김창선 지도하에 김우용, 홍계훈, 김상선과 같이 4인이 위폐 약

200만 원을, 제2차는 동년 10월 말경 야간 김창선의 지도하에 위 4인이 위폐 약 200만 원을, 제3차는 1946년 2월 중순경 야간 김창선 지도하에 위 4인이 위폐 약 200만 원을 각각 인쇄하였다는 요지의 진술을 하였고,

홍계훈은

1946년 5월 11일경 경사 조덕순(趙德順)에게 대하여 제1차는 1945년 10월 중순 야간 박낙종, 김창선, 김상선, 김영관, 김우용과 같이 6인이 위폐 약 200만 원을, 제2차는 동년 11월 20일경 야간 박낙종, 김창선 입회하에 김영관. 김우용, 김상선과 같이 4인이 위폐 약 60만 원을, 제3차는 동년 12월 25일경 야간 전 동양으로 위폐 약 40만 원을, 제4차는 1946년 1월 7일경 야간 위 동양으로 위폐 100만 원을 각각 인쇄하였다는 요지의 진술을 하였고,

1946년 5월 21일 순경 김창덕(金昌德)에게 대하여 제1차는 1945년 10월 중순경 야간 김창선, 정명환, 김영관, 김우용, 김상선, 박상근과 같이 7인이 위폐 약 200만 원을, 제2차는 동년 11월 20일경 야간 위 7인이 위폐 약 200만 원을, 제3차는 동년 12월 28일 야간 위 7인이 위폐 약 200만 원을, 제4차는 1946년 2월 26일경 야간 위 7인이 위폐 약 200만 원을 각각 인쇄하였다는 요지의 진술을 하였다.

이상 예시(例示)는 물론 일부분에 불과한 것이다. 그러나 이것만으로도 인쇄 시일 문제는 차치(且置)하고도 골자(骨子)적 문제에 있어서 얼마나 구구한가를 충분히 알 수 있다. 즉 첫째, 인쇄하였다는 횟수와 일수(日數)에 있어서 2회 2야, 2회4야, 3회6야, 4회4야, 6회6야 인쇄하였다는 여러 가지 진술이 있고 둘째, 인쇄하였다는 금액에 있어서 약

62만 원, 약 180만 원, 약 300만 원, 약 400만 원, 약 600만 원, 약 800만 원, 약 1,200만 원 인쇄하였다는 여러 가지 진술이 있고, 셋째, 참가하였다는 인원에 있어서 김창선, 김상선만이 참가하였다는 진술, 피고인이 전부 참가하였다는 진술, 피고인들 외에 김영관만이 참가하였다는 진술, 피고인들 외에 김영관, 전병철 2인이 참가하였다는 진술, 피고인들 외에 김영관, 전병철, 이정환이 참가하였다는 진술, 피고인들 외에 안순규만이 참가하였다는 진술, 피고인들 외에 이필상만이 참가하였다는 진술, 피고인들 외에 안순규, 이필상 2인이 참가하였다는 진술이 있다.

이것은 지극히 기괴한 현상이다. 피고인들이 고문에 거듭하는 고문의 공포와 기타 등 강요를 당하지 않고 자유로운 의사로서 진술한 것이라고 전제하고 가정으로 피고인들이 위폐를 인쇄하였다면 그 진술은 횟수, 금액, 참가 인원 등 골자적 문제에 있어서는 당연히 일치되었을 것이고 전기 예시와 같은 엄청난 차이는 있을 리가 없는 것이다.

이 골자적 문제에 있어서까지 호상(互相)판이하게 진술된 것은 경찰관 또는 검사로부터 취조당할 때에 개별적으로 고문, 고문의 공포 또는 유도신문을 당하였기 때문에 각 피고인들이 무근한 사실을 유도하는 대로 영합적으로 진술한 것이 명백하다.

② 정명환은 1946년 6월 7일 검사 김홍섭(金洪燮)에게 대해서는 위폐 인쇄 사실을 부인하고 같은 날 순경 장창해(張昌海)에게 대해선 위폐 인쇄 사실을 시인하였다. 정명환이 같은 날에 정반대의 진술을 한 것은 검사에게 부인한 것이 순경 장창해에게 곧 연통되어 그 취조 시에 고문을 당하고 다시 시인한 것이 명백하다. 이것으로써 이 사건에 있어서

검사가 경찰서에 출장하여 취조한 것은 부인하는 피고인에게 대해서는 철두철미하게 경관으로 하여 곧 고문시키려는 데 그 의도가 있었다는 것도 또한 명백한 사실이다.

③ 1946년 9월 17일 증인 '위임쓰'는 김창선, 안순규를 군정청 경무부에서 취조할 시에 조선인 경찰관계자 조병옥, 장택상, 노덕술이 입회할 때에는 위폐를 인쇄하였다는 사실을 시인하고, 이상 3인을 퇴석시키고 미인(美國人)들만이 취조할 시에는 위폐 인쇄 사실을 부인하였다고 증언하였다. 이것은 조선인 경찰관계자인 조병옥, 장택상, 노덕술이 있는 데서 부인하면 그것이 곧 취조 경관에게 연통되어 자기들은 다시 고문을 받게 된다는 상상하에 같은 날 같은 미인에게 대하여 두 가지의 상반되는 진술을 한 것이 분명하다.

④ 증인 윤경옥(尹璟玉)은 1946년 9월 20일, 증인 이영개(李英介)는 동년 11월 12일 각각 공판정에 출두하여 자기들은 본정 경찰서에서 김창선이와 같은 감방에 유치되어 있었는데 당시 김창선이 경찰로부터 고문당한 것을 잘 안다고 증언하였다.

⑤ 기록에 의하면 제일 취조 횟수가 많은 김창선에게 대한 경찰 취조 12회, 검사 취조 15회, 합계 27회를 위시하여 다른 피고인들도 모두 10회 전후가 되어있다. 많은 횟수에 걸쳐서 일반적으로 하등 새로운 것이 없는 같은 신문을 반복한 것은 구구한 피고인들의 진술을 귀를 맞추어서 동일한 골자의 진술로 정리하려는 데 유일한 목적이 있었다.

그러나 피고인들이 상이(相異)되는 구구한 진술을 하게 된 원인이 개별적 고문 기타 강요에 있었던 만치 검사의 무한한 노력에도 불구하고 그 진술은 통일되지 못하였다. 여기에서 검사는 10월 하순 일야(一夜), 12월 27, 28, 29일 연 3야(連三夜), 2월 8, 9일 연 2야 인쇄하였다는 진술을 표준으로 하여 이렇게 진술하지 않은 피고인들에 대해서는 다른 피고인들이 이렇게 진술하였다고 그 신문 시에 친절하게 미리 알려주고 피고인들의 상이 되는 구구한 진술을 정리하려고 일대 결심을 하였다. 그리하여 고문에 견디지 못하여 무근한 사실을 묻는 대로 주어 댄 피고인들은 암야(暗夜)에 헤매는 사람같이 들어 준 불을 보고 위선(僞善) 신문을 종료시킴으로써 그 무서운 경찰 환경을 벗어날 수 있는 "혜택의 광명"이라 생각하고 따라간 사람도 있고, 또는 그것을 마강(魔綱, 魔光?)으로 유인하는 요광(妖光)으로 보고 따라가지 않은 사람도 있다.

이제 기록에 의하여 이것을 지적하면 1946년 6월 29일 김상선에 대한 신문 조서 중에

- 문 : 창선의 말에 의하면 10월 하순 1야, 12월 하순 연 3야, 2월 초순 연 2야 인쇄하였다고 하며 당신의 5월 20일 진술한 바도 창선의 말과 대동소이한데 어떠하오?
- 답 : 그것이 옳을 듯한 기억도 납니다.

라는 문답이 있고 같은 6월 29일 김우용에 대한 검사의 신문조서 중에

- 문 : 김창선이는 10월 1야, 12월 연 3야, 2월 연 2야 하였다고 하며, 당신은 5월 18일 진술 시 10월, 12월, 2월을 진술하였는데 어떠하오?
- 답 : 본인은 연 3야 또는 연 2야 한 기억은 없습니다.

라는 문답이 있고 1946년 6월 30일 정명환에 대한 검사의 신문 조서 중에

- 문 : 몇 회 인쇄하였소.
- 답 : 작년 10월, 11월, 금년 2월의 3회이나 2월에는 연 2야 하였습니다.

(중략)

- 문 : 김창선의 말에 의하면 연 3야 한 것은 12월 27, 28, 29일 밤의 일인데 피곤하기는 하지만 연말연시 4일이나 휴업하니 인쇄하자는 말까지 있었다는데 잘 생각하여 보시오.
- 답 : 그런 기억은 없습니다.

라는 문답이 있고 6월 30일 홍계훈에 대한 검사의 신문조서 중에

- 문 : 조선은행권 인쇄 횟수에 대하야 다른 피의자는 10월 하순 1회, 12월 27, 28, 29일 연 3야, 금년 2월 8, 9일의 연 2야 하였다고 말하는 데 어떠하오?
- 답 : 본인은 4회의 기억밖에 없습니다.

라는 문답이 있다. 이것은 유도신문 중에도 가장 노골적이며 악질적인 유도 형태이다. 유도신문은 검사로서의 최고의 죄악이며 결국에 있어서 유도신문은 사건 조사가 아니라 사건 조작을 의미하는 것이다. 더욱이 이 사건에 있어서는 장구한 시간 피고인들을 법률에 의하지 않고 경찰에 불법 유치까지 하여 놓고 악질적 유도신문을 하였으니 이것은 검사의 이 사건에 대한 조작열이 얼마나 왕성하였는가를 보여주는 것이다. 요컨대 이 사건에 있어서 잔혹한 고문과 고문의 공포, 유도의 요악(妖惡)은 사건 조작의 유일한 원동력이었다는 것은 명백한 사실이다.

05 비당원들이 조선공산당을 위하야 통화 위조 운운은 무지한 구상

3. 비당원들이 조선공산당을 위하여 통화 위조 운운은 무지한 구상

판결은 피고인들이 1,200만 원을 인쇄하여 조선공산당에 제공하였다는 사실을 인정함으로써 그 무지를 폭로하였다. 이것을 피고인들의 신분에 대조하면서 검토하자. 피고인들 중 박낙종 씨를 제외하고 전부가 1946년 1월 이후에 조선공산당에 가입한 사람들이며 증(證) 제58호로부터 제63호까지에 의하면 김창선, 박상근은 동년 2월 11일 이후에, 김우용, 김상선, 홍계훈은 동년 2월 20일 이후에 각각 조선공산당에 가입한 것이 명백하다.

이것을 피고인들이 위폐를 인쇄하였다는 시일에 대조하여 보면 제1차 인쇄로부터 제2, 3, 4차 인쇄까지 조선공산당에 가입한 사람은 박낙종 씨뿐이고 마지막 제5, 6회 인쇄까지에도 2, 3인을 제외하고는 전부가 비당원이었다. 그러면 이관술 씨나 박낙종 씨가 비당원들과 공모하여 위폐를 인쇄하였다는 결론이 되는데 이 문제는 조선공산당의 입장과 피고인들의 입장에 각각 서서 관찰하면 충분히 해명될 것이다.

첫째, 조선공산당 입장에 서서 이 사건을 관찰하면 공산당은 근로인민의 이익을 위하는 정당인만치 통화위조는 당 교의에 위반되는 자살적 행위이다. 백보를 양보하여 만약 공산당중앙부에 당 교의에 위반하는 배교자가 있어서 위폐를 인쇄하여 당비에 쓰겠다는 기획을 새운 사람이 있었다고 가정해도, 바로 사회로부터 살인강도 이상으로 비난을 받을 중대한 범죄를 실행하는 데 있어서 어찌 비당원들과 공모하였을 것인가?

이점에 대하여 공산주의자들의 생활 성격을 고찰하여 볼 필요가 있다. 적어도 공산당중앙부에 있던 당원들은 과거 일제 강점기 시기에 정복 경관, 사복 경관, 밀정 및 이들을 협조하는 자들의 포위 중에서 민족해방과 근로인민의 이익을 위하여 악전고투하여온 사람들이다. 오늘 동지라고 생각한 사람이 내일의 밀정이었고 또는 밀정의 협조자였다는 실례는 얼마든지 있었다. 이러한 환경 속에서 싸워온 결과 자위적 본능상(本能上) 그들의 성격은 사람은 장구한 시일과 곤란한 일을 경험하여 보아야 한다는 심히 과민한 것으로 변하여 있다. 이 성격은 당외 사람에 대해서는 물론이거니와 공산당을 어느 정도 대중에게 개방한 8 · 15 해방 이후에 있어서는 혹 탐정이나 잠입하지 않았는가 하는 염려로 당원에 대해서도 신중한 태도를 취하는 것이 상식이었다.

이관술, 권오직, 박낙종 등 제씨는 과거의 투쟁 생활에 있어서 모두 쓴 경험을 맛본 사람들이며 이 사람들의 성격은 불여불식(不如不識) 간에 사람은 "위선 의심하라"하는 것이 사람을 대할 때의 일종의 신조로 되어 있다 하여도 과언이 아니다.

이러한 성격의 소유자들이 같은 당원 사이라고 하더라도 범죄가 범죄인 만치 상대자를 엄선할 터인데 하물며 이것을 이관술, 권오직 씨로 말하면 알지도 못하는 김창선 등과 함께 위폐를 인쇄하여 사용하였다는 것은 상상할 수도 없는 일이다.

비당원이라고 하더라도 정도가 있는 것이지 박낙종, 송언필 씨와 김창선 등 직공 사이로 말하면 박낙종 씨가 이 조선정판사를 인수한 것이

1945년 9월 20일경이고 이 사건 위폐 인쇄를 공모하였다는 것이 동년 10월 중순이라 하니 그 기간이 불과 20일 전후인데 200여 직공 속에서 개업 초 다망 중에 박낙종, 송언필 양 씨가 김창선 등 본건 직공 피고인들과 알면 얼마나 알았을 것이며 또 친하여졌으면 얼마나 친해졌을 것인가? 비당원일뿐더러 친하지 못한 이러한 사람들과 이관술, 박낙종 양 씨가 어떻게 함께 위폐를 인쇄하였을 것인가? 있을 수 없는 일임은 조리상(條理上) 명백하다.

다음 김창선 등 직공들이 피고인 입장에 서서 이 사건을 보면 이 사람들은 당시 비당원이었던 만치 조선공산당에 대하여 직접 이해관계가 없었던 사람들이다. 김창선 같은 사람은 자기 개인 이익을 위하여 징크판을 절취하여 뚝섬 배재룡에게 팔기까지 한 사람이니 조선공산당과 위폐를 인쇄하여 직공들이 그 반분이라도 갖는다면 또 모르되 그렇지 않은 이상 공산당원이라도 감히 그런 마음을 내지 못할 터인데 항차 직공 피고인들에게 조선공산당을 위하여 세인으로부터 살인, 강도 이상의 비난을 받을 중대한 범죄를 감행하여 충성을 다하겠다는 마음이 날리가 없는 것이다. 그러므로 이 사람들이 조선공산당을 위하여 위폐를 인쇄하였다고 하는 것은 그 자체가 논리와 경험을 부인하고 결론을 먼저 내세운 무지한 구상임을 말하는 것에 불과한 것이다.

사건 날조에 있어서 대용품 쓰기를 잘하는 검사와 재판관들은 이 점에 있어서 직공 피고인들이 노동조합에 가입되어 있었다는 것을 본건과 관련시켰다. 공산당과 노동조합을 구별 못 하는 신사들은 참대기둥 세울 곳에다가 수숫대 기둥을 대용품으로 세웠다. 노동조합은 노동 부문에 있어서 노동자의 이익관계 있는 문제를 공동적으로 유리하게 해결하자는 협약체이다. 그러므로 노동자는 상상 여하를 물론하고 노동조합에 가입한 권리가 있는 것이다. 예를 들면 이 사건에 있어서 중요한 증인인 김한규(金漢奎)는 한국민주당원임에도 불구하고 노동조합에 가입하고 있다. 다만 노동조합은 근로자의 단체인 만치 공산당에 대하여 관심을 가지고 있는 사람이 많은 것은 사실이다. 그러나 관심을 가지고 있다 해서 당원 관계를 가지고도 감행하지 못한 위폐를 인쇄하리라는 결론은 나오지 않을 것이다.

06 조작의 소치로 부자연하기 짝이 없는 이 사건의 동기

4. 조작소치(造作所致)로 부자연하기 짝이 없는 이 사건의 동기

검사의 공판 청구서와 이 공판 청구서를 계승 봉재(奉載)하는 판결은 위폐를 인쇄하였다는 동기에 대하여 조선정판사에서 일인들이 제2차 인쇄준비로 징크판 4조를 제작하였으나 형편에 의하여 인쇄치 않게 되었음으로 9월 19일경 우 징크판을 석유와 세사로서 희미하게 닦아서 연마실에 두었던바 김창선은 배재룡으로부터 징크판 부탁을 받은 일이 있음을 상기하여 그 익일인 20일 오전 7시 30분경 1조 또 동일 오후 5시 30분경 1조, 계 2조를 절취하여 연마실 일우(一隅, 한쪽 구석)에 설치되어 있는 잉크 창고에 은닉하였던바 김창선은 1945년 10월 중순 송언필과 같이 조선정판사에서 숙직할 시에 조선공산당 및 조선정판사 재정난에 관한 담화를 하다가 김창선으로부터 "징크판이 있으니 돈을 인쇄 사용하면 어떠하냐"고 제의함에 대하여 송언필은 위험하다고 처음에는 거부하였으나 결국 기후 송언필로부터 인쇄부탁이 있어서 전기 절취한 징크판 2조 중 1조를 사용하여 본건 위폐를 인쇄하였다고 말하였다.

이것은 김창선의 진술에서 취재한 것이다. 위에서도 말한 바와 같이 김창선이 고문 또는 고문의 공포에 의하여 되는대로 대답한 말이다. 이것을 설명하여 보자. 2조를 절취하여 잉크 창고에 은닉하였다고 하는 점과 김창선이 송언필에게 위폐 인쇄를 제의하였다고 하는 점을 나누어서 말하겠다.

① 2조를 절취하여 잉크 창고에 은닉하였다고 하는 점, 김창선이 전기 징크판 4조 중 1조를 훔쳐서 배재룡에게 판 것은 사실이나, 문제는 이 외에 한 조를 더 훔쳐서 잉크 창고에 은닉하였다는 데 있다.

첫째, 잉크 창고에 은닉하였다고 하는 점인데 만약 징크판을 잉크 창고에 두었다고 하면 제1차 인쇄까지 40여 일을 잉크 창고에 보관한 계산이 된다. 그러나 검증의 결과 명백히 된 바와 같이 문제의 잉크 창고는 면적이 평반(坪半)이 될까 말까 하는 곳이며 거기에다 창고문은 자물쇠도 없고 자물쇠 거는 고리조차 건들건들하여 자물쇠가 있었다고 하더라도 잠글 도리가 없는 창고이다. 이런 창고인 만치 직공은 누구든지 필요 있는 사람은 수시 자유로 출입하게 되어 있고 더욱이 평판과 직원들은 잉크를 가지러 가기 위해 누구든지 자유로 출입하였을 것이다.

만약 김창선이 한 조를 더 훔쳐서 잉크 창고에 보관하였다면 작은 물건과 달리 백 원권 27면을 붙인 징크판 2매인 만치 그 징크판은 벌써 발각되었어야 할 것이다. 검사와 판사들은 제1회 인쇄로부터 12월 27, 8, 9일 제2회 인쇄까지의 약 60여 일간, 제2회 인쇄로부터 1946년 2월 8, 9일 제3회 인쇄까지의 약 40여 일간도 징크판을 상기 창고에 보관한 것이라고 억지를 쓰는 모양이다. 그것은 사실상 있을 수 없는 일이다.

둘째, 김창선은 2조 훔쳤다고 하는 동기에 대해여 배재룡으로부터 징크판 부탁을 받았던바 실패를 우려하여 예비적으로 한 조를 더 훔친 것이라고 진술하였는데 이것 또한 후단(後段, 뒤의 단)은 되는대로 대답한 말이다. 배재룡에게 줄 판이 실패할 염려로 예비적으로 한 조 더 훔쳤다고 하면 더구나 자택에 은닉해 두어야 할 것이고 또 배재룡의 6월 12일 검사 김홍섭에 대한 진술에 의하면 김창선에게서 징크판을 받은 것은 10월 말 혹은 11월 초순이라고 하였고, 김창선이 조선공산당과 조선정판사를 위하여 송언필에게 위폐 인쇄를 제의한 것은 10월 중순이라고 하니 배재룡에게 주려고 생각한 판이 배재룡에게 전달되어 성공 여부가 결정되기도 전에 최초 2조를 훔친 영리적 목적을 변경하여 조선정판사와 조선공산당을 위하여 위폐 인쇄를 하였다는 것은 허위가 명백하며, 그리고 김창선의 행동으로 보더라도 사리사욕을 위하여 징크판을 훔친 비열한 성격이 분명한바 이러한 이중 제의를 할 리가 없다는 것이 더 한층 증명되는 것이다.

② 김창선이 송언필에게 대하여 위폐 인쇄를 제의하였다는 점, 첫째, 조선공산당 재정을 구하기 위하여 위폐 인쇄를 제의하였다는 점인데 공산당 재정 관계는 절대 비밀이다. 이것은 평당원은 물론 중간 간부 중 재정에 관계없는 간부에게도 비밀이다. 이것은 증제 99호(新聞) 전 조선공산당 중앙위원(정치위원) 강진(姜進) 씨의 글에 의하여도 증명되는 사실이다. 그런데 공산당원도 아니고 조선정판사 직원에 불과한 김창선이가 조선공산당 재정난 운운하였다는 것은 명백한 거짓말임을 누구든지 잘 알 것이다.

또 위폐 인쇄 제의만 말하더라도 공산당으로부터 다액(多額)의 보수를 줄 터이니 위폐를 인쇄하여 달라고 하였거나 혹은 공산당 요인이 김창선에 대하여 재정난을 호소하고 위폐 인쇄를 애걸복걸하였다고 하더라도 공산당원이 아닌 김창선으로서는 도저히 응할 수 없는 일일진대 황차(況且, 하물며) 김창선으로부터 자진하여 조선공산당을 위하여 위폐를 인쇄하자고 송언필 씨에게 제의하였다는 것은 있을 수 없는 일이다.

둘째, 김창선은 이점에 대하여 자기의 위폐 인쇄 제의를 송언필 씨가 처음에는 거절하더니 2, 3일 후에 자기에게 대하여 작야(昨夜) 최고간부회에서 위폐를 인쇄하기로 결정하였으니 과연 가능하냐고 물음으로 자기는 송언필 씨를 평판실로 안내하고 잉크 창고로부터 징크판을 보이니 송언필 씨가 "이만하면 괜찮다"고 하였기에 그 익일(翌日) 위폐 인쇄 협의를 하여 다 그 익일 제1차 위폐 인쇄를 하였다고 진술하였는데 강요에 의한 허위 진술이란 것은 어느 때든지 그 진술 자체 내에 풀릴 수 없는 모순을 포함하는 것이다.

송언필 씨에게 보였다는 징크판은 세사와 석유로 닦은 판이거나 그렇지 않으면 '모리까에'한 판이거나 이들 중의 어느 하나일 것이다. 그 이유로, 징크판은 세사와 석유로 닦은 후에 판이 하얗게 되는데 더구나 송언필 씨와 같은 인쇄에 경험 없는 사람일 경우 그 화면이 무엇이 무엇인지 철저히 알아보지 못한다. 그런데 송언필 씨가 이것을 보고 "이만하면 괜찮다"고 말하였다는 것은 있을 수 없는 일이다.

그러면 김창선이 송언필 씨에게 보인 징크판이 '모리까에'한 것이라고 하자. '모리까에'한 것이면 화면이 선명히 나타나는 것은 사실이다. 그러나 여기에 논리적으로 긍정 못 할 사실이 있다. 그것은 김창선이 2일 전 송언필 씨와 숙직을 같이 할 때 김창선이 위폐 인쇄를 제의하였으나 송언필 씨로부터 위험하다고 해서 거절당하였는데 미리 그 어려운 '모리까에'를 하여 두었을 리가 없다. 송언필 씨로부터 다시 승낙의 말도 있기 전에 김창선이 '모리까에'를 하여두었다고 해야 할 터이니 이것은 조리상(條理上) 있을 수 없는 허위임은 물론이다. 김창선이 '모리까에'技術이 없다는 점은 뒤에 설명하겠다.

07 이 사건의 허위를 말하는 조선정판사 재정 상태

5. 이 사건의 허구를 말하는 조선정판사 재정 상태

판결은 피고인들이 1,200만 원의 위폐를 인쇄하여 조선공산당에 제공하였다는 사실을 인정하였는데 논리의 비약을 범한 이 인정을 조선정판사 재정 관계와 대조하면서 검토하기로 한다. 이 사건에는 마침 수십 권의 조선정판사 장부가 압수되어 증 제몇호…라는 딱지가 각 장부에 붙어 있다. 변호인들은 공판 기간에 이 장부를 조사할 기회를 가졌다. 피고인들에게 불리한 기재(記載)가 있을 수 없음은 물론이거니와 오히려 피고인들에게 유리한 기재가 많이 발견되었다.

조선정판사 장부는 적산 관계로 미군정청 감찰과에서 1946년 3월 상순 약 1주일간 회계의 전문 기술가를 파유 하여 조사한 결과 부정한 점이 없다는 것을 확인하고 검사인까지 찍히어 그 정확성이 공인된 장부이다. 장부를 종합하여 정판사 재정 상태를 보면 장부상으로 많은 적자가 생(生)한 것은 아니나 좌익 기관으로부터의 수금이 불여의(不如意, 뜻대로 되지 않다)한 급료 지불 시에는 매번 금전유통에 다망(多忙)하였으며 흔히 선일부소절수(先日附小切手, 先日字手票, post dated cheque, 발행 일자를 실제의 발행일보다 뒤의 날로 기재한 수표)를 진출(振出, 어음이나 환 따위를 발행함)하여 성유경(成有慶), 정문도(鄭文道) 등으로부터 금전 융통을 얻어서 간신히 급료 지불을 하여온 적이 여러 번이었고 또 조선정판사에 대한 가장 다액(多額)의 출자금(出資金)이며 동시에 회계과장인 이필상(李弼商)이 인천제침(仁川製針) 공장을 인수한 후는 그 출자금 반환을 수차례 요구하여 왔는데도 불구하고 현금이 없는 관계로 그 출자금을 반환하지 못하여 온 상태이었다. 이 점은 박낙종 씨의 진술뿐 외(外) 1946년 9월 26일 공판정에 출두한 이필상의 증언과 증 제17호 장부에 의하여 명백하다.

그런데 판결이 인정한 것과 같이 만약 피고인들이 조선정판사에서 1,200만 원을 인쇄하여 조선공산당에 제공하였다면 조선공산당은 조선정판사에 대해 공산당 및 그 산하기관의 채무는 변상해주어야만 했을 것이다. 증 제27호의 3에 의하면 출판노조, 부녀동맹, 과학자동맹, 민전, 인민보사 등 좌익 기관을 제외하고 조선공산당과 기(其) 기관지인 해방일보만 하더라도 조선정판에 대하여 약 40만원 채무가 기재되어 있다. 조선정판사의 미수금은 약 70만 원쯤 되는데 좌익 기관이 대부분이고 그 중에도 조선공산당 및 해방일보사의 합계 40만 원이 제일 큰 미수금이다.

조선정판사가 재정난이라는 것도 조선공산당과 해방일보사에서 채무를 갚지 않았기 때문이다. 조선공산당이 조선정판사 설비를 이용하고 조선정판사 자재를 소비하고 그리고 조선정판사 직공을 사용하여 1,200만 원이라는 거액의 위폐를 인쇄하여 받았다면 조선정판사에 대하여 상당액의 보수를 지불해야 옳을 것이고, 또 상당액의 보수는 지불하지 못한다 하더라도 조선공산당과 그 기관지인 해방일보사가 채무를 갚지 못함으로 말미암아 재정난에 처해있는 조선정판사에 대한 채무는 변상하는 것이 당연한 도리일 것이다. 그러므로 조선정판사에 대하여 여전히 거액의 채무가 남아 있다는 사실은 이 사건이 허위라는 것을 유력하게 증명하는 것이다.

08 이 사건의 허위를 말하는 당시의 공장 야간 상태

6. 이 사건의 허위를 말하는 당시의 공장 야간상태

판결은 피고인들이 1945년 12월 27일, 28일, 29일, 1946년 2월 8일, 9일에 조선정판사 공장에서 인쇄하였다는 사실을 인정하였는데 이것을 당시의 조선장판사 야간 상태와 대조하면서 검토하자. 위 27일, 28일, 29일은 첫째, 증 제29호의 2 조선정판사 장부의 기재와 1946년 9월 30일 공판정에 출두한 증인 원영규(元永奎, 인왕청년동맹원)의 증언에 의하면, 당시 인왕청년동맹원 10여 명이 조선정판사를 옥내옥외에서 경비한 사실이 명백하고,

둘째, 증 제82호 12월분 조선정판사 출근 카드에 의하면 12월 28일에는 주조과에서 강수경(姜壽慶), 천명환(千明煥), 교정과에서 도석구(都錫九), 권정열(權正烈), 문선과에서 조봉준(趙鳳준), 서명준(徐明俊), 이건명(李建明), 전진명(全鎭榮), 김진택(金鎭澤), 유상용(柳相龍), 김기순(金基淳), 강희수(姜熙壽), 이인명(李寅命), 심연순(沈連順), 김용범(金鎔範), 식자과에서 양준석(梁俊錫), 한성원(韓成源), 박병연(朴炳年), 조병석(趙炳錫), 김순천(金順天) 합계 20명이 철야 작업한 것이 명확하고,

셋째, 본 건 수사 최초 경찰서에서 압수한 조선정판사 숙직 일지가 행방불명된 이상 당시 누구누구가 숙직하였다고 구체적으로 지적할 수는 없지만 피고인 기타 안순규(安舜奎)의 진술에 의하여 당시 2명씩 숙직원이 있었던 것은 사실이다.

위 2월 8일, 9일은 첫째, 증 제20호의 2 전기 장부의 기재에 의하면 방위구좌(防衛口座)에 2월 6일부로 침구대(寢具代)가 계 4,200원이 지출되고, 2월 18일부로 3,419원이 입금된 것으로 보아 당시에도 조선정판사를 경비한 것이 명확하고 둘째, 증 제9호 조선정판사 금전출납부 43면(頁) 기재에 의하면 당시 숙직하고 있었던 것은 사실이고, 그 숙직한 사람은 1946년 1월 12일부터 실시된 조선정판사 숙직 순차표에 의하면 2월 8일은 조병석(趙炳錫), 변수재(邊秀載), 2월 9일은 전화성(全和成), 왕천흥(王天興)이 각각 숙직한 것이 명백하다.

이러한 환경하에서 더욱이 12월 28일에는 경비원 외에 직공 20명이 철야 작업하고 있을 때인데 어떻게 위폐를 인쇄하였을 것인가? 통화위조는 은밀 중에도 은밀을 요구하는 범죄이다. 범죄를 기획하는 사람의 심리로는 야간에 불을 켜고 인쇄해야 하는 만치 경비원이나 철야 직공들이 위폐를 인쇄하는 평판실로 들어오리라는 것도 생각하게 되며 또 제본실(조선정판사는 제본실에 재단기 설치)에서

위폐 200만 원을 장시간 재단하여야 할 터이니 지나다니는 사람은 누구든지 철사망(鐵絲網)으로 구획된 제본실에서 위폐를 재단하는 현장을 보게 될 것도 생각하게 되며 또 재단이 끝난 후에는 200만 원이라는 위폐를 경비원들이 모여 있는 사무실을 통하여 운반하여야 할 것도 생각하여야 할 것이니 이러한 환경에서는 위폐 인쇄는 고사하고 감히 이러한 의사도 가질 수 없는 것이다.

만약 피고인들이 위폐를 인쇄할 의사가 있다고 가정하고 또 위폐를 인쇄하였다고 가정하면 결코 이러한 환경에서는 하지 않았을 것은 너무나 명백하다. 그것은 이 사건에는 조선정판사 총책임자인 사장 박낙종 씨가 관계하였다고 하니 경비와 철야 작업을 중지시키고 얼마든지

위폐를 인쇄하기에 적당하게 은밀한 환경을 만들었을 것이다.

그러므로 이 사건에 있어서 검사국이나 재판소에서도 이러한 불합리가 없다는 것을 증명하기 위하여 숙직관계, 경비관계, 야업 관계를 조사한 것이며 이것은 진실로 불가결(不可缺)의 조사 사항이다. 그런데 검사와 재판관들은 그 조사의 결과 경비, 숙직, 야업 등 사실이 물리적 증거로서 명백하게 되자 내가 언제 증거조사를 했더냐 하듯 이 명명백백한 물적 증거에 대하여 고의로 눈을 감고 모략적 인정을 하였다. 전기 조선정판사 야간 상태는 이 사건의 허위를 모략적으로 인정하였다는 것을 충분히 증명하고도 남음이 있는 것이다.

09 이 사건에 있어서 무시된 기술 문제

7. 이 사건에 있어서 무시된 기술 문제

이 사건은 복잡한 오프셋 기술 문제를 포함하고 있다. 실로 기술 문제는 이 사건의 중심 문제이다. 그런데 이 기술 문제에 대하여 검사도 연구하려 하지 않고 재판관들도 연구하려 하지 않았다. '모리까에'(盛り替え, 재구성, もりかえす[盛(り)返す] (한 번 약해진 세력을) 회복시키다; 왕성하게 하다; 만회하다.)라고 하면 천자(千字)의 '천(天)'자와 같이 기술 문제에 있어서 입문 첫 장인데 검사는 이 사건을 유죄라고 인정하여 공판에 회부한 후에 비로소 인쇄기술자 김한규(金漢奎)에게 '모리까에'라는 것은 대관절 무엇이냐고 물었으니 검사의 기술 문제에 대한 지식은 가히 알 수 있는 것이며 또 재판장 양원일은 공판에서 기술 문제가 나오자 변호인들에게 기술을 잘 연구한 변호인이 있느냐고 물었으니 국제적 대사건을 심판하는 자로서의 이 물음에 대해서는 놀라지 않을 수 없었다.

아무리 사건 조작 열(熱)이 맹목적으로 치민다고 하더라도 사건이 사건인 만큼 또 좀 더 정교한 조작을 하기 위해서라도 기간(其間) 저명한 인쇄소를 충분히 견학하는 성의를 피력하는 것이 마땅하였을 것이다. 그런데 이 신사들은 인쇄 기술에 대한 아무런 준비도 하지 않고 조잡한 기술로써 비과학적이고 반진리적인 '모략'이라고 하는 괴물의 공중누각을 건축하여 소위 '조선정판사위폐사건 유죄'라는 문패만 뚜렷한 것을 걸었다.

그러나 인민들은 이 누각의 이름을 '해괴'라고 부른다. 1심 재판소가 이 사건에 대하여 유죄판결을 언도함으로써 소위 '조선정판사위폐사건 유죄'라는 문패를 걸 적에 박낙종 씨는 "남조선 사법이 자살을 하였다"고 이 '해괴'한 집을 향하여 '어이어이' 조상(弔喪)을 하였다는 것은 앞에서 말한 바 있다. 박낙종 씨의 조상 곡소리야말로 천추(千秋)에 이(耳)하여 인민의 가슴 속에 전하여 질 것임을 나는 확신하는 바이다.

나는 이제 기술적으로 이 사건이 허구라는 것을 증명하려고 한다. 이 사건과 같은 오프셋 인쇄기로써 위폐를 인쇄하는 과정을 기술적으로 분류하면 네 가지가 된다. 첫째, 지폐의 각색(各色) 그림을 그리는 화공(畵工) 기술, 둘째, 그림 그린 것을 아연판에 전사(轉寫, 전사지에 그린 잉크 화상을 평판 판재면에 옮기는 일)하고 또 전사한 징크판을 수리 · 보관하는 제복(製服) 기술, 셋째, 징크판을 오프셋 인쇄기에 걸어서 인쇄하는 평판 기술, 넷째, 인쇄한 것을 재단하는 재단 기술 등이다.

이 네 가지 기술 중에서 화공 기술과 제복 기술은 전(全)오프셋 인쇄기술 과정을 통하여 기초되는 기술이며 또 평판 기술과 화공 기술에 비교해 많은 숙련을 요구하는 기술이다. 그런데 피고인들의 인쇄에 대한 기술을 보면 이관술, 박낙종, 송언필, 신광범은 사무가로서 인쇄에 대한 기술은 가지지 못했고, 기후(其後)의 피고인들은 전부가 평판기술자로서 화공 기술, 제복 기술에 대해선 전혀 무경험자들이다. 즉 피고인들 중에는 화공기술자와 제복기술자가 없다는 것은 기록에 의해 명백하다. 이것이 처리에 있어서 가장 중요한 문제의 하나이다.

그러면 사건과 화공 기술 및 제복 기술과의 관계는 구체적으로 여하(如何)한가? 판결이 인정한 바에 의하면 이 사건에는 징크판으로는 세사와 석유로 닦은 흑색 · 청색 · 자색 징크판 3매가 있었을 뿐이고 적색판에 대해선 정명환이와 김창선이 제판(製版)하여 인쇄한 것으로 되어 있다.

첫째, 흑색 · 자색 판은 세사와 석유로 닦은 것인 만치 제판공이 '모리까에'한 후 까진(흠집이 난) 부분을 화공이 고쳐 그려야 한다. 이러한 수정 작업은 평판공으로서는 절대 불가능한 것이다. 지폐판인 만치 화선(畵線)이 가늘고 치밀하며 복잡한 것임으로 이것을 '모리까에'하기 위해선 가장 우수한 화공 및 제판공이 있어야 한다.

우수한 제판공이 '모리까에'한다 하더라도 그 지폐판 20면 중 완전무결한 것은 없고 불완전하나마 사용 가능한 것이 겨우 2, 3할 정도에 불과한 것이다. 이 사건에 있어서 조선 인쇄 기술계의 원로인 증인 김한규는 "세사와 석유로 닦은 징크판은 수정되지 않는다."라고까지 말하였다. 이 증언은 전문 기술자적 입장에서 볼 적에는 지당한 증언이고 또 사건에 있어서 가장 주목할 증언이다. 이 증언으로서도 우(右)에 말한 세사와 석유로 닦은 징크판을 수정하면 불완전하나마 사용 가능한 면이 겨우 2, 3할 정도에 불과하다는 것이 더 높은 증거력으로써 증명되는 것이다.

이 점에 대하여 김창선이 배재룡에게 팔려고 자택에 갖고 간 징크판을 제판전문가 홍사겸(洪思謙)으로 하여금 수정하게 한 점과 그 수정한 결과가 여하하였는가를 생각할 필요가 있다. 김창선은 평판공임으로 제판에 대하여 기술이 없을 뿐 아니라 우수(右手)가 불구이다. 그러므로 우수한 제판전문가 홍사겸을 초청하여 수정하게 하였다. 그 결과로 20면 중 역시 완전한 면은 한 면도 없고 불완전하나마 사용 가능하다고 생각되는 것이 흑색판 5면, 청자색판 각 2면 있었음에 불과하였다. 그나마 사용가능하다고 흑색 5면 중에서 뚝섬 배재룡에게 처음 보낸 원판과 또 윤경옥을 통하여 이기훈(李麒薰)에게 보낸 원판은 인쇄 불가능이라고 다 퇴거당하였다. 더욱이 배재룡에게 보낸 판은 시험까지 한 후에 못 쓰겠다는 이유로 퇴거당하였다.

이러한 사실은 세사와 석유로 닦은 징크판은 우수한 제판전문가가 수정하여도 20면 중에서 사용 가능한 면이라는 것이 극히 소수라는 것을 증명하는 것이다. 그런데 이 점에 대하여 검사와 재판관들은 세사와 석유로 닦은 징크판을 수정한다는 이 난 사업(難事業)을 평판공인 김창선 더욱이 우수불구인 김창선이 하여 20면을 다 성공하였다는 것을 인정하였으니 과연 언어도단의 인정이라 아니 할 수 없는 것이다.

둘째, 인쇄가 일단 끝난 후의 징크판 보존과 제판 기술 관계에 대하여 설명하겠다. 징크판은 단기간 즉 24시간 이내 보존하려면 그다지 문제가 없다. 이것을 징크판 위에 '아라비아고무'라던가 'H고무'같은 것을 발라두면 그만이다. 징크판에 이렇게 고무를 칠하는 것은 평판공으로서도 가능한 일이다. 그러나 징크판을 이 사건 제1차 인쇄하였다는 10월 하순부터 제2, 3, 4차 인쇄하였다는 12월 27, 8, 9일부터 익년 2월 8, 9일경까지 약 40여 일이라는 장기간 보존하자면 여기에는 특별한 기술이 필요하다. 이 기술은 제판 부문에 속하는 것이다.

징크판을 장기간 보존하려면 징크판 위에 묻은 잉크를 닦고 다시 제판용 잉크를 올려서 화면을 재생시킨 후 '나승'을 뿌리고 다시 판을 닦은 다음 '아라비아고무'칠을 하여 두는 것인데 입으로 말하면 이렇게 간단하나 이것을 실제로 하는 데 있어서는 비상한 숙련을 겸하는 어려운 작업이다. 여기에는 반드시 숙련된 제판 기술이 필요한 것이다. 이러한 기술을 가진 사람이 피고인들 중에 있느냐 없느냐 하는 문제는 구체적 사실로써 판단되어야 할 문제이다. 평판공으로 있었으니까 제판 기술에 속하는 수정 기술은 없으리라고 추정하는 것이 정당한 상식임에도 불구하고 적어도 구체적 증거를 요구하는 형사재판에 있어서 평판공으로 있었으니까 수정 기술도 응당 있으리라고 생각하는 것은 위험천만의 희망적 생각이다.

검사와 재판관들은 이 점을 피고인들에게 대하여 구체적으로 조사하려 하지 않았다. 그리하여 구렁이 담 넘어가는 식으로 피고인들 중에는 수정기술자가 있으리라는 위험한 억측과 모략적 지배하에 이 사건에 대하여 유죄 인정을 하였다.

셋째, 적색 징크판 제판에 대하여 설명하겠다. 위에서 말한 바와 같이 피고인들 중에는 화공도 없고 제판공도 없다. 화공도 없고 제판공도 없는 평판공들만이 적색판을 그려서 24면 제판에 성공하여 1,200만 원을 인쇄하였다는 것을 인정한 판결은 천하의 화공과 제판공을 무시하고 그 권위를 실추시켰다. 그러나 사실의 발견에 있어서는 정략적 억측적 판단을 금하고 기술의 전문성과 숙련성을 인정해야만 한다.

기선이 항해를 하는 데는 전문적 운전사, 전문적 기관사, 전문적 화부가 있어야 목적한 항해를 무사히 하게 되는 것이다. 오랫동안 운전사 경험이 있다 해서 기관사의 일이나 화부의 일을 대행할 수 있는 것이 아니고 또 오랫동안 기관사 경험이 있다 해서 운전사의 일이나 화부의 일을 대행할 수 있는 것이 아니다. 각기 숙련된 전문 기술을 갖고 분업으로 분립되어 있는 금일의 공업 또는 광범한 의미의 기업에 있어서

각 분업 부문에는 그 부문에 적응한 숙련된 전문가가 있어야 한다는 것은 평범한 말이지만 이것은 진리이다.

세상 사람들이 이 평범한 말을 진리로 인정하게 된 것은 기술의 분립과 그 숙련성 내지 전문성을 잘 아는 까닭이다. 기선이 항해를 하는 데는 숙련된 운전사, 숙련된 기관사, 숙련된 화부가 있어야 되는 것이 진리인 것과 같이 복잡한 오프셋 인쇄 기술에 있어서도 숙련된 전문화공, 숙련된 전문제판공, 숙련된 전문평판공이 있어야 된다는 것은 역시 진리이다.

그러면 적색 제판이라는 것은 대관절 어떠한 것인가에 대하여 말하자. 그림 그리는 것을 제외하고도 그 이후의 기술 과정을 골자만이라도 설명하면 '코롬 페-파-(column paper, 모눈종이)'로부터 '하리꼬미(터잡기, 판면배치)', 소아연판, 모조지 다시 모조지, 소아연판 챠이나지 20면 '가다도리', '와리다시', 대아연판의 순서로 전사하고 최후로 징크판 보존 방법을 실시하는데 전사에는 반드시 제판기를 사용해야 하고 최후 20면 징크판 제조에는 대(大) 제판기를 사용해야 하는 것이다.

이것을 말로 하면 이렇게 간단한 것 같으나 실제로 20면 징크판을 제판하자면 '코롬 페-파-' 에 그림 그리는 시간을 제외하고 제판하는 데만 숙련된 제판전문가로서 7, 8시간이 걸려야 하며, 소 징크판에 제판 잉크를 올리는 농후 정도라든가 20면 '가다도리', 각 면의 위치를 측량하는 '와리다시' 작업 같은 것은 가장 어려운 작업인데, 이것은 절대적으로 숙련된 전문 기술을 요한다. 만약 20면 제판에 있어서 '와리다시' 즉 위치를 조금이라도 잘못 측량하면 '총재 지인'이라는 도장이 '조선은행'이라는 글 줄 밑에 있지 않고 좌우상하로 변동하는 것이다.

김창선과 정명환이 적판을 그려서 20면 제판을 하였다는 것을 인정한 판결은 서면상(書面上)으로 김창선과 정명환을 인쇄의 모든 부문에 있어서의 생이지지(生而知之, 삼지(三知)의 하나. 배우지 않아도 스스로 도를 깨달아 아는 것을 이른다.)의 천재로 만들었다. 그러나 김창선과 정명환이 생이지지의 천재라는 증거는 하나도 없다. 운전사나 화부 없는 기선이 신풍(神風)에 붙어서 천 리 바다를 건너서 목적지에 도달하였다는 격으로 화공과 제판공이 없는 피고인들이 1,200만 원 위폐 인쇄에 성공하였다는 기적이 이 사건의 전모이다.

그러나 과학의 절대성을 믿는 20세기의 인민들은 이러한 기적을 인정하지 않는 것이다. 형사사건 처리에 있어서 과학적 기술을 활용하고 존경해야 할 검사와 재판관들은 이 사건에 있어서 기술 문제를 무시하고 기적을 조작하여 내었으니 인민들이 분개하는 것은 지극히 당연한 일이다.

여기에 이어서 적색판 제장소(赤色版製場所)를 검토하자. 앞에 말한 바와 같이 20면 제판에는 반드시 대소(大小) 양(兩) 제판기를 사용하여야 되니 김창선과 정명환이 적색판을 제판하였다면 조선정판사 제판실에서 제판하는 외에는 도리가 없었을 것이다. 또 앞에서 말한 바와 같이 20면 제판에는 그림 그리는 시간을 제외하고도 7, 8시간이 걸리는데 다른 제판공들이 제판작업을 하는 제판실에서 이 장시간의 작업을 어떻게 하였던 것인가? 이 점은 제판실 내부 문제뿐만 아니라 1심 재판소 인증에 의하여 명백히 된 바와 같이 제판실, 화공실, 교정실은 각각 얇은 벽을 사이에 두고 그 벽에는 대폭(大幅) 유리 중창(中窓)이 있어 제판실에서 무엇을 하는 가를 화공실과 교정실에서는 환하게 보인다. 위폐를 인쇄하는 것이 비밀인 만큼 지폐 징크판을 제판하는 것 역시 비밀이라야 한다. 그런데 검사와 재판관들이 인정한 바에 의하면 김창선과 정명환이 적색판을 공개하고 제판한 결론이 되니 차라리 신인(神人)이 20면 적색판을 갖다 주었다고 하든지 또는 하늘에서 내려와서 피고인들이 그것을 사용하여 위폐를 인쇄하였다고 하는 것이 괴롭지 않았을 것이다.

10 이 사건의 허위를 말하는 뚝섬 사건

8. 이 사건의 허위를 말하는 뚝섬 위폐 사건

이 사건을 뚝섬 사건과 대조하면서 검토하기로 한다. 본 항에 있어서는 앞의 설명과 중첩되는 점이 없지 아니하나 설명의 편의상 부득이한 일이다. 김창선이 조선정판사에서 일본인들이 제2차 인쇄를 중지하고 세사와 석유로 닦아둔 징크 제4조 중에서 1조를 절취하여 뚝섬 배재룡에게 판 것은 사실이다. 그리하여 배재룡이 김창선에게 받은 징크판을 사용하여 위폐를 인쇄하려던 것이 세상에서 부르는 뚝섬 위폐 사건이다.

김창선이 징크판 1조를 절취하였으나 자기는 평판공이고 거기에다 우수까지 불구임으로 제판전문가인 홍사겸을 초청하여 수정한 결과는 각 색 판 20조 중 완전한 면은 1면도 없고 불완전하나마 사용 가능하다고 보이는 것이 흑색에 5면, 청색 자색에 각 2면이 있었고 그나마 우흑색 5면 중에서 배재룡에게 처음 보낸 판과 윤경옥을 통하여 이기훈에게 보낸 판은 못 쓰겠다고 퇴거당하였다. 이 점은 김창선의 진술과 홍사겸, 윤경옥, 배재룡의 증언에 의하여 명백한 것이다.

그런데 판결이 인정한 김창선이 조선정판사에서 한 조 더 절취하여 이 사건에 사용하였다는 징크판은 각 색 판 각 20면이 신통하게도 모두 잘 나와서 1,200만 원 인쇄에 성공하였다고 하니 이것은 일종의 기적이다. 흑청자색 징크판 사용 불가능한 면이 각 7면씩 있었다고 가정하자. 이 사용 불가능한 면이 흑청자색 각 색 징크판에 있어서 좌상(左上)

이면 좌상, 우하(右下)면 우하에 다 같이 모여 있어야 인쇄한 결과 사용 가능한 지폐가 13매라도 나오게 되는 것이며 만약 이 사용 불가능한 면이 있는 위치가 각 색판에 있어서 각각 다른 때는 인쇄한 결과 사용할 만한 지폐는 1매도 나오지 않는 것이다.

같은 일본인들이 징크판을 제조하여 인쇄를 하려다가 이것을 중지하고, 같은 약품으로써 같은 장소에서 닦아서 같은 장소에 두었던 것을 설령 김창선이 그중 2조를 절취하였다고 하더라도 이 2조 중에는 판결이 인정한 것과 같은 현격한 차이는 논리상 생길 수 없는 것이다. 백보를 양보하여 만약 김창선이 절취한 2조 중에서 호불호(好不好)의 차이가 있었다고 하면, 문제는 판정의 인정이 더 한층 허위라는 결론에 도달한다.

그 이유는 첫째, 김창선은 다년간 평판공으로 있었던 관계로 징크판 호불호는 누구보다도 잘 아는 사람이다. 그런데 김창선의 진술에 의하면 앞에도 말한 바와 같이 뚝섬 배재룡에게서 징크판 부탁이 있었는데 실패에 대한 염려로 예비로 절취하였다고 했는데 그렇다면 김창선은 절취한 징크판 2조 중에서 나은 것을 선택하여 자택에 갖고 갔고, 따라서 그보다 못한 것을 조선정판사에 두었을 것이고, 둘째는 자택에 갖고 간 징크판은 제판전문가인 홍사겸을 초청하여 수정한 것이니 그 결과는 수정에 대한 지식이 없고 거기에다 우수까지 불구인 김창선이 수리한 것보다는 훨씬 나아야 할 것이다. 이상 두 가지 이유만으로도 김창선이 자택에 갖고 간 징크판이 조선정판사에서 위폐 인쇄에 사용하였다고 하는 징크판보다는 훨씬 우수하다고 보아야 할 것이다.

이 결론은 논리상으로 부인 못 할 결론이다. 그런데 판결은 이 절대적인 논리와는 반대로 김창선이 조선정판사에 남겨 두었다가 이 사건에 사용하였다고 하는 징크판 각 색판 12면이 전부 잘 나와서 1,200만 원을 인쇄하였다는 놀랄 만한 사실을 인정하였으니 기담으로서는 우등이나 판결로서는 낙제라 아니 할 수 없다. 김창선의 이 점에 관한 진술이 강요에 의한 허위임은 이상 논리로서도 명백한 것이다.

11 허위의 창작, 안순규의 증언

9. 허구의 창작 안순규의 증언

이 사건 각본에 있어서 최초의 구상은 안순규도 위폐를 인쇄하였다는 사람의 하나이었다. 경찰 취조 초기에는 피의자의 한사람으로서 취조를 받았다. 1946년 5월 15일 군정청 공보부 발표에도 안순규는 위폐를 인쇄한 사람의 하나로 되어 있었다. 경찰 취조 중에 안순규는 위폐를 인쇄하였다는 주요 배역으로부터 위폐 인쇄 현장을 목격하였다는 종속적 배역으로 전락(轉落)되었다.

그리하여 안순규는 사건 조작의 원동력에 의하여 경찰에서 2월 10일은 일요일임으로 본정(本町) 방면에 놀러 갔다가 귀로에 조선정판사 앞에 다달아 마침 문이 열려 있었기에 후문으로 정판사에 들어가니 사무실에는 사람이 있는 것 같지 않고 공장 문이 열려 있기에 굽어보니 마침 박상근이 활판실 입구에 서서 있었고, 박상근이 자기를 보자 평판실 쪽으로 감으로 자기도 평판실에 따라갔더니 거기에는 정명환, 김창선, 신광범이 서서 있었고, 또 재단하지 않은 지폐가 놓여 있었으며 인쇄는 다-박은 후인 것 같기도 하였으나 혹은 인장 판(印章版) 인쇄되어 있지 않은 것 같이 기억된다는 요지의 증언을 하게 되었다.

검사국에 와서 안순규는 증언의 허위임을 말하였으나 검사로부터 협박을 받고 이상 증언은 다시 유지하게 되었으며 또 검사에게 대하여 이상 증언을 기재한 목격기란 서면까지 제출하게 되었다. 안순규의 증언은 사건에 있어서 사건에 직접 관련된 유일한 증언이다. 이 외에는 사건에 직접 관련된 증거라고는 없다. 검사가 협박까지 해가면서 증언을 유지시킨 것으로 이것이 유일한 중요한 증거로 대우받았다는 것을 알 수 있는 것이다. 이 외에 사건에 관련된 직접 증거가 하나라도 있었다면, 고문의 와중에서 피고인에게 대해 찻물과 케이크를 줌으로써 명철보신(明哲保身)하던 검사가 차마 협박까지는 하지 않았을 것이다. 안순규의 증언은 일견 자연스러운 것처럼 보이나 허위의 창작은 어디까지나 허위를 고백하는 것이 그 슬픔일 것이다. 나는 안순규의 증언(목격기 동)이 허위의 창작임을 폭로하려 한다.

(一)정판사 후문은 벽돌 두 장 길이로 쌓은 담 내측에 달은 미닫이 철판 문이기 때문에 정판사 앞 노상(路上)에서는 그 문이 보이지 않는다. 적어도 골목길로 1미터 40을 들어가야 편문(片門) 귀가 겨우 보이고, 5미터 30을 들어가야 편문 반이 보이고, 8미터 30을 들어가야 편문 전부가 보이고, 12미터 20을 들어가야 양문(兩門) 전부가 보인다. (검사조사에 의거) 그런데 정판사 앞에 다다라 후문을 보았다는 것은 무엇보다도 그 진술이 허위인 것을 증명하는 것이다.

(二)후문이 열려 있기에 들어가 보니 공장 문이 또 열려 있었다고 안순규는 진술하였다. 더 말할 것도 없이 조선정판사는 장안 복판 대로변에 서 있는 건물이고 피고인들이 범하였다는 위폐 인쇄는 사회경제를 교란(攪亂)시키는 극악의 범죄이다. 피고인들이 정신병자 집단이 아닌 이상 백주에 장안복판 대로변에서 뒷문 공장문을 다 열어젖히고 위폐

를 어떻게 인쇄하였을 것인가? 이것은 마치 우리들이 위폐를 인쇄하니 행인 과객은 다- 들어와서 구경하라는 것을 의미하는 것이니 이러한 것은 안순규의 고문에 의한 조작에서나 볼 수 있는 일이지 우리의 상식과 논리로는 상상하지도 못할 일이다.

만약 피고인들이 조선정판사에서 위폐를 인쇄하였다고 할 것 같으면 2월 10일은 일요일임으로 후문 공장문을 안으로 잠그고 외인의 출입을 일절 회피하였을 것이며 설혹 피고인들 중에서 부득이 외부로 출입할 일이 생기었다 하더라도 그때그때 후문도 잠그고 공장문도 잠가야 할 것이다.

더욱이 안순규의 진술에 의하면 안순규가 평판실에 들어갔을 때에 인장 판은 인쇄하였는지 안 하였는지 미상이라 하더라도 앞으로 수시간(數時間) 작업하여야 할 재단이 끝나지 않은 것만은 그 진술에 있어서 명백하다. 그렇다면 위폐 전체 제조 과정을 통하여 2/3쯤 진행된 때인데 이러한 때에 뒷문, 공장문을 열어 놓고 작업을 하였다는 것은 있을 수 없는 일이다. 이러한 의미에서 2월 10일 정판사에서 위폐를 인쇄하였다는 사실과 안순규가 공장에 들렀다는 사실은 그 사리(事理)상 양립할 수 없는 사실이다.

(三)만약 피고인들이 조선정판사에서 위폐를 인쇄하다가 안순규에게 인쇄 현장을 발각당하였다면 그 후라도 안순규에게 대하여 비밀을 엄수하여 달라는 부탁이라도 있어야 할 것이다. 검사도 역시 이 점을 염려하여 안순규에게 대하여 그 후 신광범으로부터 위협 혹은 호의를 받은 일은 없는가 하고 물었으나 안순규는 없다고 대답했다. 피고인들의 위폐 인쇄와 안순규의 목격이 사실이라면 검사의 말과 같이 비밀을 엄수하라고 위협을 한다든지 그렇지 않으면 호의적 양해를 구하는 것이

사람의 심리일 것이다. 위폐 인쇄라는 중죄를 발각당하고도 목격자에게 아무 말 없었다는 사실은 목격 자체가 허위라는 것을 의미하는 것이다.

(四)피고인들이 10월 하순과 12월 27, 28, 29일 이상 4회 인쇄에 있어서는 오후 9시부터 오전 3시경까지 200만 원을 인쇄(재단은 제외)하였다는데, 2월 9일 야(夜) 인쇄에 한하여 오후 9시부터 익일 오후 1시까지 겨우 인쇄를 필한 정도(그나마 적색판 인쇄에 대해서는 의문)라고 하니 작업 진도가 부자연스럽기 짝이 없다. 판결은 익일이 일요일인 관계로 천천히 인쇄하였기 때문이라고 주장한 모양이나 이것은 물론 성립할 수 없는 이유이다. 전기 동력으로 움직이는 기계로 하는 작업은 그렇게 속(速)하게도 할 수 없고 또 그렇게 더디게도 할 수 없는 것이다.

1945년 10월 하순, 12월 27, 8, 9일 이상 4회 인쇄에 있어서는 불과 6시간 전후에 완료하였다는 작업을 천천히 하였다고 하더라도 2, 3시간 정도 지연되는 데 불과하였을 것이다. 그런데 오후 9시부터 익일 오후 1시까지 계 16시간이 소요되었다는 것은 어디에서 나온 숫자인지 알 수도 없고 있을 수도 없는 숫자이다.

천천히 한다는 것은 신체의 피로를 방지하기 위한 것인데 6시간 전후에 종료하던 공장 작업을 16시간 정도로 끈다면 신체의 피로는 오히려 반대로 시간에 정비례할 것이다. 16시간 끌었다는 것이 이치에 합당치 않고 부자연한 점으로 보더라도 안순규의 목격 운운의 진술이 허위라는 것이 입증되는 것이다.

(五)안순규는 1946년 9월 18일 공판정에 출두하여 조선정판사에서 인쇄하는 것을 목격하였다는 과거의 진술은 허위의 진술이며 경찰서에서 경찰관과 검사에 대하여 이러한 허위의 진술을 하게 된 것은 고문, 고문의 공포에 의한 것이고 검사국에 와서 검사에게 허위 진술을 하고 또 목격기를 쓰게 된 것은 검사가 따귀를 때리면서 구류장을 내놓고 법령 제19호에 의하여 구속하겠다고 함으로 공포를 느꼈기 때문이라고 증언하였다.

첫째, 경찰서에서 안순규를 고문하였다는 점은 매그린 · 위임쓰 양인의 증언에 의하여 명백하다. 즉 위 양 증인은 경무부에서 안순규를 조병옥, 장택상, 노덕술 등 조선인 경찰 관계자를 입회시키고 취조할 시에는 현장을 목격하였다고 진술하고, 이 세 사람을 퇴출시키고 취조할 시에는 현장 목격 사실을 부인하였다고 증언하였다. 앞에도 말 한 바와 같이 경무부에까지 와서 조선인 경찰 관계자를 무서워한 점을 본다면 안순규가 경찰서에서 고문 또는 고문의 공포를 받았다는 것은 명백한 사실이다.

둘째, 검사국에 와서 안순규가 검사로부터 따귀를 맞았다는 점에 대해서는 증거는 없고 이에 대하여 전기 1946년 9월 18일 공판에서 검사 조재천으로부터 "당시 따귀를 때리려고는 하였다"는 고백이 있을 뿐이다.

판결이 증거로 채용한 검사의 안순규에 대한 조문 조서를 보면 안순규가 과거의 진술을 번복하려 하니 검사 조재천이 법령 제19호 운운한 것이 명백히 쓰여 있다. 이것은 확실히 위법이며 동시에 협박이다. 검사는 사람을 구속하는 권한이 있는 만큼 금일의 사회에 있어서는 검사라고 하면 일반 사람이 무섭게 아는 것은 부인 못 할 사실이다.

이러한 지위에 있는 검사가 안순규에 대하여 과거를 번복하려 하는 때에 법령 19호 운운한 것은 협박 중에도 심한 협박이다. 검사 조재천이 공익의 대표자로서 사건의 진상을 구명해야 하겠다는 임무에 충실하다고 하면 안순규에 대하여 법령 19호 운운도 하지 말고, 또 때리려고도 하지 말고 자유로운 입장에서 진술시키어야 할 것이다. 과거의 진술을 번복하려고 하니 즉석에서 구속의 권한을 가지고 있는 검사가 법령 19호 운운하고 또 따귀를 때리려고 한 것은 과거의 진술 즉 현장을 목격하였다는 진술을 유지하라는 것이 확실한 것이다.

이상으로써 안순규의 증언에 대한 해부를 마친다. 여기에 첨부하여 말할 것은 안순규에 대한 위증판결에 대한 것이다. 이 조작 사건은 허위를 말하면 위증죄가 안 되고, 사실을 말하면 위증죄가 된다는 비정의(非正義)의 사생아를 하나 낳았다.

1946년 9월 18일 안순규가 공판정에 출두하여 사실대로 말하자 검사 조재천은 즉시 안순규를 구속하였다. 그리하여 사건의 심리 도중에 안순규에 대하여 불과 2시간 내외의 형식적 심리를 한 후 징역 1년의 위증 판결을 언도하였다. 그 이유는 안순규가 위폐 현장 운운의 이전 증언을 전기 공판정에서 번복하였기 때문이다.

안순규의 목격 운운의 증언은 하나님처럼 믿어오던 사건의 유일한 직접 증거이었던 만치 이 증언이 결정적 시기인 전기 공판정에서 번복될 때에 이 각본 배역에 중대한 차질이 생겼다. 사건이 경찰서에 예속되고 있는 때와도 달라서 검사의 손을 경유하여 이미 공판에 회부된 후인 만치 검사가 당황하여 구속 권한이라는 전가의 보검을 사용하는 그 의사는 가히 추측할 수 있었다. 과연 그 후 검사는 사건 결심 전에 번복된 증언의 대용품으로 안순규에 대한 위증 판결서를 이 사건의 증거로 제출하였다.

그런데 이 대용품 판결에는 중요한 누락이 있었다. 그것은 판결문 중에 이 판결의 저작자인 재판장 박원삼(朴元三) 이하 양(兩) 배석판사가 "전지전능의 신"이라는 설명이 없는 점이다. 왜냐하면 이 사건이 복잡한 기술성과 반증에 의하여 30여 회에 걸쳐 심리가 계속되는 도중에 불과 2시간 내외의 형식적 심리로 안순규에게 대하여 "너는 위증한 자"라고 낙인을 찍었으니 이것은 인간으로서는 불가능한 일이고 "전지전능의 신"만이 가능한 일이기 때문이다. 그러므로 판결문에 "전지전능의 신"이라는 설명이 있어야 한다는 것이다. 이 판결의 제작자들이 인간이 확실하다면 안순규에 대한 위증 판결 또한 모략 판결임이 확실한 것이다.

인민들의 총명은 이 모략성을 남김없이 보고 있는 것이다. 안순규에 대한 위증 판결서가 검사로부터 이 사건의 제1심 재판소에 제출되었을 때에 이관술 씨는 사건의 재판을 거부까지 하려고 했으며 변호인 역시 그 비논리성을 지적하였다. 그러나 1심 재판소는 눈을 감고 이것을 유죄 증거로 채용하였다. 이러한 채증(採證)은 그 자체가 이 사건이 얼마나 유죄 증거가 없다는 것을 도리어 자백하는 것에 불과한 것이다.

12 재판대를 장식하는 각종의 인쇄학 교재

10. 재판대를 장식하는 각종의 인쇄학 교재

피고인들에게 대한 유죄판결이 사건의 물적 증거로 채용한 물품을 열거하면 여좌(如左)하다.

① 증 제1, 2, 3호 소 징크판 9매

② 증 제35호 징크판 소각 잔재

③ 증 제40호 연마한 대 징크판 3매

④ 증 제41호 및 47호 80근 모조지 12연 20매

⑤ 증 제42호 인쇄용 잉크 4관(鑵)

⑥ 증 제43호 코롬페-파(모눈종이) 236매

⑦ 증 제45호 위조조선은행권 100원 권 33매

독자여! 나는 위관(偉觀, 훌륭한 구경거리)을 정(呈, 나타내다, 뽐내다, 쾌하다, 드러내 보임)하는 위 열거의 물적 증거를 해부하려 한다.

증 제1, 2, 3호 소 징크판 9매, 증 제35호 징크판 소각 잔재는 김창선이 조선정판사에서 일단 절취하여 자택에 갖다 두었다가 절단하여 뚝섬에 매각한 잔여 소 징크판과 김창선이 우 절취한 징크판의 발각을 두려워하여 사용 불가능한 각 색 면을 소각한 잔재를 김창선의 자택에서 압수한 것임은 기록상 일점(一點)의 의심할 여지가 없는 사실이다. 그러므로 이것은 뚝섬 위폐 사건의 증거는 될 수 있을지는 몰라도 이 사건의 증거가 될 수 없음은 지극히 명료한 것이다.

증 제40호 연마한 대 징크판 3매, 증 제41호 및 47호 80근 모조지 12연 20매, 증 제42호 인쇄용 잉크 4관(罐), 증 제43호 코롬페-파(모눈종이) 236매는 조선정판사에서 압수한 물품임에는 틀림없으나 이것이 대체 무엇을 증명하는 것인가? 수십 매 중에서 갖고 온 3매의 대 아연판으로 하여금 무엇을 말하게 하려는 것인가? 인쇄학의 교재로 갖고 온 것인가?

조선정판사는 인쇄소이다. 인쇄소에는 어디에서든지 이러한 물건이 있는 것이다. 천보만보를 양보하여 피고인들이 조선정판사에서 위폐를 인쇄하였다고 가정한들 대 아연판에 지폐 그림이 없는 이상 수천 매 중에서 집어 온 3매의 대 아연판이 위폐 인쇄의 증거품이 될 수 없고, 코롬페-파는 한 번 사용한 후에는 아연판에 붙은 것을 물로 닦아 버리는 것임으로 증거로서 공판정에 나올 수 없는 것이고 그 인쇄용 잉크로 말하면 하루에도 여러 통이 사용되므로 수개월 전에 사용하였다는 잉크가 남아 있을 리가 없는 일인즉 대체 이것이 무슨 증거란 말인가? 대사건

사건이 허구인 만치 경찰에서 너무나 증거가 없어 형식적으로 인쇄소재를 열거함으로써 사건 외형이라도 성립시키겠다는 의도에서 조선정판사에 가서 갖고 온 물건을 검사 역시 동감(同感)으로써 재판대를 형식적이나마 외형을 구비시키려고 재판소까지 운반한 것이다.

공판 기간 중 여름날 재판소 정정(廷丁, 법원의 사환)이 이 방대(尨大)한 물건을 30여 회나 땀을 뻘뻘 흘리면서 공판정으로 운반할 적에 우리는 정정이 한없이 가련하였다. 이 물건은 인쇄소에는 어디든 있는 만치 조선정판사가 인쇄소라는 증거로서는 의의가 있지만 그 이상 피고인들이 위폐를 인쇄하였다는 사건에 대해서는 하등 증거 가치가 없는 것이

다. 이 물건을 판결문에 기재한 것은 국내 국제적으로 주시하는 대사건에 대하여 유죄를 언도하는 데 있어서 형식이나마 판결 체제상 물적 증거 몇 가지를 기재하지 않을 수 없다는 기만적 의도에서 출발한 것이다. 외관 장식은 사건에 대한 경찰서, 검사국, 재판소를 일관한 최고 방침이었다.

다음 증 제45호 위조 조선은행권 100원권 33매에 대하여 논하겠다. 8 · 15 이후 남조선에 있어서 수많은 통화 위조 사건이 있었다. 거개(擧皆, 대부분) 물적 증거가 있어서 범죄 사실은 의심할 여지가 없었다. 그런데 이 사건에 한하여 물적 증거는 하나도 나오지 않았다. 1,200만 원이라는 거액을 인쇄하여 사용하였다면 그 위조권이 단 한 장이라도 나와야 당연할 것이다. 여기에 재판소로서는 증 제45호라는 물건이 하나 있었다.

이것이 생긴 유래는 이러하다. 경찰에서 김창선은 조선은행에 데리고 가서 위조 조선은행권을 나열한 후 김창선에게 대하여 정판사에서 위조한 것을 선택하라고 하였으나 사실이 허위인 만치 김창선은 거절하였다. 경찰은 다시 김창선을 조선은행에 데리고 가서 전기 동양(同樣) 위폐 선택을 강요한다. 여기에서 김창선은 하는 수 없이 아무거나 집었다. 이것이 문제의 증 제45호라는 위폐이다. 위조권 없이는 사건에 있어서 형식상 유죄 언도를 할 수 없으므로 재판소는 검사의 의견대로 증 제45호 위조권을 피고인들이 위조한 것이라고 덮어씌웠다. 그러나 이것은 권력 가진 자의 어거지에 불과한 것이다.

이 문제는 증 제45호 위폐와 이 사건 중에 조선정판사에서 시험 인쇄(이하 시쇄)한 100원권을 대조하면 곧 판단되는 것이다. 즉 이 시쇄권은 조선정판사에서 김창선이 4조 12매 중 1조 3매를 절취하여 자택에 갖고 간 후 앞에서 말한 바와 같이 제판전문가인 홍사겸을 초빙(招聘)하여 '모리까에'를 시켜서 그 중 우량한 것을 적출하여 두었던 것을(일부는 뚝섬 배재룡에게 매각) 이용하여 이 사건 중에 시험 인쇄한 것임으로 정판사에서 김창선이 만약 2조 절취하여 그중 1조로서 피고인들이 가정(假定) 위폐를 인쇄하였다고 하면 그 인쇄판은 시쇄판과 동일할 것이니 이들을 대조하면 문제는 결정되는 것이다. 제18회 공판에 감정인으로 출두한 조선은행 발행과장 오정환(吳正煥)은 증 제45호 위폐와 시쇄권을 대조하면서 다음과 같은 요지의 차이점을 지적하였다.

첫째, 증 제45호 위폐와 시쇄권은 흑색과 자색에 있어서 빛깔이 다르며, 따라서 잉크가 다르다.

둘째, 증 제45호 위폐는 시쇄권에 비하여 인쇄가 전면적으로 선명하며, 특히 자색판은 진권보다도 더 선명하다. 시쇄권은 많이 마멸된 판으로 인쇄되었고 더욱이 배면 자색판에 있어서 마멸의 도가 심하다.

셋째, 증 제45호 위폐의 사람의 얼굴은 시쇄권의 사람의 얼굴보다 넓다. 그러나 진권도 얼굴이 넓은 것이 있다.

넷째, 증 제45호 위폐에는 좌상 우(隅, 모퉁이, 구석)에 흰 점이 있으나, 시쇄권에는 그것이 없고 또 증 제45호 위폐는 좌하 우의 아라비아 숫자 1자의 두부(頭部)가 사평면(斜平面)으로 되어 있으나 시쇄권의 동(同) 1자의 경우 두부는 조금 도드라져 올라가고 있다. 그러나 증 제45호 위폐의 좌상 우 백점과 좌하 우 1자에 있는 특징은 기호 3, 4, 5의 진권에도 발견된다.

다섯째, 증 제45호 위폐와 시쇄권은 동일한 판은 아니고 동일한 계통이다. 현재 조선은행에 압수 보관된 위폐는 약 40종이고 이것을 계통으로 나누면 약 10계통이 된다. 증 제45호 계통과 동일한 계통에 속하는 위폐로서 현재 발견된 것이 3종이 있다.

여섯째, 증 제45호 위폐의 재단 특징은 재단면이 톱날처럼 되어 있는 데가 있다 등등

이상 오정환이 지적한 차이점을 분석하면,

첫째 차이점, 잉크 문제에 있어서는 증 제15호 조선정판사 위폐에 의하면 박낙종이 조선정판사를 인수한 후에 잉크를 구입한 일이 있으니 잉크가 다르다는 점만으로는 해결되지 않는다.

둘째 차이점, 인쇄의 선명 불선명 즉 징크판의 마멸 정도 문제에 있어서 증인 김한규도 시쇄권의 징크판은 마멸의 도가 심하다고 증언하였고, 증인 배재룡 역시 시쇄권의 징크판은 많이 마멸되었다고 증언하였다.

만약 증 제45호 위폐를 조선정판사에서 인쇄한 것이라면 증 제45호 위폐와 시쇄권은 선명의 정도 즉 마멸의 도가 같든지 그렇지 않으면 증 제45호 위폐가 시쇄권보다 더 불선명 즉 징크판이 더 마멸되어야 할 것이다. 같은 일본인의 기획하에 같은 기술로서 제판한 징크판을 같은 약으로서 닦아서 같은 장소에 두었던 것을 김창선이 2조 절취하였다고 하면 그 두 징크판 사이에는 원칙적으로 마멸의 차이가 없어야 할 것이고 만약 마멸의 차이가 있다고 하더라도 김창선이 경찰에서 배재룡에게 보낸 징크판이 실패할 염려로 예비적으로 1조 더 절취한 것이라고 진술한 점과 김창선이 자택에 가지고 간 판을 제판전문가인 홍사겸이 '모리

까에'한 점을 참조하면 조선정판사에 남겨 두었다는 징크판은 김창선이 자택에 갖고 간 징크판에 비해 더욱 마멸되어 있어야 할 것이고 여기에다가 '모리까에' 기술이 없는 김창선이 '모리까에' 하였다고 하니 제판전문가인 홍사겸이 '모리까에'한 판에 비교하면 더욱더 불선명할 것은 사실일 것이다.

그렇다면 이렇게 불선명한 징크판을 가지고 피고인들이 조선정판사에서 인쇄하였다고 하는 증 제45호 위폐는 전면적으로 선명하고 더욱이 배면 자색판의 경우 진권보다 더 선명하고 선명한 판을 갖고, 조선정판사에서 당대의 전문가들이 인쇄한 시쇄권은 마멸의 도가 심하여 불선명한 결과가 나왔으니 이러한 비논리적 결론은 있을 수 없다. 이 점만으로도 증 제45호 위폐를 피고인들이 조선정판사에서 인쇄하였다는 모략적 판단은 충분히 번복되는 것이다.

셋째와 넷째 차이점 즉 화상(畵像)의 광협(廣狹), 좌상 우의 백점 유무와 좌하 우의 1자 두부 凸평(平) 문제는 부인할 수 없는 현저한 차이점이다. 만약 증 제45호 위폐를 피고인들이 조선정판사에서 인쇄한 것이라면 시쇄권과의 사이에 이러한 차이는 있을 수 없는 것이다. 재판소는 이 점에 대하여 오정환이 이러한 차이는 징크판을 수리할 시에 일필(逸筆)로 인하여 생길 수도 있고 또 원판에 위 차이점을 각(各)히 보유하는 2종이 있다고 말한 것을 이용하여, 위 차이점은 증 제45호 위폐를 조선정판사에서 피고인들이 인쇄하였다는 판단에 대하여 지장이 되지 않는 것이라고 생각한 모양이다.

이것은 부당하다.

첫째, 진권 중에 화상만이 넓은 것, 좌상 우의 백점과 좌하 우의 1자 두부가 사평면으로 된 것만은 있지만 이 특징을 전부 보유한즉 화상도 넓고 또 동시에 좌상 우에 백점도 있고 좌하 우의 1자 두부가 사평면으로 되어 있는 진권은 없다. 오정환도 진권 중에는 화상이 넓은 진권도 있고 또 좌상 우에 백점이 있고 좌하 우에 1자 두부가 사평면으로 된 진권도 있다고 말하였을 뿐, 이 특징을 전부 보유한 진권이 있다고 말하지 않았다.

둘째, 징크판은 막연하게 일정한 기획 없이 제판하는 것이 아니다. 이것은 제판 시에 전사(轉寫) '코롬 페-파-'가 더 1매라도 여분이 있어서 절취당하는 때는 곧 다량의 통화 위조의 위험이 있는 까닭이다. 그렇기 때문에 지폐를 1회, 2회, 3회 등 여러 회에 나누어 인쇄할 시에 있어서 각 회에 사용할 징크판의 감독상(監督上) 1조만의 원판(흑 · 청 · 자 · 적)을 이용하여 전사하는 것이다. 그러므로 이 사건에 관하여 김창선, 배재룡 등으로부터 흑색판 단절(斷切) 등이 여러 벌 압수되었는데도 불구하고 이 중에 화상이 넓거나 좌상 우의 백점과 좌하 우의 1자 두부가 사평면으로 된 절단품은 1매도 없는 것이다.

만약 일본인들이 조선정판사에서 제2차 인쇄를 하려고 징크판 4조를 제조할 시에 차이점 있는 2종의 원판을 사용하여 전사하였다면 이미 김창선, 배재룡 등으로부터 압수된 위 절단품 중에 차이점을 보유한 것이 1면이라도 있어야 할 것이다. 이것을 보아도 일본인들이 조선정판사에서 제2차 인쇄를 하기 위하여 제판한 징크판 4조는 차이 있는 2종의 흑색원판(위 차이점은 흑색판에 한한 것)을 사용하지 않았었다는 것을 인정할 수 있는 것이다.

그뿐 아니라 법률적으로도 증 제45호 위폐와 시쇄권과의 사이에 화상의 광협, 좌상 우의 백점 유무, 좌하 우의 1자 두부 凸평 등 현저한 차이가 있는 이상 일본인들이 제판 시에 2종의 원판을 사용하였다는 증거 없이 단순히 원판에 2종이 있다는 이유만으로 당시 일본인들이 제판하였던 4조 중의 1조를 사용하여 인쇄한 것이라고 인정하는 것은 어디까지나 구체적 증거를 요구하는 형사재판에 있어서 천만부당한 것이다.

다섯째 차이점 즉 징크판 계통 문제에 있어서 오정환은 증 제45호 위폐의 원판과 시쇄권의 원판은 동일한 것이 아니고 동일한 계통에 속하는 것이며 현재 발각된 위폐 중 이 계통에 속하는 것이 3종이 있다고 말하였다. 증 제45호 위폐를 피고인들이 조선정판사에서 인쇄한 것이라면 원판은 반드시 동일할 것이라는 점에 대해서는 앞에서 말하였다.

현재 발각된 위폐 중 이 계통에 속하는 것이 3종이 있다는 것은 이러한 계통의 원판이 시정(市井. 사람이 모여 사는 곳)에서 수 삼종(數三種) 사용되고 있었다는 것을 설명하는 것인즉 증 제45호 위폐를 조선정판사에서 피고인들이 인쇄한 것이라고 인정하자면 특별한 증거가 있어야 할 것이다.

동 계통에 속하는 원판이 수 삼종 시정에서 사용된 사실이 있는데도 불구하고 증 제45호 위폐와 시쇄권이 도일한 계통에 속한다는 이유만으로 이것이 피고인들이 조선정판사에서 인쇄하였다고 하는 것은 법률상 또한 용허되지 않는 것이다.

여섯째 차이점 즉 재단 문제에 있어서 오정환은 증 제45호 위폐는 재단면이 톱날처럼 되어 있다고 말하였다. 톱날처럼 되어 있다는 것은 재단면이 머틀머틀(우툴두툴)하게 되어 있다는 것과 또 위폐의 광폭이 일정하지 못하여 수십 매씩 귀를 맞추어 보면 재단면이 일정하지 않다는 것을 의미하는 것이다. 이것은 재단에 대하여 경험이 없는 사람이 칼 같은 것을 가지고 손으로 재단하였기 때문이다.

원래 피고인 박상근으로 말하자면 우수한 재단공이고 1945년 8월 15일 직후 일본인들이 조선정판사에서 조선은행 100원권을 인쇄하였을 시에 수억 원 재단한 경험이 있는 사람인데 증 제45호 위폐를 조선정판사에서 피고인들이 인쇄하여 재단한 것이라면 재단면에 있어서 톱날 같은 특징은 있을 리가 없는 것이다. 재단공이 재단기로 재단한 것은 오전 중에 재단한 것과 오후에 한 것 또 매일 연속하여 재단한 것을 모두 섞어서 다시 귀를 맞추어 정리한다 하더라도 치수를 맞춰 재단기로 재단한 것인 만치 그 재단면은 어느 때든지 한결같이 일정하게 되는 것이다.

증 제45호 위폐가 조선정판사에서 인쇄, 재단되지 않았다는 것은 너무나 명백한 것이다. 법률상 유죄 증거를 채택하는 데 있어서 10개 조건 중 9개 조건까지 합당하고 단 1개 조건이 불합당하더라도 이것을 유죄 증거로 채택하지 못한다는 것은 증거 채택의 철칙이다. 그런데 이 건에 있어서는 이상과 같이 설명한 바와 같이 채택에 합당하는 조건은 하나도 없고 전부가 부합당한 것이니 이 사건의 증거가 될 수 없음은 물론이다.

13 박낙종의 부재를 증명하는 민주중보

11. 박낙종 씨의 부재를 증명하는 민주중보

판결은 1945년 10월 중순 김창선과 송언필이 조선정판사에서 숙직할 시에 조선정판사와 조선공산당의 재정난에 관한 담화를 하다가 동야(同夜) 김창선으로부터 위폐 인쇄 기계가 있다고 한 것이 동기가 되어 박낙종 씨가 조선정판사 2층에 있는 조선공산당 본부 이관술 씨와 상의한 결과 10월 하순 모야(某夜) 제1차 인쇄를 하였다는 사실을 인정하였다. 이것은 박낙종 씨가 남선 지방 여행한 시일 관계와 조선공산당이 조선정판사에 이전한 시일 관계와 대조하면서 검토하자.

박낙종 씨는 1946년 7월 9일 본정 경찰서로부터 검사국에 송국되던 날 사건이 허구라는 변명의 한 조목으로서 검사 김홍섭(金洪燮)에게 대하여 10월 하순 25일에 본인은 "10월 하순 25일에 본인은 신문 사업 자금운동 겸 가사정리 차 귀성 도중 차의 고장으로 익일 26일과 27일은 김천 시내 환금여관에서 체재하고 귀성한 후 회경(廻京)한 것은 11월 초가 아니었든가 하오."라고 진술하였다.

검사는 이 사실 유무가 사건에 있어서 가장 중요한 점임으로 그 진부를 알기 위하여 동년 7월 9일 대구지방법원검사국 김천분국에 대하여 환금여관 주인을 증인으로 신문(訊問)할 것을 촉탁(囑託)하였다. 이 촉탁에 의하여 김천분국 검사 윤기출 씨는 동년 7월 20일 환금여관 주인 김경춘(金京春)을 증인으로 신문하였는데 그 조사에 의하면 박낙종은 동년 10월 26, 7일은 물론이거니와 그 전후에도 숙박한 일이 없다고 되어 있다. 그리하여 검사는 공판정에서 진술함에 있어서 "박낙종은 본건을 벗어나려고 문제의 10월 하순에 남조선을 여행하였다는 사실을 말하였으나 검사국에서 조사한 결과 이것은 허위라는 것이 증명되었다."고 피고인들을 공격하였다. 재판장이 또한 피고인들에게 이것을 자료로 하여 공격적 신문을 하기 시작하였다.

그 후 변호인들은 박낙종이 1945년 10월 하순 여행하였다는 이 중요한 사실을 입증하기 위하여 증 제50호, 51호 즉 「민주중보」 동년 11월 3일부 진주판과 동년 11월 6일부 부산판을 증거로 제출하였다. 이 신문에는 박낙종, 하필원(河弼源)이 동년 10월 28일 진주에 도착하여 강연하였다는 기사가 게재되어 있었다. 이 신문을 증거로 제출하자 검사는 이 증거는 다소 유리하기는 하지만 공판 청구서에는 "동년 10월 하순에 피고인들이 위폐를 인쇄했다고 하였으며 10월 하순이라는 것은 10월 21일부터 말일까지를 의미하는 것이니 이 전 기간을 통하여 박낙종이 서울에 있지 않았다는 사실을 증명하기 전에는 본 건이 번복되지 않는다."고 궤변(詭辯)을 토하였다.

그러나 검사로서의 자기 행위에 대한 자살이었다. 검사는 박낙종의 10월 하순 여행 사실 유무가 본건성부(本件成否)에 중요한 관계가 있었기 때문에(만약 중요한 관계가 없었다고 하면 검사는 당연히 박낙종의 여행 사실에 대한 주장을 일축하였을 것이다) 타 관청까지 동원시켜서 박낙종 여행 도중 숙박 사실 유무를 조사한 것인데 여행 사실이 증명된 때에는 자기가 공익의 대표자로서의 검사가 확실하다면 공소를 취소하는 것이 당연한 조치(措處)일 것임에도 불구하고 '하순'이라는 문구 해석을 함으로써 이 중요한 증거의 증거력을 말살하려고 기획한 것은 검사로서의 자기 행위에 대한 자살일 뿐 아니라 자기 임무에 대한 죄악인 것이다.

검사는 이 「민주중보」로서도 박낙종 여행 사실에 대한 심증이 미흡하였는지 그 후 대전지방법원 검사국 충주분국에 대하여 박낙종이 귀성 도중 충주에서 숙박하였다고 하는 흥아여관 주인을 증인으로 신문할 것을 촉탁하였다. 그리하여 동년 10월 19일 충주 검사 분국은 흥아여관 사무원 김재호(金在浩)를 증인으로 신문한 결과 동 증인은 박낙종이 1945년 10월 24일 흥아여관에 하필원과 같이 숙박한 사실이 있다는 것을 증언하고 당시의 객부등본(客簿謄本)까지 제출하였다.

요컨대 전기 증 제50호, 51호 「민주중보」, 충주 흥아여관 사무원 김재호의 증언, 동 증인이 제출한 흥아여관의 객부등본, 1946년 9월 30일 하필원의 증언에 의하여 박낙종이 1945년 10월 24일 서울을 출발하여 자동차 고장으로 도중 충주, 김천, 거창, 진주 등지에서 숙박하고 동년 11월 4, 6일경 귀경한 것은 사실이다.

그러면 공판 청구서에 기재한 10월 하순이라고 한 것은 어느 때를 의미한 것인가? 공판 청구서에 10월 하순에 제1차 인쇄를 하였다는 것은 김창선의 진술에 의한 것인데 김창선이 10월 하순이라고 한 것은 우리가 자전(字典)에서 읽는 것과 같은 10월 21일부터 10월 31일까지를 의미하는 것이 아니고 10월 24, 5일 이후를 의미하는 것이다. 김창선이 1946년 5월 29일 검사 김홍섭에게 대하여 10월 20일경에 송언필과 같이 숙직할 시에 자기가 위폐 인쇄 제의를 하였더니 송언필은 위험한 일이라고 거절하더니 약 3일 후에 이번에는 송언필로부터 위폐 인쇄를 제의하여 왔음으로 그 익일 정명환 등과 협의하여 다시 그 익일 위폐를 인쇄하였다는 요지의 진술을 하였다.

그렇기 때문에 공판 청구에도 김창선과 송언필이 조선정판사에 같이 숙직하면서 김창선이 송언필에 대하여 위폐 인쇄를 제의한 것은 10월 하순이라고 하였다. 10월 하순에 김창선과 송언필이 숙직할 시에 위폐 인쇄를 제의하였고 그 3일 후에 당초에는 거절하던 송언필로부터 위폐를 인쇄하자는 제의가 있었고 그 익일에 정명환 등과 협의가 있었고 다시 그 익일에야 위폐를 인쇄하였다고 하니 제1차 위폐를 인쇄하였다는 10월 하순이라는 것은 10월 24, 5일 이후를 의미하는 것이 수리상 명백하다. 그리하여 10월 24, 5일이라고 하면 박낙종이 이미 서울을 출발할 때이니 재판소는 피고인들이 10월 24, 5일 이후에 제1차 위폐를 인쇄하였다고 할 수는 없었다.

박낙종이 10월 28일까지 진주에 있었다는 것은 전기 「민주중보」에 의하여 명백한바 그러면 박낙종이 10월 28일 이후 31일까지 서울에 돌아와서 위폐를 인쇄하였을 것인가? 하필원의 증언에 의하여 박낙종이 부산방면을 돌아 서울에 온 것은 동년 11월 5, 6일경이라는 것이 명백할 뿐더러 설령 10월 29일 진주를 출발하여 서울로 향하였다고 하더라도 당시의 교통 상태로서는 31일까지 서울에 도착하지도 못한다. 뿐만 아니라 만약에 서울 도착이 가능하다 하더라도 김창선의 말과 같이 간부회를 개최하여 위폐 인쇄를 결정하고 그 3일 만에 위폐를 인쇄하였다고 하니 이러한 시간적 여유가 없는 것은 또한 수리상 명백하다.

여기에서 모략 판결을 할 것을 최대의 임무로 한 재판소는 많은 고통을 느끼었다. 유죄판결을 쓰래야 형식상 쓸 도리가 없었다. 그리하여 재판소는 박낙종이 10월 하순 남선 여행을 하였다는 전기 증거를 허위로 만들지 않으면 안 되겠다는 궁여(窮餘, 궁한 나머지)의 신 계획을 세우고 또 이것을 수행하기 위하여 피고인들의 최종진술이 끝났음에도 불구하고 법률상 당연히 해야 할 결심을 하등(何等) 이유를 설명함이 없이 무기 연기하고 재판장 양원일과 검사 조재천은 피고인들과 변호인들에게는 비밀리에 남선으로 야회 밀행하였다.

다른 형사사건에 있어서도 당연히 그렇게 해야 할 일이지만, 이 사건은 특히 국내 국외가 주시하는 사건인 만치 검사는 공판정에서 증거신청을 할 것이고, 재판소는 이에 대한 증거결정을 해야 적어도 변호인들에게는 입회의 기회를 주는 것이 재판소로서의 정정당당한 길이었다.

그런데 그들은 이 정정당당한 방법은 자기들의 전기 신 계획 수행에 방해된다고 생각하고 만인이 빈축할 사도(邪道)를 걸었다. 그들이 근 10여 일간의 야회 행각에서 얻어 온 것이 무엇인가? 충주 흥아여관 객부와 박낙종이 진주에 온 것은 10월 하순보다 추운 때라고 말한 여러 사람의 증언이었다. 그리하여 1946년 11월 12일 공판을 속개하고 형식적 심리를 마친 다음 검사 조재천은 흥아여관 객부도 위조고 전기 박낙종의 진주에서 강연한 사실을 기재한 「민주중보」도 위조라고 천하에 대담무쌍한 논고를 하였다.

검사가 권력만 믿고 맨주먹으로 바위를 치는 식의 이 논고는 억지 중에서도 우심(尤甚, 더욱 심함)한 억지로서 논고라고 하는 것보다 검사가 이 사건에 대하여 어쨌든 조작을 완성해야 되겠다는 최후의 열성을 피력한 것이라고 보는 것이 의충(意衷, 마음속에 깊이 품고 있는 참뜻)을 촌탁(忖度, 남의 마음을 미루어 헤아림)하는 정당한 해석일 것이다.

검사가 흥아여관 객부가 위조라고 하는 이유는 이러하다. 첫째, 동 객부가 뒷장이 떨어져 있어 개편(改編, 책 따위를 다시 고치어 엮음)한 흔적이 있고, 둘째, 박낙종이 숙박한 10월 24일 기재에는 경찰의 검인이 없었다는 점이다.

그러나 원래 시골여관 객부라는 것은 정중하게 관리하는 것이 아니므로 한 책(冊)을 갖고 수개월간 내객을 치부(致簿, 금전 또는 물품의 출납을 기록하여 둠)하노라면 뒷장쯤 떨어지는 것이 보통이고, 경찰의 검인으로 말하더라도 시골일 뿐 아니라 8 · 15해방 직후의 일인 만치 그렇게 질서정연하게 규칙적으로 날인(捺印)되지 못하던 것이 또한 사실이다.

흥아여관 객부 자체에 의하여도 날인에 있어서 때로는 날인 대신에 ◎표 혹은 ○표로 대용되고 또 날인이 전혀 없는 날도 많이 있다. 동 객부에 있어서 경찰의 검인이 전혀 없는 것은 박낙종이 숙박한 10월 24일 기재(記載)뿐 아니라 동년 10월 19일, 동 21일, 11월 3일 동 6일, 동 8일, 동 12일, 동 13일, 동 14일, 동 16일 등 기재에도 검인 기타 검사(檢査)의 표적이 없다. 이러한 객부에 있어서 10월 24일 기재에 검인이 없다고 해서 그 기재가 위조라고 하지 못할 것은 물론이다.

독자여! 여기에 특히 지적하여 둘 것이 있다. 그것은 흥아여관 객부에 있어서 10월 23일분 기재와 동 24일분 기재는 같은 책장의 표면과 배면이었으며 표면 10월 23일 부기재에 대해서는 당시 충주 경찰서에 근무하였고 기후 충북 경찰부 수사주임으로 전근한 홍승기(洪承箕)의 검인이 찍혀 있는 점이다. 이 검인이 홍승기의 인영(印影, 찍어 놓은 도장의 자국)에 틀림없다는 것은 충주경찰서 출근부에 날인된 홍승기의 인영과 대조한 결과 이미 증명된 것이다.

그러면 이 객부에 여백이 있었느냐 하면 이 객부는 당초부터 여백을 두지 않고 계속적으로 기재하는 방침이었을 뿐 아니라 간혹 여백이 생기면 곧 경찰서에서 횡선을 긋고 날인을 해 추후 기재를 금지하였다. 이것은 필연코 유령적 쌀 배급을 방지하자는 의미일 것이다. 이러한 객부를 위조라고 논고하였으니 검사의 사건 조작에 대한 열성이 얼마나 왕성하였나 하는 것을 독자는 용역(容易, 간단하다)히 알 것이다.

「민주중보」는 당시 2만여 부 발행되는 남조선에 있어서 저명한 지방신문이었다고 하는데 검사가 이 신문도 위조한 것이라고 말하는데 이르러서는 언어도단이라고 아니할 수 없다. 검사의 전기 논고가 변호인의 변론으로 여지없이 깨어지자 재판소는 모략 판결의 타개로(打開路)를 연구하기 위해 결심(結審)은 하였으나 이번에는 언도를 무기 연기하였다.

그 연구한 결과 검사와의 남조선 야합 행각에서 얻어 온 증거에 대해서는 하는 수 없이 그 이용을 단념하고, 공판 청구서 기재의 "김창선과 송언필이 10월 하순 조선정판사에서 숙직할 시 김창선으로 부터 위폐 제의 운운" 중에서 위 '10월 하순'을 '10월 중순'이라고 변경하여 이 난관을 미봉(彌縫)하였다. 즉 판결서에 있어서도 피고인들이 위폐를 인쇄한 것은 공판 청구서와 같이 '10월 하순'이라고 말하였으나 김창선과 송언필이 조선정판사에서 숙직할 시에 김창선이 위폐 인쇄를 제의하였다는 시일을 '10월 중순'으로 변경함으로써 전기 피고인들이 인쇄하였다는 '10월 하순'이라는 것을 10월 21일부터 박낙종이 남선 출발한 동월 24일의 전날까지라는 것을 의미하도록 만들었다.

진실로 고심(苦心)한 고안(考案)이다. 검사 조재천과 같이 남선으로 야합 출장하기 전에 이러한 고안을 발견하였더라면 야합 행각의 추태를 세인에게 보이지 않고도 모략 판결의 목적을 달(達)하였을 터인데 시간적으로 그 발견이 늦은 감이 없지 아니하나 그 고심한 고안임은 인정하지 않을 수 없다. 비록 사실을 떠난 고안이라 할지라도 재판장의 이러한 고심의 고안에 대하여 남조선 대법원장 김용무(金用武)의 포장(褒狀, 표창장)과 금일봉은 대가로 너무나 싼 것이다.

그러면 이 고안은 우등점(優等點)을 주어야 할 것인가? 아니다. 앞 구멍 막으면 뒷구멍 터지고, 뒤 구멍 막으면 앞 구멍이 터지는 것이 '허구'의 본체이다. 이 고안을 조선공산당이 조선정판사 2층에 이전한 시일 관계와 대조하여 보자. 판결은 조선공산당이 조선정판사 2층에 이전한 시일 관계에 대하여 제19회 공판에 증인으로 출두한 조선정판사 출자주 이필상(李佖商)의 증언 즉 "—정확히 작성된 증 제9호 조선정판사 금전출납부 및 증 제18호 동 빌딩 관계 장부를 보면 1946년 3월 26일부로 조선공산당본부 가임(家賃, 집세) 자(自) 1945년 11월 지(至) 1946년 3월분 금 1만 원이 입금으로 되어 있고, 조선공산당 본부가 이전하여 온 달은 일수(日數)가 얼마 되지 않는다 하여 가임을 면제한 사실로 미루어 보면 조선공산당 본부가 조선정판사로 이전하여 온 것은 작년 10월 하순이 틀림없다"고 하는 진술을 채용하여 결국 조선공산당이 조선정판사 2층에 이전한 것은 1945년 10월 하순이라는 것을 인정하였다. 증 제9호 동 제18호와 이필상의 증언으로써 조선공산당이 조선정판사 2층에 이전하여 온 것이 1945년 10월 말일부터 일수(日數) 얼마 안 되는 며칠 전이었다는 것은 사실이다. 그런데 이사실이 재판소가 고심 끝에 발견한 고안을 파괴한다.

①이필상의 전기 증언 중 조선공산당 이전 일자에 대하여 10월 하순

이라고 한 것은 문자 그대로 10월 21일부터 10월 31일까지의 전부를 의미하는 것이 아니라 이필상의 동 증언 중에도 이전하여 온 달은 일수가 얼마 남아 있지 않았다는 것을 말하였을 뿐 아니라 가임을 면제하였다는 점으로 보아 이 일수라는 것은 10월 말부터 불과 3, 4일을 의미하는 것이 경험상 명백하다.

만약 그렇지 않고 조선공산당이 이전한 것이 10월 21일 또는 22일이라고 하면 "이전하여 온 달은 남은 일수가 얼마 되지 않았다"는 표현을 할 수도 없거니와 10일간 가임(1개월 2,000원임으로 10일간 가임 630여 원)을 포기(抛棄)할 리가 없는 것이다. 그것은 조선정판사는 박낙종의 단독 경영이 아니고 공산주의적 인생관과는 하등 관계없는 영리인(營利人) 이필상이가 출자하여 금전 · 경리 권을 동인이 장악하고 있는 만치 해방 직후의 금액 600여 원을 포기하였을 리 없는 것이다. 그렇다면 조선공산당이 이전한 것은 10월 말일부터 3, 4일 전일 터이니 이러한 일자는 종국적 의미에 있어서 피고인들이 10월 21일부터 23일까지의 사이에 위폐를 인쇄하였다는 판결의 인정과는 상반되는 것이 확실하다.

②전기 재판소의 고안은 결국에 있어서 피고인들이 1945년 10월 21일부터 동 23일까지의 사이에 위폐를 인쇄하였다는 결론인바 박낙종이 10월 23일 철야 위폐를 인쇄하고 익 24일 조(朝) 자동차로 장도 여행을 떠났다고 상정하는 것은 무리한 생각이나, 설명의 편의상 피고인들에게 가장 불리하게 12월 23일 밤 피고인들이 위폐를 인쇄하였다고 가정하자.

그러면 그 전날인 12월 22일은 김창선이 정명환 등과 위폐인쇄를 협의한 날이 될 것이고, 또 그 전날인 12월 21일은 송언필이 김창선에게 대하여 작야(昨夜, 어젯밤) 간부회의에서 위폐 인쇄를 결정하였다 하면서 위폐 인쇄를 종용(慫慂)한 날이 될 것이고, 또 그 전날인 10월 20일은 늦어도 박낙종이 2층 조선공산당 본부 이관술과 위폐 인쇄를 상의한 날이 될 것이니, 위 10월 20일에는 조선공산당이 이미 조선정판사에 이전한 때라고 인정하지 않을 수 없을 것이다.

그러면 조선공산당이 10월 20일부터 며칠 전에 이전했다고 인정할 것인가? 만약 조선공산당이 10월 19일, 18일, 17일 중의 어느 날에 이전하여 왔다고 하면 기구(器具, 세간이나 연장, 또는 조작이 간단한 기계나 도구)도 정돈(整頓)되지 않고 사무도 자리 잡히기 전 일터인데 이러한 때에 범죄가 범죄인 만치 박낙종으로서도 감히 위폐 인쇄 문의를 할 의사가 나지 않았을 것이고, 이관술로부터도 공장경비나 공장의 인적 구성을 알기 전일뿐 아니라, 조선공산당과는 당시 적대 관계에 있던 장안공산당에 속하여 있고 또 친(親)히 잘 알지도 못하는 박낙종에게 위폐 인쇄를 일임한다는 대답을 하지 못할 것은 우리의 상식으로 판단할 수 있는 것이다.

이러한 관점에서 본다면 판결 인정과 같이 이관술이 박낙종에게 대하여 "군에게 일임한다"는 말을 설령 하였다고 하더라도 조선공산당은 적어도 10월 20일부터 수십 일 전에 조선정판사에 이전해 있어서 이관술과 조선정판사의 인적 구성도 잘 알고 또 박낙종과도 자주 접촉하여 인적 교류가 깊어진 때라야 위폐 인쇄 제의에 대하여 "군에게 일임"한다는 말이 능히 나오게 될 것인데 조선공산당이 그렇게 일찍이 조선공산당에 이전해 오지 않은 것은 명백한 사실이니 판결이 허구라는 것은 또한 명백한 사실이다.

③김창선과 송언필이 10월 중순 조선정판사에서 같이 숙직할 시에 조선공산당 당 재정난에 관한 담화를 한 것이 사건의 시초라고 하였는데 조선공산당 재정 관계는 당원 사이에도 비밀이고 같은 중앙 위원 중에도 재정에 관계없는 위원에게는 비밀이다. 이것을 당시 조선공산당에 가입하지도 않았던 김창선과 송언필이 조선공산당 재정관계에 대한 기미(氣味)만이라도 알았다고 하자면 조선공산당이 조선정판사에 이전하여 온 것은 위 양인이 조선정판사에서 숙직한 때부터 적어도 수십일 전이라야 할 것이다. 그런데 아래 말한 바와 같이 조선공산당이 그렇게 일찍 조선정판사에 이전하지 않았다는 것은 명백한 일인즉 판결의 인정은 이점과도 모순되는 것이다. 이 사건에 대한 해부는 이것으로 마치려 한다.

—

유죄판결의 증거를 채용하는 데 있어서 그러할 뿐 아니라 유죄판결을 하는 데 있어서도 10개 조건이 논의될 때에 9개 조건까지 합당하고 나머지 1개 조건이 부합당하여도 또한 유죄판결을 못 하는 것이 판결의 철칙이다. 그런데 이 사건에 있어서는 전부가 부합당한 조건뿐이고 유죄판결에 합당한 조건이라고는 하나도 없는 것이다.

이관술 씨가 최후진술을 함에 있어서 이솝기담(奇談) 중에서 "어느 봄날에 양 새끼 세 마리가 제 어미에게 아름다운 바깥 구경을 갔다 오기를 청하였음에 대하여 어미는 외계의 위험을 말하고 처음에는 거절하였으나 결국 새끼 양의 청에 이기지 못하여 승낙하였다. 새끼 양들이 구경을 마치고 돌아올 때에 어느 시냇물을 건넜다. 그때 마침 시냇물 상류에서 물을 먹고 있던 사자가 내려와서 새끼 양에게 '너희들이 시냇물을 흐렸기 때문에 나는 깨끗한 물을 마시지 못하였다'고 말하였다. 이 말에 대하여 새끼 양들은 자세히 생각한 끝에 '우리들은 시냇물 하류를 건넜기 때문에 그럴 리 없다. 물은 언제든지 밑으로 흐른다.'라고 대답하였다.

사자도 이 대답에는 어찌할 도리가 없어서 또 한 번 꾸며서 '너희들은 재작년에 내가 너희들 집 앞을 지날 적에 나에게 욕을 하였는데 용납할 수 없다'고 말하였다. 이 말에 대하여 새끼 양들은 '우리는 작년에 태어났기 때문에 재작년에 당신을 욕할 리가 없다'고 대답하였다. 이 말에서도 말문이 막힌 사자는 폐일언하고 '나는 너희들을 잡아먹고 싶다'고 본의를 말하였다."는 한 구절을 인용하여 이 사건을 평하였는데 이 말은 이 사건을 단적으로 잘 표현한 말이다. 검사와 재판관들은 어쨌든 피고인들에게 대하여 위폐를 인쇄하였다는 낙인을 찍어야만 하겠다는 일념뿐이었다.

사법은 인민의 의사를 대표하여 공정하게 집행되어야 한다. 이것은 사법의 생명이다. 법관이 인민의 의사를 무시하고 자기 개인의 편견이나 또는 반인민적 편협한 생각을 재판에 반영시킨다면 그것은 죄악이다. 그러나 인류 역사에 있어서 법관이 이러한 죄악을 범한 예가 많이 있다. 낡은 시대의 실례이지만 소크라테스를 사형하고, 예수를 사형하고, 조선근대사에 와서 단종을 사형하고, 성삼문 이하 6신을 사형한 것 등은 역사에 있어서 씻으래야 씻을 수 없는 영원한 오점이 되고 말았다.

당시의 권력은 이들을 사형하고 쾌감을 느꼈을 것이다. 인민들은 수천년래 혹은 수백년래 당시의 권력을 통매(痛罵, 몹시 꾸짖음)하는 반면, 희생된 이들에 대해서는 영원한 조의(弔意)를 표하고 있다. 그러므로 정의는 인민을 떠난 권력에 있지 않고 인민의 가슴 속에 있는 것이며 인민으로 구성된 인민의 권력만이 오직 정의를 현현(顯現)할 수 있는 것이다.

나는 1심 변론에서 이 사건을 해부한 후에 이상의 역사적 사실을 들어서 재판관들을 경고하였으나 결국 인민을 떠난 권력의 모략적 판결을 방지 못 하였다. 그리하여 이 사건은 끝끝내 건국애사의 한 구절이 되어 천추에 긍(亘, 뻗치다)할 의분의 씨를 뿌리고 말았다.

1심에서 유죄판결이 된 이 사건은 상고심에서 그대로 확정되었다. "증거가 없어도 유죄판결을 하라"고 사법관에게 훈시한 김용무(金用茂)를 재판장으로 하는 상고심은 드디어 그 본령을 철저하게 발휘하여 피고들의 상고를 기각(棄却)하였다. 이리하여 그들의 천하 무도한 모략은 완수된 듯하나 이에 대한 인민의 정의의 분노는 격화될 뿐이다. 인민이 정권을 장악하고 인민의 아름으로 사법이 운행될 때 비로소 김용무를 비롯한 이 음모 사건 날조의 판검사, 경찰관의 죄악은 심판될 것이다. 그들에게 인민의 심판이 내리는 날 이관술 씨 등 애국 투사에게는 백방(白放, 죄가 없음이 밝혀져서 놓아줌)과 아울러 인민의 환호가 보내질 것이다. 그리고 이날은 멀지 않은 장래에 닥쳐온다.

(1947년 4월 24일)